本书为河南区域经济学重点学科规划项目

本书获黄河科技学院学术委员会出版资助

创新引领
区域发展

河南区域创新的实践与探索

INNOVATION LEADING
REGIONAL DEVELOPMENT
PRACTICE AND
RESEARCH OF HENAN REGIONAL INNOVATION

主　编　喻新安　杨保成
副主编　王建国　完世伟
　　　　陈明星　赵西三

社会科学文献出版社
SOCIAL SCIENCES ACADEMIC PRESS (CHINA)

目　录

导　论

一

　　中国是一个由中国共产党统一领导的大国，中国的区域发展必须按照中央的统一精神和部署进行，特别是党的创新理论、先进理念对区域发展有着巨大的引领作用。

　　先进理念的所谓先进，是具体的，也是历史的。任何先进理念，都是适应时代要求形成和提出来的，都有其历史作用，也可能存在历史局限性，所以，我们对引领区域发展的先进理念，要放在区域发展的历史进程中来认识和看待。有的理念属于基本理念，并不会随着时间变化而失去指导意义，如"发展是硬道理"，其指导意义就是永恒的；有的理念针对性很强，其适用性也受到限制，如"允许和鼓励一部分人和一部分地区先富起来"，就具有特定的历史背景和适用时限。

　　同样，谋划区域发展也要根据中央精神，站在历史最高点思考问题，适时提出指导区域发展的新理念。指导区域发展的理念，有的具有长远的指导意义，如河南的"中原崛起"；有的仅适用于特定时期，如河南20世纪90年代提出的"一高一低"战略。因此，形势变化了，指导区域发展的理念，包括一些提法、口号、目标等也会改变，这是正常的。真正令人担心的是，形势变化了，指导工作的理念没有及时改变，或者领导机关做出了改变，由于解释和宣传不够，广大干部群众不理解、不接受，思想仍然停留在过去的阶段。

　　梳理一下改革开放近40年来中国和河南发展理念的创新及嬗变，其大体可分为四个阶段。

第一个阶段：改革开放起步到党的十四大（1978～1992），约 14 年时间。这一时期，指导中国发展的是邓小平理论，其核心内容和理念是：建设有中国特色的社会主义；坚持以经济建设为中心不动摇；关于社会主义的本质的理论；"三个有利于"标准；中国现代化"三步走"战略；发展是硬道理的思想；让一部分人和地区先富起来的方针；关于"两手抓、两手硬"的思想；要警惕右但主要是防止"左"的思想等。

这一时期，河南省委、省政府也提出了一些核心理念，如团结奋进、振兴河南；加快发展、缩小差距；启动思想观念这个"总开关"，破除"一'左'一旧"（"左"和"陈旧"观念）束缚；坚持"五破五树"（破除抽象的姓社姓资的思维定式，树立以"三个有利于"为衡量全部工作标准的观念；破除自然经济、计划经济体制下形成的旧观念，树立社会主义市场经济的新观念；破除一切靠本本的旧习惯，树立解放思想和实事求是相统一，一切从实际出发，敢闯、敢试、敢于创新的新观念；破除传统封闭的内陆意识，树立扩大对外开放，以开放促改革、促发展的新观念；破除消极畏难、无所作为、小进即满、小富即安的小农经济思想，树立自力更生、艰苦奋斗、开拓进取、干大事业、求大突破、上大台阶的新观念）；制定"一高一低"目标；以开放促发展、促改革；实施开放带动战略等。其间，1991 年 3 月召开的河南首次全省对外开放工作会议提出以"五破五树"为抓手，破除传统封闭的内陆意识，树立以开放促发展、促改革的新观念，对河南的发展影响重大而深远。

第二个阶段：党的十四大到十六大（1992～2002），共 10 年时间。这一时期，指导中国发展的是"三个代表"重要思想，其核心内容和理念是：抓住机遇，加快发展；建立社会主义市场经济体制；保持国民经济持续快速健康发展；打破思想桎梏，坚持"三个着眼于"，即着眼于马克思主义理论的运用，着眼于对实际问题的理论思考，着眼于新的实践和新的发展；全面认识公有制经济的含义；建立现代企业制度是国有企业改革的方向；实施科教兴国战略和可持续发展战略；关于抓住重要战略机遇期的思想；全面建设小康社会，实现翻两番；走新型工业化道路；"引进来"和"走出去"相结合等。

这一时期，河南省委、省政府提出的核心理念包括：发挥比较优势，积极寻求后发优势；利用区位优势，拓展经济发展空间；以发展为主题，着眼实现"两个较高"（较高的经济增长速度和较高的经济增长质量）；着重五个方面结构调整（调整产品结构、调整产业结构、调整城乡结构、调整所有制结构、调整人才培养结构）；大力发展非公有经济，坚持"三放"（对非公有经济放心、放胆、放手）方针；等等。这一时期，中原大地发生了巨大变化。2001年河南粮食总产量首次跃居全国第一，"十八罗汉闹中原"风生水起，蹚出了一条农业省份加快工业化进程的新路子。值得特别一提的是，1995年12月召开的河南省六次党代会提出，抓紧抓好郑州商贸城建设，使其逐步成为有较强吸引力、辐射力的经济中心城市，在全省发挥龙头作用；加快以郑州为中心的中原城市群的发展步伐，在全省经济振兴中发挥辐射带动作用。从此，中原城市群建设渐入佳境。

第三个阶段：党的十六大到十八大（2002~2012），也是10年时间。这一时期，指导中国发展的是科学发展观，其主要内容和核心理念是：坚持以人为本，全面协调可持续发展；全面建成小康社会；坚持五位一体（经济、政治、文化、社会、生态）总体布局；建设创新型国家；加快转变经济发展方式；坚持两个毫不动摇；走中国特色新型工业化、信息化、城镇化、农业现代化道路；实施区域发展总体战略；推动城乡发展一体化等。

这一时期，河南省委、省政府提出的核心理念主要有：提出中原崛起的总体目标、基本途径、发展布局和战略举措；确定开放带动为主战略；实施中心城市带动战略；提出"用发展工业的理念发展农业"；提出"两大跨越、两大建设"；提出"中原崛起总目标"；实施建设中原经济区总体战略；推动郑汴一体化发展；提出加快黄淮四市发展；坚持"四个重在"（重在持续、重在提升、重在统筹、重在为民）实践要领；着力推动务实发展、建设务实河南；谋划中原经济区、郑州航空港经济综合实验区。在这一时期，有几件影响河南发展的大事值得特别一提。一是，2002年12月河南省委七届三次全会决定，认识和顺应经济社会发展的规律和趋势，强化工业意识、城市意识，进一步加快工业化、城镇化进程。二是，2003年启动的"建设大郑州"构想和郑东新区"五年成规模"的壮举。三是，2010年河南省委提出用领导方式转变加快发展方式转变，坚持"两不三新"（不以牺牲农业和粮食、生态和环境为代价的新型城镇化、新型工业化、新型农业现代化）协调科学发展的路子等。

第四个阶段：党的十八大以来（2012~2017），近5年时间。这一阶段，党中央提出了治国理政新理念新思想新战略，其主要内容和核心理念是：坚持"四个全面"（全面建成小康社会、全面深化改革、全面推进依法治国、全面从严治党）；提出五大理念，即创新、协调、绿色、开放、共享；提出并实施新的三大国家建设，即京津冀协同发展、"一带一路"、长江经济带；提出适应和引领经济新常态是中国发展的大逻辑；推进供给侧结构性改革；坚持稳中求进总基调；全面推进放管服改革；发展新经济，释放新动能等。

这一时期，河南的发展情况又分为两个阶段，就是省十次党代会前后。省十次党代会前，标志性事件有两个。一是河南省委根据中央"五位一体"发展的要求，提出了打造"四个河南"、推进"两项建设"的思路。"四个河南"，即"富强河南、文明河南、平安河南和美丽河南"，"两项建设"，即社会建设和党的建设，这是时任省委书记的郭庚茂于2013年11月在河南省学习贯彻十八届三中全会精神的全省领导干部会议上首次提出的。二是2014年12月省委九届八次全会通过《河南省全面建成小康社会加快现代化建设战略纲要》，提出到2020年全面建成小康社会，到2040年左右全省基本实现现代化的战略目标；协调推进全面建成小康社会、全面深化改革、全面推进依法治省、全面从严治党的战略方针；打造"四个河南"、推进"两项建设"的战略布局；将"一个载体、四个体系、六大基础"作为战略重点。

2016年10月召开的河南省十次党代会，在涉及河南发展的一系列重大问题上实现了理论与实践的创新。例如，以党中央治国理政新理念新思想新战略为统领和主线，引领布局决胜全面小康让中原更出彩的历史性任务；以国际化视野和全局眼光分析河南战略地位更加凸显、战略格局更加完善、战略优势更加彰显、战略保证更加有力，即"四个更加"的宏观背景和面临环境；把中央要求与河南实际相结合，系统阐释河南决胜全面小康让中原更加出彩"六个着力"的总体要求；按照中央五位一体总体布局和四个全面战略布局，提出河南建设经济强省、打造"三个高地"、实现"三大提升"的目标体系；顺应经济发展大势、区域发展规律和产业升级趋势，明确打好四张牌行动计划，提出建设"四个强省"的战略重点。以河南省十次党代会召开为标志，河南经济社会发展进入新阶段。

二

党的十八届五中全会提出"创新、协调、绿色、开放、共享"的发展理念，创新位居中国五大发展理念之首。以创新为首的五大发展理念引领时代发展，必将带来我国发展全局的一场深刻变革，为新的历史条件下的区域发展提供根本理念、注入强劲动力。

党中央历来高度重视和支持我国区域创新发展。十八大以来，党中央强力推进区域战略的创新发展，采取各种措施，实施"一带一路"建设、京津冀协同发展战略和长江经济带发展战略；深入实施西部开发、东北振兴、中部崛起、东部率先的区域发展总体战略，创新区域发展政策，完善区域发展机制，进一步促进区域协调、协同、共同发展；出台一系列重大政策措施，举全党全国之力实施脱贫攻坚，推动扶贫开发取得了显著成就；以人的城镇化为核心、以城市群为主体形态、以城市综合承载能力为支撑、以体制机制创新为保障，推动新型城镇化扎实推进，为缩小城乡发展差距、推进城乡发展一体化做出了重要贡献。

以创新引领发展，是我国"十三五"的显著特点。习近平总书记在去年的 G20 峰会上代表 G20 政府元首和首脑发出倡议，要紧紧抓住新工业革命、数字经济和产业变革带来的重大机遇。在 2017 年的厦门金砖国家工商论坛开幕式上，习近平总书记又讲到新一轮科技革命和产业变革蓄势待发，改革创新的潮流奔腾向前，要把握新工业革命的机遇，以创新促增长、促转型，积极投身智能制造、互联网＋、数字经济、共享经济等带来的创新发展浪潮，努力领风气之先，加快新旧动能转换。2014 年 9 月，李克强总理在天津举行的夏季达沃斯论坛上发出了"大众创业、万众创新"的号召，并在 2015 年全国两会上的《政府工作报告》中提出要推动大众创业、万众创新。我国"十三五"规划纲要发布后，人们更是注意到创新的引领作用和突出位置。一是"创新驱动"成为四大类指标之一。"创新驱动"取代了"十二五"规划的"科技教育"，首次亮相五年规划。二是全面升级创新目标。明确到 2020 年力争在基础研究、应用研究和战略前沿领域取得重大突破，全社会研发经费投入强度达到 2.5％，科技进步对经济增长的贡献率达到 60％。三是全方位体现创新的带动作用。"十三五"

新增的"全员劳动生产率""科技进步贡献率""互联网普及率""劳动年龄人口受教育年限""农村贫困人口脱贫""新增建设用地规模""空气质量""地表水质量"8 个指标，多数与创新驱动密不可分。由此折射出我国发展理念、动力和路径将发生重大变迁。

两年来，中央对创新发展做出了一系列部署和安排，对区域创新引领发展产生了重大影响。2016 年 3 月，李克强总理在全国两会所做的《政府工作报告》中指出："创新是引领发展的第一动力，必须摆在国家发展全局的核心位置。"数据显示，李克强总理在报告中 61 次提及创新。2015 年 6 月，国务院出台《关于大力推进大众创业万众创新若干政策措施的意见》，提出了"四个坚持"总体思路：一是坚持深化改革，营造创业环境；二是坚持需求导向，释放创业活力；三是坚持政策协同，实现落地生根；四是坚持开放共享，推动模式创新。2016 年 5 月，国务院办公厅下发《关于建设大众创业万众创新示范基地的实施意见》（国办发〔2016〕35 号），要求加强顶层设计和统筹谋划，通过试点示范完善双创政策环境，推动双创政策落地，扶持双创支撑平台，构建双创发展生态，调动双创主体积极性，发挥双创和"互联网＋"集众智、汇众力的乘数效应，发展新技术、新产品、新业态、新模式，总结双创成功经验并向全国推广。该文件批准设立首批双创示范基地名单 28 个，包括区域示范基地 17 个、高校和科研院所示范基地 4 个、企业示范基地 7 个。2017 年 6 月，国务院办公厅下发《关于建设第二批大众创业万众创新示范基地的实施意见》（国办发〔2017〕54 号），指出根据 2017 年《政府工作报告》部署要求，为在更大范围、更高层次、更深程度上推进大众创业万众创新，持续打造发展新引擎，突破阻碍创新创业发展的政策障碍，决定在部分地区、高校和科研院所、企业建设第二批双创示范基地，进一步强化支撑能力，放大标杆效应，提升社会影响，形成新的创新创业经验并在全社会复制推广。第二批双创示范基地共 92 个单位，包括区域示范基地 45 个、高校和科研院所示范基地 26 个、企业示范基地 21 个。2017 年 7 月，国务院出台《关于强化实施创新驱动发展战略 进一步推进大众创业万众创新深入发展的意见》，对双创工作做出第二轮部署，着重加快科技成果转化、拓展企业融资渠道、促进实体经济转型升级、完善人才流动激励机制和创新政府管理方式。这个意见比 2015 年的指导意见更加细致具体，说明通过双创工作的推进，我们已经总结出了一些经验，发现了一些问题，推出的措施更具有针对性。两年来，国务院在简政放权、商事改革、发展电子商务和新经济、发展快递业、构建大众创业万众创新支撑平台、发挥新消费引领作用和释放内需等方面都推出了指导意见和措施，推出了"互联网＋"行动、国家大数据战略、"中国制造2025"计划，设立了17个国家自主创新示范区，有力促进了各地大众创业万众创新的发展步伐。

　　河南是全国人口大省、农业大省和经济大省，在全国发展大局中具有重要的地位。党中央国务院对河南发展高度重视，寄予厚望。习近平总书记指出，河南是人口大省、产粮大省，又地处连接东西、贯通南北的战略枢纽，在中华文明发展进程中占有重要地位，做好河南改革发展稳定各项工作，责任重大。2014年，习近平总书记两次到河南调研指导工作，强调实现"两个一百年"的奋斗目标、实现中华民族伟大复兴的中国梦需要中原更加出彩，希望"河南要建成连通境内外、辐射东中西的物流通道枢纽，为丝绸之路经济带建设多作贡献"。李克强总理2015年在河南考察指导工作时指出"郑州航空港经济综合实验区、跨境电子商务实实在在地在显示着中原腹地的重要力量"，河南"辐射周边、活跃全局所产生的价值远超过全省GDP总量"，要"加快中原崛起，成为国家的重大战略支撑"。近年来，河南各级党委和政府在树立腹地意识、凸显腹地作用、释放腹地效应、努力做好自己、支撑全国大局方面做出了积极的贡献。经济平稳较快增长。2012年到2016年四年里，河南经济增长速度高于全国1.2~1.6个百分点，装备制造业、食品加工业成为万亿级产业，全球重要的智能终端生产基地基本建成，产业集聚区、商务中心区和特色商业区成为转型发展的突破口、招商引资的主平台、经济发展的增长极，经济结构不断优化。河南三次产业结构比例从2012年的12.7∶57.1∶30.2变为2016年的10.7∶47.4∶41.9，第三产业权重逐年增大。服务业增加值占GDP的比重由2012年的30.2%提高到2016年的41.9%，对经济增长贡献率达49.3%。"金融豫军"快速崛起，金融业已经成为河南省重要支柱产业。创新能力持续增强，培育省级"双创"孵化载体221家、国家级科技企业孵化器总数30家。推动创新链、产业链、资金链、政策链"四链融合"。2016年，河南省高成长性制造业和高技术产业增加值占规模以上工业比重已达57.1%，比2013年提高8.4个百分点。

　　但是，总体看，河南仍然处于欠发达阶段。经济总量小，人均水平低的特征十分明显。从创新驱动和科研能力看，河南高层次人才培养能力较为落后，创新驱动未来产业升级的后劲不足。河南发展不平衡的问题也比较突出。区域发展不平衡，2016年，各省辖市人均GDP中，郑州是周口的3.26倍，各县市中，人均GDP最高的新郑市是排名垫底儿的封丘县的6.15倍；此外，还有城乡发展不平衡，农村落后，城镇化率偏低；地区发展不平衡，黄淮地区、三山一滩地区和一些贫困县发展滞后；产业发展不平衡，产业层次低，服务业比重偏低；经济与社会、政治、文化、生态发展不平衡，社会、政治、文化、生态发展相对滞后。

　　河南省十次党代会确立了坚持"六个着力"（着力发挥优势打好"四张牌"，着力深化改革扩大开放，着力推动创新转型发展，着力强化法治维护稳定，着力改善民生补齐短板，着力从严治党规范党内政治生活），全面建成小康社会，让中原在实现中华民族伟大复兴中国梦的进程中确立更加出彩的发展思路；确定了建设经济强省，打造"三个高地"（奋力建设中西部地区科技创新高地，基本形成内陆开放高地，加快构筑全国重要的文化高地），实现"三大提升"（人民群众获得感幸福感显著提升，治理体系和治理能力现代化水平显著提升，管党治党水平显著提升）的发展目标；明确了建设"四个强省"（建设先进制造业强省、建设现代服务业强省、建设现代农业强省、建设网络经济强省）的战略定位，使经济社会发展出现持续向好的局面。

三

　　"十三五"是河南全面建成小康社会、基本形成现代化建设大格局的关键阶段。为适应经济发展新常态带来的趋势性变化，"十三五"时期河南应紧紧抓住影响和带动全局发展的关键领域和重点环节，在放大载体效应、提升要素水平、优化空间布局、构建现代产业体系等方面创新突破，引领发展。

　　放大平台效应，引领区域经济转型发展。近年来，河南着力构建了一大批科学发展平台，有国家战略层面的郑州航空港经济综合实验区、中原经济区和粮食生产核心区等战略类平台，有180个省级产业集聚区、176

个商务中心区和特色商业区等产业类平台，有 7 家国家级、14 家省级高新区以及 9 家国家级、20 家省级经济技术开发区等创新类平台，有郑州航空港实验区、中国（郑州）跨境电子商务综合试验区、综合保税区、出口加工区以及各类指定口岸等开放类平台，有中原城市群、城乡一体化示范区等区域性平台，有产权交易市场、郑东新区金融集聚核心区、粮食期货市场等市场类平台，以及电子商务等信息类平台，平台数量和种类在中部省份居于前列，成为推动河南经济社会快速健康发展的重要支撑。"十三五"时期，面对艰巨的转型发展任务，要继续把发展平台作为推动河南开放创新转型发展的支柱和先导，顺应发展新常态新要求，扩展新功能，拓展新空间，引领全省经济转型升级、再创优势。一是完善平台体系。建设中国（河南）自由贸易区、郑洛新国家自主创新示范区等国家战略平台，构建高层次发展平台和载体；丰富高新区以及科研服务平台，构建多层次、全覆盖的口岸体系；加快要素交易类平台建设，大力发展平台类企业。二是提升平台功能。兼顾各类发展平台的集聚特性和系统生态特点，不断挖潜衍生平台服务功能，强化研发设计、信息服务、孵化培育、融资担保等现代服务功能，促进发展平台由较为单一的产业集聚功能向复合服务功能转型升级。三是放大平台效应。坚持先行先试与复制推广相结合、自身提升与联动发展相结合，创新开放运作模式，促进发展平台协同联动，加强平台与区域经济耦合对接。四是创新平台机制。以创新行政管理体制、探索市场化管理运营模式为重点，营造良好发展生态，激发平台主体发展活力，增强平台创新发展动力。

提升要素水平，培植市场竞争新优势。河南作为内陆发展中人口大省，劳动力、自然资源等传统要素资源丰富，技术、管理以及资金等创新要素、高端要素不足。在经济增长动力由要素驱动转向创新驱动的新常态下，河南传统比较优势正在弱化，在此基础上发展起来的传统支柱产业竞争力不断减弱甚至丧失。"十三五"时期，河南必须更新要素结构，提升要素水平，再创竞争新优势。一是强化创新提升要素层次。推动商业模式创新，抓住电子商务这一关键环节，促进信息技术与资本要素融合对接，改造更新传统要素，转化提升要素结构。推动制度创新，充分发挥河南国家级战略平台先行先试职能，形成体制创新的先发优势。实施人才培育和技能提升工程，集聚科研、创意、教育、管理高端人才，提升劳动力技能素质，黏合创新产业和企业的优质要素，形成人力资本新优势。二是扩大开放，完善要素结构。进一步强化河南区位交通优势，发挥文化旅游、装备制造、农业、资源、市场等比较优势，促进河南省内需型经济与外向型经济对接融合。三是深化改革优化要素配置。推进农业转移人口市民化，加速新型城镇化进程，释放消费需求，放大市场潜在优势。深化投融资体制改革，放开社会资本投资基础设施、公共服务等领域的限制，促进社会资本与产业、实体经济融合。深化市场配置要素改革，促进人才、资金、技术在区域、城乡、行业、部门间有序流动，提高全要素生产率。四是有效集合创造叠加优势。充分发挥河南综合资源优势，集合区位、资源、人力、技术、产业、市场、物流等已有优势，有效整合配置、合理开发利用。针对河南农副资源丰富、能源原材料工业比重大等省情，将传统优势与高端要素结合，形成要素集合叠加优势，推动要素弱化优势向要素综合优势转化提升。

优化空间布局，拓展区域发展新空间。要顺应以全国沿海沿江沿线经济带为主的纵向横向经济轴带战略布局，深刻认识全国区域发展大势，充分发挥河南的区位、产业、资源等优势，围绕国家战略找准发展定位，坚持核心带动、轴带发展、节点提升、对接周边，构筑"一极三圈八轴带"发展格局，在服务全国大局中加快自身发展。一要在全面融入国家"一带一路"建设中加强谋划。把积极参与"一带一路"建设与实施三大国家战略规划紧密结合起来，打造"一带一路"重要的综合交通枢纽和商贸物流中心、新亚欧大陆桥经济走廊互动合作的重要平台、内陆对外开放高地。以全球视野推进郑州国际商都建设，坚持建设大枢纽、发展大物流、培育大产业、塑造大都市，推动"四港联动"，增强融入世界城市体系、服务中西部发展和辐射带动全省的能力。二要在深化产城互动中拓展空间。产业是发展的基础，城市是产业发展的依托。没有产业支撑，城市发展不起来；城市功能不完善，产业发展水平也上不去。要遵循城市和产业发展规律，坚持产城相辅、人城相融、城市规模与资源环境相适应，以产兴城、依产促城，最大限度地把人口向城市集中。强化产城互动、协调推进，抓紧解决人才、生产要素运作机制等一些突出问题，统筹空间、规模、产业三大结构，着力优化城市发展形态，推动中心城市组团式发展，构建城镇产业发展轴带。三要在促进区域城乡协调发展中深化协作。强化"一极"

的集聚和辐射带动作用，强化"三圈"和"八轴带"间的互联互通互动，促进中原城市群各市城乡规划和功能对接，推动跨区域城市间产业分工、基础设施、生态保护、环境治理等协调联动，促进生产要素自由流动和优化配置。建立跨地区投资、地区生产总值、财税等利益分享机制，推动城镇间产业分工、产业整合、园区共建。

构建现代产业体系，推进产业向中高端迈进。现代产业体系是相对于传统产业体系而言的优化升级版的产业构成，是先进制造业、现代服务业和现代农业互相融合、协调发展的系统。构建河南现代产业体系，就是从河南产业演进的基本特征、经济社会发展的阶段性变化和宏观经济背景出发，顺应市场经济、产业结构转换、区域发展等内在规律，以加快新旧产业转换为中心任务，强化传统产业升级、新兴产业培育双轮驱动，加快建设先进制造业大省、高成长服务业大省、现代农业大省、网络经济大省，推进产业迈向中高端，打造面向未来的新的经济发展方式，全面提升区域经济的综合竞争力。一要打造产业集群。遵循分工协作规律，打造专业分工、协作配套、相互依托、相互支持的产业集群，培育形成一批具有核心竞争力的"百千万"亿级优势产业集群，不断降低综合成本。二要促进产业融合。遵循三次产业发展及结构演进规律，既强调发展第二产业，也强调发展第三产业，着力做优农业、做强工业、做大服务业、培育网络经济新业态，使一二三产业相互促进、共同发展。三要推动转型升级。从全省正处于工业化、城镇化中期阶段的实际出发，既要抓高新技术产业，也不能放弃劳动密集型产业，着力强化传统产业升级、新兴产业培育双轮驱动。抢抓产业区域性调整转移的机遇，实现无中生有、倍数增长，加快工业化城镇化进程。积极推动生产性服务业向专业化和价值链高端延伸、生活性服务业向精细和高品质转变，推动制造业由生产型向生产服务型转变。四要强化创新驱动。抢抓新技术新业态新模式的机遇，推进新一代信息技术与经济社会各领域深度融合，争取在"互联网+"、新能源汽车等领域实现突破，以技术革命的突破推动经济结构优化、形成新的经济增长点，打造特色明显、优势突出的网络经济活跃区域。积极推进大众创业万众创新，打造众创、众包、众扶、众筹支撑平台，积极稳妥处置"僵尸企业"，不断释放发展潜力，增添发展动能。

四

创新引领区域发展，是新时期我国区域发展的显著特征。为了反映河南在区域创新发展方面的实践与探索，我们将有关的研究报告汇集成册，希望能对新形势下的区域创新发展有所参考和借鉴。

根据研究的侧重点和角度不同，我们把这些研究报告分为三个板块。

第一板块是河南区域创新发展总体方略研究。我们选用了五个研究报告，分别是《区域经济新棋局下的河南发展研究》《新常态下河南稳增长保态势促发展的调研报告》《中原经济区建设的新进展新成就新趋向》《释放战略叠加效应 奋力建设出彩中原》《河南创新创业发展的现状与趋势》。

这几个研究报告表明，当前国内外发展环境复杂多变，全球经济发展格局正处于再平衡之中，我国国内区域发展格局演变呈现新态势，影响区域发展的要素发生深刻变化。在区域经济新棋局下，河南的战略定位将更加清晰，发展空间将更加广阔，地位作用将更加重要。要把认识新常态、适应新常态、引领新常态这个当前和今后一个时期我国经济发展的大逻辑作为核心要求，结合河南实际，准确把握区域发展新棋局给河南带来的机遇和挑战，深刻认识河南发展的矛盾和问题，科学合理布局，明确重点任务，从战略层次上思考如何加快实现中原崛起河南振兴富民强省的宏伟目标。

报告认为，要着眼大势科学研判新常态下的区域特质，准确把握河南经济发展存在的三个"变与不变"：一是发展仍处于可以大有作为的重要战略机遇期没有变，但战略机遇期的内涵和条件发生了深刻变化，一些传统优势机遇正在消失，但改革创新和结构调整的新优势新动力不断集聚形成；二是全省经济发展总体向好的基本面没有变，但经济发展方式和增长动力发生深刻变化，特别是增长动力的变化尤为突出，必须因势利导、与时俱进，不能抱着思维定式、刻舟求剑；三是实现中原崛起河南振兴富民强省的目标没有变，但新形势下推进建设的具体内容、方式和路径发生了新的变化，必须高度关注发展中的变化、变化中的变量，科学研判各种新情况新问题。

我们要认识到，国家战略规划和平台密集落地中原，标志着河南发展迎来了国家战略叠加效应蓄势勃发的新时期，也意味着河南进入借助"综合红利"全方位提升发展水平的新阶段。要加强谋划、持续创新、一以贯之、久久为功，将国家战略叠加效应充分释放为雄浑壮阔的发展合力。要积极融入丝绸之路经济带，加快建设先进制造业大省、高成长服务业大省和现代农业大省，实现中原板块在区域发展新棋局中的战略崛起。要打造有利于创新创业的政策环境、制度环境和公共服务，构建现代创新体系，在全省形成大众创业万众创新的生动局面。要顺势而为、乘势而上、主动作为，保持河南稳增长保态势促发展的大好形势，不断迈出河南全面建成小康社会加快现代化建设的新步伐。

第二板块是河南区域创新发展典型案例研究。我们选用了七个研究报告，分别是《建设国际商都暨推进郑州自贸区建设研究》《河南高速公路路域经济发展研究》《河南省中医药优先发展战略研究》《河南省偃师市经济社会发展战略研究》《河南省巩义市产业结构调整对策研究》《河南省郏县实施转型攻坚三年行动计划研究》《郑州黄河生态旅游风景区发展战略研究》。这些发展报告，大体上可以代表河南区域创新发展进展的不同类型和总体情况。

建设国际商都暨推进郑州自由贸易区建设，是参与我国新一轮改革开放热潮的重要举措，是打造"一带一路"重要节点城市的客观要求。建设国际商都暨推进郑州自贸区建设的总体思路是，充分依托郑州航空港实验区（郑州新郑综合保税区）、郑州出口加工区、河南保税物流中心、郑东新区金融集聚核心功能区、郑州国家电子商务示范基地、郑州国际物流园区、郑州跨境E贸易配套园区、铁路集装箱中心站、郑欧班列常态化运营、郑州航空港、公路港、铁路港等对外开放和资源配置要素平台优势，着重在金融、投资、货物贸易与服务贸易、航空物流、跨境贸易、电子商务等领域探索建立符合国际化、法治化要求的规则体系和营商环境，使郑州成为新亚欧大陆桥、丝绸之路经济带国家发展战略重要支点城市。打造国际化区域金融中心、国际性的航空物流集疏中心和全球生产、消费供应链重要节点，支撑国际商品"大进大出"、国际资本快速流动，将郑州建设成为辐射带动中部开放发展的内陆型国际商都暨自由贸易试验区，为内陆省份探索一条以开放促改革、促发展、促转型的新路子。

河南省高速公路建设已经走过了大规模建设阶段，正从外延扩张进入成熟期，由于运营模式单一，过度依赖通行费，财务成本偏高，各类经营主体均面临着较大的经营管理压力。大力发展高速公路路域经济，建立与周边经济发展战略、资源优势和产业结构相适应、相协调的路域经济体系，对于强化河南在全国综合交通运输体系中的战略地位，加快沿线区域经济竞争力提升，推动高速公路由交通通道向经济走廊转型，均具有重要意义。报告综合分析河南路域经济的现实基础，以及国际国内环境的新变化和路域经济发展的新要求。未来一段时期河南高速公路路域经济发展的指导思想是，发挥比较优势，激活闲置资源，以五大发展理念为引领，以推进供给侧结构性改革为主线，促进路域经济转型提质增效，培育综合交通发展新动能，充分利用和挖掘"四资"（资产、资本、资金、资源）价值，强化多式衔接、功能融合、创新驱动，坚持差异化、特色化、连锁化，积极培育新领域、新业态、新模式，加快形成优势突出、特色彰显、结构优化、布局合理的路域经济发展新格局。

河南作为中医药起源、发达和传承的重要区域，对中华民族的繁衍昌盛做出了卓越贡献，对整个人类健康和世界文明产生了积极的影响。在加快中原崛起河南振兴富民强省的新时期，推进中医药优先发展，对于深化医疗卫生体制改革、提高人民健康水平、推动经济发展方式转变、促进经济发展和社会和谐、弘扬中华文明，具有十分重要的战略意义。实施河南省中医药优先发展战略的指导思想，是全面贯彻党的十八大和十八届三中、四中全会精神，深入贯彻习近平总书记系列重要讲话和调研指导河南工作时的重要讲话精神，紧紧抓住推进三大战略、打造"四个河南"的重大机遇，以加快建设中医药强省为总目标，大力实施中医药优先发展战略，解放思想，与时俱进，开拓创新，深入开展中医药体制改革，扎实推进中医药传承创新，着力构建中医药医疗保健服务体系，持续推动中医药医疗、保健、科研、教育、产业、文化六位一体全面发展，不断满足人民群众对中医药的需求，提高广大人民群众特别是农民群众的健康水平，提升中医药产业竞争力，为加快中原崛起河南振兴富民强省提供重要支撑。

偃师市综合经济发展水平多年居河南省县（市）的前列，但偃师经济社会发展也存在不少令人担忧的问题。在新的形势下，谋划偃师发展的新方略，开创偃师经济发展新局面，具有十分重要的意义。当前及今后一个时期，偃师经济社会发展的总体思路是：围绕河南省委省政府、洛阳市委市政府的战略部署，结合偃师实际，实施"四五"总体方略，即以建设"五个偃师"（富裕偃师、活力偃师、人文偃师、秀美偃师、幸福偃师）为目标，确立"五个"战略定位（河南县域经济排头兵、郑洛工业走廊战略支点、河南城乡发展一体化示范区、华夏历史文化传承创新先行区、中原经济区田园生态宜居城），实施"五大"战略方针（产业兴市、城镇引领、创新驱动、洛偃一体、二次创业战略），完成"五大"任务（加快推动产业转型升级、推进洛偃一体化发展、促进城乡发展一体化、推进文化传承创新、激发创业创新活力、推进宜居偃师建设），努力打造偃师经济升级版，推动偃师经济社会发展迈上新台阶，取得新的更大的成就。

巩义市是全国百强县（市），工业基础雄厚，2016 年巩义市位居"全国工业百强县（市）"第30位、河南省第1位。巩义市产业集聚区和巩义市豫联产业集聚区成功纳入国家开发区目录；巩义市产业集聚区顺利通过国家新型工业化示范基地复核。但是，巩义工业发展过度依赖传统领域和传统产品，新兴产业与新兴业态发展缓慢，结构调整相对滞后。因此，分析当前巩义产业结构的现状并通过与相关区域的比较深层剖析存在的问题，具有重要意义。巩义市产业结构优化的总体思路应该是：加速服务业，升级工业，做精农业，实现产业深度融合发展，构建产业发展新体系。积极融入河南省四大国家战略，抓住供给侧改革的历史机遇，坚持"两化一高"方向，突出"三个并重"（加快发展服务业与转型升级制造业并重，培育壮大新兴产业与改造提升优势产业并重，加大集群引进力度与支持本地企业转型并重），坚持"拓展优势"和"无中生有"相结合，抓住机遇培育壮大一批新的产业增长点，推动新旧产业、新旧动力、新旧经济的顺利转换，进入新的区域经济发展轨道。

郏县位于河南省中部偏西，总面积737平方公里，人口63万。河南省第十次党代会对包括平顶山市在内的资源型城市提出了"突出转型发展"的要求。郏县作为平顶山市的一个重要组成部分，应深入贯彻省十次党代会精神，实施转型攻坚三年行动计划，争取在"转型攻坚"方面凝心聚力，有所作为。郏县转型攻坚的基本思路是：突出以新发展理念为引领，以转型攻坚为主题，以改革创新为动力，实施"一五四一六"总体方略。"一"即实现一个目标，就是以"建设新郏县　实现新跨越"为总体目标；"五"即关注五大战略重点，就是强力推进五大转型（增长方式转型、产业结构转型、城乡结构转型、社会发展转型、生态建设转型）；"四"即完成四项核心任务，就是协调推进四化建设（新型工业化、新型城镇化、新型农业现代化、文化旅游产业化）；"一"即实施十大工程（百亿产业培育工程、招商提速增效工程、城镇扩容提质工程、精准扶贫脱贫工程、基础能力建设提升工程、优势教育资源倍增工程、文化旅游产业化工程、健康休闲养老工程、生态环境建设工程、全面从严治党工程）；"六"即启动六项工作举措（进一步解放思想、培育打造融资平台、形成多层次人才支撑、推动全方位改革开放、加大创新驱动力度、提供坚强组织保障）。

郑州黄河生态旅游风景区，位于河南省会郑州市西北 20 公里处的黄河之滨，是国家 AAAA 级旅游景区、黄河国家地质公园。经过多年建设，郑州沿黄地区生态文化旅游业和经济社会获得快速发展，但由于其存在着体制机制性制约等复杂问题，景区还面临着景点碎片化、开发碎片化、功能碎片化、管理碎片化等四大难题，亟须引起高度重视。河南要统筹郑州沿黄河区域规划，按照郑州国际商都建设的总体要求，将郑州沿黄河空间范围纳入统一规划建设管理，健全机构，理顺体制，创新机制，实施郑北板块加快发展战略，推进核心层、主体层与外围层联动发展，建设以生态、旅游、文化创意、会议、休闲度假等产业为依托、融合多种产业发展的郑州黄河生态文化旅游产业带，力争通过 10～15 年的努力，将郑州黄河生态旅游风景区建设成为国家黄河中下游生态涵养带和郑州沿黄生态文化旅游产业带，成为"一带一路"国际文化交流合作的重要节点、华夏文明对外展示的重要窗口，成为郑州区域协同发展的新支点、绿色发展的新亮点、开放发展的新高地。

第三板块是河南区域"十三五"发展战略研究。我们选用了五个研究报告，分别是《河南"十三五"经济发展重大问题的思索与前瞻》《河南濮阳市"十三五"发展战略研究》《河南省商水县"十三五"发展战略研究》《郑州市二七区"十三五"发展战略研究》《新乡市平原城乡一体化示范区"十三五"发展战略研究》。这五个研究报告，一个是对河南"十三五"的整体研究，其他四个报告的内容涵盖了一个省辖市、一个县、一个区和一个城乡一体化示范区，能大体反映河南不同区域层级和区块的"十三五"发展趋势。

"十三五"是河南全面建成小康社会，基本形成现代化建设大格局的关键阶段。随着全球经济发展新变化和我国经济发展进入新常态，国际国内都处在转折变革、分化重组的过程中，由此河南发展的外部环境和条件也发生了深刻的变化。总的来看，"十三五"时期河南省经济社会发展仍处于重要战略机遇期，但是其战略机遇期已经从相对稳定型为主向更加复杂多变、更加依赖主动塑造的方向转变，河南必须准确把握，积极应对，全面形成经济社会发展新格局。在新的历史起点上推动和谋划河南发展，需要认清形势，把握重点，紧紧抓住影响和带动全局发展的关键领域和重点环节，在放大载体效应、提升要素水平、优化空间布局、构建现代产业体系和加强生态环境建设五个方面创新突破、引领发展。

濮阳市位于河南省东北部，黄河下游，冀、鲁、豫三省交界处。濮阳是河南的东北门户，是中原经济区重要出海通道，是豫、鲁、冀省际交会区域性中心城市。"十二五"时期是濮阳经济社会发展最快、质量最好的时期，主要指标增速进入全省第一方阵，生产总值突破了千亿元大关，重大项目建设成效突出。同时濮阳也面临加快结构调整与保持经济稳定增长、产业转型升级与创新动力不足、城镇化加速与公共服务均衡发展等诸多矛盾，传统产业扩量提质遭遇瓶颈、新旧增长动力转换艰难，城市竞争软实力不强、极化效应加剧区域竞争，民生保障和资源环境约束依然明显、各种风险矛盾逐步显露，能源、文化、生态等独特资源优势和改革开放潜能释放不够等突出问题亟须解决。河南谋划濮阳市"十三五"时期的发展，必须准确把握经济发展新常态带来的趋势性变化，深刻认识濮阳市处于转型升级、赶超发展的关键时期，顺应趋势，抓住关键，以全面建成小康社会为总目标，以"坚持率先转型，实现三量齐升，进入全省省辖市第一方阵"为总要求，牢固树立创新、协调、绿色、开放、共享新理念，着力改革开放，着力创新引领，着力优化结构，着力改善民生，全面建设富裕文明和谐美丽的新濮阳。

商水县地处河南省东南部，总人口121万，是一个典型的平原农业大县，是全国重要的粮、棉、油生产基地，是全国粮食先进县、全国科技先进县、全国生猪调出大县。"十二五"期间，商水县以"加快发展、统筹城乡"为主题，以周商一体化建设为载体，在复杂多变的宏观经济环境下保持了经济社会平稳较快发展，顺利完成了"十二五"规划确定的主要目标任务。"十三五"期间，商水县既面临国家战略和省战略叠加等难得的历史机遇，也面临复杂多变的国内外宏观环境和激烈的区域竞争挑战，商水县必须准确把握，更加奋发有为，开创各项工作新局面。"十三五"时期商水县经济社会发展的基本思路是：主动适应经济发展新常态，以推进商周一体化发展、打造周口市中心城区重要功能组团为总体定位，坚持以发展为第一要务，坚持以转型升级、提质增效为战略导向，坚持改革、开放、创新驱动发展，着力扩总量调结构，着力强载体优形态，着力打基础强支撑，着力惠民生增福祉，强力打造全市重要的电力生产和轻工制造基地、现代多式联运物流基地、绿色有机农产品供应和现代都市休闲体验农业基地。

二七区是河南省会郑州市的商贸中心城区，因纪念1923年2月7日京汉铁路大罢工而得名。辖区以二七广场为轴心，呈扇形向西南部延伸，陇海路、航海路、长江路、南三环、南水北调运河依次分布，全国著名的郑州火车站、河南省最大的汽车客运中心以及中原地区最大的邮政、电信枢纽均位于此，其具有良好的区位、交通、通信等优势。"十二五"时期二七区突出"三大主体"工作，牢固树立"品牌、品质、品位"理念，大力发展三大主导产业，不断加快"五大板块"建设，走出了一条富有二七特色的发展之路。二七区"十三五"发展的总体思路是：坚持创新、协调、绿色、开放、共享发展理念，全力推进新型城镇化、现代产业体系构建、社会治理长效机制建设三大主体工作，加快二七新区、马寨产业集聚区、二七特色商业区、高端医疗服务区、美丽乡村田园生态区五大板块建设，突出改革创新增活力、投资开放蓄后劲、结构优化再升级、惠民富民求实效，全面提升发展品牌、品质、品位，率先全面建成小康社会，率先实现全域城镇化，努力实现综合实力再晋位、城乡环境更优化、群众生活更美好，为郑州都市区和国际商都建设做出更大贡献。

新乡平原示范区于2010年2月成立，辖区面积295平方公里，总人口20万人。平原示范区与郑州一河之隔，三桥相连，距郑州市区20公里、新乡市中心35公里、焦作市中心45公里，区位优势明显。"十二五"时期，平原示范区紧紧围绕实现城乡一体发展和推进郑新融合发展两大任务，强力打造"农业硅谷、科技新城、产业基地、宜居水乡"四大目标，统筹抓好稳增长、促改革、调结构、惠民生、防风险等各项工作，经济社会保持了平稳较快的发展态势。"十三五"时期平原示范区发展面临许多新变化新情况新问题，机遇与挑战并存，现代化建设外部环境总体向好、机遇大于挑战。平原示范区必须增强忧患意识、紧迫意识、责任意识，抢抓机遇，应对挑战，着力解决发展中的突出问题，切实把经济增长的动力转换到科技引领、创新驱动的发展轨道，努力推动综合实力晋位升级，全力打造工业、服务业和都市高效农业协调发展的复合型经济发展区，努力建设经济、民居、生态功能兼具的现代化综合发展实验区和科学发展样板区。

本书有关报告由河南省社会科学院、河南省政府发展研究中心、河南省委党校、黄河科技学院、河南财政金融学院、郑州师范学院、河南国控集团有限公司的专业技术人员参与撰写，他们（排序不分先后）是：喻新安、杨保成、王建国、完世伟、陈明星、赵西三、李怀玉、张冰、田文富、刘战国、毛兵、王新涛、刘晓萍、唐晓旺、赵然、武文超、王中亚、马欣、王晖、喻晓雯、张怡辉、崔理想、左雯、王玲杰、喻晓莹、李建华、韩鹏、郭志远、王元亮、杨兰桥、彭俊杰、石涛、刘刚、王军胜、张红玉、岳佳坤、王威、周晓东、张志娟、刘晓慧、郭军峰、豆晓利、杜文娟、李雪梅、周丽华、刘亚迪等。研究报告在调研和撰写过程中，得到了许多部门和地方领导的关心、支持和帮助，在此一并致谢！

区域创新发展总体方略研究

区域经济新棋局下的河南发展研究

当前，国内外发展环境复杂多变，全球经济发展格局正处于再平衡之中，国内区域发展格局演变呈现新态势，影响区域发展的要素发生深刻变化，新的增长极正在培育并逐步形成。在此背景下，谋划区域经济新棋局，将助推区域发展由"政策市"走向"市场市"，促进区域间竞争与合作的再强化，推动区域发展战略的再整合。

一 区域经济新棋局的内涵及意蕴

区域经济新棋局是在新的发展背景下谋划提出的区域发展新战略，将对促进区域发展战略整合、区域发展格局重构，起到重要的推动作用。

（一）区域经济新棋局提出的背景

当前，国内外发展环境复杂多变，全球经济发展格局正处于再平衡之中，国内区域发展格局演变呈现新态势，影响区域发展的要素发生深刻变化，新的增长极正在培育并逐步形成，这些都为区域经济发展新棋局孕育了条件。

1. 全球经济发展格局面临深度调整和重组

当前，全球经济格局深度调整，国际竞争更趋激烈，特别是在应对国际金融危机的过程中，新兴经济体迅速崛起，成为拉动国际经济增长的重要力量，但自 2013 年以来，各国普遍遇到了前所未有的诸如产能过剩、中等收入陷阱、新经济增长点薄弱等挑战，面临经济下行的巨大压力，而发达国家则渐次走出了困境，进入经济复苏。在国际经济格局处于再平衡的背景下，与世界经济联系越来越紧密的我国经济，需要通过主动参与到国际经济分工体系中，为我国发展营造一个有利的外部条件。特别是经济发展中遭遇的对外经济依赖度较高、资源缺乏等瓶颈，决定了我国必须积极利用国内国外两种资源、两个市场，加强丝绸之路经济带、海上丝绸之路建设等战略谋划，拓展我国的发展空间。

2. 我国区域发展格局演变呈现新态势

新中国成立以来，随着社会经济的快速发展，我国区域经济发展格局总体上经历了均衡发展阶段、非均衡发展阶段、非均衡区域协调发展阶段以及统筹区域协调发展阶段四个历史阶段。近年来，随着一系列区域振兴规划的密集出台，国内区域经济协作程度的增强，以都市经济圈为主导的区域经济一体化进程加速发展，国内区域经济逐步形成"东部率先发展、西部大开发、中部崛起、振兴东北老工业基地"的区域经济协调发展新格局。目前，国内区域经济格局发展的新趋势主要体现在五个方面。一是主体功能区全面展开。目前，国家已经颁布了主体功能区建设规划，各地区将依据自身资源条件走特色发展之路。二是区域产业重组和转移趋势明显。东部资源投资报酬率的下降，倒逼资源向中西部地区转移，中西部地区将会成为国内经济潜在增长极区。三是大都市圈和城市群在区域经济发展中的主导地位增强。以中原城市为代表的新兴城市群将加快中西部地区区域经济发展的步伐。四是区域经济合作关系明显加强。以长江经济带为代表的"四带一区"将会构建横跨南北的区域合作新格局。区域合作的格局由政府主导逐渐转变为由市场主导，大企业、大项目在区域资源配置中发挥更加关键的作用。五是全方位对外合作格局逐步形成。近年来，国家加强了与周边地区的合作关系，逐步构建以南亚线、西北亚线、东南亚经济圈、东北亚经济圈以及亚太经济中心为核心的"两线两圈一中心"跨国区域经济合作新格局。

3. 影响区域发展的要素发生深刻变化

当前，随着我国区域发展态势的重大变化及部分产业的布局大尺度转移，影响区域发展的要素正在发生深刻变化。传统因素的影响正在日趋下降，矿产资源、水资源、交通等曾经是中外大多数国家工业化和发展中的重要因素，这些因素曾经影响甚至决定了我国的区域发展和生产力布局的基本格局。但是，经过改革开放以来特别是近年来的结构调整，这些传统因素的作用正在下降，一些新兴因素越来越发挥着关键的作用。比如，经济国际化成为高速增长地区发展的主导因素，信息化发展促使我国地区发展差距扩大，科学技术发展和创新能力成为极为重要的发展因素，生态和环境因素成为区域可持续发展的重要因素，体制创新是近年来区域发展差距扩大的重要原因之一。以信息化和科技创新为例，其对区域发展的影响主要有三个方面：一是由于产业结构水平和各类产业及服务业中技术含量的增加，我国高新技术产业占国民经济中的比重逐步上升；二是科学技术在改造传统产业和提高整个社会经济生活水平的作用愈来愈显著；三是高新技术产业在一定区域的集聚，成为带动地区整个经济发展的创新空间，如高新技术企业、相关的研究与开发（R&D）机构和必要的信息设施、金融机构及其他一系列服务设施等构成的产业群。

4. 新的增长极正在培育并逐步形成

改革开放以来形成的战略支点主要有：长三角地区、珠三角地区和环渤海地区；中部崛起促成了新的战略支点的形成，包括长江中游地区和中原经济区；西部大开发也促成了若干新的战略支点，主要有成渝经济区和关中－天水经济区。随着中国区域经济的进一步均衡和城镇化进程加快而形成大面积的城市地区，更多的战略支点可能会出现，如北部湾经济区、天山北坡地区、东北中部地区、海峡西岸地区等，都可以形成新的战略支点。这些战略支点的出现，将使新发展的区域有机会进入国家发展的核心区域，获得更好的发展条件和环境，拥有更多的发展资源，同时它们也将在国家的经济发展中起到更重要的作用。城市群实力的增强，使得城市群所在地区发展成为区域经济的支点。特别是由于中国的工业化进程远未结束，中国经济的空间分布受到工业分布的影响，呈现出与工业特别是制造业走向相一致的方向性变化。也就是说，中国的整体经济布局正在由过去各种经济要素和工业活动高度在东部地区集聚的趋势，逐步转变为由东部沿海地区向中西部和东北地区转移扩散的趋势。发展现代产业成为打造新的战略支点的核心和关键，而产业转移的加速使新的战略支点产业体系加快形成，因此，国家未来的新战略支点将主要分布在中西部。

（二）区域经济新棋局的内涵

十八届三中全会以来，党中央对实施区域发展战略做出了一些新的部署。中央明确提出，以京津冀为突破口的东部三大城镇群核心区协同发展，和以内地沿边地区与新丝绸之路经济带协调发展的"抓两头"区域战略。2014 年，国务院《政府工作报告》中明确提出，把培育新的区域经济带作为推动发展的战略支撑。国家深入实施区域发展总体战略，优先推进西部大开发，全面振兴东北地区等老工业基地，大力促进中部地区崛起，积极支持东部地区经济率先转型升级，加大对革命老区、民族地区、边疆地区、贫困地区的支持力度。要谋划区域发展新棋局，就要由东向西、由沿海向内地，沿大江大河和陆路交通干线，推进梯度发展。依托黄金水道，建设长江经济带。以海陆重点口岸为支点，形成与沿海连接的西南中南、东北、西北等经济支撑带。推进长三角地区经济一体化，深化泛珠三角区域经济合作，加强环渤海及京津冀地区协同发展。实施差别化经济政策，推动产业转移，发展跨区域大交通大流通，形成新的区域经济增长极。

这一区域经济新棋局，是要在继续深入实施区域发展总体战略的基础上，更加重视区域统筹协调，以市场为基础，从更高的层次、更广的空间，来促进资源的优化配置和要素的自由流动，优化区域发展格局。全面把握区域经济新棋局的内涵，需要从以下几个方面着手：一是更加注重促进东中西部、沿海和内地的联动发展，加快缩小区域发展的差距；二是更加注重引领沿大江大河和陆路交通干线的发展，积极培育新的区域经济带和增长极；三是更加注重促进区域一体化的发展和协同发展，促进资源要素的自由流动和高效配置；四是更加注重推进国内与国际的合作发展，推动对内对外开放相互促进；五是更加注重促进区域可持续发展，进一步提高我国国土空间开发的科学性；六是在布局形态上，不再是"块"，而是"带"，即沿大江大河和陆路交通干线布局经济带，以海陆重点口岸为支点，形成与沿海连接的西南中南、东北、西北等经济支撑带；七是在政策取向上，实施差别化的经济政策，推动产业转移，发展跨区域大交通大流通，把培育新的区域经济带作为推动发展的战略支撑。

2013 年以来，我国区域发展的经济带建设思路已经比较明确。目前已经形成或重点打造的国家级经济带主要有以下几个。

环渤海经济带。环渤海经济带处于东部地区，贯通南北、连接陆海，总人口 2.5 亿人，GDP 以及投资、消费、进出口等主要指标都约占全国的四分之一，作用独特、区位优越、基础雄厚，正处于转型发展的关键阶段，是中国经济最有潜力的新增长极之一。尤其是京津冀协同发展，将面向未来打造新首都经济圈。

长江经济带。该经济带可以依托长三角城市群、长江中游城市群、成渝城市群，做大做强上海、武汉、重庆三大中心城市及三大航运中心，推进长江中上游开发，构建沿海与中西部相互支撑、良性互动的发展格局，拓展我国经济发展空间，形成直接带动超过五分之一国土、约6亿人的强大发展新动力。

丝绸之路经济带。以综合交通通道为展开空间，依托沿线交通基础设施和中心城市，对域内贸易和生产要素进行优化配置，促进区域经济一体化，最终实现区域经济和社会同步发展。丝绸之路经济带是在古丝绸之路概念基础上形成的一个新的经济发展区域。东边牵着亚太经济圈，西边系着发达的欧洲经济圈，被认为是"世界上最长、最具有发展潜力的经济大走廊"，是西部大开发的"升级版"。

中国经济带的建设是为了构建中国区域空间的战略格局，形成覆盖全部国土的科学开发的框架体系。因此，其目前还是处在"织网"的阶段。在中国区域空间的战略格局的大网中，至少还有若干经济带已经或即将形成。

东南沿海经济带。随着沪深高铁的全线贯通，上海自贸区、天津滨海新区、粤港澳合作区等助其提速，一个连接长三角城市群、海峡西岸城市群、珠三角城市群和北部湾城市群的经济带已经呈现。

珠江经济带。与长江经济带平行、支撑我国南方发展的珠江经济带，包括广东、广西、贵州、云南，它是以珠三角为龙头，涵盖整个西江流域，并将进一步拓展中国的区域经济空间。

东北中部经济带。从黑龙江北部一直到辽东半岛，形成一个纵贯东北平原腹地的经济带。这里有中国最大的平原，有丰富的煤炭、石油、粮食等资源产品。东北中部经济带的建设将有利于本区的东北亚区域中心作用的发挥。

黄河经济带。包括山东、河南、陕西、甘肃、青海，黄河经济带东到黄海，西接丝绸之路经济带，是中国的经济脊梁。

长城经济带。在中国的北方，沿长城一线，包括北京、河北、山西、内蒙古、宁夏，在中国的北方内陆形成一个强大的经济地带，将承担起中国最大的能源基地的职能。

（三）谋划区域经济新棋局的战略意义

经过改革开放以来 30 多年的持续快速增长，我国经济社会发展已经进入一个新的历史阶段。谋划区域经济新棋局，需契合中国经济大转型、大发展的需要，并将为大超越构建新的载体和支点。

1. 是实现经济结构转型升级的重要载体

从经济发展的全局着眼，培育新的区域经济带，以此构建推进中国经济转型发展的战略支撑，对于有效扩大内需、促进经济稳定增长、调整经济结构具有重要意义。在经历一个持续的"赶超"过程之后，特别是在中国年度国民经济总量超过日本之后，中国经济发展就历史性地进入了一个真正的"大超越"阶段。大超越需要以大转型为前提，大转型、大发展、大超越需要新载体。丝绸之路经济带等战略安排就是这类新载体之一。当前我国区域发展是在东部率先发展、西部大开发、东北振兴、中部崛起四大传统战略基础上的进一步深化和细化。其主要特点是更加注重东中西部的连接和贯通，强调跨省、跨区域的大区域发展；在开放层面上，从沿海开放转向更注重空间和内容的全面开放，以构建新的开放型经济体系，比如"一带一路"建设构想的提出；在内容上，更强调可持续发展，强调环境保护和经济发展的有机结合。在相关规划驱动下，我国区域结构将进一步改善，中部、西部和东北地区将加快发展，经济增长将进一步提质增效，区域发展不平衡将转化为中国经济梯级发展的强大动力。

2. 是培育新的经济增长极的战略举措

当前，我国正处于发展速度换挡期、结构调整阵痛期、前期刺激政策消化期三期叠加阶段，经济增长仍面临较大的下行压力。谋划区域经济新棋局，实施东西双向开放战略，与依托亚欧大陆桥的丝绸之路经济带相连接，将构建沿海、沿江、沿边全方位开放新格局，在提升东部沿海发展质量的同时，重视做好内陆开发开放，推动中西部沿长江区域积极承接沿海产业转移，加大力度推进对内对外开放，大力推进城镇化，让更多的农业人口有序进城，加强城际间联系，把发展潜力和空间释放出来，进而为中国经济长期持续健康发展提供支撑。此外，通过建立健全区域间互动合作机制，完善长江流域大通关体制，更好发挥市场对要素优化配置的决定性作用，也是深化改革开放、打破行政区划壁垒、建设统一开放和竞争有序的全流域现代市场体系的重要举措，对于新的经济增长极的发展，将提供重要的体制机制保障。

3. 是应对全球经济格局新调整的必然选择

区域经济新棋局的谋划，尤其是丝绸之路经济带、海上丝绸之路的构想，展现了中国发展区域共赢合作的新理念、新蓝图、新途径和新模式。这一构想提出丝绸之路沿线国家合力打造平等互利、合作共赢的"利益共同体"和"命运共同体"的新理念，即通过加强政策沟通、道路联通、贸易畅通、货币流通、民心相通等新途径，以战略协调、政策沟通为主，与现有的区域合作机制如上合组织、欧亚经济共同体、亚太经合组织、东盟、海合组织和欧盟等合作，协调发展。中国将以带状经济、走廊经济、贸易便利化、技术援助、经济援助、经济一体化等各种可供选择的方式与沿线国家共同推进欧亚区域经贸发展，这种创新的合作模式，可以使欧亚各国经济联系更加紧密，相互合作更加深入，发展空间更加广阔，新的地缘格局必将再度深刻影响世界。而且，将丝绸之路经济带与长江经济带等相结合，将形成引领未来中国西部大开发、实施向西开放战略的升级版，有利于释放中西部地区的发展潜力，拓展开放型经济发展的广度和深度。

（四）区域经济新棋局对区域发展的意蕴

区域经济新棋局标志着区域经济发展布局从"块"到"带"的演变，因其组织方式和发展方式的根本差异，也促使各区域对其现有的区域发展战略进行必要的再审视。

1. 区域经济新棋局将助推区域发展由"政策市"走向"市场市"

经济带是在区域分工基础上形成的不同层次和各具特色的带状地域经济单元，内在要求内部各经济板块间有明确的定位和明晰的分工。因此，区域经济新棋局将推动区域发展从行政区思维转向经济区思维，更多地尊重和遵循市场规律，打破"要政策、抢优惠"的惯性，破除对政策的一味"等靠要"，除针对特别困难地区或承担先行先试任务的特殊功能区之外，不搞特殊和优惠政策，这有助于深化对政府与市场关系的再认识，遏制对违规优惠政策的侥幸期待，让区域发展真正由"政策市"回归"市场市"，让经济活动回归法制和市场轨道。最近，愈演愈烈的自贸区申报热潮被紧急叫停，也在一定程度上凸显了区域发展新棋局下区域发展战略理念的深层次转变。

2. 区域经济新棋局将促进区域间竞争与合作的再强化

区域经济带意味着建立在比较优势和市场选择基础上的更多的区域分工与合作，这将在加速区域经济一体化的同时，也强化着经济带内各经济板块或地区间的竞争与合作。即便强调经济带内区域协调发展，先发地区对后发地区的推动和支持，也要更多地基于市场规律和市场调节，在优势互补、互利共赢的基础上实现协调发展。因此，在区域发展新棋局下，各区域必须尊重历史规律和经济规律，加快清理、废除妨碍全国统一市场形成和公平竞争的各种规定和做法，着力建立统一开放、竞争有序的市场体系，促进人口等资源要素在不同区域间自由流动、优化配置。

3. 区域经济新棋局将推动区域发展战略的再整合

2013 年底召开的中央经济工作会议明确提出，要完善并创新区域政策，缩小政策单元，重视跨区域、次区域规划，提高区域政策的精准性。在区域发展新棋局下，原有的区域发展战略与新的区域经济带之间势必出现重合、交叉或相互补充等情形，是固守原有的区域发展战略，还是积极融入区域发展新棋局？由于以往的区域发展战略或规划均既体现了国家意志，又结合了地方的比较优势，且从基础设施、产业、社会发展、环境保护等方面配套有一系列政策措施和项目安排，操作性强、含金量高，所以地方多有争取区域发展战略或规划的内生动力。所以，鉴往知来，区域经济新棋局下，相关区域对自身发展战略或规划也不难有再审视再选择的内生动力。比如，在继陆续上升为国家战略的区域振兴规划热潮后，从 2014年开始，截至目前已有陕西西咸新区、贵州贵安新区、青岛西海岸新区、大连金普新区、四川天府新区五个城市新区成为国家级新区（见表1）。

表 1　国家级新区及其特色定位

新区	国务院批复时间	特色及定位
上海浦东新区	1992 年 10 月	科学发展的先行区、"四个中心"（国际经济中心、国际金融中心、国际贸易中心、国际航运中心）的核心区、综合改革的试验区、开放和谐的生态区

续表

新区	国务院批复时间	特色及定位
天津滨海新区	2009 年 11 月	我国北方对外开放的门户、高水平的现代制造业和研发转化基地、北方国际航运中心和国际物流中心
重庆两江新区	2010 年 6 月	内陆重要的先进制造业和现代服务业基地等五大功能定位
浙江舟山群岛新区	2011 年 6 月	浙江海洋经济发展的先导区、海洋综合开发试验区、长江三角洲地区经济发展的重要增长极
甘肃兰州新区	2012 年 8 月	带动甘肃及周边地区发展、深入推进西部大开发、促进我向西开放
广州南沙新区	2012 年 9 月	打造粤港澳全面合作示范区
陕西西咸新区	2014 年 1 月	富有历史文化底蕴特色的现代化城市
贵州贵安新区	2014 年 1 月	探索欠发达地区后发赶超路子，加快推进体制机制创新
青岛西海岸新区	2014 年 6 月	担负海洋强国和改革开放的双重使命
大连金普新区	2014 年 6 月	进一步深化与东北亚各国各领域的合作
四川天府新区	2014 年 10 月	以现代制造业为主、高端服务业集聚、宜业宜商宜居的国际现代新城区

二 区域经济新棋局下河南发展面临的机遇和挑战

河南是人口大省、产粮大省，连接东西，贯通南北，在中华文明发展进程中占有重要地位，是区域经济新棋局中举足轻重的"中原板块"。在区域经济新棋局下，这一板块的发展既面临前所未有的机遇，又面临着前所未有的严峻挑战。

（一）河南在区域经济新棋局中的战略地位

近年来，国家陆续出台区域发展规划，内陆地区多个城市群上升为国家战略，丝绸之路经济带、长江经济带等发展构想相继提出，旨在运用新地缘经济和新信息技术条件下的交通、物流和信息流等综合优势，推动内陆地区与沿海、沿边地区联动发展。河南连接东西、贯通南北，习近平总书记强调，希望河南建成连通境内外、辐射东中西的物流通道枢纽，为丝绸之路经济带建设多做贡献。作为中国的心脏地带，河南的发展不仅仅是自身的问题，对全国发展大局也具有重要意义。国家对中原经济区的五大战略定位提升了河南在全国区域经济发展格局中的地位，也让当下的中原肩负着国家在诸多领域先行先试、探索经验的光荣使命。河南要自觉担负起服务国家大局、推动自身发展的双重责任，加快构建覆盖中西部、辐射全国、连通世界的铁路、公路、航空、信息综合枢纽，实现服务全国大局与加快自身发展的有机统一。

国际金融危机爆发以来，国内区域产业梯度转移明显提速，中原地区成为承接产业转移的重要载体。2009 年 10 月《促进中部地区崛起规划》发布，中部六省立足自身比较优势谋划、完善、提升区域发展思路，鄱阳湖生态经济区、武汉城市圈、长株潭城市群、皖江城市带、山西省国家资源型经济转型发展综合配套改革试验区、中原经济区等陆续上升为国家战略，中原地区在全国区域发展格局中的地位稳步提升。习近平总书记指出，河南的发展在中原地区崛起中发挥了重要作用。近些年，河南抓住产业转移的战略机遇，积极探讨适应新阶段的发展思路。2011 年中部地区第一个综合保税区新郑综合保税区建成运行，2012 年郑州获批全国唯一综合性跨境贸易电子商务试点城市，2013 年我国第一个航空港经济综合实验区上升为国家战略。2014 年 5 月，国家发改委正式启动新十年促进中部地区崛起规划前期研究工作。河南的区位、交通、能源、人力资源等传统优势依旧明显，航空枢纽、对外贸易、新兴产业等新优势逐步强化，河南更应在促进中部地区崛起中发挥更大作用。

（二）区域经济新棋局下河南发展面临的机遇

1. 中部崛起新机遇

在"两横三纵"的带状区域发展新棋局中，中原板块在"两横一纵"经济带范围之内，战略地位将更为突出。其中，河南在东陇海经济带与京广经济带的交汇处，湖北、湖南在长江经济带和京广经济带的交汇处，山西在沿京广经济带范围，江西、安徽都属于长江经济带范围。《全国主体功能区规划》也把中部地区的中原经济区、皖江城市带、江淮地区、长江中游地区等定位为重点开发区域。同时，中部崛起战略自提出、实施到深入推进已经 10 年。按照《促进中部地区崛起规划》，中部地区着力构建"两横两纵"经济带，即沿长江经济带、沿陇海经济带、沿京广经济带和沿京九经济带，取得了较为明显的成效，与国家"两横三纵"的带状区域发展新棋局相吻合。可以看出，以河南为中心的中原板块在中部地区区域发展新棋局中承东启西、通南贯北的战略地位更加突出。为促进中原地区崛起，河南要依托其在带状区域发展新棋局中的战略地位，积极融入"两横两纵"经济带，把握国家促进中部崛起的新机遇，使其成为支撑全国经济增长的重要板块。

2. 城市群发展新机遇

城市群是城镇化高级发展阶段的城市空间形态。目前，我国东部地区京津冀、长江三角洲、珠江三角洲三大城市群，以 2.8% 的国土面积集聚了 18% 的人口，创造了 36% 的国内生产总值，成为带动我国经济快速增长和参与国际经济合作与竞争的主要平台。而中西部地区城市群发展较为滞缓，城市群一体化程度较低，尚未形成发展合力，带动区域经济社会发展的作用尚未发挥出来。当前，我国高度重视城市群发展，尤其是中西部地区城市群的发展。《全国主体功能区规划》提出，在优化提升东部地区城市群的同时，在中西部地区资源环境承载能力较强的区域，培育形成若干人口和经济密集的城市群，通过推进城镇化带动中西部地区发展。《国家新型城镇化规划（2014～2020 年）》提出，以城市群为主体形态，推动大中小城市和小城镇协调发展；中西部地区城市群要成为推动区域协调发展的新的重要增长极；加快培育成渝、中原、长江中游、哈长等城市群，使之成为推动国土空间均衡开发、引领区域经济发展的重要增长极。2014 年国务院《政府工作报告》又提出，加快推进交通、水利、能源、市政等基础设施建设，增强中西部地区城市群和城镇发展后劲。因此，中原城市群作为中西部地区重要的城市群，将在区域经济新棋局下迎来前所未有的发展机遇。

3. 城镇化发展新机遇

城镇化发展水平滞后是制约河南经济社会发展、实现中原崛起的重要因素。2014 年国务院《政府工作报告》提出，加大对中西部地区新型城镇化的支持，引导约 1 亿人在中西部地区就近城镇化。《国家新型城镇化规划

(2014~2020年)》提出，以合法稳定就业和合法稳定住所（含租赁）等为前置条件，全面放开建制镇和小城市落户限制，有序放开城区人口50万~100万的城市落户限制，合理放开城区人口100万~300万的大城市落户限制，合理确定城区人口300万~500万的大城市落户条件，严格控制城区人口500万以上的特大城市人口规模。与之相适应，2014年10月召开的推进新型城镇化工作部际联席会议第一次会议指出，将出台《城市规模划分标准调整方案》等配套政策。按此方案，大中小城市的人口规模将进行重新界定，河南除郑州属于严格控制城区人口规模的特大城市外，其他均属于要大力发展的城市（见表2）。这些都将为推动河南城镇化进程提供难得机遇。

表2　城市规模划分标准调整方案

城市类型	原标准	新标准
特大城市	100万以上	500万以上
大城市	50万~100万	100万~500万
中等城市	20万~50万	50万~100万
小城市	20万以下	50万以下

4. 开放发展新机遇

区域经济新棋局要求以带状经济推动开放向内陆发展，加快建设面向东南亚、中亚、欧洲等地区的国际物流大通道，支持内陆城市增开国际客货航线，发展江海、铁海、陆航等多式联运，这有利于河南克服既不靠海也不沿边的区位劣势，充分发挥郑州航空港经济综合实验区的国家战略优势，打破开放口岸少、物流费用高、区域转关难等诸多亟待破解的制约因素，并通过深化改革、扩大先行先试，充分发挥交通、区位等优势，积极融入区域分工与协作，不断完善现代产业体系，构建统一、开放、竞争、有序的市场体系，形成以改革促开放、以开放促发展，用大交通带动大物流、用大物流带动产业群、用产业群带动城市群、用城市群带动中原崛起的发展格局。

（三）区域经济新棋局下河南发展面临的挑战

1. 政策红利明显减少

随着我国区域发展战略的转变以及应对国际金融危机的需要，近几年国家密集出台了各具特色的区域发展规划，各区域之间的综合实力竞争日趋激烈，区域竞争的内涵和主要内容也发生了明显转变，即由原来的政策、资金、市场、要素甚至名分之争，转变为区域核心竞争力之争；由原来的以 GDP 为主的竞争转变为以经济结构、技术水平、创新能力、资源环境协调、人民生活水平等经济发展质量为主的竞争。新形势下区域竞争内涵和竞争内容的转变，将为河南发展带来新的压力和深刻影响，特别是河南普遍存在经济结构不尽合理、资源过度消耗、生态环境恶化、区域技术创新能力弱、人民生活质量提升缓慢等突出问题，再加上诸多区域发展规划出台，导致河南先行先试的政策作用递减，在先行先试方面的政策红利明显减少。

2. 传统优势逐渐衰减

当前，河南传统的人口优势、资源优势、产业基础优势可能衰减。一是人口优势可能会衰减。河南人口众多，为经济社会发展提供了丰富的劳动力资源，但是随着劳动力成本的不断提高，廉价劳动力的竞争优势将逐渐丧失。同时，河南城镇化水平不高，农业人口向城镇转移任务艰巨，而大部分农业人口文化和科技素质不高，影响着以提高城镇化质量为主导的新型城镇化的快速推进。二是资源优势可能会衰减。河南是我国的矿产资源密集区，煤炭、石油、铁、铜、铝等矿产资源丰富，为河南乃至全国发展提供了丰富的能源和原材料。随着我国更加强调经济发展质量，资源开发的生态环境成本不断提高。同时，随着科技发展，资源利用效率提高，对能源、原材料和资源性产品的需求将减少，河南的资源优势将会逐渐衰减。三是传统产业优势可能会衰减。长期以来，河南作为我国重要的能源、原材料基地，形成了以煤炭、石油、电力、冶金、机械等传统工业为主体的颇具特色的重工业体系，而高附加值的新兴工业发展缓慢，产业结构升级乏力。随着区域竞争的日趋加剧、高技术产业快速发展、产业结构优化升级步伐加快，河南传统产业优势可能会衰减。

3. 深层次矛盾仍然存在

由于长期以来粗放型经济发展方式的惯性作用，河南经济发展质量问题更加突出。一是经济结构偏重。从产业结构看，河南的重工业和资源性产业比重大，生产性服务业支撑力弱、新兴产业发展缓慢，重型化特征明显；从发展方式上看，河南的经济增长主要依赖于能源原材料产业，经济增长过度依赖投资拉动，自主创新对经济增长贡献偏低；从产业链角度来看，中上游产业多，能源、原材料比重大，产业延伸度不够；从价值链角度看，中原地区产业偏低端的特征明显，传统优势产业大多集中在中间制造环节，自主创新能力弱。二是城镇化发展滞后、发展质量不高。河南农村人口众多，城镇化水平低于全国平均水平；"摊大饼"式的城市扩张模式使得土地利用方式粗放，大量的耕地资源被浪费，导致大城市辐射和带动能力有限，中小城市功能不完善，集聚人口能力不足。三是资源环境约束加大。河南长期以来一直沿用"高投入、高消耗、高排放、低效益"的粗放型生产方式和发展模式，资源利用效率低，污染排放强度大，这使得资源环境瓶颈制约日益加剧，主要依靠资源的消耗推动经济社会快速发展的模式不可持续。

4. 新的竞争优势尚未形成

近年来，河南抢抓并充分利用国家粮食生产核心区、中原经济区、郑州航空港经济综合实验区三大国家战略，着力扩大增长点、转化拖累点、抓好关键点、抢占制高点，强化增量优化、存量调整，延伸产业链、完善创新链、提升价值链，培育了一批电子信息、生物医药、现代物流等战略性新兴产业，这些产业增速很快，比如电子信息产业增加值保持年均80%左右的增速，生物医药产业增加值增速也在20%以上。但同时河南也面临着资源环境约束趋紧的困扰，建设用地需求缺口较大，企业用工成本上升，支撑发展的资源环境承载力明显不足。据测算，2014年河南全省建设用地需求为60万亩，但是新增建设用地供给只有20万亩，只能满足三分之一的用地需求，一批技术含量高、市场前景好、投资强度大的好项目难以落地，成为制约企业发展的主要矛盾。以上这些都决定了河南战略性新兴产业和产业集聚区正在成长发展之中，还未形成可以替代传统优势产业和原有战略支撑的新支撑力量。因此，河南全省总体上仍处于转型升级的过程之中，处于爬坡过坎、攻坚转型的关键时期，许多工作取得了明显成效，传统优势减弱或已失去，但新的支撑力量尚在形成之中，深层次矛盾正在缓解但还没有根本解决。

三 区域经济新棋局下加快河南发展的总体思路

（一）指导思想

以邓小平理论、"三个代表"重要思想、科学发展观为指导，全面贯彻落实党的十八大、十八届三中全会精神与省委决策部署，紧抓谋划全国区域经济新棋局的背景和机遇，把改革创新、扩大开放贯穿于经济社会发展各个领域各个环节，坚定总坐标，坚持总思路，完善总方略，加快实现中原崛起河南振兴富民强省总目标，聚焦实施粮食生产核心区、中原经济区、郑州航空港经济综合实验区三大国家战略规划，积极融入丝绸之路经济带，加快建设先进制造业大省、高成长服务业大省和现代农业大省，实现中原板块在区域发展新棋局中的战略崛起。

1. 把握棋局，站位全局谋发展

谋划区域发展新棋局是我国改革开放 30 多年，实施沿海开放战略和主体功能区规划后，对于全国总体发展格局的新谋划，其战略意义重大而深远。区域发展新棋局下的布局形态不再是"块"，而是以"带"将"块"连接起来，把全国区域经济总体战略的"四大板块"和客观发展中形成的东、中、西部"三大地带"贯通为网络，统筹东西部、协调南北方，推动经济由东向西、由沿海向内地梯度发展。"不谋全局者不足以谋一隅"，在区域发展新棋局下要实现河南更好更快的发展，就要站位全局谋划，领会新棋局的布局、棋路和棋力，河南在区域发展新棋局中有承东启西、通南贯北的战略地位，未来要积极融入"两横三纵"经济带，努力成为支撑全国经济增长的重要板块，在区域发展新棋局下实现中原崛起。

2. 紧抓机遇，发挥优势抢先手

河南地处全国"两横三纵"战略格局中欧亚陆桥通道横轴和京哈京广通道纵轴的交汇处，地理位置优越，公路、铁路和空运形成的交通网络四通八达，是传统的农业大省和人口大省，又是新兴的经济大省、工业大省和文化大省。河南要紧抓机遇，立足自身产业和人口禀赋，聚焦三大战略，发挥区位和交通优势，突出科学推进新型城镇化、承接产业转移、建设以产业集聚区为主的发展载体、构建现代综合交通物流体系等发展重点，利用郑州的综合交通枢纽地位，把郑州建设成丝绸之路经济带的"桥头堡"，并积极推动区域经济一体化、泛区域经济合作与跨区域经济协作，加快建设先进制造业大省、高成长服务业大省和现代农业大省，在新一轮发展中抢得"先手"。

3. 谋定中腹，崛起中原城市群

棋盘正中央的星位被称为"天元"，象征着由众星烘托的"北极星"，又可象征群星中最光彩夺目的第一明星。河南正处于我国版图的中腹和天元位置，应坚持依托中原城市群全面谋划、科学发展，从新棋局的中腹谋划出一片天地。中原城市群要加大开放力度，有序承接国际及沿海地区产业转移，壮大现代产业体系，完善基础设施网络，全面发展社会事业，健全功能完备、布局合理的城镇体系，强化城市分工合作，形成经济充满活力、生活品质优良、生态环境优美的新型城市群，打造引领区域经济发展的重要增长极，成为中部崛起的战略平台和重要支撑。

4. 深化改革，持续开放求突破

经济带是在区域分工基础上形成的不同层次和各具特色的带状地域经济单元，内在要求内部各经济板块间有明确的定位和明晰的分工。因此，区域发展新棋局将推动区域发展从行政区思维转向经济区思维，更多地尊重和遵循市场规律，不搞特殊和优惠政策，以改革激发内生动力，以开放带动区域协同发展。新棋局下的河南要按照建立统一开放、竞争有序的市场体系的要求，坚持深化改革、简政放权，加快形成高效率的体制机制，全面提升市场发展活力和竞争力。河南应利用发展新丝绸之路经济带和建设郑州航空港经济综合实验区的契机，不断拓宽开放领域，不断优化开放环境，发展更高水平的开放型经济体系，加快形成全方位、宽领域、多层次开放格局。着力探索市场化的区际利益，分享与协调平衡机制，推动区域间在产业升级、资源环境保护等方面的互利共赢、共同发展。

5. 创新驱动，累积发展新势能

当前，我国经济整体上正处于"三期"叠加的阶段，加上世界经济还处于深度调整之中，河南发展面临的内外环境更趋复杂。十八届三中全会以来，改革红利逐步释放，人口数量红利向质量红利转变，复杂程度较高、人力资本密集的行业孕育着新优势；城市化与信息化、绿色、低碳等新趋势相结合，能释放出产业升级的新动力；居民消费升级将持续推进，服务消费发展潜力巨大；全球化深入发展为中国发展提供新的机遇；等等。在区域发展新棋局下，在区域产业合作和产业转移、人口等资源要素跨区域流动、环境治理联防联控、交通通信快速发展等传统动力之外，河南还必须积极寻求协同发展新动力。要强化创新驱动，推动经济发展，更多地要依靠提高生产效率和创新能力，而不是单纯依靠要素投入，应加快培育创新高地，形成持续发展的内生动力。

（二）战略定位

参考三大国家战略对中原板块的战略定位，深刻把握区域经济发展新棋局的新内涵，未来一段时期河南经济社会发展的战略定位如下。

1. 国家重要的粮食生产基地和现代农业大省

集中力量建设粮食生产核心区，巩固提升河南在保障国家粮食安全中的重要地位；大力发展畜牧业生产，建设全国重要的畜产品生产和加工基地；加快转变农业发展方式，发展高产、优质、高效、生态、安全农业，培育现代农业产业体系，不断提高农业专业化、规模化、标准化、集约化水平，建成全国农业现代化先行区；加强粮油等农产品生产和加工基地建设，建设现代化农产品物流枢纽。

2. 全国区域协调发展的战略支点和重要的现代综合交通枢纽

充分发挥在"两横三纵"格局中承东启西、连南贯北的区位优势，加速生产要素集聚，成为从东向西实现产业转移和梯度发展、南北区域交流合作的支撑板块；加快现代综合交通体系建设，促进现代物流业发展，形成全国重要的现代综合交通枢纽和物流中心。建设郑州国际航空货运机场，完善陆空衔接的现代综合运输体系，逐步发展成为全国重要的国际航空物流中心。

3. 丝绸之路经济带的重要节点和内陆对外开放新高地

积极融入丝绸之路经济带，利用欧亚路桥通道，把郑州、洛阳建设成丝绸之路经济带的重要节点城市和内陆对外开放的重要区域，提升参与国际产业分工层次，构建开放型经济体系，建设富有活力的开放新高地。

4. 全国重要的经济增长板块和中部崛起的核心地带

推进区域互动联动发展，发展壮大城市群，建设先进制造业、现代服务业基地，建设人力资源高地，成为与长江中游地区南北呼应、带动中部地区崛起的核心地带，引领中西部地区经济发展的强大引擎，支撑全国发展新的增长极。

（三）战略目标

紧扣"两个一百年"的奋斗目标，通过"三步走"战略，让中原在实现中国梦的进程中更加出彩。

第一，到 2020 年，三大国家战略顺利推进，各项指标按时完成，综合经济实力明显增强，粮食综合生产能力稳步提高，工业化、城镇化达到或接近全国平均水平，居民收入增长与经济发展同步，基础设施全面提升，生态环境全面改善，资源节约取得新进展，与全国同步全面建成小康社会，形成发展活力彰显、崛起态势强劲的经济区域。

第二，到 2030 年，各项发展指标超过全国平均水平，在全国区域发展格局中地位持续强化，区域经济交流合作水平和层次显著提升，对外开放水平显著提高，全国区域协调发展的战略支点作用更加凸显，成为全国重要的经济增长极。

第三，到 2050 年，逐步达到高收入发展水平，三化协调四化同步的发展格局全面形成，在实现中国梦的进程中实现中原更加出彩。

（四）总体布局

国务院总理李克强在人代会上做政府工作报告时说，要谋划区域发展新棋局，由东向西、由沿海向内地，沿大江大河和陆路交通干线，推进梯度发展。河南在区域发展新棋局下要实现更好更快发展，就必须重新审视并明确自己的战略定位和发展目标，把河南放在全国发展的大格局中来谋划。按照《中原经济区规划》和《河南省主体功能区规划》的要求，依据"核心带动、轴带发展、节点提升、对接周边"的原则，谋划"一核、四轴、五门户"的总体布局，加快形成放射状、网络化、板块式的发展格局。

1. 一核：打造郑汴洛大都市区

突出郑州航空港经济综合实验区，进一步提升郑州全国区域性中心城市地位，增强郑州区域性中心城市的辐射带动作用，深入推进郑汴一体化，提高洛阳副中心城市带动力，提升发展郑汴洛工业走廊，强化郑州、洛阳作为丝绸之路经济带重要节点作用，推动多层次高效便捷快速通道建设和基础设施互通互联，培育形成郑汴洛大都市区，带动中原城市群融合发展，形成高效率、高品质的组合型城市地区和发展核心区域，辐射带动全省经济社会的转型升级和跨越发展。

2. 四轴：构建"米"字形发展轴

提升陆桥通道和京广通道功能，加快东北西南向和东南西北向运输通道建设，构筑以郑州为中心的"米"字形重点开发地带，形成支撑河南全省与周边经济区相连接的基本骨架。依托陆桥通道，增强三门峡、洛阳、开封、商丘等城市的支撑作用，形成沿陇海发展轴，建设贯通东中西部地区的先进制造业和城镇密集带。依托京广通道，提升安阳、鹤壁、新乡、许昌、平顶山、漯河、驻马店、信阳等城市的综合实力，形成沿京广发展轴，构建北接京津、沟通南北的产业和城镇密集带。依托东北西南向、东南西北向运输通道，培育新的发展轴，形成"米"字形重点开发地带。逐步扩大轴带节点城市规模，完善城市功能，推进错位发展，提升辐射能力，形成大中小城市合理布局、城乡一体化发展的新格局。

3. 五门户：培育五个新兴副中心城市

按照对接周边的思路，积极培育三门峡、南阳、信阳、商丘、濮阳五个新兴副中心城市，依托五个新兴副中心城市积极推进跨省域合作，形成各具特色的跨省域合作示范区，把三门峡、南阳、信阳、商丘、濮阳培育成支撑中原板块发展的豫陕晋门户、豫鄂陕门户、豫鄂门户、豫鲁苏皖门户、豫鲁冀门户五大门户，进而通过五大门户积极对接我国区域发展的西北板块、成渝板块、珠三角板块、长三角板块、环渤海湾板块，构建中原板块对接我国主要经济区的区域发展新格局。

四 区域经济新棋局下加快河南发展的对策建议

区域发展新棋局的谋划为河南更好更快发展带来重大契机，在区域发展新棋局中，河南的战略定位将更加清晰，发展空间将更加广阔，地位作用将更加重要。我们应准确把握区域发展新棋局给河南带来的机遇和挑战，深刻认识河南发展的矛盾和问题，科学合理布局，明确重点任务，从战略层次上思考如何加快实现中原崛起河南振兴富民强省的宏伟目标。

（一）加快推进三大国家战略实施

三大战略是河南谋位新棋局的重要支撑，加快提升实施水平是未来一段时期河南经济社会发展的重中之重，也是提高其在全国区域发展大局中的战略地位的重要支撑。

1. 加快推进郑州航空港建设

抓住丝绸之路经济带发展机遇，提高郑州航空港发展水平。一是进一步理顺体制机制，把各项职能配置到位，组建港区综合审批局，简化审批流程，涉及的省、市、县（区）的有关审批部门要在港区审批局开设窗口，真正形成一站式审批，提高效率。二是全球招聘高级专业主管，重点招聘港务、海关、物流、跨境电商等高级专业主管，提高港区管理服务水平。三是创新内陆加工贸易模式，推进整机生产、零部件、原材料配套和研发结算在内陆地区一体化集群发展，使内陆地区成为沿海加工贸易链条的承接地。四是统筹推进内陆地区国际大通道建设，推动内陆沿海沿边通关协作，实现口岸管理相关部门信息互换、监管互认、执法互助，扩大"属地申报、口岸放行"等改革试点，使内陆地区货物进出口逐步实现"一次申报、一次查验、一次放行"，提高口岸通行效率，降低通关成本。

2. 开创中原经济区建设新局面

中原经济区规划是国家对河南经济社会发展的战略谋划和总体要求，河南需要创新思路，积极开创中原经济区建设新局面。一是找准中原经济区建设的战略突破口，近期应把郑州航空港、产业集聚区、中原城市群等作为中原经济区建设的战略突破口，加快推进，实现重点突破。二是建立一批跨省域合作示范区，推广黄河金三角基于大旅游的合作经验，重点推进三门峡、南阳、商丘、信阳、安阳、濮阳、济源等探索跨省域合作发展模式，探索区域合作新路径。三是搭建中原经济区合作平台，创建中原城市群市长论坛，探索区域协作发展交流平台，引导龙头企业、行业协会、民间组织等组建区域性行业协会、创新联盟、行业论坛等合作交流平台。

3. 高水平建设粮食生产核心区

围绕粮食生产优势这张王牌，河南应按照"根本在耕地，命脉在水利，出路在科技，动力在政策"的要求，建设高水平粮食生产核心区，在提高粮食生产能力上开辟新途径、挖掘新空间、培育新优势，努力在高基点上实现粮食生产新突破。一是推进农业改革创新示范区建设，重点推进高标准粮田综合开发示范区、农村改革发展综合试验区、统筹城乡发展试验区等专业示范区建设，引导各地创建涉及三农创新的改革试验区，探索超前的改革创新措施，如城乡社会保障网络一体化建设，积极探索土地流转、土地承包权和林权质押贷款等办法，探索农村小额贷款及互助金融组织发展经验。二是推进农业产业化集群建设，加快建成一批各具特色、优势明显的粮食作物、畜禽养殖、特色种植等大型原料生产基地，推动农业产业化龙头企业采取多种形式与农民专业合作社对接，鼓励和支持农业产业化龙头企业和农民专业合作社相融合，引导农业经营管理方式创新，实现农业产业链的有效对接。

（二）丰富完善一个载体四个体系

一个载体四个体系是河南谋位新棋局的核心支撑，持续丰富完善一个载体四个体系，依托一个载体构建四个体系，从而提高中原板块的经济综合竞争力。

1. 提升科学发展载体建设水平

依托产业集聚区、商务中心区、特色商业区、农业产业化集群等提高科学发展载体水平，强力支撑先进制造业大省、高成长服务业大省和现代农业大省建设。一是提升产业集聚区发展水平，引导产业集聚区进一步明确主导产业，围绕主导产业招商引资，支持产业链集群发展，提高产业链接度和企业关联度，构建现代产业分工合作网络，形成真正的产业集群，加快培育一批专业化特色产业基地。二是提升两区发展水平，重点在郑州建设一批专业化现代服务业产业集群，支持中心城市建设科技商务区、商贸服务区等，引导县级特色商业区差异化发展。三是提升农业产业化集群发展水平，依托农业龙头企业打通三次产业链条，创新经营模式和商业模式，实现产业融合发展。四是引导科学发展载体联动发展。引导两区在中心城区、产业集聚区、农业产业化集群周边布局，实现产业集聚区、商务中心区、特色商业区、农业产业化集群的联动发展。

2. 构建竞争力强的现代产业体系

构建现代产业体系，既是保持经济平稳较快发展的根本举措，也是调整优化产业结构、转变经济发展方式的重要抓手。近年来，河南大力构建现代产业体系，取得了明显的成效，产业结构调整步伐加快，产业核心竞争力不断增强，符合省情的现代产业体系基本框架正在成形。但是，与实现中原崛起河南振兴富民强省的宏伟目标相比，尚存在不小的差距。区域经济新棋局下要实现河南更好更快发展，还是必须坚定不移地加快构建竞争力强的现代产业体系，加快建设先进制造业大省、高成长服务业大省和现代农业大省。为此，一是要加快推进产业转型升级。河南应注重破解产业层次低端化难题，按照"竞争力最强、成长性最好、关联度最高"原则，大力发展河南在现代产业体系构建方面选择的六大高成长性产业、四大传统优势产业、四大战略性新兴产业以及四大现代服务业，培育产业发展新动力。二是要打造先进制造业发展平台。依托重工业优势，在有色金属、装备制造、钢铁、化工等产业领域加大投入，延伸产业链条，提高加工度与附加值，培育一批新产业和新产品；利用高新技术、先进适用技术、信息化技术改造提升机械装备、有色、建材等传统优势产业，大力推动传统优势产业的传统制造业向现代制造业转变。三是要积极发展高成长性服务业。在运用现代管理理念和新型商业模式改造提升传统服务业的同时，发挥河南比较优势，进一步加大服务业的对外开放力度，以现代物流业、金融业、信息服务业、文化旅游业、商贸流通、健康、医疗、养老、家庭服务及教育培训等重点产业的突破带动全省服务业的发展。

3. 构建以人为本的现代城乡体系

城镇化滞后已经成为中原地区扩大内需、转型升级、加快崛起的瓶颈，因此我们要把握区域发展格局新调整的机遇，充分发挥新型城镇化在经济社会发展中的重要牵引作用。一是按照尊重意愿、自主选择，因地制宜、分步推进，存量优先、带动增量的原则，以农业转移人口为重点，兼顾高校和职业技术院校毕业生、城镇间异地就业人员和城区城郊农业人口，统筹推进户籍制度改革和基本公共服务均等化；二是根据综合承载能力和发展潜力，引导农业转移人口空间合理分布；三是推进农业转移人口享有城镇基本公共服务，保障随迁子女平等享有受教育权利，完善公共就业创业服务体系，扩大社会保障覆盖面，改善基本医疗卫生条件，把进城落户农民完全纳入城镇住房保障体系；四是建立健全农业转移人口市民化推进机制，建立多元化的城镇化发展投融资机制，拓展筹资、融资渠道，加快城市基础设施、社会保障、公共服务能力建设，构建政府主导、多方参与、成本共担、协同推进的农业转移人口市民化机制；五是突出抓好中原城市群建设，进一步提升郑州全国区域性中心城市地位，提升洛阳副中心城市地位，培育南阳、信阳、安阳、商丘四个新兴副中心城市，做大做强区域中心城市，强化城市分工合作，形成经济充满活力、生活品质优良、生态环境优美的新型城市群。加快推进以人为本的新型城镇化建设，构建统筹协调的现代城乡体系，不仅是破解二元经济结构矛盾的根本出路，也是河南当前及未来一段时期经济增长的一个主动力，对于河南经济社会的发展意义重大。

4. 加快构建自主创新体系

当前，我国经济整体上正处于增长速度换挡期、结构调整阵痛期、前期刺激政策消化期叠加的阶段，加上世界经济还处于深度调整之中，所以河南发展面临的内外环境更趋复杂。在区域发展新棋局下，在区域产业合作和产业转移、人口等资源要素跨区域流动、环境治理联防联控、交通通信快速发展等传统动力之外，要实现中原崛起河南振兴，必须依靠新的可持续的发展动力，也就是要强化创新驱动，推动经济发展更多地依靠提高生产效率和创新能力，而不是单纯依靠要素投入，加快培育创新高地，增强经济发展的内生动力。一要制定引导区域创新能力的创新战略。通过区域重大科技计划确定战略性、前瞻性技术领域，聚焦自主创新的方向和重点，提高关键行业和关键领域的自主创新能力，并带动其他行业和领域自主创新能力的提高。二要建设和完善研发机制。要发挥企业在创新活动中的主体地位，对高等院校、科研机构、企业及中介机构等从整体上进行合理布局，形成对创新的全方位和持久性的激励和支持，对重大科技项目开展联合攻关。同时要加大研发投入，并逐步实现研究资金来源的多元化，使企业成为应用性研究的投资主体。三要营造宽松的创新环境。鼓励并激发创新型的工作方式和团队合作，对研究成败提供很大自由度，让研究人员不急于求成、不怕失败，更加自由地进行科学探索和技术发明。

5. 着力构建现代市场体系

党的十八届三中全会明确提出，经济体制改革的核心问题是处理好政府和市场的关系，使市场在资源配置中起决定性作用和更好发挥政府作用。省委原书记郭庚茂强调，坚持务实改革，主要是做到"两放活、两提升"，即把市场主体放活，把生产要素放活，提升公共服务能力和服务效率，提升资源配置科学化和集约化水平。河南不靠海、不沿江、不沿边，现代市场体系发育和完善方面与东部发达省份还有不小的差距，市场规则有待进一步统一，市场竞争有待进一步培育。当前，区域经济新棋局为河南加快现代市场体系建设，带来了新的机遇和有利条件，我们必须把现代市场体系建设摆在事关全局的战略位置，充分发挥河南的交通、区位、人口优势，加快形成特色突出、布局合理，多层多元、有机衔接，功能完善、覆盖广泛，与产业发展和城市建设相适应的现代市场体系，把河南省打造成为中西部乃至全国重要的商品和要素集疏中心。为此，一是要加快构建高层次的要素市场，积极发展人力资源市场、土地市场、资本市场、产权交易市场、技术交易市场，推动要素自由流动、高效配置；二是要大力发展商品交易市场，做大做强一批具有影响力的专业市场，如大力支持农产品批发市场、全国文化产品交易市场建设等；三是要大力培育新兴交易市场，加强物联网、云计算等技术的应用，大力发展电子商务、网络营销等新业态、新模式，完善物流配送体系，培育形成一批在全国具有较强影响力的电商企业，让实体市场"上网"，让虚拟市场"落地"。

（三）持续强化中原大枢纽地位

突出中原区位优势，进一步完善公路、铁路、航空、信息等网络，提升中原在全国综合交通和信息网络中的大枢纽地位，促进物流、人流、信息流在中原的汇聚，强化中原在区域发展新棋局中的地位。

1. 持续强化综合交通枢纽地位

河南位于我国内陆腹地，具有承东启西、连南通北的区位优势，是全国多方向跨区域运输的交通要冲和多种交通运输网络交汇的枢纽地区，在全国现代综合运输体系和物流体系中具有举足轻重的地位。当前，区域发展新棋局的谋划，强调完善综合运输通道和区际交通骨干网络，发挥综合交通运输网络对城镇化格局和增长极的支撑和引导作用。河南要充分发挥本省的交通区位优势，着力发展大交通大流通，用大交通带动大物流，用大物流带动产业群，用产业群带动城市群，用城市群带动中原崛起。为此，一要全面提升河南在全国路网格局中的枢纽地位。重点抓好航空港、铁路港、公路港等枢纽场站建设，积极开拓国际货运航线，全力推进"米"字形快速铁路网建设，进一步完善高等级公路网，提升水运通道功能，努力打造覆盖中西部、辐射全国、连通世界的现代综合交通枢纽。二要发挥河南贯通东西、连接南北的作用，在形成与沿海连接的西南中南、东北、西北等经济支撑带之间发挥通道和节点作用。三要在经济增长极和腹地之间打造快速交通运输通道，强化"核心－边缘"区域有序分工合作格局，使其区位交通优势转化为流通和经济优势。

2. 持续强化信息网络枢纽地位

抓住当前信息化和互联网蓬勃发展的战略机遇，突出抓好郑州国家级互联网骨干直联点建设，加快信息基础设施建设，实施"宽带中原"工程，推进智慧城市建设，提升互联网安全支撑能力，强化信息网络枢纽地位。一是争取国家级重点信息化项目落户郑州，加快推进中原数据基地、呼叫中心和大型 IDC 数据中心等重大项目建设，围绕交通物流、金融服务、电子商务、电子政务等重点领域，加快建成公共信息服务平台和业务应用平台，吸引物流、金融等现代服务业以及制造业研发环节等领域国内外大型企业在郑州建立区域性总部和研发中心；二是争取第三方数据平台落地，重点推进阿里巴巴、浪潮等区域性大数据、云计算平台落地河南；三是加快推进郑州市"国家级信息化和工业化融合试验区"建设，优先布局新一代移动通信网络，推进物联网产业园建设，实施重点领域物联网应用示范工程，扩大无线城市覆盖范围，率先打造"移动互联网落地""物联网应用""移动电子商务""信息惠民服务和业务应用互动聚合"四个新锐服务平台；四是提高无线城市群建设水平，建成无线城市省级门户平台，坚持"平台上移，服务下延"，提高郑州信息中心枢纽的辐射带动作用，形成郑州与其他城市协同发展格局；五是加快谋划空间信息产业和地理信息产业发展，加快制定相关产业发展规划，积极争取国家有关空间信息和地理信息数据中心落地河南；六是加快研究制定郑州（或中原）云计算产业发展规划，培育发展云计算产业链，以及城市云、教育云、医疗云、社区云、金融云、科技云、企业云七大城市"云服务",力争让郑州在云计算、云服务领域走在中西部前列。

（四）构建内陆开放合作新格局

坚持对外开放基本省策,放大郑州航空港综合效应,抢抓产业转移新机遇,优化区域发展环境,构建内陆开放合作新格局。

1. 全方位深化改革开放

河南作为内陆地区,长期以来开放型经济发展较为滞后,区域经济新棋局的谋划为河南通过改革促开放、加快发展开放型经济发展带来了历史性机遇。按照国家打造区域发展新棋局的部署,以带状经济推动开放向内陆发展,加快建设面向东南亚、中亚、欧洲等地区的国际物流大通道,支持内陆城市增开国际客货航线,发展江海、铁海、陆航等多式联运,有利于河南克服既不靠海也不沿边的区位劣势,有利于河南打破开放口岸少、物流费用高、区域转关难等诸多亟待破解的制约因素。为此,河南要做大扩大内陆开放这篇大文章,一是从体制机制、政策环境等方面下功夫,全面夯实内陆开放型经济发展的基础;二是创新内陆加工贸易模式,推进整机生产、零部件、原材料配套和研发结算在内陆地区一体化集群发展,使内陆地区成为沿海加工贸易链条的承接地;三是统筹推进内陆地区国际大通道建设,推动内陆沿海沿边通关协作,实现口岸管理相关部门信息互换、监管互认、执法互助,扩大"属地申报、口岸放行"等改革试点,使内陆地区货物进出口逐步实现"一次申报、一次查验、一次放行",提高口岸通行效率,降低通关成本。

2. 高水平推进区域分工协作

在谋划全国发展新棋局、布局区域经济发展新热点的背景下,河南应牢牢把握发展机遇,重新审视并明确自己的功能定位,找准融入点和切入口,探索新思路、寻求新方位、重塑新坐标,积极融入新的区域支撑带,摆脱在国家区域发展战略重构中属长期战略腹地而非战略核心的"困境",变被动为主动,变"腹地"为"核心",强化和凸显河南在区域发展新棋局中的战略枢纽地位与价值。一要进一步强化河南在推动内陆地区与沿海、沿边地区联动发展的战略地位。河南地处京广经济带和丝绸之路经济带的十字交叉线上,东邻东陇海经济带和淮海经济区,西接西北丝绸之路通道和关中－天水经济区，应充分发挥全国区域协调发展的"国家战略支点"作用。要把握丝绸之路经济带、21世纪海上丝绸之路与长江经济带的重大战略机遇，着力强化郑州航空港综合实验区的国际功能定位，提升郑州作为中心城市的综合竞争力，着力打造丝绸之路经济带供应链的东方中心和价值链的高端基地。二要加强区域分工协作的顶层设计和制度安排。明确不同城市功能、产业、物流等定位，解决沿大江大河、主要交通干线、主要联系通道的产业布局、城镇分布、基础设施共建、生态环境共治等问题。充分发挥企业在区域分工与合作中的主体地位和政府在地区经济合作中的协调作用，培育区域合作发展的市场体系和市场机制，促进市场中介体系的完善，为区域合作营造一个比较成熟的市场经济体制环境。

3. 高起点承接产业集群转移

谋划区域发展新棋局的提出，有利于河南发挥资源丰富、要素成本低、市场潜力大的优势，并通过承接产业转移促进产业结构优化升级，进而提升全省经济发展的质量和效益。一要承接发展中部地区传统优势特色产业。承接、改造和发展纺织、服装、玩具、家电等劳动密集型产业，承接能源矿产资源开发和精深加工产业，承接发展农产品加工业、生态农业和旅游观光农业，承接新能源、节能环保等产业所需的重大成套装备制造关联产业和配套产业，承接发展商贸、物流、文化、旅游等产业，承接发展电子信息、生物、航空航天、新材料、新能源等战略性新兴产业。二要建立一批承接产业转移示范区。着力培育和壮大一批承载能力强、发展潜力大、经济实力雄厚的重点经济区（带），把产业园区作为承接产业转移的重要载体和平台，加强园区交通、通信、供水、供气、供电、防灾减灾等配套基础设施建设，引导转移产业和项目向园区集聚，形成各具特色的产业集群。发挥园区已有重点产业、骨干企业的带动作用，吸引产业链条整体转移和关联产业协同转移，提升产业配套能力，促进专业化分工和社会化协作。三要以全面深化改革优化承接产业转移环境。加快引入负面清单管理模式，全面推进行政审批制度改革，改善营商环境，促进投资贸易便利化。完善承接地交通基础设施，强化公共服务支撑。建立完善公共信息、公共试验、公共检测、技术创新等服务平台，规范发展技术评估、检测认证、产权交易、成果转化等中介机构。加快社会诚信体系建设，建立区域间信用信息共享机制。

新常态下河南稳增长保态势
促发展的调研报告

河南省委九届八次全会通过的《河南省全面建成小康社会加快现代化建设战略纲要》指出："当前我国经济发展进入新常态，呈现速度变化、结构优化、动力转换的特点。"省委原书记郭庚茂在省委经济工作会议的讲话中指出："河南与全国一样进入经济发展新常态，同全国相比，既有共性的一面，也有自身个性的一面。"根据河南省委九届八次全会和省委经济工作会议精神，我们要把认识新常态、适应新常态、引领新常态这个当前和今后一个时期我国经济发展的大逻辑作为核心要求，结合河南实际，深刻认识、科学把握新常态，顺势而为、乘势而上、主动作为，保持河南稳增长保态势促发展的大好形势，不断迈出河南全面建成小康社会加快现代化建设的新步伐。

一 从大局大势看河南省稳增长保态势
促发展的重要意义

省委原书记郭庚茂在全省重点工作推进落实座谈会的讲话中，对打赢稳增长、保态势攻坚战做出了系统部署，提出了明确要求。如何才能打赢河南稳增长、保态势的攻坚战，目前已成为全省上下高度关注的热点话题。要打赢河南稳增长、保态势的攻坚战，一定要从大局大势看河南省稳增长保态势促发展的重要意义。

（一）河南省委号召具有深刻的背景和特殊的意义

河南省省委原书记郭庚茂在全省重点工作推进落实座谈会上指出："省

委号召，动员全省各方力量，齐心协力、顽强拼搏，打赢稳增长、保态势攻坚战，实现河南经济持续健康发展，为国家全局做出更大贡献。""省委号召""动员全省各方力量""攻坚战"这样的用语是不多见的，说明当下的形势和任务非同寻常。当前，省委、省政府号召"打赢稳增长、保态势攻坚战"，的确不是一般的工作部署，有着深刻的背景和特殊的意义，主要表现在以下几个方面。

1. 要看到形势严峻

要看到河南面临着增速递减的压力。统计表明，从 1997 年到 2012 年，全国 GDP 年均增长 9.3%，河南同期年均增速均高于全国平均水平 2 个百分点以上；2013 年以后，河南增速的"势"在减弱。2013 年河南 GDP 比上年增长 9%，高于全国 1.3 个百分点；2014 年河南 GDP 比上年增长 8.9%，高于全国 1.5 个百分点。2015 年一季度，河南 GDP 比上年同期增长 7.0%，增速与全国持平。尽管这些变化有国际金融危机持续发酵等外部因素的作用，但这些情况也表明，河南"缩小差距"的"势"，面临衰减的问题，对此，我们必须高度关注。

2. 要认识到任务艰巨

从区域看，2014 年河南有半数的省辖市增速低于全省平均水平，2015 年一季度和上半年，省辖市中增速低于全省平均水平的数量虽然减为 8 个和 6 个，但有 5 个省辖市呈现持续低迷局面，而且，这些省辖市中，既有资源型和经济结构偏重的城市，也有工业门类较多、产业比较发达的城市。这说明，我们面临的困难是多方面的，挑战也是多方面的。从行业和产业看，近日披露的 72 家 A 股上市河南企业年中财报显示，2015 年上半年亏损前十的豫上市企业大部分集中在能源资源等传统产业，这从一个角度反映了我省传统产业面临的困难和处境，也表明了以能源和资源型经济为主的河南，实现经济逆势增长承受着巨大的压力。

3. 要认识到意义重大

河南省委九届八次全会贯彻落实党的十八大和十八届三中、四中全会精神，把河南放在全国大局中谋划，提出了"到 2020 年全面建成小康社会""主要经济指标年均增速高于全国平均水平，力争经济社会发展主要人均指标高于全国平均水平""部分领域和区域率先基本实现现代化""到

2040 年左右全省基本实现现代化"等宏伟目标。现在（2015）到 2020 年只有 5 年时间了，我们面临潜在增长趋势线下移、增长动力转换亟待加快等问题和挑战，河南全面建成小康社会进入了最后决胜阶段。能否保持经济增长高于全国 1 个百分点以上的增速，关系到河南全面建成小康社会目标能否实现。这不仅是经济问题，也是政治问题。

（二）正确认识"稳增长、保态势""不进则退，退则生乱"

"稳增长"和"保态势"是相互关联、互为补充的两个概念，"稳增长"是"保态势"的前提，"保态势"是"稳增长"的结果。"稳增长"，是指增长速度要稳定，不能出现大起大落。这些年，河南经济增长速度一般高于全国 1~2 个百分点，新常态下强调"稳增长"，意味着尽管经济增速换挡了，但河南的经济增速要稳定在高于全国至少 1 个百分点的水平上，这事关河南能否同步实现全面小康。"保态势"，是指要保持河南经济向上向好的态势，保持逆势增长的势能。说到"保态势"，还有一点非常重要，就是正确认识"形"与"势"。2015 年 9 月 10 日，李克强总理在夏季达沃斯论坛致辞中，用"形有波动，势仍向好"对中国经济形势做出概括。这一概括告诉人们，"形"动并不改中国经济的"势"好，"形"动中蕴含着"势"好的种子。这一概括，对河南当下"打赢稳增长、保态势攻坚战"有重要指导意义。尽管我们现在存在各种风险、问题与挑战，但河南经济的增长的势头和前景仍然十分光明。

河南省委原书记郭庚茂在全省重点工作推进落实座谈会上指出：我省经济运行还有隐忧，社会稳定存在风险，安全生产仍有隐患，正处于紧要关口，不进则退，退则生乱。

先说"不进则退"。就微观层次来说，我们已经看到，类似诺基亚、摩托罗拉、柯达等实力、技术、创新强大的全球知名企业，都已失去竞争优势，充分说明了"不进则退"市场法则的严酷。在被微软收购的新闻发布会上，诺基亚 CEO 说过一句话："我们并没有做错什么，不知道为什么，我们就输了。"其实，诺基亚集团面对智能手机市场仅仅晚迈出了半步，就迅速地丧失了巨大的市场占有率，渐渐走上了下坡路。前一段时间，我到几个省辖市调研，深切地感受到"不进则退"市场法则对企业生存的压力。区域经济的竞争也是如此。新常态下增长动力转换的深刻变化，意味着产业布局的重新洗牌，中西部多个增长极正重塑新动力，呈现赶超提速的势头。河南要科学应对，推动局部比较优势向综合竞争优势转变，实现稳中求进的目标。

再说"退则生乱"。一个"乱"字，点出了"退"可能引发的严重后果。"退"意味着经济减速，增长乏力。"退"的后果，一是就业受到影响。我国现在经济每增长1个百分点，城镇便新增就业人口接近180万人，如果经济增长出现大的波动，将直接影响群众就业，而就业率下降，必然对群众收入和民生改善产生不利影响。二是财政收入受困。经济增长下滑，税收和财政收入势必相应减少，政府的公共服务能力必然下降。三是引发社会问题，带来社会的不和谐和不稳定。四是引发连锁反应。一些关键企业、行业、领域的经济增长减速，会拖累相关行业和领域发展，另外，减速可能引起减势，使得士气受挫，降低省内外投资者的信心。可见，经济增长出现大逆转是很危险的，"退"的是经济，"乱"的是人心，而"退"势一旦出现，扭转起来将事倍功半。因此，全省上下对"稳增长、保态势"要高度重视，深化改革推动、开放带动、创新驱动，推动全省经济增长持续向好。

（三）打赢稳增长保态势攻坚战要做好思想准备

河南省委原书记郭庚茂指出，综合研判形势要深化三个方面的认识：经济下行压力大是多方面多层次因素相互交织叠加影响的结果，短时间难以缓解；经济调整期也是分化重组期，挑战与机遇并存；有困难也有光明前景。同时提出了三个"必须"："丢掉幻想、加快转型""抢抓机遇、变中取胜""坚定信心、迎难而上"。

省委原书记郭庚茂提出的三个方面的认识和三个"必须"的要求，体现了省委、省政府指导工作的全局眼光和战略思维，也体现了省委、省政府应对困难的科学态度和战略定力。贯彻省委、省政府的要求，有以下几点十分重要。

对困难的认识要充分，做长期应对的思想准备。郭庚茂提出要深化三个方面的认识，就是提醒河南各级干部，充分认识当前遇到的经济下行压力，具有复杂的国际背景，在经济发展新常态下，河南省经济运行还有不少隐忧，由于受到各种风险挑战的严重影响，增长速度正在换挡但下行压力较大，经济结构正在优化但调整阵痛显现，发展动力正在转换但新兴力量不够强大。所以，各级干部不但要充分认识实现稳增长目标的艰巨性和长期性，还要充分认识加快经济转型的必要性和迫切性，切实做到坚定信心，不动摇、不懈怠，以滚石上山的精神和韧劲，打赢稳增长保态势的攻坚战。

对形势的研判要辩证，做到因势利导化危为机。经济新常态下，河南省与全国一样，也面临潜在增长趋势线下移、结构调整紧迫性增大、增长动力转换亟待加快等共性问题，同时河南在不少方面也有自身的特点，如虽然内需不足的矛盾更为突出，但投资、消费需求潜力巨大，市场、区位优势日益凸显；虽然一些传统优势机遇正在消失，但改革创新和结构调整的新优势新动力正在不断集聚形成；虽然拼资源拼消耗的粗放型发展模式不可持续，但在电子商务、智能手机、新能源汽车等方面，河南省与先进地区基本处在同一起跑线上，有可能迎头赶上、抢占先机。总之，我们要看到挑战与机遇并存，要高度关注发展中的变化、变化中的变量，积极应对挑战，努力抢抓机遇，争取变中取胜。

对未来的展望要积极，确立敢打必胜的信心和勇气。2014 年 12 月，河南省委原书记郭庚茂在省委经济工作会议的讲话中曾经指出：进入新常态，对河南省来讲，在全国发展大局的地位不是在下降而是在上升；无论从发展条件还是发展基础看，我们从未像现在这样接近中原崛起河南振兴富民强省的目标，比以往任何时候都更有信心、更有能力实现这个目标。这个判断是完全正确的，这个判断对我们当前克服困难、树立信心很有指导意义。我们要认识到，发展不足仍然是河南面临的最大问题，要不断做大全省经济总量，争取实现几何级增长，推动全省经济迈上新台阶。

对实现今年预定经济增长目标要充满信心。河南省委原书记郭庚茂在全省重点工作推进落实座谈会上指出，要在质量、效益、技术水平不断提升的前提下，实现全省经济增速高于全国平均水平 1 个百分点的预期目标。实现河南经济增长高于全国平均水平 1 个百分点，就是达到 8% 以上。是十分必要的，也是完全可能的。信心和依据主要有三点。

信心和依据来自对河南比较优势的认识。河南同全国一样，在新常态下面临经济下行的压力，但河南省具有巨大的比较优势。一是特定发展阶段所蕴含的巨大发展潜力，包括工业化、城镇化发展加快所蕴含的巨大投资空间和消费潜力，现代服务业发展空间巨大的潜力等。二是特殊省情所形成的综合发展优势，包括大省优势突出，应对市场变化的韧性大、潜力大、回旋余地大，地处连接东西、贯通南北的战略枢纽，区位、交通、物流优势突出等。三是多年持续作为所产生的累积效应。粮食生产核心区、中原经济区、郑州航空港经济综合实验区三大国家战略的先发效应、带动效应、聚合效应、示范效应进一步凸显等。

信心和依据来自不少行业和地方的成功实践。从行业看，工业方面，2015 年 1 至 7 月份，河南省规模以上工业增加值同比增长 8.5%，高于全国平均水平 2.2 个百分点；7 月份全省高成长性制造业、高技术产业增加值同比分别增长 11.6%、25.5%。商贸方面，2015 年上半年，在我国进出口总值同比下降 6.9% 的背景下，河南进出口总值逆势增长 26.7%；河南社会消费品零售总额增长 12.2%，高于全国平均水平 1.8 个百分点；河南电子商务交易额增长 36.4%，郑州 E 贸易试点综合指标稳居全国首位。金融方面，2015 年前 7 个月，全省社会融资规模达 4776 亿元，同比增长 19.2%；资本市场融资 1560 亿元，创历史新高。从区域看，2015 年前 8 个月，郑州航空港经济综合实验区完成生产总值 260 亿元，增长 25%；进出口总额达到 258 亿美元，增长 49%，继续发挥着引领和带动作用。

信心和依据来自河南省委、省政府的正确决策和全省上下的共同努力。近年来，河南省委、省政府注重谋划经济社会发展的方向性、根本性、全局性大事要事，推进产业集聚、人口集中、土地集约，加快构建"一个载体、四个体系"，坚持以开放改革"一举求多效"、以科学推进新型城镇化"一发动全身"、以优化环境"一优带百通"，用大枢纽带动大物流、用大物流带动产业群、用产业群带动城市群、用城市群带动富民强省，坚持以"三准三专三聚三提"，应对经济下行压力，实施"稳中求进"方针。实践证明，河南省委、省政府一系列决策部署，符合中央精神，符合河南实际，是富有成效的。在新的形势下，我们要坚持已被实践证明有效的工作思路和举措，并结合新的情况不断探索、不断创新。

（四）万众一心努力保持河南经济社会发展良好态势

当前，我国经济进入新常态，增速换挡、结构调整、动力转换压力增大，但河南省总体向好的基本面没有变，蓄势崛起的基本态势没有变。河南全省上下要认真落实中央和省委决策部署，准确把握新常态下的新特点，奋发图强、砥砺前行，努力保持河南经济社会发展的良好态势。

1. 在增速换挡中不松劲，保持韧性争取更大作为

要清醒认识经济发展进入新常态，河南面临的市场环境、政策环境、要素条件都发生了新的变化，经济增速换挡具有一定的必然性。同时，也要看到，河南作为农业大省和人口大省，保障改善民生、全面建成小康社会、缩小与全国平均水平的差距，必须保持合理的增长速度和良好态势。

河南具有实现稳增长的有利条件。一是发展态势很好。过去几年在全国及多数省份增速回落的背景下，河南主要指标增速高于全国平均水平，发展的科学性不断增强。二是发展潜力巨大。河南仍处于工业化、城镇化加速推进时期，需求、消费增长空间很大；随着开放平台不断完善，承接产业转移规模不断扩大，出口仍有较大潜力；建设先进制造业大省，抢抓产业转移和新兴业态发展历史机遇，工业经济迈上了新的发展平台。三是先发效应释放。郑州航空港经济综合实验区、产业集聚区等发展载体建设不断加快，集聚辐射能力不断增强，为工业发展积累了新动能。河南只要敢于直面困难和矛盾，坚持"调中求进、改中激活、转中促好、变中取胜"的基调方针，主动迎接挑战，一定能保持经济平稳较快增长。

充分发挥郑州航空港经济综合实验区的引领带动作用。坚持建设大枢纽、发展大物流、培育大产业、塑造大都市的总体思路，夯实基础，抓住关键，强化其牵动全局的战略支点作用。通过集聚高端制造和现代服务业，探索航空驱动型发展模式，引领带动河南经济结构增量调整；通过核心区域产城融合、提升国际货运集疏能力，深化与国内外大型物流集成商合作，引领带动郑州国际商都加快建设；通过机场二期工程完善航空货运网络、加快物流体系建设，引领带动河南强化综合交通优势地位；通过航空港配套项目和产业链条在相关省辖市布局延伸，引领带动全省实现产品更新换代、产业转型升级。

充分发挥新型城镇化的综合带动作用。以推进农业转移人口市民化为重点，以产业集聚、人口集中、土地集约为途径，努力提升城镇化水平和质量。构建中原城市群"米"字形城镇密集带，启动郑州国际商都规划建设，促进郑州与毗邻城市融合发展，支持省际交界地区中心城市做大做强，深入推动地区性中心城市组团式发展。推动农村人口向城市迁移，释放消费

"累积效应"。河南城镇化水平远低于全国平均水平，大力实施"一基本两牵动三保障"，实施城镇基础设施扩能增效工程，促进房地产健康发展，有利于持续拓展消费市场空间，增强消费拉动作用。

充分发挥重大基础设施投资的拉动作用。坚持突出重点、弥补短板、强化弱项、综合提升，加快建设一批交通、能源、信息等重大项目。推进现代交通系统建设，加快"米"字形快速铁路网建设。积极推动水上运输通道、邮政基础设施和支线机场、通用机场建设。推进能源支撑系统建设，加强省级电网骨干网架、市域主网架和城市中心区、产业集聚区配电网建设，加快农村电网改造升级。推进信息网络系统建设，提升郑州国家级互联网骨干直联点疏通能力。推进水利支持系统和生态环境系统建设，加强重点行业节能减排综合技术改造。实施林业生态省建设提升工程。

充分发挥要素的保障作用。拓宽融资渠道，壮大金融主体，创新金融产品。加快郑东新区金融集聚核心功能区建设，加强项目与金融部门之间的协调沟通，健全投资担保体系，推动金融豫军协同服务地方发展。创新土地供应方式，破解土地制约瓶颈。对重大招商引资项目单列用地指标，注重区域内挖潜，盘活存量建设用地，充分依靠土地整理、增减挂钩、人地挂钩等政策加大建设用地供给。提升人力资本，坚持培养与引进并举，实施高层次人才培养引进工程及各类职业教育、技能培训工程，扩大高层次人才和技能型人才规模。

2. 在结构调整中不慌乱，保持定力谋求新的突破

进入新常态，我国经济结构正从增量扩能为主转向调整存量、做优增量并存的深度调整。河南近年来结构调整取得很大进展，三产比重明显提升，三次产业结构持续优化。工业结构呈现积极变化，高成长性制造业和高技术产业增加值增速不断提升，能源原材料产业占全省规模以上工业比重从七成降至接近五成，但产业结构不合理的状况还没有根本改变。在国际大宗商品价格普遍持续下降，全国及多数省份经济增速回落，能源原材料工业市场需求进一步受到抑制的情况下，传统支柱产业转型升级难度加大。另外，河南传统竞争优势在逐渐削弱，新的接续力量还在形成之中。能源原材料行业和部分企业效益下降、亏损增加，增速换挡可能导致就业压力、金融风险、社会风险等隐性风险显性化。因此，我们要清醒认识结构调整的艰巨性，在稳增长的同时，更加注重产业结构调整和改革创新，

更加注重提高经济发展的质量和效益。充分利用目前市场需求不足形成的"倒逼机制"，加快推进产业结构战略性调整。在存量调整上，多从市场的角度想办法，推动传统行业骨干企业延伸产业产品链条、加快转型升级，严格控制对产能过剩、水平落后产业的投资。在增量调整上，要大力支持电子信息、汽车、生物医药等高成长性产业和战略性新兴产业发展，支持小微企业发展，千方百计培育新的增长点，弥补传统产业回落带来的不利影响。

发展壮大服务业。坚持生产性服务业与生活型服务业并重，现代服务业与传统服务业并举，加快高成长服务业大省建设。要分行业地细化研究，逐一制定服务业各门类的发展方略和举措。要放宽市场准入，提升开放层次，在电子商务、养老、保险、现代金融等领域继续扩大开放，鼓励民间资本以各种方式进入基础设施、市政工程和其他公共服务领域。结合新区建设和旧城改造，加快推进城市特色商业区和中心商务区建设。推动现代物流、信息服务、金融保险、文化旅游等高成长性服务业提速度，健康养老、科技服务、教育培训等新兴服务业扩规模，商贸流通、房地产等传统服务业添活力。努力培育一批有特色和竞争优势的服务产业，培育一批实力强、机制活的服务业企业集团，培育一批服务业知名品牌。

推动工业转型发展。推进先进制造业大省建设，加快发展新兴产业，着力推进重大产业创新发展工程和示范园区建设，努力把新一代信息技术产业培育成为河南新的支柱产业，把生物医药、新能源、新能源汽车、新材料等产业培育成为河南先导产业，促进节能环保、高端装备制造产业成为河南新的增长点。大力发展先进制造业，加大产业转移力度，壮大汽车、装备等产业规模，不断提高行业发展水平和竞争力，使其成为工业经济发展新的战略支撑。加快传统行业改造提升力度，综合运用延伸链条、技术改造、兼并重组、淘汰落后等手段，促使其尽快摆脱困境。加快建筑业转型升级，推动河南制造向河南创造、河南速度向河南质量、河南产品向河南品牌转变。

促进产业融合发展。推动工业化信息化深度融合，积极应用信息技术改造提升传统制造业，把工业化发展提高到广泛采用信息智能工具的水平上来，推进制造业由生产型向服务型转变。推进服务业与制造业融合发展，打造研发、生产、销售、维修、测试、物流、金融服务等为一体的产业链，促进河南工业从产业链的制造环节向"微笑曲线"两端拓展和延伸。推进金融资本与产业资本融合发展，坚持"产业为本，金融为用，在融合中加快产业的发展，在融合中促进金融资本做强"的原则，积极开发、应用新型金融产品，创新金融服务，为产业发展提供融资平台。推进新兴产业与传统产业融合发展，发挥河南在制造、服装、食品等传统产业发展方面的优势，通过新兴产业向传统产业的交叉、渗透和重组，推动河南产业结构战略性调整。

3. 在动力转换中不迷惘，保持张力培育新的优势

进入新常态，我国经济增长的动力已经由要素驱动、投资驱动向创新驱动转变。我们要清醒认识动力转换的艰巨性，下功夫寻求新的增长点，培育新的竞争优势。河南要贯彻中央提出的"市场要活""创新要实""政策要宽"的指导思想，保持必要的张力，确保动力转换顺畅、有序、高效。

全面深化改革。加快行政审批、投资、价格、垄断行业、特许经营、政府购买服务、资本市场、民营银行准入、对外投资等领域改革，使改革举措有效转化成发展动力。坚持"能放尽放"，继续取消、下放省级行政审批事项，基本取消部门非行政许可审批事项。加快金融改革发展，推进郑东新区金融集聚核心功能区建设，支持郑州商品交易所向综合性期货交易所转变，全面推进县级农信社改制组建农商行，实现村镇银行县域全覆盖。加快财税体制改革，将"营改增"范围扩大到建筑业、房地产业、金融业和生活服务业等领域。推进投融资体制改革，出台基础设施和公用事业特许经营管理办法。深化国企改革，基本完成国有企业功能分类和公司制改革。积极推进农村改革，加快农村土地承包经营权确权颁证，完善农村土地经营权流转政策。

强化创新驱动。围绕主体、平台、载体、专项、机制、人才等关键环节，加快推进以科技创新为重点的全面创新。培育高层次创新平台，推进国家创新型城市建设，依托郑州航空港经济综合实验区和国家高新区集聚高端创新资源，加快建设一批高端人才创业高地。强化企业创新主体地位，激发企业创新活力，优化创新环境，充分激发市场活力和社会创造力。启动实施大中型企业省级研发机构全覆盖工程，新建一批省级研发中心和国家级创新平台，建立一批产业技术创新战略联盟。大力推动产品质量提升和品牌发展，建设质量强省。积极推动开放式创新，支持企业与国

内外科研院所共建创新平台，支持国内外一流大学、科研院所和世界 500 强企业研发中心在豫设立分支机构和科技成果转化基地。

完善开放平台。牢牢抓住郑州航空港经济综合实验区这个平台，把河南三大战略规划实施与国家"一带一路"倡议结合起来，发挥郑州航空港、郑欧班列、国际陆港等开放平台作用，强化郑州、洛阳节点城市辐射带动能力，推动东联西进，积极构建"一带一路"倡议支撑点。提升开放招商水平，谋划国际化招商平台，吸引跨国公司在豫设立区域性总部、功能性机构和研发中心。提高招商项目的合同履约率、资金到位率和项目开工率。推动投资贸易便利化，全面运行河南电子口岸，建立"一站式"大通关服务体系。积极申报河南自贸区，复制现有自贸区创新办法。支持企业"走出去"，推动传统产业通过向境外转移实现转型发展，支持优势企业开展海外并购，建立海外生产研发基地、全球营销网络和战略资源渠道。

创新体制机制。理顺城乡一体化示范区管理体制，搞好城乡一体化和新型城镇化试点。建设省中小微企业公共服务平台和市场服务体系，加大小微企业扶持力度，完善政企沟通、银企对接、权益保护等企业服务长效机制。推动就业结构调整与产业结构调整的有机结合，创造更多就业机会；营造有利于大众创业万众创新的政策环境和制度环境。加快转变政府职能，培育市场化的创新机制，在保护产权、维护公平、改善金融支持、强化激励机制、集聚优秀人才等方面积极作为。

（五）在优化经济结构中不断增强河南发展后劲

当前河南经济社会发展态势良好，中原崛起河南振兴富民强省呈现光明前景。在新常态下推动河南省经济社会持续健康发展，关键是坚决贯彻党中央国务院的战略部署，坚持稳中求进工作总基调，不断推动现代农业大省、先进制造业大省、高成长性服务业大省、网络经济大省"四个大省"建设，持续优化经济结构，不断增强发展后劲。

1. 倍加珍惜河南省经济结构调整取得的成效和经验

河南结构调整取得成效的经验弥足珍贵，应倍加珍惜。

一是思路清晰。调结构首先要知晓"调"的初衷和目的。河南省委省政府提出了"加强结构性改革，提高发展质量和效益"的调结构思路，强调以需求特别是消费升级趋势为导向，以新理念新技术新业态新模式和"中国制造 2025"河南行动为引领，强化工业化信息化深度融合，增强"互联网＋"、电子商务的支撑带动作用，大力推进技术改造和新产品开发。这些理念和思路在实践中得到了很好的贯彻。

二是方向明确。调结构涉及的内容非常广泛，如何选择突破口至关重要。河南省委省政府明确结构调整要"以加快产业发展新旧动力转换为中心任务"，为此确定了产业调整方向，要求以发挥特色优势、实现局部突破为重点推动高端装备制造业升级发展，以龙头带动、集群配套为抓手促进电子信息产业加快发展，以绿色安全、知名品牌为引领推动食品工业增加创新优势，以新能源汽车商业化、汽车整车制造为重点推动汽车工业跨越发展，等等，为做大做强主导产业奠定了基础。

三是重点突出。河南省委省政府要求"遵循分工协作规律，打造专业分工、协作配套、相互依托、相互支持的产业集群"，重点支持重大技术攻关、骨干企业智能化改造和重大产业基地建设，推动电气装备、矿山装备、现代农机、数控机床、机器人等领域率先突破；重点提升智能终端生产能力，加快发展软件开发、动漫游戏、移动多媒体等产业，带动上下游产业集聚发展；重点支持钢铁、电解铝等产业扩大精深加工产品、高附加值产品和高新技术产品规模等，从而保障了结构调整接地气有实效。

四是统筹推进。注重长短结合，综合施策，精准发力。坚持加快建设现代农业，持续巩固经济发展基础；积极稳妥推进新型城镇化，持续释放经济发展潜力；强化开放带动，持续增强经济发展的活力；深入推进改革创新，持续增添经济发展的动能；保护生态环境，持续提升经济发展可持续性，从而使结构调整既全面展开，又平稳有序。

2. 高度重视经济结构中存在的短板和薄弱环节

在充分肯定河南经济结构调整取得的明显成效的同时，也要看到，河南经济结构中还存在着不少短板和薄弱环节，优化经济结构任重而道远。

从产业结构看，虽然河南近年来产业结构明显优化，三次产业结构由 2010 年的 13.8：55.5：30.6，演变为 2014 年的 11.3：50.2：38.5，工业中能源原材料工业增加值占规模以上工业比重从 51.5% 降至 41.2%，服务业对经济增长的贡献率由 2010 年的 27.3% 上升至 2014 年的 36.9%，但是，产业结构不合理的状况还没有从根本上改变。经济结构仍呈现一产偏大、二产偏重、三产偏低的特征，第一产业比重仍高于全国平均水平3.4个百分点，第三产业发展比重仍低于全国平均水平11.0个百分点。工业结构偏重，2014年重工业增加值占规模以上工业的65.7%，能源原材料行业占43.2%，能源原材料工业转型升级难度较大，多数工业品处于产业链前端和价值链低端，对经济增长的拉动力有限。

从城乡结构看，农村人口多，农村地区发展落后，城镇化水平低，是河南的基本省情。2014年，全省常住人口城镇化率为45.2%。城乡收入差距较大，城镇、农村居民人均可支配收入与全国平均水平的差距分别从2010年的3316元、426元扩大至2014年的5172元、523元，对全省投资与消费的快速增长形成制约。由于城乡二元结构难以短时间消除，农业劳动力转移不稳定，就业结构与产业结构失调，农业劳动生产率提高缓慢，农民市民化进程受阻，"半城市化"问题不容忽视。国民收入再分配中依然存在着"城市偏向"，城乡关系有待进一步修复和改善。

从区域结构看，河南的区域结构存在强点不强、弱点较弱、先发不足的问题。强点不强，是指郑州、洛阳等中心城市的总量规模和综合实力仍显不足，对周边地区辐射带动能力不够，制约了中原城市群和中原经济区转型升级跨越发展。弱点较弱，是指黄淮海平原、南阳盆地等面积广大的农业地区二三产业发展先天不足，导致经济总量小、财力弱、城乡居民收入水平不高。先发不足，是指粮食生产核心区等三大国家战略规划赋予河南的许多先行先试政策，还未能有效利用，甚至还未破题。另外，河南省大别山区、伏牛山区、太行深山区和黄河滩区经济发展滞后，产业结构单一，缺乏大企业、大项目带动，需要采取特殊措施和政策予以扶持。

3. 尽快形成全省以服务业为主导的经济结构

着眼于经济发展的一般规律，河南在调结构促转型上的努力方向，是尽快形成服务业主导的经济结构，为增强区域发展后劲奠定坚实基础。

形成服务业为主导的经济结构意义重大。当前，世界经济正呈现出由"工业型经济"向"服务型经济"转型的总趋势。河南虽然总体上处于工业化中期阶段，但服务业发展势头强劲，已初步具备制造业、服务业双轮驱动、构建服务业主导型经济结构的条件。在经济新常态下，形成服务业主导的经济结构，可以实现工业与服务业深度融合，推动河南制造业的全球化、信息化、服务化；有利于河南把握消费升级的趋势，借助服务业快速发展，实现高于全国 1 个百分点以上的增长目标；能够利用服务业就业容量远高于传统工业的特点，把服务业作为新增就业不断扩大的主渠道；可以更好地激发社会资本活力，形成全社会创新创业热潮；可以通过大力发展现代服务业，降低增长对传统重化工业的过度依赖，实现绿色增长和绿色发展。

推动服务业为主导的经济结构尽快形成。一是强化顶层设计。按照国务院《关于推进文化创意和设计服务与相关产业融合发展的若干意见》《关于加快发展生产性服务业促进产业结构调整升级的指导意见》等促进服务业发展的文件精神，着眼河南全面建成小康社会和让中原更出彩的要求，对服务业为主导的经济结构进行统筹谋划和顶层设计，确保内涵准、路子对、基础牢。二是完善投入扶持机制。逐年增加省、市服务业发展专项资金规模，引导更多社会资本投入服务业领域；运用补助、贴息、政府采购等方式，加大对现代物流、信息服务、养老服务等领域项目的支持力度；落实服务业用电、用水、用气、用热与工业同价政策，优化服务业土地供给方式。三是优化发展环境。修改政府采购指导性目录，扩大专业咨询、信息服务、中介服务等领域的政府采购；健全统计体系，加大对文化创意、现代物流、金融、电子商务等新兴领域统计调查和评价工作；实施服务业人才培训工程，扩大服务业人才培养规模；强化舆论宣传，引导全社会更加关注服务业发展。

综合施策促进河南服务业跨越式发展。一是注重融合发展。我们应根据全省工农业发展现状和需求，大力发展现代物流、金融等生产性服务业以及健康、医疗、养老、家庭服务及教育培训等新兴服务业，推进产业转型升级和产业链延伸，实现一二三产的互动发展。二是注重统筹发展。既突出省辖市中心城区、城市城乡一体化示范区建设，强化城市服务业综合功能，也要引导服务业向农村延伸，提高农村基本公共服务水平，实现城乡服务业合理布局和一体化发展。三是注重创新发展。鼓励业态和商业模式创新，拓展服务业发展空间，助力服务业发展提速。四是注重开放发展。加快服务业全方位、宽领域、多层次开放，加快资金、人才、管理、品牌等优质要素的引进，在高起点实现河南服务业跨越式发展。

二　正确认识新常态是河南稳增长保态势促发展的关键

经济新常态是不同以往的、相对稳定的趋势性发展状态。对于异质性较强的大国经济体而言，在深刻认识全国经济新常态的基础上，科学把握区域的个性特征，对于适当缩小政策单元、提高政策的指向性和精准度、促进区域科学发展，是十分必要和迫切的。

（一）经济新常态下的河南经济发展态势分析预测

在世界经济复苏缓慢曲折、全国经济处于新常态"三期叠加"阶段的复杂形势下，河南全省上下认真贯彻落实中央和省委省政府的决策部署，坚持调中求进、变中取胜、转中促好、改中激活，统筹稳增长、促改革、调结构、强基础、控风险、惠民生各项工作，确保了经济运行总体平稳、稳中趋好的态势，各项指标比较协调，发展的科学性继续增强。但是同时我们也要清醒地看到，在自身结构性矛盾与外部严峻复杂环境交织叠加作用下，经济下行压力依然较大，新常态下既要坚定信心、谋划发展，也要增强危机感和紧迫感，不掉以轻心，确保实现河南经济稳增长保态势目标。

1. 新常态下河南经济运行的新亮点

近年来，河南经济运行中涌现出的一些新亮点，成为增创发展新优势、让中原更出彩的重要支撑。

第一，郑州航空港建设全面发力。郑州航空港经济综合实验区作为战略突破口和核心增长极，随着实验区建设全面展开，展现出了好的趋势、好的态势、好的气势，几个主要经济指标增速均明显高于全省平均水平。航空港的生产总值增速、规模以上工业增加值增速、固定资产投资增速、社会消费品零售总额增速、实际利用外商直接投资增速、地方公共财政预算收入增速分别高出全省平均水平 6.1、6.4、64.9、2.5、47.6 和 48.1 个百分点。在下行压力持续增大、全省主要经济指标均出现趋缓回调的同时，郑州航空港以其独特的战略优势、优良的发展环境、高端的产业体系和先行先试的政策优势成为领先发展的热点亮点。

第二，先进制造业成长性增强。2013 年 12 月《河南省人民政府关于加快推进产业结构战略性调整的指导意见》发布，提出要突出发展电子信息、装备制造、汽车及零部件、食品、现代家居、服装服饰等高成长性制造业，着力扩大产业规模，成为引领带动工业结构升级的核心力量。2014 年前三季度，河南高成长性制造业增速比规模以上工业增加值增速快了 1.7 个百分点，尤其汽车、电子信息、装备制造等几大先进制造业，随着集群发展、基地建设等快速推进，这些制造业表现出突出的高成长性，汽车、电子信息、装备制造业的增速分别比高成长性制造业增速快了 3.7 个百分点、8.8 个百分点、2.4 个百分点。

第三，金融业呈现较快发展态势。2014 年前三季度，河南金融业产值增速达到 13.9%，在第三产业分行业统计中，是增速唯一达到两位数的，比生产总值增速和第三产业增速分别快了 5.4 个百分点、5.2 个百分点。金融市场健康较快发展还体现在一改之前短期贷款多于中长期贷款的情况，中长期贷款出现了较大增长，到 9 月末新增中长期贷款额达到 1927.12 亿元，比上年同期增加了 693.16 亿元，其中，无论是个人贷款还是单位贷款都出现较大增长，尤其单位中长期贷款至 2014 年 9 月末新增额度达到了上年同期新增额度的 210%。

第四，产业创新发展能力持续提升。河南在做强工业、建设先进制造业大省中大力发展技术含量高、市场潜力大的高成长性制造业，不断强化产业创新发展能力。2014 年以来，河南高技术产业保持了平稳较快发展态势，至 2014 年三季度末增速达到 18.8%，比同期规模以上工业增加值增速快了 7.8 个百分点。

2. 河南经济运行环境与总体走势

第一，货币政策或将适度放松。当前我国经济增长正处于"弱平衡"格局，内生动力匮乏、风险仍趋下行。随着未来增长形势进一步恶化，央行将适度放松货币政策，以降低实际利率、防止不良贷款激增。由于央行退出常态干预，2016 年全面降息的可能性不大，但是通过定向降准、再贷款、PSL 等方式注入了流动性的力度将会增加。而未来一年随着美联储加息、美元升值加剧跨境资本波动，央行在面对资本大规模外流的冲击时也可能会考虑降准。货币政策的适度宽松，有利于缓解企业"融资贵""融资难"的压力，对工业发展具有一定的刺激作用，同时也有利于刺激投资和消费，对 2016 年河南经济增长形成实质利好。

第二，改革红利持续释放。中央全面深化改革，出台了一系列重大改革举措，在政府职能转变、市场体系完善、金融财税体制改革等关键领域和环节寻求突破。在这一背景下，河南突出抓好简政放权、工商登记制度改革、国有企业改革、投融资体制改革等 9 个方面 35 条重点改革事项。在此基础上，2016 年河南将继续推进农业农村、财税金融、价格、医药卫生体制、党政机关公务用车、交通执法以及社会事业领域改革。这些改革措施对激发市场主体活力、增强经济发展内生动力、解决政府干预过多等问题具有积极作用。随着这些改革措施的逐步落实到位，2016 年河南经济发展的动力将明显增强。

第三，结构调整成效凸显。近年来，在经济增速的逐步下行的同时，河南经济结构调整持续加快。全省六大高成长性制造业比重稳步上升，五大传统支柱产业和六大高载能产业比重日益下降。汽车、电子信息、装备制造、食品、现代家居、服装服饰六大高成长性制造业增加值明显增长，对全省工业增长的贡献率超过 60%，成为拉动经济增长的主体力量。与此同时，全省现代物流、信息、金融、文化、旅游等高成长性服务业也快速成长，成为经济稳定增长的重要力量。高成长性制造业和高成长性服务业"双轮"驱动，已成为当前河南经济运行的重要特征，经济发展的抗风险能力显著增强，形成了 2016 年全省经济稳定发展的重要支撑。

第四，"四个效应"持续发酵。近年来，国家粮食核心区、中原经济区、郑州航空港经济实验区等相继上升为国家战略，河南获得了在土地流转、人口转移、行政管理、海关监管、服务外包等方面先行先试的权利和政策优惠，面临前所未有的机遇。河南发挥先行先试的先发效应，打造人、财、物等生产要素的"集聚核"，继而发挥带动效应和示范效应，成为引领整个中原崛起乃至中部崛起的核心增长板块。多年来，通过先发效应、带动效应、聚合效应、示范效应，河南培育了经济发展的内生动力，全省经济获得了平稳较快的发展。"四个效应"的持续发酵，为 2016 年河南经济"抗下行、稳增长"提供了强大动力。

第五，对外开放的载体和平台日益扩大。近年来，郑州航空港以建设国际航空货运枢纽为依托，打通了中原地区面向世界的物流、客流新通道，通过发展航空物流和临空产业，带动了河南进出口贸易的飞速发展。

在此基础上，河南以"洛阳""郑州""开封"为节点，积极融入丝绸之路经济带，通过开行郑欧货运班列，河南打通了直通中亚、欧洲和大西洋的重要通道，成为新的时期河南融入全球价值链、融入全球市场的重要载体和平台，这对于促进河南对外贸易发展、中原文化振兴具有重要的意义。随着郑州航空物流和郑州班列的进一步发展，2016 年河南对外开放的条件将更加优越，对外贸易将会有进一步的发展，形成 2016 年全省经济发展的重要支撑。

3. 河南经济增长的总体判断

2015 年，世界经济复苏缓慢曲折、全国经济处于"三期叠加"阶段，河南经济发展面临的国内外环境仍然复杂。长期积累的结构性矛盾短期内难以根本破解，产能过剩矛盾短期内难以明显缓解，外需不足的状况短期也内难以改观，市场流动性紧张与房地产加速下行将继续存在，部分行业和企业面临的困难仍在累积加深，经济运行面临的困难具有长期性、复杂性，经济增速放缓可能还会持续较长一段时间。

应当看到，河南经济运行基本面是好的。2015 年，河南全面推进各项改革，推进各项政策措施落实，因应形势变化，实施精准刺激，积极应对不确定因素可能带来的冲击，经济能够保持平稳较快发展。从中长期看，河南省正处于新型工业化、新型城镇化加速推进阶段，市场需求潜力巨大，区位、交通、资源、政策等优势进一步凸显，发展载体、开放平台、基础设施等战略支撑条件日趋完善，发展后劲持续蓄积，为河南经济可持续发展提供了重要支撑。

综合判断，2015 年全省经济仍处于结构调整中，工业增速将趋缓，下行压力持续增大，投资、消费、出口增速均面临一定下行压力，物价水平低位运行，工业领域通缩风险隐现。考虑其所处的发展阶段和潜在的不确定性，为河南经济在寻求新平衡的过程中保持稳定，并为全面改革和结构调整创造条件，预计 2015 年河南生产总值增长 8.5%。从主要经济指标看，预计 2015 年全省规模以上工业增加值增长 11%，城镇固定资产投资增长 20%，社会消费品零售总额增长 13%，出口预计增加 10%，居民消费价格指数为 101.5。

4. 新常态下河南经济稳增长保态势的基本思路

以全面深化改革为引领，先行先试抢占先机。改革催生的竞争优势最全面、最稳定、最持久。全省各项工作都要坚持以深化改革为统领,在改革上动真格、来硬的,用改革的思路和办法破解难题,制定和落实好改革的时间表、路线图和任务书,统筹谋划、重点突破,切实把改革贯穿到全省经济社会发展各领域各环节。要加快政府简政放权,建立权力清单制度,按照"能放则放,能简则简,能联则联,能快则快"的原则,扎实推进审批权力下放;对没有法律法规依据的,一律取消;对一些虽有法律法规依据,但不符合改革精神和发展实际的,要认真评估,予以严格管理;对直接面向基层、量大面广、由地方管理更方便更有效的经济社会事项,一律下放给市县;通过清权、减权、制权,减少政府对微观事务的管理,激发民间活力。要切实加快市场化改革,更大程度地发挥市场在资源配置中的决定性作用。着力建立统一开放、竞争有序的市场体系,着力清除市场壁垒;在激活非公经济活力和创造力上下功夫,在鼓励民间投资上下功夫;在投融资体制改革、农村集体土地改革、金融改革和国有企业改革方面取得突破性进展。以改革的主动赢得先机,以改革的成效取信于民。

以关键环节突破为抓手,加快郑州航空港经济综合实验区建设。河南应把郑州航空港经济综合实验区建设摆在全省工作的突出位置,围绕机场建设、产业支撑、体制机制、对外开放等关键环节,多措并举,力促软、硬件共同提升。加强基础设施建设,抓好机场二期、口岸通关及物流设施等基本能力建设,实现机场二期年底投入运营,完成郑州至机场城际铁路、机场高速改扩建、国道107、省道102等配套项目建设。强化产业支撑,大力发展航空物流,加快机场核心区物流园区和功能区布局,加强与菜鸟科技、京东商城等国内外知名电商合作,实施航空偏好型产业重大项目,加快建设全球重要的智能手机生产基地,积极引进培育以郑州机场为基地的大型货运承运商和物流集成商,形成高端产业集群。理顺管理架构,建立"两级三层"的管理体制,设立实验区管委会,建立联席会议制度,形成省市联动机制。搞好郑州市跨境贸易电子商务服务试点,建成以郑州国际陆港、郑州航空港和重点物流园区为基础的全省物流信息公共服务平台,实现各物流节点设施信息实时共享。大力扩大对外开放,发挥航空港开放龙头作用,提升郑州、洛阳作为新亚欧大陆桥经济走廊重要节点城市支撑作用,强化郑欧班列纽带功能,全面融入丝绸之路经济带建设;加强各类开放载体平台建设,开展"全链条、全要素、全服务、无障碍"

立体招商，形成"一港带全局"局面。

以重大项目建设为手段，持续扩大有效投资。项目是发展的引擎，是有效拉动经济增长的主要因素。河南经济进入中高速增长时期，要坚持把抓项目、扩投资作为稳定经济增长的关键举措，始终把项目建设作为推动四化同步发展、富民强省的关键抓手，保持适度的投资规模和合理的投资增速。全力推进重大项目建设，要继续在交通、能源、生态环保、健康养老、粮食水利等领域推出一批带动作用强、事关全省长远发展的重大项目，加强与国家有关部委的对接，力争获得国家支持。加强重大项目建设调度，严格落实重大项目协调联动推进机制，对计划开工项目，加快推进联审联批，力争早日开工；对在建项目，落实好"周协调、月督促"制度，协调解决项目实施中的征地拆迁等问题，确保项目顺利推进。着力扩大民间投资，通过多渠道将国家、省重大项目向省内外社会资本推介；创新重点领域投融资机制，建立健全合理利益补偿机制，推行政府和社会合作模式，向社会资本开放更多投资领域，增强投资稳定增长的内生动力。实行项目建设推进责任制，各级政府负责的项目推进情况统一纳入省、市、县责任目标考核范围，加强对项目资金落实、征地拆迁等方面的考核，确保项目早日落地、达产和增效。

以"四个大省"建设为目标，推进产业转型升级。经济增速放缓，发展面临的外部约束越来越多、越来越严格，河南要充分利用外部倒逼时机，围绕"四个大省"建设，加快产业转型升级，带动全省经济提质增效。加快构建现代服务业体系。现代物流业要突出航空港、无水港、国际物流园区以及区域物流节点建设；金融业要实施引金入豫、金融主体培育、地方金融体系建设以及金融集聚工程，加快龙湖金融中心建设；信息服务业要着力加快"宽带中原"建设、"三网融合"步伐、各类服务平台建设以及打造呼叫服务基地；加快旅游业、商贸等消费服务业提升以及文化产业、养老及家庭服务业等公共服务业发展；全面推进"两区"建设成规模、见效益，同时推进国家、省级服务业综合改革试点，发展服务贸易和服务外包。加快构建新型工业体系。以产业集聚区为平台载体，加大承接产业转移力度，围绕电子信息、装备制造、汽车及零部件、食品加工等高成长性制造业，引进一批基地型、龙头型项目，通过建链、补链、延链和强链，提升竞争力；坚持运用高新技术、先进适用技术和信息化技术改造提升化工、有色、钢铁、纺织等传统优势产业；实施重大应用示范工程，壮大新能源汽车、新材料、生物医药等战略性新兴产业规模。大力发展现代农业，切实加强粮食生产、流通、储备、调控体系建设，做到"产粮于田""购粮于市""储粮于库""稳粮安民"；持续实施高标准粮田"百千万"工程和现代农业产业化集群培育工程，构建新型农业经营体系。

以城乡统筹发展为导向，构建现代城镇体系。推动城乡统筹发展、构建现代城镇体系是破解河南发展难题、谋位新棋局、优化资源配置的必由之路。要科学推进新型城镇化，重点要围绕"产业集聚、人口集中、土地集约"形成有利于新型城镇化发展的体制机制，在省直管县体制、户籍制度、农业转移人口市民化成本分担机制、农村产权制度、建立城乡统一建设用地市场等方面取得更大突破；抓住中原城市群列入国家重点培育发展的跨省级行政区的国家级城市群的机遇，建立五省省级政府联动协调发展机制，加快打造大郑州都市区，培育洛阳、南阳、商丘、安阳四大副中心城市，推进郑州与开封、新乡、焦作、许昌对接融合，打造一批跨区域战略合作示范区，全面提高中原城市群综合实力。要扎实推进新农村建设，围绕以人为本、产业为基、城乡统筹、"五规合一"、因地制宜、分步实施的基本思路，完成"十三五"新农村建设规划；按照"农业强、农村美、农民富"的要求，加快改善农村人居环境，不断提高美丽乡村建设水平；加大农民转移就业扶持力度，积极培养新型职业农民，不断完善农民收入较快增长机制；深入推进城乡一体化示范区和试点建设，深化统筹城乡综合配套改革，总结一批成功典型、推广一批可行经验、突破一批制度瓶颈。

以完善支撑条件为重点，提高综合竞争优势。完备的基础设施支撑和有力的要素保障是加快经济社会发展的基础和先导，河南要突出重点、弥补短板、强化弱项，全方位提高基础支撑和要素保障能力，推动局部优势向综合优势转变。加快现代交通体系建设。全力推进"米"字形快速铁路网建设，力促郑万铁路早日开工、郑焦城际铁路通车运营；抓好航空港、铁路港、公路港等枢纽场站建设，开拓国际货运航线，进一步完善高等级公路网，形成大交通格局。完善信息网络系统，以打造全国重要信息网络枢纽为目标，大力支持信息服务业，加大农村信息化示范省建设、两化融合示范工程投入力度，发展电子政务，不断推进全省信息基础设施建设。提高水利保障能力，推进大中型防洪、灌排工程建设，建设一批抗旱应急水源工程，强化城市供水、排涝以及生态水系建设。提高能源保障能力，大力推广节能技术，重点推进"一枢纽两中心"建设。持续改善生态环境，继续实施蓝天工程、碧水工程、乡村清洁工程，打造"美丽中原"人居环境。深入挖掘人力资源红利，加快国家职教改革实验区建设，深入实施全民技能振兴工程和职业教育攻坚二期工程，不断提高劳动者素质。提高资金支撑能力，以解决融资问题为重点，积极落实国家融资政策，继续实施银企对接等措施，加快发展多层次资本市场，在股票市场、债券市场、保险市场、区域股权市场等领域多做探索，扩大直接融资规模。

（二）准确把握河南的个性特征

1. 着眼大势科学研判新常态下的区域特质

进入新常态，我国经济呈现速度变化、结构优化、动力转换三大特点，消费需求、投资需求、出口和国际收支、生产能力和产业组织方式、生产要素相对优势等发生了趋势性变化。作为大国经济体的重要组成部分，我国各区域在要素禀赋、发展阶段、约束条件等方面呈现较强的异质性，所以，各个经济板块特别是中西部经济大省，进入经济新常态后势必面临一些新的情况，呈现出特有的个性特征即区域特质。科学研判新常态下的区域特质，对这些经济大省寻求新的突破，争取更大作为，实现后发赶超，具有重要意义。

河南省委经济工作会议从六个方面阐述了新常态下河南有别于全国的个性特征：一是靠能源原材料工业支撑增长的传统资源优势在减弱，但交通物流、产业集群等优势在上升；二是生产要素的成本优势在减弱，但生产要素保障优势并没有丧失；三是新常态下内需不足的矛盾更为突出、动力转换没有完成，但投资、消费需求潜力巨大，市场、区位优势日益凸显；四是世界经济深度调整，全球总需求不振，出口拉动减弱，但承接产业转移、利用两个市场两种资源的机遇依然存在，通过转移替代扩大出口份额还有很大空间；五是拼资源拼消耗的粗放型发展模式不可持续，靠数量扩张和打价格战支撑的低层次竞争模式难以为继，但在电子商务、智能手机、新能源汽车等方面与先进地区基本处在同一起跑线上，有可能迎头赶上、抢占先机；六是特别要看到，国家实施"一带一路"倡议、出台政策措施，为我们提升在全局中的战略地位，在高铁、水利等重大基础设施方面争取国家支持带来了很大机遇。

河南省委省政府关于新常态下河南个性特征的分析，体现了河南决策层承天接地、实事求是的科学态度和负责精神，表明了我们对新形势下区域经济发展规律的新认识，显示了我们对变化中的省情认知达到了新高度，是科学谋划河南发展大计的思想基础和必要前提。

2. 立足省情探寻个性特征生成的内在逻辑

从河南经济新常态的个性特征中可以看出，当前河南经济发展存在三个"变与不变"：一是发展仍处于可以大有作为的重要战略机遇期没有变，但战略机遇期的内涵和条件发生了深刻变化，一些传统优势机遇正在消失，但改革创新和结构调整的新优势新动力不断集聚形成；二是全省经济发展总体向好的基本面没有变，但经济发展方式和增长动力发生了深刻变化，特别是增长动力的变化尤为突出，必须因势利导、与时俱进，不能抱着思维定式、刻舟求剑；三是实现中原崛起河南振兴富民强省的目标没有变，但新形势下推进建设的具体内容、方式和路径发生了新的变化，必须高度关注发展中的变化、变化中的变量，科学研判各种新情况新问题。

新常态下之所以出现河南的"个性特征"，主要原因有几个方面。一是特定发展阶段所蕴含的巨大发展潜力。河南正处于工业化、城镇化加速推进阶段，部分地区工业化刚刚起步，城镇化率明显低于全国平均水平，黄淮地区城镇化率只有35%左右，工业化、城镇化所蕴含的投资空间和消费潜力巨大；河南城乡、区域发展不平衡，投资空间大，需求增长潜力大，仍可以继续发挥在促进增长中消费的基础作用和投资的关键作用；河南服务业占比低于全国14.1个百分点，随着工业结构优化升级和专业化分工加快，其现代物流、金融保险、信息服务等生产性服务业发展空间巨大；全省外贸依存度较低，总量较小，出口和承接产业转移潜力巨大。

二是特殊省情所形成的综合发展优势。河南作为经济大省、人口大省，大省优势突出，积极应对市场变化的韧性大、潜力大、回旋余地大，有发展战略性新兴产业的基础和条件，有发展传统产业的优势和潜力；河南连接东西、贯通南北，区位、交通、物流优势突出，特别是构建"米"字形快速铁路网，有利于推动形成建设大枢纽、发展大物流的格局；河南作为人口大省，人力资源要素优势依然存在，在发展食品、轻工、纺织、电子等劳动密集型产业和传统产业方面潜力很大；河南作为后发地区，在新一轮科技革命和产业变革孕育兴起、新业态新模式迅猛发展的背景下，完全有可能在创新驱动中促进发展、实现后发赶超。

三是多年持续作为所产生的累积效应。2008年国际金融危机以来，河南注重谋划事关经济社会发展的方向性、根本性、全局性问题，成功推动粮食生产核心区、中原经济区、郑州航空港经济综合实验区三大规划上升为国家战略，先发效应、带动效应、聚合效应、示范效应进一步凸显；按照打造富强河南、文明河南、平安河南、美丽河南和推进社会主义民主政治制度建设、提高党的执政能力制度建设总布局，加快推进先进制造业大省、高成长服务业大省、现代农业大省建设，积极培育新兴业态，使河南的战略地位得到进一步提升；推进产业集聚、人口集中、土地集约，加快构建"一个载体、四个体系"，坚持用大枢纽带动大物流、用大物流带动产业群、用产业群带动城市群、用城市群带动中原崛起河南振兴富民强省，谋划实施了一批打基础管长远增后劲的大事要事，基础设施、发展载体等支撑能力不断增强，发展势能不断积蓄。

四是长期开放发展所带来的创新红利。长期以来，河南把改革开放作为活力之源，贯穿到各领域各环节，以改革促开放，以开放促发展，着力破除各方面体制机制弊端，激发经济社会发展动力。先后确立开放带动战略、开放带动主战略、对外开放基本省策，构建举省开放体制，在开放中积极创新思路举措、增强创新驱动能力，主动融入国家区域发展新棋局；依托中原经济区、郑州航空港经济综合实验区建设，积极承接产业转移，把手机等产业从沿海吸引过来，2014年手机产量达到1.4亿部，有效拉动了经济增长，在全国出口不景气的情况下全省出口增长近10%，很大程度上是靠转移替代实现的。未来一个时期，河南仍然具备参与国际分工、利用国际国内两个市场两种资源的比较优势，可以继续放大开放改革的创新红利，通过扩大开放合作、承接产业转移等促进发展。

上述分析说明，省委九届八次全会关于全面建成小康社会加快现代化建设的决策部署符合中央要求、符合河南实际，是完全正确的；把新常态的变化转化为河南争取优势、抢占先机的机遇，"实现几何级增长"，是完全可能的；而要把可能性转变为现实性，实现稳增长的即期目标和持久的、健康的、更长远的发展，则需要我们善于观大势、谋大事，进行系统的谋划和扎实的工作。

（三） 积极适应新常态系统谋划河南发展战略思路举措

进入新常态，河南发展仍处于可以大有作为的重要战略机遇期，经济总体向好的基本面没有变，主动把握和积极适应新常态，是实现中原崛起河南振兴富民强省目标的必然选择。认清大势，把握规律，系统谋划河南发展战略思路举措，努力保持和提升河南省全面建成小康社会加快现代化建设的良好态势。

1. 树立新理念转变发展方式

面对新常态，必须清醒认识增速换挡回落的客观必然性，树立发展新理念，力求经济保持合理增速，为新常态下的结构调整创造条件、赢得空间。努力转变经济发展方式，尽快转变与新常态不相适应的领导观念、体制机制和方式方法，做到观念上适应，认识上到位，方法上对路，工作上得力。要切实转变立足点，不再以 GDP 论英雄，以提高质量效率为中心，把经济工作的着力点转到转变方式上来，在中高速状态下实现结构质量效益"上台阶"，做到减速不减势，减速不减效。要全面推进依法治省，提高领导经济工作法治化水平，自觉运用法治思维和法治方式来深化改革、推动发展、化解矛盾、维护稳定。要坚持以人为本，以保障和改善民生为重点，不断完善就业创业服务体系，推进基本公共服务均等化，加快发展社会事业，扎实推进社会建设。要处理好发展经济和保护环境的关系，加快美丽河南建设，持续改善环境质量，标本兼治，多管齐下，朝着天蓝水净地绿目标不断前进。要把握科学思想方法，拓宽视野，创新思路，摆脱"换挡焦虑"和"本领恐慌"，用正确的方法做正确的事，学会用改革办法、市场手段和开放途径发展经济，不能陷入思维定式，刻舟求剑。要转变政府行为方式，调整政府支持方式，由直接支持具体项目改为设立投资基金，对传统支柱产业也要改变政府直接补贴等老办法，积极探索市场化的支持手段，使市场在资源配置中发挥决定性作用并更好发挥政府作用。

2. 重塑新动力积蓄发展势能

新常态下增长动力转换的深刻变化，意味着产业布局的重新洗牌，从而使一些区域有可能重塑新动力，积蓄发展势能，形成有利态势。要清醒认识动力转换的长期性，强化改革推动、开放带动、创新驱动，着力扩大增长点、转化拖累点、抓好关键点、抢占制高点，利用好传统产业和新兴产业正处于此消彼长的结构变化机遇，破解增长动力转换青黄不接的难题。要在继续注重要素驱动、投资驱动的同时，下更大力气实施创新驱动发展战略，抓住新一轮产业革命和技术革命的战略机遇，加快推进以科技创新为重点的全面创新，拓展丰富创新的内涵，切实加强观念创新和思维方式创新，抓住当前新技术、新产品、新业态、新模式不断涌现的机遇，积极开展产品创新、业态创新、商业模式创新，抢占发展新技术新产品新业态新模式的先机，大力培育新的增长动力。要更好发挥投资的关键作用和消费的基础作用，通过转移替代扩大出口份额，着力稳投资、促消费、扩出口，形成"三驾马车"更加协调均衡的混合动力。要弥补服务业发展短板，积极培育战略性新兴产业，大力发展先进制造业，加快改造提升传统产业，优化三次产业结构，促进产业深度融合，形成先进制造业和战略性新兴产业、现代服务业、传统支柱产业、现代农业"四轮驱动"的发展格局，为新常态下的河南转型发展提供持续动力。

3. 培育新优势增强发展后劲

经济发展进入新常态后，区域竞争更加激烈，东部地区转型升级占得先机，中西部地区多个增长极赶超提速，这就要求我们科学应对，要加大工作力度，在推动局部比较优势向综合竞争优势转变上迈出更为坚实的步伐，努力寻求并培育后续竞争力。要提升载体平台优势，全力推进郑州航空港经济综合实验区建设，打造"一带一路"互联互通的重要枢纽和内陆地区融入"一带一路"建设的核心支点，探索航空驱动型区域经济发展新模式，继续推动产业集聚区提质转型创新发展，进一步提升商务中心区、特色商业区支撑能力和服务功能。要提升基础设施优势，全力推进郑州机场二期工程建设，全面推进"米"字形快速铁路网建设，加快推进郑州国家级互联网骨干直联点建设，及时跟进国家"互联网＋"行动计划，建设网络强省，提高基础设施互联互通水平，打造重要的公路、铁路、航空和信息枢纽。要提升要素保障优势，加快推动人力资源大省向人力资源强省转变，构建城乡一体的人力资源市场，加快发展金融业，构建多元化投融资渠道，创新土地供应方式，建设城乡统一的土地市场，促进土地资源优化配置，加强能源、水利、生态支撑体系建设，调动各种生物资源、化石资源向终端产品延伸，变资源优势为产业优势。

4. 构筑新格局拓展发展空间

党中央国务院审时度势，提出实施"一带一路"、京津冀协同发展、长江经济带三大建设，统筹推进"四大板块"与"三个支撑带"的战略组合。要深刻认识全国区域发展大势，充分发挥河南的区位、产业、资源等优势，围绕国家战略找准发展定位，在服务全国大局中发展自己。要优化经济发展空间格局，依托河南与"三大战略"地缘相邻优势，积极向中央大布局靠拢，实现向东与海上丝绸之路链接，向西与丝绸之路经济带融合，向北与京津冀对接，向南与长江经济带联动，借势借力发展，以航空网络贯通全球，建设连接东西、沟通南北的运输通道和中心枢纽，构建国家区域发展新格局的重要战略支撑点。要优化城镇化空间格局，以国家实施城市群规划为契机，切实推动中原城市群发展，加快推进高铁沿线城市经济带建设，依托郑州、洛阳"丝绸之路"节点城市定位，谋划建设亚欧大宗商品商贸物流中心、丝绸之路文化交流中心、能源储运交易中心，打造区域均衡、多点支撑的发展态势。要优化对外开放格局，以强化郑州航空港综合实验区国际功能为着力点，进一步拓展对外开放空间，充分发挥航空物流系统作用，积极开展与境外国家/地区航空运输合作。要加快郑州国际陆港建设，巩固郑欧国际班列领先地位，加快进口肉类指定口岸、汽车整车进口口岸建设，全面运行河南电子口岸，扩大跨境贸易电子商务服务试点。要优化区域生态格局，把生态文明理念融入河南现代化建设全过程和各领域，持续优化国土空间开发，加快构建"四区三带"区域生态格局，积极推动淮河生态经济带列入国家规划，大力推进绿色发展、循环发展、低碳发展。

5. 创建新机制释放发展活力

深化改革、创新机制是推动发展的根本动力，要以更大的勇气、更有力的举措，加快构建有利于科学发展的体制机制，进一步释放河南经济发展的制度红利。要坚持问题导向，聚焦影响河南经济社会发展的突出障碍，深化改革，聚焦河南群众反映强烈的突出问题深化改革，围绕适应新常态创新机制体制，既要借鉴国内外经验，也要结合区域特色，因地制宜地走出一条符合自身特色的创新改革之路。要深化各个方面各个领域的改革，继续简政放权，深化行政体制改革，加快建立和完善政府权力清单制度，全面推进各级政府机构改革；以增强国有企业活力、提高国有资本运行效率为目标深化国企国资改革，加快国有企业股份制改造，创新管理机制、经营机制、监管机制；加快金融体制改革，支持各地发展创业投资基金，探索政府投融资公司多元化融资模式，启动农村金融改革实验，积极开展民营银行试点，全面推进县级农商行组建工作；加快财税体制改革，深化预算管理制度改革，稳步推进扩大"营改增"试点、煤炭资源税从价计征等税制改革，启动涉企资金基金化改革试点，改革省属高校财政拨款机制和财政科技经费分配机制；深化价格改革，全面放开竞争性领域和环节的商品、服务、要素价格，积极稳妥推进水电气等资源性产品价格改革；加快医药卫生体制改革，全面推进县级公立医院综合改革，拓展试点城市公立医院综合改革，扎实开展县域医疗联合试点，完善全民医保体系，深入推进社会办医。

（四）主动引领新常态，努力开创河南经济社会发展新局面

对新常态不仅要积极适应，还要主动引领。为此，必须进一步统一思想，凝聚共识，化危机为机遇，变压力为动力，在变化中抢占先机，在引领中提升地位，努力开创河南经济社会发展新局面。

1. 保持战略定力实现增长速度和质量效益相结合

就河南来说，当前经济增长速度的下降，是国内外多种因素共同作用的结果，也符合河南经济发展的阶段性特征。就全国而言，河南还处于工业化和城镇化加速阶段，经济增长还有很大的潜力，保障民生和就业的压力还很大，忽视支撑条件刻意追求短期效应的"快"不可取，错失发展机遇放任经济增速下行的"慢"也不可取，我们仍然要继续做大经济总量，保持经济增速大体高于全国1个百分点以上，为质量效益提升提供战略空间，在调整结构中保持经济合理的增长。因此，我们要引领新常态，就要保持战略定力，认识河南的潜在经济增长率，积极作为，加快调整产业结构，不断转变发展方式，积极扩大对外开放，实现遵循经济规律的科学发展、遵循自然规律的可持续发展、遵循社会规律的包容性发展，把各方面的注意力更多地引导到加快转型升级、培育新的增长动力上来。

2. 突出结构优化实现调整存量与做优增量相结合

当前，结构调整已经成为经济新常态下促进经济平稳健康发展的"牛鼻

子"。中央经济工作会议提出，我国经济结构正从增量扩能为主转向调整存量、做优增量并存的深度调整，这是中央对经济形势做出的新的判断和对结构调整做出的总体要求。当前，河南虽然总体上已步入工业化中后期，但城乡区域发展不平衡、产业结构不合理、生产力水平参差不齐的矛盾相当突出，传统产业与现代产业交织、资本密集型产业与劳动密集型产业并存。因此，河南的产业发展和结构调整必须从实际出发，坚持以增量带动结构优化，以创新促进产业升级，同步做好增量调整和存量优化两篇大文章。一方面，要依托增量扩大总量、提高质量，大力发展科技含量高、带动能力强的现代产业，增创发展新优势；另一方面，要通过科技创新优化存量，不断做强做大传统优势产业，提升产业层次，拉长产业链条，做优产业结构，壮大产业集群，走出一条富有河南特色的结构调整和产业升级之路。

3. 把握态势趋势实现立足当前与着眼长远相结合

当前与长远是辩证的统一，做一切工作都要注意处理好当前与长远的关系。我们强调求实效、谋长远，求的不仅是一时之效，更有意义的是求得长远之效。当前有成效、长远可持续的事要放胆去做，当前不见效、为长远打基础的事也要努力去做。因此，引领新常态必须立足当前、着眼长远，找准着力点和切入点，有效实施既兼顾当前又惠及长远的政策措施。要认真贯彻落实国家调整经济结构、转变发展方式的要求，在推进传统产业技术改造、优化升级的基础上，扎扎实实做好事关长远的基础性工作。要更加注重发展先进制造业、高新技术产业和节能环保产业，更加注重发展现代物流、信息、金融、文化旅游等高成长性服务业，更加注重提高对外开放的水平，更加注重保障和改善民生，更加注重生态环境的保护，更加注重各项改革任务的落实，努力实现全省全面、协调、可持续的发展。同时，要力戒只顾眼前利益，不顾长远利益的做法，避免出现"前任的政绩，后任的包袱"，甚至犯下不可补救的过失，造成不可挽回的损失。

4. 注重统筹协调实现借助外力与激活内力相结合

发展需要外力和内力的同向助推。引领新常态，就必须将借助外力与激活内力有机结合起来，要坚定不移地探索巧借外力实现弯道超越的新的发展路径，科学承接国内外产业转移，提高专业化、集群化、精细化招商水平，集中精力抓具有引领性、突破性、方向性的重大产业化项目。同时，我们也要注重引资、引技与引智相结合，吸引跨国公司到河南设立区域总部、研发中心、培训中心等；要进一步扩大开放领域，鼓励央企、外资等参与国有和民营企业改组改造，实施外贸提升战略，探索建立国际自由贸易区，深度融入国家"一带一路"倡议。要持之以恒激发内在活力重塑发展新动能，深入挖掘本土企业潜力，发挥河南先天的地缘、人缘等自身优势，坚持对本土企业与外来企业一视同仁、平等对待，助其实现借力腾飞；全面深化改革，重点在国企改革、行政管理体制、新型城镇化及民生领域找准突破口、发力点，激活和释放更大的市场活力、社会活力和企业活力；切实把创新驱动战略落到实处，深化科技体制改革，完善技术创新体系建设，让科技创新成为经济发展的主要驱动力。

5. 坚持底线思维实现推动发展与稳控风险相结合

发展是目的，稳定是条件。引领新常态，必须坚持把推动发展和稳控风险结合起来，把发展的速度和社会可承受的程度协调统一起来，在动态中实现平衡，在平衡中求得发展。发展不足仍然是河南面临的最大问题，引领新常态，仍要把坚持发展作为当前及今后一个时期全省各项工作的首要任务，以经济建设为中心，不断做大全省经济总量，推动全省经济迈上新台阶。同时我们应清醒认识当前全省正处于经济发展转型期和社会矛盾凸显期，要加快推进企业兼并重组，大力发展混合所有制经济，综合运用市场手段和行政手段，避免煤炭、钢铁、电解铝等传统行业出现严重经营困难引发相应的经济风险甚至社会风险；不断深化投融资体制改革，从制度上规范地方投融资平台运行，加强全省银行业监管，建立民间借贷法律法规，拓宽居民理财渠道，避免金融领域的隐性风险显性化；进一步加强和改进思想政治工作，健全党和政府主导的维护群众利益权益机制，关注和解决社会转型过程中的社会心理问题，防止心态失衡引发恶性社会治安事件，引发社会矛盾。

三 深入贯彻《战略纲要》是稳增长保态势促发展的内在要求

河南省委九届八次全会通过的《河南省全面建成小康社会加快现代化建设战略纲要》，是河南省贯彻落实党的十八大和十八届三中、四中全会精神，学习贯彻习近平总书记系列重要讲话和调研指导河南工作时重要讲话精神的再动员、再部署，是持续河南成功实践，完善提升思路举措，引领全省上下沿着正确方向奋力前行的再发动、再安排，是河南省如期全面建成小康社会、加快社会主义现代化建设的总体设计和行动纲领。

（一）《战略纲要》立意高远，具有深远的历史意义和重大的现实意义

1. 顺应发展大势，是准确把握河南省发展所处历史方位，积极适应经济发展新常态的系统部署

当前，世界经济仍处在国际金融危机后的深度调整期，短期内总体复苏疲弱态势难有明显改观，新一轮科技革命和产业变革正在孕育兴起，全球竞争更趋激烈。我国经济发展进入新常态，呈现出速度变化、结构优化、动力转化的特点，认识新常态，适应新常态，引领新常态，是当前和今后一个时期我国经济发展的大逻辑。河南同全国一样，外部环境错综复杂，内部也呈现出自身特有的阶段性特征。河南怎么办？路该如何走？对此必须适时做出反应，积极主动应对。《战略纲要》在准确把握国际国内发展大势和河南省发展所处历史方位的前提下，明确指出：河南省处于大有可为的重要战略机遇期没有改变，但机遇期的内涵和条件正在发生变化；经济发展总体向好的基本面没有改变，但经济发展方式和增长动力正在发生变化，正处于爬坡过坎、攻坚转型的关键阶段。这就在更高层面明确了认识新常态、把握大势，适应新常态、顺势而为，引领新常态、主动作为，以现代化的思维和方式谋划推动全面建成小康社会，加快推进现代化建设的指导思想和总体思路，有利于全省上下统一思想认识，积极抢抓机遇，科学应对挑战，努力保持和提升全省现代化建设的良好态势。

2. 尊重客观规律，是河南沿着正确方向和轨道乘势前进的基本遵循

习近平总书记指出，发展必须是遵循经济规律的科学发展，必须是遵循自然规律的可持续发展。近年来，河南遵循规律、科学谋划，面对经济社会发展中的突出症结，抓纲带目、牵动全局，以开放改革"一举求多效"，以科学推进新型城镇化"一发动全身"，以优化环境"一优带百通"；面对航空、高铁等现代交通方式带来的机遇，把提升比较优势和发

挥后发优势结合起来，用大枢纽带动大物流，用大物流带动产业群，用产业群带动城市群，用城市群带动中原崛起河南振兴富民强省，取得了令人瞩目的成就。也要看到，进入新常态，经济增速放缓带来的新情况、全面深化改革中的新矛盾、生态文明建设中的新挑战，都需要我们更加自觉地认识规律，遵循和运用规律。《战略纲要》坚持从省情出发，强调注重谋划经济社会发展的方向性、根本性、全局性大事要事，围绕走好两不牺牲、四化同步的科学发展路子，遵循规律、改革创新、破解难题。对经济社会发展规律的清醒认识和把握，有利于河南在新的起点上如期全面建成小康社会，奋力把现代化建设推进新的更高的阶段。

3. 注重继承创新，是对河南过往持续实践探索进行的系统总结、拓展和提升

改革开放以来，历届省委省政府立足基本省情，把握阶段特征，先后制定了"一高一低"、"两个较高"、"三化"协调、"两大跨越"、"两不三新"等关乎全局的工作思路和战略举措，在促进河南经济社会发展中发挥了重要作用。特别是 2008 年国际金融危机，河南努力打造"四个河南"、推进"两项建设"，积极实施三大国家战略规划，加快构建"一个载体、四个体系"，形成了一整套符合科学发展要求的思路举措，经济社会发展保持了好的趋势、好的态势、好的气势。实践证明，这些年河南省重大谋篇布局符合中央要求，符合河南实际，总体上是正确的、有效的。《战略纲要》是对河南发展思路、丰富实践的系统梳理和完善提升，既系统总结近年来的实践探索，效不更方，把行之有效的发展思路举措持续下去，又因应形势变化，把握住新机遇、新挑战、新思路、新对策，不断完善提升发展思路。

4. 坚持承天接地，是贯彻落实中央决策部署、促使中原更加出彩的使命担当

改革开放以来，我们党提出了现代化建设"三步走"的战略构想并不断完善。党的十八大描绘了全面建成小康社会、加快推进社会主义现代化的宏伟蓝图，明确了中国特色社会主义"五位一体"总布局，提出了实现社会主义现代化和中华民族伟大复兴的总任务。2014 年，习近平总书记两次到河南调研指导工作，肯定了河南经济社会发展取得的成绩，强调实现

"两个一百年"的奋斗目标、实现中华民族伟大复兴的中国梦需要中原更加出彩。《战略纲要》自觉贯彻落实党的十八大和十八届三中、四中全会精神，用习近平总书记重要讲话精神指导河南实践，顺应亿万中原人民过上更好生活的热切期盼，把河南放在全国大局中谋划，放在实现"两个一百年"奋斗目标和实现中华民族伟大复兴的中国梦中来定位，进一步明确了河南发展的方向和重点，找准了推进工作的突破口和着力点，把中国特色社会主义事业"五位一体"总布局和全面推进党的建设新的伟大工程在河南具体化，充分体现了中央对河南的要求，实现了中央精神与河南实际的有效结合。

5. 体现总体设计，是着力解决方向性、根本性、全局性问题的战略谋划

经过多年的努力，河南全面建成小康社会、加快现代化建设站在了新的历史起点上，展现出光明前景，河南从未像现在这样接近中原崛起河南振兴富民强省的目标，比以往任何时期都更有信心、更有能力实现这个目标。但是，河南人口多、底子薄、基础弱、人均水平低、发展不平衡的基本省情没有根本改变，新常态下河南面临潜在增长趋势线下移、结构优化升级难度增大、增长动力转换亟待加快、各类潜在风险增多等一系列问题和挑战。在此背景下，河南全面建成小康社会进入最后决胜阶段，现代化建设进入承前启后、继往开来的关键时期，迫切需要加强总体设计。《战略纲要》从着力解决方向性、根本性、全局性问题入手，找准经济社会发展的战略支撑点、矛盾关键点和解决问题的切入点，对河南今后一个时期的发展进行系统的谋篇布局，进一步明确方向目标和路径举措，使河南的发展思路更加清晰，发展目标更加明确，发展方式更加科学，发展措施更加完善。

（二）《战略纲要》内涵丰富，确定了河南全面建成小康社会、推进现代化建设的总坐标和路线图

1. 战略目标：宏伟远大，鼓舞人心，描绘了河南发展的美好愿景

战略目标是行动的指南，是我们为之奋斗的价值追求。站在新的历史起点上，河南应当有自己的使命担当，有指引河南未来发展的总坐标和路

线图。《战略纲要》选取 2020 年和 2040 年两个时间节点，绘就了河南全面建成小康社会、实现现代化的宏伟蓝图和美好愿景。

《战略纲要》对 2020 年全面建成小康社会从两个维度进行了阐释。一方面从主要经济指标、四化发展、创新驱动、依法治省、社会事业发展、全面深化改革等方面，提出了全面建成小康社会的具体要求；另一方面对部分领域和区域率先基本实现现代化进行了战略部署，强调在现代交通运输体系上建成全国重要的现代综合交通枢纽和现代物流中心；在信息基础设施上达到国内一流、与世界同步；有条件的地方率先基本实现现代化；等等。

《战略纲要》对基本实现现代化进行了远景展望。强调到 2040 年左右全省基本实现现代化，总体上达到中等发达国家发展水平，建成富强民主文明和谐美丽的现代化新河南，实现中原崛起河南振兴富民强省。

战略目标的确立，宏伟远大，鼓舞人心，必将激发全省亿万人民干事创业的豪情壮志，引领和鼓舞全省上下沿着正确方向奋力拼搏、乘势前行。

2. 战略方针：旗帜鲜明，立场坚定，指明了河南发展的根本方向

战略方针是实现战略目标的纲领和准则。把握战略方针，坚定正确方向，极为重要。尤其是在新的历史条件下，面临的形势越复杂、肩负的任务越艰巨，就越需要增强政治意识、"看齐"意识、坐标意识。

《战略纲要》从"三个必须"的高度，明确了河南发展的战略方针，指出河南必须坚持中国特色社会主义根本方向，坚定走中国特色社会主义道路、坚持党的领导，不断增强道路自信、理论自信、制度自信。要以经济建设为中心，坚持四项基本原则，坚持改革开放，协调推进全面建成小康社会、全面深化改革、全面推进依法治省、全面从严治党。要着力强化马克思主义在意识形态领域的指导地位，坚持用中国特色社会主义理论体系武装头脑。必须坚持以人为本，一切为了人民、一切依靠人民。坚持党的群众路线，坚持党性和人民性的统一，把实现好、维护好、发展好最广大人民的根本利益作为一切工作的出发点和落脚点，尊重人民主体地位，保障人民各项权益。必须坚持党的实事求是的思想路线，把握科学思想方法，把干事创业热情与求真务实精神结合起来，用正确的方法做正确的事。

战略方针是全面建成小康社会、加快现代化建设，实现中原崛起河南振兴富民强省必须遵循的总坐标，为全省干部群众干事创业、推动发展提

供了基本遵循，是兴省根本，不能有丝毫动摇。

3. 战略布局：站位全局，统筹协调，是中国特色社会主义"五位一体"总布局在河南的具体化

战略布局是对未来发展的统筹谋划和总体安排，关系到未来的道路选择和发展走向。《战略纲要》根据党的十八大关于中国特色社会主义"五位一体"总布局的精神，提出了以打造富强河南、文明河南、平安河南、美丽河南，推进社会主义民主政治制度建设、加强和提高党的执政能力制度建设为内容的"四个河南""两项建设"战略布局。

"打造富强河南"，就是建设先进制造业大省、高成长服务业大省、现代农业大省，科学推进新型城镇化，构建与现代化相适应的产业体系、城乡体系、创新体系、市场体系，成为具有较强综合实力和竞争力、人民生活富足的经济强省。"打造文明河南"，就是弘扬社会主义先进文化，培育和践行社会主义核心价值观，倡导做文明人、办文明事，提升中原文化整体实力和影响力。"打造平安河南"，就是以保障人民安居乐业、维护社会安全稳定为基本目标，以法治和德治为基本途径，以基层组织建设、基础制度建设为基本保障，推动社会治理现代化，维护社会公平正义，确保人民群众权益得到充分保障、社会充满活力又和谐有序。"打造美丽河南"，就是把生态文明理念融入现代化建设全过程和各领域，大力推进绿色发展、循环发展、低碳发展，形成节约资源和保护环境的空间格局、产业结构、生产生活方式，建设天蓝地绿水净的美好家园。

"推进社会主义民主政治制度建设"，就是坚持党的领导、人民当家做主、依法治国有机统一，推动人民代表大会制度与时俱进，推进协商民主广泛多层制度化发展，完善基层群众自治制度，全面推进依法治省，发展更加广泛、更加充分、更加健全的人民民主。"推进加强和提高党的执政能力制度建设"，就是全面从严治党，抓好思想政治建设，探索党建工作运行机制，深化干部人事制度改革，健全改进作风常态化制度，加强反腐败体制机制创新，全面提高党的建设科学化水平。

打造"四个河南"、推进"两项建设"，是中国特色社会主义事业"五位一体"总布局的河南实践，也是全面推进党的建设新的伟大工程在河南的具体化。

4. 战略重点：科学把握，正确选择，明确了对实现战略目标具有决定意义的主攻方向

生产力发展是决定因素。着眼于促进河南生产力的发展，《战略纲要》强调要坚持四化同步科学发展的路子，聚焦实施粮食生产核心区、中原经济区、郑州航空港经济综合实验区三大战略规划，重点对推动"一个载体、四个体系、六大基础"建设做出战略任务部署。

坚持四化同步科学发展的路子，是以工业化、城镇化带动农业现代化，推动信息化与经济社会发展深度融合，最大限度释放信息化在现代化建设全局中的巨大能量，以信息化加速工业化、城镇化、农业现代化。

《战略纲要》把粮食生产核心区确定为实现战略目标的基础，把中原经济区确定为实现战略目标的支柱，把郑州航空港经济综合实验区确定为实现战略目标的开放平台。同时，要求把三大战略规划实施与国家"一带一路"建设密切结合起来，构建"一带一路"建设支撑点。

推进"一个载体、四个体系、六大基础"建设，是推进四化同步科学发展的具体展开，是实施三大战略规划的有效抓手。河南通过提升完善产业集聚区、商务中心区和特色商业区（街）等科学发展载体，支撑带动四化同步发展；通过推进现代产业体系、现代城乡体系、现代创新体系和现代市场体系，推进产业结构优化升级、城乡统筹发展、创新驱动发展和资源高效配置；围绕培育区域竞争新优势，构建现代交通、信息网络、水利支持、能源支撑、生态环境五大系统和加强人力资源强省建设，强化基础能力。

选择战略重点是实现战略目标的关键。2008 年国际金融危机以来，河南省之所以能一直保持良好发展势头，主要得益于战略重点选择的正确。《战略纲要》关于战略重点的选择和部署，明确了河南科学发展的主攻方向，必将对河南实现既定的战略目标产生积极的影响。

5. 战略举措：激发活力，增创优势，汇聚起共推发展的强大正能量

战略措施是实现战略目标所采取的各种手段和方法。全面建成小康社会、加快现代化建设，是复杂的系统工程，必须科学谋划、精心运作，抓好事关全局的战略举措。

《战略纲要》明确提出了持续扩大对外开放、全面深化改革、全面推进依法治省、加强思想文化建设、推进社会治理体系和治理能力现代化五大战略举措。

以招商引资、承接产业转移为重点持续扩大对外开放。全面融入国家"一带一路"建设，发挥郑州航空港、郑欧班列、国际陆港等开放平台作用，提升郑州、洛阳主要节点城市辐射带动能力，密切与丝绸之路经济带沿线中心城市和海上丝绸之路战略支点的联系，形成全面开放合作新格局。以经济体制改革为重点全面深化改革。协调推进政治体制、文化体制、社会体制、生态文明体制和党的建设制度改革，立足河南实际，抓住影响经济社会发展的突出障碍、群众反映强烈的突出问题，把改革贯穿在经济社会发展的各领域各环节。全面推进依法治省，形成完备的法律规范体系、高效的法治实施体系、严密的法治监督体系、有力的法治保障体系，完善立法体制机制，深入推进依法行政，保证公正司法。加强思想文化建设，培育和践行社会主义核心价值观，加强道德建设，加强社会信用体系建设，强化阵地意识，推进文化强省建设。牢固树立"大平安"理念，着眼"双安"、推进"双治"、强化"双基"，推进社会治理体系和治理能力现代化，营造更加和谐稳定的社会环境。

五大战略举措的实施，能最广泛地动员和组织人民群众积极投身全面建成小康社会、加快现代化建设的伟大实践，汇聚起共推发展的强大正能量。

6. 战略保证：党要管党，从严治党，为战略目标实施提供强有力的政治保障

战略保证是实现战略目标的保障因素和坚强后盾。河南能不能如期全面建成小康社会、加快现代化建设，关键在人，关键在干部，关键在各级党组织。只有坚持党要管党，从严治党，把党的政治优势发挥好，把各级党组织建设好，才能把全省方方面面的力量凝聚起来。

《战略纲要》从发挥党委领导核心作用、建设高素质执政骨干队伍、创新基层党建工作、推动作风建设常态化、坚定不移反对腐败五个方面提出了要求。

要发挥党委领导核心作用，各级党委要总揽全局、协调各方，把主要精力放在把方向、议大事、管全局上，保证党的路线方针政策和党委决策部署贯彻落实；要建设一支政治坚定、能力过硬、作风优良、奋发有为的

高素质执政骨干队伍；要创新基层党建工作，全面推进各领域基层党建工作，实现党的基层组织有形覆盖和有效覆盖，推进基层服务型党组织建设；要推动作风建设常态化，必须始终绷紧作风建设这根弦，深入持久开展对党员干部的思想政治教育、作风养成教育、群众路线教育、宗旨意识教育，持续巩固党的群众路线教育实践活动成果；要坚定不移反对腐败，严格落实党风廉政建设党委主体责任和纪委监督责任，深入开展廉洁自律教育，科学合理配置权力，强化权力监督。河南要始终保持严惩腐败的高压态势，坚持有腐必惩、有贪必肃，坚决清除腐败分子。

我们坚信，在省委的正确领导下，坚持党要管党，从严治党，广大党员干部的品德和能力能得到进一步提升；各级党组织的战斗力和凝聚力能得到明显增强；全面建成小康社会，加快现代化建设一定能得到强有力的政治保障。

（三）《战略纲要》蓝图绘就，开启了河南全面建成小康社会和加快现代化建设的新征程

1. 加强党的领导，凝聚发展合力

全面建成小康社会、加快现代化建设，关键在党。必须坚持党要管党、从严治党，牢牢把握加强党的执政能力建设、先进性和纯洁性建设这条主线。加强党的领导，关键是把关定向，带好头、尽好责、领对路，在坚持统揽全局、协调各方中搞好服务、优化环境。坚持带好头，着力在提高思想政治水平上下功夫，在锤炼党性上下功夫，在改革创新上下功夫，在落实民主集中制上下功夫，在发挥领导班子整体效能上下功夫，严格遵守廉洁自律各项规定，努力在各方面为各级党组织树立榜样；坚持尽好责，以对党、对人民高度负责的态度，把服务全国大局和推动河南发展结合起来，崇尚实干，勇于担当，积极作为；坚持领对路，遵循规律、开拓创新，观大势、谋大事，不断提高决策的科学化水平，不走错路，少走弯路。

2. 统一思想认识，形成发展共识

面对改革发展稳定复杂局面、社会思想意识多元和媒体格局深刻变化，贯彻落实《战略纲要》，要特别重视思想认识的统一，要通过宣传教育，推动全省干部群众统一思想。

对河南全面建成小康社会、加快现代化建设认识更到位、路子更明确、行动更坚定，以思想认识统一鼓舞士气、凝聚力量、形成共识。要充分认识到全面建成小康社会、加快现代化建设是造福亿万人民的伟大事业，是一项艰巨而繁重的任务，需要全省人民共同努力、合力推进。要广泛宣传《战略纲要》的战略目标、战略方针、战略布局、战略重点、战略举措及战略保证，让全省人民群众深刻领会《战略纲要》的重要作用，切实把思想和行动统一到省委省政府的战略部署上来，最大限度地汇集一切有利于发展的要素，最大限度地增强社会发展活力。

3. 强化使命意识，明确责任担当

贯彻落实《战略纲要》，就必须强化使命意识，敢于担当，义不容辞地肩负起全面建成小康社会、加快现代化建设的历史使命和责任。为此，我们必须保持清醒和坚定，牢固树立大局观念和全局意识，深刻理解和正确处理经济建设与其他方面建设、富民与强省、立足当前与着眼长远、发展经济与保护环境以及改革发展稳定的关系，把推动河南科学发展的工作置于全国发展大局中系统谋划和推进。我们要切实增强勇于担当的责任感和使命感，深刻理解全面建成小康社会、加快现代化建设是我们的历史使命和责任所在，应主动作为、敢闯敢试、敢为人先，打破思维定式，突破利益固化樊篱。要敢于担当，不断提高工作能力和水平，坚持原则、认真负责，面对大是大非敢于亮剑，面对矛盾敢于迎难而上，面对危机敢于挺身而出，面对失误敢于承担责任，面对歪风邪气敢于坚决斗争。

4. 改进方式方法，转变工作作风

为科学贯彻落实《战略纲要》，必须结合各地经济社会发展实际和干部队伍状况，与时俱进地推动领导工作的观念、作风、体制、方式方法的转变，提升应对复杂形势的能力和水平。一是要顶得上，各级领导干部必须强化责任感和使命感，始终把干事创业谋发展作为最大的责任，主动作为、勇于担当，关键时刻冲得上去、困难当头敢打硬仗，切实做到勤勉敬业、守土负责。二是要做得成，努力做到把准中央精神、河南省情及本地本系统症结问题，努力做到专题研究、专案解决、专业推动，聚焦、聚神、聚力，把事情办好、办实、办快。三是要稳得住，要高度重视稳定工作、高度重视民生，着力解决群众反映的问题。对于突出问题，我们要坚持把法治作为有效武器、有效手段去化解矛盾、解决问题，引导群众依法办事。通过改进方式方法、转变工作作风，最大限度凝聚广大人民群众的智慧和力量，为中原更出彩增添动力。

5. 营造良好环境，激发动力活力

积极贯彻落实《战略纲要》，需要营造良好的制度环境，通过全面深化改革、理顺体制机制、推进依法治省，进而让一切推动发展的动力活力竞相迸发。要进一步全面深化改革，着力突破关键领域改革，继续推进简政放权，发挥好政府职能转变"放和管"两个要点，加快建立和完善政府权力清单制度，全面推进各级政府机构改革；加快构建有利于科学发展的体制机制，统筹推进、重点突破，深化行政体制改革、国企国资改革，加快金融改革、财税体制改革、价格改革、医药卫生体制改革，进一步释放河南经济发展的制度红利；切实推进依法治省进程，把落实依法治省要求贯穿到河南经济社会发展的各项工作、各个方面，注重运用法治的理念、思维破解改革难题、打破利益樊篱，用法律维护市场秩序，引导群众依法办事。

四　把握经济发展的阶段性特征打赢稳增长保态势攻坚战

河南省委原书记郭庚茂同志在全省重点工作推进落实座谈会的讲话中要求，动员全省各方力量，齐心协力、顽强拼搏，打赢稳增长、保态势攻坚战，实现河南经济持续健康发展，为国家全局做出更大贡献。这是省委、省政府立足全局审时度势做出的重要决策，我们要深刻理解，坚决贯彻。

近年来，河南经济发展继续保持了好的态势、趋势和气势。2014年河南生产总值同比增长8.9%，高于全国1.5个百分点，生产总值同比增速、工业增速、固定资产投资增速、全省社会消费品零售总额增速，在全国的位次分别前移8位、8位、6位、4位。2015年上半年河南生产总值同比增长7.8%，高于全国0.8个百分点，呈现持续向好的态势。新常态下如何打赢稳增长、保态势攻坚战，促进河南经济迈上新台阶，是一个值得高度关注和深入研究的问题。

（一）河南经济发展出现的新变化

综合判断，以 2014 年 12 月河南省委九届八次全会审议通过《河南省全面建成小康社会加快现代化建设战略纲要》为标志，河南经济发展进入了新的阶段，即"全面发力、赶超、提升"的阶段。之所以做出这个判断，是因为河南经济出现了六个方面的新变化。

第一个变化，新机遇。承接产业转移、利用两个市场两种资源的机遇；靠拢、借力国家三大"一带一路"倡议、京津冀协同发展战略、长江中游经济带战略，争取国家重大投资的机遇；新常态下保持中高速增长和迈向中高端水平"双目标"，实现弯道超车的机遇；互联网、电子商务和大数据带来的商业模式转化、产业深度融合的机遇；等等。

第二个变化，新优势。包括交通物流优势；综合枢纽优势；产业集群和载体平台优势；生产要素保障优势；投资、消费需求巨大的优势；市场潜力的优势；以郑州为中心的"米"字形发展轴的优势；人力资源优势。

第三个变化，新目标。总体目标是，"到 2020 年实现全面建成小康社会、在部分领域和区域率先基本实现现代化、到 2040 年左右全省基本实现现代化"。强省目标：建设先进制造业大省、高成长性服务业大省、现代农业大省。转型目标：由重体量扩张，到重提质增效，由过分依赖投资拉动到更多依靠创新驱动和人力资本提高，更加重视生态、环保和绿色发展转变。

第四个变化，新布局。战略布局：打造"四个河南"、推进"两项建设"。区域布局：以郑州为中心，洛阳、开封、南阳为副中心，建设郑州国际商都，深入推进中原城市群发展，推动高铁沿线城市经济带建设，依托综合交通网络打造城镇密集带，促进郑州与毗邻城市形成组合型大都市区，推动中心城市组团式发展，支持省际交界地区中心城市做大做强，推进产城互动城乡融合。

第五个变化，新结构。推动产业结构优化升级，推动产业集聚区提质转型创新发展，促进全省产业加快向中高端升级；坚持生产性服务业与生活性服务业并重，现代服务业与传统服务业并举，加快高成长服务业大省建设；坚持优势产业集群培育与产品结构调整、企业技术改造并重，推进先进制造业大省建设；按照稳粮增收、提质增效、创新驱动的总要求，推进现代农业大省建设。

第六个变化，新动力。坚决主动推进改革，最大限度地激发市场和社会活力，使改革的新红利转化为发展的新动力；打造大众创业万众创新和增加公共产品、公共服务"双引擎"；构建自主创新体系，提升创新水平，强化创新驱动发展；推进全方位宽领域多层次开放，大力承接产业转移，增强招商实效，以开放促改革促发展。

这六个新变化，表明了河南经济发展的动态、情势和大势是向好的，反映了当前有困难也有光明前景、河南省发展总体态势没有改变的真实情形，也说明打赢稳增长、保态势攻坚战，实现河南经济持续健康发展具备良好的条件。

（二）河南经济呈现出的新特征

河南经济进入新阶段，已经并将继续呈现四个特征：高层次开放，高起点突破，高强度转型，高标准提升。

第一个特征，高层次开放。不再单纯地看外贸依存度，出口低端产品，而是打造国际性的航空物流集疏中心、全球生产、消费供应链重要节点，买全球卖全球，申请设立自贸区，进行跨境贸易试点，吸引大量跨国公司投资落户，把郑州建成中西部重要的内陆口岸城市，占据郑欧班列领先地位，深度融入"一带一路"建设，推动中原腹地走向开放前沿。推行专业化、产业链、集群式承接产业转移新模式，解决产业配套、金融支持、土地保障、人力资源、公共服务等突出问题；依靠市场潜力、产业配套能力、良好服务环境，降低交易成本、物流成本、融资成本、公共管理成本，提升招商引资吸引力，提升转移企业生存竞争能力。

第二个特征，高起点突破。河南国家粮食生产核心区、中原经济区、郑州航空港经济实验区三大国家战略落地，特别是郑州航空港经济实验区，已成为中原经济区发展的核心增长极；发展航空经济等新兴产业和新型业态，探索航空驱动型经济模式，实施"东联西进"战略，推动现代化国际商都建设，促进郑州与毗邻城市形成组合型大都市区。建设以高加工度产业和高技术产业为主体、技术装备水平先进、集群化特征明显、人力资源得到充分利用的先进制造业大省，形成竞争力强、带动力强、吸纳就业能力强的工业体系。打造有影响的高端核心城市，继续把郑州做大做强，建设现代化国际商都，形成龙头，增强辐射带动能力。

第三个特征，高强度转型。推进产业链对接延伸。推动产业集聚区提质转型创新发展，持续上规模上层次上水平、提高吸引力竞争力带动力。推进化石资源和生物资源向终端产品对接延伸，终端产品向资源加工方向对接延伸，把资源优势转化为产业优势。转变城市发展方式，坚持循环节约、紧凑集约、绿色环保，促进可持续发展，实现高效城镇化。推动创新能力整体跃升，把构建现代创新体系作为弥补传统比较优势减弱，保持经济中高速增长、向中高端水平迈进的根本之策。

第四个特征，高标准提升。不再单纯追求经济总量，而是着力提质增效，优化经济结构，打造"三个大省"，以服务业发展为牵引。培育并初步形成"金融豫军"，建设国家产业转移示范区。形成一批以终端高端产品为主导的优势产业集群，推动高铁沿线城市经济带建设。促进服务业发展提速、比重提高、水平提升。大力发展先进制造业，推动河南制造向河南创造、河南速度向河南质量、河南产品向河南品牌转变。

河南经济呈现的四个新特征，深刻地揭示了经济调整期也是分化重组期、困中有机、挑战与机遇并存内在逻辑；清晰地说明了只要坚定信心，保持定力，持续加力，实现经济增速8%以上及经济结构持续优化的年度目标是完全可能的。

（三）新阶段河南经济的主要发力点

河南经济发展进入新的阶段，我们要从实际出发，坚持后发赶超战略。要清醒研判形势，认识增长速度正在换挡但下行压力较大，经济结构正在优化但调整阵痛显现，发展动力正在转换但新兴力量不够强大的现实情况，选准发力点，以滚石上山的精神和韧劲，打赢稳增长、保态势的攻坚战。

稳定经济增长，提高发展质量。2014年河南省人均GDP为37028元，约为全国平均水平46531元的80%，赶超任务十分艰巨。河南经济发展质量不高，2014年一般公共财政收入为2738.47亿元，仅为全国140350亿元的2%；河南城镇居民人均可支配收入为24391元，约为全国平均水平28844元的85%；农村居民人均纯收入9416元，约为全国平均水平10489元的90%。因此，当前河南一定要把稳定增长加快发展摆到更加突出的位置，着力扩大增长点、转化拖累点、抓好关键点、抢占制高点，促进经济持续健康运行。河南发展质量不高的根本原因是发展方式粗放，所以，提质增效的着力点是转变发展方式，真正实现内涵式发展。

加快结构调整，促进产业升级。2014 年河南经济总量 3.49 万亿元，为全国经济总量 63.6 万亿元的 5.49%，稳居全国第五位。但河南的经济结构不尽合理，2014 年河南三次产业结构为 11.9：51.2：36.9，与全国同期的 9.2：42.6：48.2 相比，一产高出 2.7 个百分点，三产低了 11.3 个百分点。河南产业层次不高、行业优势较弱。以服务业来说，金融业、房地产业、批发和零售业占全国的份额分别仅为 3.53%、3.59%、3.8%，信息、科技、商务等其他服务业占全国的份额只有 3.57%。可见，加快结构调整，促进产业升级，是刻不容缓的任务。要主动适应经济发展新常态，坚持调中求进、改中激活、转中促好、变中取胜；要努力优化传统制造业，加快发展服务业，增强三次产业的协调性，抢占后危机时代国际竞争的战略制高点。

构筑平台载体，提升整体实力。河南近些年在构筑平台载体方面成效显著，特别是郑州航空港综合实验区、产业集聚区、郑欧班列、E 贸易试点引领作用非常明显。但差距也是真实存在的，如中心城区服务业集聚功能不强，全省 50 个城区服务业增加值占 GDP 的比重大于 60% 的城区只有 10 个，低于全省平均水平（36.9%）的竟有 13 个。产业整体实力不强，2014 年中国服务业企业 500 强中河南仅有 5 家，在全国排名第 19 位。为此，河南要充分发挥郑州航空港经济综合实验区的引领带动作用，加快高端制造和现代服务业集聚，基本建成全球重要的智能终端研发制造基地。充分发挥新型城镇化的综合带动作用，依托综合交通网络打造城镇密集带，通过借助平台载体新优势，提升河南经济整体实力和竞争力。

激发创新活力，增强发展动力。近年来河南科技创新体系初步形成规模，技术服务体系越来越完善，产学研合作不断深化，一批重大专项技术取得突破。但总体上看，河南的创新主体还比较弱，创新资源配置能力不强，科技成果的转化动力不足。今后一个时期，河南要针对创新主体、平台、载体、机制、专项、人才等关键环节，激发创新活力，走出一条具有河南特色的创新道路。要深化改革开放，增强发展动力。我国第一轮改革开放重点在沿海地区，河南没能抢占先机。在已经展开的新一轮改革开放大潮中，河南与全国多数地区处于同一起跑线，如果抓住机遇，河南一定能创造奇迹。"十三五"期间，要抓住深入实施国家"一带一路"倡议的机遇，坚持大开放战略，积极参与全球产业分工格局同构，推动更高水平、更大规模对外开放。

五　充分发挥郑州航空港经济综合实验区的龙头带动作用

（一）重视郑州航空港经济综合实验区建设中存在的突出问题

机场发展水平较低，保障能力明显滞后。机场是空港经济发展的基础，机场的发展水平决定了空港经济的发展规模。近些年，新郑机场在郑州航空港经济综合实验区全力建设的背景下快速发展，尤其是在基础设施及多式联运交通上快速推进，但对比国内外一流航空枢纽，新郑机场在旅客货邮吞吐量、飞机起降架次、基地航空公司、国际航线、中转基础设施及货运装载率等方面存在较大差距，机场保障、服务临空经济方面明显滞后，一定程度上制约了航空港经济综合实验区的发展。具体而言，一是机场运行能力仍居国内三流水平。2013 年郑州新郑机场完成旅客吞吐量为1314 万人次，货邮吞吐量为 25.57 万吨，起降架次为 12.78 万次，在全国民航机场排名中分别位列第 18、12 及 19 位，其机场运行主要数据绝对量不仅与北上广差距较大，相比成都、西安、重庆、武汉、长沙等中西部城市也尽显弱势。二是基地航空公司规模较小。一般大型航空港建设至少拥有 2～3家以上的基地航空公司，在国内北京首都机场有 6 家、香港国际机场 5 家、上海浦东机场 10 家、广州白云机场 4 家，周边省份的成都双流机场、西安咸阳机场、重庆江北机场和武汉天河机场也分别有 5 家、5 家、5 家、4 家，而在郑州航空港运行的基地航空公司只有南航河南航空有限公司，且机队规模较小，在飞机数量、机型、运力调配等方面显得不足。三是航线网络不健全。目前，郑州航线网络规模总量仍然偏低，国际航线数量与通达能力有限，航线客源结构单一；国内支线航班时刻设计不合理，无法通过郑州衔接国际航班。四是中转基础设施及功能不足。郑州航空港中转区域面积、服务设施设备、中转流程如通关手续等方面存在的不足，制约了中转服务的开展。五是国际航空货运转载率低。虽然近两年郑州航空港国际货运快速发展，但还存在运价偏高、转载率低的问题。这主要因为本地货源品种单一、数量少，货运价格偏高，较难吸引周边货物集聚；进出口货物不平衡，出多进少。目前，航空港机场保障能力不足，主要原因是实验区建设时间短，机场高速、郑州高铁南站以及连接郑州市区与实验区的各种公路网等交通设施建设起步晚，航空港、铁路港、公路港、铁路集装箱中心站等多种运输方式之间还不能实现有效衔接，基础路网的铁、公、机综合运输保障能力还不足。此外，航空港实验区综合性配套设施还不完善，各种通信信息网络、综合管道网、公共设施预留基站机房的建设都急需推进。

管理体制不顺畅，项目落地效率偏低。郑州航空港经济综合实验区是中国首个航空港经济发展先行区，而其目前的行政管理体制不像是空港经济特区的发展模式，更像是一个城市新区的行政架构，存在着诸多管理体制不顺畅的问题，整体建设执行力偏低。一是管理体制对接不畅。实验区现有机构设置无法满足实验区发展需求，部分部门根本无法实现与上级传统政府部门的一一对接，虽然确立了部分领域的省属报批直通车，但还远远不够。尤其在厅级机构、市管为主、省级辅助的"两级三层"行政架构下，工作推进机制层级多、责任主体不突出，行政效率受限。对比而言，浦东新区、滨海新区，都是由市里（省级）直接管辖，没有委托下一级政府代管，因而牵绊少、力度大、效率高。二是航空港与机场管理割裂发展。目前，航空港经济综合实验区管委会与新郑国际机场管理有限公司同为厅级单位，分别为两套行政班底，这就造成日常工作中存在规划不同步、目标不统一、工作不协调、项目不对接等诸多问题，作为与郑州航空港极为相似的孟菲斯航空城，其在发展之初就设立了孟菲斯机场管理局的专门机构，统一专职处理航空城及机场的相关事务。三是签约项目落地投产率低。据数据统计，2013 年，航空港经济综合实验区围绕航空物流、高端制造、现代服务业三大主导产业，累计签约项目 48 个，总投资 1516 亿元，招商引资形势看似一片大好，但在我们实际调查走访中，发现意向签约项目在后续推进中，项目落地投产难成为普遍问题，实际持续投产项目不足四分之一。

产生上述问题的原因，主要是对"两级三层"的管理体制不适应，需要极具创新开拓精神、高效率大力度的航空港工作体制，目前航空港还未形成具有"实验区"模式的行政管理架构，相对社会管理任务，人员力量薄弱；相对于管委会实际人员，编制严重不足。近年来，因乡镇代管移交增加的大量人员没有按照"人随编走"原则将编制划转到实验区，人员素质不齐的同时，又带来较重的财政负担。其次，在招商引资中存在省里相关优惠政策体系不明确、相关配套资金落实慢、招商方式仍偏粗放、精通产业生产经营的高素质招商人才缺乏等问题，直接导致招商引资工作效率不高。

产业支撑较弱，核心驱动力不强。航空城的发展需要临空产业的支撑，郑州航空港诸多基础运行数据落后于国内外一流航空枢纽，这反映出了航空港产业经济支撑的较大差距。目前国内临空经济区的产业发展方面，北京首都临空经济区构建了以航空产业、高新技术产业、现代物流业、现代制造业、会展业为代表的临空产业集群；上海虹桥临空经济园区突出了三大产业集聚态势，即以信息服务业为主的现代服务业集聚态势，以总部经济为主的企业集聚态势，航空服务业、现代物流业集聚的态势；广州花都空港经济区则以广州新白云国际机场和联邦快递亚太转运中心为依托，大力发展电子信息、生物制药等高新技术和先进制造业以及航空货运、物流、仓储等产业，对比而言，郑州航空港区产业基础相对来说显得较为薄弱。在发展规划中，郑州航空港提出大力发展航空设备制造维修、航空物流以及航空偏好型高端制造和现代服务业，但在临空经济发展过程中也暴露了一些问题，比如产业的临空指向性总体上不显著、临空产业规模小、产业间关联度不强、产业链构建水平不高、产业布局设计缺乏科学性等。一是临空型制造业结构单一。目前，郑州航空港的高端制造主要以智能终端产品及生物医药为核心，其中智能终端产品又以富士康代工的iPhone手机为主，具有临空属性的"质轻价昂"产品较为稀缺，高端制造产品单一。二是临空型服务业发展基础较为薄弱。核心产业航空物流虽然引入菜鸟物流"大佬级"企业，发展势头良好，但鉴于产业建设培育周期，大企业规模优势还未显现；商贸会展、国际商务、总部经济等受限于机场二期扩建工程、周边交通设施修建以及经济能力不足等，行业整体发展缓慢。总体而言，河南涵盖航空物流、高端制造及现代服务业的临空产业体系还未建立，临空型的高新技术产业、现代服务业、现代制造业、现代物流业产业集群优势不明显。

高层次人才缺失，空港经济发展受限。航空港建设尤其需要国际化的战略视野，需要开放型思维的人才。一是缺乏一支素质过硬的干部队伍。

航空港实验区建设是一项开创性工作，要求建设者必须有开阔的视野、创新的意识和激情的创业精神，在干部匹配上，应该重视所受教育背景、工作履历背景，要具有很强的创新和开拓能力。但是，目前来看，河南省在干部配备上太过循规蹈矩，在事关航空港发展战略、招商引资、产业发展、自主创新等方面干部能力明显不足。二是高端专业技术人才匮乏。一方面，随着临空经济的快速发展，实验区对航空物流、装备制造、产品设计、技术研发、高端技术维修、投融资等方面的高端人才需求将呈几何级数增长，而在港区这类人才的供应非常有限，熟悉港务管理、跨境电商、报关通关、国际快递、货运代理、航空运输等方面的优秀人才及高级主管已经成为制约实验区发展的瓶颈。另一方面，现有政府人才队伍，整体专业素质偏低，尤其在关键岗位、核心部门具有专业知识背景、熟悉相关产业领域、具有高超谈判水平的专业招商人才、管理人才缺口较大，这也是导致航空港在对外招商引资上局面持续不能实现重大突破的原因之一。三是缺少人力资源综合机构。目前，实验区只有一个从事人力资源工作的办事处，实验区企业用人，主要由该机构来办理。但是诸如富士康这样的大企业，每年招工量有 20 万之多，还有其他企业的用工需求，招工量相当大，办事处工作任务繁重。实验区人力资源办事处由于精力有限，不能充分服务企业，致使实验区企业经常不能及时招聘人才，影响企业发展。

海关监管区功能分散，通关条件尚不便利。口岸条件直接决定空港经济发展的快慢和成败，高效的货物运作效率、高质量满足货主服务要求的多功能服务，较少的货物中转时间，便利的 VAT（增值税）税制等，都能提高航空港的吸引力和竞争力，但是目前郑州航空港在便利通关上还存在很大的制约。一是三个监管区各为一体、功能分散，未能实现港区联动。郑州市拥有郑州（新郑）综合保税区、保税物流中心、出口加工区三个独立的海关特殊监管区，三个海关特殊监管区目前各自为战，功能分散，有些功能交叉未能实现有效整合。在这方面，郑州应该借鉴上海的做法，指导综合保税区重点建设临空功能服务先导区，大力发展航空口岸物流、贸易和金融服务功能；出口加工区大力发展国际中转、现代物流、商品展示、仓储租赁、期货交割等多层次业务；保税物流中心依托跨境贸易电子商务试点，大力开展货物贸易和服务贸易。二是监管区口岸外联少，功能未有效发挥。综合保税区、保税物流中心、出口加工区三个海关特殊监管区与国内主要城市口岸合作较少，在区域通关、通检方面，没有发挥应有的口岸功能，口岸集聚货物能力不强，也影响了河南自由贸易区的建设申报。三是边检过境手续烦琐，大通关机制亟待推进。边检基础设施建设和信息技术应用水平不高，实验区内企业管理人员和专业技术人员出境审批，需要到多个部门办理手续，程序烦琐。跨境贸易电子商务和国际邮政快件检验检疫混合监管，验放效率很低。

要素支撑能力不足，先行先试意识不强。目前，航空港实验区在土地利用、资金筹备等方面还存在一些瓶颈问题。具体而言，一是土地利用与土地行政规划缺乏协调性。在概念性总规落地时，机场建设规划的部分区域与综合保税区三期规划的部分区域出现重叠，双方在协调边界时各不相让。实验区内新引进的项目，土地利用涉及多个行政区时，土地的报批要同时协调几个县区，所提交的报批材料要经过几个县区重复审核，效率低下，影响项目落地。二是土地开发利用粗放，预留土地意识淡薄。在土地指标非常紧张的前提下，土地的集约节约利用意识不强，尤其在当下高端临空产业体系还未建立之时，诸多核心地块已经被外围产业瓜分，这就为航空港未来核心产业的引进、大型企业集团的入驻造成了障碍。三是航空港建设资金不足，金融支持方式单一。当前实验区建设中，政府资金渠道主要是财政直接支持，省财政每年安排一定数额专项资金，同时航空港不用上缴地方收入，这些收入由实验区按规定统筹使用，并且地方政府债券资金的分配也在一定时期内向实验区适当倾斜，这种做法在实验区开始发展的时期会有极大促进作用，但长期下来会给政府财政带来极大压力。此外，适合航空港产业特点的飞机融资租赁等新的金融创新模式还未推进，吸引货源的跨境电子商务及其支付系统、期货交割系统都不完善。四是缺乏机制灵活的离岸金融平台。目前航空港还没有开展离岸金融业务的平台，以致许多境外成员公司的外汇资金无法有效管理，同时，融资租赁公司也比较缺乏，无法有效支持飞机等大型航空产业的发展。

对比分析，导致土地问题的深层原因，一是在涉及多个行政区划土地时，没有在土地利用方面进行改革创新；二是没有确立差别化土地经营模式，这主要体现在两方面，一方面是距离机场较近的区域的土地利用和距离机场较远区的土地利用，另一方面是针对不同产业的土地差别化利用；三是缺乏完善的土地集约使用激励机制，实验区尚未将新增建设用地计划指标分配与各地节约集约用地成效挂钩。在涉及资金问题上，主要还是融资渠道太窄，资本市场不够活跃。企业债券、中期票据、信托计划、产业投资基金、资产证券化、发行股票、风险投资等多种方式融资，还未给航空港建设提供必要的资金支持。

（二）加快推进郑州航空港经济综合实验区建设的对策

针对郑州航空港经济综合实验区建设存在的"卡脖子"等问题，必须采取有效措施，破解制约航空港发展的瓶颈因素，加快推进郑州航空港经济综合实验区建设。

1. 面向全球招聘专业高级主管，打造高素质港区管理服务团队

完善郑州航空港经济综合实验区干部教育培养、选拔任用、考核评价、管理监督、激励保障机制，构建有效管用、简便易行的选人用人机制。我们要注重选拔具有创新意识、服务意识、开拓精神和创造能力的干部，以适应航空港建设的需要。郑州航空港经济综合实验区的配备必须打破常规。一要考虑所受教育背景，选拔的人才要有与航空港经济新形态和航空大都市相关的学科和专业知识，特别是要具备高层次的海外留学经历。二要考虑工作履历情况，要有相关的工作经历和实践经验，能够解决复杂问题和承担各个层面流程作业的管理工作。三要实现干部来源多元化，必须打破部门和区域限制，在全省多个区域、多个部门选拔领导干部，建议面向全球公开招聘一批高级主管，如港务管理主管、物流高级主管等。四要具有创新意识和开拓能力，不能循规蹈矩和因循守旧，要能够创造性地开展各项工作。五要具有较强的大局意识和团队精神。郑州航空港经济综合实验区的建设是一项复杂的系统工程，更需要领导干部从整体出发，提升管理团队的执行力。

2. 高水平建设产业发展载体，构建临空指向型产业体系

遵循航空产业发展规律，顺应产业发展趋势，结合区域优势特点，突出六大产业载体建设，带动相关产业集聚发展。一是加快建设智能终端产业园，打造全球重要的智能终端产业基地。以智能手机为重点，坚持主攻手机、加速配套，龙头带动、集群引进，政府引导、五商并进，硬软结合、同步发展，着力促进品牌商、代工商、配套协力商、运营商、物流商

"五商"并进，着力突出做强代工、引进品牌、培育本地企业"三路"并举，着力打造主导突出、功能完备、配套齐全、协同有力的智能终端（手机）产业链条，着力培育"全链条、全要素、全服务、无障碍"的"三全一无"产业集群。二是加快建设航空物流产业园，打造国际航空物流港。三是加快建设航空会展交易中心，打造全国有重要影响力的国际会展基地。四是谋划建设跨境 E 贸易产业园，打造国家级跨境 E 贸易引领区，吸引大型电子商务平台企业入驻，引导国内外跨境电子商务企业集聚。一方面郑州航空港要坚持"省市联手、以市为主"原则，切实加强领导，细化各阶段工作方案，健全决策、咨询、协调、督查等工作机制，及时研究解决试点工作遇到的新问题；另一方面要整合资源，畅通渠道，积极整合商贸基础信息资源，规范电子商务数据标准，搭建数据中心，实现数据共享，提供电子商务通关、物流、数据交换、外贸协同、商务信息、商务信用等综合服务，为国内跨境消费者提供实名身份备案、年消费额度控制、税单查询、商品防伪溯源查询等服务，开辟跨境网购新渠道。五是谋划建设移动互联网产业园，打造我国新兴的移动互联网产业基地。六是谋划建设总部经济区，打造区域性现代服务业集聚区。

3. 加快出台"四特"支撑体系，建设省级人才特区

一是建成具有"特殊制度、特别政策、特有机制、特优服务"的"四特"人才集聚区。出台各类人才引进补贴和扶持政策，对实验区内的航空运输和物流企业引进的高层次人才在子女入学、住房购置等方面放宽户籍限制条件，对航空和机场特殊紧缺人才按政策施行个人所得税优惠；建设海外高层次人才创新创业基地，对创新型企业放宽创业门槛，实施海外创新创业人才引进普惠性政策，对引进的高层次科技人才及其团队优先立项建设研发中心。二是积极争取北京首都功能分散化机会。向最高决策部门提议将国家级与航空有关的院校及科研院所迁移至港区，或者建立分校分院，以加快高素质、高层次人才的引进和培养。三是搭建多层次人才信息互通平台。全方位搜罗从技术领军人物到熟练技工等各种人才就业信息，加强对各类型人才信息的动态管理，对照港区不同行业科研、用工需求，及时发布不同门类人才的稀缺、平衡或过剩信息，以方便区内外各级人才的选拔、交流。四是建设一流的港区人才交流市场。加强实验区宣传，提供相关管理人员和完善的基础设施，力争使其发展成为中部地区卓有影响

力的多层次人才交流大市场。五是超前规划人才战略。从大学教育、职业教育、延续教育和员工培训等四个方面建立规制，营造激励各个行为主体意愿的、操作性强的制度环境，切实采取措施抓好空港经济区及周边地区的环保食品安全等生活环境问题，以增强人才挖掘、引进的效率，降低人才流失率。六是加强对现有技术、管理人员的再培训和再教育，打造学习型空港。实验区可以通过定期组织外出考察、专家讲座或培训班等形式，不断提升现有人才综合素质和工作能力。

4. 借鉴上海自贸区可复制可推广经验，力争成为全国自贸区试点单位

一是要积极申请进入全国自由贸易区的第三方阵，争取全国深化改革的政策红利。加大制度模仿创新力度，先行先试，学习借鉴上海自贸区可复制可推广的监管服务制度。如先进区、后报关制度，区内自行运输制度，加工贸易工单式核销制度，保税展示交易制度，境内外维修制度，期货保税交割制度，融资租赁制度，批次进出、集中申报制度，简化通关作业随附单证，统一备案清单，内销选择性征税制度，集中汇总纳税制度，保税物流联网监管制度，智能化卡口验放管理制度，等等。二是积极创新基础设施建设融资模式。实验区建设过程中要借鉴 BOT、PPP、TOT 等各种工程建设开发模式，充分利用中长期信贷资金，做到不同成本资金配合使用。加强与金融机构合作，积极利用债券等各类票据市场以降低融资成本。三是引导金融机构实施金融创新。鼓励金融机构结合实验区特点开展有针对性的金融创新，开展航空港区传统商业银行与互联网金融贷款机构的合作与沟通，方便小微型企业的贷款业务。支持企业和金融机构在银行间市场进行直接融资，支持实验区内金融机构创新开展跨境人民币业务。四是促进金融机构的产品创新。以区域经济为依托，实现金融中介的联合，建立区域经济内部物流企业资金流转体系，积极打造知识管理 IT 平台，提升金融机构产品创新能力；通过中小企业联合实现资金联合，再到实体资产联合运营的资金服务体系，完善社会分工系统中的合作机制。五是打造金融创新的软环境。支持跨国公司开展总部外汇资金集中运营管理试点，使其能够集中调配境内外成员企业外汇资金；支持开展跨境电子商务外汇支付业务试点，便利机构和个人开展跨境电子商务交易，推动跨境电子商务发展；支持符合条件的非金融机构申请在实验区内开办个人本外币兑换特许业务，推进跨境贸易和投资人民币结算业务，优化实验区投资环境。

5. 加快多式联运体系建设，推进航空物流与贸易一体化

一是加快陆空联运体系建设，形成航空、公路、铁路高效衔接、互动发展的联运格局，为真正实现客运零距离换乘和货运无缝对接奠定坚实基础。实验区争取再开通10条国际、国内货运航线，推动国内外航空公司在郑州机场建立基地公司。推动郑州机场与郑州高铁客运枢纽站紧密对接，大力发展空铁联运，逐步发展成为全国重要的客运中转换乘中心。二是加快建成郑州南站"米"字形高速铁路网；科学打造城际铁路"空港出行圈"；搭建以市域快线为骨架、以地铁普线为补充、以电车为区内主要出行方式的轨道交通网络，内部规划6条地铁通过，覆盖港区周边县区，分别延伸至须水、新郑、白沙、大学南路、中牟、郭店；为进出境人流物流提供"一站式"服务；加快空陆联运等综合性场站及设施建设。三是打造"国际贸易＋物流＋金融综合服务平台"，为客户提供包括采购、销售、融资、货物监管、原料供应及产品销售在内的整套服务。促进贸易便利化，通过互联网一站式为中小企业和个人提供金融、通关、物流、退税、外汇等所有外贸交易所需的进出口环节服务。四是打造新型的电商物流产业，构建中部国际品牌分销系统，形成覆盖中西部、辐射全国的跨境电子商务分销网络。探索建立跨区域合作产业园，总部设在航空港，工厂设在周边异地，辐射带动中原经济区腹地发展。

（三）推动郑州航空港经济综合实验区建设的主要任务、工作重点和政策措施

郑州航空港经济综合实验区的战略定位是国际航空物流中心、以航空经济为引领的现代产业基地、内陆地区对外开放重要门户、现代航空都市、中原经济区核心增长极。其目标鼓舞人心，工作千头万绪，近年是郑州航空港经济综合实验区建设的关键时期，我们务必要抓住主要任务，突出工作重点，科学运作、高效推进。

1. 突出招大引强，提升招商引资精细化水平

突出招大引强，进一步加大招商引资力度，狠抓项目落地。一是重点瞄准世界500强和中国500强企业、大型跨国公司及中央企业开展招商，努力引进基地型、龙头型、集群式的能带动全局的大项目。二是突出主导

产业。以"项目－产业链－产业集群－产业基地"理念开展招商工作，引导产业关联度大、成长性好的项目向航空港经济综合实验区集中。创新招商方式，通过建链、补链、延链和强链，着力开展产业链招商。三是突出招商引资的针对性。招商的区域重点，外资以港澳台和日韩为主；内资重点放在浙江、福建和广东，制定"一业一企一组一策"的招商办法，有针对性地在这些区域开展专向招商活动。四是着力拓宽招商领域。重点围绕电子信息、航空物流、精密制造和生物医药等若干领域开展招商。五是着力提高招商引资实效。实行重大项目洽谈对接领导负责推进制。对已签约的重点招商项目继续实行领导分包督导责任制，进行跟踪督导和服务，确保提高项目履约率和资金到位率。定期听取重点招商引资项目及重大招商引资项目进展情况，研究解决已签约项目落地中有关立项等方面存在的重大问题。要把招商引资实效作为年终考核各级党政干部政绩的重要内容，表彰和重奖对招商引资工作有突出贡献的单位和个人。

2. 突出信息网络建设，打造智慧型航空港

以信息化为核心，以发展大物流、培育大产业为支撑点，以高科技人才队伍管理及强有力的智能技术应用为保障，打造智慧航空港。要提升航空港信息制造业，发展现代信息技术产业体系；要大力扶持航空港信息服务业，健全安全保障和高效服务体系；加强制约航空港"E贸易"、陆地运输和航空物流发展的基础设施瓶颈建设；重点推进航空港电子商务发展。逐步制定出台推进信息化和促进信息消费的实施方案，实施信息化和工业化深度融合专项行动计划，实施智慧城市示范工程。推进专业信息服务平台和中小企业信息服务平台建设，大力发展物联网、云计算、大数据等新兴信息服务业态。着力推进北斗导航物流应用和智能交通示范项目，倾力打造空陆一体化智能交通平台和现代物流体系。

3. 突出合作平台搭建，提升对外开放层次

发挥承东接西优势，积极推进郑欧班列加入安智贸协议，郑州机场要申请72小时过境免签业务，使郑州成为72小时过境免签城市。以航空港经济实验区建设为突破口，积极融入丝绸之路经济带，更好地发挥速度经济时代的叠加效应。通过举办国际性航空产业发展论坛、智能终端产业发展论坛、生物医药产业发展论坛，吸引国际组织、全球大公司、世界高端

人才关注郑州航空港,以优美的居住环境、优厚的政策环境和优越的产业生态环境吸引国际高端品牌入驻航空港。定期组织航空港管理团队赴境外参观学习,拓宽管理人员全球化视野。在全球范围内招聘行政管理人员,注重考察应聘人员的国际化背景、服务意识和创新精神。

4. 突出创新载体培育,完善区域创新体系

围绕航空物流、高端制造业和现代服务业等主导产业建设各类研发机构,形成以企业为主体、以市场为导向的技术创新体系。一是构建开放性的"世界空港经济与产业创新联盟",形成一个涵盖国内相关企业、机构和研究单位的网络,形成一个面向全球开放的、世界性的联盟。二是完善科技创新评价、激励机制,统筹创新专项资金,向航空偏好型产业倾斜。三是加强创新载体建设,建立工程技术中心、留学人员创业园、科技企业孵化器、大学科技园和重点实验室等研发平台,吸引国内外科研机构、高校和企业入驻。四是重视对高新技术企业的培育,对符合条件的创新型企业施行一定的税收减免,完善知识产权仲裁机制。

5. 突出公共服务体系建设,优化发展软环境

健全公共服务设施和基本公共服务体系,着力发展高品质教育、医疗、文化、就业、社会保障等公共服务,完善港区生活服务功能。科学布局国际学校、双语学校、中小学和幼儿园,加快发展现代职业教育,建设职业教育实训基地。引进国内外优质医疗、教育资源,建设先进的医疗卫生服务机构、教育中心,发展健康产业,满足居民与外来人士的多层次、多样化的需求。规划建设一批设施先进的文化体育基础设施,完善公共就业服务体系。

中原经济区建设的新进展新成就新趋向

中原经济区最早由河南省在 2009 年谋划，2011 年 3 月，在十一届全国人大四次会议上被写入中国"十二五"规划纲要草案，当年 10 月份，国务院出台《关于支持河南省加快建设中原经济区的指导意见》，中原经济区建设上升为国家战略。2012 年 11 月，国务院批复《中原经济区规划（2012～2020 年）》，中原经济区建设正式开始实施。本文重点介绍 2016 年以来中原经济区建设的新进展、新成就和新趋向。

一　中原经济区建设的新进展新态势

中原经济区是以郑汴洛都市区为核心，中原城市群为支撑，涵盖河南全省延及周边地区的经济区域。从地理范围来讲，中原经济区处于中国的中部地区，包括河南全省以及安徽、山东、河北和山西的 30 个省辖市和 3 个区、县，区域面积 28.9 万平方公里。总体来讲，中原经济区处于中国地理版图中心位置，承东启西、连南贯北，区位交通位置重要；人口众多，经济体量大，有着巨大的市场和发展潜力，是国家重点培育和建设的内陆地区主要增长极之一；作为我国主要的粮食和农作物产地，在国民经济中有着重要的战略作用；历史文化底蕴深厚，对华夏历史文明传承创新有着重要地位。此外，中原经济区矿产资源丰富，工业门类齐全，装备、有色、食品产业优势突出，电子信息、汽车、轻工等产业规模迅速壮大，能够为中部崛起战略提供有力支撑。

五年来，河南省和中原经济区相关区域围绕"全国工业化、城镇化、信息化和农业现代化协调发展示范区，全国重要的经济增长板块，全国区域协调发展的战略支点和重要的现代综合交通枢纽，华夏历史文明传承创新区"的中原经济区战略定位，积极探索三化协调、四化同步的发展路子，加快经济发展方式转变，推动产业结构转型升级，大力加强基础设施建设和综合交通枢纽建设，持续提升对外开放水平，区域经济社会实现快速发展。

中原经济区发展呈现与时俱进、顺势而为的特征态势。近年来，中央做出了中国经济进入新常态的判断，相继提出以新型城镇化、"一带一路"、创新驱动战略、供给侧结构性改革等应对经济增长速度放缓、经济结构调整等发展需要。"十三五"以来，网络经济、信息经济、共享经济快速发展，消费持续升级，对外开放进入新阶段，人们对生态环境的关注度与日俱增，"创新、协调、绿色、开放、共享"五大理念成为发展共识。适应形势发展和环境变化的需要，中原经济区的发展思路和重点领域也在调整和变化之中。在保证不以牺牲粮食生产和生态环境为代价的基础上，中原经济区更加注重推动新型城镇化发展和产业结构转型升级，不断加大基础设施建设补充短板，大力发展高成长性服务业和网络经济新形态。郑州航空港经济综合实验区的综合交通枢纽建设一日千里，郑州－卢森堡"空中丝绸之路"和郑欧班列联通中欧，跨境电子商务成为发展新亮点，进出口总额连续数年高速增长；中国（河南）自由贸易试验区为扩大开放、建设内陆开放高地不断推出措施，河南自贸区开封片区"二十二证合一"改革举措得到李克强总理的肯定与赞扬；河南省大力推进放管服改革，在五证合一（营业执照、组织机构代码证、税务登记证、社会保险登记证、统计登记证，由之前工商、质监、国税、地税、人力社保、统计等部门分别办理、各自发证、照，改为由申请人"一表申请"、工商部门统一收件，并与质监、国税、地税、人力社保、统计部门并联审批）基础上，将发改委、公安、财政、住建、商务、食药监、人行等17个部门的30个证照进一步整合到营业执照上，实行"三十五证合一"，企业注册时效大大提升。

中原经济区建设得到了国家持续的关注和支持。伴随着国家推进新型城镇化建设、"一带一路"建设、创新驱动战略等，一批重要的战略载体在中原经济区落地。2013年，国务院批复《郑州航空港经济综合实验区发展规划（2013～2025年）》，郑州航空港经济综合实验区成为全国首个国家级航空港经济实验区，为中原经济区的综合交通枢纽建设增添了新砝码。

2014 年和 2015 年，与中原经济区密切相关的《晋陕豫黄河金三角区域合作规划》《大别山革命老区振兴发展规划》获批。2016 年，中国（郑州）跨境电子商务综合试验区、郑洛新国家自主创新示范区、中国（河南）自由贸易试验区、国家大数据（河南）综合试验区、郑州建设国家中心城市等国家战略密集落地中原。同年，国家批复合芜蚌国家自主创新示范区，中原经济区的蚌埠市成为重要组成部分。2016 年末，国务院批复《中原城市群发展规划》，中原城市群涵盖的 30 个城市和中原经济区的 30 个地级市高度契合，郑州作为中原城市群龙头获批建设国家中心城市。2017 年 6 月14 日，习近平主席会见卢森堡首相贝泰尔时表态，支持建设郑州 – 卢森堡"空中丝绸之路"，河南省目前已经制定《郑州 – 卢森堡"空中丝绸之路"建设专项规划（2017 ~ 2025 年）》和《推进郑州 – 卢森堡"空中丝绸之路"建设工作方案》。

中原经济区建设思路应当依据《中原城市群发展规划》的要求做出相应调整。按照《中原城市群发展规划》，中原经济区建设思路要在三方面做出调整。一是空间布局思路的调整。《中原经济区规划》提出的空间布局为"一核四轴两带"放射状、网络化发展格局，"一核"是以郑州为核心城市的郑州、开封、洛阳、平顶山、新乡、焦作、许昌、漯河、济源 9城市核心发展区域；"四轴"是指沿陇海发展轴、沿京广发展轴、沿济郑渝发展轴和沿太郑合发展轴；"两带"是指沿邯长 – 邯济经济带和沿淮经济带。而《中原城市群发展规划》提出的是"一核四轴四区"发展布局，其中，"四轴"没有变化；"一核"调整为郑州大都市区，推动郑州与开封、新乡、焦作、许昌四市深度融合，与洛阳、平顶山、漯河、济源等城市联动发展；"四区"则是北部跨区域协同发展示范区、东部承接产业转移示范区、西部转型创新发展示范区、南部高效生态经济示范区。二是明确提出支持郑州建设国家中心城市。郑州将充分利用航空港经济综合实验区的综合交通枢纽、中国（河南）自由贸易试验区的开放窗口、郑洛新自主创新示范区的创新高地，提升郑州大都市区的建设水平，提升城市综合承载力，同时对中原城市群的其他城市进行辐射带动。三是更加强调新发展理念。《中原城市群发展规划》对建设创新体系和提升对外开放水平分别单列一章规划，明确提出把创新放在全局的核心位置，强调郑洛新、合芜蚌国家自主创新示范区对于科技创新、大众创业万众创新的引领作用，以及创新环境对于创新发展的支撑作用，提出大力发展内陆开放型经济，积极参与"一带一路"建设，高水平建设郑州航空港经济综合实验区、中国（河南）自由贸易试验区、安徽自由贸易试验区、中国（郑州）跨境电子商务综合试验区等开放平台等，深化与京津冀、长三角、珠三角等地区的合作。同时，在产业布局方面，《中原城市群发展规划》更加强调绿色化、智能化、信息化、服务化等新发展理念。总之，《中原城市群发展规划》的发布，有利于新形势下中原经济区实施经济转型、产业升级、实现快速健康发展。

二 中原经济区建设的主要成就及短板

2016 年以来，中原经济区以新发展理念为引领，主动适应经济发展新常态，扎实推进供给侧结构性改革，地区经济发展取得了一系列成就。

（一）中原经济区建设的主要成就

1. 区域经济稳步发展

根据中原经济区范围内的河南省和各省辖市的统计公报数据测算，2016年中原经济区实现地区生产总值约 6.11 万亿元，约占我国国内生产总值的 8.2%，地区生产总值比 2015 年增长约 8.1%，高于全国平均增长速度的 6.7%。2016 年，中原经济区常住人口约 1.65 亿，占全国人口的 11.9%，人均地区生产总值约 37105 元，同比增长 7.1%，高于全国平均增速的 6.1%。居民收入方面，2016 年中原经济区城镇居民人均可支配收入和农村居民人均纯收入分别约为 26464 元和 11298 元，增速分别为 7.2% 和 7.6%。投资和消费方面，2016 年中原经济区完成固定资产投资 60124 亿元，占全国总量的 9.9%；社会消费品零售总额达到 27373 亿元，占全国总量的 8.2%。粮食生产方面，2016 年，中原经济区的粮食产量达到 10784 万吨，占全国总产量的 17.5%。可以看到，中原经济区人口总量和经济总量在全国大局中占有重要的地位，粮食产量占全国的六分之一。中原经济区保持较快的发展速度，对于支撑我国经济平稳发展有着重要作用。

2. 经济结构调整加快

中原经济区从设立之初，就提出要探索"两不三新、三化协调"的发展道路。近年来，结合全国发展形势的变化，中原经济区贯彻落实了中央"四化同步"、供给侧改革等方面的经济战略，始终将经济结构调整放在重要位置，经济结构调整步伐持续加快。从三次产业的增加值来看，2016 年中原经济区完成第一产业增加值约 7028 亿元，第二产业增加值约 28847 亿元，第三产业增加值约 25270 亿元，三次产业结构比例为 11.5：47.2：41.3，而中原经济区建立之初的 2011 年，第三产业增加值占比仅有 29.5%。随着农业现代化持续推进，新型工业化不断向信息化、智能化、绿色化等方向发展，服务业占比持续调高，高成长性服务业快速发展，产业结构在经济发展的过程中顺势调整。从城镇化率来看，2016 年，中原经济区城镇化率达到 48% 左右，相比 2015 年提高了 1.4 个百分点，比 2011 年的 40.6% 提高了 7.4 个百分点，城乡结构发生着巨大的变化。农业人口向城镇转移带动着农民增收、消费升级和二三产业的快速发展，为经济结构调整提供动力。

3. 改革措施不断深化

中原经济区坚持先行先试、体制机制改革释放红利，开拓发展新局面。2016 年，中原经济区财税体制改革稳步推进，预算管理制度改革深化，营改增试点全面推开，资源税从价计征扩大到矿产资源行业，税收征管体制改革综合试点顺利进行。扎实推进供给侧结构性改革，河南省以"三煤一钢"为重点，改革企业产权制度，完善法人治理结构，深化企业内部改革，规范国有资产监管，分类改革、分步实施、分块搞活，大力推进企业剥离办社会职能。深化行政审批制度改革，2016 年，河南省减少各类行政职权 70 项，清理规范中介服务事项 181 项，新登记各类企业增长 29.8%，企业活跃度 71.02%，高于全国平均水平。河南持续推动农村改革，农村承包土地确权登记颁证工作有序进行，"两权"抵押贷款试点、供销社综合改革、国有林场改革工作稳步开展。深化医药卫生体制改革，分级诊疗和城乡居民健康签约服务等试点有序推进，城乡居民医保整合启动，公立医院综合改革持续推进。与此同时，河南机关事业单位养老保险、综合行政执法体制、不动产统一登记、出租车行业等改革稳步实施。

4. 创新驱动战略有效实施

2016 年，中原经济区在创新发展方面开启新局面。国家先后批准建设郑洛新国家自主创新示范区、合芜蚌国家自主创新示范区，建设国家大数据综合试验区，河南建设知识产权强省试点省。这些战略规划落地中原经济区，为中原经济区实施创新发展战略提供了高水平的创新平台，有利于中原经济区通过先行先试，营造优越的创新环境，吸引高水平的创新资源，从而提升区域创新能力。在创新发展方面，以河南省为例，2016年河南高新技术企业数量增长23%，获得国家科技奖励19项，新建5家国家地方联合工程实验室，新增省级工程（技术）研究中心166家，高端矿山重型装备等重大技术和产品研发取得突破。2016年，河南省大众创业万众创新快速发展，新建各类国家级创新创业孵化载体21家，中信重工、汉威电子入选首批国家级专业化众创空间。

5. 对外开放水平不断提高

2016年，中原经济区努力建设内陆开放高地，打造高端开放平台，中国（河南）自由贸易试验区建设全面启动，郑州跨境电子商务综合试验区建设稳步推进，郑州互联网国际通信专用通道开通，国际贸易"单一窗口"上线运行，跨境电商交易额实现翻番；肉类、水果等7个功能性口岸运营良好，进境粮食指定口岸、汽车整车进口口岸二期开工建设；郑州航空港经济综合实验区加快发展，郑州机场旅客吞吐量突破2000万人次、货邮吞吐量超过45万吨。中原经济区积极融入"一带一路"建设，设立"一带一路"发展基金，中吉亚洲之星产业园成为国家级境外经贸合作园区，中欧班列（郑州）主要运营指标保持全国前列。同时，河南加大招商引资力度，成功举办一系列重大招商活动，狠抓项目落地，实际吸收和利用外资数量稳步增长。

（二）中原经济区建设的问题和短板

中原经济区建立以来，区域经济保持着持续快速发展的态势，经济结构调整和转型升级步伐不断加快，但是经济发展中的经济结构不优、人均发展水平偏低等问题仍没有发生根本变化。

一是经济结构仍然不够科学。2016年，中原经济区的三次产业结构比例为11.5：47.2：41.3，城镇化率为48%，相比于2011年都有着大幅的提高，最近几年也保持快速调整趋势，但是，全国2016年的三次产业结构比例为8.6：39.8：51.6，城镇化率为57.35%，中原经济区的产业结构和城镇化率与全国平均水平相比仍有较大差距。同时，尽管近年来中原经济区在汽车、电子、新材料、网络经济、高端装备制造等领域发展迅速，但是资源型经济占比仍然偏重，传统工业转型升级的步伐仍需要加快。

二是人均发展水平偏低。2016 年，中原经济区人均地区生产总值约37105 元，仅相当于全国平均水平的 69%。中原经济区城镇居民人均可支配收入和农村居民人均纯收入约分别为 26464 元和 11298 元，仅分别相当于全国平均水平的 79% 和 91%。

三是发展新动能支撑经济社会发展的能力不足。近年来，中原经济区在对外开放、网络经济和科技创新发展的趋势都很迅猛。2011 年河南进出口总额 326.4 亿美元，2016 年达到 714.3 亿美元，进出口总额实现飞速发展，但是中原经济区 932.57 亿美元的进出口总额仅相当于全国总量的2.53%，与区域经济的体量不相符。郑州跨境 E 贸易在跨境电商方面发展迅速，业务量已突破 8000 万单，出口同比增长近 5 倍，但是交易额仅 64亿美元。科技创新方面，郑洛新、合芜蚌两个国家创新示范区建设在启动初期，还未能为经济社会发展提供强有力支撑。经济总量大，人均水平偏低，经济结构不优，发展新动能增长强劲但支撑能力仍然不足，可以说，中原经济区仍是中国经济的缩影。

三　中原经济区发展的新要求新趋向

中原经济区的未来发展，应当在坚持实施中原经济区规划的同时，认真落实《促进中部地区发展"十三五规划"》和《中原城市群发展规划》基本要求，充分利用交通枢纽、人口和市场、资源、文化等方面的优势，破解经济结构不优、人均发展水平和基本公共服务水平低、生态环境压力大等方面的问题，推进区域经济持续健康发展。

第一，中原经济区建设要积极融入国家发展的战略谋划。"十三五"时期，我国将坚持五大发展理念，加快推进"五位一体"总布局和"四个全面"战略布局，积极适应和引领经济新常态。在这样的宏观背景下，中央推出了创新驱动战略、新型城镇化、供给侧结构性改革、大众创业万众创新等战略措施，以及京津冀协同发展、"一带一路"、长江经济带等重要发展布局。这些措施和布局都是针对当前我国发展中的关键性问题和未来发展趋势所推出的，具有重要的战略意义。中原经济区建设要站位国家大局，积极融入和落实这些战略措施，破解发展中的难题。积极融入"一带一路"建设，打通对外开放通道，建设内陆开放型经济体系。落实创新驱动战略，增强经济发展的新动力。稳步推进新型城镇化，使农业人口有序向城市转移，推动城乡一体发展，有效拉动内需。扎实推进供给侧结构性改革，落实去产能、去库存、去杠杆、降成本和补短板的各项措施，提高供给侧的质量和水平，有效破解经济发展中的结构性问题。大力推动大众创业万众创新，激发市场活力，发挥民间的创造力和创业热情。积极对接京津冀、长三角、珠三角和长江经济带，寻求区域间协同合作，有序承接产业梯度转移。只有站位全局，积极融入国家发展的战略谋划当中，才能在中原崛起的过程中凝聚更多合力，有效破解发展难题。

第二，中原经济区发展要坚持以新发展理念为引领。积极推动大众创业万众创新，鼓励新经济模式发展。大力发展网络经济，加快与之相匹配的通信和物流体系建设。通过改革措施激发市场活力，鼓励技术人才、返乡农民、高校毕业生等进行创业，鼓励新经济模式和商业模式发展。深入推进郑洛新、合芜蚌国家自主创新示范区建设，重点围绕优势特色领域，争取更多高水平研发平台、创新平台和服务平台在区域内布局。培育壮大创新型企业，鼓励以企业为主体加快建设各类研发机构，支持龙头企业在重大关键技术研发、产业创新联盟构建、高层次创新平台建设、人才技术集聚等方面率先实现突破。打造创新创业优良环境，大力引进创新引领型人才和团队，完善科技创新管理体制，强化财政科技投入的引导作用，进一步落实支持企业技术创新的各项政策，激发企业的创新活力。坚持扩大对外开放，建设内陆开放型经济。加快推进郑州航空港经济综合实验区建设，提升中欧班列（郑州）运营水平，加快郑州—卢森堡"空中丝绸之路"建设，推进开通和加密客货运航线、开展签证便利业务、建设专属货站、促进多式联运发展、推动经贸合作等合作事项落实；加快跨境电商综合试验区建设，积极推动航空物流、农产品贸易、电子商务和产能合作项目实施。

第三，坚持深化改革，推进体制机制创新。推动郑州航空港经济综合实验区、郑洛新国家自主创新示范区、中国（河南）自由贸易试验区联动发展，勇于尝试和创新，强化改革政策集成，加快培育支撑未来发展的支柱；依托产业集聚区、高新技术产业开发区、经济技术开发区、商务中心区等，在中原经济区范围内规划建设一批国家战略协同示范区，加快复制推广先行先试中取得的经验。切实抓好投融资、电力、科技、价格、财税等领域重点改革举措的落实，深入推进"放管服"改革，积极扎实地推动中央关于"放管服"方面的改革措施落地，同时加快推进商事制度改革，提升行政审批效率，提高政府工作的公开度、透明度。加快城乡一体化发展，深化完善户籍制度改革，推进城乡公共服务一体化、均等化，完善城乡居民基本养老保险制度。完善产业集聚区和城市新区的管理体制，推进产业集聚区与行政区域套合。创新社会治理体系，以改革促进教育、收入分配、公共服务等方面的均等化，完善就业创业服务机制，深化医药卫生体制改革，推进科技管理体制改革、文化事业改革和健全生态文明体制等方面的举措。

释放战略叠加效应　奋力建设出彩中原

国家战略规划和平台密集落地河南、厚植中原，标志着河南发展迎来了国家战略叠加效应蓄势勃发的新时期，也意味着河南进入借助"综合红利"全方位提升发展水平的新阶段。深刻认识、充分利用国家战略叠加效应，是凝聚全省上下创造性落实国家战略部署、加快中原崛起河南振兴富民强省的战略选择。河南要乘势而上、克难攻坚，加强谋划、持续创新，一以贯之、久久为功，将国家战略叠加效应充分释放为雄浑壮阔的发展合力，谱写决胜全面小康、让中原更加出彩的美好篇章。

一　河南发展迎来国家战略叠加效应的新时期

近年来，粮食生产核心区、中原经济区、郑州航空港经济综合实验区等一系列国家战略规划和平台落地河南，特别是 2016 年以来，中原城市群发展规划成功获批，国家明确支持郑州建设国家中心城市，中国（郑州）跨境电子商务综合试验区、中国（河南）自由贸易试验区、郑洛新国家自主创新示范区、国家大数据综合试验区、兰考普惠金融改革试验区等战略平台获得国家批准，共同构成了引领带动全省经济社会发展的战略组合。

（一）国家战略叠加效应加速凸显蓄势待发

一系列具有很高的含金量和很大的影响力的国家战略密集布局中原，呈现叠加之势，意味着河南在全国的战略优势更加彰显，战略地位明显提升，在发挥腹地效应、辐射周边、活跃全局方面能够发挥更大作用，做出更大贡献。

　　根据国家审批层次、重要程度、涉及广度及对全省大局的影响深度等，可将这些国家战略规划和平台分为三类：一是引领性战略，在塑造全省发展大局和定位、支撑未来发展等方面发挥引领功能，包括郑州航空港经济综合实验区、中国（河南）自由贸易试验区、郑洛新国家自主创新示范区；二是整体性战略，一般覆盖全省地域、涉及领域全面，能发挥规划引领作用，引导全省各地着眼全局、把握定位，主要是指促进中部地区崛起"十三五"规划和包含中原经济区、郑州国家中心城市在内的中原城市群建设规划；三是专题性战略，涉及特定领域和地域，服务引领性和整体性战略实施，包括中国（郑州）跨境电子商务综合试验区、国家大数据综合试验区等专项战略。

河南获批的国家战略分类

类别	国家战略规划或平台	获批时间
引领性	郑州航空港经济综合实验区	2013 年 3 月
	中国（河南）自由贸易试验区	2016 年 8 月 31 日
	郑洛新国家自主创新示范区	2016 年 4 月 5 日
整体性	中原城市群	2016 年 12 月 28 日
	中原经济区	2012 年 11 月
	郑州国家中心城市	2016 年 12 月 20 日
	促进中部地区崛起"十三五"规划	2016 年 12 月 20 日
专题性	粮食生产核心区	2009 年 8 月
	晋陕豫黄河金三角区域合作规划	2014 年 4 月 18 日
	大别山革命老区振兴规划	2015 年 6 月 15 日
	中国（郑州）跨境电子商务综合试验区	2016 年 1 月 12 日
	国家大数据综合试验区	2016 年 10 月 8 日
	兰考普惠金融改革试验区	2016 年 12 月 20 日

（二）国家战略叠加效应内涵丰富意蕴深刻

　　就河南发展而言，所谓国家战略叠加效应，就是围绕加快中原崛起河南振兴富民强省、让中原更加出彩的总体目标，将若干叠加在河南的国家战略所涵盖的相关目标、定位、任务、要求、部署和政策等，进行系统梳理、深层挖掘和有机整合，并运用多种方式和方法，采取多种措施和手段，结合河南实际创造性地加以贯彻落实，注重改革举措的配套衔接，强化国家战略规划间的统筹联动，放大政策集成效应，用足用活用好国家战略，实现国家意志与地方诉求的有机结合，爆发政策新红利，培育发展新动能，拓展发展新空间，引领河南发展迈上新台阶。

具体来说，国家战略叠加效应将给河南发展带来新的综合性红利：一是改革红利，充分利用叠加在河南的国家战略所赋予的先行先试政策，在重点领域和关键环节聚焦突出问题，深化改革，克难攻坚，形成体制机制和政策制度新优势；二是创新红利，以郑洛新战略、大数据战略等为代表的国家战略，将推动技术创新、产业创新、业态创新、协同创新、模式创新、机制创新等全方位的创新体系构建，在传统的资源和人口红利日渐式微背景下，创新驱动将成为国家战略叠加带来的重要战略红利；三是开放红利，以自贸区和航空港战略等为代表的国家战略，将进一步拓展开放发展的广度和深度，提高开放型经济发展水平，塑造对外开放新优势；四是载体红利，叠加在河南的国家战略所提出的试验区、示范区等载体丰富多元、系统全面，涵盖产业类、创新类、开放类、市场类等多个层面，是河南集聚优势资源、培育发展新动能的有效承载平台。

（三）国家战略叠加效应意义重大影响深远

认识和用好国家战略叠加效应，是创造性落实国家战略部署的必然选择。对于叠加在河南的国家战略，是一般性的碎片化利用，还是创造性地系统化利用，效果天壤之别。认识和用好国家战略叠加效应，有利于在落实国家战略部署、贯彻国家意志中统筹利用发挥国家战略组合的集成优势，更好地服务全国发展大局。

认识和用好国家战略叠加效应，是创造性推动中原更加出彩的必由之路。国家战略叠加并不必然意味着叠加效应的产生，而是需要通过加强谋划，增强实施国家战略规划的系统性、全局性和协同性，在先行先试中克难攻坚、扬长补短，实现服务全国大局与加快自身发展的有机统一，为决胜全面小康、让中原更加出彩提供有力支撑。

认识和用好国家战略叠加效应，是创造性凝聚中原崛起合力的必然要求。战略规划不能只是挂在嘴上、写在纸上，要统筹推进、落地生根、开花结果，便离不开全省上下持之以恒的共同努力。这就需要突破区域、领域局限，最大限度整合全省要素资源，统筹协调、协同推进，实现战略协同效应。

二　国家战略叠加效应生成机理

国家战略叠加效应因诸多国家战略在同一区域重合交织出现而产生，但这绝不是单纯的战略叠加，而是内在地要求叠加在同一区域的若干国家战略之间具有相互关联、相互促进、相得益彰的内在逻辑，进而产生累积、互补、协同、聚变等叠加效应。

（一）纵向累积效应

纵向累积效应就是围绕某一重要领域或问题，叠加在河南的国家战略通过不同时间出台的相关战略规划或政策，在客观上形成了遵循发展规律、适应形势发展需要的不断丰富和完善的战略或政策集成，持续推进着该领域的发展或该问题的解决。如在建设粮食生产核心区方面，粮食核心区战略着力推进高标准农田等基础建设以稳定提高粮食综合生产能力，中原经济区战略在此基础上强化推进"三化"协调发展，自贸区战略着力提升农副产品加工国际合作及贸易能力、壮大农副产品精深加工产业、加快发展农产品及农资等优势专业物流，郑洛新战略强调互联网、物联网等信息技术在农业的开发与应用，大数据战略提出建立国家农业粮食大数据创新应用先行区，等等。这些都根据形势发展的需要，将现代科技、信息技术、网络技术、大数据等现代要素叠加累积在农业发展领域，均对粮食核心区建设方略进行了丰富和拓展，构成建设现代农业强省的重要支撑。因此，叠加在河南的国家战略尽管主题、出台时间等不尽一致，但在聚焦发展重点、破解发展难题方面的思路和举措既一脉相承又与时俱进，在推动政策集成、培育发展动能上发挥了纵向累积的叠加效应。

（二）横向互补效应

横向互补效应就是围绕某一重要领域或问题，叠加在河南的国家战略从不同维度或侧面、运用不同的方式方法和手段提出新理念新思路、做出新决策新部署，从而形成互为补充、相互衔接的政策体系。如在新型城镇化方面，相关国家战略在涉及范围、体系构建、政策措施等方面各有侧重。在涉及范围上，有的涉及全省所有城市，有的涉及部分城市；在城镇体系上，除了大中小城市等传统的构成内容外，特色小城镇、美丽特色小镇等新提法丰富了新型城镇化体系构成；在政策支持上，有的突出财政、税收、金融等政策支持，有的则突出在建设用地规模与指标等方面先行先试的支持。再如，在推动绿色发展方面，中原经济区战略着力加强生态建设，以保护和修复生态环境、提供生态产品为首要任务，促进人与自然和谐相处；促进中部地区崛起"十三五"规划着力构建大保护格局，打造蓝天碧水新家园；中原城市群战略则重点打造美丽城市，建设生态环境优良的宜居城市群。总之，叠加在河南的国家战略尽管主题不一，但在新型城镇化、绿色发展等具体领域上，从推进路径、政策扶持等不同方面进行了安排和部署，将这些互相联系、互为补充的相关政策和举措进行系统集成，构成了国家战略在该领域的"集成版"，发挥了横向互补的叠加效应。

（三）交叉式协同效应

交叉式协同效应就是围绕某一重要领域或问题，叠加在河南的国家战略通过战略规划、政策工具之间的协调互动，形成协同推进该具体领域发展或问题破解的政策合力。如在产业转型升级方面，中原经济区战略通过项目审批、核准的优先安排、实行工业用地弹性出让的土地管理政策、开展营改增改革、加大资金投入、重点工程和在建项目优先进行信贷的金融支持政策等方面，加大产业升级政策支持力度；航空港战略通过金融支持、土地管理、服务外包等措施加大政策支持力度；郑洛新战略通过设立示范区发展专项资金、科技成果转化引导基金等方式引导相关资源向示范区倾斜；自贸区战略试点选择性征收关税政策，完善适应境外股权投资和离岸业务发展的税收政策，健全内陆港启运港退税政策等配套税收政策，规范土地保障制度；促进中部地区崛起"十三五"规划提出，鼓励商业银行对科创企业开展投贷联动试点工作，积极开展工矿废弃地复垦利用，加大对创新创业人才落户倾斜力度等。总之，这些叠加在河南的国家战略分别从土地、税收、财政、投资、金融等方面采取不同政策共同发力，互相渗透，互有交叉，相互为用，协力并进，在形成合力、助推产业结构优化升级上发挥了交叉式协同的叠加效应。

（四）几何式聚变效应

几何式聚变效应就是叠加在河南的国家战略，在某一领域引发革命性的变化，实现经济突飞猛进或爆发式增长，推动相应区域超常规发展乃至跨越式发展，实现由"洼地"向"高地"的飞跃。最典型的莫过于航空港经济。航空港战略以打造航空经济来引领开放，打造内陆地区对外开放重要门户，着力实现产业结构的优化升级和促进区域经济发展，成为引领中原经济区发展、服务全国、连通世界的开放高地；跨境电子商务战略以贸易手段扩大对外开放合作，通过探索"互联网＋外贸"新模式提升对外开放水平；自贸区战略通过制度创新、体制机制改革、物流信息网络共享、综合交通运输体系构建等加快内陆地区开放，引领经济快速发展；促进中部崛起"十三五"规划和中原城市群战略通过对外吸引外商投资和对内依托自贸区、跨境电商、航空口岸、综合保税区、航空港等开放平台，推进"双向"开放；大数据战略主要通过构建全省统一的政府数据开放共享平台，提升对外开放水平。总之，以航空港战略为代表的国家战略叠加河南，产生了几何式聚变的叠加效应，助推全省对外开放进入历史最好时期，2016 年郑州机场旅客吞吐量突破 2000 万人次、货邮吞吐量超过 45 万吨，全省跨境电商交易额实现翻番，进出口总额达 4714.7 亿元，增速高出全国增速 3.5 个百分点，其中出口 2835.3 亿元，增长 5.7%，进出口规模首次进入全国前十位。

三　聚焦主要目标和重点领域释放国家战略叠加效应

国家战略叠加效应蕴含了巨大战略红利，河南要充分释放并用好国家战略叠加效应，必须强化问题导向，聚焦主要目标和重点领域，乘势而上、攻坚克难，汇聚发展正能量，助推中原更出彩。

（一）聚焦"五定位"，更好地服务全国大局

打造内陆核心增长极。叠加在河南的国家战略，从郑州航空港、郑州国家中心城市到郑洛新试验区、河南自贸区，再到中原经济区、中原城市

群，为河南发展描绘了层层递进、环环相扣、步步深入的增长极图谱。在新常态下，河南要充分发挥郑州航空港在强化产业集聚、延伸产业链和服务链等方面的极化引领作用，推动郑洛新试验区、自贸区以创新和开放打造内陆地区增长极、引领河南发展进入全国第一方阵，同时，强化大都市区的引领作用和中心城市的带动作用，形成能够与长江经济带相呼应、支撑中部地区崛起、带动全国发展的新增长极。

建设全国重要的粮食生产基地。河南作为全国粮食生产核心区，在保障国家粮食安全中具有举足轻重的地位。叠加在河南的国家战略，从加强基础设施建设、推动产业融合等方面为建设粮食生产核心区带来了充沛的政策红利。在深化农业供给侧结构性改革的背景下，河南要充分发挥国家战略叠加效应，以大数据试验区重点解决农产品质量安全追溯、农业精准生产等关键问题，以自贸区建设进一步打造农产品国际期货交易中心、农副产品食品跨境贸易电子商务基地等，加快建设现代农业强省，为保障国家粮食安全做出新贡献。

建设国际性综合交通枢纽。叠加在河南的国家战略，为河南擘画了国际性综合交通枢纽的蓝图，河南不仅要巩固提升全国铁路枢纽功能，还要着力增强航空枢纽作用，提升国际航空、铁路、公路多式联运综合服务能级，形成全国重要的国际航空物流中心。所以，要充分发挥国家战略叠加效应，利用郑州列入中欧区域政策合作案例地区等大好机遇，发挥作为"一带一路"重要经济腹地和中欧班列（郑州）的优势，东联西进、贯通全球，在增强河南在丝绸之路经济带建设中战略支撑作用的同时，构建国际性现代化综合立体交通枢纽。

建设郑州国家中心城市。从中原经济区战略最早提出支持郑州建设国家创新型城市，到中原城市群和促进中部地区崛起"十三五"规划战略进一步提出支持郑州建设国家中心城市，再到《支持郑州建设国家中心城市的指导意见》出台，郑州是截至目前国家以文件形式正式公布的 8 座国家中心城市之一。要深化改革创新培育壮大新动能，发挥区位优势打造交通和物流中枢，强化内外联动构筑内陆开放型经济高地，彰显人文特色建设国际化现代都市，在引领中原发展、支撑中部崛起的同时，更好地服务全国发展大局。

培育国家级城市群。中原城市群是国家重点培育发展的中西部地区三大跨省级城市群之一，河南要充分发挥国家战略叠加效应，利用中原城市群、中原经济区、郑州国家中心城市等战略红利，把建设郑州国家中心城市作为首要突破口，推动与周边毗邻城市融合发展，深化城际分工合作，提升综合交通枢纽、产业创新中心和新兴市场消费中心地位，建成资源配置效率高、经济活力强、具有较强竞争力和影响力的国家级城市群，培育形成我国经济增长新引擎。

（二）打好"四张牌"，让中原更加出彩

加快推进产业结构优化升级。充分发挥国家战略叠加效应，坚持把加快新旧动力转换作为中心任务，顺应需求特别是消费升级新趋势，以航空经济引领产业优化升级，以郑洛新示范区强化创新驱动引领产业转型升级，以自贸区深化与丝绸之路经济带沿线国家产能国际合作促进产业优化升级，以推进先进制造业和现代服务业基地建设推动产业结构向中高端迈进，不断提升产业供给体系质量和效率。

加快推进创新驱动发展。叠加在河南的国家战略中，郑洛新示范区、自贸区、跨境电子商务试验区、大数据试验区等都为创新驱动发展提供了战略平台。要坚持把创新摆在发展全局的核心位置，利用好郑洛新示范区这一带动全省创新发展的核心载体，在科技创新、政策创新、开放创新等领域全面创新，利用自贸区战略在贸易领域开展制度创新和模式创新；利用跨境电商综合试验区探索创新"互联网＋外贸"新模式，利用大数据试验区实施跨部门、跨地域数据融合和协同创新。

强化基础能力建设。充分发挥国家战略叠加效应，加快构筑现代基础设施网络，利用中原经济区、中原城市群、自贸区等战略全面加强现代综合交通系统、信息网络系统、水利基础设施、能源支撑系统建设；利用郑州国家中心城市战略彰显人文特色的国际化现代都市，带动基础设施建设；利用航空港战略重点强化建设航空交通系统以及实验区的基础设施建设；利用大别山规划围绕扶贫加强交通、水利、信息等领域基础设施建设。

加快推进新型城镇化。充分发挥国家战略叠加效应，挖掘新型城镇化这一河南发展的巨大潜力。坚持以人的城镇化为核心，把中原城市群作为支撑新型城镇化的主平台，加快构建以城市群为主体形态、大中小城市和小城镇协调发展的现代城镇体系，促进城乡区域协调发展。利用促进中部

地区崛起"十三五"规划等，积极实施户籍制度改革、居住证制度、财政支持政策等促进农业转移人口"就近"市民化，同时，建设美丽宜居乡村等吸引农民工返乡创业就业实现"就近"城镇化。

（三） 建设经济强省，打造三大高地

建设经济强省。充分发挥国家战略叠加效应，提高发展的平衡性、包容性、可持续性，实现经济总量大、结构优、质量效益好的有机统一。利用航空港战略打造航空物流枢纽引领深化对外开放，利用自贸区战略体制和模式创新引领全面深化改革，利用郑洛新战略科技创新引领经济结构优化，利用中原城市群和郑州国家中心城市战略推进新型城镇化，并加快先进制造业强省和现代服务业强省建设，利用大数据战略助推网络经济强省建设，利用粮食生产核心区战略促进现代农业强省建设。

打造中西部地区科技创新高地。充分发挥郑洛新示范区作为创新发展核心载体的作用，不断完善自主创新体系。夯实科技创新平台，建设一批国家级重大技术创新平台；强化科技创新主体，实施"科技小巨人"等企业培育工程，激发企业创新主体活力；培养科技创新人才，集聚海内外、专家与工匠并举的多层次科技创新人才；改革科技管理体制机制，在财政科技资金管理、科技成果转化、科技评价等方面先行先试。

打造内陆开放高地。充分发挥国家战略叠加效应，积极融入国家"一带一路"建设，利用航空港、自贸区、跨境电子商务等战略平台，深化国际航空物流、国际商贸、产能国际合作、国际文化交流等领域的全面开放，建成连通境内外、辐射东中西的现代立体交通体系和物流通道枢纽，拓宽"互联网＋外贸"的对外开放新渠道，打造内陆地区双向开放新高地，使开放型经济水平位居中西部地区前列。

构筑全国重要的文化高地。充分发挥国家战略叠加效应，加快华夏历史文明传承创新区建设，加快建成全球华人根亲文化圣地、中国文化遗产保护传承示范基地、中华文化"走出去"重要基地。利用郑洛新等战略加快发展文化产业，支撑文化产业成为国家经济的支柱性产业；利用自贸区、航空港等战略建设丝绸之路文化交流中心；利用郑州国家中心城市战略加强中原文化传承和保护，打造与世界文明对话交流的系列重要平台。

四　以坚决务实的态度推动国家战略叠加效应充分释放

释放和利用国家战略叠加效应，是一项庞大复杂的系统工程，需要树立系统思维，勇于担当、敢于作为，做好顶层设计、总体谋划和系统安排，强化战略协同、区域合作和部门配合，真正发挥出战略组合的叠加效应，汇聚起决胜全面小康、让中原更加出彩的澎湃力量，开创中原崛起河南振兴富民强省的蓬勃气象。

（一）加强谋划，凝聚合力

一要加强顶层设计、系统谋划。统筹推进国家战略规划实施和战略平台建设，科学制定充分发挥和利用国家战略叠加效应的时间表、路线图、实施方案、行动计划等，强化改革推动、开放带动、创新驱动，建立健全体制机制，强化部门配合和上下联动，充分发挥各地优势，形成多极支撑、协调联动的发展格局。二要积极布局，提升战略先导优势。突出问题导向，围绕全省改革发展中的重点领域和关键环节，积极争取国家新的规划布局和先行先试政策，保持和提升河南的战略先导优势，形成更强有力的国家战略叠加效应。三要倍加珍惜，凝聚战略合力。要充分认识到叠加在河南的一系列国家战略来之不易，用好国家战略叠加效应义不容辞，着力汇聚相关区域、部门和全社会各界力量的积极性和创造性，自觉主动地把国家战略规划和平台有机融合，统一规划、统一运作、统筹推进，不顾此失彼，真正形成"1＋1＞2"的组合叠加效应。

（二）突出重点，统筹推进

一要突出重点战略。鉴于郑州航空港经济综合实验区、中国（河南）自由贸易试验区、郑洛新国家自主创新示范区和中原城市群（"三区一群"）是事关河南全局和长远发展的最重要的四个战略，河南要把"三区一群"作为统筹推进、释放国家战略叠加效应的重点，发挥其内陆地区对外开放的重要门户、全面深化改革的试验田、创新驱动发展的核心载体、推进新型城镇化的重要抓手的重要功能，构建支撑河南省未来发展的改革开放创新三大支柱。二要突出要素配置。积极打破条块分割，集聚要素资源，统筹重大项目布局、重要资源整合、重点政策支撑，集中支持、优先保障"三区一群"建设，尽快形成一批突破性成果。三要突出战略协同。立足引领全省发展，着眼服务全国大局，坚持问题导向，抓住关键环节，聚焦重点领域，着力解决跨部门、跨领域、跨区域发展的重大问题，以重点突破带动全局工作整体提升，加大"三区一群"统筹推进力度。

（三）遵循规律，创新方法

一要完善推进机制。建立高层决策和议事协调会议机制，定期会商、研究部署重点工作，及时发现并解决国家战略叠加实施中的突出问题，切实把统筹推进任务落到实处。强化考核评估，建立观摩推进机制，探索建立国家战略叠加效应利用考核评价体系，重点考核重大项目建设、改革举措推进、支撑政策落实、主体责任执行、目标完成情况等。二要强化协同配合。综合运用经济、法律和行政等各种手段方法，聚焦粮食生产、产业升级、双向开放、创新驱动等重点领域，构建涵盖财政、金融、投资、产业、土地、贸易等领域的政策体系，形成支持国家战略叠加效应释放的政策合力。强化区域、部门协调配合，加大简政放权、放管结合力度，创新行政管理方式方法，大力提高行政管理服务效能。三要夯实法治支撑。注重地方立法和统筹推进国家战略实施、战略平台建设相衔接，加强重点领域地方立法研究，将相关重点领域和关键环节的利用国家战略叠加效应的成功探索制度化、法治化，持续释放国家战略叠加效应。

（四）改革先行，示范引领

一要加强政策集成。系统梳理各相关领域所涉及的国家战略，并对其进行深层挖掘和有机整合，率先推行利用国家战略叠加效应的先行先试政策和改革创新举措，构建系统完备、衔接配套、有效激励的政策制度体系。二要深化先行先试。鼓励各地各部门大胆探索，支持依托城乡一体化示范区、开发区和产业集聚区，统筹规划布局战略协同示范区，充分利用国家赋予的先行探索试验政策，在相关领域实现利用国家战略叠加效应新突破。三要统筹示范推广。加强对先行先试政策和制度的实施效果进行评估分析，定期梳理形成可复制可推广的制度创新清单，及时将战略协同示范区等试点效果好的政策举措和体制机制复制推广到全省，推动尽快形成先发优势，争取在全国率先形成特色、走在前列。

河南创新创业发展的现状与趋势

近年来，河南省在省委、省政府的正确领导下，主动适应经济发展新常态、新形势，聚焦实施三大国家战略规划，深入实施创新驱动发展战略，加快构建现代创新体系，不断增强科技创新能力，为全省经济稳增长、保态势提供了强有力支撑，有效提升了创新创业综合服务能力。

一 河南省"双创"发展的现状

（一）河南省"双创"发展的基本情况

优化政策环境，政策落实有力。良好的创新创业生态是"双创"工作的保障。根据国务院和省委省政府促进大众创业万众创新的一系列安排部署，结合河南实际，河南省政府出台《关于进一步做好新形势下就业创业工作的实施意见》（豫政〔2015〕59号）等8个贯彻文件，强力促进河南省大众创业万众创新工作。各部门结合工作职责制定了相应的配套政策和实施细则，仅人力资源社会保障部门就出台了《关于印发河南省大中专学生创业培训操作规程的通知》（豫人社就业〔2015〕26号）、《关于加强创业孵化平台建设的通知》（豫人社就业〔2015〕27号）、《关于加快推进大中专学生创业担保贷款工作的通知》（豫人社就业〔2015〕28号）和《关于做好大众创业扶持项目申报工作的通知》（豫人社就业〔2015〕131号）等6项配套政策，全省形成了较为完善的政策体系。2015年5月，河南研究起草并提请省政府出台了《关于发展众创空间、推进大众创新创业的实施意见》，这是全国首个以省政府名义出台的《实施意见》，从载体建设、机制创新、环境营造等方面安排部署创新创业工作。2015 年 7 月，河南省委、省政府出台了《关于深化科技体制改革推进创新驱动发展若干实施意见》，推出了允许科研人才双向流动、科技成果作价入股等在全国具有突破性意义的政策，进一步激活了创新创业主体，有力推动了"双创"工作。2015 年 12 月，会同省财政厅研究起草了《关于发展众创空间推进创新创业工作的若干政策》和《关于推进金融资本与科技创新相结合的政策措施》的"双十条"政策。2016 年以来，省政府先后出台了《关于大力推进大众创业万众创新的实施意见》《关于深化高等学校创新创业教育改革实施意见》《关于发展众创空间推进创新创业工作的政策措施》《关于推进金融资本与科技创新相结合的政策措施》《2016 年河南省助力大众创业工作方案》等。

"双创"服务平台得到新发展。2015 年，全省科技工作亮点频现，成效显著。全年研究与试验发展人员 24 万人，经费支出 440 亿元，比上年增长 10%。郑洛新国家自主创新示范区进展顺利。平顶山、焦作高新区正式获批为国家高新区，河南省国家高新区的总数达到了 7 家，数量位居中西部首位。中原现代农业科技示范区获得科技部批复，成为全国第一批（共 8 家）国家级现代农业科技示范区。新增 4 家企业国家重点实验室，这是河南省 2010 年以来获批数量最多的一年。省级以上企业技术中心 1013 个，其中国家级 80 个；省级以上工程实验室（工程研究中心）385 个，其中国家级 37 个。国家级工程技术研究中心 10 家；省级工程技术研究中心 927 个；省级重点实验室 91 个；国家级创新型（试点）企业 18 家；省级创新型（试点）企业 428 家。新培育国家级众创空间 6 家、省级众创空间 20 家，黄淮学院、黄河科技学院等高校成为"以创业带动教学改革"的新典范；"UFO 众创空间"开启了科技企业孵化器"筑巢引凤"的新模式；"众创咖啡"发展了线上金融众筹平台 + 线下孵化基地的新业态。新培育农业科技园区 13 家、可持续发展实验区 2 家、高新技术产业化基地 4 家、国际科技合作基地 3 家。全省规模以上高新技术产业增加值增速达 15.5%，比规模以上工业增加值增速高 6.9 个百分点。全省专利申请量和授权量分别突破 7 万件和 4 万件大关，尤其是发明专利授权量大幅增长，较上年增长 54.1%。28 个成果获得国家奖励，数量创历史新高，填补了河南省在这两项国家奖励上的空白，实现了河南省国家科技奖奖项全覆盖。全国"双创"示范基地的郑州航空港经济综合实验区，2016 年上半年，实验区新登记企业 1212 家，同比增长 79%，在经济下行压力下实现了逆势强劲增长。573 平方公里的航空港国家"双创"示范基地，将勾勒出一幅具有国际视野的"双创"蓝图。国务院批准河南省郑州航空港经济综合实验区、中信重工机械股份有限公司为全国首批"双创"示范基地，河南省获批数量与上海、江苏、浙江、广东、四川并列全国第二位。洛阳获批入围第二批国家"小微企业创业创新基地城市示范"名单，将获得中央财政 6 亿元资金支持。郑州、洛阳、南阳等国家级创新型城市试点加快建设。加快郑洛新国家自主创新示范区建设，努力将示范区打造成具有国际竞争力的中原创新创业中心。

创新创业主体规模扩大。活跃的创新创业主体是"双创"工作的核心。省科技厅针对企业、科技人员等不同类型"双创"主体的需求和特点，一给政策，二给资金，三给服务，为他们创新创业保驾护航。实施"科技小巨人"成长行动，新培育科技型中小企业 3392 家，"科技小巨人"（培育）企业 124 家，全省科技型中小企业突破 1.2 万家。加大为科技型中小企业服务力度，建成了"互联网+"河南省科技型中小企业综合服务平台，与招商银行实施"千鹰展翼"计划，514 家科技型中小企业进入"千鹰展翼"库，获得银行授信额度近 70 亿元。举办了全省创新创业大赛，引入创业投资近 2 亿元。通过实施重大科技专项，引导和支持大企业围绕优势领域进行多样化创新，建设新型创新创业平台，中信重工、众品公司、宇通客车等大型企业搭建了"大工匠创客单元"和"众创平台"，发展形成了一批专业化众创空间，不仅创新了技术工艺，为企业的创新升级提供了新的活力和动力，同时带动了业内企业通过众创平台联动创新发展。为激发科技人员创新创业活力，河南省与国家自然基金委共同出资 5 亿元，用于支持河南省人才培育和自然科学研究。同时加大科研人员股权激励力度、建立健全科研人才双向流动机制。为降低广大创客的创业门槛，河南省采用"你创业、我补贴"的方式，通过全省孵化服务载体为创业者提供各类空间硬件服务和一揽子柔性创业服务。加大资金支持力度，省财政 2016 年安排科技企业培育专项资金 1.07 亿元，设立总规模 100 亿元的中小企业发展基金和 5 亿元的科技创新风险投资基金。引导大中型企业建设"大工匠"工作室等创新创业平台；强化制造业、服务业创新创业，建设一批区域产业创新中心，培育一批国内有影响力的制造业、服务业创新策源地。

壮大创新创业群体队伍。2016 年以来，河南省投入 8700 万元建设高中等职业院校毕业生就业创业综合服务基地，组织认定了第二批、第三批 11 个大学生创新创业实践示范基地，投入 600 万扶持大学生创新创业，统筹重点扶持 97 个创业项目，立项建设 1001 项国家级大学生创新创业训练计划，支持大学生创业。先后举办了河南省创新创业大赛、高校大学生创新创业大赛、青少年科技创新大赛、创新驱动助力工程、创业之星大赛、河南省大众创业万众创新榜样人物（团队）评选等一系列活动，来带动全省全民创业氛围。实施高层次科技人才引进工程，新引进"千人计划"人才、创新人才推进计划 7 人，新培育中原学者 13 人，创新型科技团队 61 个，杰出人才和杰出青年 50 人。实施"海智计划"，引进海内外高端科技创新人才 10 人，吸引高层次人才集聚创新创业。截至 2015 年底，河南共建成 20 个县级电子商务运营服务中心、175 个乡镇级服务站、2133 个村级服务点，新增网店 12517 个；休闲农业经营主体 14766 个，从业人数 30.28 万人，鼓励各类人才到农村创新创业。加强创业培训师资队伍建设，组织举办创业培训师资班，定期开展提高培训和能力评估，目前，全省形成了以 11 名国家级培训师为核心，700 多名优秀讲师为支撑的教师队伍，强化创业教育培训。

（二）河南省"双创"发展的模式

推进大众创业万众创新，是党中央、国务院在经济发展新常态下做出的一项重要战略部署。2017 年以来，在省委、省政府的正确领导下，全省上下深入实施创新驱动发展战略，牢固树立和贯彻落实创新、协调、绿色、开放、共享发展理念，全面落实大众创业万众创新决策部署，以深化改革为动力，以服务需求为导向，着力搭建"双创"载体、着力激发主体活力、着力创新体制机制，推动"双创"工作向纵深发展，营造有利于创新创业的政策环境、制度环境和公共服务体系。在全省形成大众创业万众创新的生动局面下，河南省以创新引领发展、以创业带动就业，汇聚经济社会发展的巨大动能，为中原崛起河南振兴富民强省提供有力支撑。

深化改革、营造环境。大力推进结构性改革，增强创新创业制度供给，进一步简政放权、放管结合、优化服务，降低创新创业门槛，完善扶持政策和激励措施，让千千万万创新创业者活跃起来，形成有利于创新创业的良好环境。

政策协同、上下联动。统筹创业、创新、就业等各类政策，强化部门与部门、部门与地方政策联动，鼓励有条件的地方先行先试，形成可复制可推广的经验，放大政策效应，确保创新创业扶持政策可操作、能落地、见实效。

开放共享、强化支撑。加强创新创业公共服务资源开放共享，强化新型载体服务支撑能力建设，积极发展众创、众包、众扶、众筹支撑平台，依托"互联网＋"、大数据等建立协作创新创业模式，形成线上线下、省内省外、政府市场开放合作机制。

突出重点、发挥优势。聚焦产业转型升级和社会民生发展重点领域，明确区域创新创业重点方向，增强与当地经济社会发展契合度，因地制宜打造一批新型载体和重点平台，吸引各类企业、创新创业者集聚，形成创新创业集合效应。

引进人才，重视教育。设立人才专项资金，落实人才支持政策，建设高端人才社区，引导支持各类人才创业。提供系统的创业场地和公共服务，推动大学生创业创新。推进创新创业培训，创新创业课程纳入国民教育体系和学分制管理。加强创业师资队伍建设，打造统一的创业辅导体系。

（三）河南"双创"发展的成绩及基本经验

群策群力，营造创新创业良好生态。①健全工作机制。省级层面建立由发展改革、科技、人社、财政等25个部门参加的大众创业万众创新联席会议制度，统筹协调推动大众创业万众创新。各地市积极创新工作方法，确保各项政策措施落到实处。②创新创业便利化。进一步简政放权，2015年以来，取消和调整省级行政审批项目49项和5个子项，449项部门非行政许可审批事项全部予以取消和调整。大力推进商事制度改革，简化经营场所登记手续，全面实行"三证合一、一照一码"登记模式，启动实施电子营业执照试点等。③营造创新创业良好氛围。省政府与科技部共同启动"创新创业引领中原"工程，省有关部门和各地市先后举办了河南省创新创业大赛、高校大学生创新创业大赛、青少年科技创新大赛、创新驱动助力工程、创业之星大赛、河南省大众创业万众创新榜样人物（团队）评选、中小企业产学研合作对接等一系列活动，掀起全省"双创"热潮。

创新创业载体建设方面成绩突出。①着力打造创新创业新高地。郑洛新国家自主创新示范区的建设，也为全省高新区建设带来了进一步提升突破的契机。郑洛新国家自主创新示范区是河南创新驱动发展的核心载体，总体定位为具有国际竞争力的中原创新创业中心，具体定位为开放创新先导区、技术转移集聚区、转型升级引领区、创新创业生态区。②获批"双创"示范基地。在国家发展改革委大力支持下，5月8日国务院批准河南省郑州航空港经济综合实验区、中信重工机械股份有限公司成为全国首批双创示范基地。③打造良好的创新创业生态链条。2015年河南省有42家产业集聚区建设了孵化载体，已有国家级众创空间6家，省级以上科技企业孵化器、大学科技园75家。截至2017年6月，全省国家级科技企业孵化器总数达到24家；省级以上各类创新创业孵化载体数量达125家，初步形成覆盖全省的"众创空间＋孵化器＋加速器"完整的创新创业生态链条。④搭建"互联网＋"创新创业服务平台。搭建众创、众包、众筹、众扶支撑平台。开通河南省科技型中小企业服务平台，目前平台上线企业1万余家，创新创业孵化载体100余家，各类金融服务机构10余家。

各级各类企业积极参与创新创业。①小微企业方面。着力开展及实施"科技型中小企业服务进基层活动"、"科技小巨人"企业培育工程、"百千万"成长工程。②大企业方面。实施创新龙头企业培育工程，支持龙头企业在关键共性技术研发、高层次创新平台构建、产业联盟建设等方面率先实现突破。通过实施重大科技专项、引导和支持大企业围绕优势领域进行多样化创新，建设新型创新创业平台，中信重工、鲜易控股等大型企业搭建了"大工匠创客单元"和"众创平台"，带动产业链企业通过众创平台联动创新发展。③骨干企业方面。实施大中型企业省级研发机构全覆盖工程，2017年新建了50家省级工程实验室（工程研究中心），24家高校院所与产业集聚区共建研发创新平台。

多策并举，创新创业参与群体不断壮大。①加大对大学生创业的支持力度。实施大学生创业引领计划，建设大学生创新创业服务体系，依托大学科技园建设众创空间，为创业大学生提供创业经营场所，安排创业导师全程指导并提供一站式创业服务。②加大高层次人才来豫创业的吸引力度。依托建设郑州航空港引智试验区、郑洛新国家自主创新示范区，吸引高层次境外人才集聚创新创业，探索建立留学人员创业园区资金扶持和经费保障办法，营造有利于留学人员来豫创业的优良环境。③农村创新创业方面。大力支持各类人才到农村发展种植养殖、休闲观光农业、农村电子商务，开办家庭农场、农村专业合作社、淘宝店等。④注重创业教育培训。扩大创业培训范围，积极探索创业培训新模式。同时加强创业培训师资队伍建设，目前，全省形成了以 11 名国家级培训师为核心，700 多名优秀讲师为支撑的教师队伍。

政府加大财政金融扶持力度，助力创新创业良性发展。①加大省级财政支持力度。强化对公益类科技服务平台和科技型中小企业的支持力度，引导科技资源向创新创业集聚，2016 年安排科技企业培育专项资金 1.07 亿元。②设立专项基金支持小微企业发展。设立了总规模 100 亿元的中小企业发展基金、5 亿元的科技创新风险投资基金，重点支持小微企业创新创业。③加大对就业创业的财政补贴。2015 年拨付省级小微企业信贷风险补偿资金 6 亿元，引导市县设立补偿资金 9.3 亿元。④推动金融机构加大对小微企业支持力度。⑤大力支持小微企业直接融资。截至 2017 年 6 月，我省共有新三板挂牌公司 256 家，居中部 6 省第 2 位，全国第 8 位。

（四）河南省"双创"发展中存在的问题

创新创业主体不强。科技型中小企业总量少、规模小。创新人才欠缺，科技人员创新创业积极性没有得到充分调动。

创新创业资源分散。高校、科研院所等资源较为分散，公共资源开放程度较低，没有形成像中关村创业大街这样有影响力和带动力的创新创业示范区。

服务水平不高。各类创新创业载体服务支撑能力不强，服务体系不够完善，围绕创新创业的第三方服务业规模较小。

二 河南"双创"面临的形势、趋势与挑战

（一）河南省"双创"发展形势

全球"双创"浪潮为河南"双创"带来新动力。2008 年国际金融危机以来，受全球新一轮科技革命和产业变革交替推动，"双创"受到越来越多国家的重视，逐渐发展成为全球浪潮。以美国、欧盟、日本等为代表的发达国家和地区纷纷调整战略方向，出台"双创"战略与行动计划，如

《美国竞争力计划》、《美国创新战略：确保经济增长与繁荣》、《先进制造业国家战略计划》、《2011 新版美国创新战略》、《欧洲 2020 战略》、《德国高技术战略 2020》、《2014 德国工业 4.0 版》、英国《以增长为目标的创新与研究战略》、日本《创新 2025 计划》等，其频率之快、密集程度之高前所未有，被视为全球第四次创新创业浪潮的到来。国际新一轮"双创"浪潮对河南"双创"形成一定的外部压力，同时，发达国家和地区"双创"战略及其行动计划也为河南"双创"工作提供新思路、新动力。

"一带一路"倡议为河南"双创"带来新突破。"一带一路"是我国新时期主动适应全球化的一种倡议，有利于我国与沿线国家的经济科技文化互动交流，为深处内陆的河南省走出国门探索国际化发展路径提供了良好契机。根据 2016 年 4 月国家出台的《推动共建丝绸之路经济带和 21 世纪海上丝绸之路的愿景与行动》，"一带一路"倡议赋予了中原城市群和郑州市依托人力资源丰富、产业基础较好等优势，推动区域互动合作和产业集聚发展，打造内陆开放型经济高地，打造"中欧班列"品牌等重要任务。河南省可积极融入"一带一路"倡议，通过举办国际化培训班、建立海外科技园、设立海外窗口、对口合作等形式，同时通过海内外广泛的技术、资本信息网络，为河南企业走向国际提供服务，为在全球范围内寻找孵化的对象提供条件，积极引入国外中小科技企业、研发机构和科技成果，实现河南省"双创"工作国际化发展新突破。

郑洛新国家自主创新示范区建设为河南"双创"带来新路径。2016 年 4 月 5 日，郑洛新国家自主创新示范区获得国务院批复，这是我国第 12 个国家自主创新示范区，也是河南省唯一的国家自主创新示范区，其目标是要打造具有国际竞争力的中原创新创业中心。郑洛新国家自主创新示范区将享受国家自主创新示范区的相关政策，并可结合地区特色在科技体制机制、科技金融、科技成果转化、人才培养与引进等方面进行探索试点。河南省可抓住国家自主创新示范区建设机遇，率先争取示范区相关政策落地，积极争取各项创新政策试点，突破现有"双创"体制机制和运营方式的局限，进行体制机制改革，吸引全国乃至全球更多高水平"双创"人才和"双创"成果落户河南，在全国"双创"工作中形成自身特色和优势。

自由贸易试验区建设为河南"双创"带来新阵地。自贸区是新时期我国进一步扩大开放的重要载体，拥有先行先试、制度创新等推动跨越发展的有利条件。2016 年 8 月，河南省正式获批建设自贸试验区，成功入围国家第三批自由贸易区。设立河南自贸区，将开启探索内陆地区开放新模式，对拓宽开放广度，提升开放高度，加大开放深度具有重要意义。同时也将引领河南省经济快速发展，推动中原引领区域经济发展，继珠三角、长三角、京津冀之后，形成新的增长极。"双创"工作的深入开展需要打破诸多现有体制机制的束缚，积极探索新的科技、经济、市场乃至政府运行机制。自由贸易试验区是进行体制机制改革的高地，是进行政策试验的理想地带。河南省可紧抓自由贸易试验区建设重大机遇，围绕"双创"工作开展一系列体制机制改革和政策试验试点工作，将自由贸易试验区发展成为河南"双创"改革高地和政策实验新阵地。

"双一流"大学建设为河南"双创"带来新契机。党的十八大以来，为加快我国高等教育改革创新发展，国务院出台了《统筹推进世界一流大学和一流学科建设总体方案》，明确了"双一流"大学建设任务和改革任务，同时河南省也出台了《河南省优势特色学科建设工程实施方案》，指导河南省高水平大学和特色骨干大学建设。从国家建设双一流大学的思路来看，推进高校科技成果转化和高校企业产学研合作是建设"双一流"大学的重要手段之一，这与目前国务院推动倡导的大众创业万众创新精神实质具有内在一致性。一流大学和一流学科是"双创"工作的坚实基础，为"双创"工作持久深入推进提供源源不断的动力支持。河南省是高等教育大省，但尚未成为高等教育强省，在国家教育部"211 工程"和"985 工程"建设中，河南省与高校强省差距进一步拉大，已经对河南"双创"工作形成严重的人才和技术制约。因此，河南省要抓住国家建设"双一流"大学的机遇，加快布局，在新一轮高等教育工程建设中实施跨越式发展，为河南"双创"工作提供强大的本土化智力支撑和技术支持。

（二）河南省"双创"发展发展趋势

1. "双创"载体建设日具规模

河南省通过实施"科技企业孵化器三年行动计划"、设立众创空间建设专项、政府购买服务进行后补助等方式激发市场主体活力，建成一大批众创空间、科技企业孵化器、公共创新服务平台等创新创业载体。现已建成 7 家国家技术转移示范机构。河南省省级以上科技企业孵化器、大学科技园和众创空间达到 125 家，覆盖全省的孵化服务网络基本形成。2015 年，河南新增 6 家国家级众创空间，2 家首批国家专业化众创空间。全省创新创业大赛已累计引入创业投资超过 2 亿元。郑州市规划建设的 20 个集孵化器、加速器、配套公寓和服务设施为一体的"双创综合体"目前大部分已经建成，在全国开创了"双创"基地建设新模式。2016 年 5 月，郑州航空港经济综合实验区、中信重工机械股份有限公司双双入选国家首批"双创"示范基地。

2. "双创"政策措施日趋丰富

在国务院办公厅出台促进大众创业万众创新相关政策措施的基础上，省委省政府及相关政府部门分别出台十余个政策文件，18 个省辖市也结合本地实际出台了一系列配套政策文件，把目标任务细化分解到相关部门，做到每项工作有目标责任、时间节点、考核内容，构建有利于大众创业万众创新蓬勃发展的政策环境，推动国家、省部政策措施进一步落到实处。为激发科技人员创新创业活力，河南省与国家自然基金委共同出资 5 亿元，用于支持河南省人才培育和自然科学研究。同时加大科研人员股权激励力度、建立健全科研人才双向流动机制。为降低广大创客的创业门槛，河南省采用"你创业、我补贴"的方式，通过全省孵化服务载体为创业者提供各类空间硬件服务和一揽子柔性创业服务。

3. "双创"金融支持体系逐渐构建

为了解决融资难题，河南省进一步完善科技金融结合机制，创新科技风险分担机制，引导和带动金融资本、创业投资和社会资本支持科技型中小企业发展，构建多元化融资渠道，确保支持创业者和中小微企业"活下来"的同时，帮助其"活得好、做得大"。积极推进省级财政科技计划和资金管理改革，优化财政科技计划布局和分类管理，强化对公益类科技服务平台和科技型中小企业的支持力度，引导科技资源向"双创"领域集聚。2015 年，河南省支持企业的科技财政经费比 2014 年增长了 45.9%。同时，省财政厅、省科技厅联合有关证券公司设立"双创"投资引导基金，重点投向初创期、种子期科技型小微企业；与招商银行开展中小微企业"千鹰展翼"合作，已惠及 514 家企业，获得银行授信额度 69.75 亿元；开展"科技保"科技金融服务，15 家企业获得农开担保拟授信 1.35 亿元。

4. "双创"主体地位日益凸显

活跃的创新创业主体是"双创"工作的核心。河南省根据企业、科技人员等不同类型"双创"主体的需求和特点，通过政策供给、资金供给和服务供给，为各类"双创"主体提供多种保障措施，不断壮大"双创"主体规模，提升"双创"主体地位。近年来，河南省加大引导扶持力度，重点培育科技型中小企业，推动大企业创新创业，激发科技人员创新创业活力。针对科技型中小企业实施"科技小巨人"企业培育工程，对创新能力强、成长速度快的科技型中小企业的研发投入进行奖励性后补助，经过培育，8家企业培育成为营业收入超亿元的"科技小巨人"企业，117家企业培育成为高新技术企业。截至2017年6月，全省科技型中小企业超过1.2万家。通过重大科技专项的引导和支持，中信重工、众品公司、宇通客车等大型企业搭建了"大工匠创客单元"和"众创平台"，为企业的创新升级提供了新的活力和动力。

5. "双创"核心区域能力地位显著提升

河南省先后建成高新区32家，其中国家级高新区7家，"十二五"期间，全省高新区工业增加值年均增长20%以上，明显高于全省平均水平。根据科技部对国家级高新区的最新综合评价，河南省国家级高新区总体发展情况稳中有升，郑州高新区在全国140多个国家级高新区中的综合排名上升至第12位。2016年4月，国务院正式批复郑洛新国家自主创新示范区建设，河南省以郑洛新国家自主创新示范区为中心，加快优化区域"双创"布局。2016年8月，河南省自由贸易试验区获批，为河南"双创"工作推进提供了更广阔的发展空间，同时也体现出河南"双创"工作在中部地区乃至全国范围的显著提升。

（三）河南省"双创"发展面临的挑战

1. "双创"思想理念有待深化

创新创业已引起世界多个国家关注，并逐渐发展成为全球性浪潮。我国中央政府高度重视创新创业工作，制定出台了多种政策措施，推动国家创新创业工作。河南省积极响应，通过政策构建、载体建设、平台搭建等路径促进双创工作。尽管已取得初步成绩，但由于历史因素和现实条件的制约，河南创新创业的理念相对滞后，创新创业思想尚未成为公众思考问题的一般性思维方式。公众习惯被动接受"产品"，而不是依据自己的意愿和诉求对产品进行改造、创造。人们往往根深蒂固地认为，创新创业是遥远、高不可攀的事情，是少数人的专业，而不是多数人的机会，科技创新是科学家的事情，创业是企业家的事情，与自己无关。这与大众创业万众创新、通过"双创"实现人生价值的理想要求存在较大差距。

2. "双创"生态体系有待优化

创新创业活动不是无源之水、无本之木，"双创"工作置身于特定的社会、政治、经济、文化环境之中，是既具有一定独立性又具有一定环境依赖性的生态体系。"创新创业生态体系"对于国家、地区以及企业保持创新活力和动力乃至在全球经济中的地位具有重要意义，同时也是"双创"工作的保障。作为一个有生命力的生态体系，"创新创业生态体系"由诸多要素成分构成。从现实情况看，河南省"创新创业生态体系"建设基本要素已经具备，在主体要素、资源要素、环境要素、能力要素等方面已取得初步成绩，但系统各主体之间的互动性、各要素之间的集聚度和资源配置效率还没有达到最优化，"创新创业生态体系"建设与发达地区相比还有一定的差距。此外，与我国"创新创业生态体系"一脉相承，河南省"创新创业生态体系"是主要依赖各级政府构建的"人工生态"，而不是依托市场自发形成的"自然生态"，"创新创业生态体系"具有显著的构建特征和一定的脆弱性，需要进一步的改革发展优化生态体系的功能和运行质量。

3. "双创"政策落地有待加强

创新创业行为是在一定的制度环境下进行的，公众进行创新创业的积极性与政府政策的引导密切相关。自国务院正式提出大众创业万众创新以来，河南省先后制定出台了《关于大力推进大众创业万众创新的实施意见》《关于深化高等学校创新创业教育改革实施意见》《关于发展众创空间推进创新创业工作的政策措施》《关于推进金融资本与科技创新相结合的政策措施》《2016年河南省助力大众创业工作方案》等一系列政策措施，洛阳、平顶山、安阳、南阳、商丘、漯河、驻马店等地市也结合实际，出台了相关细化措施，如南阳市出台了《关于发展众创空间推进大众创业的若干政策措施》、驻马店市出台了《关于进一步做好新形势下就业创业工作的实施意见》等，初步形成了全省上下联动的"双创"政策体系。同时，由于诸多政策出自不同部门，各部门之间存在职能交叉，导致了多头管理、政策过多、政策重复等问题，甚至出现以"政策"应对"政策"的局面，严重影响了"双创"政策的落地生根与实施效果。

4. "双创"融资渠道有待拓展

融资问题是创新创业活动面临的传统难题，在倡导大众创业万众创新新形势下，融资难题显得更加突出。从中央政府到地方政府，从政府财政到企业、社会，普遍存在着对创新创业资金资源投入不足的问题，鼓励全社会创新创业需要有强大的资金作为坚实后盾。近年来，河南省各级政府部门积极探索创新创业融资路径，完善科技金融结合机制，通过政府财政引导、创新创业投资基金引导等方式丰富创新创业融资体系。但是，从目前实际情况看，河南省"双创"工作仍然面临着融资难题，表现在贷款难度大、参与的金融机构少、融资渠道窄、投资结构不合理等方面。更为突出的是，现有的融资渠道仍主要局限于依赖国家银行贷款和各级政府财政投入，社会资本参与"双创"工作的程度较为有限。由于"双创"工作涉及范围广泛、人数众多，仅靠有限的财政投入和银行贷款难以满足创新创业对资金的大量需求。因而，河南省"双创"工作的推进仍然面临拓展融资渠道的重任。

5. "双创"优质人才有待提升

优质活跃的创新创业人才是"双创"活动的核心，是构建创新创业生态系统的根本要素。不同于一般创新人才和创业人员，"双创"人才通常要求具有较高的文化素养，具备较强的创意设计意识与能力，具有复合型知识结构，能够发挥创意设计优势，整合科技、文化、社会等资源，实现创意作品向产品转化的创意与创业人才。河南省高等学校众多，人力资源丰富，是"双创"人才大省，各级政府部门也高度重视"双创"人才培养，制定出台多项政策措施，从载体建设、机制创新、人才流动、环境营造等方面安排部署"双创"人才工作，通过给政策、给资金、给服务等方式为"双创"人才保驾护航。同时加大科研人员股权激励力度、建立健全科研人才双向流动机制，采用"你创业、我补贴"的方式降低广大创客的创业门槛，通过全省孵化服务载体为创业者提供各类空间硬件服务和一揽子柔性创业服务。但由于多种因素的制约，河南省目前尚未成为"双创"人才强省，在高质量"双创"人才培育、人才引进、人才作用发挥等方面还面临重大挑战。

三　河南推进创新创业发展的指导思想、基本思路和重点任务

（一）指导思想

深入贯彻落实党的十八大和十八届三中、四中、五中全会精神，牢固树立和贯彻落实创新、协调、绿色、开放、共享发展理念，深入实施创新驱动发展战略，全面落实大众创业万众创新决策部署，以深化改革为动力，以服务需求为导向，着力搭建创新型载体，着力优化公共服务，着力激发主体活力，着力创新体制机制，打造有利于创新创业的政策环境、制度环境和公共服务，构建现代创新体系，在全省形成大众创业万众创新的生动局面，以创新引领发展、以创业带动就业，汇聚经济社会发展的巨大动能，为中原崛起河南振兴富民强省提供有力支撑。

（二）基本思路

坚持深化改革、营造创新创业环境。大力推进结构性改革，增强创新创业制度供给，进一步简政放权、放管结合、优化服务，降低创新创业门槛，优化扶持政策和激励措施，让千千万万创新创业者活跃起来，形成有利于创新创业的良好环境。

坚持突出重点、发挥优势。聚焦产业转型升级和社会民生发展等重点领域，明确区域创新创业重点方向，增强与当地经济社会发展契合度，因地制宜打造一批新型载体和重点平台，吸引各类企业、创新创业者集聚，形成创新创业集合效应。

坚持需求导向、优化服务。尊重创新创业规律，着力破解新技术、新业态、新模式、新产业发展遇到的难点问题，切实解决创业者面临的资金需求、市场信息、政策扶持、技术支撑、公共服务等瓶颈问题，补齐公共

服务短板，提高创新创业效率。

坚持政策协同、上下联动。统筹创业、创新、就业等各类政策，强化部门与部门、部门与地方政策联动，鼓励有条件的地方先行先试，形成可复制可推广的经验，放大政策效应，确保创新创业扶持政策可操作、能落地、见实效。

坚持开放共享、强化支撑。加强创新创业公共服务资源开放共享，强化新型载体服务支撑能力建设，积极发展众创、众包、众扶、众筹支撑平台，依托"互联网＋"、大数据等建立协作创新创业模式，形成线上线下、省内省外、政府市场开放合作机制。

（三）重点任务

1. 体制机制改革，简政放权

深化科技体制改革，创新完善评价导向机制，加快政府职能从研发管理向创新服务转变，激励更多科技人员投身创新创业。积极探索交通出行、快递、金融、医疗、教育等领域的准入制度创新，为众包、众筹等新模式、新业态发展营造政策环境。着力强化公平竞争环境和信用体系建设，深化商事制度改革，提高科研体系创新效率，创新人才培养机制，完善创新创业生态环境。创新监管方式，建立以信用为核心的新型市场监管机制，促进政府数据资源开放，强化创新创业要素支撑，全面实施工商营业执照、组织机构代码证、税务登记证"三证合一"，实行"一照一码"登记模式。推进"先照后证"改革，加快推进电子营业执照和全程电子化登记管理工作。

2. 努力建设郑洛新国家示范区，发挥引领作用

加快郑洛新国家自主创新示范区建设，努力将示范区打造成具有国际竞争力的中原创新创业中心，努力将示范区打造为全省创新增长极。成立郑洛新国家自主创新示范区科技成果转化引导基金，争取国家科技成果转化引导基金，支持示范区建设。探索建立示范区考核评价体系，落实好示范区在科技金融结合、科技成果转化、高端人才引进等方面先行先试政策，尽快将示范区建成创新体制机制改革先导区、开放创新技术转移集聚区、产业转型升级先行区和创新创业生态示范区。充分发挥示范区的示范

带动作用，积极支持郑州市创建国家促进科技和金融结合试点城市，洛阳市创建国家第二批"双创"示范城市，新乡市创建创新型城市。

3. 建设创新创业载体体系，评选示范基地

加快建设中国（郑州）跨境电子商务综合试验区，打造"互联网＋"创新创业新载体。推动郑州、洛阳、南阳等创新型城市建设，鼓励各地争取开展国家创新型城市试点和小型微型企业创业示范基地。强化制造业、服务业创新创业，建设一批区域产业创新中心，推动产业集聚区、服务业"两区"（商务中心区和特色商业区）围绕主导产业，积极应用互联网技术，建设专业、开放、集成的创新创业平台，提升综合承载能力，培育一批国内有影响力的制造业、服务业创新策源地。建设一批创客空间、创业咖啡、创新工场、星创天地等新型孵化器，评选一批"双创"示范基地，促进创新创业要素集聚、服务专业、资源开放共享。

4. 强化创新创业金融服务，降低创业门槛

充分发挥资本市场作用，加大对中小企业改制和上市辅导等工作的支持力度，积极引导和鼓励企业在中小板、创业板发行上市。推动更多创新型、创业型、成长型中小微企业到新三板市场挂牌上市。通过运用再贷款、再贴现等货币政策工具和信贷政策引导，鼓励各金融机构不断创新金融产品和服务方式，加大对创新创业企业的金融支持力度。支持符合条件的地方法人金融机构发行"三农"、小微企业专项金融债，加大对创业企业的信贷投放力度。积极开展股权众筹试点，在条件成熟时逐步扩大股权众筹试点范围，合理引导大众投资者进行股权投资。鼓励互联网企业依法合规设立借贷型众筹平台，为投融资双方提供借贷信息交互、撮合、资信评估等服务，降低创新创业成本。

5. 加大创新创业宣传力度

支持举办大众创业万众创新活动周、创新创业大赛、创新创业论坛、创新成果和创业项目展示推介等活动，加强政策宣传，展示创新创业成果，繁荣创新创业文化，营造鼓励创业、宽容失败的良好社会氛围。把创新创业作为科普宣传的重要内容。发挥各类新闻媒体和网络社交平台等的作用，加大对大众创业万众创新的新闻宣传和舆论引导力度，大力弘扬创新创业的进取精神、勤劳品质、坚韧毅力。

区域创新发展典型案例研究

区域空间治理与创新

建设国际商都暨推进郑州自贸区建设研究

国际商都是以国际性商贸活动为带动，以现代化产业体系为支撑，直接参与全球商贸资源集聚和整合，形成跨区域功能辐射与创新，具备显著国际影响力的中枢城市。自由贸易区是一国或地区为达到一定的经济目的、通过特殊的经济政策和手段在境内开辟的与其他地区隔离的特别经济区域。河南建设国际商都暨推进郑州自由贸易区建设，是参与中国新一轮改革开放热潮的重要举措，是打造"一带一路"重要节点城市的客观要求，是打造郑州更高层次开放合作平台的重要支撑，是推动郑州经济转型发展的迫切需要，是提升郑州未来发展综合竞争力的战略选择。

一 建设国际商都暨推进郑州自贸区建设的时代背景

（一）国际商都与自由贸易区的概念、功能及形成条件

1. 国际商都与自由贸易区的概念与特征

（1）国际商都的概念与特征

国际商都一般是指以国际性商贸活动为带动，以现代化产业体系为支撑，直接参与全球商贸资源集聚和整合，形成的商贸环境开放宽松、法律环境公正严密、金融及配套服务业高度发达、本土跨国公司总部密集、国际跨国公司地区总部数量众多、商贸活动能够对全球或是某一地区产生较强的带动力和影响力的中枢城市。如迪拜、法兰克福、芝加哥、洛杉矶、

香港等城市均被公认为国际商都。上述世界公认的国际商都都有以下共同特征。

一是具有合理的产业结构配比。从全球知名的国际商都来看,中心城区商贸服务业及其配套的专业服务业和中介服务业的比重,随着贸易地位的不断增强而不断增长。同时制造业随之向城市周边转移,形成了一个个以产业集群为特点的新城镇,与中心城区体量庞大的商贸产业及其配套服务业,构成了合理的产业结构配比。

二是具有庞大的国内外商贸体量。国际商都城市贸易总额在全国占有较大份额,在全球贸易排列中表现突出甚至占据前列,对全球贸易格局能够产生重要影响,且从业人员集中,知识层次和专业化程度高,商贸服务业态配比合理,形成大体的商贸产业集群,是国际商都城市的又一大特征。

三是服务贸易占总量的相当比重。20 世纪下半叶以来,国际商都城市在服务贸易领域得到了不断加强。目前,从全球国际商都城市的贸易结构看,服务贸易的比重是越来越大。比如,作为以转口贸易为主要功能的区域性国际商都新加坡,服务贸易从 1996 年到 2007 年平均增长率始终保持在 9.5% 左右。这种服务贸易的强劲增长,反映出国际商都在服务贸易领域的强大国际竞争力。

四是具有完善的配套服务体系。国际商都之所以能够成为影响国际商贸格局的全球资源配置中心或资源配置分中心,在于形成了贸易顺畅便捷、交易机会较多、相对商务成本较低、白领阶层宜居的配套服务环境,这些配套服务经过长期的调整和完善,形成了全球认同且规范有序的服务体系,极大地提增了国际商都中商贸产业整体的运行效率。

五是具有理想便捷的区位优势。从全球国际商都城市的分布来看,历史的、客观的和现实的各种因素,决定了国际贸易中心城市落地布局,一般都处在具有良好区位的通商口岸的港口城市。同时,由于信息技术不断影响并改变着贸易的空间距离和方式,一部分内陆城市或新兴沿海城市,利用自身的资源禀赋,也在争取发展成国际商都。

六是具有比较高的国际化程度。国际商都必须具备一项无形的却又非常重要的要素,即海纳百川、中西贯通的移民文化。正是由于这种文化特质,国际商都形成了东西方都能接受的特殊的生活方式,长期居住的外国人占当地居民的 15% 以上，同时，外国投资或外国独资公司，特别是外国跨国公司地区总部和外国公司世界 500 强企业的数量比重较高。

七是具有较为完整的市场体系。从历史上看，国际商都都是在政府的主导下，通过一国制定的法律法规和政策引导，逐渐形成了全球大部分国家大多能接受的商业规范和准则，以及既符合市场经济规则又符合本国利益的市场体系，进而形成了资源集聚的全球大宗商品的要素交易平台，增强了全球贸易影响力。

八是具有可持续发展的综合实力。国际商都具有一般城市不可比拟的综合发展实力，构成这种实力的要素包括领先的科技资源、中外融合的文化资源、吸引国内外的消费资源和贸易便利化的政策资源等 12 大类。这些资源的共同组合，构成了城市能够抗衡并驾驭内外危机的能力、获取并配置内外资源的能力和不断改革创新的能力，形成了国际商都可保持持续发展的综合实力和综合竞争力。

（2）自由贸易区的概念与特征

自由贸易区（Free Trade Zone，简称 FTZ）是一国为达到一定的经济目的、通过特殊的经济政策和手段在国内开辟的与其他地区隔离的特别经济区域。其主要特征如下。

功能综合。国际上自由贸易区的基本功能是进出口贸易、转口贸易、仓储、商业或工业性简单加工、商品展示及金融、货运等服务贸易功能。随着数量的增加，以转口贸易和进出口贸易为主的自由贸易区和出口加工区开始转化或相互融合，功能逐渐趋向综合化，区域功能范围较宽，加工、物流一般是主业，同时金融、保险、商贸、中介等第三产业和服务贸易发展成效显著。

法制完备。世界上大多数自由贸易区，一般都采取将所实行的经济政策以法律形式固定下来，且立法级别通常为中央层面。除国家立法外，所在地方政府还制定了相应的条例规章，规范自由贸易区的各种活动，使管理者和投资者有法可依，有章可循。正是由于相对完备、有效的法制环境，遵循信赖、简化和服务的原则，自由贸易区才体现了最大限度的自由和便捷。

管理高效。各国中央政府多数设立专门的机构对自由贸易区进行宏观管理，这些机构有权对所设区域内的一切机构与事务进行监管、有权自行制定法规与条例、有权独立行政而不受其他职能部门干预等。区内实行统一管理，一般都根据法律授权实行机构一体化，管理一体化，服务一条龙，坚持层次少和权力集中的原则，简化办事手续，提高工作效率。

政策优惠。自由贸易区实行的经济政策，比国内其他经济地区享有更多的优惠待遇是一个共同点。自由贸易区作为"境内关外"，为鼓励外商前来投资，要求进出境关税豁免，境外进出特殊监管区的货物，包括转运、储存，均无须交纳关税，且一般不受时间数量限制。

海关监管便捷。海关机构大都比较精简，管理便捷，监管手续简化，对区内企业和货物实行"一线放开，二线管住，区内自由"。"一线放开"，即境外货物进出自由贸易区不需向海关呈验，也不需正式报关。"二线管住"，即海关依法管住管严自由贸易区与国内非自由贸易区的通道，以保护国家的关税收入。"区内自由"，即区内货物可以进行任何形式的储存、展览、组装、制造和加工，自由流动和买卖，无须经过海关批准，只需备案。

2. 国际商都与自由贸易区的主要功能

（1）国际商都的主要功能

国际商都之所以能够在国家战略中处于重要地位，就是因为其功能所发挥的作用。事实上国际商都建设的难度就在于其功能建设，只有建设起完备的功能，这座城市才能发挥出面向全球配置资源的国家战略作用。其主要功能如下。

国际消费功能。国际商都首先就是国际性消费城市，是国际商品的集散地，既通过这一城市以贸易的方式向全球市场直接输出或转口输出，又得以就地消费和转向腹地消费，具有庞大的国际商品的产能消化功能，是具有吸引力的国际性最终消费市场。

商品流通功能。完备的供应链管理、高效的通关过程、畅通的国际贸易市场、便捷的腹地批发网络以及现代的流通体系，是构成国际贸易中心城市强大的现代流通功能的五大要素，是提高国际商都商品流通效率的必备条件。

商贸商务功能。依托大量的本土外向型跨国公司和国际跨国公司的地区总部，吸引无数中小配套服务企业，具备庞大的辐射全球的信息互换发布、国内外交易、金融结算、国际论坛会展、跨国采购等国际商贸商务的综合功能。

国际会展功能。国际商都具有强大的会展功能，是全球时尚流行的发布地、新型产品和高新技术的发布地、国际知名品牌的催生地、国内外供需订单的发生地。

创新研发和信息功能。国际商都拥有有利于人的创新并取得成功的制度设计，新兴技术和创新型工艺能够得到广泛的传播，同时，还具有完备的信息化平台，信息功能极为发达，能在更大范围内迅速集聚来自全球的商业信息。

（2）自由贸易区的主要功能

根据不同的业务类型，自由贸易区可以简单地分为贸易型、出口加工型以及物流集散型，但这种分类方法过于宽泛，随着自由贸易区功能和形态的演变，已经不能涵盖自由贸易区的发展特点。根据不同类型自由贸易区的主要功能，细分其为如下部分。

自由港型。自由港是指全部或绝大多数外国商品可以免税进出的港口，划在一国的关税国境（即"关境"）以外。外国商品进出港口时除免交关税外，还可在港内自由改装、加工、长期储存或销售，但须遵守所在国的有关政策和法令。自由港是所有自由贸易区类型中，自由度较高的类型。

转口集散型。这一类自由贸易区利用优越的自然地理环境从事货物转口及分拨、货物储存、货物商业性加工、货物装运等，欧洲的大多数自由贸易区都属于这种类型。

贸工型。贸工型自由贸易区一般交通位置优越，以出口加工、转口贸易、国际贸易、仓储运输服务等业务为主，兼营简单的加工和装配制造。目前世界上的自由贸易区多数属于此种类型，特别是发展中国家中此种类型的自由贸易区更为普遍。

出口加工型。出口加工型自由贸易区以加工为主，以转口贸易、国际贸易、仓储运输服务为辅。

保税仓储型。保税仓储型则以保税为主，免除外国货物进出口手续，较长时间处于保税状态。

3. 国际商都与自由贸易区形成的条件

（1）国际商都形成的条件

具有通商口岸的区位优势条件。能够建设国际商都的国家，一般都具有较长的海岸线，具备面向海洋、拓展国际市场的地理优势；能够成为一国中的国际商都城市，普遍拥有较强的港口资源、深厚的贸易历史以及丰富的产业资源。

具有高度发达的产业基础条件。国际商都不仅拥有发达的对外贸易和对内的批发、零售及服务等消费性服务业，而且还在本国工业化的基础上，形成对全球贸易具有掌控力的大宗商品要素交易市场，同时在配套服务业方面还拥有庞大的中介类服务业。

具有消费能级大、腹地市场广的条件。纵深的腹地市场是国际商都城市又一大依托条件，大量来自第三世界的质优价廉的商品，通过其强大的城市商贸功能，依托发达的物流网络，迅速向腹地市场发散，在使外国的廉价劳动力和优质资源成为本国民众福利的同时，又为国际商都自身迅速增加着财富的积累。

具有产业形态科学落地的条件。创建国际商都，一般还应考虑落地城市的空间广域度，以及这一城市在整个区域的产业和经济范畴内的发达程度，对国际和区域以及腹地辐射力和吸纳力，包括有无形成国家级制造业产业基地的可能性，以及科技、人才、资本等各项要素能否在核心城区不断集聚的可能性等。

具有孵化本土跨国公司的条件。国际商都除了国际化程度高、拥有一大批全球500强之内的国外跨国公司地区总部和品牌旗舰店以外，还必须承担本土跨国公司孵化的国家战略任务，这样才能充分发挥出这一城市的综合优势。

具有提供贸易便利化政策条件。但凡国际商都城市大多都拥有支持贸易便利化的环境和条件，包括快速便捷的进出口商品通关条件，一系列与国际接轨的现代商贸流通体系，能与各种贸易结算方式相对接的金融服务条件，数量庞大且人才济济的专业服务业的配套支撑等。

具有维护公平交易的司法条件。与国际商贸规则相对接的、较为完备的一国商贸法律法规体系建设，公开透明和司法公正的交易环境，是吸引国内外的商贸要素集聚，形成国际商都的必备的司法条件。

具有能够包容外来文化的条件。建设国际商都城市，要具有包容外来文化的环境，同时又要具备能够使本民族的文化与外来的文化和谐交融的基础。

（2）自由贸易区形成的条件

国家和地方政府的全力支持是前提条件。自由贸易区的建设体现的是一种国家行为，政府的支持尤其是国家的支持是自由贸易区建设的前提条件。自由贸易区一般是由政府投资设立的，受所在国政府的管辖，它所采取的一系列特殊政策，是政府为了促进对外贸易、加速经济发展而制定的，是政府关于经济发展全局政策的一个有机组成部分。自由贸易区的主管机构必须对政府负责，代表国家行使管理职能，同时，设立自由贸易区之前每个国家都是先立法，制定相应的管理制度，对自由贸易区的地位与性质、管理准则、优惠政策、区内企业设立程序等等进行法律的规定，然后再设区。

境内关外是必要条件。自由贸易区这种有限的封闭区域处于境内关外的特殊地位，没有烦琐的行政管理手续，一般不实行过多的管制，境外货物（除国家禁止外）可以自由进出自由贸易区，不实行通常的海关监管，不征收关税及代征税，不需申请许可证和办理通常的进出口手续，而自由贸易区货物进入国内非自由贸易区则视同进口，国内非自由贸易区货物进入自由贸易区视同出口，自由贸易区享有"海关治外法权"，区内不受海关监管，货物在区内流转、金融市场的运作以及进出口管制等方面都有着高度开放等特点。

高度开放是外在条件。自由贸易区是一个开放区，区内在海关监管、货物流转、金融市场、进出口管制等方面都有着高度开放的特征，自由贸易区的开放性集中体现为货物进出自由、人员出入自由、外汇兑换自由。

贸易性是基本条件。自由贸易区功能主要集中于国际贸易、出口加工、仓储展示、商品简单处理加工、物流分拨以及金融服务等方面，有的自由贸易区突出某一项或某两项功能，有的自由贸易区集多种功能于一体，一般转口贸易和离岸金融业务都比较发达。特别是设立自由贸易区一般都是为了促进自由贸易，推动本国（地区）经济发展，因此，其进出口贸易的功能尤为突出。

4. 关于建设郑州国际商都与自由贸易区的认识

思想是行动的指南，科学认识建设国际商都和推进郑州国际自贸区建设是做好这项工作的前提条件。从时代背景看，两者都是经济全球化以及郑州在更高层次实现对外开放的客观需要，国际商都定位更高、更具战略性，自贸区建设更具体、更具战术性。从内涵特征看，商贸功能是两者的核心功能，同时需要相关的法律法规政策支持以及优越的地理区位，国际商都需要更多的产业、配套、文化等支撑，系统性更强，自贸区建设政府主导的色彩更浓，更易操作。从形成条件看，高度的对外开放和便利的贸易服务环境是两者的共同要求，国际商都更多地强调开放的广度、深度以及宽度，包括在全球、区域的辐射力、影响力和带动力，是一种更高档次的城市定位，自贸区则是城市扩大开放程度、发展对外贸易的重要平台载体。从实现路径看，两者都要立足在郑州市强大的经济竞争力的基础上，尤其是郑州工业、服务业的规模还亟待扩大，同时相关软环境建设也要跟上，国际商都建设的任务更加凸显长期性、宏观性、战略性和艰巨性，自贸区建设更贴近当前国家改革开放大势和实施的自由贸易区战略，是郑州市更深入实施开放带动战略的重要抓手和平台载体。

综上所述，建设郑州国际商都和郑州国际自贸区最终目标是一致的，实现路径和条件是相通的。国际商都建设作为一个长期的、系统性工程，需要自贸区这一平台载体发挥更大作用，自贸区建设可以带动贸易、金融等更加便利化，同时吸引更多的人才、资金、企业等国际高端商务要素在郑州集聚，扩大郑州知名度、影响力，进而为国际商都建设创造部分条件、夯实基础。从推进工作的角度看，当前建设国际商都可以理解为建设郑州国际自由贸易区。

（二）建设国际商都暨推进郑州自贸区建设的重大意义

1. 建设国际商都暨推进郑州自贸区建设是主动融入丝绸之路经济带的必然选择

丝绸之路经济带，东牵亚太经济圈，西系欧洲经济圈，其市场规模和潜力独一无二，被认为是"世界上最长、最具发展潜力的经济大走廊"，是古丝绸之路的"升级版"。丝绸之路经济带的构建是贯彻十八届三中全会总体战略布局的重要一环，是新时期我国打造全方位开放格局与推行亚欧大陆战略的关键举措，是国家谋划全国区域经济发展新棋局，是着力培育新的经济增长点与释放新的增长潜力的重大战略抓手，同时也是内陆省份面向全球经济的对外开放高地和参与国际经济循环的窗口。顺应全球经济发展大势，形成全方位开放发展的新格局，积极对接与融入丝绸之路经济带，成为新时期河南省对外开放和转型发展的一个重大战略选择。郑州作为河南和中原经济区经济发展的龙头，需要率先打破内陆经济的封闭循环，充分发挥东方战略枢纽的功能作用，加快谋划"西向"开拓西部、中亚、中东欧和西欧的能源、资源、市场，把加快国际商都建设尤其是推进国际自由贸易区建设作为发展投资和贸易的重大战略，推动人流、物流、信息流、资金流的国际流动，使郑州在丝绸之路经济带的节点城市的作用更加突出，从而辐射带动全省迎来开放发展的新局面。

2. 建设国际商都暨推进郑州自贸区建设是夯实中原经济区战略支撑的现实需要

根据 2012 年 11 月国务院批复的《中原经济区规划》，该区域范围包括河南 18 个地级市及山东、安徽、河北、山西的 12 个地级市和 3 个县（区），总面积约 28.9 万平方公里。实施中原经济区战略是改革开放 30 多年来河南历届省委、省政府带领全省人民不懈探索的重要结果，是中原崛起战略的持续、延伸、拓展和深化，关系到国家区域经济布局的进一步完善、国家统筹协调梯次推进发展重大战略的实施，尤其关系到河南在全国经济发展大局中的自身定位以及 1 亿多人口的民生福祉。中原经济区地处内陆，是传统农业生产区，经济欠发达，在全国改革开放进程中已落后于京津冀、长三角、珠三角等沿海地区，迫切需要全面发挥区域优势，提升战略支撑能力，弥补开放不够的短板，实现借力发展。郑州作为中原经济区的核心增长极，必须肩负起引领作用，充分放大郑州的交通区位优势，通过国际商都建设特别是国际自贸区建设，在海关、税收、货币结算、法规等方面制定贸易便利化、投资便利化等优惠条件，聚集产业、吸纳资本、吸引人才，积极主动融入全国和世界经济大格局，充分释放示范效应、红利效应等，使郑州的吸纳力和承载力大幅提升，通过商贸、物流等把中原经济区城市链、产业链、价值链串联融合在一起，为中原经济区建设提供强大动力和活力，夯实发展基础。

3. 建设国际商都暨推进郑州自贸区建设是打造国家重要区域性中心城市的客观要求

以郑州为中心，在 500 公里半径范围内，覆盖了中国 27% 的 GDP 和 30% 的人口；1000 公里半径范围内，覆盖全国人口和 GDP 各 50% 以上；

2000公里半径内几乎覆盖全国人口和GDP90%。把郑州打造成区域中心城市，可以以点带面形成城市群，优化区域生产要素配置；可以在城市内部以企业专业化分工协作为基础，形成专业化的城市产业体系，提升区域综合服务能力；可以提升郑州的创新力、辐射力、影响力，构建区域经济与社会发展的战略支点，打造带动区域经济发展的核心增长极，形成经济隆起带，带动区域经济发展。《中原经济区规划（2012～2020年）》《河南省新型城镇化规划（2014～2020年）》《郑州都市区总体规划（2013～2030年）》都将郑州市城市发展定位为国家区域性中心城市，甚至国家中心城市。目前，郑州的区域首位度仍较低，经济发展实力还较弱、开放程度明显不够，吸纳人才、资金、技术的能力不足，与国家重要区域性中心城市的目标定位还有较大差距。建设国际商都尤其是推进郑州国际自贸区建设，能够全面提高郑州城市国际化程度，使郑州发展更加充分地融入全球经济，通过扩大对外贸易，有效完善郑州国际消费、商务、会展等城市功能，加速郑州经济服务化程度，可以吸纳整合全球贸易、人才、信息等要素资源，在更高、更广层次扩大影响力、辐射力、带动力，对郑州成为名副其实的国家重要的区域中心城市具有决定意义。

4. 建设国际商都暨推进郑州自贸区建设是打造郑州经济升级版的重要途径

改革开放以来，中国经济创造了发展奇迹，与此同时，经济增长也呈现出典型"四高四低"特征，即"高投入、高消耗、高污染、高速度"与"低产出、低效率、低效益、低科技含量"，全国产业结构整体仍处于国际产业链的中低端，进出口产品结构不尽合理，市场创新缺乏动力等。针对这些经济发展长期积累的问题，中央提出要打造经济升级版，为郑州经济未来发展指明了方向。当前，郑州正处于发展方式的转型期和增长速度的"换挡期"，劳动力成本、生产资料成本、发展用地成本等传统优势减弱或已消失，但新的支撑力量尚在形成之中，深层次矛盾正在缓解但还没有根本解决，迫切需要加快打造经济升级版，而大力发展现代服务业是其最主要的手段。郑州的城市经济正在向后工业社会阶段过渡，在工业产品的附加价值构成中，纯粹生产环节所占的比例越来越小，而研发、分销、物流、市场等环节所占的附加值比重越来越大，分销批发、物流、会展、售后服务等已经成为价值链中最为重要的增值环节。建设国际商都特别是推进郑州国际自贸区建设，必然率先建立以现代服务业为主导，现代服务业、战略性新兴产业和先进制造业有机融合、互动发展的现代产业体系，从整体上提升和优化郑州城市经济的产业结构，助力郑州打造经济升级版。

5. 建设国际商都暨推进郑州自贸区建设是郑州市实施更加积极主动开放战略的重大举措

改革开放是我国经济社会发展的动力，不断扩大对外开放、提高对外开放水平，以开放促改革、促发展，是我国发展不断取得新成就的重要法宝。开放带来进步，封闭导致落后，这已为世界和我国发展实践所证明。当前，世界经济发展分化加剧，外需不振持续，加之我国对外开放领域还相对滞后，对我国进一步扩大对外开放、参与国际规则制定提出了严峻的挑战。在这种背景下，党的十七大把自由贸易区建设上升为国家战略，党的十八大提出要加快实施自由贸易区战略，党的十八届三中全会提出要以周边为基础加快实施自由贸易区战略，形成面向全球的高标准自由贸易区网络。自由贸易园区建设，已经成为我国顺应全球经济发展大势，更加积极主动对外开放的一项重大战略举措。郑州作为不靠海、不沿江、不临边的内陆城市，近年来，全市上下把航空港实验区作为战略突破口，持续加强平台载体建设，不断拓宽开放领域，对外开放取得长足发展，但是开放度依然较低，郑州必须瞄准国际商都的战略目标，加快推进国际自由贸易区建设，有利于发挥自由贸易对贸易投资的促进作用，更好地帮助区域内企业开拓国际市场，为郑州经济发展注入新动力、增添新活力、扩展新空间；有利于抢占新一轮开放制高点，培育形成人流、物流、资金流、信息流汇集的内陆开放高地，在全球贸易中发出更多的郑州声音、注入更多的郑州元素，助推郑州"买全球、卖全球"国际商都建设大发展。

二 建设国际商都暨推进郑州自贸区建设的现实基础与条件

郑州市提出以"国际商都"作为未来城市发展的战略定位，同时提出加快推进郑州自贸区建设，是在综合考虑世界经济发展大势、区域竞争格局、郑州历史文脉、产业基础、区位优势和资源禀赋后做出的重要战略选择。

（一）全国重要的交通枢纽和物流中心

郑州市既位于全国中心位置，也处于全国综合运输网的中心，具有承东启西、连接南北的区位优势，是全国重要的交通枢纽和物流中心，能有效为国际商都建设特别是国际自贸区建设提供有力的运能支撑。国际航空货运枢纽优势突出。郑州新郑国际机场是国内八大枢纽机场之一，一类航空口岸，一个半小时航程可覆盖全国 2/3 的主要城市和 3/5 的人口。2013年，新郑国际机场已开通航线 90 条，客运量同比增长 15%，增幅位居全国第二；货邮吞吐量同比增长 47%，增幅位居全国第一，已成为近年来国内国际最具成长力的机场之一。目前，在郑州机场运营的客运航空公司 25家，货运航空公司 16 家，通航城市 91 个，累计开通航线 171 条。俄罗斯空桥、顺丰速运集团、河南申通、敦豪等 34 家航空物流公司已入驻航空港实验区。省委、省政府确定的"以货为主、货运优先、以货带客"战略部署正在逐步落实。

陆路交通运输枢纽地位日益巩固。铁路方面，郑州拥有铁路一类口岸，已形成"三纵五横"的铁路网络，以郑州为中心的"米"字形高速铁路网已形成，进一步凸显铁路"中枢"作用。公路方面，郑州已形成了以高速公路为骨架，以国省干线公路为依托的公路运输网络，拥有二类公路口岸，公路集汇辐射力强。此外，随着圃田铁路集装箱站建成投用和郑州陆港建设加快推进，以航空港、铁路港、公路港为基础，陆空紧密联系、高效衔接、功能互补的郑州现代综合交通枢纽正在逐步形成。立足优越的交通区位优势，郑州市把物流业作为国民经济的支柱产业来加以扶持培育，有序发展国际物流区、航空港物流区、西部物流区、北部物流功能区、南部物流功能区等五大功能园区，着力打造郑州国际物流区和航空港物流区两个核心区，提升国际物流、区域分拨、本地配送三大功能，货物集疏的物流成本洼地效应进一步凸显，交通运输以及物流方面的优势在全国大中城市中日渐突出，为郑州开展国际商都建设特别是国际自贸区建设奠定了坚实基础。

（二）全国重要的商贸流通交易中心

郑州历史上就是著名的商埠，20 世纪 80 年代又提出建设商贸中心城

市，1997 年正式成为国家首批确定的三个商贸试点城市之一，再到 2010
年被确定为国家服务业综合改革试点城市，郑州市商贸服务业发展突飞猛
进，逐渐成为全国重要的商贸流通交易中心。会展业发展迅速，郑州国际
会展中心是华中区域最先进的会展场馆，每年举办的国际国内大型展会多
达数十次，郑州因此获得中国会展业最佳会展城市称号。商贸流通规模较
大，全市社会消费品零售总额在中部省会城市名列前茅，全市拥有各类商
品交易市场 360 多家，年交易额超过 10 亿元的商品交易市场就有 15 个，
以郑州火车站商业圈为代表的郑州国际小商品城等批发市场，是中国承接
南北货物流通的重要窗口，以郑州陈寨为核心的农产品和花卉物流中心，
其价格直接影响中国北方区域相关产品价格等，这些大型专业批发市场不
断壮大，大市场、大流通格局正在形成。

大型商贸企业云集。沃尔玛、家乐福、麦德龙、大商等国内外大型商
贸企业先后入驻郑州，郑州的大型购物中心数量已经超过杭州、西安等城
市位于国内前列。郑州商品交易所影响不断扩大，作为全国第一家商品交
易所、中国三大期货交易所之一，中西部唯一一家商品期货交易所，上市
品种达到 16 个，上市品种数量在中国三大商品期货交易所中排第 1 位，美
国期货业协会（FIA）对全球 76 家衍生品交易所的最新一次统计表明，郑
商所成交量已经上升到全球第 12 位，白糖期货成为全球交易量最大的品
种，白糖期价格货成为国际市场核心价格指导价之一。

可以说，郑州的商贸流通集聚、辐射的枢纽功能日益突出，在承载区
域生产资料配置方面的作用已经举足轻重，为国际商都建设和国际自贸区
建设提供了基本条件。

（三）全国通信网络交换枢纽

强大的信息服务功能是国际商都建设包括国际自贸区建设的重要支撑
条件。2014 年 9 月，郑州国家级互联网骨干直联点正式开通运行，意味着
郑州跻身全国互联网十大骨干枢纽之一。

直联点的开通运行，使郑州在信息通信领域有了自己的"门户机场"
和"铁路枢纽"，改变了河南省互联网网间流量需通过北京、上海、广州
进行绕转的格局，显著改善了河南省尤其是郑州市互联网跨网通信质量，
有效解决了互联网瓶颈问题，提升了全省 5900 多万互联网用户的上网体

验，而且进一步提升了郑州信息集散中心和通信网络交换枢纽地位，使郑州成为全国互联网的核心节点、重要支点和新的数据交换口岸，吸引了大量的信息企业进驻，极大地促进了郑州云计算、数据中心、移动互联网、电子商务等互联网产业集聚发展，推动郑州成为中部互联网产业发展高地，有效支撑了国际物流信息平台的建设和大数据的流动，为开展跨境贸易电子商务奠定了坚实的网络基础，同时完善了国际商都建设和郑州自由贸易区建设相关信息服务功能。

（四）区域重要的金融中心

促进贸易便利化、投资便利化是建设国际商都包括打造国际自由贸易区的重要目的之一，这其中涉及国际金融结算、外币兑换等业务内容，需要强大、完善的金融服务作为支撑。郑州近年来高度重视金融业发展，充分发挥省会城市的优势，开展金融入郑工程、金融主体培育工程、金融集聚工程等，银行、证券、保险、期货机构规模不断壮大，推动郑州成为为中部地区金融中心之一。一是金融机构体系完善。全市已拥有各类金融机构 274 家，其中郑东新区金融集聚核心功能区集聚各类金融机构 213 家，CBD 区域集聚各类金融机构 113 家，涵盖银行、证券、保险、期货、信托、财务公司、基金等业态，金融资源集聚和辐射效应逐步增强，金融集聚核心功能区初步形成。二是金融产业发展迅速。2013 年，全市实现金融业增加值 487.4 亿元，位居中部省会第 2 位，同比增长 26.6%，增速位居中部省会第 1 位；占郑州市 GDP 的比重达到 7.9%，较上年提高 1.6 个百分点；占第三产业增加值的比重达到 18.9%，较上年提高 3.1 个百分点。其中，郑东新区 2013 年实现金融业增加值完成 94.64 亿元，同比增长 27.6%，占第三产业增加值的 51.17%，占郑东新区 GDP 的 43.49%。

目前，郑州已经基本形成了金融市场发达、金融机构体系完善、金融工具齐全、金融服务高效，集聚程度高、辐射带动能力强，金融与产业协同发展的新格局，为国际商都特别是郑州国际自贸区建设提供了可靠的金融支撑。

（五）平台载体支撑能力进一步增强

国际商都建设包括自贸区建设都需要强有力的平台载体支撑，才能更好地促进贸易、投资的便利化与自由化，郑州近年来大力实施开放带动战略，积极发展外向型经济，打造了一批扩大对外开放、对外贸易的平台载体。

郑州新郑综保区辐射带动能力不断提升。新郑综保区积极发挥政策功能优势，促成国家移动设备检测重点实验室（河南）落户郑州，围绕智能终端产业，形成了内销物流分拨中心和国际航空货运中心；同时结合综保区四大功能九项业务的要求，不断推进"六个中心"建设，肉类进口口岸、药品口岸获批，口岸功能不断扩展。

郑州出口加工区功能进一步发挥。2007～2011 年郑州出口加工区进出口连续五年位列中部六省七个出口加工区首位，2013 年，其工业产值位列中部六省七个出口加工区首位，初步形成了以电子信息、纺织品深加工、超硬材料精细加工、保税仓储配送为主的产业格局，且随着 B 区规划启动建设，功能将进一步完善。

河南保税物流中心特色优势显现。河南保税物流中心是集聚发展要素、辐射带动开放型经济的公共平台，2012 年河南保税物流中心承接的郑州跨境电子商务服务试点获批，这是目前国内进出口双向业务同时开展最成熟的试点，在进口集货模式、出口专线打造、O2O 运营模式等方面形成了特色优势，已吸引国内外 200 余家企业参与测试。同时，保税物流中心不断完善物流功能，通过现代物流引领郑州经济在更深层次、更大范围融入世界经济。

郑欧国际班列的品牌效应持续展现。郑欧国际班列运行一年多以来，频率从每月一班调整为每周两班，货源从省内为主扩展到省外货源占比达到 70%～80%，揽货能力已"全面"覆盖国内 1500 公里半径范围内 7.9 亿人口，辐射了 2000 公里半径范围内 12.3 亿人口的货源地域，带动日韩等亚太国家的货源区域；货品从窗帘布到机器人配件、汽车整体，通关从单口岸出境到双口岸，即将实现三口岸出境。可以说，越来越多的"中国制造"正源源不断地从郑州发往世界各地，郑州已经成为我国中部、西北、华北、东北地区货物的主要集散地和中转站。

这些对外开放平台载体功能的不断完善和作用的不断发挥，有力地打通了郑州与世界的沟通联系，使郑州迅速融入了世界的"价值链"，为国际商都建设特别是国际自贸区建设创造了条件。

（六）大通关体系建设不断推进

便利的通关环境是打造国际自贸区的必要条件，也是国际商都建设的重要内容，郑州市在完善通关体系方面做了大量工作，为国内外资金、企业前来投资营造了良好环境。目前，郑州拥有航空、铁路两个一类口岸，有郑州海棠寺陆运、郑州公路港两个二类口岸，其运行态势良好。

与此同时，河南电子口岸的建成运行，在推动海关特殊监管区与郑州航空口岸"区港联动"的基础上，将实现省内海关特殊监管区域（场所）与开放口岸间的"区区联动、区港联动"，实现连接省外主要沿海港口、航空口岸的"一站式"通关，提高通关效率、优化对外开放环境，促进了内陆对外贸易便利化，郑州的地位将更加凸显。

同时，全省正在大力争取专业口岸建设，目前肉类进口指定口岸、汽车进口口岸、药品进口口岸建设已获得国家批准，更多的专业口岸的建设将有效完善郑州的通关体系，为国际自贸区建设甚至国家商都建设提供重要支撑。

三 建设国际商都暨推进郑州自贸区建设的机遇与挑战

随着经济全球化和区域经济一体化加快发展，各国之间以及区域之间经济相互依存不断加深，国际贸易也在曲折中深入发展，给郑州国际商都建设暨国际自贸区的建设既带来了难得的机遇，也带来了严峻的挑战。

（一）面临的发展机遇

1. 自由贸易区加快发展的国际机遇

旨在推动全球贸易自由化的世界贸易组织多哈回合谈判启动以来，由于经济发展水平各异和利益诉求不同，主要成员在谈判中的角力和斗争十分激烈，利益分歧短期难以弥合，谈判前景黯淡。在多边机制严重受阻的情况下，主要国家纷纷加快推进自由贸易区建设，以自由贸易区为代表的区域合作成为全球化继续深入发展的重要实现途径。自由贸易区通过逐步取消区内关税和非关税壁垒，促进区内商品贸易自由化，然后向关税同盟、共同市场等更高阶段发展，区内成员均可从中不同程度受益，有利于经济贸易的增长，通过建立自由贸易区加强经贸往来和政治对话成为一种不断发展的客观趋势，也成为各国政治经济精英的共同认识和一致行动。目前，向 WTO 登记备案并生效的区域贸易安排有 250 多个，其中近 10 年来生效的约占 60%。全球自由贸易协定的大量涌现无疑为郑州国际商都建设暨郑州国际自贸区的建设带来了重大机遇，我们要积极适应发展大势，同时结合河南省的实践和需要，加快建设步伐，以赢得在全球经济合作与竞争中更加主动的地位。

2. "一带一路"倡议的历史机遇

2013 年，习近平主席先后提出"以创新的合作模式，共同建设丝绸之路经济带"和"共建 21 世纪海上丝绸之路"的倡议，得到了国际社会的高度关注和积极响应。"一带一路"贯穿欧亚大陆，东边连接亚太经济圈，西边进入欧洲经济圈，为沿线各国和地区提供了一个包容性巨大的发展平台，具有深厚历史渊源和人文基础，能够快速把发展的中国经济同沿线国家的利益结合起来。当前，经济全球化深入发展，区域经济一体化加快推进，全球增长和贸易、投资格局正在酝酿深刻调整，郑州正处于经济转型升级的关键阶段，需要进一步激发经济发展的活力和潜力，而作为丝绸之路经济带的桥头堡和重要枢纽，"一带一路"倡议的提出，不仅能够促进郑州与其他国家的地区之间在交通基础设施建设、贸易与投资、能源与资源、金融安全等领域加强合作，更大程度上将能提升贸易、投资、金融、人员往来等方面的合作水平。总之，"一带一路"建设契合当前郑州发展需求，为扩大对外开放和加强区域合作创造了条件，也开启了国际商都建设暨郑州国际自贸区的建设的机遇之窗。

3. 实施三大国家战略的政策机遇

2013 年 3 月，国务院批复的《郑州航空港经济综合实验区发展规划（2013～2025 年）》，航空港实验区成为全国首个上升为国家战略的航空港经济发展先行区。至此，郑州航空港经济综合实验区发展规划与中原经济区规划、国家粮食战略工程河南粮食生产核心区规划一起，构筑形成了河南省三大国家战略框架，并成为引领河南今后较长时期持续健康跨越发展的战略规划体系，使中原崛起河南振兴富民强省的宏伟事业全面站在了一个新的战略起点上。三大国家战略涵盖了农业、工业、现代服务业、对外开放以及生态建设等各个领域的改革与创新，出台了一系列推动发展的政策措施以及先行先试办法。随着三大国家战略的深入推进和实施,河南目前已经进入了政策机遇的集中释放期,政策的叠加效应逐步显现,这些都为国际商都暨郑州国际自贸区的建设带来了难得的政策机遇。

4. 打造经济升级版的产业机遇

自 2013 年 3 月以来,李克强总理在多个场合提到"打造中国经济升级版",为我国经济发展和宏观调控提出明确指向,对进一步转变发展方式、促进经济社会可持续发展具有重大战略意义。打造经济升级版,就是要立足扩大内需和消费,推动经济结构调整,促进经济增长转向依靠消费、投资、出口协调拉动转变,切实转变发展方式,增强经济可持续发展能力。作为全国的经济大省,河南从自身省情和区位出发,也在着力打造具有更高质量更高水平的经济升级版,省会郑州也不例外。商贸流通业既是服务业的第一大基础产业也是现代服务业的重点提升领域,更是拉动内需、扩大居民消费、调整经济结构、提高经济发展质量和效益的重点产业。随着全省以及郑州市产业结构的优化升级,居民消费需求的不断增长以及消费能力的不断提升,河南必将促进商贸流通业的快速发展,也为国际商都建设暨郑州国际自贸区的建设带来了重要的产业机遇。

5. 新一代信息革命的技术机遇

随着通信、信息、物联网、云计算等新一代信息技术的不断发展,必将改变现有的生活方式、生产方式和社会管理模式,对于商贸流通业来说,也会带来新商业业态、新运营模式、新产业形式、新商务业种、新产业链条等创新,为商贸流通业带来新的发展模式和发展空间,加快流通产业结构调整的步伐,促进流通产业组织不断创新。同时,新一代信息技术的应用和普及还会促进市场组织和交易方式的不断创新,极大地改变广大居民的消费习惯,网络购物、电视购物、团购等新型消费的比例将会不断上升,从而为全市各类市场的升级换代、功能提升和市场推广提供宝贵的技术资源,为传统商贸流通业的结构调整、转型升级提供技术保障,也为国际商都建设暨郑州国际自贸区建设带来了新的技术机遇。

(二) 面临的严峻挑战

1. 国际贸易竞争压力加大

进入后金融危机时期,全球经济面临深度调整和发展模式转型,影响世界经济发展的不稳定、不确定因素较多。在全球市场疲软、世界经济复苏基础不稳固的状态下，贸易和投资保护主义倾向有所加强并呈现出新的态势，即以低碳名义实施新保护主义措施以及保护主义措施向边境内延展，这些从维护发达国家利益角度制定的全球经贸新规则，将深刻改变全球贸易和投资布局，从根本上打击和束缚后起国家和地区的产业竞争力。同时，在开放经济环境下，实力雄厚的外部商业资本积极进入郑州市场，凭借资本、人才和管理优势加速在全市的布局，本土企业的生存和发展受到严峻挑战。

2. 周边省会城市竞争日趋激烈

随着我国城镇化进程的不断加快，城市在社会经济发展中的地位日益提高，同时，为了谋求区域经济的快速发展，各城市之间在对资源、资本、市场等事关经济发展优势的竞争也日益激烈。武汉、长沙等周边省会城市从经济发展态势来看，已经对郑州形成"合围"之势，郑州面临的形式十分严峻。从商贸流通业的发展来说，虽然郑州近年来取得了长足的进步，却仍然存在着传统业态比重大、电子商务相对滞后、规划政策不合理、物流成本高昂等问题，周边省会城市的快速发展，必将对郑州商贸流通业的规模能级、品牌档次、信息化等方面带来挑战。

3. 贸易流通体制改革更加艰巨

随着全面深化改革的不断深入，国内国际两个环境的深刻变化以及贸易流通领域自身发生的变化，都对贸易流通体制的改革提出了新的更高要求。党的十八届三中全会明确提出要"推进国内贸易流通体制改革，建设法制化营商环境"，为今后一个时期加强郑州贸易流通工作明确了目标。当前，郑州的贸易流通体制还存在着许多问题，管理体制上，由于历史原因一直没有理顺，部门分割、条块分割等现象仍没有根本性消除，政出多门的问题依然存在；经营体制上，传统经营模式没有得到根本提升，流通领域组织化程度较低，传统市场主体大而不强，现代流通企业小而散的局面没有根本改变，商贸流通产业整体竞争力有待提高，贸易流通体制改革任务依然艰巨。

4. 要素瓶颈制约日益明显

目前，郑州市商贸流通业的发展方式较为粗放，流通企业集中度偏低，存在散、弱、小的特点，物流配送和信息化管理水平较低，商业地产和商业网点建设重复，商业资源浪费严重，整体上存在着组织化、规模化、信息化程度不高，经营管理水平低等问题。劳动力、土地、能源等要素成本的大幅上升，使得化解资源、环境等要素硬约束的压力较大，同时对商贸流通业的管理水平、盈利模式、经营手段、营销策略、人才素质等提出了更高的要求。面对日益严峻的要素瓶颈制约，必须依靠机制创新和技术创新，提高资源配置效率，以实现商贸流通产业的创新发展。

四 建设国际商都暨推进郑州自贸区建设的总体思路与目标

（一）总体思路

以党的十八大、十八届三中全会和四中全会精神为指导，坚持以开放促改革、以创新促发展，充分依托郑州航空港实验区（郑州新郑综合保税区）、郑州出口加工区、河南保税物流中心、郑东新区金融集聚核心功能区、郑州国家电子商务示范基地、郑州国际物流园区、郑州跨境E贸易配套园区、铁路集装箱中心站、郑欧班列常态化运营、郑州航空港、公路港、铁路港等对外开放和资源配置要素平台优势，着重在金融、投资、货物贸易与服务贸易、航空物流、跨境贸易电子商务等领域探索建立符合国际化、法治化要求的规则体系和营商环境，使郑州成为新亚欧大陆桥、丝绸之路经济带国家发展战略重要支点城市，向西发展与中亚各国经贸关系，延伸到欧盟各国；向东发展与日韩各国经贸关系，延伸到美国和拉美地区。打造国际化区域金融中心、国际性的航空物流集疏中心和全球生产、消费供应链重要节点，支撑国际商品"大进大出"、国际资本快速流动，将郑州建设成为辐射带动中部开放发展的内陆型国际商都暨自由贸易试验区，为内陆省份探索一条以开放促改革、促发展、促转型的新路子。

（二）基本原则

1. 坚持透明高效、便利便捷原则

实现从全能型政府向有限政府转型，建立事中事后监管。建设服务型

政府，简化流程、改善服务；打造法治型政府，遵循法定授权与职责。改善投资环境，放宽外资准入与经营，扩大航权开放，改善监管环境，建立跨境电商高效率通关体系，实现跨部门与跨地区间监管协同。

2. 坚持创新驱动、开放合作原则

加快创新步伐，大力推动业态创新、管理创新、制度创新、营销创新、技术创新、人才引进和培养创新，实现商业转型发展。实现通关一体化、国际贸易"单一窗口"，率先试验低空开放；开放物流市场，包括外国邮政产品、仓储运输等，力推国际合作，与出口电商市场邮政系统对接。积极引进、消化、吸收国内外先进业态、先进技术、经营模式和管理经验，提升国际商都暨自贸区的国际竞争力。

3. 坚持合理布局、统筹协调原则

统筹规划，科学布局，合理安排，进一步推进城区交通、电力、给排水和信息网络等基础设施建设，加快构建和完善适度超前、功能配套、安全高效的现代化基础设施体系。通过行政推动、资金倾斜、政策扶持等手段大力推进自贸区建设。使郑州自贸区各功能区有效衔接，实现生产和生活、工业和商业之间的良性互动发展。

4. 坚持产业联动、突显服务原则

提升国际物流枢纽能级、促进跨境电商便利、创造工业4.0试验环境。开放技术服务贸易，促进外资投入和内资企业对外投资，推动技术升级应用。扩大标准合作，推动国内外标准互认，开放技术工人培训的合资合作；促进工业物流便利化，实现上下游联动的敏捷供应链，扩大期货交易开放，提升国际定价影响力；促进展会与贸易活动便利化；扩大教育服务领域开放，化人口优势为人才优势；扩大文化领域开放，引领中原文化的产业化运作

（三）战略定位

突出以"互联网＋"为引擎，打造"五新"内陆自贸区，成为探索经济发展新动力的沃土和内陆开放转型的典范。

1. 新枢纽——多式联运的国际物流立体枢纽

建立覆盖全球的航空货运网络，面向"一带一路"的跨国铁路，枢纽

无缝衔接的多式联运集散体系，搭建内陆现代立体物流战略通道。

2. 新电商——跨境电商的中国供应链中心

打造出口电商的全国供应链中心和进口电商的中部节点，推动新兴贸易业态发展。

3. 新制造——工业4.0创新示范基地

以机械和电子信息、服装、汽车等为切入点，力推工业4.0先行先试；开放投资、技术贸易和标准合作，促进物流便利化；提升价值链分工的和高端生产要素集聚的突破点，建设开放经济体，加速带动中原经济群发展。

4. 新服务——特色现代服务业引领区

加快郑商所期货交易金融创新，提升对大宗农产品的国际定价权；在会展贸易、教育培训和文化产业领域扩大开放。

5. 新内陆——内陆政府开放高地

打造内陆政府开放高地、职能转型示范区，构建有限型政府、服务型政府和法治型政府，确保简政放权和监管体制改革落地。

（四）发展目标

经过一个时期的改革创新试验，加快转变政府职能，积极推进我国内陆地区服务业扩大开放和外商投资管理体制改革，大力发展总部经济和新型贸易业态，加快探索资本项目可兑换和金融服务业全面开放，探索建立货物状态分类监管模式，努力形成促进投资和创新的政策支持体系，着力培育国际化和法治化的营商环境，力争建设成为具有国际水准的、体现我国内陆地区基本特征的投资贸易便利、货币兑换自由、监管高效便捷、法制环境规范的国际商都暨"中国郑州一桥一路自由贸易园区"，为我国内陆地区扩大开放和深化改革探索新思路和新途径，更好地服务全国经济社会繁荣健康稳定发展。

五　推进郑州自贸区建设的主要任务

要按照先行先试、风险可控、分步推进、逐步完善的方式，围绕促进商贸流通发展的重点领域和关键环节展开工作，着力建设国际化、市场化、法制化的营商环境，不断推动贸易投资的便利化，切实推进郑州国际自贸区的快速建设，进而为郑州国际商都的建设奠定坚实基础。

（一）切实转变政府职能

1. 继续深化行政审批制度改革

按照权责一致原则，建立行政权责清单制度，明确政府职能边界。实施行政审批目录化管理，做到"目录之外无审批"。定期开展行政审批事项梳理核实，及时向社会公布削减审批事项目录，争取提前完成行政审批事项削减目标。推进行政审批标准化、信息化建设，探索全程电子化登记和电子营业执照管理，建立一口受理、同步审批的"一站式"高效服务模式，实现多部门信息共享和协同管理。提高行政透明度，完善体现投资者参与、符合国际规则的信息公开机制，完善投资者权益有效保障机制，建立知识产权纠纷调解、援助解决机制。完善企业和个人信用信息数据库，促进企业、中介机构和个人信用建设。强化部门信用监管，推动守信激励、失信惩戒机制建设。围绕推进信用资源共享，依法实现联合监管，全面推进部门联合信用监管及奖惩体系建设。加强对民间金融活动的监管和风险防范，严厉打击非法集资。

2. 不断提高行政管理效能

立足依法行政、节约行政资源、提高行政效能，在质量技术、食品药品、知识产权、工商税务等管理领域，实现高效监管，鼓励有条件的社会力量特别是行业协会和中介机构参与市场监督，进一步加强事中事后监管，优化政府治理方式，建立科学的抽查制度、责任追溯制度、经营异常名录和黑名单制度，完善事中事后监管的基本制度。

（二）扩大投资领域开放

1. 扩大服务业对外开放

围绕构建现代产业体系，推进国家级、省级服务业综合改革试点工作，争取逐步扩大金融、物流、商贸、专业服务、文化服务以及社会服务等领域的开放，暂停或取消投资者资质要求、股比限制、经营范围限制等准入限制措施，营造有利于各类投资者平等准入的市场环境，有效吸引服务业高端要素来郑集聚。

2. 探索外资准入负面清单管理模式

借鉴上海自贸区外资准入前国民待遇加负面清单管理模式，加快推行外商投资项目审批改革，以放开一般制造业投资准入限制、促进服务业扩大开放为重点，在航空港实验区和经开区探索负面清单管理模式，选择在特定地域、特定行业申请暂停或取消投资者资质要求，以及股比、经营范围等限制。落实境外投资以备案制为主的管理模式。按照商务部新修订的《境外投资管理办法》和国家发改委发布的《境外投资项目核准和备案管理办法》，落实"备案为主、核准为辅"的境外投资管理模式，最大限度减少对外投资核准范围，确立企业对外投资主体地位，提高企业境外投资便利化水平。

3. 改革外商投资管理模式

减少和取消对外商投资准入限制，提高开放度和透明度。加快工商登记制度改革，全面推行"先照后证"，除法律、法规和国务院决定规定的需实行前置审批的以外，由工商行政管理部门先行核发营业执照，切实降低准入门槛。实施"一口受理"制度，精简企业设立登记流程，建设企业设立登记"一口受理、一口办理"平台，各级行政审批机构均开设联办专窗，实行"一个窗口咨询、一个窗口告知、一个窗口受理、一个窗口录入、一个窗口收费、一个窗口发证"的"六个一"服务模式。建立对外投资合作"一站式"服务平台，加强境外投资事后管理和服务，完善境外资产和人员安全风险预警和应急保障体系。

（三）推进贸易方式转变

1. 拓展贸易发展创新方式

学习借鉴上海自贸区拓展贸易发展创新方式，出台新一轮服务贸易发展计划，逐步建立服务贸易统计和考评体系，积极培育服务贸易新型业态和功能。不断扩大软件和信息服务、旅游服务、运输服务、金融服务、文化动漫等优势服务产业的出口，支持保险、研发、设计等新兴服务业的出口。大力发展服务外包业务，鼓励企业挖掘离岸业务增量的同时，积极承接在岸业务，加快形成离岸在岸业务协调发展的新格局。大力发展航空物流业，其中包含特色产品物流、航空快递物流、国际中转物流和航空物流配套服务。

2. 探索建立"E贸易网络自贸区"

进一步发挥郑州市综合性"E贸易"试点城市的先发优势，全面拓展郑州跨境贸易电子商务服务试点项目，争取并落实跨境电子商务涉及的通关、通检、征税、退税、收汇、付汇、正反物流等政策，探索双边跨境电子商务贸易合作，探索建立"郑州跨境电子商务网络自由贸易区"。

3. 强力推进跨境贸易信息化平台建设

完善跨境贸易电子商务试点信息化综合服务平台功能，使之具备订单预处理、三个一综合申报、服务数据协同、大数据交换等功能。加快门户网站——"中大门"的建设，为跨境电商和物流企业提供服务。完善陆空国际物流支撑服务体系，建立跨境电子商务包裹集货运输体系。发展电子商务经营主体，重点发展一批具有代表性的跨境网上商城或交易服务平台。吸引阿里巴巴等电子商务龙头企业将全国性客服、技术研发等功能中心落户郑州，扩大郑州市优势行业知名品牌网络影响力，为郑州市"E贸易"试点验收奠定基础。

4. 加快推进跨境贸易电子商务园区建设

在概念规划的基础上，进一步论证跨境贸易电子商务园区的功能定位和发展目标，以完善电子商务生态产业链为目标，确定开发运作模式，结合本地本区域实际情况合理布局，依据电子商务产业发展规律，出台地方扶持政策，培育本土网商、电商，促进郑州市电子商务产业发展。逐步推动符合条件的企业、园区、特殊监管区开发跨境贸易电子商务业务，推动郑州跨境贸易电子商务多元化发展。

5. 大力发展口岸经济

以综合保税区和出口加工区等海关特殊监管区域为载体，大力发展高端制造业和国际物流衍生产业。在建成肉类口岸、药品口岸、汽车口岸和国际邮政口岸的基础上，争取国家支持郑州建设奢侈品、水产品进口口岸，加快相关项目建设进度，大力发展物流、贸易、服务等相关产业，形成辐射周边、覆盖中西部的进出口货物集散中心和区域物流中心。

6. 优化通关通检模式

加速海关、出入境检验检疫作业无纸化进程，深入推进无纸化通关模式。精简海关特殊监管区域货物通关监管流程和手续，对于各特殊区域之间的货物流转试行企业自行运输，对于二线进出区货物实施批次进出、集中申报模式。开辟跨关区绿色通道，按照郑州海关与北京、上海、满洲里、天津、青岛、南京、深圳、广州、黄埔、乌鲁木齐、太原等12家海关签订的区域通关合作协议，深入推进"属地申报、口岸验放"通关模式；按照河南出入境检验检疫局与天津、山东、河北、连云港达成的检验检疫直通放行的便利化通检协议，形成联动通检模式。

（四）深化金融领域开放创新

1. 积极对接联通上海自贸区金融市场

利用上海自贸区金融开放创新平台，健全郑东新区金融机构体系，开展业务合作和资源共享。引进上海自贸区内的金融机构、跨国公司、知名中介咨询机构等在郑东新区设立分支机构或功能性总部。鼓励符合条件的民营资本与外资金融机构共同设立的中外合资银行落户郑东新区。争取条件具备时试点设立有限牌照银行。充分利用上海自贸区金融开放和创新政策，支持本土法人金融机构、上市企业在自贸区设立分支机构，与自贸区金融机构开展业务合作，进行跨境投资、境外融资，整合境内外优质低成本金融资源，加快自身发展。

2. 扩大人民币跨境使用

支持开展跨境人民币创新业务，重点推进跨境人民币贷款、境外发行人民币债券、人民币境外股权投资和个人人民币直接投资等资本项下业务。支持第三方支付机构开展跨境人民币支付业务，开展跨国公司经常项下跨境人民币集中收付、跨境人民币双向资金池业务试点。在风险可控条件下，支持符合条件的中资银行开办离岸业务，利用离岸人民币资金支持郑州经济社会发展。争取引进跨国公司区域性结算中心，支持在郑东新区范围内申请开展电子商务国际结算业务。

3. 深化外汇管理改革

结合郑州市"E贸易"试点，支持郑东新区各金融机构探索面向国际的外汇管理改革，建立与"E贸易"试点相适应的外汇管理体制，促进实现贸易便利化。推动开展跨国公司和上市企业外汇资金集中运营管理业务，探索外商投资企业外汇资本金、外债意愿结汇改革，促进加工贸易转型升级。

4. 支持郑州商品交易所做大做强

支持郑州商品交易所进行期权及其结构化衍生品交易开发，进行交易品种和交易方式创新。引导鼓励企业运用期货工具，实现套期保值增值。支持郑商所与上海自贸区交流合作，逐步与世界主要期货交易所建立全面合作关系，把郑州发展成为全国重要的商品期货定价中心。着眼大宗商品和保税区建设，探索争取期货保税交割业务试点。

5. 支持新兴金融业发展

加大对互联网金融的扶持力度，支持第三方支付、电商企业在郑东新区设立、投资P2P、众筹等互联网金融平台。出台扶持供应链金融发展的专项政策，大力发展供应链金融。鼓励各大金融机构、第三方物流公司、居于制造业产业链核心地位的大型企业设立保理公司。创新发展科技金融，结合国家技术转移郑州中心、国家专利审查协作河南中心的科技特色优势，引导银行、保险等金融机构和设立创投、风投资金，支持科技型企业做大做强。支持互联网企业参与郑州"E贸易"流程设计，支持开展电子商务国际结算业务。积极引进电子银行、网销中心、电销中心等金融电子商务机构，支持培育金融租赁等新兴金融机构，争取国家在郑东新区设立消费金融试点。

6. 增强金融服务功能

大力发展航空金融业。以航空租赁为突破口，引进、培育金融租赁公司，积极发展飞机租赁，鼓励金融机构开展航空运输保险、商业保理、贸易融资。探索融资租赁公司设立的单机子公司不设最低注册资本限制。加强要素市场建设，加快组建区域性碳排放权、集体林权等交易市场，支持组建贵金属、钢铁、农资、电子零组件、原材料等大宗现货交易市场。

（五）建设以航空港和国际陆港为支撑的全球物流网络体系

1. 加快建设完善物流通道网络

加强物流基础设施建设，推动郑州铁路集装箱枢纽站、综合物流信息平台、河南保税物流中心、出口加工区、综合保税区、航空港、内陆港、干线公路港等物流基础设施的建设与完善，使公路、铁路、航空"三港"成为有机联系的整体。进一步完善公路网络，加快建设城际轨道交通网络和区域快速干线网络，细化分工、错位发展，加强联运，实现区域内各功能分区、物流基础设施及企业之间的快速、高效连接，提高区域物流竞争力。

2. 构建便捷高效的现代物流服务体系

利用郑州的区位优势，以大交通、大物流、大口岸、大通关战略为带动，突出国际化、高端化、智能化，以郑州航空港、郑州国际陆港为核心，加快建设国际物流园区、航空港物流园区、新郑华南城综合物流园区等，推进航空物流、快件物流、冷链物流、大宗商品物流等现代物流业集群发展，加快"铁路、公路、飞机、海运"多式联运服务平台建设，推动跨境跨区口岸联检通关合作，努力培育"低成本、快速度"的现代物流服务体系，推动郑州成为丝绸之路经济带国际物流中心、全球领先的国际中转多式联运大枢纽、全国乃至全球生产要素配置及进出口商品集散地。

3. 大力提高物流科技和信息化水平

加快物联网技术在物流领域的应用与推广，密切关注新兴技术、节能减排、应对全球气候变化等领域科技发展的新方向，加快新技术、新材料、新工艺的引进消化吸收、有效集成应用到物流业的步伐。增强自主创新能力，建立以公共信息交换系统为核心，具有供应链管理、业务协同和专业化服务等功能的现代物流公共信息服务平台，实现各类物流信息资源的整合，推动与其他物流信息网络互联互通，更好发挥科技进步和信息化对物流业发展的支撑和引领作用。积极引进国外先进的物流管理方法、运作模式和技术装备，通过消化吸收实现推陈出新。

（六）加快贸易和投资促进平台建设

1. 建设国家级会展设施平台，提高会展业发展水平

紧紧围绕打造重要的国家级会展平台目标，高标准建设会展基础设施，加强对全市会展场馆的配套设施的统一规划，制定关于鼓励会展业发展的若干意见，启动会展业行业标准建设，做大做强会展业。加强与跨国制造商、贸易商和会展商的战略合作，建设具有国际竞争力的大型展览集

团，大力培育进出口商品博览会和国际专业展，积极承办国际知名的电子信息、精密机械、高档服装等品牌产品发布会、博览会和展销会，做精做专各类品牌展会，全面提升郑州会展在商品贸易、投资合作、服务贸易、文化交流等方面的影响力，把郑州打造成为重要的国家级会展平台。

2. 构建国际贸易机构集聚和服务平台，形成贸易中心枢纽节点

依托现代服务业重点集聚区、海关特殊监管区等，加快国际贸易主体和贸易促进机构集聚，打造国际贸易组织和贸易促进机构集聚区，提升贸易辐射效应和商务活动枢纽功能。加快建设产品设计和贸易促进中心，吸引全球设计资源在郑州集聚，从而带动自主品牌商品发展和出口产品附加值的提升。建设国际贸易服务平台，不断提升综合服务功能，尽快建成集国际货代、保税物流、国际采购、转口贸易、分销代理、国际会展和知识产权服务等功能为一体的国际贸易综合服务平台。

3. 打造服务业集聚区平台，加快服务贸易发展

完善服务业集聚区功能，加强总部经济与服务业集聚，发展好商务楼宇，形成服务种类齐全、服务水平较高且与贸易相关的专业服务业体系框架。大力引进国际高端专业服务龙头企业，着力培育竞争力强的本土专业服务企业。深化专业服务业行政审批制度改革，积极试点没有特别规定的行业或项目，进一步扩大外资参与中介、文化、教育、医疗、贸易等服务领域发展，研究拓展海关特殊监管区功能，探索在海关特殊监管区进行服务业对外开放创新试点。

4. 打造电子商务平台，建设国家电子商务示范城市

推进电子商务示范园区和电子商务专业楼宇建设，鼓励创新型电子商务企业集聚，推动电子商务技术创新、产品创新、应用模式创新，构建电子商务产业和创新集群。加强各种扶持和优惠政策力度，着力引进国内知名电子商务服务企业在郑州设立区域运营中心、结算中心、呼叫中心及研发中心等机构，以带动全市电子商务发展。支持商贸业、物流业、金融业、跨境贸易、文化创意旅游业、高技术服务业等产业建立电子商务服务平台，开展电子商务试点，鼓励大型商贸流通企业成立网络销售机构，在采购、仓储、销售、配送及商品展示等各环节建立专业的网络平台，促进电子商务产业发展。

（七）着力打造郑州经济"一桥一路"核心增长极

1. 充分发挥航空港实验区产业集聚效应

一是着力发展航空物流业和航空制造业。着力推动航空物流产业链完善，形成具有强大集货能力、覆盖全球、辐射全国的国际航空物流中心。吸引飞机制造环节落户，形成以整机制造为核心，零部件供应商及其他服务机构为配套的航空制造业集聚区。同时发展临空型生产生活性服务业。二是大力发展电子信息产业。重点发展大数据智能终端产品，积极推动产业内部协调创新，打造卫星导航全产业链，培育电子信息产业集群，将实验区建设成为以智能终端产品为核心的世界级电子信息产业基地和全国新型城镇化建设的智慧中枢。三是发展生物医药产业。重点发展具有临空指向性的高附加值、高科技含量、高自主创新能力、无污染的医疗器械、生物制药产业，培育特色医药制造产业集群。四是发展精密机械产业。规划建设精密机械产业园，积极吸引航天、汽车等领域上下游配套企业入驻，实现精密机械产业集聚。五是进一步推进河南电子口岸建设。提高全省各口岸和特殊监管区行政效率、降低行政成本，提高企业通关效率，推动外向经济快速发展。

2. 充分发挥跨境贸易电子商务带动作用

打造以展示体验、线上线下相结合为特色的全球网购商品交易中心，搭建"海外品牌进入中国、中国制造走向全球"的桥梁，促进本土现代服务业升级，吸引以郑州为中心的 3 小时高铁生活圈巨大人群，带动郑州商贸业、旅游业、物流业的蓬勃发展。加快申建全国邮政第四大口岸，实现山西、湖北等中部六省跨境电子商务进出口邮件、快件在郑州邮政口岸集散，促进河南省多式联运物流体系各功能点高效链接。

3. 促进郑欧班列功能提升

促进郑欧班列在阿拉山口和二连浩特口岸出境的基础上，尽快开通满洲里口岸，形成从西北、东北、西南方向多元化出境新格局。同时，以郑州汽车整车进口口岸运行为契机，进一步完善河南省铁路口岸功能，丰富郑欧班列返程货源，将郑州打造成为中部进口汽车的集散中心，辐射周边省份，为郑欧班列实现自主化运营提供保障，强化河南省"丝绸之路经济带"物流枢纽作用。

4. 努力打造"丝绸之路经济带"桥头堡

主动参与丝绸之路经济带建设，以郑欧国际货运班列为依托，进一步加强与沿线国家和地区的交流合作，构建区域经济双边、多边合作示范区。利用郑州的区位优势，以大交通、大物流、大口岸、大通关战略为带动，以郑州经济开发区为主体，以铁路港、公路港为依托，以海关特殊监管区及专业物流园区为节点，着力推进现代物流及其关联支撑产业集聚，着力推进"铁路、公路、飞机、海运"多式联运服务平台建设，着力推进跨境跨区口岸联检通关合作，努力培育"低成本、快速度"的现代物流体系，逐步打造与航空港一体联动、相互补充的郑州国际陆港，形成陆空丝绸之路交汇点。推动郑州成为丝绸之路经济带国际物流中心、全球领先的国际中转多式联运大枢纽、全国乃至全球生产要素配置及进出口商品集散地。

六 建设国际商都暨推进郑州自贸区建设的
对策措施

结合当前郑州建设国际商都暨推进郑州国际自贸区建设的现实基础，以及所面临的问题、挑战，借鉴国内外先进发展经验，制定和实施行之有效的对策措施，有序稳步推进国际商都暨推进郑州国际自贸区建设。

（一）加强组织领导

郑州建设国际商都暨推进郑州国际自贸区建设是一项复杂的系统工程，需要省市各相关职能部门统一思想、合力推进。成立由郑州市委市政府主要领导牵头的建设国际商都暨推进郑州国际自贸区建设的工作领导小组，按照"精心组织实施，完善工作机制，落实工作责任"的要求，统筹领导和研究部署推进工作，细化年度工作目标和具体措施，督促检查重要任务和重大事项的进展和落实情况。领导小组下设办公室，主要负责领导小组的日常运转和沟通协调等相关工作，切实做好组织保障、人员保障、经费保障工作。建立成员单位之间的联系协调机制和信息通报工作机制，定期编印工作简报，制定并细化工作时间表，有力有序组织推进。各成员单位要大力支持，积极做好协调配合、指导评估等工作，共同推进国际商都暨自贸区建设。联合高校、科研院所、设计院及企业等具备一定资质的专业咨询机构、单位，组建郑州建设国际商都暨推进郑州国际自贸区建设专家咨询委员会，建立定期工作会议制度，对推进过程中出现的问题及时进行论证和咨询，并形成切实可行的解决方案。

（二）加大财税金融政策扶持力度

加大财税金融政策扶持力度，健全财税金融政策支持体系，引导和鼓励社会资金投入，是郑州建设国际商都暨推进国际自贸区建设的重要保障。要加大财税支持力度，整合现有政策资源和资金渠道，建立稳定的财政投入增长机制，争取中央、省财政投入，创新支持方式，着力支持重大、重点项目工程；加强财政政策绩效考评，提高资金使用效率。完善税收激励政策，全面落实现行各项促进性税收政策，结合税制改革方向和税种特征，针对发展过程的特点，研究完善鼓励创新、引导投资和消费的税收支持政策，发挥财税在调控经济、聚集财力和调节分配等方面的职能。鼓励金融机构加大信贷支持，引导金融机构建立适应发展特点的信贷管理和贷款评审制度；加快建立包括财政出资和社会资金投入在内的多层次担保体系；积极发展中小金融机构和新型金融服务；综合运用风险补偿等财政优惠政策。积极发挥多层次资本市场的融资功能，支持符合条件的企业上市融资，推进场外证券交易市场的建设，大力发展债券市场。完善配套政策体系和监管体系，大力发展创业投资和股权投资基金。

（三）深化体制改革和对内对外开放

深化体制改革和提高对内外开放水平，是郑州建设国际商都暨推进国际自贸区建设的关键板块。当前，郑州深化体制改革和提高对内外开放水平的发展主要着力点有：优化政府治理方式，建立科学的抽查制度、责任追溯制度、经营异常名录和黑名单制度，完善事中事后监管的基本制度。积极推进国有企业改革，完善所有制结构。要继续推动国有资本调整和国有企业重组；深化垄断行业改革，引入竞争机制，加强政府监管和社会监督；推进集体企业改革，发展多种形式的集体经济、合作经济；认真落实鼓励、支持和引导个体私营等非公有制经济发展的各项政策。深化财税体制改革，加快公共财政体系建设。积极推进省以下财政体制改革；加快金融体制改革，加强金融监管；继续深化农村信用社改革，积极推进新型农村金融机构发展等。实施互利共赢的开放战略，拓展对内外开放广度和深度，提高开放型经济水平。有序扩大开放，积极承接国际现代服务业转移，同时，鼓励和支持有条件的企业"走出去"。转变贸易增长方式，优化进出口商品结构，提高贸易质量和效益；完善公平贸易政策，健全外贸运行监控体系等。

（四）强化国际经贸人才支撑

人才资源是经济社会发展的"第一资源"，这是郑州建设国际商都暨推进国际自贸区建设的根本保障。人才队伍建设，是提升城市国际竞争力的关键环节、核心环节。强化人才要素支撑，要在加强培养上下功夫，在做好引进上求突破，在构筑平台上做文章，在政策支持上要调整。人才培养方面，不断创新人才培养模式，在办好现有高校的基础上，大力发展职业技术教育，依托重点骨干企业、重点院校、重点研究机构，加快经贸人才培训基地。人才引进方面，实施高层次人才集聚工程，充分发挥柔性引进人才的作用，建立和完善高级人才信息库，打造人才柔性流动信息中心；大力推进"校地合作"，产学研相结合，健全和推行"项目＋人才＋智力"引才机制。构筑平台方面，构建高层次人才创业创新平台，不断做大、做强、做活人才载体。政策支持方面，抓紧研究符合适宜的系列人才工作重要政策和重大举措，大力构建人才政策比较优势，切实完善人才评价激励机制和着力优化人才创业创新的良好环境。通过多策并举，充分发挥郑州省会城市优势，吸纳人才集聚，健康推进人口红利向人才红利转化进程。

（五）营造国际一流水平商贸环境

优越的营商环境，是吸引人才、资金、技术等生产要素汇聚的前提。郑州着力打造国际一流水平商贸环境，有序稳步推进国际商都暨国际自贸区建设，应切实加强以下方面的建设：强化市场监管体系，促进市场主体的发育成长，加大知识产权执法力度和司法保护力度，打击欺行霸市、打击制假售假、打击商业贿赂，建设有效的市场监管体系。更大程度地发挥市场在资源配置中的基础性作用与主导作用，加快形成统一开放、竞争有序的市场体系。提倡契约文化，提高市场主体的诚信度，建立以政府信用为先导、企业信用为重点、个人信用为基础的信用体系。建立"诚信为本、互信为用"的信用征信体系，以法律形式确保信用信息收集来源与渠道的完整性，在全市或更大范围内形成统一的信用信息网络系统。建立和健全市场主体的信用档案，包括市场主体身份识别的基本信息，相关部门、机构提供的负面信息，有关舆论媒体的社会评价信息、信访、投诉信息等，增加信用信息的自动生成、统计分析、请求处理等多种智能化功能。

（六）建立多层次合作共建机制

以务实合作、协同发展为目标，充分发挥郑州区位、交通等综合优势，推进郑州与周边城市间基础设施相连相通、产业发展互补互促、资源要素对接对流、公共服务共建共享、生态环境联防联控，建立健全区域多层次合作共建机制，实现良性互动、共赢发展。例如，在基础设施共建共享方面，要努力打破行政体制障碍，统筹协调，加强规划、产业、项目、交通等基础设施对接，为资源要素充分共享、高效流动、优化配置搭建通道，积极推进贸易、金融、能源、信息和文化融合发展。在产业发展方面，围绕传统产业提升、战略新兴产业培育、县域经济发展等方面，要充分结合招商引资和承接产业转移发展新形势、新需求，探索建立产业联合招商引资机制和产业发展协作配套机制，有序引导产业有序转移和分工协作，提升向西开放水平并扩大向西对外贸易，构建区域经济一体化大格局。在资源要素方面，要围绕行政服务、金融、财税、土地、人才等不可或缺的"软环境"，创新完善区域多领域合作机制，促进人流、物流、资金流、信息流等要素和资源充分共享、高效流动、优化配置，实现优势互补、互利共赢。

河南高速公路路域经济发展研究

高速公路是河南最为突出的优势之一，为区域经济社会发展提供了强大支撑。目前，河南高速公路建设已经走过了大规模建设阶段，正从外延扩张进入成熟期，由于运营模式单一，过度依赖通行费，财务成本偏高，各类经营主体均面临着较大的经营管理压力。实施高速公路沿线土地综合开发利用，大力发展路域经济，建立与周边经济发展战略、资源优势和产业结构相适应、相协调的路域经济体系，对于强化河南在全国综合交通运输体系中的战略地位，加快沿线区域经济竞争力提升，推动高速公路由交通通道向经济走廊转型，推动高速公路经营主体转型升级，均具有重要意义。

一 发展基础与战略形势

（一）发展基础

1. 通车里程位居全国前列

伴随着河南经济总量快速增长，高速公路建设也有了很大突破，多年来连续实现了跨越式发展（见图1），2001年突破1000公里，2005年突破2000公里，2006年突破3000公里，跃居全国高速公路通车总里程首位，2007年突破4000公里，2010年突破5000公里，截至2015年底通车总里程达到6305公里，通车里程位居全国前三。自1994年至2015年末，河南省高速公路通车里程增长了6224公里，年均增速23%。按照《河南省高速公路网规划调整方案》的建设目标，到2020年力争全省高速公路通车里程达到8070公里，路网密度达到4.8公里/百平方公里，规划路线全部建成，郑州对外联系通道达到 10 条，省界出口达到 40 个以上，形成以郑州为中心，覆盖全省、通达全国、内捷外畅的高速公路网络。

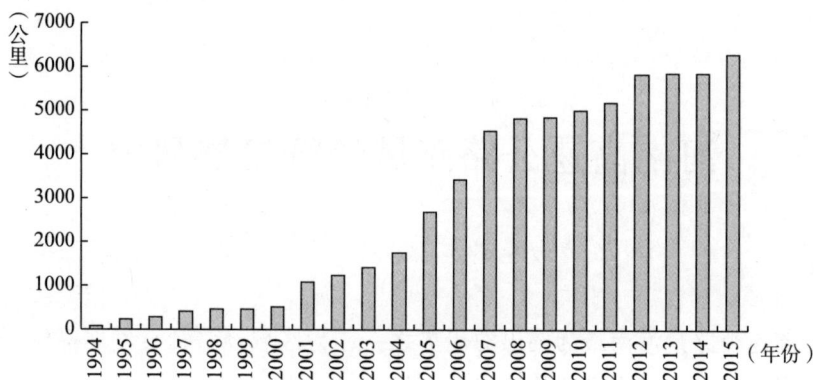

图 1　河南高速公路通车里程

2. 交通网络构架逐步完善

经过多年的发展，河南高速公路构建了由两条国道主干线、七条国家重点公路和九条省干线组成的网络结构，综合运输网络的主骨架基本形成，通道功能日益显现。作为全国"五纵七横"国道主干线的京港澳、连霍两条国家级高速公路在郑州汇合形成大十字交叉，决定了河南在全国综合交通体系中的战略枢纽地位，构建了河南高速公路主干线网络层级，更成为中原经济区陇海、京广两大主要经济发展轴的重要支撑。济广、大广、京港澳、二广四条南北纵线和连霍、宁洛、沪陕三条东西横线交织形成了河南高速公路次干线网络层级，基本覆盖了河南 18 个地级市，为国家主通道发挥规模作用提供了重要的集散功能，提高了交通网络的系统性。长济、兰南、永登、三淅、南林、新泌等纵横交织形成了河南高速公路区网通道，推动了区内支线覆盖范围不断加深，交通服务的通达能力进一步提高，综合运输基础设施网络的系统性得到加强，高速公路普遍服务效能日益增强。

3. 交通通道经济发展迅速

以高速公路、城市区位和自身产业结构为依托，全省逐渐形成相对集中的高速产业经济带，郑汴洛、新郑漯、新焦济、洛平漯 4 个产业发展轴带，已经构成中原城市群整合发展的 4 条重要的"经脉"，为高速公路路域经济发展提供了重要的经济基础支撑。郑汴洛产业经济带，以郑州为中

心、洛阳和开封为副中心，以偃师、巩义、荥阳、新密、中牟为节点，已
形成郑州汽车及零部件产业集群、郑州速冻产品产业集群、郑州高新区软
件产业集群、洛新工业园机械产业集群、吉利区石化、洛阳高新区光电产
业集群、巩义电线电缆集群、新密耐火材料产业集群、中牟农副产品加工
企业集群、开封专用设备制造业集群等。新郑漯产业经济带，以郑州为中
心，以新乡、许昌、漯河为节点，包括卫辉、原阳、新郑、长葛、尉氏、
鄢陵、临颍等，已经发展了新乡纺织、电子、电器、机械、化工，许昌电
力装备、烟草、金刚石，漯河食品、纺织、造纸，长葛农用机械，新郑烟
草，临颍面业，尉氏棉纺加工等产业。新焦济产业经济带，以济源、焦
作、新乡等为重要节点，形成了济源钢铁、电力、铅锌化工，焦作能源、
化工、有色金属冶炼及压延、汽车零部件制造、农副产品加工、旅游等产
业。洛平漯产业经济带，以能源中心平顶山为辐射中心，以伊川、汝州、
宝丰、鲁山、叶县、舞阳、舞钢为支点，沿洛平漯高速公路分布，形成了
钢铁产业集群，煤、盐、化工产业集群，机电产业集群，水泥产业集群，
焦化产业集群，纺织产业集群，铁锅产业集群等。

4. 支撑要素比较优势明显

高速公路企业在常年高速业务运营中集聚了多项优势，为路域经济发
展提供了强大的要素支撑。一是资金优势，充裕的现金流提供了扩张能
力。由于其业务属性，高速公路的经营拥有着大多数行业所无法比拟的现
金流优势，且其充沛的现金流呈现波动不大、稳健增长的态势。而较大的
经营性现金流是公司进一步发展的基础，也是较强抗风险能力的表现，这
便为公司向资金密集型行业如金融、房地产、贸易类等业务拓展提供了保
障。二是人才优势，丰富的工程人力资源增大了副业拓展的筹码。高速企
业中大多数管理层及下属员工出身工程背景，多年从事相关行业和工作，
对工程建设、运营、维护等都有很强的理解、管理和判断能力。另外，多
数公司还拥有强大的工程师团队、专家智囊团等，在工程投资建设与运营
管理方面具有丰富的经验优势。这一工程背景便为公司投资房地产、工程
建设、公共事业等业务增加了筹码。三是路网优势，主要表现在高速公路
自身的规模效益。高速公路视野开阔，里程长，地域广，车流大，自然也
就成为户外广告传媒的首选。近年来，高速公路广告已逐步成为一种新型
广告媒体，从某种程度上说，它具有传统平面媒体和电子媒体所不具有的

特性，其发展前景广阔。四是平台优势，主要包括政府资源和股东资源优势。绝大部分高速公路属地方国企性质，其与省政府和路产沿线的地方政府都保持着较好的长期合作关系，优质的政府资源可为企业提供广阔的发展平台。而且各个高速公路的大股东多为交投集团下属单位或资金雄厚的企业集团，旗下均拥有众多的全资、控股或参股公司，资源优质、业务范围广，可为高速公路公司的多元化发展提供充足的选择空间。

（二）战略形势

1. 发展机遇

交通物流成为河南经济发展新优势，高速公路地位日益重要。在大力发展中原经济区、郑州航空港区建设的大背景下，交通运输的战略地位被提到了一个新的高度，对高速公路的需求愈加旺盛，行业发展正处于前所未有的机遇期。国务院批复的《中原经济区规划》把建设成为全国区域协调发展的战略支点和重要的现代综合交通枢纽作为中原经济区的五大定位之一，强调要充分发挥承东启西、连南贯北的区位优势，强化东部地区产业转移、西部地区资源输出和南北区域交流合作的战略通道功能，促进生产要素集聚，加快现代综合交通体系建设，加快国家高速公路建设，打通断头路，消除瓶颈路段，形成功能完善、结构优化、内联外通、畅通中原的公路网络，促进现代物流业发展，使之成为全国重要的现代综合交通枢纽和物流中心。这些都彰显了高速公路的地位，为加快河南高速公路路域经济发展提供了难得的战略机遇，将有力地助推高速公路路域经济的发展。

高速转型发展势在必行，路域经济成为企业发展新趋势。在宏观经济增速放缓、政策变化未确定的大环境下，高速公路企业可谓是"内外交困"。对于老路产其主营业务收入增速下滑，进入平近期，其主营路产的运营及养护成本渐增，致使投资回报率逐年下降，但若新建路产项目，不仅建设成本高，融资难度大，而且仍将面临投资回报率较低的现状。另外，与其他地区一样，由于河南高速公路近些年大规模建设，目前高速网络主干线已基本完成，未来新建投资项目主要集中于打通断头路及省界通道，其建设成本将更加高昂，投资回收期更长。在此背景下，如表1所示，多个省份高速公路企业近年来都选择了在立足收费公路主业的同时，积极推动多元化发展，以多元业务投资来挖掘新的盈利增长点，拓宽收入来源，寻求新的发展机会。虽然各自高速企业的副业大多处于探索、逐步发展阶段，其业务占营收或利润贡献的比例也不大，但这些多元业务正是公司新增长点的萌芽，发展多元化路域经济是高速企业探索可持续发展的重要领域。

表1 上市高速公路公司多元投资业务（不完全统计）

公司名称	投资业务
吉林高速	农业、广告业、石油化工
湖南投资	房地产、服务业、广告业、公共事业、酒店
华北高速	新能源光伏、金融业、广告业、房地产
福建高速	保险、广告业
宁沪高速	房地产、金融业、广告业、酒店
四川成渝	销售、租赁、文化传媒、金融投资
赣粤高速	金融、房地产、服务业、广告
楚天高速	金融业、文化传媒
中原高速	房地产、技术、服务业
深高速	房地产、广告业、工程咨询
山东高速	房地产、金融、矿业、餐饮、传媒
皖通高速	金融、广告业

国企改革逐步深化，高速企业加速产业结构调整。地方国企改革方案纷纷出台，高速公路控股国企成为各省改革的重点，各地掀起高速企业改革浪潮。高速公路企业为地方交投、高速集团的下属公司，一方面由于独立核算的原因上市公司的现金流并不能直接为交投公司所用，交投公司只能按照控股比例获得每年一定的利润分红。另一方面，上市公司承建投资收益率低的项目（路产建设）时会受到小股东重重的阻力，从而导致目前高额的现金流仅仅是停留在账面上并不能被充分地利用。此外，通常高速公路公司控股股东旗下还有很多效益不好、现金流差的路段，由此导致交投的负债率逐渐攀升，融资成本较高。同时，旧有的国有资产管理体制下上市公司缺乏多元化的动力，拥有较好的资本平台但没有承担起融资的任务，市值增长乏力。2015年以来深化国企改革给河南高速企业提供了改革红利，混改、资产证券化、引入战投等国企改革措施都适用于省交投公司，高速企业有望通过改革来实现产业结构的调整。

市场需求日益扩大，路域经济发展动力越发充沛。据数据统计，2015年末全国民用汽车保有量达到17200万辆（见图2），比2014年末增长11.5%；其中私人汽车保有量14399万辆，比2014年末增长14.4%；民用轿车保有量9508万辆，比2014年末增长14.6%，其中私人轿车8793万辆，比2014年末增长15.8%，汽车保有量的增加对路域经济发展提供了有力支撑。与此同时，随着城镇居民生活水平的不断提升，自驾游快速增长，2015年在国内旅游的40亿旅游人次中，自驾游游客已占到58.5%以上，达到23.4亿人次，预计到"十三五"末，我国自驾游人数将达到58亿人次，约占到国内旅游人数的70%以上，自驾游的快速发展也为路域经济提供了广阔的市场需求空间。

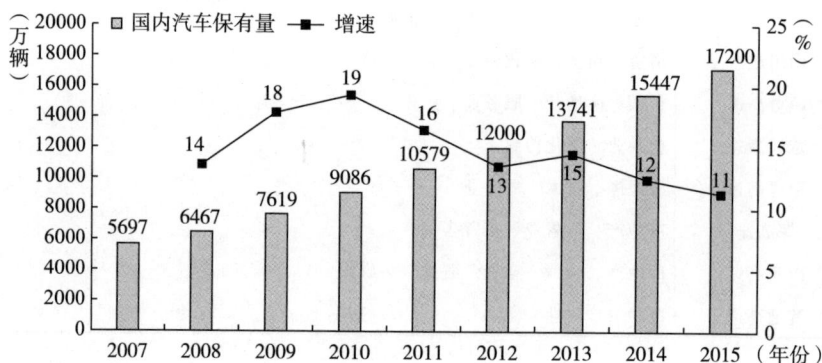

图2 我国汽车保有量及增速

2. 重大挑战

支柱路产步入衰退期，企业盈利能力不断下滑。河南高速公路主干道路路网已建设成熟，近些年后续新建道路多以补充与重合现有路产为特点，因此并没有突出的区位优势，从而并没有理想的车流去保证一定的通行收入，因此针对目前的路企，新建路产难以替代现存支柱路产，通行费收入增长后劲不足。截至2014年底，在全省收费高速公路中，政府还贷高速公路2513.5公里，经营性高速公路3342.0公里，分别占收费高速公路里程的42.9%和57.1%。2014年度，河南全省高速公路收支缺口78亿元，与此同时，鉴于国际经验和国内政策导向，公路收费难寻利好。一方面，国际经验表明，未来公路免费是大势所趋，加上社会舆论压力，高速通行收费标准难有上行空间。另一方面政策导向压低运输费用消减物流成本，降成本成为供给侧结构性改革中的任务之一，目前国内物流成本较高，其中公路运输费用占物流总成本的四分之一，加快发展物流业、降低流通成本是政府的重要任务。

体制机制障碍突出，发展制约尚未完全改善。由于还没有一个完整的用来约束高速公路运营管理的机制和相关的准确的或者明确的法规，甚至没有一个如何界定高速公路的经营权的准确的定义，使得高速公路路域经济发展缺少严格规范的功能界定和主体界定，这种体制机制的障碍，决定了难以形成有效的激励约束机制，制约了路域经济的健康发展。此外，由于路域经济所涉及的资产资源相对比较分散，且在产权、经营权等方面的情况不尽相同，目前尚缺乏统一的专门的政策措施，如路域经济项目要落地，必然涉及用地问题，而在土地性质变更、土地证件办理等环节还存在诸多困难，必须逐级提出用地申请，正常的手续都需要 2~3 年时间，影响了项目入驻进程。体制机制的不适应，决定了河南路域经济发展与河南作为全国交通枢纽地位的不适应。

路域经济尚处在起步阶段，自身发展存在诸多矛盾。一是总体规模小，尚处在起步阶段。整体而言，河南高速公路路域经济发展仍处于起步阶段，发展相对滞后，总体规模较小，竞争力较弱，辐射带动作用不明显。二是经营模式单一，市场业态亟待整合。目前河南高速公路路域经济发展仍以服务区为主，经营模式相对单一，尚未有效整合起高速公路及其沿线土地等资源和物流、商贸、储运等业态，从而使得高速公路路域经济资源因比较分散而闲置，尚未形成合力。三是分流效应凸显，且缺乏区域特色。随着河南高速公路近 20 年的快速发展，当高速公路网络达到一定密度之后，"分流效应"凸显，网络效应对通行量以及企业利润的贡献逐渐变弱。与此同时，高速公路路域经济发展缺乏特色和优势，现有路域经济带商业网点布局较为零散，密度偏低，不少区域基本处于空白状态，沿路不见商、人气低的道路还比较多，发展优势和区域特色不突出，缺乏大型商贸物流项目支撑。

二　总体思路

（一）指导思想

综合分析路域经济发展的现实基础，以及国际国内环境的新变化和路域经济发展的新要求，未来一段时期河南高速公路路域经济发展的指导思想是：发挥比较优势，激活闲置资源，以五大发展理念为引领，以推进供给侧结构性改革为主线，促进路域经济转型提质增效，培育综合交通发展新动能，充分利用和挖掘"四资"（资产、资本、资金、资源）价值，强化多式衔接、功能融合、创新驱动，构建"134"路域经济产业新体系，坚持差异化、特色化、连锁化，积极培育新领域、新业态、新模式，加快形成优势突出、特色彰显、结构优化、布局合理的路域经济发展新格局。

（二）基本原则

依托高速公司发展路域经济涉及发展理念的转变和经营战略的转型，具有长期性、系统性、战略性，必须遵循以下基本原则。

多式衔接、立体开发。充分利用公路资源、交通技术等方面的优势，通过对道路资源的挖掘、延伸、提升，有计划、有步骤、有目标地对闲置土地、通信管道及公路技术服务市场等进行综合开发，积极进军与交通行业有一定关联度的衍生行业，在冷链物流、连锁酒店、餐饮、广告、新能源等领域多元开发、互相依托、互相支持，着力发掘和占领新的细化市场，不断培育新的利润增长点。

功能融合、节约集约。树立"大路域经济"理念，借"路"拓"域"，积极整合内外部资金、人才、管理等优势，在高速公路优势和产业转型升级结合点上培育蓝海，跨越传统产业竞争，将不同市场的价值元素筛选并重新排序，探索路域经济与交通物流、商贸、新能源等业务匹配发展、互利共赢的发展思路，搭建业务对接平台，发挥资源整合的杠杆撬动与放大效应，获取规模化市场效益，努力实现路域经济与多元业务协同发展，促进多元经营企业发展壮大。

政府引导，市场主导。坚持统筹规划、稳步实施、深度开发、综合利用，以确保国有资产保值增值为目标，将路域资源开发规划与高速公路项目规划设计有机结合，精准地用好用活扶持政策，项目选择要符合国家产业政策和企业经营实际。坚持市场化运作、专业化经营，强化营销意识，积极参与市场竞争，充分开发利用现有路域资源，借"机"而为，寻"机"而上，结合公司实际、市场需求和发展前景，重点发展具有相当规模和实力、具有良好效益和发展前景、能够对主业形成强大支持的项目，注重投资收益，夯实发展基础。

创新驱动，开放发展。深化理念创新、技术创新和模式创新，把路域经济发展作为一个重要理念融入高速公路的设计、建设和经营等全流程中，为路域经济预留发展空间，尤其是要把目前高速公路沿线已经拥有的优势资源和闲置资源盘活，积极探索路域经济发展的新业态、新模式。强化开放意识，以"大视野、大气魄、大手笔、大决心"发展路域经济，立足全省经济布局，同时跳出河南交通谋发展，不断深化内外合作，敢于与行业内外合作，积极引入战略合作方，敢于把最精华的部分拿出来与人合作、与人竞争。

强化管理，稳控风险。坚持项目开发成本、风险控制和效益最大化，强化效益意识、经营意识、市场意识、成本意识、节约意识，牢固树立过"紧日子"的思想，积极通过向市场要效益、向管理要效益、向节约要效益、向品牌要效益，进一步加强财务预算的效益目标、成本目标的刚性约束，加强成本管控。加强、完善经营管理和经营分析制度，以可持续发展为目标，建立和完善激励机制、监督机制、内控机制，防范和化解决策、投资、运营、市场、质量等风险。

（三）发展战略

根据路域经济发展的动态性、阶段性特点，应选择"点－链－网"发展战略，即首先选取一些核心增长极，培育成强点，等到"点"的极化作用达到一定程度，强"点"及其中间的交通线就会被带动起来，带动整个轴带的发展，再向外围梯度推进。在推进过程中，要关注到周边经济和产业发展水平，在项目选择上要与周边经济发展阶段和产业、资源基础相匹配，避免相互脱节导致经营失败，阻碍多元化进程。首先根据中心城市的经济发展水平、人均收入水平、消费层次、主导产业、资源优势等，通过合适的指标进行评估，选择部分重点城市，围绕这些重点城市周边及连接线，优先建成一批示范类项目，形成带动效应，辐射整条线路周边经济发展，根据经济发展的演进，再依托主要线路（轴）和重点城市（核心点）向外围地区延伸。

点式突破。由于在特定时期特定区域范围内路域经济发展资源和空间的有限性，路域经济发展不可能全面开花、齐头并进，所以要以试点先行、示范带动的方式，重点考量资源禀赋、发展基础、比较优势等，并在统筹与所处区域的发展战略、产业布局、城市建设和资源开发高度契合的基础上，科学选择高速公路路域经济发展试点，在新型城镇化推进、现代服务业提升、优势资源产品开发等重点领域中加快培育路域经济增长点，积极寻求符合路域经济特性的业务板块，初步形成布局合理的路域经济节点。

链式延展。随着路域经济节点的增多，点与点之间基于资源要素优化配置而产生沿着高速公路相互连接起来的需求。同时，受土地成本、原料供应、人力资源、投资费用等因素的影响，经济增长将会由节点向外沿高速公路扩散，尤其是具有较强区位优势的两个或多个节点之间将会获得较快的经济增长速度，最终形成局部的路域经济链。因此，在链式延展的过程中，我们必须保持与企业资源和能力的动态匹配，在项目筛选能力、资金管控能力、人力资源水平、风险管理能力等方面得到同步提升，避免因匹配不足而导致辅业成为拖累，从而损害路域经济发展。

网状布局。随着点、链的持续发展，由路域经济点、链形成的局部经济网开始出现并不断增加，最终局部经济网逐渐连接起来形成覆盖全区域的路域经济网络系统。在这一网状布局中，路域经济网必须与周边优质资源无缝对接、与所处区域产业结构互动协调，将高速公路沿线的服务区和商贸物流板块开发成周边优质资源和特色产品的展示区、推销区，使路域经济成为区域产业结构优化升级、城市品位提升的有机组成部分。

（四）主要目标

根据现有基础，整合沿线资源，挖潜比较优势，力争通过五年的努力，基本形成优势突出、特色彰显、结构优化、布局合理的路域经济发展体系。

规模效益。力争到 2020 年，"134"路域经济产业格局基本形成，实现路域经济营业收入 100 亿元，利润 10 亿元，成为高速公路营业收入中的重要支撑板块。

产业结构。力争到 2020 年，形成主导产业更加突出、辅助产业特色彰显的产业结构体系，冷链物流实现主营业务收入 50 亿元，新兴产业板块实现主营业务收入 15 亿元，传统产业实现主营业务收入 35 亿元。

信息化。建成适宜于高速公路路域经济发展的综合性信息化平台，冷链物流信息化基础设施网络全面投入使用，大数据分析平台基本架成，为高速公路路域经济发展提供强大支撑。

三 发展重点与空间布局

坚持以路为基，多元发展，发挥比较优势，激活闲置资源，突出发展冷链物流主导产业，积极培育三个新兴产业，整合提升四个传统产业，构建"134"路域经济产业体系，坚持差异化、特色化、连锁化，实施蓝海战略，实现错位竞争，积极培育新领域、新业态、新模式，加快形成一批新的经济增长点。

（一）突出发展主导产业

发挥高速公路优势，结合社会需求形势，突出把冷链物流作为河南高速公路路域经济主导产业培育。

1. 冷链物流发展态势

（1）我国冷链物流发展现状与趋势分析

冷链物流（Cold Chain Logistics）指的是有温控能力的物流服务，服务对象为对环境温度、湿度有特殊要求的商品。冷链物流是保障食品安全的主要途径，当前及未来一段时期我国新型城镇化和食品消费升级将带来对冷链物流基础设施网络的巨大需求。我国冷链物流发展远远滞后于社会需求，我国是农产品生产和消费大国，当前蔬菜产量、水果和肉类产量、禽蛋和水产品产量分别约占全球总产量的60%、30%、40%，但是，中国物流与采购联合会冷链物流专业委员会的数据显示，2015年我国果蔬、肉类、水产品的冷链流通率分别达到22%、34%、41%，冷藏运输率分别为35%、57%、69%，对比2010年制定的《农产品冷链物流发展规划》中的有关数据及发展目标，已经明显提升并超出制定目标（见图3、图4），但是，与美、日已经达到90%以上相比，差距仍十分明显，这导致我国物流损腐率超过10%（国际水平则在5%左右），难以满足从"农田"到"餐桌"食品卫生安全的需求。

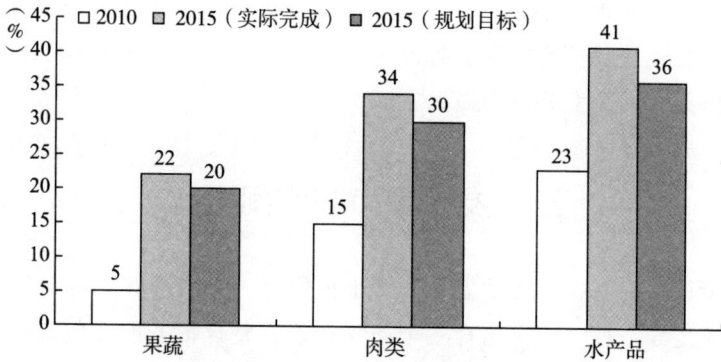

图3　我国果蔬、肉类、水产品的冷链流通率

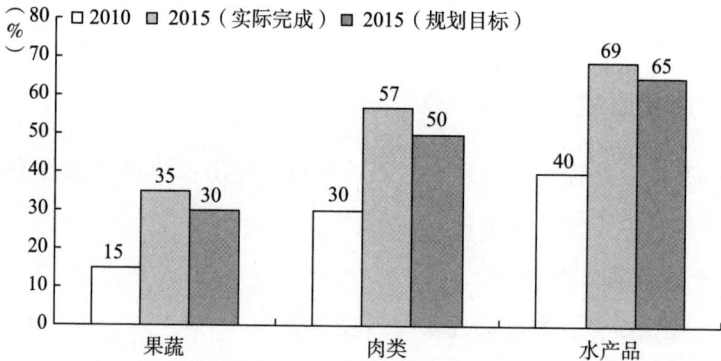

图4　我国果蔬、肉类、水产品的冷藏运输率

　　由于冷链物流基础设施网络远未形成，冷冻食品、果蔬等在运输过程中经常出现冷链"断链"情况，每年造成的损失达千亿元，尤其是伴随着人们对绿色、有机、生鲜等需求的快速增长，生鲜电商、跨境电商快速渗透，冷链物流正呈现出快速增长态势，政策支持力度持续加大，冷链物流正迎来行业增长和政策支持的"双红利"，社会资本纷纷进入。中国物流与采购联合会冷链物流专业委员会的数据显示，2015年冷链物流总额在3.5万亿~4万亿元，冷链每年增长达到22%。

　　近几年，伴随着人民生活水平提升和网络经济蓬勃发展，冷链物流基础设施建设明显提速。2014年，全国冷库总保有量达到1.2亿立方米（见图5），冷藏车保有量突破9万辆，但是，由于建设主体分散，系统性联通性差，冷链物流互联互通网络远未形成，冷链物流效率没有充分发挥出来。2015年全国生鲜电商交易规模达到560亿，预计2018年将达到1283

亿。然而，行业统计数据显示，全国生鲜电商只有1%盈利，亏损的主要原因是大多数生鲜电商因自建冷链物流而令成本陡增，这些生鲜电商选择自建物流的原因是现有冷链物流无法满足要求，生鲜电商与物流互相越位，导致冷链重复投资比较严重，浪费社会资源。

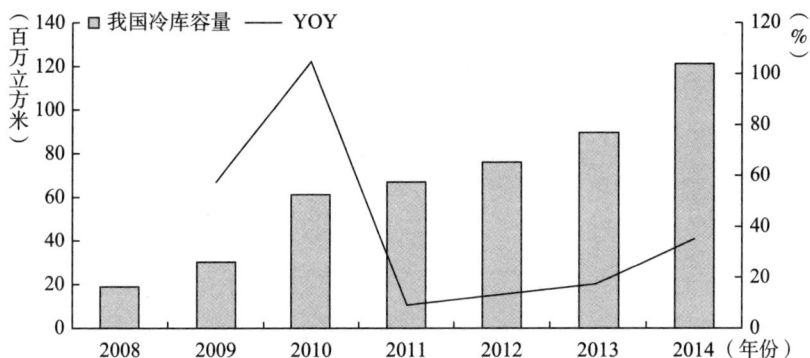

图5　我国冷库容量及增速

国家大力支持冷链物流发展，各类支撑政策陆续出台。2016年的中央一号文件《中共中央国务院关于落实发展新理念加快农业现代化实现全面小康目标的若干意见》，明确提出要完善跨区域农产品冷链物流体系，开展冷链标准化示范，实施特色农产品产区预冷工程。2016年6月，山东、河南、青海、宁夏等10个省区市正式列入中央财政支持冷链物流发展示范省份。同时，国家强制性冷链标准将大力发展第三方、第四方物流，培育一批专业化的冷链物流综合服务提供商以及综合性冷链物流信息服务平台。国务院总理李克强2016年7月20日主持召开国务院常务会议，部署推进"互联网＋物流"，明确发展"互联网＋高效物流"是适度扩大总需求、推进供给侧结构性改革的重要举措，提出要构建物流信息互联共享体系，建立标准规范，加快建设综合运输和物流交易公共信息平台，提升仓储配送智能化水平，鼓励发展冷链物流，加大用地等政策支持，推动现代物流更好地服务发展、造福民生。

在社会需求升级和政策持续加码的带动下，未来一段时期，冷链物流发展将呈现新趋势。

一是冷链物流市场处在加速拐点。从人均收入水平、人均冷库容量等指标看，我国冷链物流正处在美、日等发达国家所经历的加速阶段，尤其是我国食品工业分工专业化和产品标准化水平与美国存在较大差距（见图6），随着分工专业化和产品标准化水平的提升，冷链物流企业平均运营成本随之降低，盈利能力增强，投资回报期缩短，企业购买冷链物流设备的意愿和能力也将逐步增强，投融资并购还将接连上演，当前冷链"群雄割据"的局面将有望改观，全国性、综合性的冷链物流龙头企业会不断涌现。

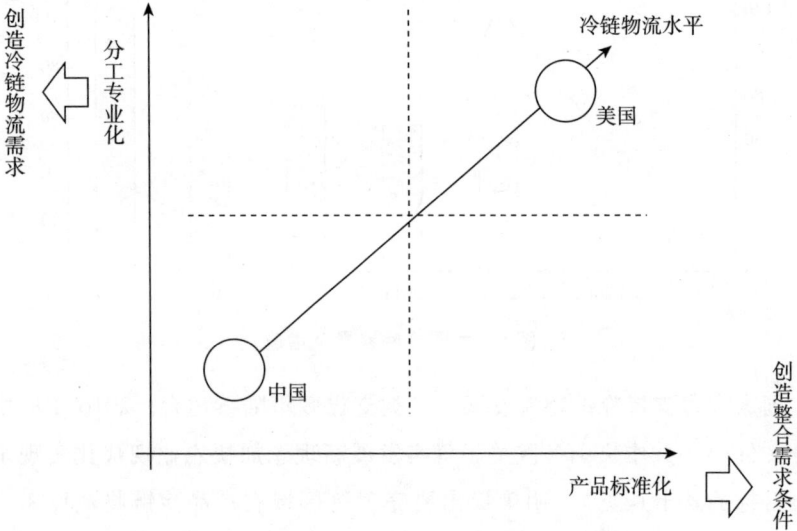

图6 分工专业化和产品标准化对冷链物流水平的影响

二是冷链干线建设明显提速。当前及未来一段时期，冷链物流呈现"冷链干线+落地配送"的发展格局，冷链干线解决跨区域运输问题，落地配送解决"最后一公里"问题。根据产业信息网发布《2014-2018年中国冷库市场运营态势及发展前景预测报告》，2015年冷链干线所需的大中型冷库需求达到1200万吨，市场规模为300亿元以上，2012年冷链干线初步启动，2013~2015年的大中型冷库新增需求为1050万吨，市场规模为260亿元，2015年前完成进度为50%，未来仍有较大发展空间（见表2）。

表2 我国冷链干线所需中大型冷库需求规模

序号	冷链干线建设项目	冷链干线需求
1	省会冷链节点数（个）	30
2	省会冷链节点冷库吨位（万吨/个）	20
3	省会冷链节点冷库总需求（万吨）（1×2）	600

续表

序号	冷链干线建设项目	冷链干线需求
4	地级市冷链节点数（个）	300
5	地级市冷链节点冷库吨位（万吨/个）	1
6	地级市冷链节点冷库总需求（万吨）（4×5）	300
7	县级产地冷链节点数（个）	3000
8	县级产地冷链节点冷库吨位（万吨/个）	0.5
9	县级产地冷链节点冷库总需求（万吨）（7×8）	1500
10	冷链干线网络总需求（万吨）（3+6+9）	2400
11	中大型冷库每吨成本（万元/吨）	0.25
12	总投资额（亿元）（10×11）	600
13	2015 年前的完成进度（%）	50
14	2015 年前大中型冷库需求规模（万吨）（10×13）	1200
15	2015 年前中大型冷库投资规模（亿元）（12×13）	300

三是第三方冷链物流迅速发展。涉及冷链物流的行业主要是乳制品、冷饮、肉制品、速冻食品等。乳制品对温度的控制和产品质量安全要求非常高，生产企业出于产品质量控制的考虑，自营冷链物流业务的意愿较强；冷饮、速冻食品、肉制品生产企业为了降低流通成本，更愿意部分和全部外包物流业务。第三方冷链物流成为资本市场热点板块，海航冷链、小田物流、齐畅冷链、镇江恒伟、凯雪冷链等纷纷登陆新三板，多家冷链物流企业获得风险投资青睐。

四是"互联网+冷链物流"模式持续创新。随着生鲜电商、跨境电商、食材配送、餐饮外卖，以及 O2O 市场的快速崛起，行业内涌现出一批"互联网+冷链物流"新模式，如安家宅配、黑狗冷链、九曳供应链、码上配、极客猫、冷联天下、神盾快送等一批具有创新模式的冷链企业，为传统的冷链格局带来了生机，为我国冷链行业转型发展提供了源源不断的内生动力。

（2）河南冷链物流发展现状与趋势分析

河南是全国重要的食品工业大省，果蔬、肉类、速冻食品等产量均居前列，各区域间主要产品分布不均衡（见表3），对冷链物流需求较大，加之向省外输出量比例约达 50% 以上，发展冷链物流具有雄厚的产业基础。郑州交通区位优越，具有发展冷链物流的天然优势，近几年河南电子商务和郑州跨境电子商务蓬勃发展，国外生鲜产品纷纷登陆郑州，对向外地配送冷链物流需求快速增长。

表3　2014年河南各城市农产品产量统计表

单位：万吨

城市＼类别	蔬菜	瓜果	肉类	奶类	水产品
郑州	286.33	35.89	26.72	489790	156697
开封	684.76	212.84	41.65	270509	67998
洛阳	269.41	17.43	27.66	431696	50802
平顶山	231.14	22.24	40.84	251801	47185
安阳	564.88	87.26	24.76	53051	18610
鹤壁	53.89	1.74	23.7	93000	12470
新乡	331.47	31.81	40.16	355174	62651
焦作	229.62	20.68	20.41	222620	14700
濮阳	254.78	30.44	26.49	81856	33323
许昌	221.97	25.67	41.2	80447	18400
漯河	211.04	44.13	31.19	146619	16520
三门峡	110.23	11.53	11	44271	20330
南阳	1023.79	164.42	76.66	334267	123520
商丘	953.56	305.58	57.45	291872	85058
信阳	356.8	101.3	66.92	2647	204190
周口	945.59	428.31	77.64	133080	63998
驻马店	442.33	122.47	89.4	73108	122832
济源	28.13	0.51	5.32	34052	35216

在食品工业蓬勃发展和人们生鲜需求增长带动下，河南冷链物流快速发展，根据中冷联盟基于对全国冷链物流企业的调研数据，2014年河南冷库保有量98.3万吨，冷藏车保有量5031辆，分列全国第6位和第2位（见表4）。

表4　2014年各省冷库保有量统计排名

单位：吨

名次	省份	库容
1	江苏	3204274

名次	省份	库容
2	上海	2858765
3	山东	1917048
4	湖南	1647126
5	广东	1137691
6	河南	982702
7	北京	961449
8	重庆	823533
9	辽宁	797915
10	天津	744549
11	浙江	570883
12	福建	557666
13	内蒙古	535189
14	河北	427638
15	新疆	426166
16	陕西	291832
17	四川	286684
18	吉林	267567
19	湖北	250210
20	安徽	236834
21	黑龙江	225000
22	山西	199548
23	广西	193982
24	海南	181933
25	江西	180660
26	云南	161997
27	甘肃	161872
28	宁夏	139601
29	贵州	97333

河南在冷链物流模式创新方面走在全国前列，双汇、众品等食品生产企业，成立了专业冷链物流公司，创新发展模式，完善冷链网络，拓展增值服务，呈现出网络化、专业化、标准化、规模化的发展态势。如众品创建的河

南鲜易供应链股份有限公司受到了李克强总理的赞誉，鲜易冷链物流网络依托网络化温控仓储及冷链运输配送系统两大基石，以 IT 信息、供应链金融为核心服务手段，围绕三纵三横交通干线、7 大区域、21 个全国性物流节点城市、17 个区域性物流节点城市，布局干线运输及城市配送网络，形成"群、链、网"结合的服务优势，提供配套的冷链运输配送支持和丰富的增值服务，为客户提供端到端、全程透明、集成、优化的冷链物流服务，智慧生鲜生态圈逐步形成。鲜易在欧洲、北美、南美、澳大利亚、新西兰、中国香港建成 6 个海外集采中心，初步形成了覆盖全球主要市场的物流网络。

但是，河南冷链物流发展中也存在着诸多问题，主要有两个。一是冷库设施与技术相对落后，河南大约有 80% 冷库为平堆冷库，立体货架冷库不到 20%，多数冷库没有从单纯"仓储型"向"加工配送服务型"转换，生鲜农产品产后预冷和低温环境下的分等分级、包装加工等商品化处理手段尚未普及，全程温度监控系统和质量可追溯系统尚未广泛应用。二是冷链物流网络远未形成，由于建设主体相对比较分散，各环节之间缺乏系统整合和协调运作，"断链"现象严重，造成冷链物流损耗多、成本高，不能有效地满足城乡居民的消费需求。

从人均生产总值看，美、日冷链物流发展经验表明，冷链物流发展和人均生产总值有很强的正相关性，当人均生产总值超过 6000 美元时，冷冻冷藏食品消费和冷链物流建设将进入快速发展期，2015 年河南人均生产总值超过 6000 美元，加上郑州区位与交通优势，冷链物流将迎来高速发展期，并呈现如下新特点新趋势。一是河南将形成覆盖全省辐射全国的冷链物流中心网络，中原在全国冷链物流中的核心地位将进一步强化，吸引各类资本介入河南冷链物流产业。二是专业化分工水平明显提升，冷链基础设施网络和专业化运营逐步分离，成长一批冷链物流集成服务商，依托高速公路优势建设冷链基础设施网络优势更加凸显，各方以自己的专业优势融入冷链物流整体网络，提升冷链物流总体效率。三是冷链干线建设快速推进。根据河南农产品资源和速冻食品、畜肉产品的空间分布特点，综合考虑区位交通条件和食品企业聚集情况，沿京广、陇海将形成辐射全国的两大冷链干线。

2. 发展思路

高速公路具有发展冷链物流的网络优势，突出把冷链物流作为主导产业培育，形成新的产业支撑。围绕河南省丰富的农副产品资源和较强的食品工业基础，积极与各区域优势资源、产业对接，结合速冻食品、果蔬、肉类、奶类、水产品等生鲜产品的不同特点，因地制宜发展特色冷链物流，完善冷链物流基础设施，构建立足河南、辐射全国的冷链干线，打造一体化的冷链物流服务体系，积极利用信息技术、互联网及物联网技术，搭建冷链物流信息平台，形成各环节"无断链"对接、线上线下深度融合的全产业链发展格局，创新"互联网＋冷链物流"发展新模式，逐步发展成为综合型冷链物流服务提供商。

3. 发展重点

围绕以下重点环节，对接各类社会资本，加快冷链干线基础设施建设，形成网络效应。

合理布局专业冷库。根据高速公路沿线土地资源，结合区域农副产品资源和优势食品行业，合理布局一批专业冷库。重点推进速冻食品、果蔬、肉类、奶类、水产品等专业冷库建设，根据需求配置智能化绿色化冷库装备，加强各种高性能冷却、冷冻设备自动化分拣、清洗和加工包装设备的应用，以及冷链物流监控追溯系统、温控及预冷设施、移动式冷却装置、冷链运输工具、智能机器人等冷链物流装备的应用，加快建设一批设施先进、节能环保、高效适用的专业冷库，满足全社会对储藏设施的急需。契合跨境电子商务发展趋势，对接郑州跨境电子商务试点城市建设，规划建设一批进出口冷鲜仓储中心。

规划建设低温配送处理中心。围绕中心城市，规划建设一批具有低温条件下中转和分拨功能的配送中心，集中完成速冻食品分包、果蔬分拣及包装、肉类和水产品分割、配载等处理流程，形成冷链长短途有效衔接、生产与流通环节紧密联系的物流体系，加强与上游的屠宰加工企业、批发市场以及下游的超市等环节的对接，协同推进冷链发展。

推进冷链服务外包。加强与专业冷链物流服务企业的对接，稳妥推进冷链物流服务外包，整体或分区域委托专业物流公司一体化运营，提高冷链物流服务水平，支持冷链物流服务企业运用供应链管理技术与方法，实现从产地到销地的一体化冷链物流运作，实现流通各环节的品质可控性和安全性。

积极发展智慧冷链物流。积极利用信息技术和互联网技术，构建统一的冷链物流信息平台，实现数据交换和信息共享，优化配置冷链物流信息资源。积极利用市场信息、客户服务、库存控制和仓储管理、运输管理和交易管理等应用系统，健全冷链物流作业的信息收集、处理和发布系统。率先建设全程温控和可追溯系统，建立便捷、高效、低成本的冷链物流信息追溯系统。

加快布局生鲜 O2O。加强与京东、阿里巴巴、顺丰等企业的战略合作，依托冷库、低温配送处理中心等资源优势，加快布局生鲜 O2O，积极承接生鲜 O2O 产业链中的冷库、低温配送中心等硬件网络建设，共同构建冷链物流宅配体系，全面融入生鲜冷链配套体系，实现联动发展。

4. 空间布局

优先发展"十"字形国家级通道，依托京港澳高速和连霍高速，突出两大国家级高速通道的综合优势，结合各地农产品、畜肉产品产量分布和食品产业集聚区布局，加大沿线冷链物流资源整合力度，以郑州冷链物流中心和新乡、许昌、漯河、信阳以及商丘、开封、洛阳、三门峡等冷链物流节点城市为重点，构建南北、东西向延伸的"十"字形冷链物流网络，打造河南省冷链物流典型示范路，在此基础上，沿着十字国家级通道向省外重要节点城市延伸，以战略合作和自行建设等多种方式，逐步构建覆盖全国、对接全球的冷链物流干线网络。

郑州冷链物流中心。充分利用区位、产业以及高速、航空等综合优势，整合物流资源，在郑州规划建设大型冷链物流基地，大力发展多式联运，形成以速冻食品、生鲜果蔬、肉及肉制品为重点的交易中心、配送中心、低温加工中心和集散分拨中心，发展成为连接京广和陇海两个冷链物流密集带、辐射全国、联通世界的国际冷链物流中心。

陇海冷链物流密集带。依托连霍高速公路，以郑州冷链物流中心和洛阳、商丘、三门峡等冷链物流节点城市为重点，以发展果蔬冷链物流为主，以肉类、速冻食品冷链物流为辅，培育形成冷链物流密集带。

京广冷链物流密集带。依托京港澳高速公路，以郑州冷链物流中心和新乡、许昌、漯河等冷链物流节点城市为重点，以发展肉类、速冻食品冷链物流为主，以果蔬冷链物流为辅，培育形成冷链物流密集带。

融入全国冷链物流网络。在完善省内冷链网络的基础上，沿十字大通道，积极向长三角、珠三角、环渤海地区三大经济圈以及西部地区重点节点城市拓展，实现与全国冷链物流网络的高效对接，培育形成干线冷链物流网络。依托郑州航空经济、跨境电商和郑州班列优势，对接全球冷链物流网络，进一步强化郑州国际冷链物流中心地位。

5. 实施步骤

根据发展现状与未来趋势，可分两步构建覆盖全省、辐射全国的干线物流网络。

省内布局阶段（2016～2020）。以郑州为中心，沿十字大通道，在沿线重点节点城市布局冷链物流网络，加强与全国知名冷链物流企业战略合作，形成成熟、可扩展的发展模式。

全国布局阶段（2021～2025）。在省内冷链物流网络建设和发展模式成熟的基础上，与战略合作方联合沿十字大通道向全国拓展，重点布局武汉、长沙、广州、深圳、徐州、南京、上海、西安、兰州、石家庄、北京等城市，完成全国冷链物流骨干网布局。

6. 冷链物流节点城市选址及规模确定

（1）备选城市的确定

根据选址约束条件及各区域的城市总体规划，结合河南高速公路路域经济发展的实际，初步确定连霍高速公路沿线的备选节点由东到西依次为夏邑、商丘、宁陵、民权、中牟、郑州、巩义、洛阳、新安、义马、渑池、三门峡12个城市；京港澳高速公路沿线的备选节点从北到南依次为新乡、原阳、郑州、新郑、长葛、许昌、临颍、漯河8个城市。

（2）模型建立及测算

模型建立。冷链物流节点城市选址的数学模型：

$$minF = f(Y, P, G, T)$$

其中，F 是选址的总成本；Y 是从上级供应商（一般为生产者或者批发市场）运输到冷链物流节点城市所发生的运输费用；P 是从物流节点城市运送到下级分销商或批发市场而发生的配送费用；G 是冷链物流节点城市为维持其正常运营而发生的运营费用；T 是该冷链物流节点城市建设过程所发生的土地占用费。

费用测算。根据模型，计算连霍高速公路、京港澳高速公路沿线城市建立冷链物流节点花费成本，并确定其建设规模。

运输费用与配送费用。通过对所涉及的备选城市的考察，根据最新统计年鉴数据及向专家咨询访谈，确定 2014 年各沿线城市果蔬、肉类的产量（见表 5 和表 6）。需求市场和需求量以郑州、洛阳两大城市为主要测算依据，如表 7 所示。

表 5　连霍高速沿线备选城市果蔬、肉类的产量

单位：万吨

备选城市	夏邑	商丘	宁陵	民权	中牟	郑州	巩义	洛阳	新安	义马	渑池	三门峡
果蔬	87.9	199	91	121	96.6	315	45.3	287	35.1	2.6	37.5	327
肉类	7.4	48.1	3	8	4.2	26.7	2.7	24.3	4.2	0.38	4.2	11

表 6　京港澳高速沿线备选城市果蔬、肉类的产量

单位：万吨

备选城市	新乡	原阳	郑州	新郑	长葛	许昌	临颍	漯河
果蔬	73.4	50.3	315	34.4	29.5	271	31.3	76
肉类	33.2	6.1	26.7	5.3	5	31.7	12	37

表 7　郑州、洛阳果蔬、肉类的需求量

单位：万吨

需求市场		郑州	洛阳
需求量	果蔬	218.02	131.2
	肉类	68.7	41.3

沿线各城市到备选城市的运输距离如表 8 与表 9 所示，备选城市到郑州、洛阳两个市场的运输距离如表 10 与表 11 所示，各备选城市的运输费用和配送费用如表 12 与表 13 所示。

表 8　连霍高速沿线各城市到备选城市的运输距离

单位：千米

地区	夏邑	商丘	宁陵	民权	中牟	郑州	巩义	洛阳	新安	义马	渑池	三门峡
商丘	35	0	69	52	163	203	273	327	378	382	396	449
郑州	238	203	169	151	40	0	70	124	152	179	193	246
洛阳	362	327	292	275	164	124	54	0	51	55	69	122
三门峡	484	449	414	397	286	246	176	122	71	67	53	0

表 9　京港澳高速沿线各城市到备选城市的运输距离

单位：千米

	新乡	原阳	郑州	新郑	长葛	许昌	临颍	漯河
新乡	0	34	80	117	144	166	192	220
郑州	80	65	0	69	72	86	112	140
许昌	166	132	86	46	22	0	26	54
漯河	220	286	140	100	76	54	28	0

表 10　连霍沿线备选城市到郑州、洛阳的运输距离

单位：千米

	夏邑	商丘	宁陵	民权	中牟	郑州	巩义	洛阳	新安	义马	渑池	三门峡
郑州	238	203	169	151	40	0	70	124	152	179	193	246
洛阳	362	327	292	275	164	124	54	0	51	55	69	122

表 11　京港澳沿线备选城市到郑州、洛阳的运输距离

单位：千米

	新乡	原阳	郑州	新郑	长葛	许昌	临颍	漯河
郑州	80	65	0	69	72	86	112	140
洛阳	203	199	124	193	196	210	236	264

表 12　连霍高速沿线备选城市的运输费用、配送费用及总费用

单位：万元

	夏邑	商丘	宁陵	民权	中牟	郑州	巩义	洛阳	新安	义马	渑池	三门峡
运输费用	36.7	32.3	30.6	28.4	20.2	17.2	16.8	16.4	18.5	19.5	20.3	23.3
配送费用	13.1	11.5	9.9	9.1	4	2.1	2.9	3.6	5.2	6.1	6.7	9.2
总费用	49.8	43.8	40.5	37.5	24.2	19.3	19.7	20	23.7	25.6	27	32.5

表 13　京港澳高速沿线备选城市运输费用、配送费用及总费用

单位：万元

	新乡	原阳	郑州	新郑	长葛	许昌	临颍	漯河
运输费用	7.8	10.5	6.6	8.5	8.4	8.6	10.8	13.2
配送费用	5.8	5.3	2.1	5.3	5.4	6.1	7.3	8.6
总费用	13.6	15.8	8.7	13.8	13.8	14.7	18.1	21.8

运营费用。借鉴其他物流中心运营费用的种类以及对备选冷链物流节点的调研，其单位运营费用分别为：商丘 106 元、郑州 132 元、洛阳 128 元、三门峡 106 元、新乡 124 元、许昌 124 元、漯河 106 元。各地单位运营费用参考叶向奎（2013）的《冷链配送中心选址研究》一文。运营费用与吞吐量存在如下关系：

$$G_j = W_j \times Z_j^p$$

其中，G_j 为运营费用，W_j 为单位运营费用，Z_j 为吞吐量，吞吐量等于本地产量与其他地级市产量之和，p 为常数系数，此处取 0.5。

各备选城市的运营费用如表 14 与 15。

表 14　连霍高速沿线备选城市的运营费用

单位：万元

项目＼地区	夏邑	商丘	宁陵	民权	中牟	郑州	巩义	洛阳	新安	义马	渑池	三门峡
运营费用	3493.7	3729.8	3491.6	3547.4	4168.6	4644.6	4056.5	4503.9	3978.5	3185.4	3253	3729.8

表 15　京港澳高速沿线备选城市的运营费用

单位：万元

项目＼地区	新乡	原阳	郑州	新郑	长葛	许昌	临颍	漯河
运营费用	4044.8	3537.4	4305.7	3643.8	3498	4044.8	3342.4	3457.6

土地费用。根据调查，土地费用以该备选城市的平均房价为依据（见表 16），占地面积参考其他城市有关做法（见表 17）。

表 16　连霍高速沿线备选城市的土地费用

项目＼地区	夏邑	商丘	宁陵	民权	中牟	郑州	巩义	洛阳	新安	义马	渑池	三门峡
地价（元/平方米）	2950	4528	2598	3027	7085	7803	4290	4910	3100	3400	2900	3714
占地面积（平方米）	38711	48363	42383	43750	38953	48363	36891	48363	37738	35277	36789	48363
土地费用（万元）	228	438	220	265	552	755	317	475	234	240	213	359

表 17　京港澳高速沿线备选城市的土地费用

项目＼地区	新乡	原阳	郑州	新郑	长葛	许昌	临颍	漯河
地价（元/平方米）	4093	4623	7803	5871	4025	4665	3075	4180
占地面积（平方米）	41563	31789	41563	29766	31086	41563	38840	41563
土地费用（万元）	340	294	649	350	250	388	239	347

综合费用。综合费用为运输费用、配送费用、运营费用、土地费用之和（见表 18 与表 19）。

表 18　连霍高速沿线备选城市的综合费用

单位：万元

项目＼地区	夏邑	商丘	宁陵	民权	中牟	郑州	巩义	洛阳	新安	义马	渑池	三门峡
综合费用	3771.5	4211.6	3752.1	3849.9	4744.8	5418.9	4393.2	4998.9	4236.2	3451	3493	4121.3

表 19　京港澳高速沿线备选城市的综合费用

单位：万元

项目＼地区	新乡	原阳	郑州	新郑	长葛	许昌	临颍	漯河
综合费用	4398.4	3847.2	4963.4	4007.6	3761.8	4447.5	3599.5	3826.4

（3）评价结果

通过数学模型计算最终结论得出，陇海冷链物流带的冷链物流节点城市应该建在商丘的宁陵、三门峡的渑池或义马，其建设规模分别为 4.2 万平方米、3.7 万平方米、3.5 万平方米；京广冷链物流带的冷链物流节点城市应该建在漯河的临颍、许昌的长葛、新乡的原阳，其建设规模分别为 3.9 万平方米、3.1 万平方米和 3.2 平方米，其他如夏邑、民权、新安、漯河等地也较为适宜。而郑州作为两大国家级高速公路的交点和全省最大的消费市场，根据市场临近原则，郑州应该建设区域冷链物流中心，其建设规模为 4.8 万平方米。

（二）积极培育新兴产业

抢抓新兴产业发展机遇，发挥高速公路潜在优势，积极培育文化旅游、新能源和信息服务等三个新兴产业。

1. 文化旅游

（1）产业发展现状与趋势

在经济下行压力下，旅游业成为消费热点，2015 年国内旅游人数达到 40 亿人次，人均旅游花费 854.86 元，如图 7 所示，旅游收入超过 4 万亿元人民币，过去 5 年年均复合增速达 20%。旅游业也成为投资热点，根据国家旅游局数据，2016 年上半年，全国在建旅游项目 9944 个，实际完成投资 4211.5 亿元，同比增长 30.5%，旅游产品升级明显，文化旅游、乡村旅游等成为投资热点。文化旅游业是一个跨行业的朝阳产业，是挖掘地方文化、完善旅游产业、促进经济结构调整、撬动地方经济腾飞的重要发展方向。

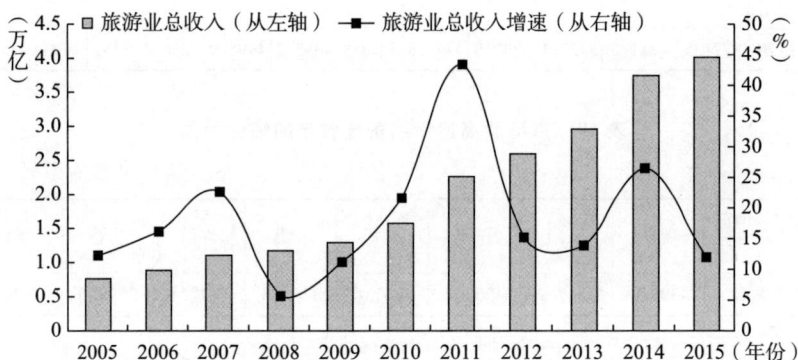

图 7　我国旅游业总收入及增速

旅游业对其他产业带动强，旅游业具有 1∶9 的产业带动效应。如果旅游业的直接收入是 1，其对交通、餐饮、住宿等相关产业的带动收入是 9，因此，依托高速公路发展文化旅游业，对于提升发展餐饮、住宿等传统服务业具有重要意义。作为文化资源大省，河南文化旅游产业具有巨大的发展空间，尤其是依托高速公路带动区域文化资源向文化旅游产业转变，空间十分广阔。

（2）发展思路与重点

依托高速公路服务区以及沿线闲置土地，充分结合地方文化优质资源，培育形成特色文化旅游产业。

打造特色文化旅游园。围绕各地优势文化资源，依托高速公路服务区及闲置土地，建设一批特色文化旅游产业园，重点推进钧瓷文化旅游园、黄河文化旅游园、非物质文化遗产展示园等特色园区建设，吸引自驾游群体文化旅游消费。

建设交通博物馆及交通安全体验中心。规划建设以道路交通为主题的专业性博物馆，全方位展示中原道路交通发展史，并配套建设交通安全体验中心，吸引学生群体和社会群体参观体验，打造交通文化传播和交通安全教育基地。

2. 新能源

（1）产业发展现状与趋势

新能源是我国重点发展的战略性新兴产业之一，对于优化我国能源结构、实现绿色发展具有重要意义，尤其是太阳能光伏和新能源汽车充电桩两个行业发展空间巨大，而高速公路具有发展太阳能光伏和新能源汽车充电桩的基础与优势。

当前，我国光伏电站装机累计规模已经超过 50GW，成为全球第一大光伏国，我国《能源发展战略行动计划（2014－2020 年）》提出"十三五"期间装机要达到 150GW，到 2030 年累计装机规模要达到 400GW（见图 8）。而随着技术提升与成本下降，当前国内光伏市场明显升温，各大企业纷纷进行战略布局，河南西部、北部丘陵地区已经成为投资热点区域。

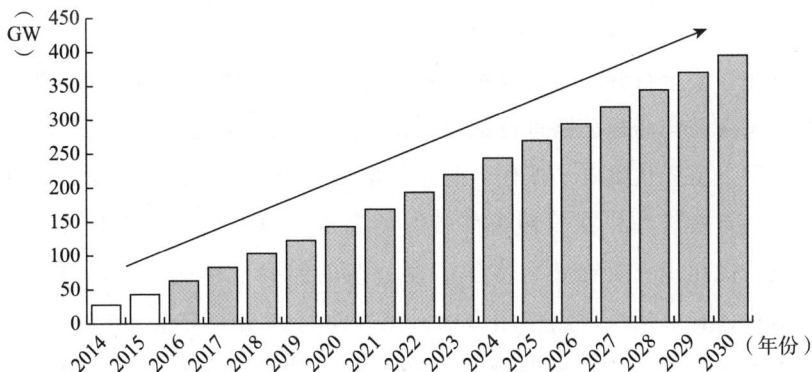

图 8　中国光伏累计装机容量趋势

在需求释放和政策支持下，新能源汽车发展明显提速，2015 年我国新能源汽车呈爆发式增长，产量 37.9 万辆，同比增长 3.5 倍，预计到 2020

年新能源汽车产量将会保持大约 40% 的年复合增速。但是，充电网络不完善是新能源汽车发展的关键制约，2015 年 10 月，国家发改委公布《电动汽车充电基础设施发展指南》，规划到 2020 年，我国将新增集中式充换电站超过 1.2 万座，分散式充电桩超过 480 万个（见图 9），而截至 2015 年底，全国公共充电桩 4.9 万个，发展空间巨大，尤其是高速公路快充网络建设正在全面推进。

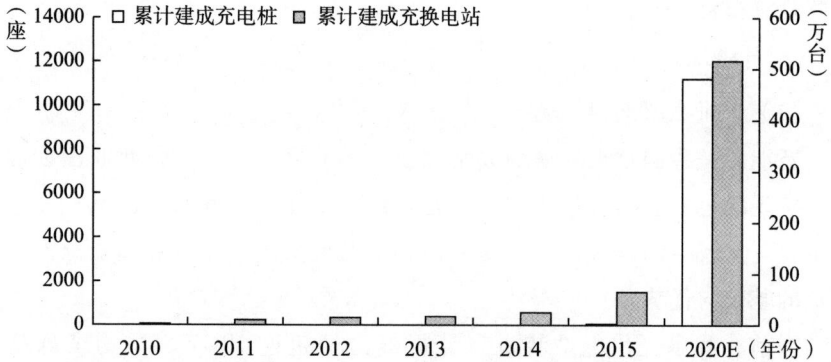

图 9　国家电网近 5 年充电桩（左轴）、充电站（右轴）建设情况

（2）发展思路与重点

依托现有高速路网资源状况，参考国外已有经验和做法，加强与太阳能光伏企业的战略合作，充分利用存量高速路网，作为太阳能光伏发电的新型、有效载体，与新能源汽车充电网络进行互联互通，推动路网上空及周边光伏发电成为未来交通能源的重要来源，实现光伏发电、交通运输、节能减排、安全行驶、道路养护、耕地保护的高效整合与最佳统一。可以选择一条南北向高速公路进行试点，积累经验后进行推广。

路网上空光伏发电。抓住当前光伏电站建设成本下降的机遇，与国内光伏电站企业合作，在日照条件较好的高速公路路段上空布局光伏发电网，改造优化现有及在建、将建高速公路的路面立体结构，延缓路况老化、退化，有效延长道路使用寿命，减少重特大交通安全事故发生概率，实现发电养护两不误。同时高速公路业主还可通过卖电收入弥补养护支出、增加收入等。

基础设施屋顶分布式光伏发电。遵循因地制宜、分散布局、就近利用的原则，在服务区、收费站等基础设施屋顶建设一批分布式光伏发电站，自发自用，满足服务区、收费站用电，多余电量上网，与路网上空光伏发电网络互联互通。

新能源汽车充电设施网络。加快推进省内高速公路新能源汽车充电设施网络建设，与路网光伏发电网络的无缝对接，实现高速公路光伏发电的就近发电、就近转换、就近使用，打造高速公路汽车充电桩建设新模式。

3. 信息服务

（1）产业发展现状与趋势

随着信息基础设施的逐步完善和移动互联网的快速发展，经济社会以及各领域信息化程度不断加深，企业和普通消费者对信息化产品有了更多样化的需求，信息服务市场持续增长。尤其是近几年，在经济下行压力下，国家大力支持以信息产业为主导的新经济加快发展，互联网与各行业深度融合，我国已经成为全球重要的信息经济大国。面对"十三五"，我国提出了实施"互联网＋"行动计划、建设网络经济强国、实施大数据战略等战略思路，河南也提出了建设网络经济大省的战略谋划，河南是全国7大互联网信源集聚地、全国数据中心建设布局二类地区，郑州是全国十大互联网骨干枢纽之一，4G网络实现全省100%行政村全覆盖，"全光网河南"2015年底已经建成。如图10所示，截至2015年底，河南互联网用户数量已经达到6626.9万户，居全国第5位，其中移动宽带用户（即3G和4G移动电话用户）新增1455.7万户，总数达到4905.8万户，居全国第4位，渗透率达到62.2%，高于全国平均水平2.1个百分点，信息服务发展空间广阔。

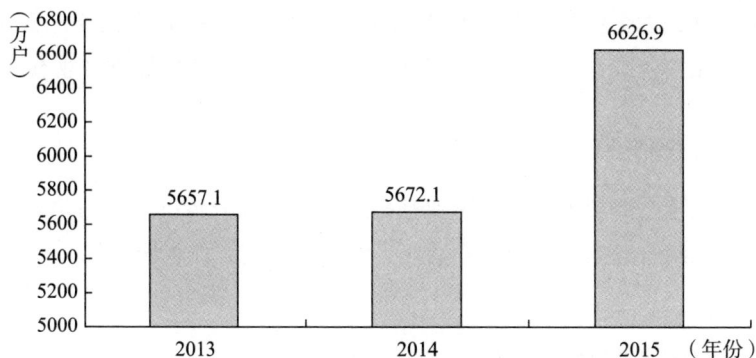

图 10　河南省互联网用户数量

但是，由于地处内陆，河南信息服务业发展比较滞后，河南信息服务业企业在数量和质量上都存在较大差距，虽然近年来，河南在建设大数据平台、云计算中心、物联网、互联网平台经济等方面积极推进，形成了一些新增长点，但产业支撑力较弱。

当前，河南在全国信息枢纽中的地位正在逐步强化，高速公路通信系统资源价值也日益凸显，高速公路通信系统资源包括机房、电源、光纤和通信管道等，在满足现有高速公路数据通信业务使用情况下，也存在一部分资源冗余，造成资产闲置。近年河南已向移动、联通等社会单位租赁部分管道资源，取得一定的经济效益。2012年交通运输部启动了全国高速公路通信系统联网工程，基本实现了全国范围内的数据交互，开启了全国高速公路信息通信资源的综合开发利用的序幕。

（2）发展思路与重点

抓住河南建设网络经济大省的机遇，充分利用高速公路深入至县、区、市完善的通信系统资源，探索"硬件＋数据服务"的发展模式，培育新的产业增长点。

完善基础电信网络。依托高速公路，加强基础电信网络基础设施建设，提升骨干网传输和交换能力，组建全省乃至全国的基础电信网络。重点要围绕我国新一代互联网基础设施建设，超前对接，超前布局。

提供基础电信服务。依托高速公路通信系统网络，提供类似移动、联通性质的基础电信服务，重点提供公共网络基础设施、数据和信息的传输及应用服务、互联网接入服务等基础服务。

提供数据挖掘服务。充分挖掘高速公路车辆通行数据资源，搭建信息公共服务平台，为企业和社会各界提供客车、货车等数据分析服务，引导信息服务类企业围绕高速公路数据挖掘创新服务模式，培育一批新兴业态。

（三）整合提升传统产业

依托高速公路资源优势与产业基础，把改造提升传统业态与培育拓展新兴业态有机结合起来，整合提升酒店、餐饮、商贸、广告四个传统产业。

1. 酒店

（1）产业发展现状与趋势

近年来，我国酒店业供需失衡现象趋于严重，高端酒店市场遇冷，由于以政府和国有企业为主高端消费大幅下滑，经营出现严重滑坡，2011 年到 2014 年我国五星级酒店单店利润由 1054 万元下降到 76 万元。21 世纪以来经济型酒店快速崛起，但经过十几年的发展，也面临着业态老化、租金与人工成本上升，进入"微利时代"，增速明显放缓（见图 11）。同时，中等收入阶层的崛起，顾客消费水平提高，为高性价比的中高端酒店业态提供了"量"的基础和"质"空间，高端酒店服务和经济型酒店价格相结合，正在成为新的酒店细分市场和新的行业增长点。当前，全球高端酒店品牌如希尔顿、洲际、喜达屋纷纷建立自己新的中端品牌，而如家、汉庭、7 天等经济型酒店也开始创建中高端酒店品牌。

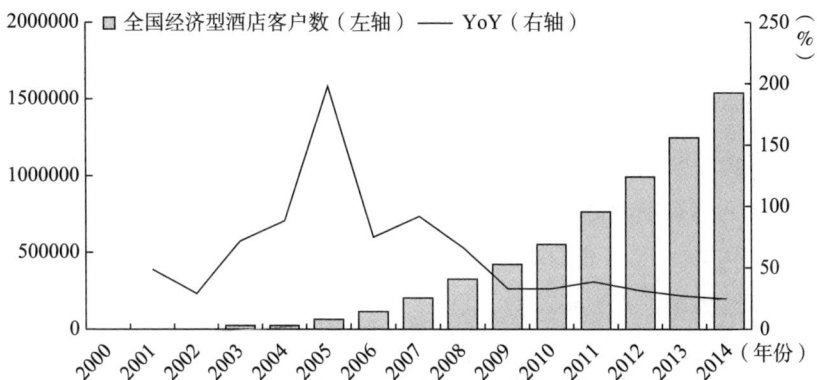

图 11　全国经济型酒店客房数及同比增速

目前，国内各中高端品牌的发展速度远未达到 20 世纪 90 年代美国中高端酒店发展高峰期时的发展速度，未来 10 到 20 年将进入"发展黄金期"，存在着差异化发展的巨大空间。尤其是自驾游正在成为个性化旅游新模式，交通便捷、品质优良、性价比高的中高端酒店成为新的需求增长点。

（2）发展思路与重点

加快整合现有服务区旅馆资源，实现品牌化连锁经营，创建品质酒店特色品牌，突出差异化经营，明确目标客户定位，提供特色化服务，实现标准化、规范化管理，培育新的细分市场。

加快硬件建设。根据高速公路客流量分析，依托现有高速公路服务区，整合现有旅馆资源，合理规划建设一批高品质酒店，重点布局旅游风景区、中心城市周边等，按照统一的建筑标准、装修风格，积极对接周边城市水电气等网络，提高基础设施水平。

实现连锁经营。抓住经济型酒店品牌企业向中高端升级的机遇，积极与品牌酒店进行战略合作，全面委托品牌酒店进行特许经营，统一品牌标识、服务及价格标准，全面导入连锁化支撑体系，如酒店预订网络、连锁化品牌、VI识别系统、独特经营理念等，提高服务水平。

培育特色品牌。与品牌酒店企业联合创建"中原高速品质酒店"品牌，针对目标客户，开辟新的细分市场，突出把高品质服务、经济型酒店价格和高速公路文化主题酒店特色三者有机结合，利用省高速公路信息化平台以及微信等新媒体平台积极推广，快速提高品牌知名度和影响力。

2. 商贸

（1）产业发展现状与趋势

近些年，受行业同质化及电商平台等冲击，我国传统商贸零售业明显下滑，百货行业陷入困境，购物中心趋于过剩。全国百家重点零售企业零售额增速下探至零轴附近，并自2015年9月以来增速中枢下移幅度加大至负增长，从A股市场表现看，商贸业各细分行业均大幅下滑（见图12），下滑幅度远大于沪深总体指数。

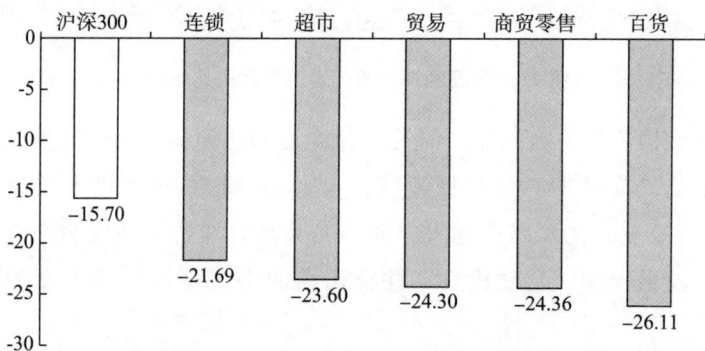

图 12　2016 年上半年商贸细分行业涨跌幅情况

传统商贸业面临深刻转型，发达国家的购物中心一般都布局在城区外围的高速公路旁边，像家电市场、建材市场、服装市场等，随着交通效率提升和汽车保有量提高，国内居民也开始逐渐接受这一消费模式，依托高速公路的大型购物中心正成为新业态，具有广阔发展空间，是商贸业的蓝海。高速公路类企业介入商贸业关键在于依托高速公路优势提升产业业态，而不是在传统业态上与传统商贸企业进行竞争。

（2）发展思路与重点

放大高速公路综合优势，聚焦新兴业态，全面改造提升传统商贸业，以大商贸、大流通、大市场为方向，提高规模化、规范化、组织化和现代化水平，把资源、区位、成本等优势尽快转化为竞争优势。重点在郑州、洛阳、开封、许昌、新乡等中心城市周边布局一批 SBD（Suburban Business District，郊区型商务中心）和特色商贸中心，形成示范带动效应。

打造一批特色商贸中心。抓住当前中心城市批发市场外迁的战略机遇，加快整合高速公路周边闲置土地资源，率先引入奥特莱斯等国际知名品牌，围绕大中城市依托高速公路，打造一批中高端的服装服饰、建材家居、电子产品、农资等专业批发购物中心，形成品牌效应，引领新的购物理念，吸引河北、山东、山西等周边地区民众消费。

打造一批郊区型 CBD。重点依托郑州市、洛阳市等，利用高速公路交通便捷、闲置土地成本低的综合优势，突出低密度、生态性和私密性等特质，创造性地打造 SBD，引入第三方构建一批适合大众创业万众创新的众创空间，降低创新创业成本，吸引总部经济企业、高科技企业、创业型企业等各类企业入驻，打造一个集办公、住宿、休闲、消费为一体的城市综合体，为企业提供更为合理的商务解决方案。

提升服务区零售业。整合现有服务区零售业资源，创建统一的高速公路零售品牌，针对高速公路客户需求，推出主打产品线，主要销售地方特产、方便食品、旅游产品等特色产品，搭建统一的信息化平台和电子商务，实现全省统一配货、线上订单线下取货等，通过举办豫货展等活动扩大品牌影响力。

3. 餐饮

（1）产业发展现状与趋势

近年来，我国餐饮市场总体发展仍保持平稳增长，但细分行业分化态势明显，高端餐饮市场萎缩企稳，中端大众消费市场成主导趋势，定位大众化餐饮的快餐业态增幅较大（见图13）。近几年，契合大众餐饮升级需求，连锁快餐品牌如福记食品、呷哺呷哺、百富餐饮、紫罗兰、粤珍小厨等营业收入均呈现大幅上涨态势。

随着自驾游、品质游的快速提升，高速公路服务区就餐人数大幅度增

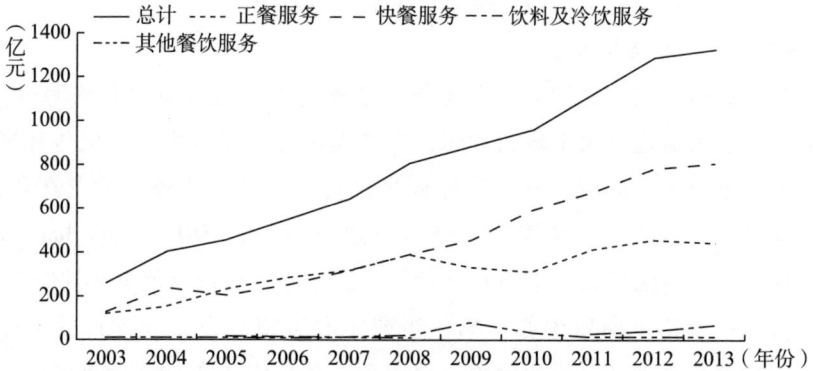

图13　不同类型的限制规模以上连锁餐饮企业营业收入

加,人们对高速公路餐饮提出了更高要求,但是当前高速公路服务区餐饮质量与服务远远不能满足新需求,提高餐饮质量和服务层次,培育高速公路餐饮特色品牌,将激发新的市场需求。

(2) 发展思路与重点

坚持特色化、平价化,突出质量、卫生、安全保障,整合全省高速公路服务区餐饮业资源,创建统一的高速餐饮品牌,引入品牌快餐企业联合经营,全面提高服务区餐饮业经营、服务与管理水平,使其在信誉、品牌、质量、服务等方面实现脱胎换骨式升级。

积极开发特色餐饮品种。明确市场立足点,针对高速公路客户需求,结合区域特色饮食文化,大力开发价位合理、营养健康、方便快捷的特色主食和休闲食品,包括各类早餐、快餐、自助餐、"农家乐"等经营类型,特别聘请中国烹饪协会有关专家全程把关指导,明确品种数量、搭配要求以及价格信息,满足各类客户需求。

统一建立区域性"中央厨房"配送中心。合理规划布局,根据服务业餐饮业区域特点,规划建设若干"中央厨房"配送中心,为区域内各服务区餐饮部提供原材料和半成品材料的统一配送,配备冷藏设备及生产设备,推进产品工艺标准化、采购集约化等,降低门店操作成本,确保产品质量安全。

加强基础设施建设。各服务区餐饮区必须配备完善灶具、排油烟机、消毒柜、防蝇灭蝇器具、冷暖通风设备等,餐饮营业厅堂、后厨及收银台上方还要设置摄录像监控设备,由专人负责监控值守,为监督加工制作规范操作、保持环境卫生良好、营业厅堂治安防范和收款安全等提供保证。

强化质量监管和动态考评。每月对服务区餐饮业菜品、卫生情况、服务水平等进行质量抽查和考核评价，每季度进行一次全面检查或组织互查与评价。突出对节假日期间餐饮服务食品安全的执法监督检查，排查治理食品安全隐患。

4. 广告

（1）产业发展现状与趋势

"十二五"时期，全国广告经营额年均增长 17.6%，截至 2015 年底，全国广告经营额 5973.4 亿元，跃升为世界第二大广告市场（见图 14）。我国广告业发展正处在转型升级阶段，消费层次提升与自主品牌崛起对广告业提出了新要求。为推动我国广告业转型升级，2016 年 7 月，国家工商总局发布《广告业发展"十三五"规划》，提出了十大重点任务，争取能产生年广告经营额超千亿元的广告企业集团，20 个年广告经营额超百亿元、50 个年广告营业额超 20 亿元的广告企业，200 个年经营额超亿元的骨干广告企业。

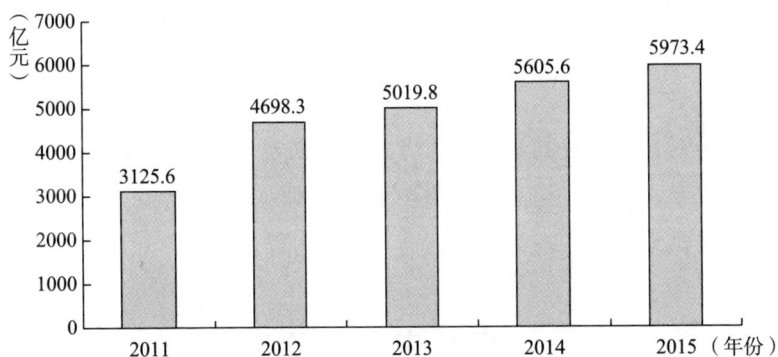

图 14 "十二五"时期中国广告经营额

高速公路广告主要是向特定区域的消费者进行广告信息传播，因其全时段发布、收视时间长、接触率高和到达率高等特点，赢得了众多广告主的青睐。高速公路广告可按照某区域消费者的共同心理特点、风俗习惯来设置和选择不同的表现形式，可较好地利用消费者途中的空白心理强化广告效果。高速公路类企业一般拥有自有产权广告牌租赁、服务区经营管理权，虽然布局非常广，但资源比较单一，缺乏专业人才，所以高速公路广告业发展一直处在低端发展阶段，并普遍存在着沿线违章广告数量多、增势猛、密度大等问题。其未来的发展重点在于建立专业广告公司，全面整合资源，统一规划，提升业态。

（2）发展思路与重点

全面梳理整顿高速公路沿线户外广告资源，实行统一招标，委托著名广告品牌服务商运营，或联合创建"高速传媒"品牌，提高运用广告新设备、新技术、新材料、新媒体的水平，规划广告牌管理，提高广告业盈利能力，打造高速公路广告精准投放服务商。

整合路牌资源。整合现有资源，加快建设一批两面体、三面体等形式为主的广告牌，重点在高速公路沿线的跨线桥、互通区、收费站等设置广告媒体，形成路牌网络，加快清理整顿"线外"路牌，规范高速公路广告市场。

加快发展视频新媒体。抓住以户外液晶电视为代表的视频新媒体崛起的机遇，促进数字、网络等新技术在广告服务领域的应用。依托高速公路服务区、收费站出入口等场所，寻找户外人群较为密集、停留时间较长的地方，加快设置 LED 和 PDP 视频播放媒体，通过互联网、大数据平台提高广告传播精度，提高品牌传播价值。

提高广告策划制作水平。根据广告业发展趋势和高速公路沿线广告业特点，有针对性地引进高端广告人才，加大对员工的培训力度，提高广告策划制作水平，为各行业高端客户在全省范围内网络化、一站式投放高速户外广告提供全面的、高品质的高速户外广告媒体平台。

四 主要任务

（一）完善基础设施网络

进一步加快高速公路网建设，稳步提升路网密度，打通省际和省内"断头路"，切实解决高速公路网"断线"问题，形成以郑州为中心，覆盖全省、通达全国、结构优化、内捷外畅的高速公路网络。加快冷库、酒店、购物中心、批发市场、广告路牌等相关配套基础设施建设步伐。加强科学统筹，进一步完善高速公路网络体系，充分发挥高速公路对地方经济社会发展的支撑带动作用。促进现代物流业发展，将河南打造为全国重要的现代综合交通枢纽和物流中心。加强连接路建设，科学规划线位走向，合理布设出入口，打通"最后一公里"。依托高速公路网络合理谋划产业布局和城镇建设，促进区域产业发展和城镇体系布局与交通网络格局相适应。加强高速公路与其他交通基础设施的衔接，构建快速、便捷、畅通的"大交通"综合运输体系，提高综合交通运输服务水平。加强高速公路管理营运，不断创新服务理念，提升管理水平，提升河南高速公路路域经济的综合效益。

（二）强化信息技术支撑

充分利用新一代信息技术，搭建集信息收集、分析、处理及决策为一体的河南省高速公路路域经济信息化服务平台，全面提升企业核心竞争力。要打破传统收费及监控，通信信息化系统独立建设、分别运行的传统模式，注重发挥信息化整体功能。疏通路域经济信息流转渠道，整合集成信息化各要素，全面构建对外综合服务平台、指挥调度平台和综合管理平台。整合信息采集和发布系统，建立对外综合服务平台管理体系，全面拓展服务内容、提升服务层次和质量。通过地理信息系统，建立动态电子地图，实现信息数据的可视化。设立指挥调度中心，统筹协调应急救援资源，在统一的运行规范下开展联勤联动。整合各业务管理系统和数据资源，做好综合管理体系的基础性工作，挖掘信息数据对管理的支持潜力，建设决策支持系统。加快建设数据采集系统和出行诱导系统，加大对交通安全监测设施、车联网、车载终端的投入，以满足全方位数据采集的需要，实现人车协同服务。建立健全信息安全保障体系，将安全技术、安全设备融入"智慧高速"软硬件开发建设之中。

（三）搭建战略合作平台

与物流公司、快捷酒店、餐饮品牌、商贸品牌、广告公司、光伏发电等专业化品牌企业合作，通过购并、合资、股权投资等方式，打造战略合作联盟，构建路域经济发展产业生态系统，形成合作共赢发展格局。与京广线、陇海线沿线省份高速公路公司合作共建全国运营网络。加快与沿高速公路省辖市政府战略合作，搭建省地共建高速公路路域经济投融资平台。深化政府投融资平台建设，促进投融资平台的转型升级，继续加强政府投融资平台的融资能力建设。在充分盘活在手资源的基础上，继续挖掘平台内部可经营资源。对平台内企业和资产进行清产核资动态监控，摸清企业和主要资产的真实状况，按照收益能力和盘活难度进行分类，有针对性地开展管理工作，加强国有资产管理的制度建设，保证国有资产安全有效运营。深入推进改革，构建公平高效、能激发员工工作积极性的管理体制和用人机制。加强与相关研究机构的合作，充分发挥科研咨询单位作用，提高推进现代物流发展的技术支撑保障能力，加快推进河南路域经济发展。

（四）建成一批示范工程

加快开展示范工程顶层设计，以战略意识和全局思维，谋划一批示范效应好、带动能力强的重点示范项目。规划一批高速公路路域经济发展示范区和示范路，打造一批示范工程，发挥龙头引领作用。坚持梯度推进，根据各个城市的经济总量、人口规模、收入水平和消费层次，确定开放次序，围绕大中城市创建示范工程，以点带线、以线带面，彰显路域经济网络效应。围绕路域经济发展重点战略，建立重点项目数据库，提供充足的项目储备，做好重点项目的优化和滚动调整，形成重点项目竣工一批、启动一批、储备一批的滚动机制，及时充实符合发展需要的重点项目。制定路域经济示范项目管理办法，加快形成规范、有效的项目运作管理机制，确保示范项目管理有章可循，强化全过程管理。完善示范项目推进机制，明确各级各部门职责，建立重点问题联动处理预案，切实解决企业在项目审批、规划选址、融资渠道、土地利用、环境影响评价等方面存在的困难和问题，提升重点项目协调服务的质量和水平。

（五）引进培育高端人才

加强冷链、物流、农副产品保险及包装、酒店餐饮管理、信息技术等高端人才的引进和培育工作，为高速公路路域经济发展提供强大的人才保证和智力支撑。加强人才引进，紧密结合高速公路路域经济发展实际，坚持需求导向，对现有人才结构进行系统分析，以路域经济发展急需人才为重点，完善高端人才引进机制，加强优秀拔尖人才和急需紧缺人才的引进培养，优化人才结构，提升人才素质。在北京和上海并购、新建投资公司或分支机构，吸引高端人才为企业服务。加大人才培养力度，支持企业与高等院校和科研院所共同培养人才，鼓励高速公路建设、运营管理、运输服务以及附属权益开发领域的技能型实用人才培养实训，与相关教育培训机构联合发展多层次教育体系和在职人员培训体系，提高从业人员的业务能力、服务和管理水平。让高素质人才在建设、运营、经营等主战场担当重任，在实践中积累经验，增长才干。加强与路域经济发达地区、单位间的交流和合作，学习和借鉴在人才开发培养方面的好经验和好做法。

（六）推进发展模式创新

充分利用高速公路及其周边设施和资源展开经营活动，扩大资源利用范围，提升资源利用效率，挖掘资源潜在价值。加快传统高速公路公司向现代交通投融资集团过渡转变，推动道路经济向路域经济演进跃迁。不断提升内部管理，培育新的经济增长点，走多元化发展道路。着力创新路域经济发展模式和发展路径，通过自主经营、联合开发、战略联盟、承包、租赁经营等方式，实现以路为基的多元发展。搞好自主经营，积极筹备和成立中原高速路域经济发展公司，围绕规划、经营和管理活动开展工作。积极引进战略投资者，加强与有关企业、战略投资者等投资主体的战略合作，共同筹措建设资金，进行联合开发和经营，实现利益共享，顺应信息社会发展趋势，紧紧抓住"互联网＋"发展机遇，依托移动互联网、大数据、云计算等新一代信息技术创新发展模式，培育一批新兴业态，打造新的经济增长点。大力发展软件信息服务、文化创意、科技金融等新兴产业、总部经济和高端商业，不断推动"道口经济"向"城市经济"转型。

（七）培育提升特色品牌

引入世界知名品牌企业，发挥鲶鱼效应，提升高速公路服务区水平，增强对河北、山东、山西等周边地区民众消费的吸引力。树立品牌意识，努力把中原高速冷链、中原高速快捷酒店、中原高速超市等培育成知名品牌。重点打造一批"中原高速"品牌产品，集聚茶、枣、芝麻油等河南特产，实行全省服务区统一配送。塑造中原高速餐饮和酒店品牌，统一标准，提高层次，改变服务区"环境乱、服务差、东西贵"的形象，打造"环境美、服务优、东西精"的崭新形象。加快建设一批开放式服务区，促进高速公路服务区向经济服务区转型，带动区域经济和特色产业发展。依托通道优势，加大资源整合力度，适应区域优质资源和产业结构，建成一批大型特色仓储物流产业基地，提升仓储物流产业档次。利用高速公路靠近大中城市区位较好的土地，依托高速公路公司自身丰富的建筑经验和人力资源，开发建设区域性 CBD，打造集办公、住宿、休闲和消费于一体的城市综合体，拓展利润空间。

（八）推广绿色发展方式

树立全寿命周期成本理念，将绿色发展、资源能源节约集约的理念贯穿到高速公路及其相关配套基础设施规划、设计、施工、运营、养护和管理的全过程。在高速公路、服务区、仓储基地、宾馆酒店等建设过程中，采取绿色低碳的建筑材料、结构设计。加快提升太阳能、地热能、风能等新能源使用比重。在高速公路沿线设置太阳能路灯，将太阳能热泵、槽式跟踪太阳能集热器、太阳能办公照明系统等应用于服务区的公路服务设施中，实现能源利用效率最大化。在高速公路服务区运用地源热泵技术，采集浅层低温地热能，开发利用高效节能的热水和采暖系统，最大限度提高节能效率。推广应用节水节材建设和运营工艺，实现高速公路路域经济发展的资源使用减量化。开展废旧材料的再生和综合利用，提高资源再利用水平。严格建设项目用地审查，合理确定建设规模。优化设计，因地制宜，采取有效措施，减少耕地占用，节约集约利用交通通道线位资源。

五　实施方案

（一）经营方案

1. 设立运营实体

为更好促进路域经济发展，有效整合路域经济资源，有计划、有步骤、有目标地对闲置土地及通道资源等进行有效开发利用，按照现代企业发展要求，以冷链物流业为突破口，设立中原高速冷链物流投资有限公司，对路域经济资源进行统一开发、统一利用、统一建设、统一运营、统一管理、统一营销、统一推广等，实现资源价值最大化。

（1）资产构成

中原高速冷链物流投资有限公司资产主要包括目前河南交通投资集团及所属单位在交通基础设施建设、管理、经营、资本运作等过程中产生的可开发利用的资源资产组成。

（2）股权分布

中原高速冷链物流投资有限公司资产是由河南交通投资集团及所属单位各自所掌握的路域资源构成，股权划分应由专业化公司对各附属单位路域资源进行综合评估，根据各单位资源价值评估和现金资本注入量，合理进行股权划分。

（3）组织结构

按照现代企业管理要求，积极完善公司的法人治理结构和经营管理机制，建立健全决策、执行和监督体系。公司组织机构由董事会、监事会和经理层等组成，内部设置董事会秘书处、审计部、办公室、人力资源部、财务资产部、会计结算部、管理稽查部、运营监督管理中心综合经营部、考核办公室等部门。

（4）健全制度

编制中原高速冷链物流投资有限公司《公司章程》，建立健全人事管理制度、财务管理制度、行政管理制度、绩效考核制度等各项制度，建立完善"三会"议事规则和"三重一大"事项决策制度，促进公司健康有序发展。

2. 确立经营方式

按照"发挥优长、彰显特色、优势互补、合作共赢"发展理念，根据路域经济发展的总体思路、基本原则等要求，针对不同区域、不同产业和不同项目，因地制宜地采取自主经营、合资经营、承包经营、租赁经营等多种经营方式与运行模式。

冷链物流产业方面，依托通道资源、沿线闲置土地资源等优质资源，积极与荣庆物流供应链有限公司、漯河双汇物流投资有限公司、河南鲜易供应链股份有限公司等行业骨干企业展开合作，双方按照一定比例共同出资成立专业化公司，或者依现有优势资源入股，进行合资经营。

3. 确定运营方案

（1）总体策略

发展路域经济，既要顶层设计、统筹谋划、积极推进，有效明确路域经济的总体发展策略，又要突出重点、把握关键、积极稳妥，确保实现路域经济的持续健康快速发展。

规划引导，科学推进。根据《河南高速公路路域经济发展规划（2016－2020）》，合理编制中原高速物流投资有限公司发展战略规划，重点做好冷链产业发展专项规划编制工作，切实明确公司发展思路、发展目标和发展战略，引领路域经济科学发展。

有的放矢，强化对接。发展路域经济，实现路域经济的持续健康发展，要加强对通道沿线地区优势资源、地方特色、主导产业、发展战略等的研究，做到心中有数，有的放矢。积极加强与地方优势资源、主导产业、市场需求等对接，着力强化与地方发展重大战略、重大举措等衔接，因地制宜地推进冷链物流、商贸服务、餐饮服务、酒店产业等产业发展。

因地制宜，循序渐进。发展路域经济，是一项复杂的系统工程，不可能一蹴而就。在推进路域经济发展过程中，要发挥自身优势，积极优先选择相关领域进入，逐渐培育壮大；对合资经营等方式运作，要拿出优质资源开展合作，形成良好的合作格局。

强化合作，协作共赢。在明确重点发展领域的基础上，结合公司的发展定位、发展基础和发展优势，能进行自主经营的项目，要加大投资力度，公司自身开发、建设、运营和管理，走自主经营道路；对于不熟悉的领域或者与公司发展优势有很大距离的领域，要积极进行战略合作，着力引进战略投资者、运营商或者个人，开展合资经营、承包经营、租赁经营等，实现优势互补、协同共进、合作共赢。

（2）阶段划分

整体上划分为两个实施阶段。

第一阶段（2016～2017）。这一阶段的重点工作和运营策略是：成立河南路域经济开发公司，做好路域经济资源的普查工作，梳理路域经济重点发展行业和领域，制定路域经济产业发展专项规划，选择一些领域进行自主开发建设和运行，选择在冷链、商务、广告等一些领域引入战略投资者或者运营商进行战略合作试点。

第二阶段（2018～2020）。这一阶段的重点工作和运营策略是：在上阶段发展的基础上，继续扩大范围，全面推进路域经济发展，继续扩大自主经营范围，全面发展房地产、文化旅游等产业，全面深化在冷链、文化旅游、商贸、广告、酒店、餐饮、新能源等领域战略合作。

（二）信息化建设方案

1. 建设思路

认真贯彻落实"互联网＋"行动计划，利用互联网技术和资源，提升河南高速公路路域经济发展水平。要充分借鉴河南鲜易供应链平台以及阿里巴巴物流骨干网等运作模式，加快冷链物流信息化建设。加强物联网、云计算、大数据、移动互联网等先进信息技术在冷链物流领域的应用。依托豫东、豫西和豫南各类生鲜农产品优势区、重要集散地区和大中城市等集中消费地区，建立区域性生鲜农产品冷链物流公共信息平台，设立冷链物流电子台账，实现数据交换和信息共享，优化配置冷链物流资源，为建立冷链物流产品监控和追溯系统奠定基础。加强市场信息、客户服务、库存控制、仓储管理、运输管理和交易管理等应用系统软件开发，建立健全冷链物流作业的信息收集、处理和发布系统，全面提升冷链物流业务管理的信息化水平。推广应用条形码、无线射频识别、全球定位系统、传感器技术、移动物流信息技术、电子标签等技术，建立区域性的生鲜农产品质量安全全程监控系统平台，实现来源可溯、质量可控、去向可查的农产品冷链监测目标，保障农产品质量安全。

2. 冷链物流信息化系统构架设计

积极推进"互联网＋物流"，促进仓储智能化水平提升，大力发展冷链物流。冷链物流信息化系统构建应以温度控制为中心，在生产、贮藏、运输、包装、配送、消费等环节，加强温度控制，确保冷链产品的质量和安全。围绕冷链物流信息化系统信息交互和冷链物流信息化作业流程，在信息交互平台和作业流程平台基础上通过对冷链物流信息化系统深度集成，完善冷链物流系统信息化构建。打造冷链物流信息交互平台，重点搭建冷链物流全程监控平台、冷链物流信息数据交互平台、物流在线电子商务交易平台，做好接口管理工作。打造冷链物流作业流程平台，重点围绕建立健全订单管理、仓储管理、运输配送管理、销售管理和决策支持五大系统展开。冷链物流信息化系统构架如图 15 所示。

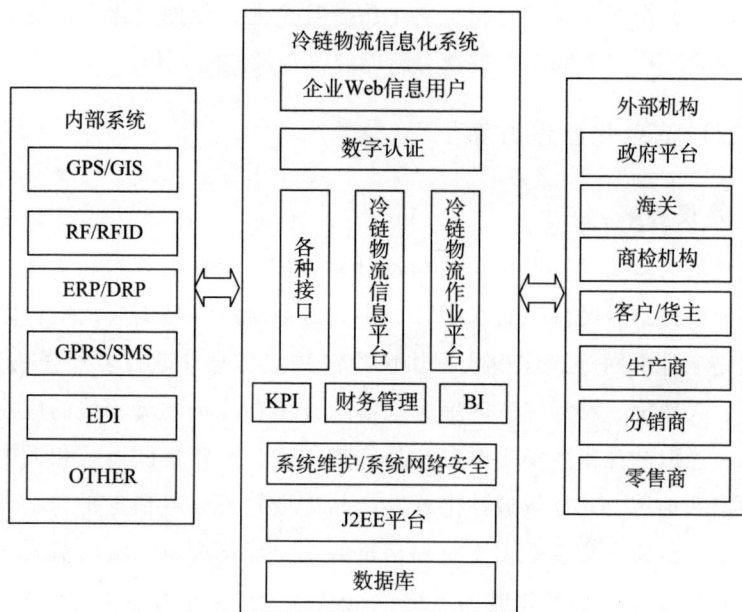

图 15　冷链物流信息化系统构架

3. 智慧化冷库仓储配送服务解决方案

与京东、天猫、苏宁云商等电商平台及企业 ERP 系统衔接，统一数据标准，将销售订单转化为物流订单。建立统一的运营中心，从商务中心、客服中心、调度中心、结算中心四个维度，搭建统一订单与内外部资源运营的管理平台。运输执行以运单为主线，建立高速公路、航空、高速铁路、城市配送等多种业务流程，整合运输资源，根据有效的运输路线组合确定最佳运输安排。仓储执行多点多仓的冷库管理，结合智能化物流设备，精细化管理农产品的批次、质量、包装，通过统一调度、图形化监控、现场 RF（射频技术）实时管理，提高作业效率和资源利用率。智慧化冷库仓储配送服务功能实现如图 16 所示。

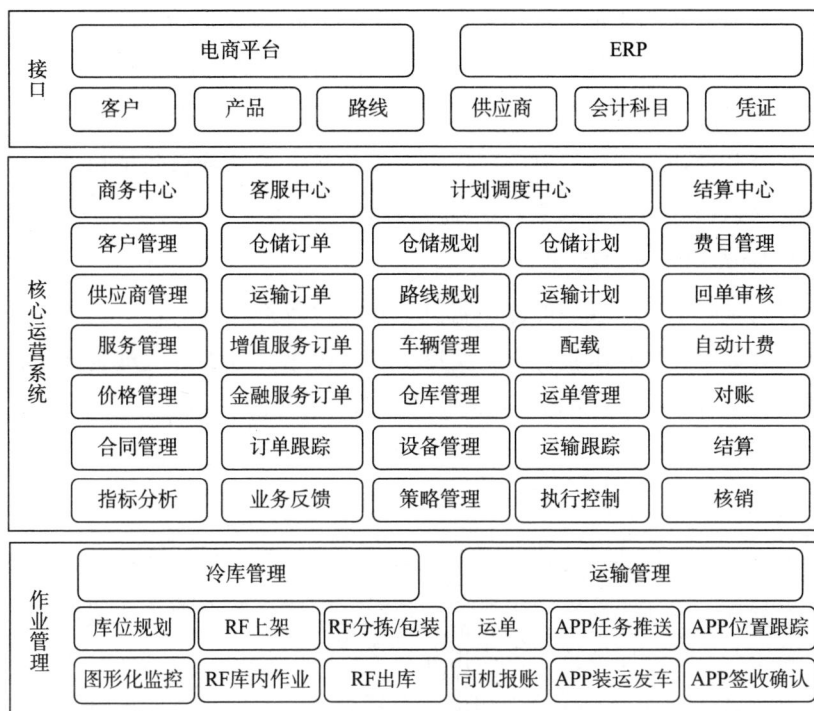

图 16   智慧化冷库仓储配送功能实现

六　政策支持与保障措施

（一）政策支持

围绕高速公路沿线闲置土地资源开发利用，河南应出台配套政策，在土地政策、财税政策、金融等方面提供强力支持。

1. 完善土地综合开发配套政策

支持高速公路经营主体利用自有闲置土地、平等协商收购相邻土地、依法取得政府供应土地或与其他市场主体合作，对高速公路沿线土地进行综合开发，发展壮大路域经济。市、县国土资源部门要依法为企业利用自有土地进行土地产权整合和宗地合并、分拆等提供便利服务。高速公路经营主体依法取得的划拨用地，因转让或改变用途不再符合《划拨用地目录》的，可依法采取协议方式办理用地手续。经国家授权经营的土地，在使用年限内可依法作价出资（入股）、租赁或在公司直属企业、控股公司、参股企业之间转让。地方政府应在编制土地利用总体规划和城市规划时，统筹考虑高速公路毗邻区域土地综合开发利用需求，并据此及时组织编制土地综合开发相关规划。对冷库建设、新能源开发等项目新增用地，要在提高土地集约利用的基础上，合理安排用地。

2. 加大财税支持力度

对路域经济重点发展的冷链物流、新能源等产业项目，应优先享受相关支持政策，在项目申报、资金支持、税收优惠等方面开辟绿色通道，充分享受国家与河南省支持冷链物流、新能源开发等的支持政策，地方政府对高速公路沿线大型冷库、光伏电站等重要项目建设给予必要的引导和扶持。

3. 创新金融支持方式

引导高速公路公司与社会资本、金融机构等联合设立高速公路路域经济发展基金、高速公路冷链物流发展基金、高速公路新能源产业发展基金等。委托专业管理团队按照市场化方式进行投资运作，通过基金参股、推广 PPP 模式等，积极投向冷链物流、连锁酒店、餐饮、新能源等重点产业领域，推进高速公路路域经济发展。

（二）保障措施

1. 加强组织协调

省委省政府应把发展高速公路路域经济作为强化河南综合交通优势的重要抓手，推进各方在战略高度上形成共识。建立高速公路路域经济协调推进小组，由分管副省长担任组长，办公室设在交通厅，对路域经济发展规划、项目建设计划、投资、运营以及法规、产业政策进行指导、协调、监督和服务，并运用政府职能为路域经济项目的建设、运营创造条件，凝聚各方力量共促河南高速公路路域经济的发展。

2. 优化发展环境

政府部门应切实转变职能，进一步规范和减少行政审批，对于重点项目在项目审批、规划选址、融资渠道、土地利用、环境影响评价等方面的困难和问题应及时帮助企业协调解决。对需转报国家审批（核准）的重大项目，需立办立结，并落实专人负责。建立信息互通制度，各级各部门要及时将各自办理的项目审批、核准、备案以及规划、土地利用、环境影响评价等文件相互送达，做到无缝对接。

3. 营造良好氛围

积极做好宣传推广工作，让社会各界认识到路域经济所潜藏的商机，努力营造良好的融资环境，吸引各路资金支持路域经济发展，全力保障道路安全畅通，稳固路域经济发展的基础。通过多种方式途径为河南路域经济大发展营造良好的氛围。

河南省中医药优先发展战略研究

河南地处华夏腹地，是医圣张仲景的故乡，是中医药起源、发展和传承的重要区域，享有"中医药文化起源于中原、中医药巨著诞生于中原、中医药科学发达于中原、中医药大师荟萃于中原、中医药名胜遍布于中原、中药道地药材盛产于中原"的美誉。在历史发展的长河中，中医药已成为河南的突出优势，不仅为中华民族的繁衍昌盛做出了卓越贡献，而且为中原崛起河南振兴富民强省提供了潜在的支撑。

新中国成立以来特别是改革开放以来，河南省中医药得到快速发展，目前已形成较为完善的医疗、教学、科研、管理体系，初步形成了现代中药产业竞相发展的格局，在保障全省广大人民群众健康、促进经济社会发展方面发挥着不可替代的作用。但同时，还必须清醒地认识到，当前河南省中医药发展中还存在着一些亟待解决的深层次矛盾和问题，与巩固和提升河南中医药传统地位、建设中医药强省的要求相比还存在着较大的距离。

在政策环境不断优化、社会需求持续增加、医药卫生体制改革进一步深入、现代医学模式加速转变的新形势下，把中医药摆上优先发展的战略地位，切实落实政府部门的职责，做到在经济社会发展规划中优先安排中医药、在公共资源配置上优先满足中医药，认真解决制约全省中医药健康快速发展的深层次矛盾和问题，积极推动河南由中医药资源大省向中医药强省的转变，是贯彻"四个全面"战略布局、落实新时期党和国家卫生工作方针、充分满足人民群众日益增长的医疗服务需求的重要举措，是立足河南省情、培育新的经济增长点的战略选择，也是加快经济社会发展转型升级的现实途径和传承创新华夏历史文明的重要内容。

一　战略意义

中医药是中华民族的文化瑰宝，是在华夏文明产生发展进步的历史长河中逐步形成的医学科学。河南作为中医药起源、发展和传承的重要区域，对中华民族的繁衍昌盛做出了卓越贡献，对整个人类健康和世界文明产生了积极的影响。在加快中原崛起河南振兴富民强省的新时期，推进中医药优先发展，对于深化医疗卫生体制改革、提高人民健康水平、推动经济发展方式转变、促进经济发展和社会和谐、弘扬中华文明，具有十分重要的战略意义。

（一）中医药相关概念辨析

1. 中医、中药与中医药

广义的中医，指的是中国境内所有的民族医学和宗教医学。如汉医、藏医、蒙医、苗医、佛医等。狭义的中医，指的则是汉医，即以古代中国汉民族的医学实践为主体的传统医学，晚清民国时期也称之为国医。同时，狭义的中医也指中医药学科的专业职业队伍，即中医师等。中医发源形成于古代中国，至今已有数千年的历史，概括地说，中医是以中医药理论与实践经验为指导，研究人类生命活动中健康与疾病转化规律及其预防、诊断、治疗、康复和保健的综合性科学，也是具有整体观念和辨证论治等特点，以中药为主体，融针灸、推拿、按摩、导引等综合性疗法于一体的医疗体系，这也是本研究涉及的中医内涵。

中药是在中医理论指导下用于疾病的治疗、预防与保健，并规定主治功能、药物用法和用量的药材、饮片、制剂和中成药等。它特别强调是在中医理论指导下对疾病的预防、治疗与保健，是具有进行整体调节人体生理机能作用的药物。

中医药是中医与中药的总称。自古以来，中医与中药相互依存、协调发展，中医是中药应用的指针和开发的源泉，中药是中医医疗保健的主要手段。中医概念本来就是融汇了中医学和中药学，但近年来有人无视中医中药发展的历史规律，主张"医药分离"，更有甚者提出"废医存药"的谬论。实践已经证明，离开中医理论指导的中药应用研发是行不通的，最终将会导致中医中药的式微甚至消亡。因此，强调作为中医学与中药学相结合的中医药这一概念，能更准确地反映中医与中药两者共同发展、密不可分的关系。

2. 中医、西医与中西医结合

西医主要指的是西方近现代医学。西方近现代医学起源于西方国家文艺复兴以后，是建立在科学和实验基础上的全新的医学体系，它的基础学科有解剖学、生理学、细胞学、组织胚胎学等，它的理论学说与生物学、化学、物理学、数学等学科有着紧密的关系。与中医相比，西医的诊断更多的是借助医疗仪器设备和实验室，治疗则主要有西药治疗、手术治疗、生物治疗等方式。

中西医结合就是将传统的中医中药知识和方法与西医西药的知识和方法结合起来，在提高临床疗效的基础上，阐明机理进而获得新的医学认识的一种途径。中西医结合发轫于临床实践，目前尚处于临床技术配合阶段，尚未演进为有明确发展目标和独特方法论的学术体系。

中医和西医是在不同的历史条件和文化背景下形成的两种不同的医学科学体系，由于对研究对象的把握和认识角度不同，所形成的概念体系各不相同，治疗原则和技术也各有特色。自古以来，中医一直是我国防病治病的主要手段，其作用和成效毋庸置疑。直到近代西风东渐，西医地位日益凸显，并很快居于绝对的优势地位，清末以来社会上废止中医的言论一直没有停息，国民党政府几乎明令禁止中医。

新中国成立后，党和政府充分尊重历史传统和现实需要，1950 年全国卫生工作会议科学地提出"西医中国化，中医科学化"，开启了我国卫生事业"中西医两条腿走路"的新格局，并以此解决了数亿中国农民缺医少药的问题。此后，中央历次提出的卫生工作方针都包含了"中西医结合"和"中西医并重"的内容。1982 年国务院学位委员会将"中西医结合"设置为一级学科，招收中西医结合研究生，促进了中西医结合学科建设；1992 年，国家标准《学科分类与代码》又将"中西医结合医学"设置为一门新学科，促进了中西医结合研究把学科建设作为主要发展方向和历史任务。

3. 中医药事业与中药产业

中医药事业是由政府所属的事业单位或中医药行政管理部门直接领

导、以公益性医疗教育科研服务为内容、以财政投入为主的社会健康服务体系，其最大特点是公益性和非营利性。由于中医药"简、便、验、廉"的特点及其在基本公共卫生服务体系中的基础地位，特别是涉及承担基础性科研和人才培养、基层基本医疗服务等公益服务的中医药机构，按照《中共中央、国务院关于分类推进事业单位改革的指导意见》（中发〔2011〕5号）中对关于事业单位类别所做的"承担义务教育、基础性科研、公共文化、公共卫生及基层的基本医疗服务等基本公益服务，不能或不宜由市场配置资源的，划入公益一类""具体由各地结合实际研究确定"等具体规定，中医药事业中的大部分机构具有事业单位公益一类的性质。

中药产业狭义上是指中药工业或中药制药业，广义上则是指在国民经济中从事以中医理论为指导和以中医药理论为基础的医疗保健产品的生产、经营、服务及其他相关经济活动的集合。中药产业以中药为专业范围，围绕人们对中药的各种需求进行分工和合作，通过一系列活动将各种资源进行组合，产生能满足人们需求的产品和服务，如中药材种植、养殖、采集加工，收购、物流、仓储、中药制药、以中药为原料的保健品生产及营销等。

近年来兴起的中医药健康服务业，是指运用中医药理念、方法、技术维护和增进人民群众身心健康的活动的集合，主要包括中医药养生、保健、医疗、康复服务、健康养老、中医药文化、健康旅游等相关服务，涉及中医药药品、医疗器械、保健用品、保健食品、健身产品等支撑产业，覆盖面广，产业链长。随着中医药健康服务业发展和社会需求的扩大，中医药健康服务业的内涵还将不断丰富和调整。

4. 中医药管理体制

我国古代的医政管理大体从周朝开始确立，其后历代不断演进，唐宋时期逐渐完备，但至清代亦无重大变化。新中国成立后，1949 年 11 月，中央卫生部在医政处设立中医科；1953 年 5 月，中医科改为中医处；1954 年，卫生部正式设立中医司，管理全国中医工作；1986 年 1 月 4 日，国务院决定成立国家中医管理局，由卫生部代管。1988 年 5 月 3 日，国务院决定成立国家中医药管理局，将原属国家医药管理局管理的中药部分划归国家中医药管理局，作为国务院管理中医中药工作的国家局，由卫生部归口管理；1993 年，国务院机构改革方案明确国家中医药管理局为卫生部管理的国家局（副部级）；1998 年 3 月，进一步明确国家中医药管理局为卫生部管理的主管国家中医药事业的行政机构，而中药生产许可和监管职能则交由国家药品监督管理局（现国家食品药品监督管理总局）负责，这种中医和中药分条管理体制延续至今。2013 年国务院机构改革中，仍保留国家中医药管理局，为国家卫生和计划生育委员会管理的国家局。在省级层面，目前全国 31 个省（自治区、直辖市）中，包括河南在内的 15 个省份设立了副厅级的中医（药）管理局，其余为省级卫生行政部门内设的中医药处或处级中医药管理局。

（二）河南省中医药发展的主要贡献

河南地处黄河中下游的中原地区，是中华民族和华夏文明的重要发祥地。在历史发展的长河中，作为中医中药起源、发展和传承的重要区域，河南享有"中医药文化起源于中原、中医药巨著诞生于中原、中医药科学发达于中原、中医药大师荟萃于中原、中医药名胜遍布于中原、中药道地药材盛产于中原"的美誉。几千年来，中医药不仅为中华民族的生存繁衍做出了不可磨灭的贡献，而且在新的形势下对提高人民群众健康水平仍然发挥着重要作用。

1. 保护和发展生产力

健康，于个人而言是平安、幸福，于区域或国家而言就是生产力。时至今日，"健康也是生产力"的观念已越来越深入人心。世界银行对战后 40 年世界经济发展的测算结果表明，8% ~10% 的增长应归功于劳动者健康发展水平的提高；更有研究指出，亚洲经济迅速发展的原因中，有 30% ~40% 来自劳动者健康素质的提高。而在促进劳动者健康素质提高的过程中，中医药的作用功不可没，其在"治未病"方面的独特优势，更是在提高劳动者健康指数的同时，降低了医疗资源消耗和医疗支出成本。据统计，依靠先进医疗设备和先进药物只能使 17% 的病人得救，做好预防和养成科学的生活方式，可以使 70% 的人保持健康，而预防的费用只是治疗费用的 1/9、抢救费用的 1%，在经济上是最节省的一种办法①。尤其是在河南这样的欠发达地区，长期以来，中医药以其"简、便、验、廉"的特点，在治病救

---

① 董伟：《健康是生产力——专访中国医药卫生事业发展基金会理事长王彦峰》，《中国青年报》2010 年 8 月 19 日。

人、传染病防治、重大灾害应对、健康保健等方面做出了重大贡献，今后仍将在维护人民群众身心健康方面发挥着巨大作用。

2. 提高区域医疗卫生水平

从全国各地比较看，河南中医药在机构规模、专业队伍、特色专科、历史文化等方面具有一定优势，已初步形成了比较齐备的中医医疗、中药生产、中医教育和科研体系。2014年，中央和省级财政投入专项资金6.5亿元，比上年增长12.06%。其中，中央财政补助4.2亿元，省本级投入2.3亿元。全省中医机构基础设施建设规模近40万平方米，总投资20.5亿元。2014年全省共有中医医院392家，登记床位5.7万张；全省中医院门急诊总量突破3000万人次，出院病人突破150万人次；全省中医医院年业务总收入突破120亿元，其中30家医院年业务收入超亿元；平均住院日、床位使用率、床位周转次数、门诊人均次费用、住院平均费用、业务收入结构等运行效率和中医特色指标明显改善。

3. 推动区域经济社会发展

河南具有丰富的中医药材资源，为全省发展中医药产业提供了良好的基础。河南地处南北气候过渡带，山水地貌复杂，生物种类繁多，境内有记载的中药材达2773种，中药材总储量8亿多公斤，居全国第三位，其中，四大怀药、山茱萸、丹参、辛夷、金银花、冬凌草、连翘等道地药材品质好产量大，在全国中药材市场居主导地位，对推动农业结构调整、促进农民增收发挥了重要作用。河南的辅仁、宛西、羚锐等制药企业及品牌在全国医药市场上占有一定份额，有着较好的声誉和良好的形象。2013年，全省中药工业产值已达230亿元，辅仁、宛西两家企业进入全国医药工业百强企业榜，中医药产业已成为推动全省经济社会发展的重要产业。

4. 提升河南的区域影响力

河南不仅是中医药的发祥地，而且中原中医药文化有着强大的辐射力和广泛的影响力。历经千年发展，中原中医药学在唐代达到高峰，先后传入日本、朝鲜、越南等国，为中医药学的发展壮大做出了突出贡献。近年来，河南中医界在艾滋病、老年肺病、骨伤骨病、高血压、心脑血管等领域取得了一系列临床科研成果，其中老年社区获得性肺炎中医治疗研究成果获得国家科技进步一等奖，河南省负责制定的《艾滋病常见病症辨证治疗要点》等规范和标准经中华中医药学会发布实行。洛阳平乐郭氏正骨等特色优势专科名扬海内外。在汶川大地震救治、H1N1甲型流感、手足口病防治等突发灾害和重大疫情等防治中，河南中医药界也发挥了独特作用。这些都有力地提升了河南中医药的地位，并进而提升了河南的区域形象。

（三）实施中医药优先发展战略的意义

河南是发展中的人口大省、农业大省和新兴的工业大省、有影响的文化大省，同时也是全国底蕴深厚、潜力巨大的中医药大省。加快推进河南中医药优先发展，把中医药发展作为基础性、先导性、全局性的事业，摆在优先发展的战略地位，切实落实政府部门的职责，做到经济社会发展规划中中医药优先安排、中医药公共资源优先满足，建立各项专项资金，着力推进中医药健康发展。这是贯彻"四个全面"战略布局、落实新时期党和国家卫生工作方针、充分满足人民群众日益增长的医疗服务需求的重要举措，是立足河南省情、培育新的经济增长点的战略选择，也是加快经济发展转型升级的现实途径和传承创新华夏历史文明的重要内容。

1. 加快推进中医药优先发展是发挥中医药优势、"用中国式办法解决医改难题"的重要举措

近年来，伴随生活水平的不断提高，人们对医疗条件的要求也日益提升。与此同时，"看病贵""看病难"以及医患矛盾不断出现，医疗体制改革成为社会关注的焦点之一。2014年3月，李克强总理在政府工作报告中指出："要坚定不移推进医改，用中国式办法解决好这个世界性难题。"《中华人民共和国中医药法（征求意见稿）》指出，中医药是中国医药卫生体系的特色和优势，国家将建立覆盖城乡的中医药服务体系。新中国成立以来，党和政府从我国国情和人民群众医疗保健的实际需求出发，强调中西医相互补充共同发展，并使之成为中国特色医药卫生事业及保障体系的重要特征和显著优势。但是，在实际工作中，重西医轻中医的现象比较普遍，特别是广大农村医疗保健资源匮乏，农民群众求医难、治病难与忽视中医药发展有直接关系。要实现"用中国式办法解决医改难题"，特别是对于仍处于欠发达的河南来说，必须大力发挥中医药"简、便、廉、验"的优势，推进中医药优先发展，构建符合国情省情的低成本、高效率、广覆盖的医疗保健服务体系，既保证人民群众用得起，又降低医疗费用支

出，缓解群众看病难、看病贵和因病致贫、因病返贫问题，实现"人人享有初级卫生保健"的目标。

2. 加快推进中医药优先发展是河南发展高成长性服务业、催生新的经济增长点的战略选择

当前，伴随着我国人口老龄化的不断加剧，"富贵病""亚健康"等情况不断增多，在保证基本医疗卫生需求的基础上，人民群众迫切期待多元化的健康服务供给，尤其是对防病的刚性需求越来越大。中医药"治未病"的优势日益凸显，催生了以健康服务业为代表的新型业态的发展。继国务院发布《关于促进健康服务业发展的若干意见》后，2014 年 7 月，河南省出台《关于促进健康服务业发展的实施意见》，提出壮大医疗服务、健康养老、中医保健、健康咨询、健康旅游、健康保险等健康服务业，打造一批知名度高、带动力强的健康服务业集群，建设中医药医疗保健服务强省和全国重要的健康旅游目的地，并提出到 2020 年全省健康服务业总规模达到 5000 亿元左右。因此，加快推进中医药优先发展，在不断满足人民群众多层次多样化的健康服务需求、为促进人的全面发展创造必要条件的同时，也将成为经济发展新的重要增长点，使健康服务业成为河南发展高成长性服务业的重要组成部分。

3. 加快推进中医药优先发展是转变发展方式、增强发展后劲的有效途径

包括中医药在内的生物医药产业，是国家大力培育的七大战略性新兴产业之一。数据显示，中药行业历年来收入、利润增速均排名医药制造业前几位，这显示出中药行业的刚性需求（见图1）。而且，中药材种植具备绿色、环保、生态的特点，符合新型经济业态的要求，并能带动农业结构调整和农民增收；中药产业产业链长、附加值高、成长性好、市场前景广，能为产业结构调整和经济转型升级提供强大的推动力；中药产业符合当前社会老龄化和医疗保健需求上升的趋势，并由此带动中医药科技创新。作为中医药大省，河南加快推进中医药优先发展，有利于整合自然、历史、文化、技术等多方面资源优势，统筹中医药产业的种植、加工、研发、物流、销售等多个环节，并带动上下游的一些相关产业，形成完整的全产业链，有利于培育产业发展新优势，是全省产业结构调整的重要方

向，是转变经济发展方式、增强区域发展后劲的有效途径。

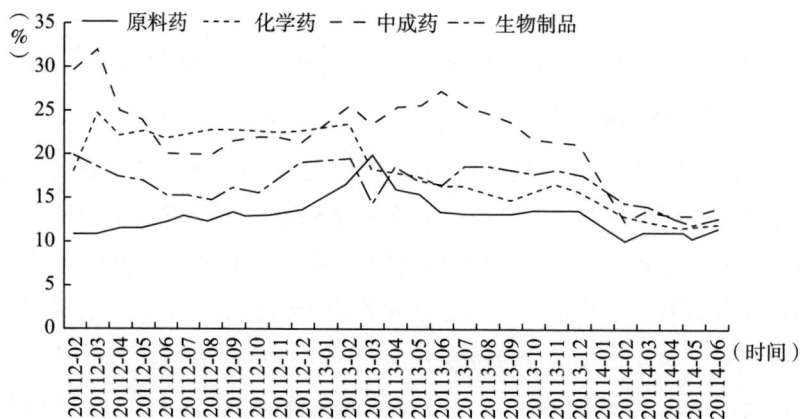

图1　近年来医药制造业各子行业主营业务收入增长状况
资料来源：国家统计局、中国银河证券。

4. 加快推进中医药优先发展是弘扬中医药文化、传承创新华夏历史文明的重要内容

中医药是中华民族传承几千年的瑰宝，体现了中华民族的认知方式和价值取向，符合世界医药科学发展的大趋势，是我国文化软实力的重要体现。《中华人民共和国中医药法（征求意见稿）》提出，将中医药文化建设纳入国家文化发展规划，并拟将每年的10月11日定为"中医药日"，可以预见中医药文化将得到越来越高的关注和重视。从全球范围看，中医药交流已经成为我国对外交流的重要窗口。随着人类健康意识的逐步增强，绿色健康理念的深入人心，中医药强调"天人合一"，符合"回归自然"的世界潮流，倍受世界卫生组织的重视和各国人民的青睐，将被越来越多的国家所接受。2012年11月，国务院正式批复通过的《中原经济区规划》，赋予了中原经济区华夏历史文明传承创新区的定位。推进中医药优先发展，加强中医药文化资源开发利用，弘扬河南中医药文化，打造河南中医药文化品牌，对丰富中原文化内涵、塑造河南文化品牌、促进对外经济文化交流、建设"文明河南"，具有积极意义。

5. 加快推进中医药优先发展是提升河南战略地位、实现富民强省的有力支撑

当前，河南正处于贯彻"四个全面"战略布局、积极对接和融入国家

战略、加快现代化建设的关键时期，加快推进中医药优先发展，推动中医药全面参与经济建设、社会建设、文化建设和生态文明建设，有利于促进新医学模式的建立和发展，推进公共卫生体系的健全，提升人民文化品质和身心健康水平，推动河南与全国一起全面建成小康社会；有利于依托郑州、洛阳的重要节点城市功能，加强中医药文化传播和交流，构建深度融入"一带一路"建设的新载体、新平台，提升河南在"四大板块"和"三个支撑带"战略组合中的战略地位；有利于通过中医药事业和产业的发展，提供多层次、多形式的就业岗位，增加社会就业，提高城乡居民收入，进而更好地拉动内需、促进经济增长，加快富民强省进程。

二　现实基础和环境分析

新中国成立以来特别是改革开放以来，河南省中医药得到快速发展，目前已形成较为齐备的医疗、教学、科研、管理体系，初步形成了现代中药产业竞相发展的格局，在保障全省广大人民群众健康、促进经济社会发展方面发挥着不可替代的作用。但同时，还必须清醒地认识到，当前河南省中医药发展中还存在着一些亟待解决的深层次矛盾和问题，与中医药强省的要求相比还存在着较大的距离。

（一）河南省中医药发展的现实基础

1. 发展优势不断彰显

河南地处中原，交通便利，推动中医药发展具有得天独厚的优势。一方面，作为中医药文化的重要发源地，河南拥有不可替代的中药材资源优势、历史文化优势等，并在长期的发展中形成了较为完善的医疗、教育、科研、管理体系，初步形成了中药产业格局，孕育了底蕴丰富、极具特色和优势的中医药文化，中医药服务体系日臻完善、队伍素质明显提高、科技创新成果不断涌现。另一方面，河南作为全国户籍人口第一大省和人力资源大省，拥有优越的区位和交通优势，对中医药的巨大需求正不断释放。

2. 发展基础更加坚实

河南是名副其实的中医药大省，医院数、编制床位数、执业医师数等均居全国首位（见图2、图3）。其中，有全国知名老中医药专家118人及其学术继承人211人，全国优秀中医临床人才91人，河南省名中医81人。

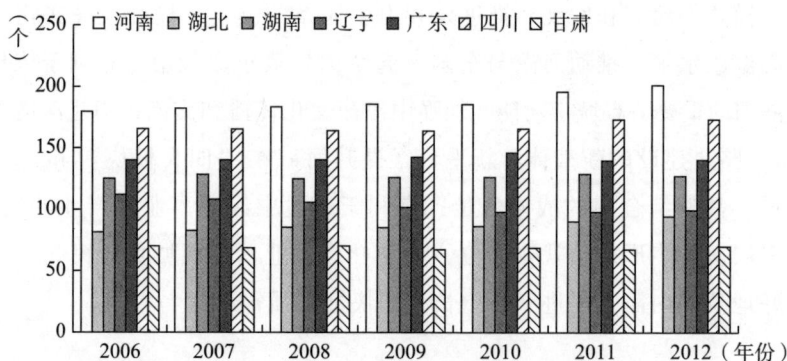

图2　河南及其他省份中医医院数量发展状况

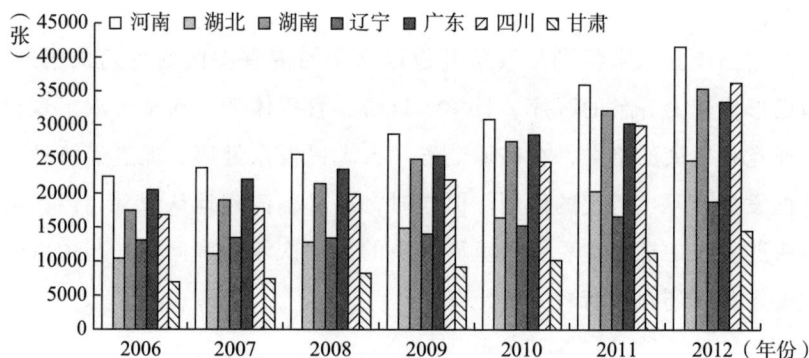

图3　河南及其他省份中医医院机构床位规模发展状况

数据来源：《全国中医药统计摘编（2006～2012）》。

在产业发展上，中药产业格局逐步形成，规模收入不断提高。2003～2013年，河南中药工业总产值由23.1亿元（中成药和中药饮片）提高到230亿元；中药材种植面积发展到120万亩，山茱萸等4个中药材基地通过国家GAP认证，15种中药材获国家地理标志产品保护，107家中药企业、25家饮片企业通过GMP认证，拥有一批如宛西、羚锐、辅仁、太龙等多家有品牌影响力的现代化中药企业，培育了仲景牌浓缩六味地黄丸等一批科技含量较高的中药品规，形成较为完善的中药产业链。

3. 行业形象明显提升

按照建设文化强省的要求，河南大力推进中医药文化建设。2002～

2013 年, 国家中医药管理局、科技部和省政府在南阳连续成功举办了 11 届张仲景医药科技文化节; 洛阳平乐郭氏正骨、焦作四大怀药种植与炮制、辉县市百泉药会、禹州药会相继被列入国家级非物质文化遗产; 河南组织拍摄了反映河南中医名家和中医药文化的电影《苍生大医》《精诚大医》和电视连续剧《大国医》, 引起了社会的广泛关注和赞誉。中医药文化建设的大力推进, 增进了群众对中医药的了解和认同, 增强了全省中医药系统的凝聚力和影响力, 展示了行业新形象。

4. 管理服务持续优化

从 20 世纪 80 年代的建设机构、扩大规模, 转变到 90 年代在稳定规模的基础上充实内涵、提高素质, 中医管理思路也随着事业和产业发展而不断开拓和调整。近 10 年来, 河南通过科学谋划、规范管理, 坚持以专科建设、人才培养和农村中医药工作为重点, 夯实基础、突出特色、发挥优势, 走持续健康发展之路。2008 年 5 月, 省政府成立了由 11 个厅局组成的河南省中医药工作厅际协调小组 (现省政府中医药工作领导小组); 2010 年 2 月, 出台了《河南省人民政府关于扶持和促进中医药事业发展的意见》; 省发改委、财政厅、科技厅、人社厅等有关部门在规划、项目、资金、政策等方面加大对中医药发展的支持力度, 省中医管理局制定出台了一系列业务管理规范性文件。通过努力, 河南逐渐形成了具有自身特点的中医业务管理模式, 管理经验多次在全国会议上介绍推广。

(二) 河南省中医药发展的主要潜力

中医药作为我国独特的卫生资源、潜力巨大的经济资源、具有原创优势的科技资源、优秀的文化资源和重要的生态资源, 在经济社会发展的全局中地位重要、意义重大、潜力无限。

1. 医疗服务市场发展潜力

随着经济社会的发展, 人们对医药保健和身体健康的需求越来越高, 中医药 "治本治根" 的医理, 使得越来越多的人不断提升对中医药的信任度, 近年来全国中医类诊疗量占比持续提升 (见图 4), 中医药市场具有十分巨大的潜力。从河南省的基本情况看, 截至 2013 年底, 全省中医医院和中西医结合医院总数、床位数、从业人员数分别占全省医疗总资源的 16.8%、15.6%、16.2%，与此对应的是，全省中医事业费仅占卫生事业费的 8%，显示出中医药治疗的经济优势；全省每千人拥有医院床位仅为 4.25 张，每千人拥有医生人数仅为 1.82 人，低于全国平均水平，全省医疗资源尤其是优质资源严重不足，在完善全省医疗服务体系过程中，中医药发展潜力巨大。

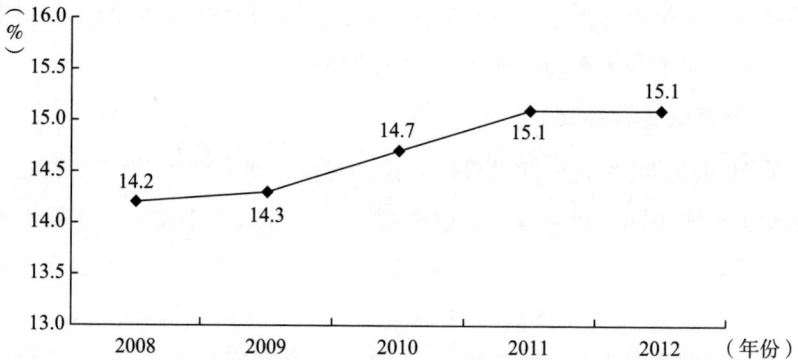

图 4 全国中医类诊疗量占比情况

资料来源：《国家卫生统计年鉴》。

2. 中医药产业发展潜力

国内外对中医药的需求越来越大，以健康为主题的中医药产业具有巨大的发展潜力。其一，河南省中药材产业发展潜力大。近年来，国内外中药材需求量强劲增长，省内一些中医药企业开始布局中药材生产基地建设，保证了中药材符合国际中药材质量的需求，也为中医药加工制造奠定了良好的基础。其二，中医药加工制造业潜力大。目前，河南省拥有辅仁药业、宛西制药、羚锐制药等知名中医药企业，依托优良的中医药材生产基地提供的高品质中药材，不仅拥有巨大的消费市场，而且能带来巨大的附加值。其三，中医药健康服务业发展潜力巨大。伴随全省经济社会发展，人民群众对健康质量的要求日益提高，对以"治未病"为核心的中医养生保健需求快速增加，中医预防、体质辨识、中医养生、中医保健康复、中医药文化产品、中药滋补膏方、中药保健品的需求将快速释放，潜在需求可观。其四，中医药旅游产业发展潜力大。目前，羚锐制药等企业正在加紧布局集养生保健、观光旅游、中医药国际研讨等一体化的生态园，具有十分强劲的市场发展潜力。

3. 中医药科技研发潜力

近年来，河南着力加强中医药人才队伍建设，2015 年，全省拥有中医类别执业医师（含助理）增加到 4 万名以上，重点培养的骨干人才和学术带头人团队基本形成，初步建成以国家中医临床研究基地为核心的全省中医药科技创新平台，全面带动和提高全省中医药科技创新能力。此外，河南着力建设名中医学术研究（工作）室，总结和传承中医药学术思想和诊疗经验。这些人才队伍建设体系的实施，将为河南省中医药科技研发能力的持续提高和全省中医药的持续发展打下坚实的基础。

4. 中医药文化产业发展潜力

作为厚重中原文化的重要内容，中医药文化的弘扬和发展，也是中医药发展的重要体现和有力支撑。一方面，通过繁荣中医药文化产业促进本省的文化产业发展；另一方面，通过中医药文化产业的发展，塑造河南省中医药品牌，提升行业声誉。近年来，《大国医》等反映河南省中医大师的电视剧的拍摄和播放，取得了良好的社会反响和共鸣。而在河南的中医药文化资源中，除了张仲景等历史名人之外，中医药历史遗迹、文献以及中医药文化传承典故等还有很多。因此，河南中医药文化产业发展还具有非常大的潜力。

（三）河南省中医药发展制约因素分析

当前，全省中医药发展中还存在着一些亟待解决的困难和问题，主要表现为基础设施落后、人才严重短缺、特色优势不明显、产业发展滞后、基础研究薄弱等。

1. 有利于中医药发展的环境基础尚未稳固

一是中医药发展理念亟待提升。各级党委政府包括卫生行政部门内部对发展中医药重视不够，没有真正落实"中西医并重"方针，扶持和促进中医药发展的政策在实践中存在棚架和弱化。中医药文化普及力度不够，中医药知识和理念的社会认知度偏低，中医药人才、品牌宣传和推介不足。二是中医药发展缺乏统筹规划。医疗机构竞争日益加剧，不仅包括中医与西医间的跨学科竞争，也包括中医之间的同质化竞争。河南中药产业发展滞后，在全国位次与中医药资源大省地位不相称，产业化规模种植面积小，产品附加值低，资源优势尚未转化为产业竞争力，更没有转化成产业优势和经济优势。三是对中医劳动价值补偿和智力补偿的认识亟待提高，中医药价值补偿政策和制度设计不到位，中医药人力、技术的价值体现不足。

2. 有利于中医药发展的管理体制尚不完善

一是管理职能分散，多头管理衍生权责脱节。中医药产业全产业链包括种植、加工、生产、流通、销售，涉及管理部门较多，包括国家发改委、工信部、科技部、商务部、农业部、卫计委、国家工商总局、国家质检总局、国家药监总局、国家林业局、国家中医药管理局，且国家中医药管理局在中药产业中仅负责中药的科技研究领域。二是管理体系不健全，行政级别设置不合理。目前，在国家、省级层面都设有中医药管理机构，但是到达县市级别，很多区域没有设置专门的中医药管理机构，在全国范围内还没有形成贯穿基层的中医药管理体系。同时，由于中医药管理机构隶属卫生系统，各级中医院在行政级别上普遍低于综合性医院，获取政策和投入资源的能力远低于同级医院，严重制约了中医院的创新发展。三是管理机构及管理人才队伍薄弱，服务能力不足。

3. 有利于中医药发展的支撑体系尚未建立

一是中医管理西医化。缺乏系统的中医医政管理制度，简单套用西医模式管理中医的现象普遍存在。中医和中药管理分离，中药新药研发流程、手续复杂，不能充分体现中医药的治疗特色和治疗效果。二是中医教育西医化。虽然河南中医教育在培养中医传承人才上不断创新、完善与突破，但是在现行中医教育体制下，普遍采取西医化培养模式，以师带徒、师徒传承等师承教育的传统中医人才培养模式，还未得到很好的落实推广。三是中医医院运作模式西医化。在科室设置上，基本上照搬了西医的科室划分，而不是立足传统中医的思维模式和临床实践划分。四是现行中医医保政策西医化。已出台的扶持中医药发展的医保政策在县市棚架现象普遍，很多中医药医疗项目不在医保支付范围之内，很多传统诊疗方法被人为限定使用次数，抑制了中医药传统特色的发挥。同时，现行省市医保年度限额制度不利于中医院发展，目前城镇职工医保总额预付按照前三年的基数进行测算，但由于在规模上中西医的较大差距，固定执行的基数比例政策限制了中医医保基金份额的获得和增长。

4. 有利于中医药发展的资金投入未能有效保障

近年来，按照国家"中西医并重"的要求，河南积极推进中医药服务体系、服务能力、人才队伍和中医药文化等建设，中医药有了较快发展，但相对于省内西医和其他中医药强省，助推中医药发展的相关政策尚未有效落实，其中最为明显的表现就是中西医领域经费投入的严重失衡。例如，河南中医机构财政拨款由 2002 年的 1.2 亿元增长到 2012 年的 5.8 亿元，同比增长了 379.2%，然而整个医疗卫生机构财政拨款由 2002 年的 11.4 亿元增长到 131.7 亿元，同比增长了 1054.5%，相对于整个医疗卫生系统的大规模财政投入，中医机构财政支持相对薄弱，最终导致中医机构财政拨款所占医疗卫生机构财政拨款的比例由 2002 年的 10.7% 下降到 2012 年的 4.4%，整体上显现出逐年下降的态势（见图 5）。

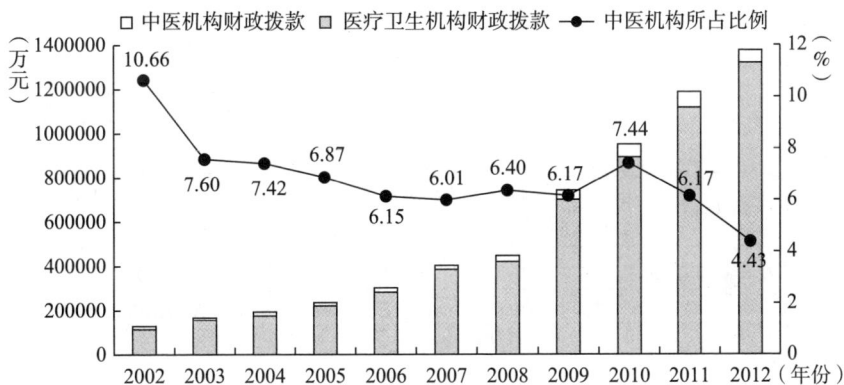

图 5　2002～2012 年河南中医机构财政拨款情况

注：中医机构指各级中医、中西医结合、民族医医院；中医、中西医结合、民族医门诊部（所）；中医、中西医结合、民族医科研机构

（四）河南省中医药发展面临的机遇

在新的历史时期，中医药发展受到政府高度重视，中医药服务需求快速增加，中医药技术支撑进一步强化，中医药发展呈现出良好的趋势，面临着前所未有的发展机遇。

1. 党和政府高度重视为中医药发展提供了坚强保障

党的十七大首次将"中西医并重""扶持中医药和民族医药事业发展"

写入党代会报告。党的十八大确立了2020年实现全面建成小康社会的宏伟目标，强调"提高人民健康水平""坚持中西医并重""扶持中医药和民族医药事业发展"。十八届三中全会指出要"完善中医药事业发展政策和机制"，国务院专门出台了《关于扶持和促进中医药事业发展的若干意见》等文件，强调充分发挥中医药作用，为中医药发展提供了重大历史机遇和重要政策保障。河南省政府专门召开了中医药工作会议，成立了省中医药工作领导小组，出台了《关于进一步促进中医药事业发展的意见》等文件，为全省今后一个时期中医药发展奠定了良好基础（见表1）。

表1　近年来国家和河南省出台支持中医药发展的相关文件

时间	文件
2009 年 3 月 17 日	中共中央、国务院《关于深化医药卫生体制改革的意见》（中发〔2009〕6 号）
2009 年 4 月 21 日	国务院《关于扶持和促进中医药事业发展的若干意见》（国发〔2009〕22 号）
2010 年 11 月 26 日	发展改革委、卫生部、财政部、商务部、人力资源社会保障部《关于进一步鼓励和引导社会资本举办医疗机构意见的通知》（国办发〔2010〕58 号）
2013 年 9 月 28 日	国务院《关于促进健康服务业发展的若干意见》（国发〔2013〕40 号）
2014 年 7 月 24 日	《中华人民共和国中医药法（征求意见稿）》
2014 年 8 月	国家中医药管理局《关于进一步推进中医药综合改革试验区工作的指导意见》
2010 年 2 月 2 日	河南省人民政府《关于扶持和促进中医药事业发展的意见》（豫政〔2010〕22 号）
2014 年 7 月 6 日	河南省人民政府《关于促进健康服务业发展的实施意见》（豫政〔2014〕57 号）
2014 年 8 月 25 日	河南省人民政府《关于推进县级公立医院综合改革的实施意见（试行）》（豫政〔2014〕67 号）

2. 现代医学模式转变为中医药发展开辟了新的空间

随着现代生命科学技术的飞速发展，人类对于疾病病因病机的认识越来越深刻，对于化学药物引起的毒副作用、耐药性及药源性疾病增多的认识越来越清醒，越来越多的人把目光转向了疗效相对稳定、毒副作用小的中药产品和生物技术药品，兴起了绿色消费热潮。加之亚健康人群和老年人群的大量增加，源自自然的中医药及其衍生产品需求大增。社会需求的持续增加，也对医学模式提出了新的要求，即由单纯的疾病治疗模式转变为预防、保健、治疗、康复相结合的现代医学模式。中医整体观理论思维、个性化辨证论治及"治未病"健康保健方法的优势进一步凸显。同时，国际社会、现代医学越来越重视和关注中医药，中医药得到了广泛认可，特别是西医理念的回归，在整体观念、综合诊治等方面与中医理念越来越趋同化。这些都为中医药发展开辟了新的广阔空间。近年来，全国中成药和中药饮片销售收入增速，基本都维持在20%～40%，远远快于医药行业15%～20%的整体增速（见图6、图7）。

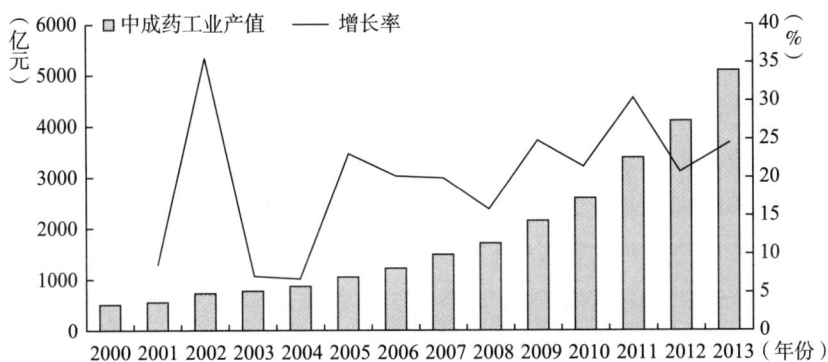

图6 国内中成药工业产值快速增长

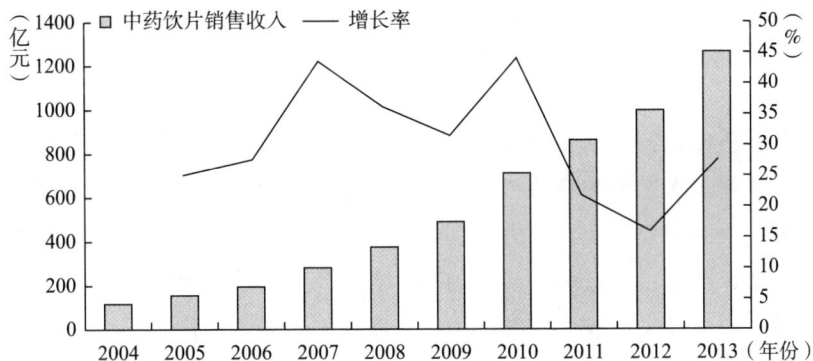

图7 国内中药饮片销售收入快速增长

资料来源：国家统计局、长江证券。

3. 河南发展进入新阶段为中医药发展创造了更好条件

当前，河南正在抢抓粮食生产核心区、中原经济区和郑州航空港经济综合实验区三大国家战略规划的机遇，积极对接融入"一带一路"倡议，着力加快建设先进制造业大省、高成长性服务业大省、现代农业大省，提出加快推进交通信息等基础系统建设，构建航空港、铁路港、公路港多式联运体系，并利用物联网、云计算、大数据等新一轮科技革命和信息化快速发展的机遇，抢占信息化创新发展的制高点。这些都为推进中医药科技创新、加快中医药治疗、保健、物流、旅游等服务业发展提供了可能，有利于将支撑中医药发展的中药材种植（养殖）、加工、流通等环节以及医疗、保健、旅游等功能有机统一起来，形成中医药发展的完整的产业链和功能链，打造中医药产业集群。

4. 深化医药卫生体制改革为中医药发展带来了不竭动力

党的十八届三中全会通过的《中共中央关于全面深化改革若干重大问题的决定》强调指出，要深化医药卫生体制改革，统筹推进医疗保障、医疗服务、公共卫生、药品供应、监管体制综合改革；建立科学的医疗绩效评价机制和适应行业特点的人才培养、人事薪酬制度，取消以药补医，理顺医药价格，建立科学补偿机制；完善中医药事业发展政策和机制。这些决策部署，表明了中央保障和改善民生、解决老百姓切身利益问题的决心，也将为中医药发展带来不竭动力。

（五）河南省中医药发展面临的挑战

随着经济全球化、科技进步和现代医学的快速发展，河南的中医药发展环境发生了深刻变化，面临许多新情况、新问题。从中医药自身发展看，中医药传统特色优势有逐渐淡化倾向，一些传统服务领域趋于萎缩；知名老中医学术思想和经验得不到全面传承，一些特色诊疗技术、方法濒临失传；中医药理论和技术方法创新不足；中医中药发展不协调，野生中药资源破坏严重；中医药发展基础条件差，人才匮乏；中医机构特别是基层中医机构建设欠账较多，基层中医药服务能力亟待提高。

从管理层面看，一些地方对发展中医药的思想认识还不到位，少数人存在"中医药不科学"的错误认识，在工作中打压、排斥中医药发展；中医药管理体制还不健全，存在"高位截瘫"现象；管理职能分散，存在"九龙治水"现象；中医药政策法规体系还不完善，知识产权保护刚刚起步；缺乏中医药信息统计机构，信息统计还不准确、全面；中医药管理部门自身建设还有待加强。

从竞争态势看，河南与国内中医药强省相比，无论是政策力度还是产业发展，都呈现相对落后态势（见表2）。中西医医疗机构间实际存在竞争与配合关系，目前中西医医疗机构间从规模、自我发展能力、集聚资源能力等方面差距都正在快速拉大。"逆水行舟，不进则退"，河南必须增强紧迫感，抢抓机遇、迎接挑战，加快推进中医药发展。

表2　近年来相关省份支持中医药发展的主要情况

省份	主要做法
广东	2005年4月专门成立高规格的"中医药振兴计划领导小组"，制定《广东省中医药振兴计划》；2006年，出台《中共广东省委、广东省人民政府关于建设中医药强省的决定》《广东建设中医药强省实施纲要（2006~2020年）》；2014年3月出台《广东省推进中医药强省建设行动纲要（2014~2018年）》
甘肃	先后出台《甘肃省基层医药卫生体制综合改革指导意见》《中共甘肃省委、甘肃省人民政府关于加快陇药产业发展的意见》《关于促进甘肃省中医药服务贸易发展的若干意见》《甘肃省发展中医药生态保健旅游规划纲要》《关于促进中医药产业发展的意见》等一系列促进中医药发展的文件；2010年7月5日，成为全国第一个也是迄今唯一一个省部共建中医药发展综合改革试点示范省
四川	2006年10月30日，召开四川省中医药发展大会，出台《中共四川省委、四川省人民政府关于加快中医药发展的决定》；确立"中医药强省"远景目标，实施"利民工程"，实施中医"名医、名科、名院、名药、名企"战略
黑龙江	2008年，召开加快发展中医药事业大会，颁布实施《黑龙江省发展中医药条例》；明确提出到2020年建设成为中医药热省、大省、强省
浙江	将"中医药提升工程"纳入浙江卫生强省建设六大工程之一；推动中医药积极参与新医改，提出由"中医药大省"向"中医药强省"迈进目标
广西	2011年连续发布《广西壮族自治区人民政府关于加快中医药民族医药发展的决定》等三个文件，要求迅速掀起广西中医药民族医药发展新高潮

注：2009年《国务院关于扶持和促进中医药事业发展的若干意见》发布后，各省份均出台有《关于扶持和促进中医药事业发展的实施意见》。

三　目标任务和路径选择

基于上述分析，建议河南省尽快把中医药摆上国民经济和社会发展重要的战略位置，树立中医药强省的建设目标，积极实施中医药优先发展战略，力争用10~15年的时间，整合资源、发展事业、做强产业、弘扬文化，加快中医药品牌化、特色化、一体化进程，砥砺奋进、重振辉煌，早日建成中医药强省。

（一）指导思想

全面贯彻党的十八大和十八届三中、四中全会精神，深入贯彻习近平总书记系列重要讲话和调研指导河南工作时的重要讲话精神，紧紧抓住推进三大战略、打造"四个河南"的重大机遇，以加快建设中医药强省为总目标，大力实施中医药优先发展战略，解放思想，与时俱进，开拓创新，深入开展中医药体制改革，扎实推进中医药传承创新，着力构建中医药医疗保健服务体系，持续推动中医药医疗、保健、科研、教育、产业、文化六位一体全面发展，不断满足人民群众对中医药的需求，提高广大人民群众特别是农民群众的健康水平，提升中医药产业竞争力，为加快中原崛起河南振兴富民强省提供重要支撑。

（二）基本原则

传承发展，创新驱动。统筹中医药传承保护与创新，加强中医药资源的保护和可持续利用。不断强化创新驱动作用，提升中医药科研能力，以专科建设提高临床疗效，以学科建设推动学术发展。

转变方式，突出特色。从单一的疾病治疗模式，转变为既重视疾病治疗，又重视预防保健和养生康复的综合防治模式；从注重中医医院的规模扩张，转变为在继续扩大规模的同时，更加注重特色优势建设、服务功能完善和品牌带动。

深化改革，健全机制。在管理体制、投入机制和补偿机制、公立中医院改革、中医药服务模式、中医药人才培养、重大疾病防治攻关、中药管理与安全等方面先行先试、积累经验，不断健全符合中医药发展规律和趋势、促进中医药良性发展的体制机制。

政府引导，市场推动。切实落实政府部门的职责，做到经济社会发展规划中中医药优先安排、中医药公共资源优先满足。同时，发挥市场在非基本医疗领域资源优化配置中的决定性作用，不断提高中医药服务能力和效率，完善产业链条，全面提升市场竞争力。

统筹协调，互促共进。坚持中医中药协同、中医西医并重，促进中西医结合，大力推进中医药医疗、保健、科研、教育、产业、文化全面协调发展。

（三）发展目标

1. 总体目标

全面实施中医药优先发展战略，推动中医药品牌化、特色化、一体化发展，力争实现 5 年初见成效、10 年大见成效，到 2030 年建成在全国有重要地位和影响的中医药强省，为构建符合国情的低成本、高效率、广覆盖的城乡公共卫生和基本医疗服务体系提供有力支撑，为培育产业发展新优势、加快转变发展方式、优化经济结构注入新动力。

2. 具体目标

中医药管理体制和运行机制更加科学合理。基本实现中医药医、保、研、教、产、文全面协调发展。中医药基础设施条件明显改善，服务能力显著增强，基本满足广大人民群众中医药服务需求。中药产业结构更加合理，对经济社会发展贡献率显著提高，成为拉动全省经济发展的重要增长点。

中医医疗服务体系更加健全。中医预防保健服务体系初步建成，中医药特色优势更加凸显，服务能力显著增强，发展活力进一步显现，和西医共同作为基本医疗服务并行选项，中医在基本医疗卫生体系建设中发挥越来越重要的作用。

中医药参与应急和防治新发传染病工作机制基本建立，应对突发公共卫生事件和重大疾病防治的水平与能力明显增强。

中医药人才总量持续增长，素质显著提高，城乡区域分布趋于合理，农村、城市社区中医医疗服务人才短缺的局面得到明显改善，基本建成一支品德高尚、技术精湛、服务优良的中医药人才队伍。

中医药传承创新体系基本建立。中医药传承研究能力进一步提升，科技对中医药服务能力提升和中药产业发展的支撑和引领作用进一步提高，传承研究取得显著成效。

中药产业发展水平得到进一步提升。中药质量标准和规范体系逐步完善，野生中药资源培育、研究开发和合理利用能力不断提高，中药材综合生产能力稳步提高，现代中药工业体系建设和产业创新能力得到加强，中医药健康服务业发展规模和水平不断提升，服务产品日益丰富和成熟，中药产业市场竞争力显著提高。

中医药文化资源得到有效开发利用，中医药文化业态更加丰富，中医药文化进一步繁荣发展。

中医药国际交流与合作成效更加显著，中医医疗机构和中药的国际影响力进一步提升。

3. 主要指标

根据上述指导思想和目标，结合目前实际和未来的发展可能，我们测算河南中医药发展在投入水平、医疗资源、医药服务、医药人才、中药产业等方面在各阶段的主要指标情况如下（见表3）。

表3　河南省中医药发展主要指标

类别	指标	2013 年	2015 年	2020 年	2030 年
中医投入水平	政府中医事业投入占政府卫生事业投入的比重（％）	8	9	10	维持在 10 以上并稳步增长
	民间资本投入占中医总投入的比重（％）	10	15	20	30
中医医疗资源	县级中医院达到二级甲等中医院水平的比重（％）	68	75	80	85 以上
	社区卫生服务中心和乡镇卫生院设中医科、中药房的比重（％）	71	75	85	90 以上
	每万人口中医医疗机构床位数（张）	5.6	6	6.5	8
	每万人口卫生机构中医执业（助理）医师数（人）	3.5	4	6	9
中医药服务	中医医院的年总诊疗人次（万人次）	2669	3300	3750	4500
	中医医院总诊疗人次占医院总诊疗人次比重（％）	14.7	15	16	20
	中医院年出院总人数（万人次）	139	160	210	240
中医药人才	中医药人员数量（不含乡村医生）（万人）	4.5	5.2	7.5	11.5
	各类医院中医类别执业医师数量（万人）	4.1	4.6	6.5	10
中医药产业	中药工业产值（亿元）	230	270	510	1100
	中药材种植面积（万亩）	120	130	160	240
	中医药健康服务业产值（亿元）	500	600	1000	3000

（四）实施步骤

为达成以上发展目标，建议采取"三步走"的实施步骤。

2015～2016年，确立建设中医药强省的总体发展目标和中医药优先发展战略，中医药管理体制基本理顺，中医药发展环境不断优化，对中医药的政策扶持持续增强，中医药的弱势地位得到扭转。明确各级政府和卫生行政部门落实中西医并重方针和发展中医药的主体责任，通过完善中医药组织管理体系，配齐省、市、县各个层级的中医药管理机构和人员，解决中医药政策在基层无人落实的问题。赋予中医药管理部门相对独立的职能，完善中医中药协同管理工作机制，加强中医药行业的规划和统筹管理，真正体现出"既管医又管药"的中医药行业特点。合理设置中医药管理机构的行政级别，适当增加人员编制，强化中医药管理人才队伍建设。加大政策支持力度，紧紧围绕"提升中医药服务、做强中医药产业、培育中医药人才、打造中医药品牌、弘扬中医药文化"做文章，促进中医药医疗、保健、科研、教育、产业、文化全面协调发展，全力提升河南中医药的知名度和影响力。

到2020年，中医药优先发展战略更加彰显，中医药强省建设初见成效，中药产业不断壮大，部分指标居全国前列。紧紧围绕突出中医药特色与优势，加大对中医药投入，省级中医院龙头地位显著增强，形成全国区域性诊疗中心，80%以上的省辖市市级中医院基础设施和服务能力达到三级甲等医院标准，形成全省区域诊疗中心，县级公立中医医院的基层服务功能得到强化，80%以上达到特色突出、功能齐全、管理规范的二级甲等中医医院水平，85%以上的社区卫生服务中心和乡镇卫生院设置功能基本完善的中医科、中药房；中医特色突出、服务功能完善的中医医疗服务网络基本实现全省覆盖；中医预防保健特色优势得到充分发挥；中医药卫生应急和重大疾病防治能力建设大幅度提高，重大传染病的中医药防治研究发挥积极作用，并初步建立中医药临床评价体系；中药产业加速发展，竞争力持续提升。

到2030年，全面建成中医药强省，中医药竞争力全面提升，主要指标居全国前列。通过持续实施中医药名校、名院、名科、名医、名药工程，加快一批名校、名院建设，有效提升名校、名院的核心竞争力和辐射带动力。打造中医药特色专科，充分发挥特色专科的优势作用。造就一批省内外知名的河南名中医和中医药研究团队，形成有效提供中医医疗、保健、预防、养生等中医药服务的优质平台。加快构建中医药现代产业体系，积极发展中医药新型产业业态，加强中医药资源保护、开发和利用，加强中药质量监管，打造一批名企、名药、名店，壮大提升中药产业。中药产业品牌建设进一步提升，打造一批技术水平高、产品质量好的全国知名品牌。中药材生产种植产业化进程进一步加快，成为全国中药材生产和种植的优势区域。

（五）路径选择：突出"一个战略"，推进"三化"进程

为加快建设中医药强省，必须全面实施中医药优先发展战略，加快推进中医药品牌化、特色化、一体化发展。

全面实施中医药优先发展战略。优先发展中医药，是党和国家民生优先战略的应有之义，是提升全省基层群众特别是农民群众医疗保健水平的重点所在，是顺应我国即将进入老龄化社会的客观需要，是河南经济方式转变的重要路径和传承创新中原优秀传统文化的根本举措。推动中医药优先发展，就是要明确中医药在全省经济社会发展中的战略位置，省委、省政府应在规划引领、资金投入、人才培养、科技创新、政策扶持等方面予以倾斜，持续加大支持力度，积极构建并不断完善中医药发展资金投入体系、科技创新体系、人才培养体系、政策支持体系等，推动全省中医药事业和产业走上协同发展的良性轨道，实现中医药资源优势向产业优势和经济优势转变、中药产业向支柱产业转变，提高中医药对经济社会发展的贡献度。

加快推进中医药品牌化发展。加快中医药发展，必须把品牌化战略摆上突出位置，切实提高全省中医药的核心竞争力。实施中医药品牌化战略，就是要发挥河南中医药资源得天独厚的优势，围绕医圣张仲景、洛阳正骨、四大怀药和现代名医团队等中医药优势资源，持续进行保护、整理、挖掘、创新、规范和提升，打造一批国内外知名的中医药品牌，推出一批中医名校、名院、名科、名医、名药等。

加快推进中医药特色化发展。坚持特色化，就是要遵循中医药发展规律，扬长补短，不断创新中医药理论、诊疗技术和中药方剂，不断完善中

医院、中医科室、中西医结合的行业规范，切忌以西医套中医、以西医化中医，确保中医在治疗慢性疑难疾病和养生保健方面的优势更加突出，在应急和防治新发传染病方面取得突破，不断提升医疗服务水平和养生保健水平。

加快推进中医药一体化发展。以医疗为主体，以教学、科研为两翼，以产业为延伸，以文化为引领，推进医、教、研、产、文相互融合、互促共进一体化发展。统筹中医和西医，统筹中医药事业和中药产业，统筹中医药创新发展和城乡基本医疗服务体系建设，统筹公共财政和社会资本，统筹中医药人才、科技、体制机制等环节，全面深化中医药体制改革，加快完善中医医疗卫生服务体系、中医药制造和流通产业体系、中医药人才培养体系、中医药创新体系、中医药标准体系，积极打造名院名科、名药名厂、名店名城、名医名校，着力推进自主创新、国内国际合作、中医药文化弘扬等重点工作，统筹推进中医药一体化融合发展。

四　重点工作

当前，实施中医药优先发展战略、建设中医药强省，必须以提升中医药医疗保健服务能力为基础，以做大做强中医药产业为重点，以培育壮大中医药人才队伍为支撑，不断强化中医药传承创新，打造中医药系列品牌，弘扬中医药文化。

（一）着力提升中医药医疗保健服务能力

坚持强化城乡基层中医药卫生服务能力，着力建立健全覆盖全省城乡居民、服务功能完善、特色突出、与人民群众需求相适应的中医药服务网络，不断提高中医药服务质量和水平。

一是加快建立和完善中医医疗保健服务体系。以城市三级中医院为支撑，以县级中医院为龙头，以乡村、社区中医医疗机构为基础，以民营中医机构为补充，加快建立和完善覆盖全省城乡和涵盖预防、治疗、康复、保健、养生的中医药服务体系。

二是提高中医药服务质量和水平。加强中医医疗机构服务能力建设，进一步完善各级中医院综合服务功能，建设各级中医专科，突出特色优势，持续提升中医药服务能力和水平。

三是持续提升城乡基层中医药卫生服务能力。积极推动中医药进乡村、进社区、进家庭，推进西医综合医院、专科医院、乡镇卫生院、社区卫生服务中心设置中医科室和中药房，支持和鼓励社区卫生服务站和村卫生室提供中医药服务。

四是积极推进中医医疗机构标准化建设。发挥政府主导作用，根据中医药的特点和规律，制定建设标准，推动各级各类中医医疗机构建设和管理的标准化、规范化，建成基础设施完善、组织机构健全、队伍结构合理、具有较强服务能力的标准化中医院。原则上每个省辖市和县级行政区至少推出一家公立中医院，落实政府的投资主体责任。

五是加强中医药参与应急和重大疾病防控。将中医和中西医结合纳入公共卫生服务体系和公共卫生突发事件临床救治体系，培养中医药公共卫生应急队伍，积极应用中医药防治重大传染病。

六是积极发展中医药预防保健和医养结合服务。充分发挥中医药"治未病"的传统优势，将中医药服务纳入公共卫生服务项目，在疾病预防与控制中积极运用中医药方法和技术，在重大疾病预测预防、疾病康复、亚健康干预、优生优育、运动保健、养老保健等领域发挥中医药的作用。

（二）着力做大做强中药产业和中医药健康服务业

充分利用河南中医药历史文化优势与资源优势，强化中药技术创新和药物研发平台建设，支持引导组建若干中药材种植基地和药业集团，逐步扩大中药产业规模，积极培育中医药健康服务新型业态，着力形成新的经济增长点。

一是加快构建中药现代产业体系。大力支持中药产业基地建设，促进中药产业优化升级，催生现代中药产业集群，培育和扶持优质中药饮片加工和中药制药企业。以中药龙头企业为重点，大力发展物流配送，着力建设物流仓储，打造高效运营的电子商务平台，延伸产业链条，加速中药流通领域规模化、集约化发展。规划建设一批中药现代物流中心，支持一批老字号中药名店开展全国连锁经营，培育一批新的中药连锁经营企业。

二是积极发展中医药健康服务新型业态。大力发展中医药健康服务业，积极开发中医医疗器械及中医技术服务，鼓励优势中药企业拓展业务范围，推进中医药健康产业集群化发展。大力发展中医药生态保健旅游产业，以发展中医药生态经济、弘扬中医药生态文化为重点，建设中医药生态休闲旅游景区、休闲养生（养老）基地。积极推广发展食疗产业，加强药膳等食疗产品推广应用，带动餐饮服务业及相关产业发展。

三是加强中医药资源保护、开发和利用。建立全省中医药资源数据库、中医药资源动态监测机制和信息网络。加强野生中医药资源涵养保护，加强珍稀濒危品种保护、繁育和替代品研究。积极推广应用生物技术和新型育种、栽培技术，发展名贵中药材种植，建设豫产道地药材和大宗药材的良种繁育体系和中药材种植规范化、标准化、规模化生产基地。

四是加强中药质量监管。完善中药注册管理服务体系，鼓励中药新药研发和生产。推进实施中药材生产质量管理规范，加强对中药饮片生产质量和中药材、中药饮片流通监管。改善中药材及中药饮片贮存保管条件，规范生产、经营和使用行为，确保中药质量安全。加强对医疗机构使用中药饮片和配制中药制剂的管理，鼓励和支持医疗机构研制和应用特色中药制剂。

专栏：中药产业发展提速工程

1. 结合国家中药现代化科技产业基地建设，建设国家级、省级药物工程技术研究中心和重点实验室，加快中药技术创新和药物研发平台建设，全面提升国家中药现代化科技产业基地的集约化水平与集成创新能力，增强全省特色中成药产业的竞争力。

2. 通过产权制度改革和企业兼并、重组、联合等多种形式做大做强中药企业，支持宛西制药、羚锐制药、太龙制药等优势企业整合资源，提高核心竞争力。支持企业利用现代生物技术，研制安全、有效、可控的创新药物，加强名医名方开发及名优中成药的再次开发，形成中药"名品牌"；支持骨干中药企业加强技术装备改造，发展成为全国有重要影响的中药名厂。

3. 鼓励优势中药企业拓展业务范围，向中药材种植养殖、收购加工、保健品生产、商业流通、医疗服务、养生保健和文化产业多极延伸，最终形成中医药健康服务业的集群化发展。

4. 积极开发中医药医疗器械及提供技术服务，逐步打造一批能丰富中医临床诊疗手段、提高中医临床疗效、保持发挥中医药特色优势的诊疗设备，努力探索现有中医诊疗设备的开发与创新，积极做好中医医疗器械及养生保健品的开发生产、产品和技术出口。

5. 规划建设一批中药现代物流中心，按照政府规划支持、企业投资、市场化运作、现代化管理的原则，规划建设若干个规模大、配套齐全、管理规范、与国际接轨的现代中药物流中心。支持一批老字号中药名店开展全国连锁经营，培育一批新的中药连锁经营企业。

6. 积极构建河南中药技术成果交易平台，吸引国内外的中药技术成果到河南交易落户。

7. 切实加强市场监管，整顿和规范中医药市场秩序，坚决依法打击制假、贩假和侵权行为，提高中药材市场管理水平。

（三）着力培育壮大中医药人才队伍

遵循中医药人才成长规律，制定、完善中医药人才培养规划，坚持学历教育、继续教育和师承教育并举，加强中医药职业教育和技能型人才培养，强化中医药人才队伍建设，努力提高中医药人员整体素质。

一是大力加强中医药人才梯队建设。加快培育一批中医药领军人物和新一代中医药骨干人才，着力造就新一代名中医。鼓励西医师学习中医，培养一批中西医结合人才。建立健全基层中医药人才培养培训制度，以改善存量为重点，调整完善基层全科医师中西医知识结构，加强基层专业队伍建设。加强中成药制造业、中药材种植（养殖）业人才和中医药信息化人才、物流人才、服务贸易人才和管理人才队伍建设。

二是健全中医药人才教育培训体系。强化中医药院校教育，积极创新办学模式，调整学科和专业设置，优化教学内容，强化临床教学基地建设，加快中医药职业教育。强化中医师承教育，充分发挥师承教育优势，探索不同层次、不同类型的师承教育模式。积极探索高层次师承教育与院校教育对接的培养模式。加强中医药继续教育、专业培训、适宜技术推广等，加快培养城乡基层专科、专病技术骨干，农村、社区中医技术人员等中医药实用型人才。

三是完善中医药人才考核评价体系。根据中医药人才成长特点，改进和完善中医药专业技术人员水平能力评价标准，改进和完善卫生专业技术人员资格考试中的中医药专业考试方法和标准，探索建立中医药人才评价评选体系，开展中医药行业特有工种技能培训工作。

四是建立中医药人才激励体系。建立符合中医药特点的疗效标准和诊断标准，推动制定相关地方法规。调整中医治疗收益统计和评价标准。全面推广高层次中医执业医师多点执业做法。加大对各类中医药技术创新人才的奖励，建立完善促进民间中医药技能人员发挥作用的工作机制。

专栏：中医药人才队伍培育工程

1. 以重点学科和博士点为载体，结合河南省"特聘教授岗位计划"，有计划、有重点地培养和引进学术造诣高、受国内同行公认的知名中医药学科带头人，造就一批中医药学术领军人物和大师级学者。

2. 加快培养新一代中医药骨干人才，制定实施中医药学科带头人和技术骨干培养计划，造就大批中青年名中医和新一代学科带头人，形成理论功底扎实、专业技术精湛的中医药人才团队。

3. 依托重点中医院和名、专科，成立中医研修机构和名中医工作室，聘请全国名老中医，采取师带徒的方式，每年选拔一批具有较高资质的中医师进院或室研修，传承老一辈名中医的医德医风和临床经验，造就新一代名中医。

4. 依托中医药高等学校和大型中医院，通过专科专病进修、专题研修等多种途径，培训一批中医药骨干人才。

5. 鼓励西医师学习中医，培养一批中西医结合人才。加强县级中医院和乡镇卫生院中医骨干培养，培训社区中医类别全科医师，开展乡村医生中医药知识培训。

6. 探索定向就业、政府补助等办法，为农村定向培养中医药本、专科人才。建设一批基层中医药适宜技术推广基地和人才培养培训基地。

7. 积极整合扶贫、教育、卫生等部门的劳务输出项目和医学教育资源，面向社会就业人群开展中医实用技能培训。

8. 加强中医药师承教育的过程监管，实行动态淘汰管理，制定完善省级名中医评选办法，加强中医传承研究室、中医学术流派等人才培训项目的监督管理。

9. 鼓励和支持基层医疗卫生服务机构招聘中医药人才和退休中医药专家，鼓励中医专家到基层医疗机构开展诊疗活动。

（四）着力强化中医药传承创新

坚持传承与创新并重原则，以中医药传承为重点，以中医药创新为动力，着力推进中医药传承与创新工作，加快形成中医药传承创新发展新格局，着力推进河南中医药持续快速健康发展。

一是切实做好中医药传承工作。系统开展中医药经典文献和古籍普查登记工作，积极建立河南省中医药综合信息数据库和珍贵古籍文献数据库，推动中医药古籍文献数字化。加强名老中医的传承工作，集中规划建立一批名老中医学术研究室、工作室和传承室，系统研究和总结名老中医的学术思想、临床经验和技术专长。挖掘整理传统中药炮制、制剂技术工艺，形成统一规范，进行传承推广。谋划成立民间验方和技术研究机构，开展民间中医特色疗法收集整理及推广。

二是积极推进中医药科技创新。加快国家级、省级药物工程技术研究中心和重点实验室等创新平台建设，建立全省中医药科技创新中心，建设中医药实验设备公共服务平台，为中医药科技创新提供基础支撑。将支持中药新药研发、中成药二次开发与重大疾病的防治结合起来，围绕提升中医药临床疗效，加强重大疾病的中医药联合攻关，以及常见病、多发病、疑难重症、重点病种的中医药预防与临床研究工作，建立中医药研发重大专项，促进医、药、产、学、研紧密结合，不断提高研发能力和水平，力争在艾滋病、呼吸系统疾病、骨伤骨病、高血压、心脑血管疾病等重大疾病中药研究方面有新突破。

三是加强保护中医药知识产权。建立健全中医药传统知识保护制度和管理制度，研究制定河南省中医药知识产权保护名录，编制中医药知识产权保护规划。加强中医药法制建设，强化法制宣传教育和知识产权培育工作。建立和完善中医药企事业单位知识产权管理体系，重点做好中医药科研、生产、经营、国际合作等方面的知识产权保护工作。加大对中药行业驰名商标、著名商标的扶持与保护力度，妥善保护不宜申请专利的中医药工艺、方法。加强中药道地药材原产地保护工作，将道地药材优势转化为知识产权优势和品牌优势。

专栏：中医药传承和科技创新工程

1. 在李振华传承工作室、邵敬明传承工作室等工作室的基础上，集中规划建立一批名老中医学术研究室、工作室。

2. 积极支持和鼓励名老中医著书立说、传授学术思想与临床经验，并在经费、办公场所等方面给予一定的支持。

3. 积极组织推荐、认定传统中医药代表性传承人，通过组织出版专著、编纂医案、制作音像资料等多种形式，记录和保存著名中医的学术资料，发掘和保护特色中医药技术，总结和传承学术思想和诊疗经验。

4. 谋划成立民间验方和技术研究机构，开展民间中医特色疗法收集整理及推广工作，挖掘、整理和利用民间医药知识和技术。

5. 加快推进中医药科研院所发展，重点加快河南中医学院、河南省中医药研究院、河南省正骨研究院的发展，支持南阳依托中医研究所建立张仲景研究院，并在设备更新、科技人才引进上给予大力支持，不断提高中医科研机构的研发能力和水平。

6. 重点支持河南中医学院一附院国家中医临床研究基地、河南省洛阳正骨医院省级骨伤临床研究基地项目、河南省经方研发基地等中医药基地建设，重点建设一批国家和省中医药重点学科、科研实验室和重点研究室。

7. 省科技计划内设立中医药研发重大专项，在申报数量、资助经费等方面给予倾斜。

（五）着力打造中医药系列品牌

加大支持力度，强化政策支持和要素保障，建设一批名院，培育一批名科，造就一批名医，打造一批名企，形成一批名校，筑就一批名药，发展一批名店，着力打造河南中医药发展的系列品牌，全力提升河南中医药发展的知名度和影响力。

一是建设名院。加大政策和资金支持力度，强化战略规划引领，集中建设和打造一批中医技术精湛、功能完善、管理科学、服务一流、在群众中享有较高声誉的中医药名院，形成河南省中医药发展的中医名院群，积极建设一批全省乃至全国著名的综合性中医院和特色专科中医院。

二是培育名科。实施重点名科培育工程，以国家级重点专科（专病）为龙头，以省级重点专科（专病）为骨干，以特色优势专科为基础，加快中医专科（专病）建设步伐，着力打造一批特色突出、优势明显、疗效显著、层次多样的中医名科。

三是造就名医。着力实施中原名中医培育工程和优秀人才培育计划，造就一批省内外有较高知名度和影响力的中原名中医，打造形成河南著名的中医名家团队，不断提升河南中医的全国影响力。

四是打造名企。积极实施重点企业培育工程，通过政策扶持、资金支持、项目支撑等综合举措，全力打造一批中医药知名企业，着力形成河南中医药产业集群，不断提升河南中医药产业发展水平。

五是形成名校。大力实施名校培育和扶持工程，积极强化政策和资金扶持力度，加快河南中医学院、南阳理工学院、南阳医专等中医专业建设，积极推进恢复洛阳正骨学院，着力打造一批在全国有重要影响的、有特色优势的中医药名校，建设一批国内外有重要影响的、国内一流的中医临床研究基地、重点实验室、特色优势学科等。

六是研制名药。充分发挥河南中药材资源优势，加大投资力度和研发力度，着力实施名药培育工程，加强中药资源的保护和可持续利用，积极培育和打造一批具有较高知名度和竞争力的中药名药品牌。

七是发展名店。围绕河南地道药材资源优势和区域交通优势，积极强化政策扶持和资金支持，着力实施中药名店培育工程，着力打造一批独具特色的中药品牌名店。

专栏：中医药品牌塑造工程

1. 实施重点特色名院培育工程。重点加快现代化综合性中医院和特色中医院、特色专科中医院建设。

2. 实施重点名科培育工程。重点支持一批国家重点专科建设，积极支持一批特色优势专科和特色专科建设。

3. 实施河南名医培育工程和优秀人才培育计划。建立河南省知名老中医项目库，积极支持知名老中医参加国医大师评选活动，对于有突出贡献的知名老中医，每年给予一定的经费支持，并给予一定的政治地位。

4. 实施河南知名中医培育工程。继续实施全省知名中医评选活动，适度开展评选市、县知名中医活动，培育造就一批知名中医专家。

5. 实施领军人才培育计划。选择一批具有较高理论水平和临床经验的优秀人才和骨干，予以重点支持和培育，着力打造一批引领河南中医药学术发展的领军人才和优秀科研团队。

6. 实施优秀人才培育工程。筛选一批热爱中医事业、理论功底扎实、临床经验丰富的中医临床骨干，聘请省内外著名中医专家，采取"集中授课""以师带徒"等形式传承学术思想和临床经验；依托优势重点学科和博士点，重点培养一批中医药、中西医结合学科优秀人才，造就一批中医药骨干人才。

7. 加快人才培育基地建设。紧紧围绕特色专科建设，积极打造一批特色人才培养基地，培育和培养一批优秀的特色专业人才。

8. 实施重点企业培育工程。重点推进中药生产企业快速发展，在政策、项目、资金、信贷、融资等方面优先给予重点支持，推进企业做大做强，力争打造形成超 50 亿元、超百亿元的大型中药企业集团。加快壮大一批中药品经营企业集团，培育中药企业经营集群，实现药品经营规模化、网络化，不断提高豫产药品市场占有率和品牌影响力。

9. 实施名校培育和扶持工程。加快发展河南中医学院，积极打造国内外有重要影响的、国内一流的中医药大学。积极推进一批中医专业建设，着力培育和打造一批中西医相结合的特色优势学科。恢复洛阳正骨学院，打造一流的优势特色学校。

10. 实施名药培育工程。支持特色医药开发，加大现有中药品牌的支持力度，进一步提高其市场影响力。加大中药扶持力度，对全省中药优势品种、重点品种、独家品种按规定纳入新型农村合作医疗、城镇职工和居民基本医疗保险支付药品目录，鼓励医疗机构在临床用药中积极使用中药。

11. 实施中药名店培育工程。加快建设一批具有中医药特色的国医馆、中医馆和养生馆，不断提升药店的影响力和辐射力。积极吸引和引进一批国内外比较知名的中药药店进驻河南开设分店和建立连锁机构，在用地、税收、资金、信贷等方面给予一定的支持。

（六）着力弘扬中医药文化

依托华夏历史文明传承创新区建设，深入挖掘河南中医药文化的历史内涵和时代风貌，加强中医药科学的传播，强化中原传统中医药文化的传承弘扬，发展和繁荣中原中医药文化，着力形成中医药文化发展的浓厚氛围，推进河南中医药文化的繁荣发展。

一是加强中医药科学的传播。加强中医药知识宣传普及，通过报纸、电视、互联网等，使广大公众了解中医、认识中医、感受中医。编辑出版一批中医药文化系列丛书，建设一批中医药科普宣传基地，着力打造一批中医药文化产业企业和集团，积极谋划和组织拍摄一批河南中医药主题影视剧、纪录片。支持组建中医药文化传播公司和杏林艺术团，办好南阳张仲景医药科技文化节、张仲景医药文化节等，全面展示河南省中医药发展的悠久历史和辉煌成就。

二是强化中原传统中医药文化传承弘扬。以中医药强省和华夏历史文明传承创新区建设为契机，深入挖掘和系统整理中医药文化的精神内涵和时代特征，培育形成新时期中原中医药文化的核心精神和价值理念。深入研究河南历代名医、流派的学术思想，挖掘、整理、研究现存的中医药文献资料。积极开展中医药文化建设活动，大力挖掘和凝练中原地域文化精髓的洛阳正骨文化、南阳仲景文化、大宋中医文化，构建形成富有时代特征的中原中医药文化精神。

三是发展和繁荣中原中医药文化。加强中医药文物古迹、文化典籍的保护工作，加大对列入国家级非物质文化遗产名录项目的保护力度。积极推进南阳张仲景博物馆建设，积极谋划建设洛阳正骨博物馆和开封大宋中医文化博物馆。对中医药产业发展相对较好的地区着力先行先试，鼓励支持其发展壮大中医药文化产业，培育中医药文化产业集群。

四是在深化对外合作交流中弘扬河南中医药文化。充分发挥河南中医药资源和学术文化优势，在中医医疗、教育、科研、制药、服务业发展等方面加强国内外深度合作与交流。积极谋划和打造洛阳正骨论坛、张仲景学术论坛、黄河心血管论坛、中医高层论坛等一批国际论坛，打造河南中医药高层次学术品牌和文化品牌。

专栏：中医药文化传承创新和弘扬工程

1. 紧紧围绕张仲景等古代中医名家，深入研究河南历代名医、流派的学术思想，积极整理现存的中医药文献资料，编辑、整理和出版一批中医药历史文献专著和科普作品。

2. 积极开展中医药文化建设活动，大力弘扬"医乃仁术""大医精诚"的价值理念，大力挖掘和凝练中原地域文化精髓的洛阳正骨文化、南阳仲景文化，构建形成富有时代特征的中医药文化精神。

3. 加大对洛阳平乐郭氏正骨、焦作四大怀药种植与炮制、辉县市百泉药会、禹州药会等国家级非物质文化遗产保护传承工作，积极推进张仲景中医药文化申遗工作。

4. 把中医药文化产业作为全省重点文化产业进行重点培育和扶持，纳入全省国民经济和社会发展规划、华夏历史文明传承创新区发展规划和文化产业发展规划等相关规划。对于中医药产业发展相对较好的地区，鼓励支持其进行先行先试，培育壮大中医药文化产业集群，建设中医药文化产业集聚区，打造中医药文化产业发展基地。

5. 加快推进中医药文化产业重大项目建设，重点推进张仲景·中医祖庭文化核心园区、张仲景养生博览园等项目建设。

6. 积极谋划和打造一批国际论坛，把洛阳正骨论坛、张仲景学术论坛、黄河心血管论坛、中医高层论坛做精做强，打造河南高层次学术品牌。

五 支持政策

为建成中医药强省，河南需要抓住新一轮发展良机，加快建立落实中医药优先发展战略的工作机制，创新中医药支持政策，加快中医药发展。

（一）完善中医药资金投入政策

坚持中西医并重，加大对中医药发展的资金支持。

一是扩大河南省中医药部门公共卫生专项资金规模。根据新形势需要，完善省财政中医部门预算体系，积极争取国家资金，加大省财政投入力度，重点支持中医医院基础设施、中医重点专科（专病）、中医重点临床学科、农村医疗机构中医药适宜技术推广、县级中医医院急诊急救能力建设、基层中医药人员学历教育、中医住院医师规范化培训和全科医师培训、县级中医医院中药房建设、中医医院中药制剂能力提升等项目建设，支持中医院提高医疗服务能力，鼓励中医院创新服务模式，并安排专项资金组织实施省中医医院建设专项规划。

二是强化中医药事业，发展财政投入的硬约束。在整合现有财政用于中医药事业、产业资金的基础上，在省级层面适当增加预算安排，逐年提高中医药事业投入占经常性财政支出的比重，引导各级地方政府适度提高中医药事业投入，使其增长幅度不低于同级财政支出的增长幅度。确保国家级、省级中医药建设项目配套资金的落实，不断加大经济落后地区中医药发展的扶持力度。

三是整合现有资金，加大对中医药科研支持力度。省科技计划加大资金投入力度，着力打造一批中医药创新平台，重点加强慢性呼吸系统疾病、心脑血管病、糖尿病、高血压、骨伤骨病、肾病等重大慢性病和艾滋病、病毒性肝炎、新发传染病等传染病以及疑难病、亚健康临床研究等河南具有一定基础与优势的中医药防治研究，以专项经费支持整理和挖掘中医古籍文献与经方，支持有一定基础的中医机构与国外有关机构联合建立专科研究所、研发中心等。

四是设立中医药文化发展专项资金。抓住中原文化传承创新区建设的机遇，设立中医药文化发展专项资金，或者在省级文化产业发展专项资金中单列出来，重点支持中医药文化发展。河南在中医药文化方面具有绝对优势，重点支持张仲景医药文化节中医药国际交流平台、省内中医药机构举办国际性学术交流会议、省内中医药机构在国外开设相关分支机构等，支持各地依托区域优势创建一批中医药文化产业集聚区。重点支持中医药文化博物馆建设，建议支持洛阳正骨博物馆建设，支持开封、南阳等地建设具有地方特色的中医药文化博物馆。

五是加大对中医药信息化建设的资金支持。抓住国家加快推进信息化建设的机遇，争取国家对中医药信息化建设的政策资金支持，省级层面要加大配套资金支持力度，支持建设与河南中医药发展相适应的信息系统，力争实现河南中医药医疗、管理、科研、教学等信息化、网络化。重点支持中医药医疗云平台示范工程建设，支持省级中医院抓住大数据、云计算、移动互联网蓬勃发展的机遇，超前谋划移动医疗云服务平台建设，建成一批示范工程，探索中医药医疗服务新模式。

（二） 完善中医医疗服务价值补偿机制

突出中医特色与特点，进一步完善中医医疗服务价值补偿机制。

一是适时适当调整中医诊疗服务价格。参考外地经验，由省人民政府价格主管部门会同中医药行政主管部门，适时调整中医诊疗服务价格政策，对于未列入基本医疗服务的项目，收费价格可以放开，充分体现中医药服务成本和技术劳务价值，尤其是要提高名中医门诊费，有计划、分步骤地提高中医诊查费、手术费、护理费、病床费和其他体现中医医务人员技术劳务价值的医疗技术服务价格，合理提高针灸、推拿、正骨、刮痧、拔罐、敷熨等传统中医服务项目的服务价格，提高医疗技术劳务性收费的含金量。

二是完善中医院药事服务费补偿政策。根据中医医疗的特点，增设中药药事服务费。完善相关补偿政策，对论证后可行的中医项目，可以通过专项拨款予以扶持，通过医疗保障基金支付和增加政府投入等途径予以补偿，药事服务费纳入基本医疗保障支付范围。对使用中医非药物疗法、中医药适宜技术等产生的亏损，可提供补贴。

三是推进医疗保险和新农合支付制度改革。以刚性的政策杜绝人为限制中医药服务应用行为，制定鼓励中医药服务的医疗保障政策，将符合条件的中医医疗机构纳入医保定点医疗机构范围，符合条件的中医诊疗项目、中药品种和医疗机构中药制剂可优先纳入医疗保险、新型农村合作医疗的支付范围，并适当提高中医药支付比例，鼓励患者使用中医药。

（三）完善中药监管机制

在遵守国家有关法律法规基础上，在省级层面推进深化中药饮片和制剂监管机制改革，创新经验。

一是建立中药制剂分级管理制度。设立"绿色通道"，重点支持省级中医药、国家级中医重点专科等配制的中药制剂获得《医疗机构制剂许可证》和制剂批准文号，未取得《医疗机构制剂许可证》的，经省人民政府食品药品监督管理部门批准，可以委托符合条件的医疗机构或者药品生产企业配制中药制剂。

二是支持中药饮片与制剂研发。支持运用传统工艺炮制中药饮片、生产传统剂型中成药。鼓励运用现代科学技术和方法研发安全、有效、简便的中药新药或者中药新剂型；鼓励运用中医经典处方、中医经验方研制中药制剂，在制剂许可证申请上给予重点支持。

三是鼓励中药制剂的推广使用。医疗机构中药制剂经省人民政府食品药品监督管理部门批准，可以在专科协作网络、科研协作单位和医联体内调剂使用。充分利用省市医疗保险政策，支持中药开发，凡河南开发的中药新产品、二次开发的名优中成药和部分疗效确切的院内中药制剂，纳入省市医疗保险目录。药品监管部门要关注创新药研究，及早介入并提供技术指引和服务。力争短期内，打造一批大品种名中成药。对使用中药饮片、院内制剂等产生的政策性亏损，按规定动用药品收支结余弥补后仍有差距的，由同级政府核定补助。

四是建立中药材与中药制剂的价格联动机制。完善中药材价格形成机制，促进市场在中药材价格形成中的决定性作用，坚决打击操纵中药材价格的投机行为。根据中药制剂产业链中间各环节的浮动建立价格联动机制，中药制剂定价采用原料成本、生产成本加合理利润率模式。鼓励中医机构积极开发中医制剂，扩大生产和应用规模。

（四）完善中医药人才政策

创新中医药人才引进、使用、培育政策，强化中医药强省的人才支撑。

一是完善中医药人才引进与使用政策。完善支持中医药人才引进和培养的政策措施和补助政策，实施河南高层次中医药人才引进工程，并完善支持政策，对于各医疗机构引进全国知名中医的，可以不受编制限制。适当延长名中医退休年龄，充分发挥中医药人才作用。鼓励中医医师多点执业，支持中医执业医师到基层中医医疗机构工作。

二是完善中医药人才培养政策。实施中医药领军人才培养计划和优秀学科带头人培养计划，加大政策资金支持力度。建立和完善中医药师承教育制度，支持国医大师、知名专家等带徒授业，培养学术梯队。支持中医高等院校探索中医药传承人才培育模式创新，扩大中医药传承班招生规模，在学费补贴、实习经费上给予资金支持。加大中医药紧缺专业人才的政策扶持力度，实行院校培养和职后教育并举，扩大护理、急诊、儿科、康复等紧缺和薄弱领域专业人才的培训规模。抓住机遇重点支持探索建立中医预防保健人才培养基地。建立面向省内外的"引、育、用"人才政策和专项资金，加快培养一批熟悉中医药、懂市场、会经营、善管理的现代中药企业家和经营管理人才。

三是设立河南省名中医工作室专项资金。实施知名中医培育工程，明确制定资金支持标准，对河南国家级中医流派传承工作室、省级知名老中医学术研究室、知名中医工作室等给予奖励和资金支持，不能仅仅依靠医疗机构承担；鼓励各级中医医疗机构积极开展中医工作室建设工作，支持建成一批知名中医工作室和中医学术流派传统工作室，培养一批中医学术传承团队。

（五）完善中药产业发展支持政策

把中医药作为新兴产业重点支持，按照国家加快发展战略性新兴产业的要求，引导各级政府按照有关规定在资金支持、税收优惠、金融服务等方面加大支持力度。

一是完善河南中医药品牌支持政策。实施中医药品牌培育计划，重点支持特色中医药品牌建设。提高河南中医药品牌在全国的知名度。完善中药材原产地保护政策，加强道地药材原产地保护和良种繁育，支持建设一批特色中药材生产基地。

二是河南中药企业培育支持政策。建设一批中医药产业园区，支持河南各类品牌中药及现代中药公司发展，支持有上游中药材资源及具备较强现代制药工艺及品牌拓展能力的企业做大做强，支持企业进行全产业链技术创新，突破中药现代化瓶颈。实施中医药企业上市计划，支持企业通过资本市场做大规模。

三是完善中医药产业链延伸支持政策。重点支持依托中医药优势向养生保健、养老、旅游等健康服务业延伸价值链。支持中药企业借鉴云南白药等企业的经验，积极向化妆品、牙膏、洗护用品等高附加值产品延伸，提高产业附加值。引导银行积极发展中医药产业链金融，支持银行组建特色中医药产业金融服务中心，为中医药产业链发展提供专业金融服务。

四是建立省级中药材战略储备制度。以"订单式"储备、委托企业进行储备的模式，对重要品种、容易被游资操纵品牌以及救灾、紧急疫情暴发等突发状况涉及的中药材品种，进行战略储备，稳定市场价格。

六　保障体系

实施中医药优先发展战略既是一项公共政策，又是一项系统工程，必须构建有力的保障体系。为此，要立足河南实际，从地方法规、统筹规划、组织架构、项目支撑、体制创新等多方着手、多策并举，确保河南早日实现从中医药大省向中医药强省的跨越。

（一）出台《河南省中医药条例》，健全中医药法规体系

为适应新形势需要，近几年，四川、山西、云南、内蒙古等很多省份都对本地《中医条例》进行了修订完善，以探索破解中医发展瓶颈，如四川省 2010 年对原《四川省中医条例》90% 的内容进行了修改和补充，更名为《四川省中医药条例》；山西省 2013 年也采取废旧立新的方式，以《山西省发展中医药条例》对《山西省发展中医条例》进行了全面修改，有力支撑了中医药事业的快速发展。河南也要根据新形势，尤其是要根据《中共中央关于全面深化改革若干重大问题的决定》、《中华人民共和国中医药法》（目前正处于征求意见阶段）的有关要求与部署，适时修订《河南省中医条例》（该条例于 1998 年 1 月 1 日起施行，已经难以适应新形势需要），出台《河南省中医药条例》，将河南中医药优先发展迫切需要的政

策以法律形式加以固定，以明确各级政府推动中医药发展的责任。

（二）加强中医药强省建设顶层设计，谋划中医药优先发展战略规划

加快出台《中共河南省委、河南省人民政府关于建设中医药强省的决定》，明确提出河南建设中医药强省的总体目标和实施方略，在此框架下研究制定《河南省中医药强省建设实施纲要（2015～2030）》，组织专家队伍编制《河南省中医药发展"十三五"规划》，把中医药发展纳入国民经济与社会发展总体战略部署中去，确保中医药优先发展战略落到实处。加快制定《河南省中医药发展战略规划》《河南省中医药健康服务业发展规划》等规划及相关行动计划，研究出台推动中医药优先发展的总体战略和实施意见，明确发展思路、重点任务以及相关政策措施，为推进中医药发展提供科学指引。对支持中医药发展的政策措施进行全面系统的梳理，力争研究推出《河南中医药发展政策若干条》，先行先试，从医疗、产业、科研、教育、人才等方面寻求突破，明确提出具体的政策和措施，突出前瞻性、指导性和可操作性。各直辖市也要制定出台有关规划和相关实施意见。创新土地政策支持中医药发展，创新土地出让模式，支持现有中医院扩大规模，重点支持中医院联合其他医疗机构与各类社会资本创建新的特色中医医疗机构，省级中医药文化博物院、中医药文化产业集聚区等可优先保障土地供给。

（三）完善中医药管理体制，健全中医药优先发展综合协调机制

以事业单位分类改革为契机，将承担基础性科研和人才培养、基层基本医疗服务等基本公益服务的中医药机构明确为事业单位公益一类，形成稳定的长效发展机制。针对中医、中药存在分头管理、多头管理的问题，积极深化中医药管理体制改革，借鉴广东等地先进经验，探索改革完善河南中医药管理机构，成立河南省中医药管理局，或成立河南省中医药发展管理办公室，为推进中医药优先发展战略提供组织管理保障。为建立健全中医药强省建设议事协调机制，建议充分发挥省政府中医药工作领导小组作用，成立专家咨询组织，提高中医药管理服务能力，规范、有序开展中医药规划、管理、信息统计等相关工作，及时研究解决中医药发展中的实际困难和问题，督促落实有关政策措施。

（四）发挥项目支撑作用，打造中医药优先发展的战略平台

抓住中医医疗服务体系建设、中医药产业、中医药文化建设以及人才培养、中医药科研等重点领域和关键环节，积极争取建设国家中医药综合改革试验区，加快梳理、培育和建设一批带动能力强、示范作用好、有显著经济和社会效益的重点项目，以项目引投资，以项目带产业，以项目促发展，省政府适时设立中医药发展专项基金，支持中医药医、教、研、产、文领域重大项目，使其真正成为加快中医药发展的助推器。一要建立完善中医药科技创新平台，进一步发展完善中医药产学研结合系统平台、人力资源综合服务平台、科技投融资平台、科技中介服务平台和专利产业化平台等创新平台，不断优化河南中医药科技研发发展环境。二要建立完善综合信息平台，以现有卫生信息网络为基础，加快推进河南省中医药医疗、管理、科研、教学等的数字化、信息化、网络化。三要建立完善资源共享平台，整合中医学院及其附属医院、中医研究院以及其他中医医疗机构、研究机构、大型企业等的科研实验设备、检测设备和生产设备等存量资源，建设大型科学仪器和重要设施共享协作服务网络，建立开放共享或有偿使用的平台和机制。

（五）健全综合评价体系，提升中医药整体管理水平

建立完善以服务数量、质量、效果和居民满意度为核心，公开透明、动态更新、便于操作、符合临床实际的人才考核机制、医疗服务考核机制、效果评估机制。健全医疗服务标准、规范和质量评价体系，不断完善医疗服务效果评价方法和评价指标体系。根据中医药人才成长特点，完善中医药人才考核评价制度，制定体现中医药特点的中医药专业技术人员水平能力评价标准，建立政府表彰、社会褒奖、市场补偿相结合的中医药人才激励机制，完善中医医疗服务价格形成机制。建立符合中医药特点的疗效标准和诊断标准，按照国家保持和发挥中医药特色的相关规定，制定河南省医疗机构中医药特色评价办法。加快推进中医药管理现代化，遵循中医药自身特点和规律，充分利用最新科技手段、先进设备和经营管理理念，提高管理人员素质和管理水平；加快推进中医药管理信息化，加强以

电子病历为基础的医院信息化建设，推动建立全省中医药政务信息管理系统、中医药综合统计信息系统、中医医疗信息共享系统、中医药信息服务与监测系统等应用系统建设，提高中医药行业的管理水平和服务能力；加快推进中医药管理标准化，建立标准体系以及规范的服务流程和技术方案，引导扶持省市中医医院开展 JCI 等国际标准认证，从根本上提升质量管理水平和专科特色优势。

河南省偃师市经济社会发展
战略研究

偃师市位于河南省西部，东临巩义市，东南部与登封市为邻，西接洛阳市洛龙区，西北接壤孟津县，南部和伊川县以万安山为界，北隔黄河与孟州相望。世界文化遗产龙门石窟、中岳嵩山，佛教圣地白马寺、少林寺，关公埋首之地关林近在咫尺。

偃师因公元前 11 世纪周武王东征伐纣在此筑城"息偃戎师"而得名，先后有夏、商、东周、东汉、曹魏、西晋、北魏七个朝代在此建都。偃师市总面积为 668 平方公里，辖 11 个镇 1 个工业区 210 个行政村 32 个社区，总人口 62.2 万，是河南省首批 10 个小康达标县（市），也是河南省政府确定的全省 26 个城镇化发展重点县（市）35 个扩权县（市）和第二批对外开放重点县（市）之一，先后获得全国科技进步先进县（市）、全国首批实现"两基"县（市）、全国卫生先进城市、国家园林城市、中国人居环境范例奖城市、全国文物保护工作先进县（市）、全国文化信息资源共享工程试点县（市）、全国绿化模范县（市）、中国书法之乡、河南省文明城市等多项荣誉。偃师市综合经济发展水平多年居河南省县（市）的前列，但偃师经济社会发展也存在不少问题。在新的形势下，认真总结偃师发展的经验和存在的问题，谋划偃师发展的新方略，开创偃师经济发展新局面，推动偃师经济社会发展迈上新台阶，具有十分重要的意义。

一 发展概况

（一）发展成效

1. 综合实力稳步提升

近年来偃师在转型发展、提质增效方面取得较大进展，亮点很多。尽管行政区划调整等因素使偃师经济总量上有所下滑，但仍居于全省前二十，人均指标居全省前列。从产业上看，偃师新能源、新材料等高新技术产业已经奠定了良好基础，摩托车产业集聚集群发展程度更高，电线电缆产业进入高端化，商贸物流等新型服务业不断壮大，农业现代化经营程度持续提升；从软实力上看，偃师市委、市政府充分认识到了文化资源优势对于发展的重要作用，文化资源开发利用正处于打基础、管长远、谋发展的关键时期；从新型城镇化看，城乡一体化示范县建设推进顺利，城市新区与旧城区协调发展；从生态建设看，偃师绿色发展之路稳步前进。偃师总体上呈现出良好的发展趋势，综合实力稳步提升。

2. 产业结构不断优化

战略型新兴产业的迅猛发展为偃师产业转型升级提供了重要机遇。目前，偃师市三轮摩托车、新材料、新能源三大主导产业基本确立，并根据产业基础和区位资源条件，加快推动了三轮摩托车向精深加工和高新技术领域拓展，向产业链高端和产品末端延伸；发展壮大新能源、新材料产业规模，增强技术创新能力，提升产业核心竞争力，以在未来竞争中赢得先机和优势。电线电缆、耐火材料、针织、制鞋、管件等传统产业在偃师经济社会发展过程中发挥了重要作用。目前许多传统产业在就业等方面仍发挥着重要作用，偃师根据省市等区域发展布局，加快产业整合和改造提升，制定了承接产业转移方案，培育新的优势产业，实现产业规模化、高端化、优化结构发展。

3. 历史文化资源保护开发初见成效

文化是城市的灵魂，是厚重历史的积淀和缩影。偃师拥有灿烂丰富的历史文化资源，先后有夏、商、东周等七个朝代在此建都，境内有二里头夏都斟鄩遗址、尸乡沟商城遗址、汉魏洛阳故城遗址和唐恭陵。偃师自古人杰地灵，是唐代佛学大师玄奘的故乡，班固、张衡、蔡伦、王安石、司马光等历史名人在这里成就了英名。偃师还是客家先民首次南迁的出发地和丝绸之路东方起点之一。偃师可开发利用的遗址、历史名人文化达几十处，如二里头遗址、商城遗址、汉魏故城遗址、西周伯夷叔齐墓、秦相吕不韦墓、玄奘故里等有形文化资源保护较好。2013年，偃师接待海内外旅游人数178万人次，旅游总收入3.33亿元，旅游文化资源综合开发初见成效。

4. 城乡发展一体化格局初步形成

近年来，偃师市城乡统筹发展，人居环境明显改善，生态环境不断优化。目前全市建成区面积16.8平方公里、人口17万，各类基础设施完善，城区集中供热面积达到140万平方米，天然气管网总长66公里，城市绿地率和绿地覆盖率分别达45.4%、44.1%。新型农村社区建设成效显著，高楼镇绿景社区和西寺庄社区依托城镇、产业优势，由镇政府出资建设。社区建成后，群众可在镇附近的企业上班或在社区工作，居住条件得到了极大改善，群众真正过上了城里人的生活。农村社区临城、临镇、临产业集聚区建设布局是较为成功的模式，也是实现城乡一体化的重要抓手。它打破了原有的城乡格局，农民实现了职业转换，农村由封闭向开放不断发展。

5. 生态建设持续推进

生态建设，是关乎人民未来美好生活的长远大计。近年来，偃师市通过多项环保工程推进生态文明建设。一是实施以"一停产一限批"为主要内容的环境治理工程，对烟气、废水不达标企业实施限期治理；二是实施以"控制 SO_2 、COD 排放总量"为主要内容的防污减排工程；三是实施以"农村环保小康行动"为主要内容的绿色创建工程，完成多家畜禽养殖企业的废水治理，引导农民发展"猪-沼-农"等生态养殖模式，完成多个自然村的生态文明示范村创建工作；四是实施以"污染源普查"为主要内容的环境基础工程，全面掌握各类污染源及污染物排放情况。同时，偃师市投资3000多万元建设虎头山生态公园，投资2.3亿元建设总面积1.1万亩的首阳山森林公园，为居民提供了集生态绿化、环境保护、旅游观赏、休闲娱乐于一体的去处，提高城市发展和人民生活的品位。

6. 人民生活水平大幅提高

天下大事，民生为重。偃师市委、市政府坚持把更多财力、物力向民生方面投入，让人民群众成为改革发展的最大受益者和获得者。偃师市城乡居民收入水平长期位于洛阳和全省的前列，2013 年，偃师城镇居民人均可支配收入 22357 元，农民人均纯收入 12596 元。"十二五"期间，偃师市全面启动了新型农村社会养老保险制度，成功进入全国首批新型农村社会养老保险试点。坚持认真落实城乡居民低保政策，城市和农村低保覆盖面持续扩大。加强就业再就业工作，加大对困难就业群体的帮扶工作，发放小额担保贷款，以创业带动就业，城镇登记失业率控制在 5% 以内。加快敬老院建设步伐，不断做好廉租房、经适房等保障性住房建设，完善农民工市民化政策，逐步将进城落户农民纳入城镇保障体系，让农民进得城、能就业、有保障。

（二）存在问题

改革开放以来，偃师市经济社会发展取得了瞩目的成就，始终处于全省的前列，但发展过程中也积累了一些不容忽视的问题。如何正确面对并改变这些不足，是保证偃师经济健康持续发展的关键。

1. 观念有待进一步更新，存在小富即安、小进即满思想

偃师发展较早，并迅速完成了由农业县到工业县的转变，县域经济综合实力快速提升，取得了宝贵的成功经验。但是，偃师在发展过程中思想上产生了一定的惰性，陷在传统发展观里难以自拔。许多中小企业家存在小富即安、小进即满、看家守本、求稳怕乱的思想。偃师的民营经济起步早，一些传统产业到现在仍然有相当规模的市场需求，如针织、制鞋等产业缺乏技术创新、管理创新、品牌创新、营销创新的动力，"先发优势"逐渐转变为了"先发劣势"。以鞋业为例，在调研槐庙和窑头鞋业标准化厂房时发现，当地鞋业还处于家庭式作坊阶段，产品的档次、质量还维持在较低水平，缺乏品牌包装，思想意识与东南沿海鞋业发达地区差距较大。

2. 产业散且不强，产业结构转换升级缓慢

偃师的县域企业数量很多，但规模普遍较小。尽管相当多乡镇建设了产业园区，但这些产业园不仅规模小，而且布局也不尽合理，规模效益和集群效应未得到充分发挥。偃师工业产品结构以劳动密集型、加工型和价值链低端的中低档产品、初级产品为主，优质产品、高技术含量、高附加值产品较少。近年，偃师围绕产业集聚做文章，打造了三轮摩托车、制鞋、针纺等具

有传统优势的产业集群，但产业的集聚集群效应尚未发挥；电线电缆、高低压管件、耐火材料等产业集群还主要依靠少数单体骨干企业支撑，整体规模十分有限；薄膜太阳能电池、LED照明、碳纤维材料、智能化数控装备等新兴产业项目部分还在建设过程中，短期很难对培育产业集群、发挥集聚效应形成有效支撑。总体来讲，偃师市的产业转型升级的步伐还需要加快。

3. 龙头企业不多，企业家缺乏创新动力

偃师过去受发展思路和现实情况的影响，形成的工业体系构不成规模，缺乏大型的支柱性龙头企业，中小企业比重较大。这些中小企业在生产技术、工艺和设备方面的水平偏低，产品开发多以模仿为主，研发能力弱，高新技术产业比重较低。企业生产方面多以劳动密集型产品为主，以针织、制鞋、食品、建材、电线电缆、三轮摩托车制造、钢制办公家具制造等最多。许多早期创业的企业家多属于农民企业家，整体文化教育水平较低，眼界不够开阔。在当前市场竞争逐渐加剧的情况下，部分企业家无法适应新市场形势的要求，创新意识和动力淡薄。企业创新研发设计投入不足，创新人才缺乏，导致产品缺乏竞争力、产品附加值低，这成为制约偃师民营企业持续发展和扩张的主要因素。

4. 文化资源开发利用不够，资源优势未能有效转化为产业优势

偃师拥有丰富灿烂的历史文化资源，是丝绸之路起点以及客家文化发源地之一。但总体上来讲，资源优势没能有效转化为经济优势。首先，偃师作为"最早的中国"，其文化的名气与实际文化资源的地位严重不符，文化品牌塑造和宣传明显不足。其次，偃师文化遗产多为墓葬和考古遗址，与自然景观相比吸引游客能力相对低一些，如何与经济社会发展相结合还有待于进一步探索。再次，重要文化资源的保护开发投入还有待于进一步增强。以玄奘故里为例，一期工程开发规模偏小，没有形成文化品牌、旅游热点及佛教文化吸引力。商城遗址、唐恭陵等遗址的进一步保护开发都需要大量资金投入。二里头遗址上升为国家层面建设以后，与之配套的基础设施建设资金筹措也成为未来需要考虑的问题。

5. 部门协调合作意识不强，发展环境有待进一步优化

偃师经济发展多年来处于全省的前列，但是由于一些历史原因和思想观念等问题，仍存在发展环境不优的状况。首先是政务软环境方面，办事

效率不高，发展意识不强，少数职能部门缺乏大局意识，部门之间的合作意识不够，导致招商引资、项目建设和联合攻关能力有所欠缺。发展意识不强，工作中政策执行原则性有余、灵活性不足，缺乏责任承担的勇气、开拓进取的气魄。其次是土地制约，偃师拥有大量的国家级和省级文物保护单位，同时又承担黄河水资源保护的责任，可供开发的土地本就有限，加上已有产业布局过于分散，难以再进行大面积地开发和产业项目引进。

6. 城区发展相对滞后，带动能力偏弱

近年来，偃师城镇化在速度、结构等方面取得了一些成就，效果比较明显，但也存在着许多问题。偃师的城镇化过程，缺乏从区域规划的整体角度出发审视城镇个体规划的意识，盲目布点较多，内容过于单一，缺少个性和地方色彩，城区规划偏重行政功能。从城区的现状来看，尽管其功能布局比较完善，商贸、服务等第三产业也比较繁荣，但是仍存在建设粗放等问题。同时，由于全市产业布局分散，乡镇的中小企业较多，吸纳了较多人口和就业，中心城区难以实现生产要素和产业资本的集聚，对人口集聚水平较低，这既不利于土地和资源集约利用，也难以充分带动商贸、服务等第三产业的进一步发展。在偃师逐渐融入洛阳市区的大背景下，旧城区的发展逐渐开始落后于发展的需要。

（三）经验启示

偃师长期处于全省县域经济发展的前列，同时又是发展较好、位于全省前列的县（市），有许多值得其他地区借鉴的地方。总结偃师多年来发展过程中的经验，能够为偃师未来造就新的辉煌提供有益启示，同时也能够为河南其他县域经济发展提供宝贵的借鉴。

1. 坚持敢为人先，敏锐把握市场节奏

偃师人有市场经济意识，在市场经济条件下率先发展，偃师经济社会稳步发展，综合实力一直名列河南省前列。20世纪80年代，偃师以乡镇企业为主的民营经济异军突起并迅速发展，90年代中期逐渐形成了偃师日后得以发展的几大支柱产业，一些产品在当时就已经远销国际市场。由于起步早、顺应市场经济的步伐，偃师市的经济得到突飞猛进的发展，民间中小企业蓬勃发展，成为中原崛起的突出代表、县域经济发展的排头兵。

然而，近年来由于偃师对旧有发展路径和惯性思维的依赖，一些传统产业创新升级较慢，部分行业发展仍停留在低层次，逐渐不能适应市场发展和转型升级的需要，重新唤起偃师人敏锐的市场嗅觉将成为未来发展的首要任务。

2. 坚持市场导向，激发民间创新活力

民营经济作为县域经济的主体和重要组成部分。偃师民营经济起步早、发展快，在全省的县域经济发展中处于"领头羊"地位。多年来，偃师市政府把民营经济作为县域经济的主体来抓。鼓励吸纳民间资本参与县域经济发展，解决民营企业融资瓶颈问题，政府实行贴息政策，加强扶持引导。积极发挥乡镇企业的重要作用，促进乡镇企业调整结构、创新体制和技术创新，充分发挥农民在县域民营经济的主体作用，大力发展以农民为主体的民营经济。经过多年的发展，偃师市的民营经济已经形成一定规模，然而仍存在布局散、缺乏龙头带动等问题，还需要通过整合、创新、升级等手段推动偃师民营企业上规模、出品牌，形成推动偃师民营经济发展的合力。

3. 坚持工业主体，促进三次产业协调发展

在改革开放初期，偃师人深知"无工不富"的道理，率先发展工业，20世纪八九十年代偃师民营工业开始蓬勃发展。如今，偃师产业门类齐全，形成了传统产业为主体、新兴产业为突破点的工业体系。在工业发展的基础上，偃师坚持农业的基础性地位，并根据自然条件和特色资源发展特色种植、小麦育种等，使农业成为偃师经济发展的亮点之一。不仅如此，由于拥有丰富的历史文化资源，偃师一直在文化旅游产业上大下功夫，近年来还着力打造商贸服务、物流等为代表的新兴服务业，推动产业结构不断实现升级。2013年底，偃师市三次产业所占比重分别为6.0%、60.4%和33.6%；全省和洛阳市同期分别为12.6%、55.4%、32.0%和7.9%、57.7%、34.3%。进入经济新常态，偃师还要继续推动传统工业转型升级，积极发展农业现代化，大力发展以文化资源为特色的观光旅游、休闲度假产业，以及以商贸、物流和电子商务为代表的新兴服务业，促进三次产业在更高层次上实现协调发展。

4. 坚持统筹协调，推动城乡一体发展

随着经济发展和社会进步，打破二元结构、推动城乡一体发展已经成为促进县域经济社会持续发展的必然要求。2006年以来，偃师先后被定为

河南省和洛阳市城乡一体化的试点。偃师在探索中坚持以人为本，逐步形成了"偃师特色"，以规划布局、产业发展、就业保障、基础设施、社会事业、生态建设六个方面作为支撑点。加快城市建设改造，不断增强中心城区的承载能力和辐射带动能力；积极推进新型农村社区建设，逐步实现城乡统筹协调发展；偃师城乡居民收入不断提升，就业、社会保障、养老服务体系不断完善。近年来，由于产业布局偏散，老城区逐渐表现出人口和产业聚集程度不够、带动能力偏弱的问题，不再适应洛偃一体化发展的需要，未来首阳新区的发展将成为推动偃师城乡一体化发展和逐步融入洛阳市区的新载体。

5. 坚持产业集聚，促进产城融合发展

民营经济发展基础好，中小企业多、布局散在过去一直是偃师经济的特点之一。近年来，偃师坚持产城融合的思路，按照"四集一转、产城一体""三规合一"的原则，紧紧围绕产业发展规划明确产业集聚区的区片定位，完成了10个镇的专业园区规划和主导产业定位。着力壮大三轮摩托车、新能源和新材料"三大超百亿产业"；提出传统产业升级计划，建成鞋业集聚区标准化厂房，引入福建鞋业园区，鼓励企业更新工艺、扩大规模，开展优势合作，提升电线电缆、装备制造、耐火材料、机械加工等传统产业水平。同时，积极推进新型城镇化发展，发展商贸、餐饮、服务等行业，提升人民居住环境，为人口集聚居住、顺利就业、商业繁荣发展注入发展后劲。目前，偃师已经逐步形成了以产兴城、以城促产的局面，首阳新区的建设将进一步推动人口和产业的聚集，为偃师产城融合发展提供新动力。

6. 坚持政府引导，创造良好发展环境

发展环境是一个地区直接间接影响发展的各种因素所组成的综合条件。偃师作为民营经济发展的先进县，一直坚持优化发展环境，为经济社会发展提供有力支持和良好服务。深入推进政府信息公开和权力公开透明运行，优化政务环境、规范行政行为、推进政府管理创新，促进行政效能和服务水平全面提升，开展服务型政府建设。开展"优化经济发展环境大讨论"活动，教育引导广大机关干部提高认识、强化责任，牢固树立服务企业发展的理念。建立服务企业长效机制，落实市领导分包规模以上企业、派驻企业首席服务官等制度，想方设法帮助企业解决实际问题。未来偃师还需要继续深化改革，破解部门间合作意识薄弱等方面的问题，持续优化发展环境，为经济发展激发活力。

二 发展阶段和发展环境分析

（一）发展阶段判断

1. 从全面建成小康社会目标看

2013 年河南全省人均生产总值达到 34187 元，城镇居民人均可支配收入、农村居民人均纯收入分别达到 22398 元和 8475 元；洛阳全市人均生产总值达到 47589 元，城镇居民人均可支配收入、农村居民人均纯收入分别达到 24820 元和 8756 元。同期，偃师人均生产总值达到 63415 元，城镇居民人均可支配收入、农村居民人均纯收入分别达到 22357 元和 12596 元。相比较而言，偃师人均生产总值相当于全省平均水平的 185.5%，相当于全市平均水平的 133.3%；城乡居民人均收入、农村居民纯收入分别相当于全省平均水平的 99.8% 和 148.6%，相当于全市平均水平的 90.1% 和 143.9%。总体上看，到 2020 年，偃师在全面建成小康社会上具有较大优势。

2. 从工业化发展阶段看

把 2013 年偃师有关经济数据与国际上工业化评判标准进行对照，结果如表 1 所示，从各种衡量标准看，偃师均处在工业化中期阶段，仅仅在中期还是靠后上有区别，但总体上，偃师仍然处于工业化中期加速发展阶段。

表 1　工业化阶段评判标准

标准分类	考察指标	偃师经济数据	所处阶段
钱纳里标准	人均 GDP	10311 美元	工业化中期后半阶段
	三次产业结构	6∶60.4∶33.6	工业化后期阶段
	城乡结构	52.1	工业化中期阶段
库兹涅茨标准	三次产业结构	6∶60.4∶33.6	工业化中期后半阶段
霍夫曼标准	轻重工业比重	—	—
克拉克标准	第一产业就业比	20%	工业化中期后半阶段

数据来源：《2014 年河南统计年鉴》《偃师市 2013 年国民经济和社会发展统计公报》。

3. 从城镇化 "S" 形曲线看

城镇化曲线反映城镇化进程的变化，可用来检验国家或地区的城市化水平和过程。这条呈 "S" 形的曲线大致分成初级阶段（30%）、加速发展阶段（30～70%）、降速成熟阶段（70% 以上）。按此标准，2013 年偃师城镇化率达到 52.1%，业已进入加速发展阶段，当前和今后一个较长的时期，城镇化都将是经济社会发展的主要动力。

综合判断，当前偃师处于工业化和城镇化加速发展阶段，全面建成小康社会任务优势明显，主要体现为以下四个鲜明特征。一是经济结构进入调整攻坚期。这一阶段，偃师的工业总量仍将保持一定速度的增长，但是，在资源环境约束日趋加剧的情况下，产业结构调整也将明显加快，产业发展更加凸显 "转型" 和 "创新"，服务业加速发展、产业融合趋势明显。二是城镇化进入加速推进期。从工业化与城镇化的关系看，当前偃师城镇化总体上滞后于工业化，但两者协调性将逐步增强。从城乡发展关系看，偃师作为全省城乡一体化试点城市，未来城乡发展的协调性也将逐步增强。三是经济增长进入投资、消费和创新协调驱动期。工业化的不同阶段，不同要素对经济贡献的重要性相对不同。当前偃师所处的发展阶段，资本投入仍然是经济增长的主要动力，但需要逐步提高消费和自主创新对经济增长的贡献率，推进经济社会发展和产业结构升级。四是社会发展将进入全面协调发展期。长期以来，社会事业发展明显滞后于经济建设。随着工业化和城市化进程的加快，社会矛盾将逐渐凸显激化，要求必须处理好加快经济发展与保障和改善民生的关系，着力缓解和消除全面建设小康社会的薄弱环节和瓶颈制约，进一步缩小与全面建成小康社会目标的差距。

（二）有利条件

1. 全面深化改革进一步增强发展活力

党的十八届三中全会对全面深化改革做出了全面部署，十八届四中全会提出了依法治国的战略。全面深化改革和依法治国的大背景为偃师转变经济发展方式，提高经济发展质量，提升区域经济竞争力提供了良好环境。特别是国家在行政审批、投资管理体制、财税体制、金融体制、城乡一体化机制等领域的改革，有助于赋予县级调控主体主动权、开辟县域市场主体融资新路径、提供破解"三农"问题新契机，将有利于偃师借势借力，进一步破除制约发展的深层次体制机制障碍，激发偃师县域发展的活力和创造力。

2. 国家重大战略调整进一步释放发展空间

当前，国内区域发展呈现新格局，"一带一路"等将为偃师中西部地区发展提供新的机遇和政策红利。尤其郑州、洛阳被列入丝绸之路经济带的重要节点城市，将为偃师发展创造新的契机。国家级二里头遗址公园的规划建设，有利于将历史沉淀下来的独特资源转化为经济资源。与此同时，四化同步推进、新型城镇化建设稳步向前、消费结构升级，以及河南三大国家战略深入推进，河南从中央获得的政策优惠进入集中释放期，这也为偃师实现跨越发展创造了难得的外部环境。

3. 新业态、新模式迅猛发展进一步催生新机遇

伴随着移动互联网、大数据、云计算等新一代信息技术的突飞猛进，互联网思维快速渗透，一些新业态、新模式层出不穷，这将为偃师实现"再创业、再崛起"带来更多机会。互联网在各个行业的渗透、融合、颠覆，既能改造传统产业实现升级，也能催生新兴产业实现转型，推动偃师经济的存量提升和增量发展。尤其商业模式创新正在逐渐成为创新的主要形式，偃师必须抓住当前县域电子商务蓬勃发展的战略机遇，依托电子商务打造特色县域经济，围绕商业模式创新培育新的经济增长点。

4. 洛阳全面推进副中心城市建设进一步推动融合发展

洛阳市已明确提出了"一中心四定位"发展战略，偃师紧邻洛阳城区，将更多地获得这一总体战略的发展红利。近几年，洛阳明确提出推进洛偃一体化，不断加快实现偃师与洛阳的产业对接和功能互补，尤其随着洛阳市十次党代会提出"加快中心城市建设，着力打造洛北板块、洛阳新区板块、偃师城区向西与中心城区对接板块"，偃师着力打造首阳新区，郑洛城际轻轨规划修建和偃师中州大道西延对接，洛偃一体化步伐明显加快，逐步承担洛阳城市发展的部分功能，这将更有利于偃师吸引高端项目、高端人才和先进技术，促进偃师经济社会跨越发展。

5. 新兴产业发展亮点进一步塑造比较优势

在经济新常态的大环境下，偃师产业发展不断呈现新亮点。如传统支

柱三轮摩托车产业加速转型升级，太阳能光伏行业持续复苏，新材料行业发展迅速，锐仕泽碳纤维项目技术优势明显，亨基数控装备项目突破国外技术封锁，等等。此外，林安物流、华润医药物流等现代服务业项目，借力偃师交通区位优势蓬勃发展，这些新兴产业项目即将成为偃师下一轮产业发展的新增长点，有利于推动偃师塑造新的比较优势。

（三）不利因素

1. 传统发展方式惯性依旧存在

当前偃师产业发展仍是遵循传统路径，仍过多依赖低端产业、低小散企业、低成本劳动力、资源要素消耗以及传统商业模式。一是低端产业占比较大，产业发展层次整体偏低。二是产业发展方式粗放，集聚集群优势不明显。三是龙头领军型企业匮乏，商业模式明显落后。同时，在现有初具规模的企业中，家庭式管理和独裁型决策机制较为普遍，具有大谋略、敢于创新突破的大企业家匮乏，企业管理水平低下，商业模式明显滞后。

2. 郑州洛阳虹吸效应不断增强

借力郑州、洛阳的辐射和集聚效应，是偃师在 20 世纪 90 年代迅速崛起的关键。但目前，随着郑州聚力发展航空港综合经济试验区、洛阳全力打造河南名副其实副中心城市，郑州、洛阳发展的制度红利日益明显，偃师在人流、物流、资金流、信息流等核心要素集聚方面遭受郑州洛阳的虹吸效应正在逐步显现，表现在偃师在招商引资吸引力上压力较大，偃师在本地金融资源利用上发展缓慢，偃师在平台优势上差距明显，等等。

3. 周边县区竞争压力持续加大

国家区域发展规划密集出台，中西部地区经济发展的多元化格局正在形成，相邻省、市竞相发展、相互赶超的竞争格局趋于强化，对资源、产业、企业、资金、人才等要素的争夺日趋激烈。聚焦周边县区，巩义、荥阳依托雄厚发展基础正在加速跨越发展，伊川、宜阳、新安、栾川等县区也在充分发挥比较优势加快承接产业转移，与之相比，偃师经济社会发展不具有绝对的优势，在招商、资源、人才、政策扶持等方面面临着激烈竞争。

4. 历史文化资源保护约束明显

作为历史文化名城，偃师行政区划面积的 2/3 为文物保护区，在严格保护历史文化遗产资源的同时也面临城市发展空间拓展受限的困境。因此，受历史文化资源保护约束，偃师招商引资、承接产业转移项目需要遵循更高标准，这在客观上要求偃师加快推进产业发展从粗放型向集约型、资源密集型向技术密集型、低单位产出效益型向空间集约节约型转变，这也将导致偃师经济发展面临一段阵痛期。

5. 资金人才要素支撑仍显薄弱

当前，偃师转型发展仍然面临资金、人才等核心生产要素支撑不足的局面。企业融资难题仍然突出。据不完全统计，偃师通过民间借款及企业拆借方式流动的资金达 10 亿元左右，基本与银行贷款总额持平。人才短缺问题严重，与偃师经济社会发展迅速的需求相比，不管是管理人才，还是具有专业知识背景、熟悉相关产业领域、懂得资本运作、上市融资、电子商务的各种优秀专业人才都相对缺乏，这些都成为偃师发展的现实瓶颈。

三　实施"四五"总体方略

当前及今后一个时期，偃师经济社会发展的总体思路是：以邓小平理论、"三个代表"重要思想、科学发展观为指导，认真贯彻落实党的十八大、十八届三中、四中全会精神和习近平总书记系列重要讲话精神，围绕河南省委省政府、洛阳市委市政府的战略部署，结合偃师实际，实施"四五"总体方略，即以建设"五个偃师"（富裕偃师、活力偃师、人文偃师、秀美偃师、幸福偃师）为目标，确立"五个"战略定位（河南县域经济排头兵、郑洛工业走廊战略支点、河南城乡发展一体化示范区、华夏历史文化传承创新先行区、中原经济区田园生态宜居城），实施"五大"战略方针，即产业兴市、城镇引领、创新驱动、洛偃一体、二次创业战略；完成"五大"任务，即加快推动产业转型升级、推进洛偃一体化发展、促进城乡发展一体化、推进文化传承创新及激发创业创新活力、推进宜居偃师建设，努力打造偃师经济升级版，推动偃师经济社会发展迈上新台阶，取得新的更大的成就。

（一）以建设"五个偃师"为总目标

到 2030 年，偃师市发展的战略目标是，建设"五个偃师"，就是建设富裕偃师、活力偃师、人文偃师、秀美偃师、幸福偃师。在经济发展方面，地区生产总值突破 2000 亿元，公共财政预算收入突破 100 亿元，城乡居民人均纯收入突破 10 万元。

1. 富裕偃师

在推动工业转型升级、巩固工业优势的基础上，着力提升农业产业化发展层次和水平，加快发展现代高成长性服务业，确保综合实力位居全省前列，地区生产总值占洛阳全市的比重保持在 15% 以上，城乡居民收入水平高于洛阳平均水平。

2. 活力偃师

坚持把"改革创新、整合再造"作为促进发展的内在动力源，转变政府职能，优化发展环境，强化内引外联，激发社会活力，加快形成更强的开放转型推动力、产业发展竞争力、投资创业吸引力、高端人才聚合力。

3. 人文偃师

发挥文化底蕴厚重优势，丰富完善偃师精神，全面提高公民道德素质和社会文明程度，以文化引领风尚、凝神聚气、教育人民、服务社会，为经济社会发展奠定坚实的思想道德基础，为实现人的全面发展创造良好条件。

4. 秀美偃师

按照中原经济区田园生态宜居城市的定位要求，紧紧围绕打造现代滨河山水园林城市的发展目标，稳步推进生态文明建设，形成生态资源得到更好保护和有效利用、经济与环境协调发展、城市与自然和谐共生的可持续发展格局。

5. 幸福偃师

以人民生活品质提档、幸福指数提高、尊严感受提升为追求，以富民优先、文化惠民、服务为民、改革利民、生态益民、法治安民为重点，让全体居民更加充分地获得基本需求的满足感、就业创业的成就感、生产生活的安全感、人居环境的舒适感、精神生活的充实感，建成人民安居乐业、社会安定祥和、近悦远来的幸福家园。

根据到 2030 年的总体目标，到 2020 年偃师经济发展、结构调整等方面的具体目标有如下几个方面。

综合经济实力进一步提高。在优化结构、提高效益和降低能耗的基础上，2014～2020年生产总值年均增幅超过10%，高于全省平均水平1.5个百分点以上，人均生产总值确保位居全省县域前列；地方公共财政预算收入占地区生产总值的比重到2020年达到7%左右，经济增长质量和效益明显提高。

产业结构层次进一步提高。三次产业结构从2013年的6：60.7：33.3调整为2020年的3：57：40；到2020年，高新技术产业企业占全市规模以上工业企业主营业务收入比重比2013年提高5个百分点；规模以上工业研发经费占主营业务收入的比重提高到3%左右；文化产业增加值占地区生产总值比重达到5%。

基础支撑能力进一步提高。到2020年，首阳新区、产业集聚区、特色商业区、农业产业化集群等发展载体优势彰显，县域"五网一系统"趋于完善。生态建设和环境保护成效显著，单位生产总值能耗、二氧化碳排放量、主要污染物排放量明显下降。

人民生活水平进一步提高。2014～2020年，城乡居民收入年均增幅12%；到2020年，城镇居民人均可支配收入、农村人均纯收入分别达到49000元和30000元；社会事业全面发展，就医、就学、就业等基本公共服务均等化程度全面提高，城乡均衡的社会保障体系初步健全。

（二）确立"五个"战略定位

1. 河南县域经济排头兵

切实增强赶超跨越、争先晋位意识，站位全省，以巩义等先进县（市）为标杆，奋勇拼搏，持续作为，通过不懈努力，着力推进传统产业转型升级，努力打造偃师经济升级版，持续壮大县域经济综合实力，牢固确立偃师在洛阳市各县（区）经济发展中的领先地位，确保县域经济综合实力稳居全省前列，争当全省县域经济的排头兵。

2. 郑洛工业走廊战略支点

充分发挥优势，挖掘发展潜力，明确功能定位，打通洛偃快速通道，加快综合配套设施跟进，积极承担洛阳部分城市功能，加快承接郑州转移产业，强化与郑州、洛阳在工业制造、历史文化、休闲旅游等产业发展方面的协同配套，努力打造成为借力郑洛、对接郑洛的城市核心增长板块，成为郑洛工业走廊的重要战略支点。

3. 河南城乡发展一体化示范区

系统总结城乡一体化试点经验，深刻剖析试点中存在的问题，全面推进城乡规划、基础设施、产业发展、生态环境、公共服务、要素配置"六个一体化"，形成以统筹产业发展、统筹社会事业发展、统筹基础设施建设、统筹劳动就业和社会保障为重点的城乡发展一体化新格局，使城乡居民共享现代文明、共享改革发展成果。

4. 华夏历史文化传承创新先行区

发挥历史遗存众多、文化底蕴深厚优势，深入挖掘佛教文化、根文化、帝王文化，打造"七朝古都""华夏文明发源地"名片，将文化资源优势转换成文化旅游优势、文化产业优势、文化资本优势，将偃师建设成为古文化韵味浓重、夏商文化底蕴厚重的人文城市，成为全省甚至全国华夏历史文化传承创新先行区和新高地。

5. 中原经济区田园生态宜居城

打好生态文明建设牌，着力构建南北生态屏障，加快推进中部的伊河、洛河生态人文廊道建设和葡萄庄园生态廊道建设，优化生态环境，开发绿色产品，兴办生态旅游，发展生态企业，提高生态利用效率，以生态效益带动经济效益和社会效益提高，形成山水田园的生态格局，努力将偃师建设成为中原经济区田园生态宜居城市。

（三）实施"五大"战略

1. 产业兴市战略

坚持产业为基，以提速增量、提质增效为主线，第一产业立足于把发挥优势和突出特色结合起来，围绕发展都市农业和名优特农产品，着力转变农业发展方式，推进农业生产经营上档次、上水平；第二产业立足于把优化存量和扩张增量结合起来，一方面推动传统产业转型升级，另一方面加快战略新兴产业的培育；第三产业立足于把生产性服务业和生活性服务业结合起来，围绕工业转型升级和农业特色规模生产经营，大力发展生产性服务业，围绕提高居民生活质量和水平，大力发展新兴生活性服务业。

同时，着力推进农业"接二连三"（与二三产业融合）发展，工业化与信息化深度融合发展，服务业与工业、农业融合发展，加快形成竞争力强、特色鲜明、附加值高的现代产业体系。

从空间布局上要着力构建"一中心、三片区、十园区"产业发展格局。"一中心"为市区，主要发展商贸金融、电子商务、文化旅游、餐饮住宿、社区服务等服务业，以及鞋类加工等都市型轻工业。"三片区"，分别为首阳新区、三轮摩托车园区和新能源新材料园区，其中，首阳新区重点发展金融物流、科技服务、研发设计、文化创意等生产性服务业以及都市型高端先进制造业。"十园区"为10个镇专业园区。在制鞋、针织、壁纸、耐火材料、石化管件、电线电缆等传统优势产业集聚的专业园区，推动产业与镇区联动融合升级；在高龙等交通区位优势较好的乡镇专业园区，布局发展商贸物流业；在邙岭、大口等生态功能区的乡镇专业园区，布局发展绿色农产品加工业和现代休闲观光农业。

2. 城镇引领战略

加快城镇化发展作为未来一个时期我国现代化建设的历史任务，具有拉动投资需求、扩大消费需求、促进经济增长的引擎功能和作用。要立足于培育城镇新的经济增长点，加快经济发展动力由依靠工业化驱动向依靠城镇化转变。以国家、省、市加快推进新型城镇化为契机，着力推进城镇内涵式发展，不断提升城镇功能和综合承载力，以城镇发展扩充就业，引领农民向城镇转移落户，以城镇对产业的集聚促进土地流转和适度规模经营，以城镇公共服务延伸引领城乡就业、教育、医疗卫生、社会保障等基本公共服务均等化，促进城乡一体化发展。

充分发挥城市建成区的中心作用、首阳新区的新型城镇化示范作用，加快完善南部滨河区、产城一体化推进区城市功能，重点提升高龙、顾县、首阳山、邙岭、大口等镇区综的合承载能力，形成重点突出、带动力强的新型城镇化推进格局。按照中部重点开发区、南部和北部生态功能区的主体功能定位，构建"一核、两轴、三支点"城镇总体布局。中部重点开发区包括"一核"和"两轴"："一核"即以主城区为中心，包括首阳新区、南部滨河区和产城一体化推进区三个组团；"两轴"分别为北部中州路西延发展轴和南部洛偃快速通道发展轴。中州路西延发展轴为主轴，坚持跨越式发展，以首阳新区为洛偃一体化发展的桥头堡，以翟镇、岳滩、首阳山、山化、城关镇为重要节点；南部洛偃快速通道发展轴为副轴，坚持渐进式发展，以高龙镇作为洛偃融合发展的桥头堡，以顾县、缑氏为重要节点。"三支点"即南部山区和北部沿黄丘陵地带分别以邙岭、大口、府店三个乡镇为支点，把扶贫连片开发与生态移民相结合，着力打造生态型城镇，提升镇区综合承载能力，加快人口向镇区和中心城区转移。同时，在全市域依据地形地貌、生态河流和历史文化，选在基础较好的村庄，着力建设美丽乡村、文化乡村等。

3. 创新驱动战略

紧紧围绕主导产业转型升级，加快建立以企业为主体、以市场为导向、产学研结合的创新体系，尽快实现经济发展由依靠劳动力以及资源能源驱动向创新驱动的转变，由低成本优势向创新优势的转变，把创新驱动作为推动经济社会转型升级的核心动力，深入实施创新驱动发展战略，以改革创新、科技创新和管理创新为核心，协调推进产品创新、商业模式创新、服务业态创新，以及资源配置、组织管理、发展路径等创新，激发全社会创新创业活力。

从偃师实际出发，一要充分发挥偃师毗邻郑州、洛阳两个全省科技创新资源汇集区的优势条件，尤其是要用好洛阳在装备制造、新材料、新能源等领域的研发力量，以产学研合作等多渠道借力，提升偃师创新驱动的能力和水平。二要充分运用市场机制，引导扶持龙头骨干企业与高校、科研院所及相关中介服务机构共同构建产业技术创新战略联盟，促进创新资源的有效分工和合理衔接。三要依托各专业园区、骨干企业，加强科技合作交流平台建设，充分利用国际国内科技资源，提高创新起点，缩短创新周期，提高创新能力。

4. 洛偃一体战略

充分发挥偃师作为郑洛城市工业走廊战略支点的功能作用，积极融入丝绸之路经济带，进一步推进洛偃一体化向深层次发展。一是围绕洛阳的产业发展重点，在改造提升传统产业和重点培育新兴产业的基础上，发挥偃师的综合优势，创新招商引资方式，积极承接洛阳的产业辐射，大力发展洛阳的延链产业和配套产业，推动主导产业、特色产业和新兴产业扩规模、上水平。二是充分发挥与洛阳历史文化关联、区位交通一体等综合优

势，强化与洛阳的历史文化旅游、田园生态休闲、科学技术研发等生产性
服务业的配套发展能力，加快发展物流商贸、健康养老等服务业，在对接
延伸洛阳社会功能、主动服务洛阳的同时，实现自身的大幅提升。三是积
极承担洛阳卫星城市功能，着力推进体制机制创新，优化软硬发展环境，
尽快形成人才、技术、资金等创新要素的流入"洼地"。

5. 二次创业战略

立足发展基础，发挥特色优势，创新体制机制，破解发展难题，实施
二次创新战略，积极推进企业由分散向集聚转变、产业由低端向高端转
变、文化资源优势向文化产业优势转变，加快偃师经济社会发展的"脱胎
换骨"进程，全面提升在全省、全市经济社会发展中的战略地位。

全市上下要以清醒的头脑看待新形势、以振奋的精神迎接新挑战、以
创新的思维解决新问题、以开放的心态接纳新事物，形成敢想敢干、能拼
会赢的浓厚氛围，带动发展理念和模式的创新，通过善做善成、敢为人
先，为加快偃师转型升级发展注入动力活力。实施领军人才引进计划，着
力引进、培育一批有思路、有建树、有经验、有影响力、有号召力的领军
人才，完善人才柔性引进机制，支持企业以多种方式利用外部人才，大力
吸引国内外创新创业领军人才集聚偃师，施展才华和抱负。研究制定"科
技型中小企业成长路线图助推计划"，从创业型企业中挑选创新能力较强、
成长性较好的企业，给予政策辅导、项目牵引、专家帮扶、投资跟进、平
台支撑等全方位扶持。通过设立"市长创新奖"、评选"十大优秀青年企
业家"、举办"企业家创新论坛"、组织本地企业家到国际国内知名培训机
构考察学习等多元化举措，为企业家开阔视野、学习交流提供平台。加快
河南省社会科学院偃师分院的筹备工作，依托社科院偃师分院的平台，开
设大讲堂，邀请省内外专家学者对偃师的领导干部、企业家队伍和人民群
众进行解放思想、改革创新、企业管理等方面的教育培训，激发全社会二
次创业的激情。

四 完成"五大"战略任务

立足新形势新阶段下的发展目标和战略定位，围绕加快推动产业转型
升级、深入推进洛偃一体化发展、着力促进城乡发展一体化、积极推进文

化传承创新、着力激发创业创新活力、全面推进宜居偃师建设等战略任务，抢抓机遇、务实重干，强力推进偃师转型升级发展。

（一） 加快推动产业转型升级

以产业融合发展、创新发展为导向，大力支持传统产业增强竞争优势，着力培育技术含量高、市场潜力大的高成长性产业，构建开放创新、优质高效的现代产业格局。

1. 推动传统产业转型升级

工业升级发展，以摩托车、鞋业、管件电缆等传统支柱产业为重点。抓好三个重点工作。一是推动企业组织结构优化升级。通过现有企业重组、招大引优培强等策略，形成依托资源链、产品链、服务链等联结而成的企业生态群落，扭转偃师产业发展中龙头少、链条短以及企业低端同质竞争、整体实力和竞争力低的问题。二是推行智能制造模式。站位工业4.0新视角，促进摩托车、鞋业积极开发个性化、特色化、高端化产品，促进制造业与生产性服务业融合发展；培育2.5产业，以整机销售、配件供应、售后服务、专业培训、产品展示等全链式拓展，提供更具价值量和竞争性的产品和服务。三是提升科技支撑水平。以引进－消化－吸收－再创新为路径，以自主知识产权、自主品牌为着力点，提升产业优化升级的科技支撑水平，增强产业发展的抗冲击性和市场竞争力。

服务业提速发展，坚持生产性服务业与生活性服务业并重、扩量与升级并举。抓好四个重点工作。一是优化服务业空间布局。把首阳新区规划建设成现代服务业核心区；沿中州路和洛偃快速通道，布局两个服务业功能带；以集聚集群发展为导向，以特色商业区建设为抓手，形成功能突出、优势互补的服务业空间格局。二是大力发展生产性服务业。积极推动生产性服务业与制造业、农业的融合发展，重点发展现代物流、文化旅游、创意研发、中介咨询、商务服务等，培育高端服务业产业集群。三是积极发展生活性服务业。与改善民生和新型城镇化相结合，全面提升商贸服务、房地产、家庭服务、健康服务等生活性服务业发展水平。四是加强公共服务业发展。以城乡一体化和基本公共服务均等化为目标，建设完善覆盖全域的公共服务体系。

农业转型发展，以发展高效农业、设施农业、智慧农业为导向，抓好四个重点工作。一是拉长农业产业链。通过农业向精深加工业延伸、农业向服务业渗透融合，带动农业产品链拓展、农业价值链提升。二是培育农业新业态。通过商业模式创新，推动葡萄、牡丹以及花卉苗木、蔬菜等特色农产品打响品牌、开拓市场。三是增强农产品市场竞争力。通过发展生态农业，增强农业可持续发展水平；通过加强生态保护，助推农产品品质提升、品牌打造。四是培育新型农业经营主体。积极发展农民合作组织，提高产业化、规模化、组织化、市场化水平，壮大现代农业提质增效的主体力量。

2. 培育高成长性产业

着力做大做强新材料、新能源、现代物流、文化旅游等高成长性产业，培育壮大市场转型升级发展的新增长点。

新材料。在做大做强现有的分子筛吸附材料、金属复合材料、超薄玻璃材料等的基础上，以新型功能材料、新型建筑材料、纳米材料等为重点领域，加大研发投入，提高制备技术，提升产品档次，扩大新材料产业规模。

新能源。整合现有新能源科技研发和技术创新力量，采取引进、联合等措施，使洛阳市众多科研院所的研发力量为我所用，大力提高新能源产业关键技术研发能力；积极推进新能源开发利用和新能源装备制造发展，尽快形成具有较强竞争力的新能源产业体系；整合完善光伏发电设备产业链，重点发展高纯度硅材料、硅片、电池片、电池组件、电站装备等太阳能发电及应用系列产品，实现太阳能电池及电池板制造、组件封装等关键技术研发和产业化；加快电动汽车关键技术的引进和消化吸收，推动新能源汽车快速发展。

现代物流业。构建专业化、信息化、集群化、集约化的现代物流体系，努力打造郑洛经济走廊上的重要物流节点。着力加强物流基础设施建设，注重物流总部经济发展，培育壮大林安物流等物流龙头骨干企业，推动物流标准化和信息化建设，做大做强汽车等装备制造业物流、农产品及农业生产资料物流、铝合金等冶金建材物流、医药物流、煤炭物流五大专业物流。

文化旅游业。充分利用偃师市丰富多样的文化元素，一是立足二里头夏都遗址、商城遗址、汉魏洛阳故城遗址等重点文化资源，坚持加强保护与合理开发相结合，通过高层次全域旅游规划、高水平基础设施建设、高品质公共服务平台搭建，以独有的文化资源和典型元素提升偃师市旅游业价值链。二是立足玄奘故里旅游区建设发展，与白马寺联合打造佛教文化特色旅游线路，以健康养生修学为核心主题，从吃、住、行、游、购、娱全要素产业入手，打造游（佛教文化游）、产（玄奘及佛教文化衍生周边产品）、学（养生修学）、舍（居住）联动融合发展的特色文化旅游业态。

3. 强化转型升级发展驱动力

扩大开放带动。关注国际市场需求，以摩托车、多晶硅以及针织品等偃师传统优势产品为重点，不断调整优化产品结构和市场结构，积极建设出口生产基地、完善销售服务网络，积极参与国际竞争、开拓国际市场，提高偃师产品在国际市场的占有份额，并以此为突破口挖掘产业增长空间。

培育龙头带动。通过培育扶持一批行业地位领先、规模优势明显、经济效益突出、综合实力强的骨干企业，使之成为带动偃师转型升级发展的重要力量。重点引导龙头企业加强资本运营，通过兼并、联合、重组、上市等形式实现规模扩张，提高经济规模和市场竞争力，发挥在产业优化升级和工业化、城镇化进程中的带动作用。

实施品牌拉动。通过优化整合巩固提高一批知名品牌，通过技术创新迅速壮大一批知名品牌，通过招商引资嫁接拓展一批知名品牌；与产品链条延伸相呼应，综合运用经济、法律、行政、市场等手段，集中力量培育、扶持、保护和发展一批电子信息工业名牌产品，以品牌效应开拓市场、推动升级，增强产业发展竞争力。

优化环境牵动。切实优化发展环境，"一优带百通"。按照一流服务、一流环境、一流效能的标准，不断更新思想观念，创新服务方式，规范服务行为，提高服务水平，使偃师市成为宜居、宜业、宜游的发展热土。

（二）深入推进洛偃一体化发展

围绕洛阳加快建设名副其实的中原经济区副中心城市的战略布局和路径规划，以构建区域综合交通体系为基础支撑，以现代服务业互补联动发展为关键点，以交通优先发展、通道融合对接、产业联动发展、生态环境共建为着力点，全面推进洛偃一体化发展进程。

1. 着力构建综合交通体系

交通是偃师与洛阳一体化发展的瓶颈制约。偃师要抢抓机遇，着力谋划构建综合交通体系。一是市域内交通体系建设。以拉大框架、完善设施为重点，优先建设东、西环线，加快构建市域交通网络体系；以首阳新区、产业集聚区等为优先区域，尽快实现公共交通全域覆盖。二是与洛阳郑州的通道对接。按照快速、畅通、便捷等通达性的要求，加快建设公路、铁路和水运一体化的综合交通运输体系，积极争取增设高铁、高速公路偃师出入口，加快国道、省道改造升级步伐，规划水运通道建设。三是首阳新区交通体系建设。坚持高品质规划、高标准建设、高水平管理，适度超前、预留空间，并充分采纳智能交通、城市地下管道综合走廊等先进理念、先进设施。四是公共交通同城化发展，积极推进洛偃之间城际公交开通运行。

2. 促进洛偃之间通道对接

进一步推进洛偃之间的旅游通道、物流通道建设，为偃师文化旅游业、现代物流业发展提供交通保障。统筹协调产业布局、交通布局及其与洛阳、郑州的旅游业、物流业对接融合。在建设陆路通道的同时，进一步推进偃师的水运通道建设，以复航、升等、达标、畅通为重点，高品质建设伊洛河历史文化长廊等标志性项目，使伊洛河成为偃师市的特色水运通道和洛偃相连、一体化发展的城市通道。

3. 推动洛偃产业联动发展

将现代服务业作为加快洛偃产业联动发展的着力点。一是在以文化旅游为重点的文化产业发展方面实现与郑洛及其他周边城市的联动发展，积极融入会展节庆、文化交流等活动，借势借力，加强与洛阳龙门石窟和白马寺、郑州少林寺等旅游项目的合作开发，实现资源共享、客源互送，打造区域旅游品牌，带动偃师市文化旅游业发展。二是实施错位互补发展。根据洛阳市重点发展金融业、电子商务、信息服务等生产性服务业的战略决策，偃师应与洛阳错位互补发展，着力培育高品质生活性服务业，立足本市资源优势和发展基础，大力发展商务地产、文化旅游、休闲产业、健康产业，培育新的增长点，更好地服务洛阳发展大局。

4. 推进洛偃生态环境共建

以伊洛河水生态景观一体化打造以及北邙山、南万安山南北生态屏障建设为重点，加强洛偃之间的生态建设和环境保护方面的合作共建。积极完善合作机制，共建一批重大生态工程与环保设施，共同推进水资源和湿地保护，促进生态旅游资源保护与开发联动发展，持续提升区域环境承载力。

5. 坚持规划先行规划引领

在全面融入洛偃一体化进程中，应从完善规划体系着手，加快推进城镇规划、土地利用规划、产业规划、生态建设规划"四规"有机融合，并统筹做好城镇布局规划、产业集聚区规划、旅游规划、农业规划、生态水系规划等专项规划，以科学的规划引领洛偃融合。要加强领导，落实责任，扎实推进洛偃一体化发展的规划编制、机制建设、政策争取、项目引进等各项工作。

（三）着力促进城乡发展一体化

把保障和改善民生作为出发点和落脚点，以城乡一体化发展机制、城市公共服务提供机制、城市生态文明制度建设等方面改革创新为支撑，以推进全域城镇化、深入落实"七个一体化"、建设"四个先导区"为着力点，统筹规划、重点突破、扎实有序地推进偃师城乡一体化发展，确保城乡居民共享新型城镇化建设成果。

1. 加快推进全域城镇化

2006 年偃师被列为全省第一批城乡一体化试点市。经过多年的探索实践，偃师已具备将统筹城乡发展的目标由城乡一体化调整为全域城镇化的条件和可能。推进全域城镇化，一是要制定层次清晰、衔接紧密、管理严格的全域城镇化规划，坚持规划引领；二是要建设完善全域交通路网，实现全域基础设施的共建共享、互联互通；三是要以城区的标准推进城乡基本公共服务均等化，促进发展要素向农村流动、公共服务向农村覆盖、现代文明向农村传播；四是要发挥山水生态资源优势，统筹城乡生态环境保护工作，建设绿色低碳城市和美丽乡村，打造全域生态景观。

2. 深入落实"七个一体化"

要根据开展城乡一体化试点的基本要求，适应新的形势，立足全域城镇化发展目标，深入落实"七个一体化"，即以城区功能区建设和农村社区化改造为切入点，加快推进城乡规划建设一体化；以深化农村土地、金融等体制机制改革为突破口，加快推进城乡要素市场一体化；以产业集聚区建设为平台载体，加快推进城乡产业发展一体化；以建设生态宜居偃师为目标，加快推进城乡基础设施建设一体化；以人的城镇化为根本出发点，加快推进城乡公共服务一体化；以完善体制机制为重点，加快推进城乡社会保障和就业一体化；以创建幸福社区为抓手，加快推进城乡社会管理一体化。

3. 率先发展"四个先导区"

按照梯次有序推进、突出特色优势、典型先行示范的推进思路，选取首阳新区、岳滩、高龙、大口作为四个先导区，先行先试推进全域城镇化。首阳新区作为偃师核心增长极以及洛偃一体发展的桥头堡，要以高起点规划、高标准建设、高水平管理的城乡一体化示范区为契机，以打造行政服务中心、公共服务中心、文化旅游综合服务中心为重点，全面推进新区建设。岳滩应立足提升产业集聚区建设水平，以产城融合和二三产业融合发展为特色，在产业转型升级与城镇发展转型升级并进中发挥先行示范作用。高龙应以城乡统筹、一体化发展为特色，以农村社区建设为重点，在乡镇规划建设、创新社区管理机制、完善社区公共服务等方面发挥先行示范作用。大口应立足生态环境资源优势，以绿色低碳发展为特色，以双龙山森林公园建设保护为重点，深入推进美丽乡村建设，全面改善农村生态生活环境。

4. 统筹城乡社会保障和公共服务发展

加快建立以教育、文化、卫生、体育等为主要内容的公共服务体系，逐步实现全域均等化。整合教育资源，加强教育基础能力建设，实施优质教育资源提升工程，促进高中和优质初中向市区集中，改善办学条件。完善社区卫生、计划生育服务机构布局，强化农村三级预防保健网络建设，加快镇卫生院改扩建和示范村卫生室建设，形成梯次网络化的医疗格局。持续开展创建国家公共文化服务体系示范区工作，加快镇综合文化站和行政村文化活动中心建设或改造，活跃城乡居民文化生活。完善以新型合作医疗、最低生活保障、城乡居民养老保险为主要内容的农村社会保障制度，完善多层次住房保障供应体系，加强廉租房、公共租赁房供应。

5. 全面深化体制机制创新

推进社区建设，鼓励农村推行社区股份合作制改革，促进农民向股东转变。深化户籍制度改革，实施城乡统一的户籍管理制度。推行城乡财政体制改革，加大对农村公共设施、社会保障、社会救助、文化教育等社会事业的投入，加快建立农村社保、公共事业发展基金，扩大公共财政覆盖农村的范围。探索建立公共服务提供的市场机制。建立完善公共服务市场化供给和运作体系，推进非基本公共服务市场化改革，建立多主体、多方式、多渠道的公共服务运作体系。

（四）积极推进文化传承创新

着力将偃师深厚的文化底蕴、丰富的文化资源转化为文化品牌优势、产业优势。坚持加强保护和开发利用相结合、传统文化与现代文化相交融、传承与创新相促进。以特色文化优势培育、文化产业发展、文化品牌宣介推广、文化扩大开放引资、高品质可持续开发等为着力点，全面提升发展的文化软实力和竞争力。

1. 着力培育特色文化优势

一是培育都城文化品牌优势。偃师境内有二里头夏都斟鄩遗址、尸乡沟商城遗址、汉魏洛阳故城遗址。应以二里头遗址公园建设为引领，以中国最早的都城为品牌，充分利用传统媒体和新兴媒体，加强宣传、推介、造势，打造偃师都城文化特色优势。二是培育佛教文化品牌优势。偃师是唐代佛学大师玄奘的故乡，应以玄奘故里开发建设为着力点，并与白马寺、少林寺等协同联动发展，打造佛教文化资源优势。三是培育起点文化品牌优势。偃师地处洛河与伊河交汇处，是河洛文化重要发源地，还是客家先民首次南迁出发地和丝绸之路东方起点之一，应抢抓"一带一路"的新机遇，打造偃师起点文化资源优势。四是培育名人文化品牌优势。偃师自古人杰地灵，班固、蔡伦、王安石等一大批历史名人在这里成就了英名伟业，应从人物传记、历史讲堂、影视作品等多渠道着手，形成名人文化资源优势。

2. 大力推进文化产业发展

一是有序开发文化产业。打造具有传统文化特色的休闲园区和宜居园区，以都城文化为品牌符号，发展文化景观地产。以佛教文化修学、体验、休闲、养生为主题，发展文化度假地产。依托文化旅游项目的发展，促进文化生态环境改善和人气聚集，带动周边文化住宅地产发展。二是大力发展文化产品研发制造业。创意解读偃师特色文化旅游资源，积极开发影视动漫衍生商品、修学养生产品、民间工艺品、旅游纪念品等文化衍生品，提升产品档次。三是鼓励扶持文化企业发展壮大。积极兴建文化产业园区，逐步构建文化产品策划、设计、加工、展示、包装、营销、物流和品牌塑造的产业链。

3. 积极打造偃师文化品牌

一是着力打造偃师都城文化、佛教文化等特色文化品牌。以提升影响力、吸引力、凝聚力为目标，全面加强偃师文化品牌的宣传推广工作。二是突出偃师特色，多角度多途径展示偃师丰富的传统文化资源优势。在充分利用报纸、电视等传统媒体的同时，积极利用手机报、移动电视等新媒体提升偃师文化影响力。三是积极打造文化交流平台。依托国家平台和省市平台，积极谋划参与国际国内文化交流，丰富文化交流活动，推进区域文化合作。

4. 增强文化开放引资力度

一是加大文化引资力度。充分利用洛阳牡丹花会、河洛文化论坛等具有较高知名度的文化节会以及高端学术活动平台，打好偃师文化牌，推进文化项目招商，在走出去的同时提升知名度和影响力。二是吸引民间资本文化投资。发挥偃师市社会资本实力雄厚的优势，加强对偃师市文化资源优势转化、发展文化产业等的引导力度，提升民间资本文化投资的信心，激发其潜力和活力。三是制定相关扶持政策和举措。要规范金融市场、搭建融资平台、制定激励扶持政策等多种举措，让民间资本成为推进文化资源开发的活力源泉。

5. 坚持高品质可持续开发

一是坚持资源开发融合化。避免"孤岛"式开发，注重文化、旅游建设开发与人文、生态环境相协调，与城乡居民生产生活方式改变、生活质量提高相融合，与促进城乡一体化相融合。二是坚持景观建设特色化。以遗址及其周边区域为重点，坚持发掘和保留传统文化、传统建筑意蕴，保护原生态植被，修复式开发、保护中利用，营造富有传统意蕴、自然田园风貌的环境特征。三是坚持基础设施城市化。以全域景区为开发理念，着力改善城镇尤其是农村的生活基础设施和公共文化基础设施建设，既保留乡村传统格局又使农村居民与外来游客都能同时享受优美的乡村生活环境、城市文明及便利条件。

（五）全面推进宜居偃师建设

坚持绿色发展、低碳发展、可持续发展，将生态环境建设保护与新型城镇化相结合、与现代产业体系建设相结合、与文化传承创新相结合，以南、北生态屏障和伊洛河生态人文廊道、葡萄庄园生态廊道建设为抓手，依托伊洛河整治，着力将偃师打造成为山水田园相互交融的田园生态宜居城。

1. 优化生态空间布局

以"两区一带"生态保护系统构建为牵引，北部以虎头山生态公园和首阳山森林公园为重点，着力构建北邙生态屏障；南部以万安山大口到府店镇区域的荒山绿化造林为重点，着力打造南部生态屏障；以洛河大堤治理和伊、洛河交汇处的整治工程为重点，全面推进伊洛河生态人文廊道和葡萄庄园生态廊道建设。

2. 打造生态宜居环境

着力构建生态水系，综合规划，打造伊河、洛河生态景观河道，形成城区生态亮点。加强规划引导，合理增加城市公园、街区绿地以及停车场等公共服务设施等，不断改善居民生活环境。着力实施水系廊道、农田林网以及南北生态屏障造林绿化工程，积极开展环境优美城镇、生态文明村、绿色家园、园林式单位和小区等创建活动，努力建设水清、树绿、路畅的生态环境。

3. 全面推进碧水蓝天工程

全面贯彻落实"碧水蓝天"环境整治工程实施方案，大力实施清洁空气、清洁水源、净化噪声三大工程。以翟镇镇、岳滩镇、顾县镇、高龙镇等为重点，加快完善污水处理工程，加快人工湿地建设。以建成区及首阳新区周边综合整治为重点，加强重点区域、行业环境整治。着力提升偃师市生态农业发展水平，遏制农业立体污染，保护农村生态环境，改善农民生活质量，着力减少畜禽水产养殖、农作物秸秆焚烧、化肥施用、农药和农膜使用造成的污染，加强农村环境综合整治，控制与治理农村面源污染。大力实施农村清洁工程，积极推广沼气利用。

4. 提高低碳发展水平

优先发展公共交通，加快落后汽车、农业机械更新改造。提高能源利用效率，积极推广清洁能源。推动开发和推广低碳技术，不断提高非化石能源比重，控制温室气体排放。加强低碳教育和宣传，引导全社会形成低碳生产方式和消费模式，建设低碳生态文明。积极推进绿色制造，大力实施节能减排，加快产业集聚区的清洁生产审核和环保基础设施建设，积极推进工业园区生态化改造，加快淘汰落后生产能力，加强节能减排新技术、新装备的研发、引进与应用。

五　强化保障措施

（一）加强规划引导

在偃师未来的发展中，要进一步发挥规划的引领作用，把建设"富裕、活力、人文、秀美、幸福"新偃师的发展目标更好地体现在各类规划的贯彻落实中。积极完善规划体系，强化规划协调和管理，严格规划的贯彻落实，以规划引领偃师科学发展，抢抓偃师转型升级发展新机遇。

完善规划体系。聘请国内外高水平专家团队，运用先进理念，完善规划体系，提升规划水平。进一步做好做实经济社会发展规划、总体规划、城乡规划，同时加强关键领域和薄弱环节的专项规划编制，并且要强化规划之间的相互衔接。尽早谋划并做好全域城镇化规划，全面融入洛阳，积极对接郑州。

建立考评机制。各类规划中确定的目标任务，要按照分级管理的原则，列入相关单位、部门年度工作计划，制定年度重大事项实施方案并组织落实，每年需要重点推进的重大事项，落实到牵头责任单位，确保规划目标任务有计划、有步骤地贯彻落实。加快建立各类规划实施考核评价指标体系，突出政府对履行社会管理和公共服务职责方面的评价，改进年度及阶段性考评办法，引导各部门和领导树立正确的发展观和政绩观。

加强监督检查。深入开展各类规划实施情况和政策措施落实的督促检查工作，定期组织开展规划实施情况的评估，全面分析规划实施效果及各项政策落实情况。完善社会监督机制，充分利用各种媒体，及时发布规划信息，让社会各界通过法定程序和渠道参与规划的实施和监督，推进公众参与规划实施的规范化、制度化、常态化。

加大宣传力度。采用多种形式，广泛开展各类规划的宣传，让规划确定的目标任务深入人心，激发广大干部群众的干事创业热情，广泛动员和凝聚各方力量积极参与规划实施，使实施规划成为全社会的自觉行动。

（二）加快职能转变

加快政府职能转变，使市场在资源配置中起决定性作用，对于进一步提高政府治理水平、激发市场经济活力意义重大。要把握时机，掌握节奏，稳妥推进，加快由全能政府向有限政府转变、由人治政府向法治政府转变、由管制政府向服务政府转变的步伐。通过政府职能转变进一步提高行政效能，为偃师发展释放出强劲的改革红利。

着力抓好"接、放、管"工作。"接"，就是接好中央、河南省和洛阳市下放的审批事项，上级政府明令取消的，要不折不扣地放给市场、社会，不得截留；"放"，就是把地方本级该放的权力切实放下去、放到位；"管"，就是把该管的管起来、管到位，在减少事前审批的同时，加强事中事后监管，把政府工作转移到为发展创造良好环境、为群众提供优质公共服务上来。

加快建立"清单"制度，全面实现简政放权。政府要更加尊重市场规律，更多地运用经济手段、法律手段调节经济活动。加快建立行政审批项目清单、政府权力清单、投资审批"负面清单"、政府部门专项资金管理清单以及行政事业心收费目录清单，通过"清单"制度，有效管住政府的手，将之置于阳光下，形成自我约束机制，依法行事，让市场发挥主导作用，充分激发社会活力。

深入推进依法行政，加快建设法治政府。各级干部要努力把依法治国的要求内化于心、外化于行。用法治来优化发展环境、培育发展优势。加快建设执法严明、公开公正、廉洁高效、守法诚信的法治政府。深入推进依法行政，促进权力透明规范运行，提升政府公信力，健全依法决策机制，让各界对政府工作有充分的知情权、参与权和监督权，确保行政权力在阳光下运行。

（三）拓宽融资渠道

科学发挥财政资金作用。积极争取中央和省级各类财政资金，做好税源巩固和培育，加强非税财政收入管理，在强化财政管理、严格财政纪律、确保上级资金用途的基础上，认真做好各级财政资金的统筹规划、合理利用。实行倾斜性财政投入政策，重点保障公共领域和重点领域建设与发展，突出民生保障、生态建设、环境保护、创新发展和农业农村发展等需求。明确财政资金的引导作用，建立城镇基本公共服务支出分担和奖补机制，引导建立各种发展基金放大资金效应，扩大以奖代补范围，提高资金效用。构建土地增值收益的合理分配机制，增加可用土地出让金用于城乡建设和民生事业的比例。

充分激发社会资本活力。充分发挥市场在资源配置中的决定作用，探索实行"负面清单"管理，放开市场准入，吸引和鼓励各类社会市场主体平等进入清单之外所有领域。积极做好项目储备和推介，加快推进公用事业改革，深入公私合营（PPP）体制机制探索。强化诚信建设，加快建设和完善现代市场诚信体系，构建和完善招投标信用评价和惩戒机制，建立健全重大项目稽查机制和公众监督机制。

积极拓展城乡建设融资渠道。争取地方债务发行试点，构建和完善地方政府债务清偿体制机制，依法建立起以政府债券为主体的地方政府举债融资机制。规范融资平台，做好平台整合和资金资产统筹运作，扩大资本金、提升信用级别以降低融资成本、增强融资能力，支持各融资平台探索多元化融资模式。积极参与河南省新型城镇化发展基金，构建和完善新型城镇化融资新通道。推进与金融机构战略合作，积极开展与各类金融机构项目对接，鼓励金融机构加强融资保障、增加贷款，充分发挥政策性金融机构作用。

积极拓展产业发展融资渠道。拓展间接融资渠道，积极引进国内外银行、证券、典当、保险、风投等各类金融机构和非金融资本在偃师设立分支机构，加快村镇银行、农村资金互助社等新型金融机构建设，努力发展壮大地方性金融机构；积极推进金融体制改革，深化农村信用社改革，加快发展多层次资本市场，加快发展普惠金融；优化金融资源配置，推动金融产品和服务创新，积极创新信贷产品，加强贷款联保协会机制建设，加强银企对接，深化银企合作，做好银企服务；鼓励各银行业金融机构积极争取上级行支持，积极引导全市金融机构认真贯彻执行稳健的货币政策；优化金融生态环境，规范民间融资，打击非法集资。积极拓展直接融资渠道，加大后备上市企业培育力度、支持企业在沪、深股市上市融资，鼓励具备条件的中小微型企业到全国中小企业股份转让系统挂牌融资，鼓励有需求的中小微型企业到河南省股权交易中心（在筹）融资，积极参与争取基础设施、战略性新兴产业、现代服务业等省产业投资基金和创业投资基金。

（四）强化人才支撑

打造引育科研创新人才的发展平台。以三轮摩托车、新材料、新能源三大主导产业及其相关点企业为依托，积极谋划和争取重大科研项目、重大工程，构建人才发展高地和团队创新平台。支持企业与国内外知名高等院校、科研机构和科研企业合作建立研究院和实验室，推动建立以企业为主体、产学研用相结合的协同创新体系。

壮大劳动技能人才队伍。以高技能人才引进和培育为核心，积极引导支持社会力量兴办职业教育，统筹发展多种类型职业教育，深化产教融合、校企合作，深入实施全民技能振兴工程。发展继续教育，切实加强企业职工技能培训，组织开展失业人员定向培训和转岗职工技能培训，提高生产一线人员的科学素质和劳动技能。

营造引育人才政策环境。制定实施更加开放的人才政策，积极引进和培养创新型人才，积极创造条件争取领军型和高层次创新人才来偃师市短期工作和定期交流。制定优惠政策，大力引进创新创业型人才，积极培养经营人才，壮大企业家和企业管理队伍。落实人才政策，创新人才使用、管理和评价机制，支持企业推行面向经营管理、科研创新和工程技术人才的股权和分红等激励政策，营造有利于人才成长和留住用好人才的制度环境。完善人才市场，促进人才合理流动。

（五）优化发展环境

当前，我国经济发展进入新常态，区域经济新棋局正在加快形成，各地区之间的竞争愈发激烈。环境作为"软实力"，日益成为一个地区发展的核心竞争力。要切实增强环境是第一竞争力、核心竞争力的意识，把营造发展环境作为一项战略任务、系统工程，为偃师转型升级发展提供良好的环境支撑。

营造秀美宜居的生态环境。以创建国家卫生城市为抓手，重点打好"扬尘治理、饮用水水源地保护、拆除燃煤设施、涉重金属整治"四大战役；完善提升首阳山森林公园、虎头山森林公园、植物园；继续加强北邙山水土保持小流域综合治理工程；加快实施"蓝天、碧水、生态"三大工程，打造秀美宜居的生态环境。

营造廉洁高效的政务环境。推进政务服务规范化建设，规范优化行政审批和行政审批中介服务，构建适应经济发展新常态的行政服务体系。加快对行政服务人员业务能力、综合素质和奉献精神的培养，全面提升服务水平；建立健全服务项目、联系企业制度，全面落实政企联动、部门联动工作机制，优化审批流程，建立协调服务机制；注重建章立制，建立完善首问负责、限时办结、重大项目跟踪问效制度；完善重点项目督办制度，设立绿色窗口，对大企业、大项目提供个性化服务，不断提升服务企业和项目的能力和水平。

营造积极进取的人文环境。充分发挥偃师丰富的历史文化资源优势，在市内主要道路周边以及广场增加更多反映偃师历史文化传承的雕塑；在全市中小学定期开展有关偃师夏商周文化、唐文化以及佛教文化等主题活动；广泛利用新闻媒体、网络开展丰富多彩的公益性文化活动；拍摄能够反映偃师悠久历史文化、玄奘取经的电视纪录片和电影，加强偃师在国内外的宣传力度，进一步增强居民对偃师的认同感、自豪感和归属感，形成共谋偃师振兴的人文环境。

营造公平公正的法治环境。认真做好普法教育工作，通过开展"送法下企业""送法下乡""法治文艺会演"等形式，加大法治宣传教育力度，增强广大人民群众的法律观念和法律意识；督促企业建立法律顾问制度，防止各种侵害企业合法权益行为的发生。充分发挥公证的职能作用，健全中介服务机构，积极做好企业公证、重大项目招标公证等事务，加强对企业重大改革、资产清算评估、生产、科研、经营等方面的法律服务。规范行政执法行为，强化行政执法监督，确保行政机关依法行政。

河南省巩义市产业结构调整对策研究

产业结构调整作为一个历久弥新的问题，在新常态时期被赋予了更加突出的作用。新常态背景下经济发展进入重要的新旧转换阶段，智能化、信息化、数字化等新的时代特征大大改变了传统产业结构调整的形式和速度，高铁、航空、网络等新的交通交流方式加剧了区域产业布局调整，作为一个传统产业基地，巩义市必须抢抓新机遇，加快推进区域产业结构优化，培育区域经济发展新动力。

一 巩义市产业结构的现状与问题分析

从当前我国产业结构演进的特点与趋势看巩义的产业结构调整，总体上可以认为，近些年巩义市虽然在推进结构优化上持续发力，但是，过度依赖传统领域和传统产品，新兴产业与新兴业态发展缓慢，结构调整相对滞后。本文将通过对改革开放以来巩义市产业结构调整历程的研判，分析当前巩义产业结构的现状，并通过与相关区域的比较，深层剖析存在的问题。

（一）工业支撑力强，服务业发展滞后

巩义市作为郑州乃至全省重要的工业基地，第二产业尤其是工业支撑力非常强。改革开放以来，巩义市产业结构发生了巨大变化，从三次产业结构看，如图1所示，第一产业占生产总值比重持续下降，第二产业占生产总值比重呈现倒U型特征，第三产业占生产总值比重呈现U型特征，与河南省三次产业结构的演进轨迹基本一致，但也体现出地方特色。

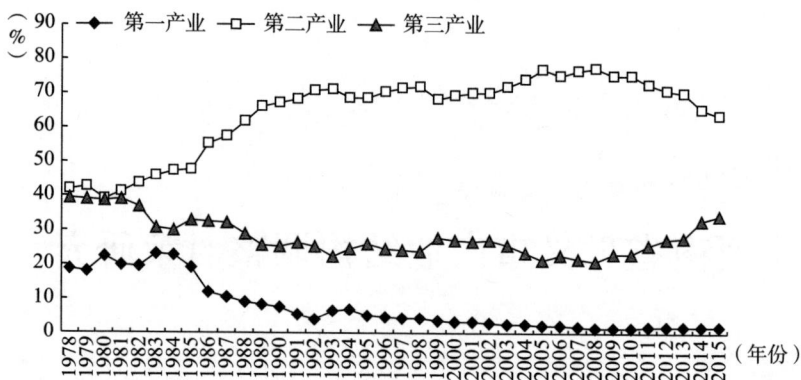

图1　巩义市历年三次产业比重

改革开放以来，巩义市第二产业占比有两次快速提升，第一次是1985年到90年代初，在经过了1978年到1984年平稳发展之后，1985年开始第二产业尤其是工业占比快速提升，第二产业占比由1985年的47.8%提升到1992年的70.8%，工业占比由1985年的39.2%提升到1992年的64.3%，分别提高了23和25.1个百分点，可以看出主要是工业的贡献。这一段时期，巩义市抓住了改革开放初期工业品短缺的机遇，充分发挥巩义市在工业领域的长期积累和企业家优势，占得发展先机，如图2所示，巩义市工业比重的第一次快速提升比河南起步要早，河南工业比重的大幅度提升在1992年邓小平南方谈话之后。第二次是2001年到2008年，第二产业比重从70%提高到77.3%，工业比重从67.6%提高到74.1%，均创历史新高，1985年以来，巩义市工业比重总体上高出全省和全国水平20个百分点左右。这一时期的主要拉动力来自于中国加入WTO后产业嵌入全球价值链，出口快速增长带动了内地能源原材料产业的蓬勃发展，巩义市企业家抓住本轮机遇，电解铝、铝加工、电线电缆等产业快速扩张。2008年以来，在国际金融危机冲击下，工业比重开始下降，服务业比重明显提升。

巩义市服务业发展相对滞后，从图3可以看出，改革开放以来，巩义市服务业占比总体上处于下滑状态，由1978年的39.3%下降到2008年的21.1%，与全国、全省总体上升的态势存在明显差异。2008年以后巩义市服务业占比开始持续回升，2015年达到34.5%，与全国、全省的差距明显收窄，但是仍然比全国、全省分别低16个和5个百分点。

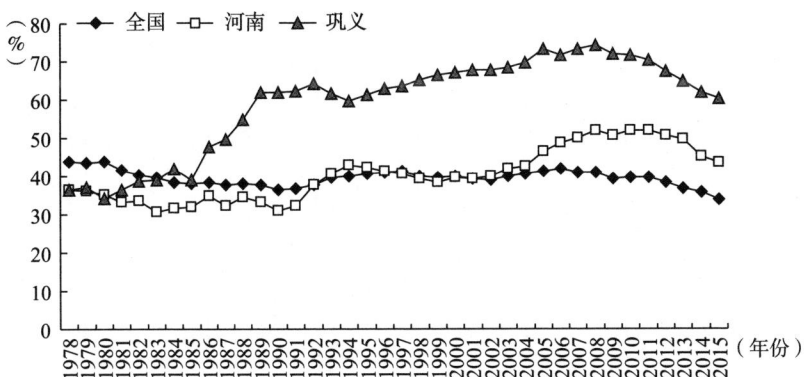

图 2　工业增加值占生产总值比重

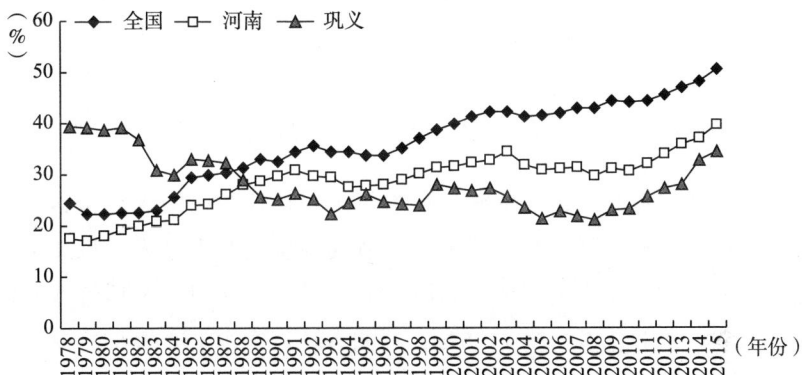

图 3　服务业占生产总值比重

与周边地区和先进地区相比，巩义市三次产业结构存在较大差距，如图 4 所示，与郑州市范围内相比，巩义市服务业比重仅高于荥阳市，低于中牟、新郑、上街、登封等区域，与全国百强县（市）前十位相比，巩义市服务业比重仅高于福建晋江市，低于其他县（市）。

服务业发展滞后不仅制约了三次产业结构优化，也制约着工业、农业的转型升级，尤其是资源配置效率高的生产性服务业对于工业、农业转型升级具有巨大的促进与支撑作用，高层次产业与高附加值环节所需要的高端生产要素如人才、技术、资本、管理、信息等对以服务业为代表的软环境要求更高，没有高水平服务业支撑，高端生产要素不仅不会向域内集聚，本地要素也会向域外流动，尤其是巩义地处郑州、洛阳两大城市之间，高级生产要素容易流失，所以大力发展服务业必须提高到战略层面加以谋划。

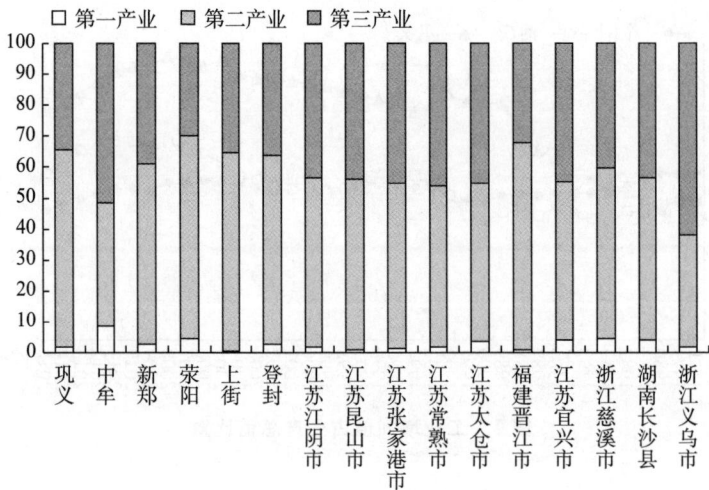

图4 各地三次产业结构比较

（二）传统产业优势明显，新兴产业发展缓慢

一直以来，巩义市依托资源与技术优势，抓住我国能源原材料产业发展机遇，铝、耐材、特色装备等传统产业逐渐发展壮大，成为巩义市工业发展的重要支撑。如表1所示，2015年铝、装备、耐材三大传统产业增加值合计占全市工业比重达到71.5%，利润合计占全市工业的67.5%，其他如净水剂、陶粒砂、电线电缆等产业在全国具有一定优势。从"十二五"发展情况看，铝工业占比明显下降，而装备、耐材等行业有所提高，尤其是装备制造增加值、利润占比均有较大幅度提升。

表1 巩义市传统产业增加值与利润占全市工业比重

单位：%

项目	年份	2011	2012	2013	2014	2015
铝	增加值	21.2	20.7	20.9	19.7	19.4
	利润	18.1	17.4	14.2	92.7	11.1
装备	增加值	15.4	15.2	15.5	17.5	19
	利润	16.3	17.9	20.6	17.7	20.8
耐材	增加值	31.4	34	34.7	34.7	33.1
	利润	26.1	28.6	33.6	29.9	35.6

续表

项目	年份	2011	2012	2013	2014	2015
电线电缆	增加值	3.6	4	3.5	3.4	3.3
	利润	3.8	4.4	3.9	3.5	3.8
化工化纤	增加值	7.3	6.5	5.8	6.4	6.2
	利润	7.1	10.3	10.2	11.1	10.4

一些优势产品在国内市场占有率较高，巩义市（回郭镇）产业集聚区铝板箔产量占全市的75%，铝精加工年产量占全省的63%左右，占全国的22%左右，主导产品中电子箔占国内市场的60%以上，PS版基占35%以上，空调箔占30%以上，鑫泰铝业幕墙板占到全国40%份额，是河南乃至全国重要的铝及铝加工产业基地。其他如净水剂产业的产销量占到全国市场的60%以上，在国内净水剂市场及国内同行中享有较高的声誉和知名度。巩义在装备制造领域也具有一定优势，如建设机械烟草真空回潮机垄断70%市场。但是，当前由于下游产业需求萎缩，传统产业产能相对过剩，大大压缩了传统产业的盈利空间，部分行业发展陷入困境。

近些年，巩义市抢抓我国战略性新兴产业发展机遇，加快推进医药、新材料、新能源等战略性新兴产业发展，取得了初步成效，但总体上新兴产业发展缓慢，尚处在起步阶段，远未形成强有力的产业支撑。一是产业覆盖面小，目前，巩义市战略性新兴产业主要涉及新材料、医药制造和新能源等，与国家2010年10月公布的《国务院关于加快培育和发展战略性新兴产业的决定》中确定的七大重点领域相比，覆盖面偏小，产品主要有铝合金、镁合金、固体制剂、光伏电池等，相对比较单一。二是产业规模不大，巩义市三个主要的战略性新兴产业规模相对偏小，新材料产业主要是依托支柱产业铝工业发展起来的铝合金，目前年产量只有11万吨。医药制造与新能源产业各只有一家企业，并且规模都不大，没有形成较强的产业支撑，其他新兴产业更没有形成规模，难以从根本上改变巩义市传统产业支撑力下滑、新兴产业支撑力不足的结构性矛盾，一定程度上造成了区域产业结构的固化。三是要素支撑薄弱，由于战略性新兴产业规模较小，在技术、人才等生产要素积累方面相对比较薄弱，并且由于巩义市传统产业比重大，产业产品多处在产业链前端和价值链低端，投资驱动特征明显，生产要素主要集中在传统领域，上一轮产业周期中，地方政府、企业家的主要精力都集中在传统产业发展上，对技术、高端人才等关注相对不够，加之巩义市区位优势不明显，对高端人才吸引力较弱，高级生产要素供给不足，进一步制约了战略性新兴产业的发展。

（三）优势产业链延伸不足，产品层次不高

巩义市一些具有优势的产业，普遍存在着链条延伸不够的情况，产品层次不高，突出表现为"两少两低"：高端产品少，终端产品少；科技含量低，附加值低。有产品研发能力的企业少，产品开发主要以模仿为主，自主创新能力差，企业间产品雷同，一定程度上存在重复建设、无序竞争现象。拥有自主知识产权并获得专利保护的产品少，核心竞争力差，生产的多是一些大路货，形成了"什么产品都会做，什么产品也做不好"的局面，丧失了很多市场机遇。多数企业一直是停留在模仿制造，附加值低，市场占有率低的境地。

以巩义市最具优势的铝工业为例，近几年，虽然产业链条持续延伸，但是产品主要集中在铝板带箔等中间产品，附加值较高的铝合金新材料、工业型材、棒材等产量不高，如图 5 所示，2014 年全市铝材产量超过 300 万吨，但是铝合金产量仅为 11.1 万吨，不到铝材产量的 3.6%。终端铝产品发展更为滞后，近几年虽然引入了一些终端铝产品企业，但是普遍规模偏小，大部分铝初级加工产品销往了沿海地区。

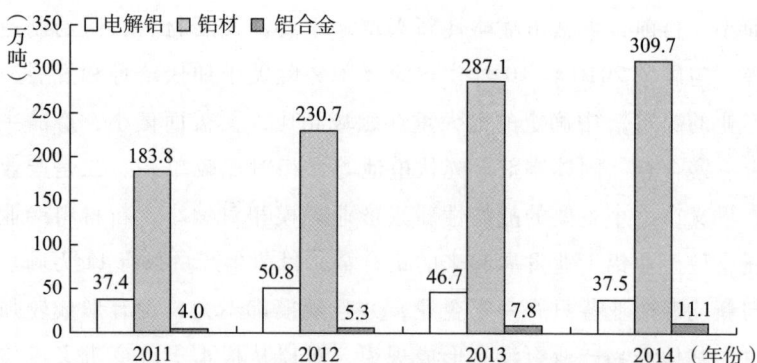

图 5　2011 到 2014 年巩义市电解铝、铝材、铝合金产量

（四）产业组织结构不合理，现代产业分工体系远未形成

截至 2015 年底，巩义市规模以上工业企业 447 家，但是产业关联度

高、带动力强的大型企业集团数量不多，铝、耐材、净水剂、陶粒砂等优势产业主导产品类似，同质化竞争严重，大中小企业间缺乏上下游对接，没有形成产业分工合作网络。由于巩义市企业多形成于乡镇，导致产业布局分散，也不利于产业链合理布局，产业组织结构较为分散，造成产品关联度低，各企业相互之间比较优势差，很难形成合力，更不能形成产业链整体优势，同行业企业之间甚至出现恶性竞争，这也制约了产业转型升级。

由于缺乏能够对产业链进行全面整合的大型龙头企业，巩义市传统产业的潜在优势并没有完全发挥出来，并且还导致了部分领域的产能过剩，大多数企业处在激烈的产业竞争中，利润微薄，难以对新技术、新装备、新产品进行投入，制约了产业转型升级。巩义需要引导区域内的企业进行资源与产业整合，形成差异化、协同化发展格局，化解落后过剩产能，把资源转化到新领域中去，龙头企业可以提高创新和新产品开发能力，中小企业在提升专业化水平基础上参与区域产业分工，提高综合配套能力。

二　巩义市产业结构调整的总体思路与重点方向

巩义市过于依赖传统产业，在发展现代服务业和战略性新兴产业方面缺乏一个清晰的基本思路和顶层设计，在产业体系架构设计上缺乏战略性新兴产业领域，主要考虑的是原有的产业基础。区域产业定位对现代服务业、战略性新兴产业没有足够重视，在当前现代服务业、战略性新兴产业全国布局调整中没有找准位置，导致招商引资和产业承接方面缺乏亮点，没有形成新的增长点，制约了区域产业结构的调整与优化。

（一）总体思路

通过以上分析可以看出，巩义市产业结构优化的总体思路应该是：加速服务业，升级工业，做精农业，实现产业深度融合发展，构建产业发展新体系。巩义要积极融入河南省四大国家战略，抓住供给侧改革的历史机遇，坚持"两化一高"方向，突出"三个并重"（加快发展服务业与转型升级制造业并重，培育壮大新兴产业与改造提升优势产业并重，加大集群引进力度与支持本地企业转型并重），坚持"拓展优势"和"无中生有"相结合，抓住机遇培育壮大一批新的产业增长点，推动新旧产业、新旧动力、新旧经济的顺利转换，进入新的区域经济发展轨道。

提升中间，扩展两端，以中间带动两端。当前，制造业产业链各环节的附加值分布发生了重大变化，加工制造这个中间环节的附加值大幅度降低，高附加值环节加快向产业链的"微笑曲线"两端如研发与品牌等服务增值环节延伸（图6），而巩义市传统优势又大多集中在中间制造环节，服务增值能力较低，如何发展两端增值环节，一个可靠途径是进一步提升中间制造环节的发展水平，制造业层次低是制约服务业尤其是现代服务业发展的一个重要因素，以提升中间制造环节竞争力带动两端增值环节发展，培育一批研发能力强、品牌知名度高的综合解决方案提供商，由制造环节向两端高端环节拓展，推进产业转型升级。

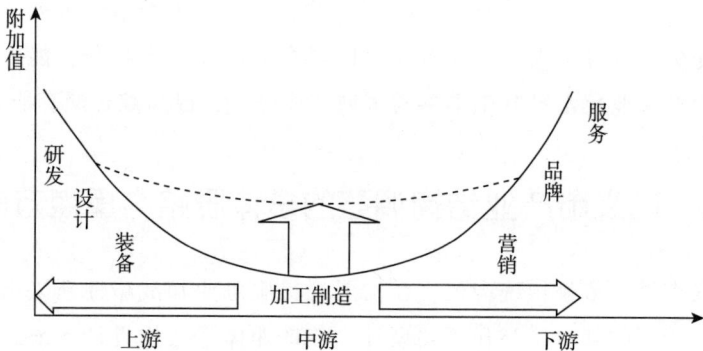

图6　微笑曲线

强化优势，补齐短板，以优势拉长短板。巩义市在一些产业上具有比较优势与资源优势，但是由于产业链上存在着一些瓶颈环节，如缺乏终端产品、高层次人才、关键核心技术、关键产业链环节等，产业链各环节分割发展，难以形成产业链整体竞争力，使得比较优势不能得以有效发挥。现代产业的竞争是整条产业链的竞争，只有把一些产业链短板补齐才能提高产业的核心竞争力，补齐短板的一个重要途径就是进一步强化优势环节，以优势环节吸引短板环节，补齐短板，带动产业转型升级，提高产业效益。

整合上游，延伸下游，以上游拉动下游。巩义作为传统产业基地，过度依赖能源原材料等上游产业在发展上容易陷入路径依赖，上游投资过多，而下游终端产品投资不足，从而造成产业附加值偏低。以铝工业为例，巩义市是河南重要的氧化铝、电解铝以及铝材基地，但精深加工度不高，近几年氧化铝、电解铝等上游环节处于亏损状态，破解这种困境的一个有效途径就是对上游环节进行整合，降低成本，提高效率，避免同质化竞争，培育一批"链主"型企业，同时以上游优势吸引下游精深加工、终端产品项目向域内转移，加快向高加工度、高附加值环节延伸，促进产业转型升级。

升级增量，优化存量，以增量激活存量。鉴于当前传统产能普遍过剩的现状，巩义应力推增量升级，严格控制传统产能的简单规模扩张与低水平重复建设，提高新增产业与项目的层次，引导投资向产业升级、结构调整、技术创新等项目倾斜，同时，利用增量的升级效应，引导传统产能中的生产要素向新产业新项目新业态转移，加快资源重组，调整与优化产业存量。巩义市在很多产业领域有着长期积淀，有些暂时处于困难期，一旦得到合适力量的牵引和助推，必然重焕生机。关键是要抓住产业升级的机会，在科技含量高、市场潜力大的领域加大投入，以增量激活存量，高起点推进产业转型升级。

（二）重点方向

巩义市产业结构调整的首要任务是要跳出现有的产业架构，构建一个新型产业体系，更加突出现代服务业和战略性新兴产业，构建一个符合区域发展实际、契合未来发展趋势的新型产业体系，因此我们提出构建"一体两翼，多点支撑"的产业新体系。一体即千亿级铝及铝深加工产业，两翼指的是现代服务业和先进制造业。现代服务业主要包括现代物流、文化旅游、金融、互联网平台经济、大数据、环境服务业等，先进制造业主要包括新材料、高端装备、新能源、节能环保装备等。巩义应立足一二三次产业深度融合，在新兴产业与传统产业互动发展、服务业与制造业协同演进、龙头企业与中小企业分工合作、信息化与工业化深度融合等领域发展新动力，培育新引擎，实现新旧动力的顺利转换。

从新兴产业与传统产业互动发展中寻求新动力。巩义市面临着改造提升传统产业的艰巨任务，而新兴产业与传统产业互动发展可以催生新的产业、产品、技术等，产生新的经济增长点，使新兴产业发展建立在更牢固的基础之上，因此，可以从新旧产业互动发展中寻求推进产业发展的新驱动力。一是要用高新技术改造提升传统优势产业，重点改造提升铝、装备、耐材等传统优势产业，推动产品向高端化、终端化、系列化、品牌化发展。二是发挥传统产业优势培育新兴产业，挖掘区域资源优势与传统产业潜力，大力培育高端装备制造、新材料和节能环保等新兴产业，尽快把新兴产业培育成巩义市新的产业支撑。

从服务业与制造业协同演进中寻求新动力。对巩义市来说，传统产业比重很大，且大多处在价值链低端环节，向研发、设计、营销、品牌等高附加值环节攀升的空间还很大。加快推进现代服务业与制造业协同演进，就是要发展壮大这些高附加值环节，提高制造业的服务增值能力，围绕新材料、生物医药与大健康、智能装备与制造业服务化、节能环保装备与环境服务业、新能源、基于互联网的新兴业态等高端新兴产业，明确重点方向，引导企业形成"制造＋服务""硬件＋软件"发展格局，培育一批系统集成与综合解决方案提供商，培育形成一批新的产业增长点。

从龙头企业与中小企业分工合作中寻求新动力。现代产业需要企业分工合作网络的支撑，沿海地区的产业竞争力主要体现在这种企业网络上，而产业集中度低、大企业带动力弱、中小企业专业性不强、配套能力弱，是巩义市产业发展的典型特征。构建现代分工合作网络中蕴含着产业发展的强大动力，巩义市要形成这样一种网络化产业组织结构：以龙头企业为中心、中型企业为节点、无数小企业配套的产业生态环境，加快发展现代产业分工合作网络，提高大型企业集团对产业网络的带动力与支撑力，提升中小企业专业化分工协作水平。

从信息化与工业化深度融合中寻求新动力。两化深度融合指的是信息化与工业化在更大范围、更广领域、更高层次、更深层面的融合，巩义市要充分发挥信息化的综合带动提升作用，尤其是要抓住移动互联网、物联网、大数据、云计算等新兴信息技术高速发展的战略机遇，把信息技术嵌入主导产业中，打造一批智能工厂。实施"互联网＋产业"行动计划，引导农业、制造业、服务业企业依托互联网培育新兴业态，培育形成一批新的产业增长点。

三 加快巩义市产业产业结构调整的对策建议

产业结构调整是一个长期性战略任务，尤其是对一个县域经济体来说，对优质资源和传统产业依赖度高，缺乏吸引人才、研发等高级生产要素的高端平台，产业转型升级创新发展面临诸多难题，从可操作性角度，我们提出如下一些对策建议。

（一）制定巩义市供给侧结构性改革实施方案

国家推进供给侧结构性改革为巩义市产业结构调整提供了新机遇，目前广东、河北、重庆、湖南等地陆续出台了实施方案，巩义市应积极对接国家和河南省相关政策，参考广东的1+5方案，制定巩义市供给侧结构性改革实施方案，围绕去产能、去库存、去杠杆、降成本、补短板，实施专项行动，明确巩义结构闯关的时间表与路线图，优化资源配置，推进产能整合。

（二）实施服务业跃升行动计划

突出"顶层设计"，成立市级服务业发展联席会议，统筹总体规划、招商引资和项目建设，围绕现代物流、文化旅游、金融、互联网平台经济、大数据、环境服务业等，实施服务业三年跃升计划，力争五年内实现服务业主营业务收入倍增。着眼于"十三五"发展，形成前瞻、系统、务实的政策支撑体系，把国家及河南省关于推进服务业发展的战略、思路、举措落实到位，进一步明确各地各部门推进服务业发展的目标和责任，形成长效机制和发展合力，争取河南省在巩义布局省级大数据基地。

（三）实施"互联网+产业"行动计划

抓住河南省建设网络经济大省的历史机遇，积极对接"互联网+"行动计划，立足比较优势和区域需求，加快实施"互联网+产业"行动计划，全力推进互联网在工业、服务业和现代农业中的应用，利用互联网技术促进三次产业深度融合发展，推动移动互联网、云计算、物联网等与主导产业相结合，催生一批新产业、新业态、新模式，培育经济发展新动力。积极引导制造业龙头企业开展工业云及工业大数据创新应用试点，适时发展基于互联网的协同制造新模式，打造一批网络化协同制造公共服务平台，加快形成制造业网络化产业生态体系。引导服务业企业依托互联网创新发展模式和营销模式，在文化旅游、现代物流等领域积极培育服务业新业态。利用互联网提升农业生产、经营、管理和服务水平，培育多样化农业互联网管理服务模式，推广成熟可复制的农业物联网应用模式。大力实施"企业上网"和"电商换市"工程，鼓励互联网企业搭建行业性信息化服务平台，支持企业通过阿里巴巴、世界工厂网等第三方电商平台拓展营销渠道。

（四） 创建"中国制造 2025"示范基地

2015 年 5 月，我国实施制造强国战略的行动纲领——《中国制造 2025》发布，陆续出台了智能制造、绿色制造、服务型等专项行动实施方案，为抢抓发展机遇，河南省也出台了《中国制造 2025 河南行动纲要》，明确了河南贯彻落实《中国制造 2025》的思路与举措。未来一段时期巩义仍要突出工业特别是制造业的主导作用，提升产业层次，带动服务业、农业做大做强，优化产业结构，为精准对接国家制造强国战略，建议巩义市创建"中国制造 2025"示范基地，全面梳理区域工业发展的产业、机制和基础优势，研究谋划试点领域和工作推进机制，在有色、耐材、装备等领域，围绕智能制造、绿色制造、服务型制造等新型制造模式打造一批示范型企业。

（五） 打造郑洛新国家级自主创新示范区重要板块

2016 年 4 月，郑洛新国家高新区建设国家自主创新示范区获批，正式成为全国第 12 家国家自主创新示范区，河南省正加快研究出台一系列举措推进示范区建设工作，将针对示范区出台相关政策，加快形成支持示范区建设的 "1 + N" 政策体系，并将率先落实国务院确定的向全国推广的 10 项中关村国家自主创新示范区政策和示范区内其他先行先试政策，成立郑洛新国家自主创新示范区科技成果转化引导基金，建成支撑河南全省创新发展增长极。巩义市地处郑州、洛阳之间，在产业发展与创新研发方面具有一定的基础优势，应积极与有关部门沟通，打造郑洛新国家级自主创新示范区的重要板块，依托郑州的高铁、航空、网络等枢纽地位，积极吸引北京、天津、上海等地研发机构以及各类孵化器入驻，推进大众创业万众创新，打造辐射周边的创新创业中心。

（六） 设立市级新兴产业发展基金

当前国家层面大力支持各地依托优势产业发展基金，引导企业与专业化的产业投资机构共建特色产业基金，河南省以及各市均设立了一批产业发展基金。如许昌就设立了 10 亿元的产业投资基金，由许昌市投资总公司、中原证券、兴业银行合作设立，也是继濮阳、漯河之后河南省第三个地级市政府与金融机构合作设立的产业基金，重点投资许昌现代服务业、现代农业、现代制造业以及战略性新兴产业等领域中的优势企业和创新型企业。建议巩义市抓住当前国家和河南省鼓励设立产业发展基金的战略机遇，整合有关资金，与域外产业投资机构、银行等联合设立新兴产业发展基金，以市场化机制，有针对性地支持本地新兴产业发展和项目建设，培育一批新兴项目，催生一批新的产业增长点。

（七）培育新生代企业家群体

企业家是产业结构调整的核心动力，近些年随着经济发展进入新常态，传统产业传统业态传统产品呈现困难局面，新经济新业态新模式不断涌现，巩义市部分企业家没有从传统思维中跳出来，对新形势新需求新技术反应迟钝，这也是制约巩义市产业转型升级的关键。产业转型升级的关键是企业家的转型升级，巩义市需要弘扬企业家精神，实施"三次创业"战略，更新企业家思维，深入分析当前青年企业家和"创二代"的知识和素质结构，拓展国际视野，引导青年企业家在新兴领域寻求更大发展空间。每年补充青年企业家培育对象，对中青年企业家进行隆重表彰。组织中青年企业家和中青年企业家培养对象赴重点知名大学参加高级研修班。开展"新巩义经济论坛"活动，邀请知名专家学者到巩义授课，提高企业家把握宏观经济能力和管理水平。

（八）引进培育高端研发与管理人才

产业结构优化升级的关键在于人才，高附加值环节、高技术产业、战略性新兴产业、现代服务业等对于高端人才更为依赖。当前，郑州综合交通优势更加凸显，以高铁、航空为代表的新型交通方式与以网络为代表的新型交流方式改变了巩义的时空距离，为巩义吸引北京、天津、上海、广东以及海外高端人才提供了新支撑。巩义市应抓住机遇，创新人才政策，强化与高校和科研机构的合作，吸引高端人才到巩义创新创业，打造人才高地。创新人才柔性引进机制，探索"星期天工程师""季度专家""项目专家"等模式，引导本地企业尤其是中小企业强化与国内外研发机构的合作。尝试推进专家公寓建设，破解人才居住问题。

（九）创新产业转型升级协同推进机制

更好地发挥新型工业化领导小组的协同推进作用，对重大项目、重大事项等进行协调谋划。在领导小组下设立专业的研究小组，深入研究国家、省出台的推动传统优势提升、新兴产业发展、服务业发展、智能制造、绿色制造等领域的政策与举措，积极对接，争取国家重大项目布局。加快建立市级现代服务业发展工作领导小组以及现代服务业发展联席会议制度，制定行业发展规划，协调解决服务业重大项目建设和企业发展中遇到的问题，形成服务业发展的强大合力。创新产业集群发展机制，理顺产业集聚区、专业园区、商务中心区等领域的管理体制，更好地推动招商引资和项目建设。

河南省郏县实施转型攻坚三年
行动计划研究

河南省第十次党代会对包括平顶山市在内的资源型城市提出了"突出转型发展"的要求。2017 年 4 月 9 日，河南省委省政府召开全省转型发展攻坚推进会，要求统一思想、凝心聚力，全力打好转型发展攻坚战，为决胜全面小康、让中原更加出彩提供坚强持久的支撑。

郏县作为平顶山市的一个重要组成部分，应深入贯彻省十次党代会和全省转型发展攻坚推进会精神，争取在"转型攻坚"方面凝心聚力，有所作为。要按照平顶山市委市政府的部署，以决战决胜的姿态，深入调查研究，认真谋划和实施"郏县转型攻坚三年行动计划"，为"建设新郏县实现新跨越"奠定坚实的基础。

一　郏县经济社会发展现状评估与研判

2018～2020 年，是郏县实施创新驱动，加快脱贫攻坚，转变发展方式，破解发展难题、突破瓶颈制约十分关键的三年。正确分析现状、科学研判形势，是谋划郏县未来发展思路的基础和前提。

（一）郏县经济发展历史与现状分析

国内生产总值即 GDP 是评价区域经济社会发展状况最综合的指标。下面选取 GDP 指标，对郏县的发展历史与现状进行横向和纵向对比分析，以求得对郏县经济社会发展情况的系统了解。

1. 改革开放以来郏县经济实现了持续快速发展（见表 1、图 1）

数据显示，1991~2000 年，郏县 GDP 增速为 10.9%，高于平顶山市 1.3 个百分点，略低于全省；2001~2010 年郏县 GDP 增速为 12.4%，分别高于平顶山市和全省 0.1 个百分点、0.2 个百分点；2011~2016 年（上半年）郏县 GDP 增速为 9.4%，高于平顶山市 2.4 个百分点，与全省基本持平。

表 1　三个历史阶段郏县与平顶山市、河南省 GDP 增速比较

单位：%

时间	郏县	平顶山市	河南省	全国
1991~2000	10.9	9.6	11.6	10.5
2001~2010	12.4	12.3	12.2	10.5
2011~2016	9.4	7.0	9.4	7.6

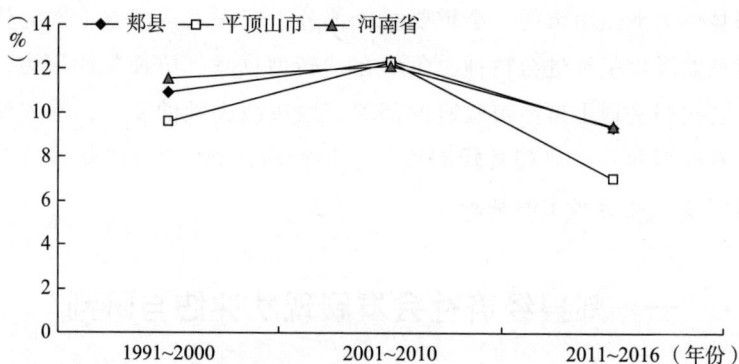

图 1　郏县与平顶山市、河南省 GDP 增速比较

2. 近十年来经济增速逐级下滑，近六年来呈加速下滑趋势（见表 2、表 3、图 2、图 3）

数据显示，近十年来，郏县与平顶山市、河南省一样，GDP 增速呈逐年下滑趋势，但相比之下，郏县下滑趋势更为明显。2016 年与 2010 年相比，平顶山市 GDP 增速下滑 3.8 个百分点，河南省下滑 4.4 个百分点，郏县下滑 7.2 个百分点。

与平顶山市相比，2010 年郏县 GDP 增速比平顶山市高出 3.8 个百分点，而 2016 年上半年仅高出 0.4 个百分点，郏县在发展速度方面的比较优势正在逐步丧失。

表 2　1991～2016 年郏县与平顶山市、河南省、全国 GDP 增速纵向比较

单位：%

年份	郏县	平顶山市	河南省	全国
1991	-3.5	7.3	6.9	9.3
1992	12.2	6.2	13.7	14.3
1993	8.1	12.4	15.8	13.9
1994	14.4	11.4	13.8	13.1
1995	14.4	13.4	14.8	11.0
1996	27.5	13.5	13.9	9.9
1997	10.1	7.7	10.4	9.2
1998	11.6	8.6	8.8	7.8
1999	7.6	7.6	8.1	7.6
2000	6.7	7.6	9.5	8.4
2001	8.0	8.3	9.0	8.3
2002	7.0	8.9	9.5	9.1
2003	11.8	11.1	10.7	10.0
2004	12.7	15.7	13.7	10.1
2005	15.3	14.9	14.2	11.3
2006	14.4	15.4	14.4	12.7
2007	13.4	15.6	14.6	14.2
2008	14.1	12.9	12.1	9.6
2009	13.0	10.0	10.9	9.2
2010	14.2	10.4	12.5	10.6
2011	12.5	10.0	11.9	9.5
2012	8.7	6.4	10.1	7.7
2013	9.1	5.8	9.0	7.7
2014	8.7	7.4	8.9	7.3
2015	10.1	6.1	8.3	6.9
2016 年上半年	7.0	6.6	8.1	6.7

表 3　2010~2016 年郏县与平顶山市、河南省 GDP 增速纵向比较

年份	郏县	平顶山市	河南省
2010	14.2	10.4	12.5
2011	12.5	10.0	11.9
2012	8.7	6.4	10.1
2013	9.1	5.8	9.0
2014	8.7	7.4	8.9
2015	10.1	6.1	8.3
2016 年上半年	7.0	6.6	8.1
2016 年上半年比 2010 年下滑幅度（百分点）	7.2	3.8	4.3

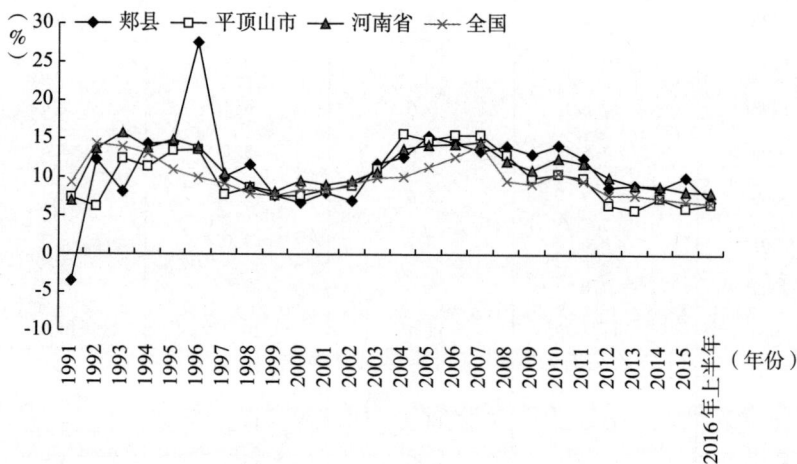

图 2　1991~2016 年郏县与平顶山市、河南省、全国 GDP 增速纵向比较

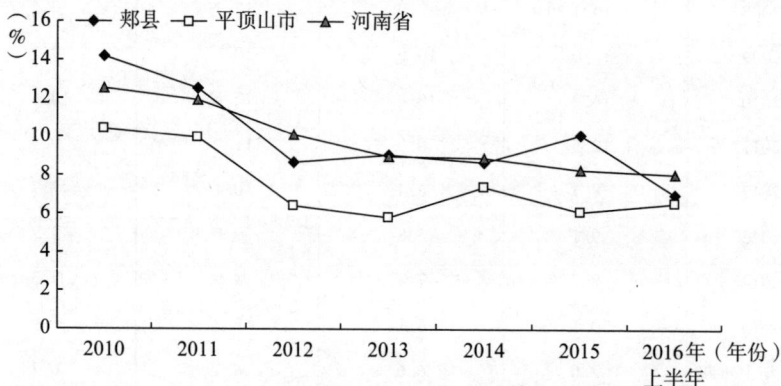

图 3　2016~2016 年郏县与平顶山市、河南省 GDP 增速纵向比较

3. 郏县 GDP 增速在平顶山五县市中排序呈下滑趋势，区域竞争面临严峻形势（见表 4、图 4）

表 4　1991～2016 年郏县与宝丰县、叶县、鲁山县、舞钢市等兄弟县市 GDP 增速横向比较

年份	宝丰县	叶县	鲁山县	舞钢市	郏县	郏县在五县市中排序名次
1991	31.9	4.3	-1.3	6.6	-3.5	5
1992	10.0	13.4	2.7	3.1	12.2	2
1993	11.3	9.7	12.0	17.2	8.1	5
1994	18.1	20.3	10.9	0.2	14.4	3
1995	16.3	47.5	12.8	-31.6	14.4	3
1996	13.8	24.7	9.9	37.3	27.5	2
1997	8.2	4.5	11.1	21.4	10.1	3
1998	13.6	6.1	11.3	10.1	11.6	2
1999	8.6	11.3	9.4	9.4	7.6	5
2000	5.9	9.3	6.4	9.9	6.7	3
2001	4.0	9.0	5.2	13.6	8.0	3
2002	10.8	8.0	6.3	12.5	7.0	4
2003	10.9	10.0	10.3	31.1	11.8	2
2004	16.7	6.3	7.7	40.9	12.7	3
2005	16.6	14.1	15.8	12.3	15.3	3
2006	18.0	15.2	13.9	25.1	14.4	4
2007	14.1	16.4	13.2	15.8	13.4	4
2008	12.9	15.0	12.2	15.4	14.1	3
2009	12.7	12.8	12.1	2.2	13.0	1
2010	14.0	11.9	9.7	3.6	14.2	1
2011	18.4	14.7	16.1	8.6	12.5	4
2012	11.3	10.5	11.5	1.9	8.7	4
2013	15.4	10.3	9.3	4.1	9.1	4
2014	13.5	5.4	5.0	11.0	8.7	3
2015	1.70	7.60	5.50	15.60	10.1	2
2016 年上半年	8.50	6.50	5.10	9.10	7.0	3

从表 4、图 4 可以看出，1991～2016 年，与平顶山五县市 GDP 增速比

较，郏县 GDP 增速排名处于中等水平。

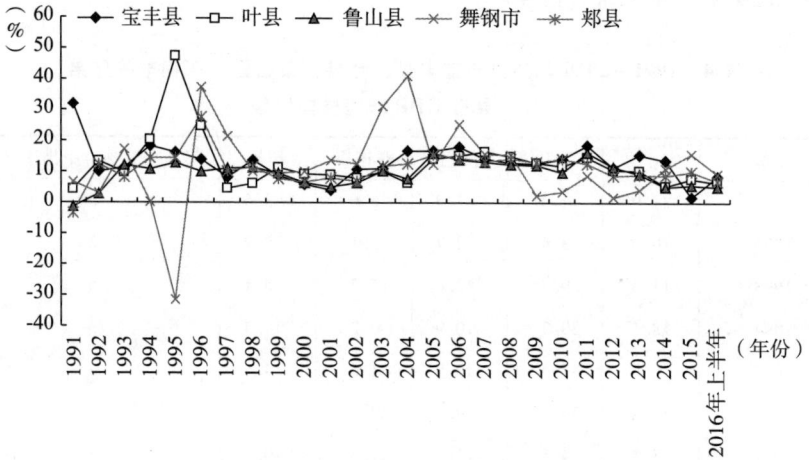

图4 1991~2016年郏县与宝丰县、叶县、鲁山县、舞钢市等
兄弟县市 GDP 增速横向比较

从表5、图5显示的1991~2016年平顶山五县市 GDP 增速名次分布，可以看出郏县大部分年份居第三名，处于中等水平。

表5 1991~2016年郏县在五县市中 GDP 增速名次分布

类别	第一名	第二名	第三名	第四名	第五名
次数	2	5	10	6	3

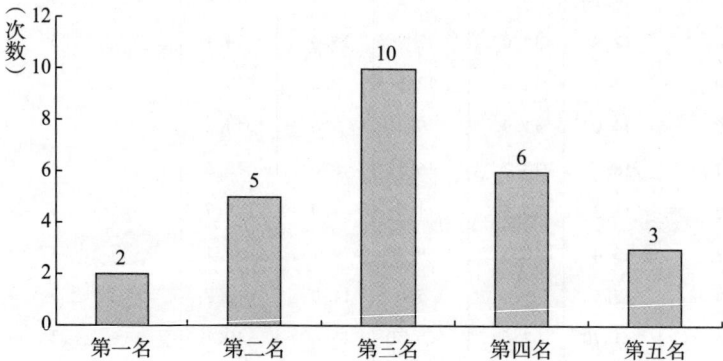

图5 郏县在五县市中 GDP 增速名次分布

分三个大的时段来看（见表6、图6）：

1991~2000 年，郏县 GDP 增速为 10.9%，在五县市中居第三位；

2001~2010 年，郏县 GDP 增速为 12.4%，在五县市中居第三位；

2011~2016 年，郏县 GDP 增速为 9.4%，在五县市中居第二位，排名有上升趋势。

表 6　三个历史阶段郏县与其他县市 GDP 增速比较

类别	宝丰县	叶县	鲁山县	舞钢市	郏县
1991~2000 年	13.8%	15.1%	8.5%	8.4%	10.9%
排序名次	2	1	4	5	3
2001~2010 年	13.1%	11.9%	10.6%	17.2%	12.4%
排序名次	2	4	5	1	3
2011~2016 年	11.5%	9.2%	8.8%	8.4%	9.4%
排序名次	1	3	4	5	2

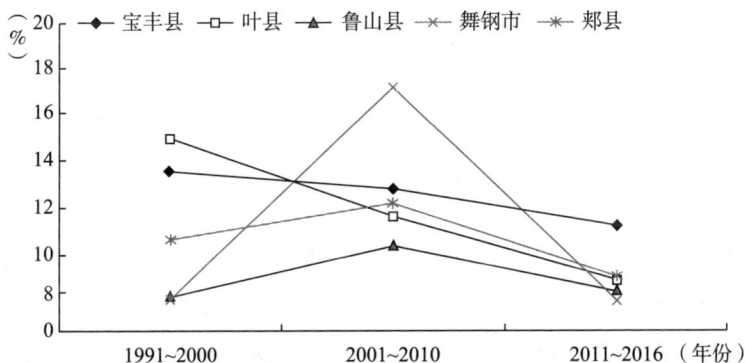

图 6　三个历史阶段郏县与其他县市 GDP 增速比较

4. 郏县近年来 GDP 增速加速下滑的根本原因

郏县近年来 GDP 增速下滑明显，其根本原因在于，我国经济进入转型升级的新常态，而郏县经济还处于旧常态，资源型产业陷入困境，而高加工度、高新技术产业发育相对迟缓。

（二）郏县经济发展所处阶段和状况的研判

1. 根据罗斯托经济成长阶段论看郏县发展所处阶段

经济成长阶段论又称作"罗斯托模型"。该理论将经济发展过程分为 6

个阶段：传统社会阶段、准备起飞阶段、起飞阶段、走向成熟阶段、大众消费阶段和超越大众消费阶段。

在罗斯托的经济成长阶段论中，第三阶段即起飞阶段在所有阶段中是最关键的阶段，是经济摆脱不发达状态的分水岭。起飞阶段是经济由落后阶段向先进阶段的过渡时期。

（1）从人均 GDP 水平来判断，郏县尚处于经济起飞阶段

2015 年，全国人均 GDP 为 8016 美元，河南省人均 GDP 为 5542 美元，郏县人均 GDP 为 3906 美元。（见图 7）

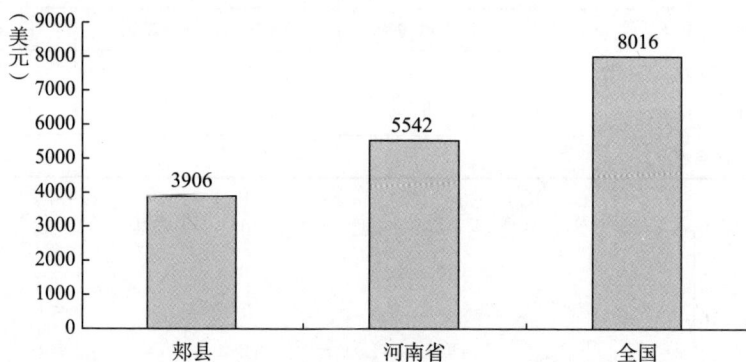

图7　2015 年郏县、河南省、全国人均 GDP 比较

从宏观上看，全国发达地区已进入工业化后期甚至后工业化社会，全国经济发展处于由工业化成熟阶段向大众消费阶段的转型期；而从局部看，郏县人均 GDP 仅相当于全国的 49%、河南全省的 71%，还处于工业化中期的前半段，尚处在起飞阶段，同时又具有由起飞阶段向成熟阶段过渡的特征。

（2）从 GDP 增速趋势判断，郏县同样处于经济起飞阶段

统计数据显示（见表 1），1991～2010 年，全国 GDP 增速为 10.5%，郏县为 10.9%，郏县与全国一样均处于高速增长阶段。而 2011～2015 年全国 GDP 增速为 7.6%，郏县为 9.4%，可见全国已经进入工业化后期的中速增长阶段，而郏县还处于工业化中期的高速增长阶段。由此可见，郏县依然处于后发赶超的高速增长时期，即经济起飞阶段。

适应经济起飞阶段的县情，在经济工作方面，要更多地考虑突出投资拉动，强化工业的主导地位；突出经济转型，强化先进制造业和现代服务

业的支柱作用；突出创新驱动，强化新的增长点和增长极培育。

2. 根据钱纳里工业化阶段理论看郏县工业化进程和所处阶段

钱纳里工业化阶段理论，是描述一个国家或地区发展阶段的理论工具。钱纳里工业化理论将工业化阶段划分为工业化前期、初期、中期、后期、后工业化阶段。工业化前期是萌芽状态，农业为主导，经济低速增长；工业化初期，工业化和城镇化缓慢推进，工业主导地位逐步确立，经济中速增长；工业化中期，工业化和城镇化快速推进，工业的主导地位不断强化，主要是要素驱动经济高速增长；工业化后期，工业化持续深化和升级，城镇化不断深化平稳推进，服务业逐步确立主导地位，实现要素与创新双驱动经济增长，经济中速增长；后工业化阶段，工业化和城镇化完成、更加成熟，创新驱动经济增长，经济低速增长。

目前一般把人均收入的增长和经济结构的转换作为工业化进程的主要标志。人均 GDP 是衡量工业化水平和经济发展水平的综合指标，是划分工业化阶段的重要依据。

数据显示（见表7、表8、表9），2015 年，郏县人均 GDP 为 24328元，折合 3906 美元，在平顶山五县市中处于第三位，处于工业化中期的前半段。横向对比显示，宝丰县人均 GDP 为 7802 美元，已进入工业化后期，郏县仅相当于宝丰县的 50%；舞钢市人均 GDP 为 5605 美元，已进入工业化中期的后半段，郏县相当于舞钢市的 70%。

综合对比，2015 年平顶山市人均 GDP 为 4947 美元，进入工业化中期的中段位置，郏县相当于全市平均水平的 79%；2015 年河南省人均 GDP为 5542 美元，已经进入工业化中期后半段，郏县相当于全省平均水平的71%。郏县与平顶山全市和河南全省相比，均有较大差距，必须加快发展，才有可能与全市全省同步实现全面小康目标。

表7　工业化阶段划分标准

基本指标	前工业化阶段	工业化阶段			后工业化阶段
		工业化初期	工业化中期	工业化后期	
经济发展水平（人均 GDP：美元）	804～1608	1608～3187	3187～6432	6432～12060	12060～19296

资料来源：陈佳贵等《中国工业化进程报告》。

表8　2015年郏县与相关区域主要经济指标比较

类别	宝丰县	叶县	鲁山县	舞钢市	郏县	平顶山市	河南省
GDP（亿元）	250.32	171.71	137.01	119.5	153.68	1335.4	37010.25
总人口（万人）	51.51	87.26	93.57	34.23	63.17	433.43	10722
人均GDP（元/人）	48596	19678	14643	34911	24328	30810	34518
折合美元	7802	3159	2351	5605	3906	4947	5542

资料来源：《平顶山统计年鉴》。

表9　2015年郏县与相关区域人均GDP比较

类别	郏县	宝丰县	舞钢市	平顶山市	河南省	全国
人均GDP（美元）	3906	7802	5605	4947	5542	8016
郏县占比（%）		50	70	79	71	49

资料来源：《平顶山统计年鉴》。

3. 根据新经济增长理论看郏县经济社会发展状况

新经济增长理论，出现于20世纪80年代中期，代表人物是美国经济学家罗默和卢卡斯。新经济增长理论把新古典增长模型中的"劳动力"的定义扩大为人力资本投资，即人力不仅包括绝对的劳动力数量和该国所处的平均技术水平，而且还包括劳动力的教育水平、生产技能训练和相互协作能力的培养等，这些统称为"人力资本"。该理论提出了技术进步内生增长模型，把经济增长建立在内生技术进步上。新增长理论模型中的生产函数是一个产出量和资本、劳动、人力资本以及技术进步相关的函数形式，即 $Y = F（K, L, H, t）$。其中，Y 是总产出，K、L 和 H 分别是物质资本存量、劳动力投入量和人力资本（无形资本）存量，t 表示技术水平。

根据新经济增长理论，郏县经济存在以下三个问题：一是创新驱动能力弱，还处在资本、劳动力、资源等要素数量投入驱动经济增长阶段，由此造成原有产业转型升级迟缓，资源型产业逐步萎缩，新兴产业还没有培育起来；二是缺乏科技创新型企业，企业的科技创新能力弱，高水平技术研发中心少，一般技术过剩，高新技术稀缺，技术进步缓慢；三是缺乏鼓励创新驱动、推动技术进步的配套政策，缺乏创新创业基地、科技型企业孵化器和加速器，资金投入不足，难以汇集高层次创新人才。

4. 综合以上分析可以得出以下结论

（1）改革开放以来郏县经济实现了持续快速发展

二十多年来，郏县经济增长速度高于平顶山全市平均水平，高于全国平均水平，与全省平均水平基本持平。总体来说，郏县经济保持了快速发展的态势，所取得的成绩来之不易，应当给予充分肯定。

（2）近十年来郏县经济增速下滑，近六年呈现加速下滑趋势

随着全国经济由高速增长到中高速增长转变，区域发展一般都出现了增速下滑的趋势。但与平顶山市、河南省及全国平均水平相比，郏县经济增速下滑幅度过大，特别是2016年上半年，郏县经济增速已下滑到全省平均水平之下，这是值得高度重视和关注的。

（3）郏县仍处于工业化中期经济起飞阶段

从人均 GDP 水平判断，郏县尚处于工业化中期的前半段，尚处在经济起飞阶段。从 GDP 增速趋势判断，全国已经进入工业化中后期的中高速增长阶段，而郏县还处于工业化中期的高速增长阶段。综合判断，郏县面临跨越发展和转型发展的多重任务，处在投资拉动、创新驱动、开放带动的多元驱动阶段。

（4）郏县经济发展水平较低、创新驱动能力较弱

郏县人均 GDP 相当于平顶山全市的79%，相当于河南全省的71%，必须加快发展，才能与全市全省同步实现全面小康目标。根据新经济增长理论，郏县还处在要素驱动阶段，资源型产业逐步萎缩，新兴产业还没有培育起来；企业科技创新能力弱，缺乏鼓励创新驱动、推动技术进步的配套政策，难以汇集高层次创新人才。

（三）郏县经济社会发展阶段特征分析

经过多年发展，郏县经济规模不断扩大，经济社会发展基础更加稳固，从经济社会发展的周期和趋势看，郏县发展的潜力点和突破口正在积极酝酿，未来发展大有可为，发展的阶段性特征主要体现在五个方面。

全面建成小康社会的决胜期。党的十八大明确到2020年全面建成小康社会的宏伟目标，河南省十次党代会做出了"决胜全面小康让中原更加出彩"的部署。党的十八大和国家、省、市"十三五"规划都将贫困县全部摘帽作为全面建成小康社会的首要任务。郏县属于全省偏下发展水平，深

入学习贯彻习近平总书记系列重要讲话精神，落实省委省政府决策部署，以决胜的姿态和有力的举措，奋力拼搏，后发赶超，与全省、全市同步全面建成小康社会，是郏县未来几年的核心任务。

工业化进入转型升级突破期。2011 年以来，郏县工业在经历规模快速扩张后，开始进入结构调整转型升级的突破期。全县工业经济呈现明显的分化现象，矿产资源、食品加工、电力建材等传统产业受产能过剩、产品层次不高、技术含量低的影响，市场竞争力不足，在市场自发调节和政府宏观调控共同作用下，将会加快自然淘汰和转型升级，而在医用制品专业产业园、装备制造业产业集群、广天铁锅产业园等大产业项目建设的带动下，新材料、生物医药、节能环保等战略性新兴产业将积极酝酿并加速向产业园区集聚。随着"一区四园"的加快发展，全县工业有望走出低谷，实现结构大转变和质量大提升。

城镇化进入质量提升的战略机遇期。近年来，郏县把加快城镇建设、推进新型城镇化作为促进全县经济社会发展的着力点，通过开展国家卫生县城、省级园林县城、文明县城"三城联创"活动，新城区、老城区、产业集聚区联动，拉开了城市建设大框架，为未来城市品质的提升奠定了坚实基础。当前，郏县已经着手布局新一轮城镇大提质，在全国新型城镇化加快部署和推进的背景和形势下，郏县基于良好的城镇化基础，将面临新型城镇化一系列战略机遇，正确认识和有效利用这些机遇，将会有力促进郏县城镇建设大提升、大跨越。

社会发展进入矛盾多发转型期。人均 GDP 进入中等收入阶段，往往也是社会不协调因素的活跃期、公共安全事故高发期、各类社会矛盾凸显期。当前，郏县人均 GDP 已经超过 3000 美元，正处于由中低发展水平向中等水平转变的重要阶段，由于经济社会发展的综合水平还不高，城市公共服务供给还不能适应群众迅速增长的多样化、多层次需求，不同社会阶层、利益群体之间的利益诉求与博弈冲突加剧。要确保经济较好较快发展和社会大局稳定，必须顺应广大人民群众的诉求和期盼，不断增强公共服务能力，提升公共服务供给水平，积极推动城市管理和社会管理创新。

全面深化改革的攻坚期。党的十八届三中全会对我国全面深化改革做出了全局性的战略部署，涉及 15 个领域、330 多项重大改革举措。要看到，经济新常态下的改革，无论是在深度上还是在广度上，都是过去任何时期、任何阶段所无法比拟的。一些方面的改革已取得了突破性进展，但市场化导向的改革并没有彻底完成，很多地方的改革还不到位。以新型城镇化为核心的土地制度、户籍制度、社会保障制度、投融资体制等领域的配套改革还处于起步阶段，需要进一步全面深化。国有资产管理体制改革、财税金融体制改革、收入分配体制改革等重要环节与预期的改革目标依然还有较远的距离。总体看，全面深化改革已经进入攻坚期，正确对待和处理全面深化改革的相关问题，将为郏县实现转型发展创造良好的制度环境。

二 郏县转型攻坚面临的形势、环境、机遇与挑战

未来一个时期，国际国内环境继续发生深刻复杂的变化，郏县经济社会发展既迎来难得的历史机遇，也面临诸多矛盾叠加、风险隐患增多的严峻挑战，必须正确把握、妥善应对，确保完成全面建成小康社会、加快现代化建设的历史性任务。

（一）郏县转型攻坚面临的形势

从全国看，我国经济增长继续领跑全球经济，经济发展方式加快转变，新的增长动力正在孕育形成，综合国力、国际竞争力和国际影响力达到新高度。我国发展仍处于可以大有作为的重要战略机遇期，也面临诸多矛盾叠加、风险隐患增多的严峻挑战。2015 年中央经济工作会议确定的"三去一降一补"五项任务和中央城市工作会议"五个统筹"的安排部署，为产业转型升级和城镇发展指明了方向。全面深化改革特别是供给侧结构性改革的大力推进，促进了传统产业改造升级、新的动能加快培育，国民经济整体呈现向好向上态势。

从全省看，河南经济持续走在上升通道，综合实力和竞争力大幅提升，新型工业化和城镇化加速发展，科技潜能、改革动能正在释放，内陆改革开放新高地战略优势正在凸显，"一带一路"重要支点正在形成，历史文化积淀正在绽放，国家战略规划叠加效应持续增强。未来一个时期，仍是加快发展的重要战略机遇期，只要遵循经济规律实现科学发展、遵循自然规律实现可持续发展、遵循社会规律实现包容性发展，河南经济就有

条件、有能力继续保持中高速、不断迈向中高端，实现追赶超越，与全国同步全面建成小康社会。

从全市看，经济社会发展开始步入工业化快速发展阶段、城镇化进程加速推进阶段、全面建成小康社会攻坚阶段、深化改革全面推进阶段。这一阶段是保持一定速度、提升经济总量、努力爬坡上坎的追赶超越期；是突出科学发展、坚持创新驱动、不断提质增效的转型升级期；是突破发展瓶颈、彰显区位优势、全面开放开发的潜能释放期；是统筹各种资源、推进四化同步、惠及百姓利益的民生普惠期。面对未来，平顶山在全省中的地位将得到巩固和提升，与全省同步全面建成小康社会。

从全县看，近年来特别是党的十八大以来，郏县大力发展现代产业体系，符合中央提出的供给侧改革要求，市场前景广阔，县域经济发展呈现持续快速、质量趋好、结构趋优的态势。根据国际经验和城市发展规律，郏县正处于城镇化进程加速推进阶段。未来一个时期，是郏县顺应改革大潮、突破体制机制制约、破解发展难题的改革机遇期；是扩大经济规模、实现转型升级、提高经济质量的升级提档期；是利用基础设施、做大特色产业、发挥生态优势的潜能释放期；是完善公共服务、提升民生水平、增进群众福祉的民生普惠期。只要能够把握发展大势，扎扎实实补短板，郏县就一定能与全市、全省、全国同步全面建成小康社会。

（二）郏县转型攻坚面临的环境

1. 国际环境的不稳定不确定因素增多

当前，全球经济局势持续动荡，主要经济体复苏乏力，国际经济环境中的不稳定不确定的因素增多。一是货币政策不确定性增加。在全球经济低迷的情况下，美联储逆势启动加息周期，对全球经济造成重大影响，而美联储愈发捉摸不定的加息频率更是加剧了全球市场的无所适从。美元升值将会导致人民币贬值，对我国对外贸易将产生重要影响。二是贸易保护主义或将抬头。在这次美国大选中，代表保守势力的共和党上台，特朗普在对外贸易上采取孤立主义，或将引发全球性的贸易保护主义，未来我国可能面临更为严厉的贸易壁垒和更多的反倾销调查。三是全球政治风险进一步加剧。英国脱欧公投显示脱欧已成定局，这将引发全球政治及经济格局的剧烈动荡，将会对经济金融环境造成巨大冲击，其负反馈效应将严重阻碍全球经济复苏。这些不确定性将会对未来我国的进出口造成巨大冲击。对郏县来说，国际环境的不确定性将增加产品出口的难度，外向型经济发展将会受到一定影响。

2. 我国经济仍处在大有作为的战略机遇期

当前，经济运行确实面临一些下行压力，但我国仍然处于可以大有作为的重要战略机遇期，大势并没有改变。从国内看，我国作为世界第二大经济体的地位巩固，经济结构调整和优化的效果逐步显现，各项社会事业快速发展，居民收入增长速度加快，生态文明建设取得新进展。从国际看，国际力量对比正在朝着有利于建立公正合理的国际政治经济新秩序方向发展，我国在发挥科技革命和产业发展的后发优势、推动产业结构优化升级上大有可为。郏县作为中部欠发达的一个县，是河南的缩影，担负着加快经济发展、提高人民生活水平、全面建成小康社会的重大使命。在这一大有作为的战略机遇期，郏县亟须加快结构调整、促进动力转换、实施后发赶超，力争早日全面建成小康社会。

3. 全省全市经济发展有望保持好的趋势

从全省来看，随着一系列国家战略的出台，河南的战略地位更加凸显，战略格局更加完善，战略优势更加彰显，战略保证更加有力，发展潜力加速释放，蓄势崛起态势日益增强，特别是建设"四个强省"将极大释放发展活力，为决胜全面小康拓展新的空间。同时，河南经济增长的稳定性在提高，经济增速的潜在生产率收敛，波动空间收窄，有利于经济增速稳定在 8% 左右的水平。从平顶山市来看，受资源型经济低迷的影响，近年来全市经济持续下滑，面临较大困难。然而，在供给侧结构性改革的背景下，全市以壮士断腕的决心大力推进结构性调整，推动资源型城市转型，经济发展的动力正在转换，未来经济将会呈现企稳回升的趋势。全省全市经济向好向上的态势和趋势，有利于郏县在转型发展中借势借力，赢得主动。

（三）郏县转型攻坚面临的机遇

1. 国家交通路网优化调整带来的机遇

当前，在调结构、稳增长的背景下，国家大力推进交通基础设施建设，推动铁路、公路、民航等交通路网优化升级。其中，郑万高速铁路和三洋铁路横穿郏县，并在郏县形成十字交叉，为郏县发展带来难得机遇。未来，郏县有望成为地区性的铁路枢纽，人流、物流和资金流的积聚，丰富的要素集聚将为郏县经济发展带来新的支撑。基于此，郏县未来有望成为平顶山的副中心，成为豫西南地区重要的商贸物流中心。

2. 发达地区产业加快向中西部转移

在当前经济下行压力加大的背景下，发达国家及沿海发达地区企业经营压力持续增加，客观存在着向成本较低地区即中西部转移的趋势。郏县地处河南中部，是全国的地理中心，区位交通条件优越，基础设施良好，是产业梯度转移的首选地。近年来，郏县突出产业载体平台建设，大力推动产业集聚区、商务中心区建设，形成了诸多承接产业转移的新平台。为应对经济下行，郏县把扩大招商引资作为稳增长的重要举措，引进了一批装备制造、生物医药、环保科技等新兴产业。这些项目将陆续开工建设，为全县经济稳定增长提供重要支撑。

3. "一带一路"拓展了发展新空间

近年来，中央积极推动"一带一路"建设，加强与沿线国家的沟通磋商，推动与沿线国家的务实合作，实施了一系列重大措施。在此基础上，河南以郑州、洛阳为节点，积极融入丝绸之路经济带，通过郑州航空港、郑欧班列等，打通了直通中亚、欧洲和大西洋的重要通道，融入全球价值链、融入全球市场。郑州机场 T2 航站楼启用，更是打通了中原地区通向世界的物流、客流新通道，标志着河南开放发展的平台更为广阔。郏县地处郑州、洛阳 100 公里的 1 小时交通圈内，可以借助郑州、洛阳以及郑州航空港融入"一带一路"，加快内陆开放高地建设，提高对外开放水平，拓展未来发展新空间。

4. 供给侧结构性改革增加了新动能

十八届三中全会以来，中央全面深化改革，在财税体制、市场体系、政府职能等关键领域改革上取得了重大突破。在此基础上，为应对经济下行的压力，2015 年底，中央提出了以去产能、去库存、去杠杆、降成本、补短板为重点的供给侧结构性改革。在此背景下，河南深化投融资体制、价格等重点领域改革，推动简政放权、放管结合、优化服务向纵深发展。

郏县作为河南很有特色的一个县份，可以利用供给侧结构性改革的机遇，大力推进结构性调整，推进资源型经济转型，加快发展动能的根本性转换，形成支撑经济发展的新动能。

5. 新型城镇化加快推进激发新需求

城镇化是扩大内需的最大潜力所在，也是经济社会发展诸多矛盾的聚焦点。2014 年，国家颁布新型城镇化规划，明确了未来全国城镇化的发展路径、主要目标和战略任务，为有效扩大内需、改革土地制度、促进经济转型发展提供了新的机遇。此后，河南省、平顶山市均出台了新型城镇化规划。2015 年郏县城镇化率仅为 37.5%，低于全国平均水平近 18.6 个百分点，低于全省 8.6 个百分点，低于平顶山市 13.5 个百分点。加快推进新型城镇化，对于郏县"扩内需、保增长"具有特别重要的意义。同时，国家颁布新型城镇化规划，从制度层面上解决农村土地、集体产权、户籍、社保等问题，为郏县推动新型城镇化扫清了体制和政策障碍，也为郏县推动城乡、区域协调发展提供了重大机遇。

（四）郏县转型攻坚面临的挑战

1. 结构性矛盾突出

长期以来，郏县产业结构不合理，制约着经济持续健康发展。总体看，郏县一产比重较高，三产比重较低，经济发展比较效益较低。在第一产业内部，传统的种植业比重较大，附加值较高的经济作物比重较低；在第二产业内部，工业结构偏重、上游产品比重过大、初级产品过多、精深加工产品过少、技术层次不高等问题突出。陶瓷、铁锅、机械制造、医用制品等传统支柱行业增加值占全县规模以上工业的 55.6%。目前受市场疲软、产品订单不足、产品价格下跌和刚性成本居高不下等大环境的影响，企业盈利空间被大幅度挤压，企业生产举步维艰。同时，企业创新能力较弱，拥有自主知识产权的核心技术、优势品牌较少，市场竞争力较弱。

2. 增长动力明显不足

郏县资源型经济突出，煤炭、煤机曾经是郏县工业的支柱，近年来，随着煤炭形势的下滑，郏县的煤矿陷入停产状态。作为装备制造业的龙头，平煤机受煤炭行业不景气的影响，一直处于勉强维持状态，难以形成大的经济增长点。铁锅、建材、烟叶等产业规模较小，层次较低，形不成大的经济增长点。医药、环保等战略性新兴产业占比小、支撑力不够，短期内还难以对全县经济形成重要支撑。从总体上看，郏县经济新旧增长动力仍处于尚未完成转换的"青黄不接"阶段，增量的持续扩大仍不能弥补减量快速下拉的影响，对经济增长的下拉作用仍然会持续较长一段时间。

3. 区域竞争日趋激烈

当前，兄弟县市竞相发展，围绕资源、市场、技术、人才和区域核心增长极的竞争更加激烈。周边县市中，汝州市是省直管县，2015年全市生产总值达到370.36亿元，是郏县的近三倍，是河南省重要的煤炭、电力和装备制造业生产基地；禹州是全国百强县，经济实力远在郏县之上，化工机械、铸造、汽车配件、发制品、建材等产业在全国有重要地位；宝丰县2015年地区生产总值达到240亿元，也高于郏县，宝丰酒名扬天下，经济增长强劲；襄城县2015年地区生产总值达303亿元，综合经济实力全省排名第23位，曾连续两次被评为全省"县域经济发展十快县"。反观郏县，人口不足60万人，城镇化率只有37.5%，2015年生产总值只有154亿元，与周边县市比较，经济发展水平处于相对落后状态。由于人口少、经济规模小、城镇化率低，郏县商贸、物流、金融、信息等第三产业发展水平低。在新一轮的区域经济发展中，郏县尚处于相对不利的地位。

4. 要素与环境约束趋紧

郏县三分之二土地为山地、丘陵和洼地，这一地貌特征决定了土地资源的稀缺性。近年来，随着城市建设步伐加快，城市框架逐渐拉大，需要大量适宜建设的土地；随着招商引资和承接产业转移工作的深入开展，众多工业项目落地，也需要大量土地。由于土地资源紧张，郏县县域项目承载能力较弱。郏县高端人才缺乏，人才需求缺口较大。目前，郏县高新技术产业发展较快，专业技术人员和技术工人短缺，高层次技术人才尤其缺乏；随着经济下行压力加大，企业受到产品价格下降和用工成本提高的双重压力，企业招工难、用工贵等现象比较突出。郏县煤炭、建材、铁锅等高耗能、高污染产业比重较大，粗、低、重、耗产品较多，污染治理和大气治理任务繁重。

5. 财政收支矛盾突出

2015年以来，受全县房地产不景气、企业经济效益下滑以及营业税改增值税政策等影响，郏县财政收入持续减少，收支矛盾突出。从收入方面看，2015 年全县一般财政预算收入 7.1 亿元，同比下降 14.8%；2016 年 1 ~ 8 月，财政一般公共预算收入 4.3 亿元，同比下降 17%，财政收入降幅比 2015 年扩大了 2.2 个百分点。从支出方面看，为应对经济下行，全县实施积极的财政政策，加大民生和基础设施投资力度，财政支出不断增大。2015 年，全县完成一般财政预算支出 22.1 亿元，同比下降 2.8%；2016 年 1 ~ 8 月份，财政一般公共预算支出 20.3 亿元，同比增长 16.0%，财政支出增幅扩大了 18.8 个百分点。随着财政收支缺口的扩大，政府调控经济的能力下降，经济社会事业发展势必受到一定影响。

三 郏县转型攻坚的优势与条件、短板与制约

在从宏观角度认识郏县所处的发展阶段以及发展环境的基础上，还需要分析郏县发展中的优势与条件，以及发展中存在的短板与制约，以便更好地把握郏县未来的发展方向。

（一）郏县转型攻坚的优势与条件

1. 交通区位条件优越

郏县地处河南省中西部，平顶山市北部，郑州市以西，距平顶山市区 20 公里，距郑州国际机场 80 公里。郑尧高速、洛界公路、郑南西线、南石公路、平郏快速通道在郏县交汇，优越的地理位置和便利的公路网络，将郏县置于郑州、洛阳、平顶山、许昌、漯河五市 1 小时交通圈之内，使郏县能够得到五地市的辐射带动。南水北调中线贯穿郏县全境。建设中的三洋铁路、郑万高铁在郏县设站点。三洋铁路把郏县纳入东西干线，实现对接长三角、直通洋口港；郑万高铁把郏县纳入以郑州为中心的"米"字形高铁网络，成为四通八达的高铁网络中的节点之一。加上规划中的郏县通用机场，郏县将形成包括铁路、公路和航空在内的多维度交通体系，为郏县利用现有资源和优势实现后发赶超提供了优势条件。

2. 工业发展具有特色和基础

郏县有着特色的工业基础，在发展中已经形成"一区四园"的产业园

区布局。郏县产业集聚区以平煤机、圣光集团为龙头，打造装备制造和医药两大主导产业，近年来在省内屡获先进，2015 年被批准为省级经济技术开发区；安良神前陶瓷园区是中国唐钧基地，有国家级陶瓷艺术大师坐镇，出产瓷器屡获国内大奖，产品覆盖 8 大类别 300 多个品种，年产量达 4 亿多件（套），产品远销国内外多个地区；广天乡现代厨具园区是全国最大的铸铁锅生产基地，年产量 7000 多万口，占全国年产量的 2/3，产品在欧美国家有着良好的口碑；黄道镇能源耐材产业园和茨芭镇钙镁建材循环产业园分别利用本地矿产资源的优势，生产耐火材料和建材产品，聚集了一批生产企业。郏县工业经过近年来发展，已经具备特色产业基础，为进一步转型升级奠定了坚实的基础。

3. 农业发展具有传统和优势

郏县有着良好的农业基础，是河南省粮食生产核心区和高产巩固县，常年粮食总产量在 32 万吨以上。长久以来，郏县人民就有着精耕细作的生产习惯，注重农田水利和高标准良田建设。郏县是中国四大烤烟发源地之一，"山儿西"香烟久负盛名，常年种植面积在 10 万亩左右，烟叶产量位居全省前三；"郏县红牛"为全国八大良种牛之一，常年存栏 6 万头左右。位于城关镇西街的平顶山市新特优苗木繁育（郏县）基地是全国特色种苗基地、河南省优质种苗繁育基地及河南省林业科技示范园区和全国最大的红栌繁育基地；此外，郏县的花生和蔬菜等经济作物种植面积也在 20 万亩左右。近年来，郏县注重农业现代化和农村基础设施建设，发展新型农村合作社、现代农业园区和畜牧业生态循环试验区，新农村建设稳步推进。

4. 历史文化资源深厚

郏县历史悠久，境内有大量仰韶文化、龙山文化、裴李岗文化遗址，郏县在秦朝就已设立，有 2000 多年建制史。郏县素以"谋圣"故里、龙凤之乡、三苏瘗处、知青圣地四大文化品牌享誉全国。历代名人有西汉"谋圣"张良、东汉名将姚期和臧宫、唐代宰相孙处约、明代大儒王尚絅、清代诗坛巨擘仝轨、当代"速成识字法"创始人祁建华、现代陶瓷大师李国桢等。有三苏墓祠、郏县文庙、山陕会馆和临沣寨 4 处全国重点文物保护单位。其中，国家 AAAA 级景区三苏园是唐宋八大家苏洵、苏轼、苏辙父子三人的归焉之地；郏县文庙是全国保存最完好的县级文庙之一；临沣寨被誉为"中原第一红石古寨"。八路军豫西抗日曹沟纪念馆反映了豫西人民抗战的历史功绩。郏县有传统饮食"六绝",即牛肉、茶水、饸饹面、三炖、烧鸡、豆腐菜,是郏县地方特色饮食文化的代表。此外,郏县在世百岁老人多,2016年郏县被评为"中国长寿之乡"。深厚的文化旅游资源将成为郏县推动经济发展和转型升级的强大优势。

5. 自然资源丰富

郏县资源丰富,郏县境内已发现有经济价值或潜在价值的矿产有煤、铝土矿、耐火黏土、水泥灰岩、白云岩、石英岩、高岭土、建筑石料灰岩等19种,其中,优势矿产10种,储量在40亿吨以上。煤炭资源探明储量18.2亿吨,现有煤矿7座,平煤集团4座,省煤层气3座,目前均处于停产整顿、通风排水状态;白云岩普查储量4.19亿吨,是全国重要的镁资源基地;水泥灰岩远景储量达11亿多吨,具备建设大型水泥企业的优越条件;石英岩储量1亿吨,是硅铁级、电力电工级、高级石英级硅产品的优质原料。此外,郏县位于华中动、植物区系与华北动、植物区系的过渡带,动、植物资源十分丰富。丰富的自然资源和优越的区位交通条件相结合,成为未来郏县招商引资和推动产业转型升级的重要优势,为郏县经济发展提供持续的核心竞争力。

(二) 郏县转型攻坚的突出短板

1. 经济发展水平不高、经济结构亟待升级

突出表现在三个方面。一是经济总量不大。2015年,郏县实现地区生产总值153.7亿元,尽管增速高于全平顶山市和全省水平,但总量在平顶山的5个县市中排第3位,在全省106个县市中排名第83位。二是人均水平不高。2015年,郏县实现人均生产总值约26000元,低于平顶山市的33991元和全省的39123元,在平顶山的5个县市中排第3位,在全省106个县市(含直管县)中排名第68位,农村和城镇居民人均可支配收入分别为9422元和18621元,在平顶山的5个县市中均排第4位。第三,经济结构不优。2015年,郏县的三次产业结构为14.6∶59.4∶26.0,服务业占比偏低的现象明显,常住人口城镇化率37.5%。总的来看,郏县经济总量指标、人均指标在全省排名比较靠后,经济结构不优,服务业产值偏低是

郏县发展中的突出短板。

2. 工业"小、散、乱"现象突出，创新发展动能欠缺

具体表现在以下几个方面。一是龙头企业影响力不足。尽管圣光集团、平煤机、广德利等龙头企业具有不错的规模，但是税收贡献不大，全县 2015 年没有税收超过 500 万的企业，此外受产业环境和经营条件的制约，龙头企业的带动能力也不强。二是特色产业"小、散、乱"现象突出。广天铁锅和神前陶瓷都是极具郏县特色的产业，然而这两个产业都缺乏有影响力的品牌和龙头，产业缺乏整合，产品附加值偏低。尤其是广天铁锅进行委托加工的出厂价格仅有几百元，而经大企业贴牌后在欧洲销售能达到 2000 元以上。三是创新发展动能欠缺、市场竞争力不强。这一点建材产业尤其突出，黄道镇和茨芭镇的建材产业多是利用本地丰富的矿产资源，进行水泥、石料和耐材等建材的加工，产品附加值不高，还存在污染问题。受产业环境和环保政策的双重制约，引进先进大型建材企业，推动产品创新，加快产业升级迫在眉睫。

3. 新型城镇化发展滞后、县城承载力不强

具体表现在以下几个方面。一是城镇化率偏低、县城人口偏少。郏县2015 年的常住人口城镇化率为 37.5%，县城人口仅有 13 万人（含城中村农民 4 万人左右）。二是城市规划、建设和管理水平有待提高。郏县城乡总体规划和专项规划的编制实施，跟不上经济社会发展步伐，城乡接合部、城中村、棚户区改造工作滞后，商贸中心、高端餐饮等服务业项目不足。三是教育、文化、医疗等公共服务供给不足。突出表现在教育资源上，县城中小学"大班额"现象严重，县城高中教育质量不高、生源流失严重，民营的幼儿园、午托部经营散乱、监管不足，成为群众反映强烈的突出问题。

4. 文化资源保护、利用和开发问题突出

主要表现在以下几个方面。一是文化遗产保护工作亟待加强。郏县文化遗址和传统村落较多，保护和修缮的工作比较重。山陕会馆、张良祠和农村居民区连在一起，已经遭到一定破坏；文庙紧邻着小学和棚户区，周边环境和道路条件较差；临沣寨规模较大，维护和修缮任务繁重、资金需求量大。二是利用和开发水平不高。四大国保单位除了三苏园，其他三个还没能得到很好的开发，此外大量的传统村落、"谋圣"张良故里等文化资源也未得到开发。三是历史文化资源的规划和整合欠缺。郏县国保单位多、历史遗址多、传统村落多，还有钧瓷文化、红色文化、知青文化，但全县缺乏文化旅游的总体规划，不能把历史文化资源的点穿成线、形成串，与之配套的交通、餐饮、住宿等也相对欠缺。

（三）郏县转型攻坚的制约因素

1. 资金、人才、土地等要素的制约

资金方面，郏县的财政收支水平和河南省发达县市有着较大差距，加上工业受产能过剩等因素影响，税收出现了一定程度的下滑。2015 年，郏县一般财政预算收入完成 7.1 亿元，同比下降 14.8%，完成一般财政预算支出 22.1 亿元，同比下降 2.8%。2015 年末，郏县金融机构存款余额112.8 亿元，金融机构贷款余额 61.5 亿元，存贷款总额和存贷比都偏低。人才方面，由于郏县经济发展水平不高、龙头企业不多、财力有限等因素，在人才方面存在引不来、留不住的问题。土地方面，县城存在大面积的城中村、棚户区、老旧厂房，这些建筑和历史遗址、传统村落建在一起，既影响人民居住条件和县城面貌改善，又阻碍土地集约利用和产业升级的需要。

2. 水资源短缺形成的制约

郏县地处北温带，全县多年平均降水量 704.5 毫米，全县人均水资源占有量仅为全国平均水平的 1/5，是河南省 29 个严重受旱县之一。全县 13 条河流中仅北汝河有水，且水量不大；22 座水库中仅老虎洞水库（中型水库）有水且为死库容，其余水库均无蓄水。"十二五"期间，郏县共争取中央、省、市水利重点项目 52 个，项目总投资近 10 亿元，涉及农村饮水安全、小农水重点县、水库水闸除险加固、北汝河治理、农业水价综合改革试点项目、抗旱应急等。然而，缺水问题仍没有得到根本性解决。

3. 产业发展环境的制约

一方面，郏县大部分工业走的是资源型发展的路子，面临宏观经济增速放缓、产能过剩和环保要求日益提高等因素，环境制约日益凸显。另一方面，各级政府对环境保护和污染防治要求越来越高。在全省大气污染防

治攻坚战中，郏县提出了工地扬尘、有烟烧烤、秸秆禁烧等七个领域专项整治，成效正在逐步显现。在中央力推供给侧结构性改革，实施"中国制造2025"行动等宏观背景下，郏县要借势发展，通过创新驱动和产业升级突破产业环境的制约。

4. 观念体制僵化的制约

具体表现在以下几点。一是发展思路不够清晰。发展规划跟不上、宏观引导不够，导致一些地方存在思路不清晰、方向不明确，在发展中难以形成强大的合力。二是观念更新偏慢。近年来，中央提出新型城镇化、创新驱动、"互联网+"、供给侧结构性改革等新的发展思路，但是受到发展基础和观念的制约，这些新发展理念在郏县落地不够。三是作风不实。个别干部还存在有令不行，有禁不止，不会为、不想为、不敢为、乱作为等懒政怠政现象。四是产业集聚区管理仍存在体制不顺的问题。在引进项目、服务企业等方面还有很多亟待解决的问题，成为发展中面临的瓶颈制约。

四 郏县转型攻坚的基本思路、总体目标和战略支点

实施郏县转型攻坚三年行动计划，是贯彻党中央治国理政新理念新思想新战略，落实省十次党代会精神和市委转型攻坚要求的重大部署。为了制定好、实施好郏县转型攻坚三年行动计划，首先要明确转型攻坚的基本思路，确定转型攻坚的主要目标和战略支点。

（一）郏县转型攻坚的基本思路

基本思路：认真贯彻落实中央、省委和市委决策部署，适应经济发展新常态，坚持稳中求进工作总基调，突出以新发展理念为引领，以转型攻坚为主题，以改革创新为动力，实施"一五四一六"总体方略。

"一五四一六"总体方略："一"即实现一个目标，就是以"建设新郏县，实现新跨越"为转型攻坚的总体目标；"五"即关注五大战略重点，就是强力推进五大转型（增长方式转型、产业结构转型、城乡结构转型、社会发展转型、生态建设转型）；"四"即完成四项核心任务，就是协调推进四化建设（新型工业化、新型城镇化、新型农业现代化、文化旅游产

业);"一"即实施十大工程(百亿产业培育工程、招商提速增效工程、城镇扩容提质工程、精准扶贫脱贫工程、基础能力建设提升工程、优势教育资源倍增工程、文化旅游产业化工程、健康休闲养老工程、生态环境建设工程、全面从严治党工程);"六"即启动六项工作举措(进一步解放思想,培育打造融资平台,形成多层次人才支撑,推动全方位改革开放,加大创新驱动力度,提供坚强组织保障),在决胜全面小康征程中迈出坚实步伐,以优异成绩迎接党的十九大胜利召开。

(二) 郏县转型攻坚的总体目标

郏县转型发展的总体目标是"建设新郏县,实现新跨越",为决胜全面小康、建成经济强县奠定坚实基础。

"建设新郏县"的基本内涵。新郏县"新"在"活力足、产业优、百姓富、生态美"。"建设新郏县"的努力方向是,经过几年的艰苦奋斗,使郏县"经济实力显著提升、社会发展和谐有序、文化建设特色彰显、生态环境明显改善、人民生活富裕安康"。经过三年努力,实现经济总量200亿元以上,公共财政预算收入力争突破10亿元大关;基础设施和公共服务能力大幅提升;知青文化、三苏文化、红色文化等特色旅游初见成效,社会文明和文化程度得到提升;大气、水和土壤污染得到治理,矿山生态得到修复;城乡居民收入显著增长,创业就业能力显著增强,经济社会发展迈入可持续轨道。

"实现新跨越"的基本内涵。新跨越包括"发展阶段、总量提升、产业升级、城乡建设"的跨越。"发展阶段跨越",就是积极培育新动能、发展新业态,以非常规手段和措施,破解经济、社会、文化、生态文明建设的难题,实现发展阶段新跨越。"总量提升跨越",就是依托大招商和大项目,大力发展战略性新兴产业和高新技术产业,强力推动现代服务业,实现生产总值和财政收入的新跨越。"产业升级跨越",就是以绿色化、智能化、服务化为引领,全面推进供给侧结构性改革,不断提高郏县品牌质量供给水平提升和发展能力创新,优化产业结构,大幅提高第三产业占比。"城乡建设跨越",就是城乡一体、产城融合、职住便利的新型城镇化建设质量得到全面提升,城市建设管理的集约、节约和智能化水平得到显著提高,城乡建设发展迈入质量型、生态型内涵式发展新阶段。

按照总体目标的要求，可分为三个年度阶段性目标。

1. 全面实施阶段（2016～2017）

（1）总量提升目标

2017年实现经济总量180亿元，增长8%以上；全社会固定资产投资达到260亿元，增长15%左右；公共财政预算收入力争突破8亿元，增长6%以上；社会消费品零售总额达到60亿元以上，年均增长13%左右；城镇居民人均可支配收入达22000元，年均增长8%以上，农民人均纯收入达12000元左右，年均增长9%以上。

（2）产业升级目标

到2017年，战略性新兴产业主营业务收入占规模工业比重超过35%，高技术产业增加值占工业增加值比重超过16%，单位工业增加值能耗降至0.96吨标准煤/万元。资源行业工业增加值占规模以上工业比重下降7%，获得无公害、绿色、有机、良好农业规划等认证的农产品种植面积比例达到41%，三次产业比重调整为14：52：34。

（3）城乡建设目标

到2017年，当年城镇新建绿色建筑占比达到20%，污水处理能力达到90%，生活垃圾无害化处理率达到95%；环境空气中细颗粒物（PM2.5）平均浓度比2016年下降5%以上，控制在95微克/立方米以下；全县水面面积率达7.5%；建成区绿地率达到30%，绿化覆盖率达到40%，城区常住人口达到14万人，安良镇、薛店、黄道、冢头、堂街等打造成特色中心镇，镇区常住人口达到2万人。

2. 深入推进阶段（2017～2018）

（1）总量提升目标

2018年，实现经济总量195亿元左右，增长8%以上；全社会固定资产投资达到295亿元左右，增长15%左右；公共财政预算收入达到8.5亿元，增长6%以上；社会消费品零售总额达到67亿元左右，增长13%左右；城镇居民人均可支配收入达25000元左右，增长8%以上，农民人均纯收入达12000元左右，增长9%以上；城镇化率达到43.5%，增长2%左右。

（2）产业升级目标

到2018年，战略性新兴产业主营业务收入占规模工业比重超过38%，高技术产业增加值占工业增加值比重超过 20%，单位工业增加值能耗降至 0.92 吨标煤/万元。资源行业工业增加值占规模以上工业比重下降 6%，获得无公害、绿色、有机、良好农业规划等认证的农产品种植面积比例达到 45%，三次产业比重调整为 12∶51∶36。

（3）城乡建设目标

到 2018 年，当年城镇新建绿色建筑占比达到 25%，污水处理能力达到 92%，生活垃圾无害化处理率达到 96%；环境空气中细颗粒物（PM2.5）平均浓度比 2017 年下降 4% 以上，控制在 90 微克/立方米以下；全县水面面积率达 8.5%；建成区绿地率达到 32%，绿化覆盖率达到 42%，城区常住人口达到 17 万人，安良镇、薛店、黄道、冢头、堂街等打造成特色中心镇，镇区常住人口达到 2.5 万人。

3. 完善提高阶段（2018～2019）

（1）总量提升目标

2019 年，实现经济总量 200 亿元以上，增长 8% 以上；全社会固定资产投资达到 330 亿元左右，增长 15% 左右；公共财政预算收入力争突破 10 亿元，增长 7% 左右；社会消费品零售总额达到 75 亿元以上，增长 13% 左右；城镇居民人均可支配收入达 27000 元左右，增长 8% 以上，农民人均纯收入达 14000 元左右，增长 9% 以上；城镇化率达到 45.5%，增长 2% 左右。

（2）产业升级目标

到 2019 年，战略性新兴产业主营业务收入占规模工业比重超过 40%，高技术产业增加值占工业增加值比重超过 22%。资源行业工业增加值占规模以上工业比重下降 4%，获得无公害、绿色、有机、良好农业规划等认证的农产品种植面积比例达到 52%，三次产业比重调整为 10∶50∶40。

（3）城乡建设目标

到 2019 年，当年城镇新建绿色建筑占比达到省政府下达目标，污水处理能力达到 95% 以上，生活垃圾无害化处理率达到 98%；环境空气中细颗粒物（PM2.5）平均浓度比 2017 年下降 3% 以上，控制在 87 微克/立方米以下；全县水面面积率达 9.5%。城区常住人口达到 20 万人，安良镇、薛店、黄道、冢头、堂街等打造成特色中心镇，镇区常住人口达到 3 万人。

（三）郏县转型攻坚的战略支点

1. 打造全国重要的医用制品生产基地

以市场为导向，以企业为主体，以扩大总量、优化结构为主线，以打造大企业、培育大品牌为目标，坚持走特色化、差别化、精准化发展路子，依据现有产业基础和发挥比较优势的原则，突出发展医用制品，积极发展生物医药产业。大力推动医用制品专业产业园建设，搭建医用制品产业发展的公共服务平台、检测中心、研发中心、创业孵化中心，配套完善基础服务设施建设。依托圣光医用制品公司和圣光医药物流公司的物流渠道和市场整合能力，积极与国内外知名企业开展战略合作，经过 3 年努力，力争实现医用制品主营业务收入超百亿，将郏县打造成全国重要的医用制品生产基地。

2. 打造全省中部地区重要的装备制造业基地

以市场需求为导向、技术引领为支撑、转型升级为主线、两化融合为手段、产业集聚区为载体，以"智能化、绿色化、电商化、品牌化、国际化"为主攻方向，坚持培育发展高端装备与改造提升传统装备相结合、增加高端装备产业增量与优化传统装备产业存量相结合，引进龙头企业，培育拳头产品，注重产业配套，搭建装备制造业公共服务平台，壮大提升建筑工程机械、食品机械、智能电气装备、汽车零部件等产业，推动郏县制造向郏县创造转变、郏县产品向郏县品牌转变。力争经过 3 年的努力，百亿装备制造业产业集群建设取得明显成效，为产业升级跨越提供强力支撑。

3. 打造全国知名的铁锅生产基地

按照"布局合理、用地集约、产业集聚、清洁环保"的要求，建设郏县广天铁锅产业园，集聚和发展铁锅企业，实现生产、生活及公共服务设施集中化与专业化。重点支持龙头企业发展，改造提升铁锅产业。围绕铁锅研发中心能力建设，加强与美的、苏泊尔等大型知名企业集团合作，积极发展高压锅、电饭煲等科技含量和附加值高的产品，促进产品多元化和集群化发展。着力培育郏县铁锅品牌，突出质量引领发展，搭建质量检验检测平台。经过 3 年努力，全国知名的郏县铁锅基地建设取得突破性进展。

4. 打造全国重要的陶瓷生产基地

以调整优化升级为主线，以保护环境、节约资源为关键，对现有陶瓷产业进行结构调整和技术创新，按照"扶持壮大一批、改造提升一批、转移淘汰一批"原则，逐步实现陶瓷产业由低端（加工、生产、制造）向高端（设计、研发、会展、营销和文化等）跃升。依托国内知名科研院所、高校及企业研发中心，打造陶瓷成果技术孵化平台。大力提升陶瓷产品设计能力和新品研发能力，发展陶瓷创意产业，叫响唐钧品牌。建设安良神前陶瓷产业园，集聚和发展高技术陶瓷企业，实现集中供能、原料制备专业化、生活及行政服务设施集中化与专业化。经过 3 年努力，力争把郏县打造成为全国重要的高端建筑卫生陶瓷、工艺美术陶瓷、特种陶瓷、化工色釉料生产基地，以及重要的陶瓷研发设计、检测认证、会展商务、商贸物流中心。

5. 打造国家级现代农业示范基地

按照"高产、优质、高效、生态、安全"的现代农业发展需要和农业生产规模化、机械化、标准化、产业化等现代农业理念，围绕特色优势农产品，突出基地支撑、龙头带动、产品研发、品牌培育，着力打造肉品、蔬菜、面品、烟叶、饮品、中药材等"全链条、全循环、高质量、高效益"的现代农业产业集群。大力发展休闲观光、创意农业等农业新型业态，促进农业与二三产业融合发展。加大培育和壮大一批农产品精深加工企业，加快推进以"企业 + 合作组织 + 基地 + 农户"为主的农业产业化经营模式，不断提升农业规模化、产业化和组织化水平。经过 3 年努力，力争把郏县打造成为国家级现代农业示范基地。

6. 打造文化旅游养生休闲目的地

充分发挥三苏文化、知青文化、谋圣文化、红色文化、孝道文化、儒释道文化、商道文化、古县文化、民俗文化、饮食文化、长寿之乡、民俗古村、特色美食、唐钧基地等历史文化和生态良好、环境优美的自然景观资源特色，坚持"大旅游、大产业、大市场"发展理念，大力推进文化旅游产业化，开发古文化、三苏文化、知青文化、农耕文化体验，以及生态氧吧养生、乡村采摘休闲等生态休闲度假产品，打好三苏牌、知青牌、生态牌、民俗牌、健康牌、美食牌和文化牌，主推休闲游、度假游、养生游，实现资源与环境优势向旅游产品优势的转化、从观光旅游向观光与休闲度假并驾齐驱转变、从规模扩张向质量提升转变、从旅游要素产业发展向多产业融合发展转变，努力将郏县建成全省一流的生态型、休闲型、体验型、健康养生型文化旅游目的地。

五　郏县转型攻坚的五大战略重点

郏县实施转型攻坚三年行动计划，要关注五大战略重点，就是强力推进五大转型即"增长方式转型、产业结构转型、城乡结构转型、社会发展转型、生态建设转型"，全力以赴抓好落实，为"建设新郏县，实现新跨越"总体目标的实现夯实基础。

（一）增长方式转型

伴随着经济进入新常态，我国经济结构正在发生转折性变化。随着国内要素成本和汇率变动引致出口竞争力变化，出口疲软、投资持续力下降，消费对经济增长的贡献上升，投资消费结构不断优化；多年来形成的要素规模驱动型的增长模式难以为继，经济增长需要更多依靠要素投入效率的提升；增长动力逐渐转向人力资本和技术进步。党的十八大以来，实施创新驱动发展已成为我国经济转型升级的基本方向。在这样的宏观背景下，增长方式的转型是国家和地方都无法回避的重要问题。

当前，郏县经济还处于工业化中期的高速增长期，还处在要素驱动阶段，资源型产业逐步萎缩，新兴产业还没有培育起来。因此，郏县面临跨越发展和转型发展的双重任务，处在投资拉动、创新驱动、开放带动的多元驱动阶段。处于这样的阶段，郏县要坚决实现经济增长方式的转型，破解当前发展中的问题和制约，为持续健康发展提供新的动力和支撑。

一是逐渐从由第二产业拉动的增长方式转变为第二、第三产业共同拉动的增长方式。这是郏县实现从工业化中期向工业化后期、后工业化阶段跨越的客观需要，是未来一段时期发展的必然选择。通过科学谋划、提前布局，能够为郏县进一步发展赢得更多的主动。

二是逐渐从由主要依靠投资驱动的增长方式转变为投资和消费共同拉动的增长方式。进入经济新常态，我国迎来了消费升级的浪潮，娱乐、文化、交通、通信、教育、医疗保健、住宅、旅游等领域的消费均出现高速增长，2015 年消费在经济增长中的贡献超过了 50%。应对消费升级的需求、提高消费在经济增长中的贡献度是郏县经济转型中的应有之义，也是提升郏县人民生活品质的必然选择。

三是逐渐从主要依靠资本、劳动、土地等要素投入驱动的增长方式转变为更多依靠创新驱动的增长方式。通过向创新驱动的增长方式转变，提高郏县经济发展的质量，为郏县未来发展注入更多的活力和更强的竞争力。

四是注重对于新经济发展方式的培育。大力推进大众创业万众创新，发展网络经济、创意经济、生态经济、共享经济等新经济业态和模式，为郏县在新常态下的经济发展中赢得先机。

（二）产业结构转型

经济社会的转型发展离不开产业结构的转型升级。从产业结构的演进规律看，工业中后期及后工业化时代，服务业对国民经济的贡献将超过工业，且其比重还会进一步上升。郏县在从工业化中期向工业化后期及后工业化时代跨越的过程中，服务业占地区经济的比重将逐步提高，工业占比将逐步降低，产业结构会表现出从工业主导的"二三一"产业结构向服务业占主导的"三二一"产业结构转变。与此同时，一二三产业之间的融合发展将逐步迈向深入，进而推动郏县产业结构向更高的水平转型。

郏县工业中资源型产业占比大，传统产业、高耗能产业特点明显，企业"小、散、乱"现象突出，竞争力不强、持续发展能力弱，经济发展后劲不足。结合郏县发展实际，要以发展先进制造业为主攻方向，改造提升传统产业、厚植壮大主导产业、积极培育新兴产业，打造"郏县制造"新品牌，走出一条科技含量高、经济效益好、资源消耗低、环境污染轻、产业集群发展的路子。推进信息技术与制造业深度融合，促进制造业向集群化、智能化、绿色化、服务化转型升级，紧跟个性化定制、专业化生产的趋势，向新的商业模式、新兴业态等领域积极拓展。着力扩大产品消费，加快发展全域旅游、健康护理、体育健身、绿色消费等新型消费业态。加强消费基础设施建设，促进消费结构加快升级。商务中心区要立足服务"产城融合"，大力发展金融、研发、会展、电子商务、物流、信息等生产性服务业。挖掘乡村生态休闲、旅游观光、文化教育价值，扶持建设特色景观旅游村镇。农业产业园要围绕发展现代农业、智能农业、精准农业，结合农业供给侧结构性改革要求，积极谋划农业龙头项目，真正把郏县的农业做优做亮、做出特色、做成精品。打造一批全链条、全循环、高质量、高效益的农业产业化集群。发展都市生态农业，建成一批都市生态农业连片示范区。加快构建新型农业经营体系，壮大新型农业经营主体和新型职业农民队伍，发展多种形式适度规模经营，加强农产品流通设施和市场建设，更好发挥"互联网＋"现代农业的辐射带动作用。

（三）城乡结构转型

城镇化率偏低是郏县发展中的短板，常住人口城镇化率只有37.5％，这样的城乡结构导致了农业占比偏高、服务业占比偏低的特点。城市规划、城市面貌、建设和管理水平有待提高，教育、文化、医疗等公共服务供给不足。未来郏县经济社会发展离不开城乡结构和面貌的转型发展。

要把加快新型城镇化作为加快转型发展的重要突破口，坚持协调发展，积极推进城乡发展一体化。完善城镇发展规划，积极推行城乡总体规划与各专项规划的"多规合一"，确保一个规划"一张蓝图"绘到底。立足郏县特色，注重城乡个性化设计，形成科学、合理、独特的城乡格局，完善"一核三轴多点"的一体化总体发展格局。以县城为核心，坚持做大县城，稳步推进县城老城区提质改造和新城区品质提升，全面增强县城的基础设施承载能力、完善县城综合功能、提升城市文化内涵、重塑县城城市形象，提高县城的集聚力、辐射力和带动力，促进农村农业人口向县城转移。加快县城服务业发展，大力发展文化、娱乐、商贸中心、高端餐饮等服务业项目。以中心镇为支点，按照打造工业强镇、商贸重镇、旅游名镇和特色小镇的发展思路，扎实稳步推进小城镇建设。把推进特色集镇建设作为城乡一体新型城镇化的重要支点和补充，强化重点中心镇服务农民和带动农村经济的能力，把安良镇打造成全县的副中心，把薛店、黄道、冢头、堂街等镇打造成特色中心镇。完善城镇功能，加快商贸物流、农产品加工等产业发展，吸引人口集聚，成为带动县域经济社会发展的重要支撑点。以加快美丽乡村建设为抓手，以乡镇政府所在地、特色中心村、历史文化名村、传统村落为重点，积极争取美丽乡村建设试点项目，以改善农村人居环境为引领，实施好环境净化、乡村绿化、村庄亮化、农村文化等工程，整治好人居环境，保护好传统建筑，传承好历史文脉，记住乡愁，看得见青山绿水。深化城乡一体化建设和社会综合管理体制改革，提升城乡公共服务领域的软、硬件水平，完善教育、文化、卫生等城乡功能服务体系，切实改善群众的生产生活环境，提高居民的生活品质和幸福指数。

（四）社会发展转型

"十三五"期间，要把全面改善民生、增进人民福祉、促进社会公平正义作为经济社会发展的根本目标，为全面建成小康社会奠定坚实基础。要坚持共享发展，不断提升群众幸福指数。聚焦影响民生保障和社会公平的突出问题，深入推进就业创业、教育、科技、医药卫生、社会保障、体育等各项民生事业和社会创新治理，使全县人民更广泛地参与发展过程、更公平地分享发展成果。扎实推进脱贫攻坚，抓好产业扶贫，建立长期稳定的收入增长机制，确保脱得出、能致富、不返贫，在2019年底前，全县所有贫困村和贫困人口实现脱贫。

切实保障改善民生。实施就业创业优先战略，促进大学毕业生、农村转移劳动力、城镇困难人员、退役军人等群体就业创业。大力推进大众创业万众创新，完善落实扶持创业的政策措施，优化创业环境，降低创业门槛。建立居民收入增长与经济增长同步协调机制，促进城乡居民特别是中低收入群体收入增长，缩小城乡收入差距。做好通村公路、县乡道路改建工作，持续提升农村公路养护水平。完善公共医疗卫生服务体系，不断深化医药卫生体制改革，实施社会办医行动计划，持续改善广大群众就医环境，加强传染病和慢性病防控工作，大力开展全民健身活动，提高群众健康水平。持续降低城区大班额，提高教育教学质量，实施优质教育资源倍增计划。按照全覆盖、保基本、多层次、可持续方针，全面建成覆盖城乡所有人群的社会保障体系。筑牢安全发展理念，强化红线意识，狠抓安全生产责任落实，加大对煤矿、非煤矿山、道路交通、消防、危险化学品、食品药品等重点行业领域安全监管执法，深化隐患排查治理，坚决防止重特大事故发生。创新社会治理，严厉打击刑事犯罪，深入开展平安郏县创建工作，不断提升社会治理水平。完善信访工作机制，抓好积案销号、初信初访两个关键，做实矛盾调解、重点稳控两个基础，确保不发生系统性区域性风险，不发生大规模群体性事件和恶性案件。加强网络舆论管控，坚持依法治县、依法执政、依法行政共同推进，全面提升依法治理水平，维护社会公平正义。

（五）生态建设转型

随着经济社会的持续发展，人民对环境生态的要求日益提高。推进郏县生态文明建设是加快转变经济发展方式、提高发展质量的内在要求，也是推进郏县文化旅游产业化过程中的必然选择。要树立"环境就是资源、生态就是名片"的发展理念，坚持绿色发展，加强对土地、水等重要资源的开发管理和综合利用，重点解决大气、水环境及农业面源等环节问题。

全面推进生态建设和重要生态功能区保护，构建形成多层次、网络化、功能符合的生态系统。建立健全生态文明制度，健全多元化生态环境保护投入机制，推行环境污染第三方治理。完善环境信息公开和举报制度，强化社会监督。持续实施"蓝天工程""碧水工程"，深入开展大气、固体废物、水体污染治理工作。加大对现有工业污染源的治理力度，推广清洁能源的利用，提升城市污染综合治理能力，开展扬尘、机动车污染的整治。推进境内主要河流的水环境综合整治，加强生活污水处理、农业面源污染治理以及农村集中供水源地保护等工程建设。完善农田水利设施建设，提高工业用水重复利用率，开展城市节水活动，建设节水型社会。抓好城区生态水系及中央城市公园建设，实施县城生态水系建设，防治水土流失，打造贯穿县城全境的生态水系。利用城区生态水系，打造全县内涵最丰富、设施最完备、景观最优美的开放式公园，为广大市民提供更多更舒适的休闲娱乐环境。建设生态廊道，实行统一租地、统一规划、统一管理，实现一路一景。实施乡村清洁工程，以清洁家园、清洁水源、清洁田园为重点，深入实施乡村清洁工程，重点推进农村环境连片综合整治、土壤污染防治、畜禽养殖污染防治，逐步改善农村生态环境质量。加快矿山生态修复，因地制宜实施土地复垦、植被修复，增强生态涵养功能。强化资源节约循环利用，建立资源节约和环境保护长效机制。大力发展循环经济，加快推动生活方式绿色化，实现生活方式和消费模式向勤俭节约、绿色低碳、文明健康的方向转变。加强自然灾害的预防和治理工作，完善农业灾害的预警和防护体系。

六 郏县转型发展的四项核心任务

郏县实施转型攻坚三年行动计划，完成四项核心任务是重中之重。所谓四项核心任务，就是协调推进新型工业化、新型城镇化、新型农业现代化、文化旅游产业化"四化建设"，在"建设新郏县，实现新跨越"的征程中迈出坚实步伐。

（一）推进新型工业化

牢固树立工业强县理念，以转型发展为主线，以发展先进制造业为主攻方向，以产业集聚区和专业园区建设为载体，以项目建设为抓手，主动对接"中国制造2025"、河南省制造业供给侧结构性改革专项行动计划，大力推进技术改造和新产品开发，走规模化、智能化、绿色化、电商化、品牌化、国际化的发展道路，着力打造全国重要的医用制品生产基地、全省中部地区重要的装备制造业基地、全国知名的铁锅生产基地、全国重要的陶瓷生产基地和新型建材基地，推动信息化与工业化深度融合发展，走出一条工业强县转型发展之路。

改造提升陶瓷、铁锅、建材、磨具磨料等传统产业。支持陶瓷产业龙头企业提档升级、引领发展。唱响神前陶瓷品牌，支持神前陶瓷专业园设立园区发展投融资平台，建设专业市场，打造全要素、全产业链、特色鲜明、竞争力强的陶瓷专业园。铁锅产业坚持龙头带动、骨干联动，鼓励通过整合实现规模化、品牌化，变"郏县制造"为"郏县创造"。建材能源产业依托三洋铁路，拓展水泥、建材等产品销售半径，提升销售空间和潜能，加快发展绿色装配式建材产业。做大装备制造业，做强医药产业，推动主导产业集群发展。培育新能源、现代物流等新兴产业，建设一批工业结构升级项目，拉长产业链条，壮大集聚规模。加快实施增品种、提品质、创品牌"三品"工程，提升产品的竞争力和附加值，扩大郏县特色产业的影响力和知名度。

坚持问题导向，对园区内的土地、项目、政策等进行集中清理，规范工作制度和流程，提高园区发展的质量和效益。探索"园区管委会＋项目公司"运作模式，培育园区运作团队，设立产业发展扶持基金，对接上级产业发展扶持基金，以参股投入等方式，培育主导产业。按照"功能复合、产城互动"的要求，持续提升"一区四园"功能规划布局。加强园区的道路、绿化、给排水、污水处理、电力、燃气、信息网络等基础设施的建设与维护，完善与园区主导产业相配套的物流、配送、金融等综合服务设施，提升园区服务功能。切实发挥园区管委会的作用，集中政策、土地、资金、人才等要素，形成支持园区发展的合力。

（二）推进新型城镇化

加快新型城镇化作为加快转型发展的重要突破口，以新型城镇化带动投资、消费和就业的增长，推动郏县转型提速、发展提质、跨越发展。以人民生活环境改善、幸福感提升为目标，按照协调、生态、宜居、和谐的理念推进以人为本的新型城镇化建设。坚持规划引领，推进"多规合一"，把全县的新型城镇化、新型工业化、新型农业现代化、文化旅游产业化纳入统一规划当中。推行重点区域城市设计，加强对建筑设计、城市风貌的约束指导，注重对历史文化资源的传承保护，严格执行城市规划。

抓住全省实施百城建设提质工程的机遇，强化全县基础设施建设，提升县城综合承载力。以县城扩容提质为重点，稳步推进县城老城区提质改造和新城区品质提升，全面增强县城的基础设施承载能力、完善县城综合功能、展现郏县厚重历史、重塑县城城市形象，提高县城的集聚力、辐射力和带动力。

实施优质教育资源倍增工程，发挥好教育在加快新型城镇化进程中的拉动作用。扩大城区优质医疗、文化、娱乐等资源和公共服务供给，加快高铁站区、商务中心区、棚户区改造等项目的规划建设，改善群众的生活环境，提升人民的生活品质。抓好城区生态水系及中央城市公园建设，全面治理老护城河，打造贯穿县城全境的生态水系。利用城区生态水系，规划建设中央城市公园，为广大市民提供更多更舒适的休闲娱乐场所。做好郏县文庙、山陕会馆、张良祠等文化遗产的保护开发，以及临沣寨等传统村落的维护和利用。

把推进特色集镇建设作为城乡一体新型城镇化的重要支点和补充，强化重点中心镇服务农民和带动农村经济的能力。把安良镇打造成全县的副中心，把薛店、黄道、冢头、堂街等镇打造成特色中心镇。按照"农村畅通、环境净化、乡村绿化、村庄亮化、农村文化"建设要求,以点带面,逐步推进美丽乡村建设。按照宜工则工、宜农则农、宜商则商的原则,因地制宜、突出特色,努力打造工业强镇、商贸重镇、旅游名镇、特色小镇。

推进打通城区断头路和环线公路建设,对主干道从环境卫生、市政设施、市政绿化、市容秩序等方面进行高标准改造升级,高标准实施生态廊道建设。

推进县城执法体制改革,理顺建管体制,实现规划、建设、执法三分离。持续巩固创建成果,按照城市管理"网格化、精细化、规范化"的要求,实现城市管理新突破、运作机制新发展、环境品位新提升。

(三) 推进新型农业现代化

着力推进农业供给侧结构性改革。调整农业结构,优化农业产业体系。积极适应和把握农业由总量不足转变为结构性矛盾的阶段性变化,适应市场需求,调整农产品种植结构,推广农牧结合循环发展模式。根据"高产、优质、高效、生态、安全、环保"等现代农业发展需要,以培育优势产业体系为核心,以现代科技为动力,以科学管理为手段,以市场为导向,以农业龙头企业为依托,按照特色化、规模化、生态化、市场化、高效化、品牌化的标准,分步骤、有计划地进行优化提升,打造一批现代化农业园区。西北部种植条件较差的岗丘区,要发展适合当地条件的经济作物。

提升种植业水平,增加农民收入。持续推进高标准粮田建设,加大科技研发和推广力度,不断巩固提升粮食产能。稳定烟叶种植面积,巩固烟叶种植大县地位,打响"山儿西"香烟品牌。积极发展郏县红牛等名特优新品种,推进农产品的精深加工,延长产业链、提高附加值,持续增加农民收入。加大培育和壮大一批农产品精深加工企业,加强推进以"企业 + 合作组织 + 基地 + 农户"为主的农业产业化经营模式,不断提升农业规模化、产业化和组织化水平。

加大农业设施建设,提高抗御自然灾害能力。积极推进陆浑水库调水济郏等重大水利工程建设,持续完善"五横十二纵"水网体系,加快推进抗旱应急水源工程、山洪灾害防治工程建设,完善农田水利基础设施,提升农田林网建设质量,加强气象灾害预警,全面提升防汛抗旱减灾能力。

加大土地流转，推动龙头项目快速增长。落实承包土地"三权分置"办法，加快推进土地承包权确权颁证工作。加大政策扶持力度，健全土地流转服务体系，引导和鼓励农户开展多种形式的土地流转，把分散的小规模土地和闲置土地向专业大户、家庭农场、农民合作社、农业龙头企业等新型农业经营主体集中，加快发展现代农业龙头项目。大力发展"互联网＋"现代农业、智慧农业、精准农业，加快农产品电子商务发展步伐，把郏县农产品推向国内外，通过互联网手段帮助农民增收。

（四）推进文化旅游产业化

高起点、高标准编制郏县全域旅游发展规划。把全县 737 平方公里整体作为功能完整的旅游目的地来建设和运作，用全域旅游的理念引领百城建设提质工程、特色小镇、美丽乡村、环境整治等各项工作。大力发展乡村旅游、观光农业旅游、工业旅游等全产业旅游，以文化旅游产业带动和促进经济社会转型发展。

叫响"长寿之乡，千年古县，中国郏县"的牌子。整合郏县众多的文化旅游资源，串点成链，连点成片，形成产业。深入挖掘三苏文化、知青文化、"谋圣"文化、红色文化、孝道文化、儒释道文化、商道文化、古县文化、民俗文化、饮食文化等十大文化资源，广泛开展各种节会活动，加强对外交流宣传，扩大文化影响力，把文化资源的软实力变成推动文化产业发展的硬实力。筛选高水平的职业策划团队，对郏县的旅游项目进行定向定位、策划包装、运营推介。引进知名文化投资集团，进行战略性合作，打包开发郏县旅游项目和旅游产品，做大做强旅游产业。把握网络经济、信息经济的趋势，通过互联网、新媒体对郏县特色文化旅游资源进行宣传。

坚持"大旅游、大产业、大市场"的发展理念，开发古文化、三苏文化、知青文化、农耕文化体验，以及生态氧吧养生、乡村采摘休闲等生态休闲度假产品，打好三苏牌、知青牌、生态牌、民俗牌、健康牌、美食牌和文化牌，主推休闲游、度假游、养生游，实现资源与环境优势向旅游产品优势的转化、从观光旅游向观光与休闲度假并驾齐驱转变、从规模扩张向质量提升转变、从旅游要素产业发展向多产业融合发展转变，努力将郏县建成郑州大都市区一流的生态型、休闲型、体验型、健康养生型文化旅游目的地。

突出特色小镇建设。坚持一镇一品、一镇一业，围绕有基础、有特色、有潜力的产业，有重点地推进小城镇建设，抓住国家"千企千镇工程"等政策机遇，培育一批工业强镇、商贸重镇、旅游名镇和特色小镇。整治农村环境，引入城市管理理念，结合农村实际，建立长效的环境整治与管理机制，重点实施农村畅通、环境净化、乡村绿化、村庄亮化、农村文化五大工程。积极申报国家级传统村落，保护好传统建筑，传承好历史文脉，整治好人居环境，建设美丽乡村。坚持分类指导，突出"一村一策"，稳妥解决新型农村社区建设遗留问题。

七　郏县转型攻坚要实施十大工程

根据郏县转型攻坚任务和"建设新郏县　实现新跨越"的总体目标的要求，要保障转型攻坚卓有成效，应当实施十大工程，即百亿产业培育工程、招商提速增效工程、城镇扩容提质工程、精准扶贫脱贫工程、基础能力建设提升工程、优质教育资源倍增工程、文化旅游产业化工程、健康休闲养老工程、生态环境建设工程、全面从严治党工程。

（一）百亿产业培育工程

坚持产业优化升级，树立工业强县理念，对接"中国制造2025"。以新型工业化为主攻方向，以转型发展为主线，以"一区四园"为载体，以项目建设为抓手，按照增品种、提品质、创品牌"三品"工程的要求，加快产业集聚，大力推进技术改造和新产品开发，走智能化、绿色化、电商化、品牌化、国际化的发展道路。

抓好医药产业。坚持立足现有产业基础，以市场需求为导向，以技术进步和产品开发为支撑，以产业集聚区为载体，依托圣光医用制品公司和圣光医药物流公司的物流渠道和市场整合能力，发展医用器材，积极发展生物医药产业，把郏县打造成全国重要的医用制品生产基地。支持圣光集团战略发展规划，全力推进圣光三期项目和国际医疗器械孵化园建设，积极推进圣光集团与国内外知名企业战略合作。积极推进国家级医用制品检验检测中心创建工作，推进海关监管园区和B级海关物流园区建设，搭建医用制品产业发展的公共服务平台。到 2019 年，全县医药产业实现主营业务收入达到 200 亿元。

发展装备制造业。以平顶山装备制造有限公司为龙头，积极完善产业配套体系，有效整合资源，进一步引进大型企业集团，开发一批关联性强的项目和产品，打造中部地区重要的装备制造基地。支持平煤机公司与国内外知名企业合作，不断壮大发展实力。在做大做强矿山机械制造的基础上，积极发展建筑工程机械、食品机械、智能电气装备、汽车零部件等产业，打造装备制造业发展集群。以平煤机等骨干企业为重点，建立和完善以企业为主体、市场为导向、产学研相结合的技术创新体系。积极推进国家级机械制造检验检测中心创建工作，为企业做大做强提供坚实载体和高效平台。到 2019 年，全县装备制造产业实现主营业务收入 130 亿元。

升级"一区四园"。产业集聚区按照"二星"标准，突出集群、创新、智慧、绿色发展方向，围绕装备制造业、医药产业两大主导产业，完善功能规划布局，健全技术创新、现代物流、海关特殊监管、人力资源、营商综合服务等公共服务平台，提升集群竞争优势，促进服务功能升级，加快体制机制创新，推动产业集聚区上规模上水平上层次，提高吸引力竞争力带动力。探索"管委会＋公司"的运作模式，培育园区运作团队，设立产业发展扶持资金。强化集聚区基础设施建设，加快推进道路、供电、供排水、燃气等建设，提升承载能力。加快广天现代铁锅产业园、安良神前陶瓷产业园、黄道能源耐材建材产业园、茨芭钙镁建材循环产业园等四大专业园区建设，围绕铁锅、陶瓷、建材等主导产业，大力招商引资，促进产业集聚发展。2019 年产业集聚区力争进入全省"十快"行列，陶瓷、铁锅专业园区争取进入省级专业园区。

（二）招商提速增效工程

转变招商观念，突出集群式引进、专题式推介、行业性对接，围绕医药、装备制造、铁锅、陶瓷等优势产业主动对接行业龙头，招大引强，实施以商招商、延链招商、精准招商、园区招商。既注重引进工业项目，又注重引进现代农业、文化旅游、基础设施建设、物流服务、总部经济等项目，以投资结构的优化带动产业结构优化。

把产业集聚区、商务中心区、保税物流产业园等作为承接产业转移的平台，积极探索利用郑州航空港区、鲁山通用机场、郑万高速铁路等交通新格局，与省内外国家级开发区、先进地区合作共建产业园区，切实加大开放合作力度。建立长效工作机制，强化招商选资目标责任，严格招商选资考核和奖惩。围绕主导产业和优势产业，按照"组建一个班子、瞄准一个方向、选准一个地方、跟进一段时间、兴起一个产业"的要求，坚持在"一带一路"建设中找机遇，在航空港建设中找配套。坚持以项目为抓手，发挥重大项目对产业发展的带动和支撑作用，在产业集聚区、各类工业园区、商务中心区等领域组织实施一批关系全局和长远发展的重大项目。加快招商引资项目的清理工作，明确清理退出的具体项目和时间表。充实完善项目库，储备一批科技含量高、市场竞争强的重大项目。建设公开高效的政务环境，全面完成行政审批项目清理整合和下放项目承接协调工作，营造"亲商、安商"环境。全面取消非行政许可审批，大幅度减少前置审批，进一步提高审批效率。建立重大项目绿色通道，实行"一事一议"，促使项目早建成、早见效。

（三）城镇扩容提质工程

按照"一核三轴多点"空间结构，进一步形成和完善以中心城区为核心，以薛店、黄道、安良、冢头、堂街等中心镇为支撑，以一般乡镇为基础，以中心村为依托的经济繁荣、基础设施完善、服务功能健全、人居环境优美、发展协调有序的城镇体系。

突出县城的集聚功能，持续推进三城联创，充分发挥城市建成区的中心作用，坚持中心城区优先发展、引领发展，改造提升老城区城市功能。以城中村改造项目、东大街、西大街沿线棚户区改造项目、元亨国际小区旧城改造项目和郏县人民医院整体搬迁工程为重点，全面完成老城区城中村和棚户区改造任务，改善老城区人居环境，完善城市综合服务功能，提高城市居民生活水平。把去库存与城镇化结合起来、与旧城改造结合起来，制定科学的拆迁安置政策，探索全面推行货币化安置办法，推行"房票制"，稳妥解决问题楼盘。完成开放式体育公园建设项目，结合产业集聚区和商务中心区发展进程，继续加强城区基础设施建设，落实中心城区集中供暖项目，进一步完善城区道路、给排水管网、电力、通信网络和环卫系统。抓好交通节点、十字街心、城市出入口、主要街道立面、标志性建筑、广场等城区重要节点的环境景观设计，增强城区的文化内涵和艺术品位。

紧紧抓住国家打造1000个特色小镇和河南省新型城镇化规划建设100个重点镇的政策机遇，立足各镇实际，明确发展定位，打造风格更加突出的工业强镇、商贸重镇、旅游名镇和特色小镇。打造安良特色小镇，扩展城市框架，形成重点突出、带动力强的新型城镇化推进格局。加强渣园、白庙、王集、广天等乡基础设施建设，通过城市基础设施延伸和引入城市管理的模式，逐步发展成为县城新型居住社区，提高城区综合承载能力；有序推进产业集聚区居民安置区、配建生活区建设，促进农村人口加快向城区转移。

（四）精准扶贫脱贫工程

坚持"扶贫对象精准、措施到户精准、项目安排精准、资金使用精准、因村派人精准、脱贫成效精准"六个精准，推广"突出重点建立工作协调机制、以点带面建立工作机制、强化责任建立驻村帮扶机制、瞄准难点建立项目整合机制"四大机制，整体布局规划，分步推进实施，集中人力、物力、财力，全力推进扶贫开发项目建设。

以扶贫开发整村推进为抓手，统筹各类涉农资金集中投放，全面加强以交通、电力、通信、水利、文化体育设施等为重点的基础设施建设。加快推进农村公路建设，加大安全饮水、电网、通讯、文体等建设，改善贫困村生存生活条件，推进贫困村亮化、净化、绿化、美化。扎实推进农业综合开发、小型农田水利、千亿斤粮食、土地整理等项目，加快建设"百千万"高标准粮田，提高农业综合生产能力，加速整体脱贫步伐。大力发展生产，采取"一户一策""一村一品""一村多品"模式，广开致富门路，增加群众收入。实施"一技在手，致富增收"工程，整合全民技能振兴工程、雨露计划、阳光工程等技能培训资源，实现培训一人、就业一人、脱贫一户。

开通县产业集聚区与贫困户的就业"直通车"，贫困户经培训后优先安排到集聚区企业务工，有条件的乡镇、村、农户，可与集聚区企业对接，采取来料加工、代加工等多种方式，创建小型加工厂或家庭作坊，增加贫困户工资性收入。通过金融扶持、政策支持、项目引导，引导贫困村积极发展烟草、核桃种植业和红牛等特色养殖业，鼓励贫困户从事商贸、物流、旅游服务等特色服务业，组织群众发展加工项目，广辟致富门路，增加贫困人群收入。

（五）基础能力建设提升工程

以大力开展"基础能力建设提升年"活动为抓手，做好郑万高速铁路郏县段、三洋铁路郏县段和平郏快速通道等交通设施建设项目，构建包括航空、铁路、公路在内的多维度立体交通体系。完善"米"字形公路网建设，规划打通郏县至登封的旅游通道。打通城区断头路和加强环线公路建设。力争 2～3 年时间，投资 5 亿元，打通城区断头路 15 条 24 公里。东环路（祥云路）北延；拓宽西环路；贯通南环路，打通南二环（史庄段），规划建设南三环；开工建设北三环。对城区总长度 10 公里的背街小巷进行升级改造。建设精品街道，对复兴路、文化路、东坡大道、行政路、龙山大道 5 条主干道实施提升整治，从环境卫生、市政设施、市政绿化、市容秩序等方面进行高标准改造升级，达到绿、亮、美、净、畅的目标。抓好高铁站区、商务中心区、棚户区改造等项目的规划实施。2017 年底前完成中金大都汇、中央华府等项目建设。

加快地下综合管廊、生态水系、供热、供水管网改扩建等基础设施建设；实施大数据工程，构建大数据公共服务平台。建设郏县互联网数据中心，打造统一的智慧郏县云平台，依托数字郏县地理空间框架，推进数字城管、网上公安、智慧交通、智慧规划、智慧旅游和智慧城乡管理等智能应用。

完善全县骨干水网连通工程，加快北汝河综合整治工程进度，打造"四横十二纵"（北汝河、广阔渠、南水北调工程郏县段、陆浑东二干调水入郏工程、干河、鲁医河、二十里铺河、青龙河、胡河、叶翠河、肖河、蓝河、双庙河、芝河、运粮河、杨柳河）的郏县水网连通体系。积极落实陆浑水库灌区东二干渠延伸调水济郏项目，建设县城备用水源工程。

（六）优质教育资源倍增工程

加大教育投入。借鉴外地先进经验，加快推进投融资平台建设，依托郏县教育投资公司，加快投融资体制改革，采取 PPP 政府与社会资本合作的投融资模式，多举措吸引外地有识之士来郑投资教育，进一步创新教育投入机制，拓宽融资渠道，全面改善全县办学条件。

认真履行政府主体责任。合理规划学校布局，做到学位扩充、学校建设与城镇化发展速度相匹配。在郏县《全面改薄五年规划》和《扩充城镇义务教育资源五年规划》的基础上，到 2019 年规划新建城区学校 10 所，总投资 5 亿元。2017 ~ 2019 每年拿出年度单列专项资金 4000 万元，集中解决一高、二高负债偿还问题。每年增设专项资金，对初高中教学设备进行充实完善、更新提升。突出教育医疗优先发展地位，新增土地指标和融资优先用于教育。

建立教师补充的长效机制。教师年龄结构偏大，学科结构失衡，体音美等学科教师急缺，是实施教育倍增攻坚行动面临的现实紧迫问题。建立教师补充的长效机制，杜绝突击招聘的短期行为，杜绝"有编不补、多编少补"，将教师招聘工作纳入政府年度工作的"大盘子"。适度提高教师待遇，努力做到"感情留人、事业留人、待遇留人"。

强力推进教育质量的提升。选取一部分学校作为实施教育倍增计划项目的试点，率先在项目学校建成班班通优质课、示范课录播系统，利用现代化的教学手段和方法，开展达标课、优质课、示范课活动。在项目学校实施"教学管理、教学内容、教学计划、教学评价、校本教研、教育科研、师资培训、教学考核"八个统一，推动以内涵提升为主要内容的实质性提升。

促进民办教育优质发展。研究出台民办教育发展的若干意见，扶持优质民办教育壮大力量和规模。通过政府购买服务、经费补贴、优质教育资源输出等举措，不断提高民办教育的办学水平和教育质量，努力扶持打造一批规模适度、质量较高、特色鲜明、社会声誉良好的优质民办学校。

（七）文化旅游产业化工程

整合郏县众多的文化旅游资源，对接全市旅游规划和周边县市旅游规划，加快编制全域旅游规划，努力争创国家全域旅游示范区。深入挖掘三苏文化、知青文化、"谋圣"文化、红色文化、孝道文化、儒释道文化、商道文化、古县文化、民俗文化、饮食文化十大文化资源，引进职业旅游策划团队，根据旅游市场的现实需求和潜在需求，高标准策划，对郏县旅游项目进行定向定位、策划包装、宣传推介，开发旅游项目和旅游产品，积极创建千年古县，做大做强旅游产业。

坚持融合发展理念，发展"旅游+"全产业旅游。强化文化与互联网、科技、金融、产业的有效对接，研究设立文化产业发展基金，推动文化产业跨行业、跨部门渗透融合，创新产业的商业模式，形成融合型的新业态和产业链；积极推动文化与唐钧、医药、旅游等产业的有效嫁接，从产品的内涵和品位上提升附加值和竞争力，赋予传统产业文化内涵，用文化创意提升产业优势。通过大力发展乡村旅游、观光农业旅游、工业旅游等全产业旅游，以旅游业带动和促进经济社会转型发展。

持续完善旅游基础设施及配套设施。积极开发文化旅游工艺品，加强区域间旅游协作，着力打造"两园一寨"、曹沟抗日纪念馆、张良故里等旅游品牌和精品旅游路线，积极申报国家级传统村落，保护好传统建筑，传承好历史文脉，扩大旅游知名度和影响力。

（八）健康休闲养老工程

擦亮长寿之乡牌子，打造一流健康休闲养老基地。发展健康休闲养老产业，打好知青牌、生态牌、民俗牌、美食牌，主推休闲游、度假游、养生游，倡导和培育农耕文化体验、生态氧吧养生、乡村采摘休闲等生态休闲度假产品，实现资源与环境优势向旅游产品优势的转化、从观光旅游向观光与休闲度假并驾齐驱转变、从规模扩张向质量提升转变。建设集"文化、养生、健身、休闲、医疗"多功能为一体的健康养护基地。

充分利用生态良好、环境优美的自然景观，充分发挥饮食文化、长寿之乡、民俗古村、特色美食等历史文化资源，吸引城市老年人来郏县居住、休闲、游乐或回归田园体验农耕，颐养天年。推进郏县健康休闲养老服务中心项目建设，努力将郏县建成全省一流的生态型、休闲型、体验型、健康养生型文化旅游目的地，成为郑州大都市区养老休闲服务承接地。

深化改革多策并举，提高全民健康水平。做好县医院迁建和康复养老项目，继续做好原县二院改制工作，扩大城区优质医疗资源。支持市、县医院与乡村医疗机构建立合作关系，让群众在家门口享受优质诊疗服务。尝试建设远程智慧医疗平台，开展"互联网+医疗"服务，实现专家与病人、专家与医务人员之间的异地"面对面"会诊、培训、技术指导、健康管理。支持建设护理、康复、医疗机构，鼓励民营机构进入疗养、康复服务行业。发展与基本医疗保险相衔接的商业健康保险，推进商业保险公司承办城乡居民大病保险。

（九）生态环境建设工程

实施"蓝天工程"。加大对现有工业污染源的治理力度，充分利用现有污染源治理腾出的容量空间，实现内部的增产不增污。重点加大对建材、陶瓷、铸造等行业的污染防治力度，重点实施推广脱硫除尘新技术和改造工业窑炉燃煤技术，推行风力发电、光伏发电、生物质能等清洁能源。新建项目和改建项目严格执行环境影响评价制度和"三同时"制度。提升城市综合管理能力，重点整治扬尘污染整治。开展机动车污染整治，实行机动车尾气定期年检和排放合格绿色标志制度，严格执行汽车大气污染物排放标准，优先发展城镇公共交通。加快实施城区集中供热和集中供气，积极利用"西气东输"南支线和"川气入豫"的天然气资源，同时加大对矿井瓦斯气、煤层气资源的开发利用工作，逐步减少城镇直接燃煤的用量，快速推动城区集中供热。

实施"碧水工程"。实现北汝河自西向东自然径流和北广阔渠相接，达到自然积存、自然渗透；加快实施陆浑水库东引工程，努力打造北方水城。实施县城生态水系建设，全面治理老护城河，打造贯穿县城全境的生态水系。利用城区生态水系，打造全县内涵最丰富、设施最完备、景观最优美的开放式公园。推进郏县第二污水处理厂建设，在乡镇建设生活污水处理工程。加大对煤炭开采和洗选业、农副产品加工业等重点排污企业的治理力度，将矿井排水的资源化利用和煤炭洗选业废水的回用作为污水治理的重点。对产业聚集区要加强环境管理，严格实施聚集区"准入"政策，限制发展重污染企业。提高秸秆利用水平，降低农药使用强度，提高规模化畜禽养殖场粪便综合利用效率。

实施"生态修复工程"。打好青山绿水建设牌，以创建国家园林城市、巩固林业生态县为载体，加快城市绿化，形成以生态公园、河流道路廊道、绿色板块为核心，构建郏县"一环、七心、九带、多点"的城区景观绿地系统。按道路两侧各 50 米的标准，完成平郏快速通道北至南水北调干渠、南至汝河的绿化、亮化、美化。平郏快速通道剩余路段、士何线向东至临沣寨、南环路、西环路、洛界路向西至三苏园沿线，按照道路两侧各 30 米的标准进行绿化，实现一路一景。加强山区绿化，提升农田林网和廊道绿化水平。加强古树名木保护力度，大力发展名特优经济林，加快眼明寺森林公园、南水北调生态廊道工程等生态景观建设。加强矿山修复和河道水库治理。强化莲花山、江山等地面塌陷、崩塌、滑坡、泥石流等易发区的修复治理及地质灾害防治工作；做好北汝河、蓝河、芝河等河流河道整治和水库除险加固，加强充分考虑洪水资源化，增强水库对中小洪水的调蓄能力。

（十）全面从严治党工程

实施转型发展三年行动计划，全面贯彻落实党要管党，从严治党要求。为此，要实施全面从严治党工程，营造风清气正的良好干事创业环境。全面从严治党工程包括以下六个方面内容。

铸魂补钙。深入开展"两学一做"学习教育，突出理论教育，提升思想水平。加强党性教育，增强政治定力，引导党员干部深入领会党的纲领，牢记党的宗旨、义务，明确党员标准，强化政治意识，站稳政治立场。

固本强基。严格落实"三会一课"制度，突出"三会一课"的政治性、严肃性、实效性。规范民主生活会和组织生活会制度，严肃开展批评与自我批评，敢于揭短亮丑，确保查找问题准、分析原因透、整改措施实。

凝心聚力。实现干部谈心谈话全覆盖，健全党风廉政建设工作约谈、警示约谈、诚勉约谈等制度，对党员干部存在的苗头性、倾向性问题开展提醒告诫。抓好机关和基层组织建设，打造学习型、服务型、创新型的机关和基层组织。

强筋健骨。强化干部日常监督管理，推进干部监督管理的制度化、规范化，鼓励敢于担当奋发有为，弘扬务实重行的作风，坚决抵制萎靡不振、不思进取，支持和保护作风正派、敢作敢为、锐意进取的干部。

挺纪筑网。严格执行中央八项规定，让党员干部树立规矩意识，做到令行禁止。坚持把纪律挺在前面，增加党员干部的宪法意识、法律意识和纪律意识，提升党员干部遵章守纪、严于律己的自觉性和坚定性。

亮剑问责。查找权力运行监督制约的薄弱环节，强化执纪问责，严惩顶风违纪，抓住重点领域、重要岗位和关键环节，严厉查处各类腐败问题，对各种违纪违规行为进行执纪问责，严肃处理。

八 郏县实现转型攻坚的六项工作举措

要保证郏县转型攻坚三年行动计划的各项任务落到实处，要采取一系列有效的工作举措。

（一）进一步解放思想

要努力克服传统思维、惯性思维、封闭思维的局限性，切实转变思想观念，树立开放理念。用开放的思路、开放的精神、开放的举措，谋发展、做决策、干工作。领导干部要树立强烈的忧患意识和责任意识，带头实现思想解放。清醒认识当前经济工作的复杂性和艰巨性，克服"求稳怕乱"的思想，树立"敢为人先"的理念，进一步明确责任，进一步聚焦发展，进一步集中精力，进一步振奋精神，脚踏实地真抓实干。企业家群体要积极更新观念、开拓进取，做思想解放的中坚力量。要克服小富即安、富不思进的思想桎梏，积极进取，抢抓机遇，做大做强。

在工作中大力创造鼓励探索、支持创新、允许失误的宽松工作环境；通过电视、广播和报纸等媒介大力宣传思想解放，为解放思想提供宽松的舆论环境。要加大干部群众教育培训力度，把全县干部群众的思想统一到县委、县政府的重要决策部署上来，一方面，由政府牵头，将郏县青年企业家们送到国内外知名高校或商学院学习培训，接受现代市场经济理念熏陶；另一方面，郏县本土企业家们要积极走出去，加强与发达地区同行交流，学习和引进先进技术和管理经验。吸引国内外知名企业到郏县设厂，起到引领示范作用，加快行业资源整合和转型升级步伐。

（二）培育打造融资平台

发挥财政资金作用。积极争取中央和省级各类财政资金，做好税源巩固和培育，加强非税财政收入管理，在强化财政管理、严格财政纪律、确保上级资金用途的基础上，认真做好各级财政资金的统筹规划、合理利用。实行倾斜性财政投入政策，重点保障公共领域和重点领域建设与发展，突出民生保障、生态建设、环境保护、创新发展和农业农村发展等需求。明确财政资金的引导作用，建立城镇基本公共服务支出分担和奖补机制，引导建立各种发展基金，放大资金效应，扩大以奖代补范围提高资金效用。构建土地增值收益的合理分配机制，增加可用土地出让金用于城乡建设和民生事业的比例。

激发社会资本活力。充分发挥市场在资源配置中的决定作用，探索实行"负面清单"管理，放开市场准入，吸引和鼓励各类社会市场主体平等进入清单之外所有领域。积极做好项目储备和推介，加快推进公用事业改革，深入公私合营（PPP）体制机制探索。强化诚信建设，加快建设和完善现代市场诚信体系，构建和完善招投标信用评价和惩戒机制，建立健全重大项目稽查机制和公众监督机制。

拓展投融资渠道。成立投融资决策管理委员会，推动政府投融资平台市场化转型，提升资本运作效率。争取地方债务发行试点，构建和完善地方政府债务清偿体制机制，依法建立起以政府债券为主体的地方政府举债融资机制。规范融资平台，做好平台整合和资金资产统筹运作，扩大资本金、提升信用级别以降低融资成本、增强融资能力，支持各融资平台探索多元化融资模式。积极参与河南省新型城镇化发展基金，构建和完善新型城镇化融资新通道。积极引进国内外银行、证券、典当、保险、风投等各类金融机构和非金融资本在郏县设立分支机构，加快村镇银行、农村资金互助社等新型金融机构建设，努力发展壮大地方性金融机构，鼓励有需求的中小微型企业到河南省股权交易中心（在筹）融资，积极参与争取基础设施、战略性新兴产业、现代服务业等省产业投资基金和创业投资基金。

（三）形成多层次人才支撑

打造德才兼备的干部人才队伍。按照"贯彻条例、注重实绩、重视基层、着眼长远"的原则，坚持好干部标准，更加注重德才兼备、以德为先，更加注重事业为上、公道正派，实行干部政绩差异化考核，突出干部实绩，注重干部品行。加大干部交流力度，努力做到人岗相适。严格落实中央推进领导干部能上能下规定，破除"干与不干一个样"的现象。大胆选用那些品德高尚、能力突出、认真负责、干事创业的人，让能干事者有机会、干成事者有舞台。同时，注重从基层一线培养选拔干部，完善干部尤其是年轻干部到基层工作制度，有计划地选派有发展潜力但缺少基层工作经历的干部到基层单位、艰苦环境和重点工程、重大项目中磨炼，逐步形成来自基层一线的党政干部人才培养链、成长链和选拔链。

壮大劳动技能人才队伍，打造引育科研创新人才的发展平台。以高技能人才引进和培育为核心，积极引导支持社会力量兴办职业教育，统筹发展多种类型职业教育，深化产教融合、校企合作，深入实施全民技能振兴工程。发展继续教育，切实加强企业职工技能培训，组织开展失业人员定向培训和转岗职工技能培训，提高生产一线人员的科学素质和劳动技能。支持企业与国内外知名高等院校、科研机构和科研企业合作建立研究院和实验室，推动建立以企业为主体、产学研用相结合的协同创新体系。

营造引育人才政策环境。制定实施更加开放的人才政策，积极引进和培养创新型人才，积极创造条件争取领军型和高层次创新人才来郏县短期工作和定期交流。制定优惠政策，大力引进创新创业型人才，积极培养经营人才，壮大企业家和企业管理队伍。落实人才政策，创新人才使用、管理和评价机制，支持企业推行面向经营管理、科研创新和工程技术人才的股权和分红等激励政策，营造有利于人才成长和留住用好人才的制度环境。完善人才市场，促进人才合理流动。

（四）推动全方位改革开放

破除依赖自然资源、满足于在一地一隅搞发展的狭隘思想，树立既要依托自然资源，更要依托科技、人才、管理等要素资源，立足市场谋发展的观念。树立与开放型经济相适应的市场意识、创新意识和竞争意识，抢抓国家对外开放新机遇，建立健全开放合作新机制，广泛参与多区域多层次交流合作，降低创业门槛，放宽市场准入，鼓励民营经济参与基础设施和项目开发，实行扩张性发展，努力构建全方位、宽领域、纵深化的开放合作新格局，不断激发经济社会发展活力。以更加开放、更加包容的姿态和心态融入区域发展，以创新的理念深化综合改革，围绕影响经济社会发展的突出障碍、群众反映强烈的突出问题深化改革，深入破解人口、土地、资金等制约要素和难题。

破解新型城镇化发展体制机制。以农业转移人口市民化成本分担机制的持续探索为基础，深入破除城市内部二元结构，积极探索人口服务和管理制度改革，创新土地保障机制和资金多元化筹措机制，完善城乡发展一体化发展机制和生态环境保护制度。破解社会治理体制机制，改进社会治理方式，坚持系统治理，加强党委领导，发挥政府主导作用，鼓励和支持社会各方面参与。正确处理政府和社会关系，激发社会组织活力。创新有效预防和化解社会矛盾体制，健全公共安全体系。

破解行政审批体制机制。按照"接""放""扶""管"并重的要求，强化市宏观规划和管理能力，充分调动各办事处和乡镇发展能动性；建立健全服务项目、联系企业制度，全面落实政企联动、部门联动工作机制，优化审批流程，建立协调服务机制；注重建章立制，建立完善首问负责、限时办结、重大项目跟踪问效制度；完善重点项目督办制度，设立绿色窗口，对大企业、大项目提供个性化服务，不断提升服务企业和项目的能力和水平。制定和完善市场"负面清单"、政府"责任清单"和"权力清单"，激发市场活力。

（五）加大创新驱动力度

紧紧围绕主导产业转型升级，加快建立以企业为主体、以市场为导向、产学研结合的创新体系，尽快实现经济发展由依靠劳动力以及资源能源驱动向创新驱动的转变，由低成本优势向创新优势的转变，把创新驱动作为推动经济社会转型升级的核心动力，深入实施创新驱动发展战略，以改革创新、科技创新和管理创新为核心，协调推进产品创新、商业模式创新、服务业态创新，以及资源配置、组织管理、发展路径等创新，激发全社会创新创业活力。

加大创新驱动力度包括三个方面。一要充分发挥郏县毗邻郑州、洛阳两个全省科技创新资源汇集区的优势条件，在装备制造、新材料、新能源等领域的研发力量，以产学研合作等多渠道借力，提升郏县创新驱动的能力和水平。二要充分运用市场机制，引导扶持龙头骨干企业与高校、科研院所及相关中介服务机构共同构建产业技术创新战略联盟，促进创新资源的有效分工和合理衔接。三要依托各专业园区、骨干企业，加强科技合作交流平台建设，充分利用国际国内科技资源，提高创新起点，缩短创新周期，提高创新能力。

（六）提供坚强组织保障

成立转型攻坚领导机构。成立郏县转型攻坚领导小组，下设领导小组办公室，按照三年行动计划中确定的目标任务，列入相关单位、部门年度工作计划，制定年度重大事项实施方案并组织落实，每年需要重点推进的重大事项，落实到牵头责任单位，确保规划目标任务有计划、有步骤地贯彻落实。建立重点项目观摩考评和绩效考核机制，突出政府对履行社会管理和公共服务职责方面的评价，完善年度及阶段性考评办法，引导各部门和领导树立正确的发展观和政绩观。

完善规委会议事决策制度。所有城市建设项目都要通过规委会集体研究，进行合法性审查，充分发挥规委会的定向把关作用。规划在提交规委会之前要先过"四关"，即技术把关、专家审核把关、实地勘验把关、主管领导初审把关，确保决策的科学合理。规委会通过的规划要面向社会公示，接受人大、民众监督。要积极借鉴外地成功经验，逐步实现重大规划事项票决制，切实维护规委会的开放性、简约性、严肃性和权威性。

加强监督检查。深入开展各类规划实施情况和政策措施落实的督促检查工作，定期组织开展规划实施情况的评估，全面分析规划实施效果及各项政策落实情况。完善社会监督机制，充分利用各种媒体，及时发布规划信息，让社会各界通过法定程序和渠道参与规划的实施和监督，推进公众参与规划实施的规范化、制度化、常态化。

郑州黄河生态旅游风景区发展战略研究

多年来，郑州市在加快都市区建设，提高省会影响力和辐射力方面采取了一系列重大举措，特别是郑东新区、郑上新区、航空港综合实验区的规划和建设，使郑州的东、南、西三个板块定位清晰、发展迅速，优势凸显，在郑州都市区建设中发挥了重要作用。比较而言，目前郑州北部板块发展思路还不甚明晰，独特优势还未充分彰显，作为郑州北部板块核心区域的黄河生态旅游风景区功能作用未得到充分发挥。总之，目前郑州在区域布局和开发上存在"北部缺失"问题，推动郑州北部板块的发展，增强郑州都市区北部支撑，改变"三缺一"的局面，是落实省委、省政府重要指示的有效举措。

基于上述认识，课题组在多年跟踪郑州北部发展特别是黄河生态旅游风景区发展的基础上，围绕如何依托郑州黄河生态旅游风景区加快郑北板块发展问题，进行了专题调研，形成如下研究报告。

一 发展契机和重大意义

郑州黄河生态旅游风景区（郑州黄河风景名胜区），位于河南省省会郑州市西北20公里处黄河之滨，是国家 AAAA 级旅游景区、黄河国家地质公园，历经40余年的开发建设，已成为黄河之旅的龙头景区，国家旅游局推出的14条黄金旅游线路上的重要景区之一。在新的背景下，加快发展郑州黄河生态旅游风景区，并以此为依托加快郑北板块发展，具有十分重要的战略意义。

（一）是强化郑州龙头作用、对接融入"一带一路"建设的重要内容

河南省委九届八次全会通过的《战略纲要》突出强调了郑州在全省发展中所处的龙头地位及核心位置，对郑州引领中原更出彩提出了新的更高的要求。但是，相对于周边省份省会城市，郑州的首位度偏低，对全省经济发展的龙头带动辐射能力亟待加强。当前，郑州正在积极对接融入"一带一路"建设，着力谋划国际商都建设，作为黄河历史文化重要名片的郑州黄河生态旅游风景区，将成为河南对接"一带一路"建设的先行区与突破口。同时，从产业发展现状看，以智能终端为代表的先进制造业、以国际物流和金融为核心的生产性服务业发展迅速，但是需求快速增长的文化旅游、生态休闲等生活服务业发展缓慢。因此，以黄河生态涵养、华夏文明传承创新、文化休闲旅游为核心定位的郑州黄河生态旅游风景区，将是强化郑州龙头作用、推动郑州国际商都建设的重要支撑，依托郑州黄河生态旅游风景区加快郑北板块发展问题，对加快郑州都市区发展具有重大意义。

（二）是破题郑北板块崛起、优化郑州区域发展格局的战略选择

目前，从郑州全域发展的各区域板块看，以中心城区为核心，郑东新区已具规模、南部航空港快速崛起、西部郑上新区已经启动，唯独郑北板块较为弱化，尚未形成主题鲜明的区域战略。因此，加快发展以郑州黄河生态旅游风景区为核心的北部板块，统筹谋划郑州北部区域发展，将有利于依托风景区生态和区位等优势，推动郑州形成各区域板块多点支撑、均衡发展、功能互补的全域发展格局，有助于郑州以该板块为依托，充分向北积极与焦作、新乡呼应、联动发展，提升郑州都市区作为中原经济区核心增长区的辐射带动作用，并强化郑州作为国家区域性中心城市和"一带一路"重要节点城市的功能和地位。

（三）是支撑高成长性服务业发展、加快郑州产业转型升级的重要路径

高成长性服务业是现阶段经济发展的主要增长点，也是经济结构调整的重要着力点。加快以郑州黄河生态旅游风景区为依托的生态文化旅游业发展，将有望成为打造高成长性服务业新增长极、加快郑州产业转型升级的又一重要路径。当前，郑东新区与航空港区成为郑州发展高成长性服务业的两大名片，郑东新区总部经济与金融业初具规模，航空港区国际物流、电子商务发展迅速，风景区的快速发展将以生态文化旅游业有效支撑郑州高成长性服务业发展，从区域形态上形成"一心两翼"的发展格局，从产业体系上形成金融、总部经济、航空物流、生态文化旅游协同发展的局面。

（四）是坚持绿色化发展导向、优化郑州都市功能的客观需要

当前，随着收入和生活水平的提高，人们对生活质量的要求也随之提高，尤其是对空气、环境、健康、养生等越来越重视。郑州黄河生态旅游风景区现有面积 108 平方公里，占中心城区面积的九分之一，森林覆盖率达到 85%，覆盖率是城区的两倍多，常年负氧离子含量是城区的 10 多倍，是郑州最重要的生态涵养地及生态屏障，对郑州生态建设的作用不可替代。以郑州黄河生态旅游风景区为依托加快郑北板块发展，不仅符合绿色发展的要求，而且有利于充分发挥风景区的生态涵养功能加快田园都市建设，同时也有利于借助风景区位处郑州城区近郊且生态文化旅游资源丰富的优势，发挥风景区的生态文化休闲功能，提升郑州的宜居宜业水平和城市品位。

二　发展现状和区域特征

经过多年来的开发建设，郑州沿黄地区生态文化旅游业和经济社会获得快速发展，核心景区——郑州黄河生态旅游风景区取得巨大成效，生态优势进一步彰显，文化积淀进一步挖掘，景区开发进一步加速，社会影响进一步提升，呈现出持续快速发展的新局面。但同时，由于存在着体制机制性制约等复杂问题，景区还面临着景点碎片化、开发碎片化、功能碎片化、管理碎片化等四大难题，亟须引起高度重视。同时，要充分认识郑州北部板块的区域特征和发展的特殊要求，进而做到遵循区域发展规律，推动该区域更好更快发展。

（一）取得的显著成效

1. 生态优势进一步彰显

近年来，为改善郑州沿黄地区的生态环境质量，增强生态涵养空间功

能和生态屏障作用，在省委省政府和郑州市委市政府的大力推动下，郑州
黄河生态旅游风景区管委会以及巩义市、荥阳市、惠济区、金水区、中牟
县等沿线县市区和部门不断加大生态环境建设的投资力度，积极实施了一
批生态环境建设重大工程和重点项目，沿黄地区生态环境质量显著改善，
生态涵养功能不断增强，生态优势进一步彰显。特别是核心景区——黄河
生态旅游风景区，近年来紧紧围绕"绿树成荫（行）、花团锦簇"的工作
要求，以打造精品景区为目标，持续加大生态环境建设投资力度，扎实推
进重大生态环保项目建设，高标准编制了景区生态园林建设规划，积极推
进实施了园林绿化工作三年行动计划，相继完成了星海湖沿岸及环路区
域、奇木坪游园、环山路沿线、哺育广场等生态环境改造提升工程，启动
实施了山体喷灌系统改造工程和山体绿色化项目，基本实现了从单一的绿化
栽植向综合的园林工程转变，初步形成了绿树成荫、花团锦簇的生态环境建
设新局面，环境质量大幅提升，生态优势日益凸显。据统计，景区自1970年
建设至今，已完成景区荒山绿化近3万余亩，森林覆盖率达到85%以上。

2. 文化积淀进一步挖掘

郑州沿黄地区历史文化资源丰富，文化文物古迹众多，文化积淀十分
厚重，黄河文化、河图洛书、炎黄结盟、大禹治水、大师姑夏代城址、北
宋皇陵、西山遗址、黄河中下游分界碑等文化资源，是中华文明、中国革
命、中华地理的精神标识和自然标识。近年来，郑州沿黄地区各县市区紧
紧围绕丰富的历史文化资源和文化文物遗址遗迹，积极实施历史文化资源
开发保护工程，重点建设了一批文化建设项目和遗迹保护工程，文化积淀
进一步挖掘，文化品位进一步提升。核心景区——郑州黄河生态旅游风景
区，近年来围绕黄河文化、历史文化名人、文化历史典籍等资源，开发建
设了炎黄二帝巨塑、炎黄广场、黄河母亲哺育像、黄河碑林毛主席视察黄
河纪念地等一批重点项目，规划实施了百位历史名人像等重大工程，景区
文化内涵和文化品位大幅提升。巩义市、荥阳市、惠济区、金水区和中牟
县等县市区，也依托厚重的历史文化资源，积极谋划实施了一批重大工程
和项目，建成了虎牢关旅游区、官渡古战场风景区、飞龙顶旅游区、黄冶
唐三彩窑址、杜甫故里、汉霸二王城风景区等旅游区；谋划实施了西山遗
址、荥阳古城、寿圣寺双塔、潘安故里、常香玉故居、杜甫陵园、纪公庙
等遗址遗迹的开发保护工程；积极推进了八卦文化、农业节气、巩义庙

会、荥阳象棋、惠济草编、砖雕艺术、高跷等非物质文化遗产传承与创新
工作，取得了积极显著的成效（见表1）。

表1 郑州沿黄地区主要旅游资源情况表

编号	资源名称	编号	资源名称	编号	资源名称
1	黄河生态旅游风景区	27	黄河富景生态世界	53	雁鸣湖生态园
2	炎黄二帝塑像	28	南裹头	54	中牟森林公园
3	哺育塑像	29	黄河大桥	55	东湖度假村
4	黄河碑林	30	黄河大堤	56	潘安故里
5	小顶山	31	惠济桥	57	官渡古战场
6	五龙峰	32	鸿宝园林	58	中牟寿圣寺双塔
7	岳山寺	33	马渡新农村	59	中牟农业高新科技园
8	大河庄园	34	河洛汇流景区	60	黄河古渡口
9	丰乐农庄	35	康百万庄园	61	黄河鲤鱼
10	马拉湾浴场	36	石窟寺	62	黄河小白条
11	黄河大观	37	北宋皇陵	63	惠济草编
12	山水高尔夫球场	38	黄冶唐三彩窑址	64	黄河澄泥砚台
13	黄河大观苑	39	刘镇华庄园	65	荥阳柿子
14	邙岭生态园	40	孝义兵工厂	66	河阴石榴
15	四季同达生态园	41	常香玉故居	67	紫红薯
16	金地人家生态园	42	杜甫陵园	68	黄河山药
17	西山遗址	43	杜甫故里	69	砖雕艺术
18	古荥冶铁遗址	44	巩义博物馆	70	高跷
19	荥阳故城	45	楚河汉界风景区	71	黄河船工号子
20	纪公庙	46	三皇山桃花峪	72	窑洞
21	古树苑	47	飞龙顶景区	73	巩义庙会
22	黄河迎宾馆	48	唐岗水库游乐中心	74	荥阳象棋
23	花园口旅游区	49	虎牢关	75	农业节气
24	花园口生态旅游区	50	黄河百果庄园	76	八卦文化
25	将军坝	51	雁鸣湖风景区		
26	花园口事件纪念地	52	镜泊山庄		

3. 景区开发进一步加速

近年来，随着文化旅游业的快速发展和投资力度的不断加大，郑州沿

黄地区旅游资源开发加快推进，沿线景点景区加速建设，旅游配套设施不断完善，一批旅游精品景点景区相继建设完成，沿黄地区生态文化旅游品牌的影响力、辐射力不断增强，沿线景点景区的美誉度大幅提升。尤其是核心景区——黄河生态旅游风景区，近年来，以实施重大项目建设为抓手，以推进"十大提升工程"为重点，以编制实施《黄河国家级风景名胜区总体规划（2011~2030）》等为契机，积极推进硬件提升、园林绿化提升、喷雾造景和灯光造景等重点工程，谋划实施了邙山干渠复线工程、炎黄广场百位历史名人雕塑工程等项目建设，着力推进了大禹苑工程、水源地环境整治工程、气垫船码头旅游基础设施改造和环境提升工程、景区基础设施（南入口）改造工程等项目前期准备工作，切实加快了景区道路、电信、餐饮、住宿等旅游配套设施建设，景区形象和品质得到较大提升，呈现出全新的发展面貌。沿线的巩义市、荥阳市、惠济区、金水区、中牟县等县市区景点景区建设加速推进，康百万庄园、北宋皇陵、纪公庙、石窟寺等景区功能不断完善，杜甫故里、孤柏渡风景区、中牟国家农业公园等旅游区正式投产运营，河洛汇流文化旅游区、飞龙顶旅游区、桃花峪旅游区、虎牢关旅游区、雁鸣湖风景区等加速建设。旅游配套设施建设加速推进，沿黄大道建设即将竣工，区域内道路、给排水、电力、电信等设施不断完善，龙泉山庄、桃源山庄、悦来农庄、天园生态园、四季同达生态园、鹿鸣山庄、金帝庄园、丰乐庄园等餐饮住宿项目相继建成投产。

4. 社会影响进一步提升

经过多年来的开发和建设，郑州沿黄地区生态文化旅游业快速发展，生态文化旅游品牌影响力大幅提升，社会影响进一步提高，已成为郑州市乃至河南省旅游业发展的名片和王牌。核心景区——郑州黄河生态旅游风景区历经45年的开发建设，景区配套设施不断完善，区域影响力和辐射力大幅提升，已成为河南旅游业发展的精品景区和国内外知名的旅游景区。郑州黄河生态旅游风景区多次被国家、省、市旅游局，省委宣传部等有关部门授予"第二批国土资源科普基地""河南省首批标准化景区创建示范单位""省级爱国主义教育基地""十佳旅游景区（点）""旅游管理先进单位""省级文明风景旅游区"等荣誉称号，2002年被国家旅游局评为国家AAAA级旅游景区，2005年被国土资源部批准成为国家地质公园，2009年被国务院批准晋升为国家级风景名胜区，2010年被国家水利部批准为国家水利风景区，2014 年入选"影响世界的中国文化旅游名景"和中国旅游总评榜"年度最具品牌力旅游目的地"。据统计，45 年来，景区累计接待参观游览人数 2000 多万人次，目前景区年接待游客 80 万人次，年旅游综合收入近 3000 万元（见图 1、图 2）。

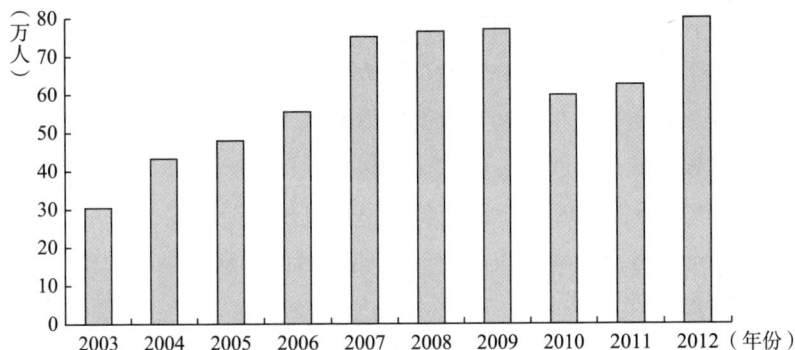

图 1　黄河生态旅游风景区历年旅游接待人数

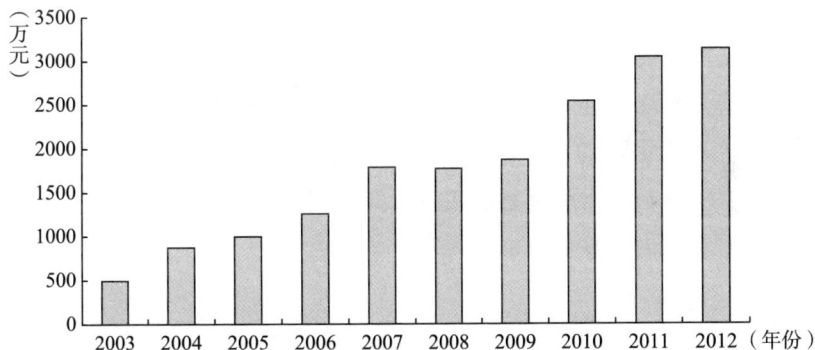

图 2　黄河生态旅游风景区历年旅游收入

（二）存在的突出难题

风景区作为一个特殊的区域，其资源分布往往和行政区划不相一致，导致风景区在规划、建设、保护和管理中难以有效实施"统一"，在景点景区建设、开发、管理等方面面临碎片化的挑战。这一问题不解决，就难以从根本上统筹生态文化旅游资源的保护和开发，进而影响生态文化旅游产业的持续健康发展。

1. 景点碎片化

郑州沿黄地区历史文化悠久，生态环境优美，旅游资源丰富，不仅是历史文化资源和旅游资源的富集地区，也是郑州市乃至全省重要的生态涵养空间，区内拥有北宋皇陵、杜甫故里、杜甫陵园、石窟寺、荥阳故城、汉霸二王城、古树苑、西山遗址、古荥冶铁遗址、桃花峪、黄河生态旅游风景区、虎牢关、黄河大观、花园口、大河村遗址、雁鸣湖风景区、官渡古战场、寿圣寺双塔等生态文化旅游资源和大大小小的景区景点76处，其中国家级文物保护单位6个、省级文物保护单位16个、国家级风景名胜区1个、国家级自然保护区1个、国家AAAA级旅游景区3个、AAA级旅游景区2个，开发潜力巨大，市场空间广阔。然而，从旅游资源空间分布上来看，这些资源广布于1164.16平方公里的狭长地带中，资源比较分散、集聚程度较低，整体呈现出"碎片化""离散化"的空间布局特征，致使旅游资源难以得到有效整合与高效利用。同时，由于区域内生态文化旅游资源缺乏统一发展决策、统一规划设计、统一资源配置、统一扶持政策、统一项目安排和统一对外宣传，一些景区景点开发盲目无序，布局十分随意，分布较为混乱，进一步加剧了沿黄地区景点景区"碎片化"的分布格局。这种"碎片化"的分布特征，加上缺乏有效的规划管理和顺畅的交通联系，严重影响着郑州沿黄地区旅游资源的高效开发和合理利用，制约着沿黄地区生态文化旅游业的可持续发展。

2. 开发碎片化

郑州沿黄地区旅游资源众多，分属不同行政主体，且各方利益诉求不一，导致区域旅游资源开发十分混乱，景区景点建设粗放式特征较为明显，资源开发利用效率低下。首先，从开发管理主体上看，不仅涉及黄河生态旅游风景区管委会、巩义市、荥阳市、惠济区、金水区、中牟县等，而且还包括黄河水利委员会、郑州市铁路局、郑州市水利局、武警部队等有关部门，致使毗邻地区旅游资源人为地割裂开来，资源分散开发，空间增长以离散分布性增长为主，空间沿轴向绵延，呈现多头管理、多点无序开发状态。其次，从目前实际开发情况看，现有旅游开发能量激活不足，多数景点尚处于待开发状态，目前区域76项生态文化旅游资源中，处于正在开发和尚未开发状态的旅游资源共计41项，占全部资源的53.9%。黄河风景名胜区目前总面积约 7 平方公里，其中山体面积约 2.9 平方公里，水域面积及供水设施约占 2.8 平方公里，陆路面积 1.3 平方公里，仅为全国平均水平的 1.74%，是全国面积最小的国家级风景名胜区之一。同时，在景区景点开发建设过程中，大多数景点开发处于中低端水平，低水平重复建设、同质化竞争较为严重。再次，从开发模式和技术手段上看，景区开发模式较为单一，技术手段应用上尚需完善，现有景区景点开发，较少考量时代背景、区域背景与文化背景，欠缺生态、文化、休闲相融合的开发意识，对于历史文化资源的开发和利用水平较低，对于运营方式没有形成合理路径，难以发挥出社会效益与经济效益。最后，从景区景点周边环境看，景区景点周边开发建设较为混乱，私搭乱建情况突出，毁树坏林、破山开荒、乱倒垃圾污染环境等时有发生，严重制约了资源保护和景区景点形象提升。

3. 功能碎片化

从国家和省市对郑州沿黄地区的功能定位来看，郑州沿黄地区兼具生态、供水、文化旅游等诸多功能，但从目前的实际情况来考量，沿黄地区功能尚未得到有效发挥。生态功能上，区域内生态资源较为丰富，主要包括山地、湿地、滩地及河道等，但总体而言，目前沿黄地区区域范围内的植被比较单一，生态环境较为脆弱，部分地区生态环境破坏比较严重，一些地方湿地资源萎缩加剧，水体污染较为严重，尚未形成良好的区域生态链和价值链，生态功能尚未得到充分发挥。供水功能上，过境黄河水量丰富，但黄河所分配水量没有得到充分利用，区域内生活、工业、农业争水现象严重，供需矛盾日益尖锐；部分提灌站设备老化，渠道、河道堵塞、坍塌现象较为严重，妨碍供水功能的有效发挥。旅游功能上，部分景区景点建设层次较低，文化品位和文化内涵不足，宾馆、住宿、餐饮、娱乐、服务中心等旅游服务配套设施建设滞后，旅游功能不完善；区域内交通联系通道建设滞后，交通设施建设标准和层次较低，区域各景区景点间的交通联系不畅；区域内供水、供电、供热、排水、电信、环卫等公共服务设施配置不足，防洪、消防、人防等安全防范措施建设滞后，影响和制约着区域生态文化旅游资源的高效开发和有效利用。

4. 管理碎片化

郑州沿黄地区东起中牟县雁鸣湖景区，西至巩义市河洛景区，南达连霍高速，北抵黄河中心行政区界，总面积 1164.16 平方公里。区域涉及中牟县、金水区、惠济区、荥阳市、巩义市 5 个行政区的 13 个镇、2 个管委会、2 个办事处和 273 个行政村，常住人口约为 65.37 万人。同时，郑州沿黄地区还涉及黄河管理委员会、郑州市铁路局、武警部队等有关单位。管理主体多、层级多和管理交叉等体制性问题，导致景区行政缺位、错位、越位和政出多门、各自为政、相互扯皮等现象与问题比较突出，景区景点管理比较混乱，违规、违法建设行为时有发生，景点低水平开发和重复性建设现象较为显著，资源利用效率及经济效益低下，直接影响着郑州沿黄地区生态文化旅游资源的开发利用，制约着郑州沿黄生态文化旅游带的建设和沿黄地区经济社会的持续快速健康发展。仅就核心景区——郑州黄河生态旅游风景区而言，在其有效管辖的 7 平方公里范围内就涉及黄河水利委员会、郑州铁路局、黄河桥工段、武警部队、郑州市水利局、郑州市文化局等多家单位及惠济区的多个行政村、自然村。由于管委会缺乏有效的执法管理权，对于区域内一些村民和企业私搭乱建，建设景区景点和有关设施，甚至毁树坏林、破山开荒、乱倒垃圾污染城市供水水源等问题无法进行有效管理，严重影响了景区资源的保护和开发利用。这种各自为政、相互掣肘的体制状况，使得郑州沿黄地区的发展受到很大制约。

（三）郑北板块的区域特征

以郑州黄河生态旅游风景区为依托的郑北板块，相对于郑东、郑南、郑西板块而言，具有在生态、文化、旅游资源等方面的独特优势，从而在功能定位、产业选择、开发时序、评价导向等方面呈现出独特的区域特征，进而决定了该区域发展的特殊要求。

1. 功能定位的特殊性

郑州黄河生态旅游风景区（郑州黄河风景名胜区）是国家珍贵的自然和文化遗产，是郑州的生态屏障和"绿肺"，是生态文明建设的示范区、华夏历史文明传承创新的承载区、国际知名生态文化旅游目的地的核心区。由于其与生态文化旅游资源紧密相连，从地形地貌等自然地域条件上是一个完整的不可分割的整体，只有在确保风景名胜资源的真实性和完整性不被破坏的基础上，才能实现风景区的多种功能。因此，只有将各种发展需求统筹考虑，依据资源的重要性、敏感性和适宜性，综合安排、协调发展，才能从根本上解决保护与利用的矛盾，符合国务院《风景名胜区条例》的要求，实现"科学规划、统一管理、严格保护、永续利用"的目标。为此，必须按照国家级风景名胜区管理工作的要求，划出一定范围的外围控制区，以避免风景区外围的大量开发建设影响风景区的资源保护和管理。

2. 产业选择的特殊性

鉴于风景区生态文化旅游资源的珍贵性和脆弱性，郑北板块在产业发展中必须有"战略"眼光和"全局"观念，特别是要有"生态传承文化、开发让步生态"的意识，坚守"生态红线"，妥善处理好景区与各方的利益关系，产业发展要符合国家产业政策导向，符合风景区保护要求，防止生态被资本侵蚀、文化被利益裹挟。要协调好景区用地和城市建设用地的关系，塑造景区整体形象，突出历史文化特色。要突出分区管理，根据生态文化资源价值与分布，划分功能分区，鉴于目前黄河风景区的管理机构、游客观赏、游客咨询、餐饮娱乐、基础设施等功能都在风景区内，过于拥挤，亟须对功能进行疏导，将有关功能区调整至风景区外围，以减轻国家级风景名胜区的资源负荷，提升资源的自我修复功能。同时，通过黄河风景区综合服务配套功能的转移，间接推动周边村镇基础设施和服务设施建设；通过黄河风景区与周边村镇的联动发展，积极推动镇域经济建设，加快城镇化建设步伐。

3. 开发时序的特殊性

风景区保护和建设是一个长期的过程，一旦遭到破坏，往往是不可逆的，即便能够修复也需要很长的时间。因此，以郑州黄河生态旅游风景区为依托发展郑北板块，必须站在历史发展的高度，高起点、高标准、严要求，妥善处理近期实际与远景目标的矛盾，统一规划，分步实施，走可持续发展之路。要统筹旅游景点和生态环境对旅游发展速度、规模及档次的承载能力，坚持开发与保护相结合的原则，把环境保护、资源综合开发和生态建设有机结合起来，既要强化对旅游资源、生态环境和社会文化的有效保护，避免对其造成不可恢复性的损害，确保旅游景区可持续发展，又要通过对旅游资源的合理利用，谋求景区更大、更好、更快的发展，以发展促保护。在保护的前提下，注重对资源的合理开发利用，通过高效合理的开发，促进资源和环境的保护，推动景区的长远持续发展。同时，重视对文物古迹的保护与修缮，新建建筑物要与周围古建筑相协调，体现旅游发展与自然和社会系统之间的协调性。

4. 评价导向的特殊性

正是风景区生态文化资源厚重的特质，决定了郑北板块发展的评价导向必须强调经济效益、社会效益和生态效益并重，甚至在某种程度上生态效益优先。同时，由于风景区是多种资源的有机综合体，不可分割，这种综合资源的价值不仅大大高于各单项资源的价值，也高于各单项资源价值的简单叠加。只有实行统一管理，才能科学、合理地配置各类资源，充分发挥资源的综合性功能，避免造成资源破坏。因此，与风景区相关的所有部门和单位，除各自业务受上级主管部门领导外，都必须服从风景区的统一、依法管理，其对风景区发展的态度和作为，都应纳入绩效考核的重要内容。

三 经验借鉴和重要启示

（一）做法与成效

1. 郑东新区

郑东新区西起中州大道，东至万三公路，北起黄河南岸，南至陇海铁路，由中央商务区、龙湖区域、白沙园区、综合交通枢纽区、龙子湖高校园区、沿黄都市农业区六大功能组团组成，区域管理面积 260 平方公里，同时对连霍高速以北、中州大道以东区域实施规划管理，规划控制面积达到 370 平方公里。截至 2014 年底，郑东新区累计固定资产投资突破 2300 亿元，建成区面积突破 100 平方公里，入住人口突破 100 万，入驻大型企业超过 10000 家，成为河南省城市化的重要标志和展示城市新形象的"窗口"和"名片"。所谓透过现象看本质，在这一过程中，郑东新区让人震惊的发展奇迹不过是一种外在表现，其内在实质是管理体制的科学设计、行政的高效以及自身体系的创新变革，郑东的管理体制通过不断自适应性的创新优化为跨越发展提供了重要保证。

（1）创新机构设置

以"理顺体制、完善机制、配强班子"为核心，郑东新区优化了职能设置和组织架构，全面推进了管理机构与行政区域管理套合改革，统一实行属地管理，机构套合，并按照"充分授权、权责明确"的原则，强化所套合乡镇（街道）下设机构职能，扩大其管理区域和管理权限，提高了决策效率、执行效率和协调效率，构建了"小机构、大社会"的管理体制，增强了郑东新区的发展活力。

（2）明确管理权限

郑州市委市政府赋予了郑东新区更大的自主发展权、自主改革权和自主创新权，要求郑东新区探索"新区的事在新区办"的运行机制。郑东新区管委会履行统筹发展规划、统筹基础设施建设、统筹产业布局、统筹功能区开发、统筹土地管理、统筹使用建设资金、统筹解决重大问题等方面的组织领导职能。凡属于市权限范围内的，新区可以自行决定的事情，原则上都下放给新区，凡新区能办的事情，郑州市支持先行先试。比如，郑东新区规划局作为郑东新区管委会内设机构，其总体规划由市局牵头制定，具体规划权限在郑东新区管委会，单体规划由管委会确定，不用上市规委会。市国土资源局郑东新区分局作为垂直管理机构，科级以下干部由市国土局任命，工资由郑东新区发放。国土郑东新区分局下设土地储备交易中心，组织实施区域内土地收储和交易，土地出让金直接进管委会账户。

（3）构建高效的行政运行机制

一是深化政府管理体制改革，建立健全了功能区域管理体制。二是探索城市管理综合执法，组建了综合执法局，相对集中行使过去分属不同机构的行政执法权。三是建立"规划统一管理、土地统一收储、用地统一转让、补偿统一标准、收益统一分配、工程统一建设"的城乡规划土地建设管理"六统一"制度，规范了城市规划建设秩序，增强了政府的调控能力。四是建立"立项、融资、使用、管理、偿债"的"五位一体"投融资制度，整合政府资源，优化融资平台，形成了政府主导、市场化运作、社会化参与、多元化投入的"低成本、高效益、可持续"的投融资体制，提高了政府推动发展的能力和水平。五是深化行政审批制度改革，着眼于发挥市场配置资源的决定性作用、激发市场主体的活力，精简审批项目，简化审批程序，扩大政务公开，构建"权责一致、精简规范、公开透明、监督有力"的行政审批服务体系。

（4）打破行政区概念，突破行政区划界限

通过深化行政区行政体制改革，进一步破除了行政区的"地域属性"限制，强化各行政区政府的社会管理与公共服务职能，支持功能区的开发建设。推进行政区向与经济功能区相配套的"社会公共服务功能区"转化，逐步建立统一的社会管理体系延伸功能区的开发建设功能，从而完善"主体功能区"的功能格局构架。

2. 郑州航空港经济综合实验区

郑州航空港经济综合实验区位于郑州市中心城区东南约20公里处，规划面积415平方公里。它是以新郑国际机场附近的新郑综合保税区为核心的航空经济体和航空都市区，是郑州市朝着国际航空物流中心、国际化陆港城市、国际性的综合物流区、高端制造业基地和服务业基地方向发展的主要载体。自2013年3月7日，中国首个以航空港经济为主题的《郑州航空港经济综合实验区发展规划（2013～2025年）》被国务院正式批复两年多来，河南省委、省政府全面深入贯彻党的十八大、十八届三中全会、十八届四中全会和习近平总书记一系列重要讲话精神，加快落实《郑州航空港经济综合实验区发展规划（2013～2025年）》，明确提出了"建设大枢纽、发展大物流、培育大产业、塑造大都市"的总体思路，特别是通过各方面的共同努力，初步建立了有效的郑州航空港区管理体制和运行机制，呈现了良好发展态势。2014年，全区各项经济指标持续快速增长。全区固定资产投资完成401亿元，增长91.8%；生产总值完成413亿元，增长18%；规模以上工业增加值完成343亿元，增长21%；规模以上工业主营业务收入完成2090亿元，增长17.7%；公共预算财政收入完成21.2亿元，增长40.4%；外贸进出口总额完成379.2亿美元，约占全省的58.3%；各主要经济指标增速均高于全省、全市增幅，继续领跑全省180个产业集聚区与全市4个开发区。

河南省委、省政府对实验区体制机制创新高度重视，提出郑州航空港经济综合实验区不仅要成为对外开放的平台和窗口，而且要成为深化改革、体制创新的实验示范区。郑州航空港区在体制机制创新方面有两大突破。一是确立两级三层的管理架构，河南省政府和郑州市政府分别成立由主要领导牵头的港区建设领导组，分别下设办公室，办公室主任由同级政府领导兼任，副主任为正厅级或正处级，负责涉及港区建设的重大事务决策和协调。港区设立管委会，为正厅级规格，由市主要领导兼任党工委书记，负责港区建设运行及其相关事务的管理；同时，为加快郑州航空港区建设，按照构建具体化、规范化、制度化的工作协调推进机制的原则，建立了郑州航空港区建设领导小组"周协调、月督察"制度，通过加强建设过程中重大问题的协调和督察，确保各项建设目标如期实现。二是实行直通车制度，河南省人民政府办公厅出台了《关于郑州航空港经济综合实验区与省直部门建立直通车制度的实施意见》（豫政办〔2013〕92号），确定了支持郑州航空港区发展的81项政策，建立了郑州航空港区与省直部门的直通车制度，明确了在发展改革、工业和信息化、商务等26个领域266项具体直通事项，该区可直通相关省直部门，涉及用地直批、价格自定、政策直享。港区管委会各职能部门与省直各厅局办事机构直接对接，并逐项落实各种事务责任和权限，不再经过市级机构中转。这些突破明确责任、排除障碍、减少摩擦、提高效率，对郑州航空港区的建设起了很好的推动作用。今后郑州要持续在体制机制创新方面进行探索，更好地发挥示范作用。

3. 洛阳龙门风景区

龙门，又称伊阙，地处古都洛阳南郊。龙门石窟是我国三大石窟艺术宝库之一，始凿于北魏孝文帝迁都洛阳之际（公元493年），历经东魏、西魏、北齐、隋、唐、宋诸朝，前后长达400余年，形成了南北长1公里、拥有2300余座窟龛、10万余尊造像、2800余块碑刻题记的石窟遗存。龙门景区由西山石窟、东山石窟、香山寺和白园四个景点组成。1961年国务院公布龙门石窟为全国第一批重点文物保护单位；1982年龙门风景名胜区被公布为全国第一批国家级风景名胜区；2000年11月，联合国教科文组织将龙门石窟列入《世界遗产名录》；2006年龙门石窟景区被评为国家文明风景旅游区；2007年龙门石窟景区被评为国家AAAAA级旅游风景区。

进入21世纪以来，洛阳市委、市政府从改革体制机制入手，不断加大对文化遗产及周边区域的保护力度，着力解决周边村镇与景区管理的矛盾。特别是2007年9月至2008年8月，洛阳市委、市政府对龙门进行了历史上改革力度最大、影响最深远的一次体制机制改革。这次改革，理顺了管理体制，转变了管理职能，加强了文物保护研究，从根本上解决了景区发展空间狭小和与周边群众矛盾对立等问题，实现了对文物保护研究、旅游产业发展与周边农村社会事务的统筹管理，促进世界遗产保护研究、旅游产业发展迈上了一个新台阶。2007年9月，龙门石窟文物保护区龙门风景名胜区管理局（龙门石窟研究院）撤销，成立了中共龙门文化旅游园区工作委员会、龙门文化旅游园区管理委员会（以下简称管委会），管委会为隶属洛阳市人民政府的正县级事业单位，同时成立龙门石窟研究院（正县级事业单位），隶属管委会。2008年8月，市委决定，将龙门文化旅游园区党工委、管委会由原隶属市委、市政府的事业单位改为市委、市政府的派出机构，代表市委、市政府强化在龙门文化旅游园区范围内行使党政管理职能。按照机构改革方案，管委会内设办公室（党工委办公室、综合管理局）、社会事务和农村工作管理局、建设发展局、财政局，直属7个事业单位、9个企业、1个龙门石窟街道办事处，含8个行政村和2个社区。这次管理体制和机构设置改革的主要特点是：实现了由管委会对园区内文物保护研究、旅游产业发展、农村经济社会工作的统筹管理，特别是对周边村庄的统一有序管理，政令统一，步调一致；实现了由龙门石窟研究院对园区内文物保护研究的专一性专业化管理；实现了由旅游集团对龙门旅游服务业的企业化管理。

洛阳龙门风景区的体制机制创新为龙门文物保护研究和文化旅游产业发展开启了崭新的活力之源。第一，在宏观管理上，龙门风景区由过去管理局单一的景区事务管理转变为管委会对园区文物保护研究、行政、事业、企业、农村事务的统筹管理。龙门文化旅游园区管委会作为市政府的派出机构，行使辖区内所有经济社会管理权力，充分发挥政府调控、引导、协调和服务职能，使党和国家的各项方针政策、法律法规在园区得以贯彻落实。所属职能部门分工负责园区经济发展和社会事务：建设发展局承担园区规划、环境保护、安全生产、项目建设等职能；社会事务和农村工作管理局承担园区农村各种经济社会事务管理职能，包括综合治理、信访稳定、计划生育、扶贫开发、社会福利、教育、文化、卫生、体育等；财政局承担园区财政管理、景区票务管理、国有资产管理等职能；监察室承担监督检查职能。第二，园区文物保护研究由过去管理局统筹管理转变为龙门石窟研究院的专一性专业化管理。管委会所属龙门石窟研究院，为正县级事业单位，设置石窟保护中心、石窟研究中心、信息资料中心和保卫科等专业部门，不再承担景区服务等与文物保护研究无关的事务性工作，专心做好世界文化遗产龙门石窟的保护研究工作。第三，景区周边农村社会事务由过去周边县区分属管理转变为管委会对其统一有序管理。园区管委会所属龙门石窟街道办事处，具体负责所辖龙门、郜庄、寺沟、张沟、魏湾、郭寨、东草店、西草店 8 个行政村和河东、镇南两个社区的经济发展和各项农村社会事务。第四，园区服务型企业由过去的松散型管理转变为产权明晰、运作规范的集团化管理。新成立的洛阳龙门旅游集团，承担园区的旅游接待服务职能和三产服务业发展任务，要整合园区电瓶车公司、停车场公司、讲解公司、游船公司、旅游商品开发公司、龙门国际旅行社，按照现代企业制度要求，建立产权明晰、权责明确、运作规范、管理科学的服务型企业，逐步打造产品丰富、产业链完整、功能完善、品牌影响力大、成长性优良的区域旅游龙头企业。

龙门景区的体制机制创新提升了综合实力，激发了方方面面的积极性和创造性，形成了目标一致、充满活力、和谐共进的发展局面，实现了经济效益、社会效益和生态效益的科学协调发展。景区以良好形象、优质服务先后荣获全国文明风景旅游区、全国首批风景名胜区数字化示范基地、河南省文化产业示范园区等 30 多项荣誉，正在逐步成为文化体验和休闲度假的理想旅游目的地。

4. 武汉东湖风景区

武汉东湖生态旅游风景区，简称东湖风景区，位于武汉市中心城区的二环线与三环线之间，总面积 82 平方公里，是中国第二大的城中湖。东湖风景区景观景点共 100 多处，有 12 个大小湖泊、120 多个岛渚，112 公里湖岸线曲折，环湖 34 座山峰绵延起伏，10000 余亩山林林木葱郁。管理体制改革前，由于条块分割、多头领导、事权不一、职责不清，各方都向东湖伸手，导致违法建设屡禁不止，水质污染日益严重，风景名胜资源遭到侵害，景区的整体形象受到损害。改革和创新管理体制是解决景区现存所有问题的关键。为了打造成具有国际影响力的生态风景名胜区和城中自然湖泊型旅游胜地，加大对东湖风景名胜区的保护、利用、规划、建设力度，2005 年，武汉市委、市政府将东湖风景区管理体制改革纳入重要议事日程。经过一年多时间的研究、探讨、论证，2006 年 6 月，《中共武汉市委、武汉市人民政府关于改革东湖风景区管理体制的通知》（武发〔2006〕

10 号）正式下发，确定的主要改革内容如下。

建立责权一致的管理机构。设立武汉市东湖生态旅游风景区管理委员会，作为市人民政府的派出机构，经市政府授权对风景区实行统一管理。设立市委东湖生态旅游风景区工作委员会。风景区工委与管委会实行"一个机构、两块牌子"，合署办公。风景区工委作为市委派出机构，依据党章和市委授权，主要承担景区内党的思想、组织和作风建设职责。景区管理委员会承担景区的规划、保护、管理和开发建设工作，承担景区范围内的民政、科技、教育、文化、卫生、财政、国有资产、劳动社保、社会治安等相关的经济社会管理职能。景区公安分局、规划国土分局、环境保护分局机构和干部实行垂直管理。

调整东湖生态旅游风景区管委会的管辖范围。根据风景区保护、利用、发展的需要，原则上将原东湖风景区规划范围内的面积和与之相连的部分面积，一次性划归东湖生态旅游风景区管委会托管。管辖范围调整后，东湖生态旅游风景区管委会的管辖面积由原东湖风景区管理局管辖的34 平方公里扩大到 82 平方公里。

建立一级财政体制。比照区一级财政管理方式，建立风景区分税制财政体制，设立一级国库。由景区管委会负责景区内的财政收支预决算、预算外资金、行政事业收费和国有资产管理工作。

按照《中共武汉市委、武汉市人民政府关于改革东湖风景区管理体制的通知》的要求，本着有利于保护、利用、开发、建设的原则，管委会面向国际和国内招标，高起点、大手笔编制出《武汉东湖生态旅游风景区总体规划》，制定了《武汉东湖生态旅游风景区管理条例》《武汉东湖生态旅游风景区水域保护管理条例》《武汉东湖生态旅游风景区环境保护条例》等法规条例，明确东湖生态旅游风景区管理主体、职权范围，为东湖生态旅游风景区的科学保护、科学管理、合理开发奠定法制基础。

按照政企分开、政事分开、事企分开的原则，管委会对原东湖管理局所属的经营性事业单位进行改革，积极探索所有权与经营权分离和经营权与管理权分离的改革路子，合理分流富余人员，转换经营机制，提高了经济效益。同时，积极探索国有资产管理的新途径，保证国有资产的保值增值。加大东湖生态旅游风景区内旅游服务配套基础设施建设力度，引进大企业、大财团、战略投资者参与景区景点建设和管理。对东湖生态旅游风景区托管区域范围内的旅游资源进行调查研究，运用市场机制，精心打造了"生态休闲游""历史文化游""高校科教游""名人遗址游"等特色旅游线路，推进了"楚韵山水　大美东湖"旅游圈建设。

通过深化改革，武汉实行了东湖管理主体和执法主体的统一，风景区的统一规划、统一开发、统一建设和统一管理，从而加大了对风景区的规划、管理、保护力度，加快了旅游资源整合，激活了东湖景区生产要素，实现了景区社会效益、环境效益、经济效益的协调发展，使东湖这张武汉城市名片更加靓丽。东湖风景区先后被评为首批国家重点风景名胜区、全国文明风景旅游区示范点、国家 AAAAA 级旅游风景区，打造成了以大型自然湖泊为核心，湖光山色为特色，集旅游观光、休闲度假、科普教育为主要功能的旅游景区，是华中地区最大的风景游览地。

(二) 经验与启示

从上述省内外新区、实验区、著名风景区创新管理体制的主要做法中可以总结出共同的管理和发展经验，对于郑州黄河生态旅游风景名胜区理顺管理体制，促进跨越式发展具有深刻的启示和借鉴意义。

1. 必须突出改革创新的理念

改革创新既是培育景区优势的最好体现，也是促进景区事业发展的动力和基石。国内外大量的实践证明，市场的竞争，背后实质是政府行为的竞争，政府管理体制、行政机制不完善，就不可能提高运作效率，就不可能实现科学发展。景区管理体制作为一项基本的组织形式和运作制度，是景区体制建设的核心内容，需要通过积极有效的改革和创新，摒弃旧体制的"痕迹"，吸纳省内外著名风景名胜区的成功经验，形成符合景区实际的比较优势和竞争优势。

2. 必须坚持统筹协调的原则

统筹协调是景区改革稳步前行的重要保障。景区改革，外涉及周边区、乡（镇）、村，上涉及文物、文化、旅游、宗教、建设等部门，内涉及行政、企业、事业单位，方方面面，错综复杂。在改革的过程中，只有始终坚持全面发展、统筹兼顾的原则，正确处理好改革、发展和稳定的关系，协调好改革过程中各种利益的调整和工作对接，才能消除体制障碍，顺利实现职能转变，使思想更加解放，思路更加清晰，各方面的积极性、创造性得以充分调动，才能取得更大成效。

3. 必须突破行政区划界限，实行统一管理

打破行政区概念，突破行政区划界限，破除行政区的"地域属性"限制，实行统一管理，不仅是各地创新管理体制的直接目标和结果，也是景区实现科学发展的前提条件。风景名胜区范围往往具有一定的特殊性，所跨行政区较多，涉及文物、林业、宗教、建设、土地、环保、民政、公安、工商、交通、通信、电力以及产业布局与调整等多个领域，而现有的部门职责权限不明确、管理协调体制不顺等问题，形成景区发展的樊篱。只有强化风景名胜区管理机构依法管理风景名胜区的主体地位，严格落实《风景名胜区条例》赋予的具体事权，切实做到统一规划、统一管理，才能从根本上解决部门之间条块分割、各自为政的问题，达到统一思想和认识、形成合力，使景区得到了最有效的管理。

4. 必须构建高效的管理运行机制

按照"科学规划，统一管理，严格保护，永续利用"的工作方针，构建高效的管理运行机制，是景区实现科学发展、加快发展、转型发展的坚实基础和保障。一是建立统一的对口工作机制。郑州市级各职能部门应直接对口景区管委会及其所属职能部门部署工作，避免一项工作越级布置、反复传达、效率低下。二是探索建立综合执法机制，相对集中行使过去分属不同机构的行政执法权，实行综合管理。三是建立和完善新型用人机制。景区要实行干部能上能下、职工能进能出、工资能高能低的新型管理机制。四是建立景区工作的市场化运作机制。在基础设施建设、招商引资等项工作中，应注重利用市场化手段运作。五是建立健全科学的考核评价机制。按照"优质、高效、创新"的原则，定期开展考评检查，切实提高办事效率和服务水平。

5. 必须建立完善的政策支撑体系

完善的政策支撑体系是风景名胜区改革发展最重要的保障。风景名胜区是国家依法设立的自然和文化遗产保护区域，以自然景观为基础，自然与文化融为一体，具有生态保护、文化传承、审美启智、科学研究、旅游休闲、区域促进等综合功能及生态、科学、文化、美学等综合价值。要使

其发挥独特的动能和作用，必须有完善的政策体系支撑。推动郑州黄河生态旅游风景名胜区改革发展，要强化政策效应，积极争取省、市管理权限、财税、土地、人才、金融等政策支持，清理不利于新区科学发展的规章制度，制定完善配套政策，形成良好的政策法治环境，为郑州黄河风景区开发建设提供强有力的政策保障。

四 战略定位与路径选择

（一）突出一个战略

统筹郑州沿黄河区域规划，按照郑州国际商都建设的总体要求，将郑州沿黄河空间范围纳入统一规划建设管理，健全机构，理顺体制，创新机制，实施郑北板块加快发展战略，推进核心层、主体层与外围层联动发展，建设以生态、旅游、文化创意、会议、休闲度假等产业为依托，融合多种产业发展的郑州黄河生态文化旅游产业带，力争通过 10 ~ 15 年的努力，将郑北板块建设成为郑州绿色廊道、展示炎黄文化和黄河文化的重要窗口、极具国际吸引力的黄河生态旅游目的地、郑州区域协同发展的战略支撑点和新的经济增长极。

（二）优化五大定位

世界一流的黄河文化旅游目的地。充分发挥郑州黄河生态旅游风景区的生态和文化资源优势，按照国际通行的旅游服务标准，推进旅游要素转型升级，进一步完善旅游基础设施和服务设施，开发特色旅游产品，规范旅游市场秩序，全面提升旅游管理和服务水平。

郑州沿黄文化旅游生态产业带。依托郑州黄河生态旅游风景区的交通、区位、生态等优势，以建设国家级生态经济示范区为目标，加快推进生态文化旅游产业发展，积极培育生态旅游、文化创意、会议、休闲度假、体育旅游、养老商住、现代农业、现代畜牧业、经济生态林业等新兴业态，打造郑州沿黄文化旅游生态产业带，建成全省独具特色的新型生态文化旅游产业集聚区。

郑州北部区域协同发展战略支点。按照郑州都市区和郑州国际商都建设的总体要求，将郑州沿黄河空间范围纳入统一规划建设管理，理顺体制，创新机制，推进黄河生态文化旅游产业带核心层、主体层与外围层联动发展，建设以生态、休闲、养生、旅游为主要功能的郑州沿黄文化旅游生态产业带，形成郑州北部区域新的经济增长极。

绿色低碳宜居宜业生态新城。坚持生态立区、环境优先，在保护中发展，在发展中保护，推进资源节约型和环境友好型社会建设，建设低碳经济示范区，探索人与自然和谐相处的文明发展之路，使郑州黄河生态旅游风景区成为郑州乃至全国人民的休闲娱乐度假的美丽花园。

郑（州）新（乡）焦（作）协同发展联结带。按照建设郑州大都市区的要求，完善郑州沿黄文化旅游生态产业带的交通、通信、水利等基础设施，强化休闲、养生、娱乐、旅游等服务功能，形成郑州向北与新乡焦作对接、促进三市协同发展的联结带。

（三）明确发展目标

1. 总体目标

按照郑州建设国际商都的发展要求，将郑州黄河生态旅游风景区建设成为国家黄河中下游生态涵养带和郑州沿黄文化旅游生态产业带，成为"一带一路"国际文化交流合作的重要节点、华夏文明对外展示的重要窗口，成为郑州区域协同发展的新支点、绿色发展的新亮点、开放发展的新高地。

2. 具体目标

建立完善的基础设施和公共服务设施。区域内交通、水利、电力、通信、热力等基础设施完善，宾馆、酒店、咖啡馆、健身房、游客中心等服务设施完备，真正让游客来得了、留得下、玩得好。到 2020 年，沿黄大道、滨河大道全线贯通，江山路全段升级改造完成，建设 6～10 个大型停车场，增开 3～5 条快速公交线路，初步形成以公路为主兼具城际铁路、水路的综合便捷的路网。到 2025 年，在整个辐射区基本建成"三纵十二横"的道路网络，建成 1～2 条通向景区的地铁，建成五星级宾馆 3～5 家，燃气、热力、通信等管网基本完善，咖啡馆、健身房等娱乐设施星罗棋布，吃喝玩乐等服务功能完备。到 2030 年，区域内旅游及休闲度假设施完备，集疏运能力显著提升，对游客的吸引能力显著增强，区域建成面积达到 50

平方公里，人口达到 60 万人。

打造世界知名的黄河文化生态旅游品牌。旅游产品和线路不断丰富，旅游项目和层次显著提升，使黄河风景区的品牌和知名度显著提升。到 2020 年，开发完成桃花峪生态休闲游线、古战场军事体验游线、寻根祭祖文化游线、黄河水利文明游线四条旅游线路，接待国内外游客达到 200 万人次，旅游总收入 30 亿元。到 2025 年，新增 1~2 个国家级旅游景区，逐步形成以黄河生态旅游风景区为中心，有效辐射其他重要节点的旅游空间发展格局。到 2030 年，区域旅游业增加值占郑州市地区生产总值的比重达到 10%，对郑州经济发展的贡献度达到 15%。

建成郑州北部生态涵养带和绿色屏障。区域内生态环境不断改善，水土保持功能明显增强，空气中的氧离子含量持续增加，生态环境的舒适度显著提升。到 2020 年，建成邙山生态园、花园口国家黄河湿地公园等项目，全区新增绿化面积 20000 亩，森林覆盖率达到 70% 以上，景区周边空气质量明显改善。到 2025 年，建成滨黄河生态修复带，打通 9 条沟通南北的"生态绿道"；建成各组团间的"滨水生态带"，形成山水型生态格局的基本架构。到 2030 年，建成包含生态、文化、休闲等多个层次，生态修复、生态保育、生物多样性、景观观赏、郊野休闲等多种功能，山、水、林、滩、田等立体化的生态体系，成为郑州市区北部的绿色屏障。

构建以休闲度假养生为主的产业体系。以休闲度假养生为主的"大旅游"产业链条不断完善，产业规模不断扩大，吸纳就业的能力显著增强。到 2020 年，建成 3~5 个以"休闲度假"为特色的风情小镇，初步形成以沿黄大道为轴线的新型城镇发展带和经济产业带，增创国家级生态经济示范区。到 2025 年，基本建成以生态、旅游、文化创意、会议、休闲度假、体育旅游、养老商住、现代农业、现代畜牧业、经济生态林业等产业为依托，融合多种产业发展的新型生态文化旅游产业集聚区。到 2030 年，全面构建生态文化旅游产业体系，形成完善的旅游经济产业链条，将黄河生态风景区建设成为世界知名的生态经济和文化休闲旅游产业核心区。

（四）构建三个圈层

根据郑州黄河生态文化旅游资源分布、发展现状及郑北板块的地理位置特点，可以对以郑州黄河生态旅游风景区为依托的郑北板块实行"三个圈层"的空间开发结构，即强化核心层、联动主体层和外围层。

1. 核心层

核心层的范围是，西起汉霸二王城，东至京广铁路，南起 314 省道，北至黄河中心行政区界，总面积 41.81 平方公里。该区域包括汉霸二王城、桃花峪、五龙峰、黄帝城（西山遗址）、黄河大观、黄河湿地（即黄河史前生貌）六个相连的景区。核心层是郑州沿黄文化旅游生态产业带近期开发的重点和整个产业带发展的中心与依托。

核心层应采取准一体化管理模式，将黄河生态旅游风景区管委会目前管辖范围之外的各景点划归管委会进行统一管理，由管委会对区域内所有景区统一进行行政、人事、财务等方面的管理。对景区内所有旅游资源予以整合，进行统一经营运作、策划包装、开发推介，各景区（点）原从属的文物、宗教等行业主管部门则依据相关法律、法规对旅游资源依法予以管理、保护和监督。而这需要协调处理好景区与荥阳市、惠济区、金水区以及郑州市市政局的关系，并协调处理好管委会与景区内其他各行政单位之间的关系。

2. 主体层

主体层的范围是，西起汉霸二王城，东到花园口东大坝，南起 314 省道，北至黄河中心行政区界，总面积 108 平方公里（其中，郑州市惠济区 80 平方公里，金水区 1 平方公里，荥阳市 27 平方公里）。除核心层所涵盖的六大景区外，主体层景区包括岗李水乡、花园口、秦汉古城、大河村遗址四大景区，基本上涵盖了郑州北郊尤其沿黄地带的风景名胜资源和旅游资源。主体层的设计，可以加快郑州黄河生态文化旅游产业发展的步伐，为建设大郑州都市区和国际商都做出贡献。

主体层应采取紧密型双重管理模式。在紧密型的双重管理模式中，各景点归属关系不变，管委会对其负有主要的组织与管理协调职能，对旅游带各景点进行统一指导。各景点仍按目前的归属关系接受相关政府、部门的管理，在行政、人事、财务等方面由所隶属的部门具体负责，但在景区的规划、发展方面，由管委会在总体上进行统一指导。

3. 外围层

外围层为黄河郑州段及其南侧区域，东起雁鸣湖景区，西抵河洛景区，南起连霍高速，北至黄河中心行政区界，总面积 1164.16 平方公里，黄河岸段长 160.5 公里。除主体层所涵盖的景点外，外围层自花园口以东依次有富景生态园、东湖、翠鸣湖、官渡古战场和雁鸣湖等主要景点；自鸿沟以西依次有康百万庄园、虎牢关、杜甫故里、香玉故里、浮戏山雪花洞、石窟寺和伊洛河等主要景点。景区外围层的设计符合郑州市发展"一大三中"的战略规划，对于整合景区旅游资源，挖掘丰富的科学内涵，有序、规范地建设、统一管理，形成品牌，具有重要的意义。

外围层应采取松散型双重管理模式，主要是考虑到外围层各景区的地域分布和发展现状。外围层内各景区仍主要由当地原有管理部门负责具体的管理工作，景区管理则通过建立相应的协调机制实现"六统一"：统一发展决策、统一规划设计、统一资源配置、统一扶持政策、统一项目安排、统一对外宣传。

（五）统筹三个步骤

推进郑州黄河生态文化旅游产业带建设是一项复杂的系统工程，需要科学规划，统筹协调，重点推进，分步实施。结合郑州黄河生态旅游风景区的目标定位和现实基础，制定"三步走"的战略步骤。

第一步，整合资源、理顺体制。当前，郑州黄河生态旅游风景区内资源分散、多头管理的问题非常突出，是制约黄河生态旅游风景区发展的最大因素。针对这一问题，建议成立郑州黄河文化生态旅游产业带管理委员会和郑北板块生态文化旅游产业发展领导小组，1~2 年内完成"两理顺、一调整"，形成资源统筹、管理一体的景区运营机制，即理顺管委会与巩义、荥阳、惠济、金水、中牟等沿黄河行政主体的关系，形成郑州沿黄河区域统筹规划建设管理的新体制；理顺管委会景区运营公司的关系，建立管理与经营相分离的发展模式和运作机制；同时，调整区域内相关村落隶属关系，设立必要的执法机构和日常管理机构，协调与相关机构部门的关系，形成"三个圈层"联动发展的新机制。

第二步，深度开发、扩大影响。在整合资源、理顺体制的基础上，加快景区深度开发，扩大景区品牌影响力，这一步要在 5 年内完成，即到2020 年，形成全国知名的黄河文化旅游品牌。实现这一步需要重点推进以下三项工作。一是加快完善景区基础设施建设。加快推进生态、交通、通信、电力、水利等基础设施建设，特别是加快景区道路与外部通道的衔接，提高景区道路的通达性。二是加快完善景区服务设施建设。加快推进宾馆、饭店、医院、旅游集散中心、旅游培训学校等服务设施建设，完善与周边景区旅游线路衔接，扩大景区的接待能力和影响力。三是加快休闲度假旅游项目建设。加快建设一批休闲度假旅游项目，培育会议、垂钓、烧烤、养生、度假等旅游业态，引进一批休闲度假旅游服务企业，不断扩大景区的知名度和影响力，力争吸引更大范围内的游客，让他们来得了、住得下、玩得好。

第三步，内涵提升、示范引领。在深度开发、扩大影响的基础上，加快景区内涵提升，提升景区发展水平，这一步需要 10 年时间完成，即到 2030 年，将郑州黄河生态旅游风景区打造成国内领先、国际知名的生态旅游高端品牌。实现这一步需要重点推进以下三项工作。一是进一步提升生态文化旅游产业的服务层次。根据人们养生休闲度假服务需求不断提升的要求，积极开发丰富多彩的旅游产品和服务项目，进一步提升景区的通达性、娱乐性和舒适性。二是进一步增强生态文化旅游产业的文化内涵。积极挖掘黄河文化、历史文化、红色文化、名人文化等的内涵，丰富景区生态文化旅游项目的文化内涵，提升旅游产品文化层次，打造黄河旅游景区高端文化品牌。三是进一步增强生态文化旅游产业的科技内涵。提升旅游产品的科技含量，强化景区信息化水平，推进旅游公共信息服务平台建设，加快旅游电子商务等业务的发展。同时，充分运用现代化通信网络和智能终端，加强旅游产品推广、销售，全方位提供个性化、智能化旅游服务。

五 "九措并举" 力推郑州黄河生态文化旅游大发展

加快郑州黄河生态文化旅游发展，既要从整个生态文化旅游产业带的空间尺度上进行生态与文化旅游发展的顶层规划设计，还要超越不同市（县、区）行政管辖范围，进行更高层次的制度与机制创新，强化政府承担相应发展责任和市场有效配置经营资源的"双轮驱动"，实行"九措并举"，实现"核心牵动、带状发展，创新驱动、景城融合"。

（一）强化认识，从战略视野和区域协同发展高度凝聚共识

一是站在全局和战略高度，审视和谋划郑州黄河生态文化旅游发展。以积极融入并引领郑州"一带一路"重要节点建设、郑州都市区及国际商都建设、郑州航空港经济综合实验区建设等战略为统领，以推动郑州区域协同发展为目标，对黄河郑州段南岸进行整体规划，将同类质资源统一规划和开发，保障黄河生态，发展黄河旅游，提升区域品质，打造一个高水平的、综合性的、以生态为主的、兼具文化、旅游、休闲、产业和低密度居住等功能的绿色低碳宜居宜业生态新城。

二是优先发展生态文化旅游产业，并纳入郑州市委、市政府重要议事日程。将生态文化旅游产业作为重要支柱产业来培育，在发展规划、基础投入、综合服务、市场监管、形象宣传、环境保护等方面发挥主导作用，加大生态文化作为旅游产业的投入要素资源建设，优化生态、文化、旅游之间的配置，形成生态、文化、旅游三者之间相互促进的格局，推动生态文化旅游产业由单一观光型向观光与休闲度假型转变、由门票经济型向产业经济型转变、由点线布局向集聚发展转变、由量的扩张向规模与质量并重转变，全面提升郑州沿黄文化旅游生态产业带发展的规模化、品牌化、市场化水平。

（二）健全机构，完善管理和协调职能

一是成立郑州黄河生态文化旅游产业带管理委员会，与郑州黄河生态旅游风景区管理委员会实行"一套机构，两个牌子"运作模式，即现有郑州黄河生态旅游风景区管理委员会同时挂"郑州市黄河生态文化旅游产业带管理委员会"牌子，作为郑州市政府派出机构，赋予双重职能，统一组织、协调黄河生态旅游风景区和沿黄文化旅游产业生态建设。考虑到打造郑州沿黄文化旅游生态产业带是跨行政区域的重大举措，实施过程中将会遇到许多需要协调的问题，因此建议适当高配管理委员会的规格和干部级别，并顺应风景区管理现状及景区体制改革的迫切需求，比照郑东新区模式，赋予相应的行政管理职能，对辖区内的经济、社会事业统一管理，健全相应的执法机构和日常管理机构，如办公室、计划财政局、人事劳动局、经济发展局、建设环保局、规划局、社会事业局、教育文化体育局、

农村工作办公室、综合执法局、国土分局、公安分局等，使管委会具备土地、规划、建设、旅游、工商、税务、公安等相关行政管理职能。

二是成立郑北板块生态文化旅游产业发展领导小组。建议成立由郑州市领导兼任组长，市发改委、财政、旅游、税务、建设、文化、规划、城管、水务、园林、外经贸等相关职能部门，中牟县、惠济区、金水区、荥阳市、巩义市等县市区及郑州黄河河务局等相关单位参加的郑北板块生态文化旅游产业发展领导小组，解决发展中的有关衔接问题，牵头研究制定郑州沿黄文化旅游生态产业带发展的相关区域性政策，对区域发展规划实行联审联批机制，并监督协调区域规划设计和支持政策执行情况。

（三）理顺体制，明晰管理职责

根据核心层、主体层和外围层的不同特性，采取不同的管理模式和管理体制。

1. 理顺核心层管理体制

调整区域内相关村落隶属关系，将荥阳市的樊河、陈垌、张垌、王顶、霸王城、桃花峪、汉王城，惠济区的黄河桥、孙庄、岭军峪、张定邦11个行政村（见表2）划归郑州黄河生态文化旅游产业带管理委员会（风景区管理委员会）统一管辖；设立必要的立执法机构和日常管理机构，明确相应管理职责；协调与相关机构部门的关系，破解产业带建设和景区发展中的瓶颈制约。设在景区内的其他单位，除业务受各上级主管部门领导外，必须服从景区管委会的统一管理。

表2 核心层中拟调整隶属关系的村落概况

类别	行政村	村民小组（个）	户数（户）	人口（人）
荥阳市	樊河	10	626	2133
	陈垌	6	326	1235
	张垌	5	157	509
	王顶	5	195	705
	霸王城	4	132	540
	桃花峪	5	220	867
	汉王城	3	139	562

类别	行政村	村民小组（个）	户数（户）	人口（人）
惠济区	黄河桥	9	624	2184
	孙庄	11	657	3021
	岭军峪	3	134	451
	张定邦	3	138	563
合计		64	3348	12770

2. 规范主体层和外围层管理体制

主要是形成各景区相关投资主体与主管部门的联席会制度，联席会成员单位不仅包括中牟县、惠济区、金水区、荥阳市、巩义市各地区旅游局等相关部门，还包括各地公安、工商、文化、文物、宗教、林业、土地、环保、建设、物价、交通、通信、电力等相关单位，以及宾馆、饭店、旅行社等单位。联席会作为郑北板块生态文化旅游产业发展领导小组的常设协调机制，成员单位每年定期召开会议进行沟通，协商解决存在的问题。

3. 建立工作目标责任制

在郑北板块生态文化旅游产业发展领导小组的统一领导和协调下，将郑北板块生态文化旅游产业发展的各项任务分解到各圈层、各部门和单位，明确责任主体，强化绩效跟踪、评价、激励和问责机制。

（四）统筹谋划，加强顶层设计

1. 编制郑州黄河生态文化旅游发展总体规划

加快编制实施《郑州黄河滨河公园总体规划》等，编制郑州黄河生态文化旅游发展总体规划，重点解决郑州黄河生态文化旅游发展的目标与战略、旅游功能分异与空间布局、重点项目规划、旅游景区与旅游线路、餐饮住宿、旅游公共服务设施与智慧旅游网络信息系统、旅游品牌与市场营销等问题，将其作为指导未来郑北新区生态与文化旅游发展的纲领性文件，并积极争取纳入郑州市及河南省"十三五"经济社会发展规划、"一带一路"郑州重要节点建设和郑州国际商都建设等规划的重大项目库和重点支持项目。

2. 编制郑州黄河生态文化旅游发展系列专项规划

组织编制生态保护与发展、区域水系、黄河文化、旅游发展、产业发展、城市发展等专项规划，着力提升郑北新区发展质量和品位。

3. 制定郑州黄河生态文化旅游发展指导意见

加快研究制定郑州黄河生态文化旅游发展指导意见、三年行动计划，研究出台推动郑州黄河生态文化旅游产业带发展的总体战略和实施意见，明确发展思路、重点任务以及相关政策措施，并通过地方立法等方式强化规划的严肃性和约束力，为郑州黄河生态文化旅游发展提供科学指导。

（五）夯实基础，强化基础设施建设

1. 交通先行

针对区域内部交通网络尚未形成、可通达性较弱的实际，加强交通基础设施建设，着力形成纵深串联、环状组合的内部路网"微循环"，并依托 314 省道打造沿黄河东西向发展主轴，通过道路将城镇空间、生态休闲、文化旅游等在形态组织上有机串联，形成轴向良好的城市风貌和空间形态。

2. 生态优先

坚持生态环境保护与污染防治并重，强化生态修复，构建三级生态安全控制线，将区域内黄河沿岸湿地保护区域边线作为一级生态安全控制线边界，一级安全控制线内禁止一切人工建设；将现状防护林边线作为二级生态安全控制线；将区域风景区边界、现状鱼塘和密集农田区边界作为三级生态安全控制线。通过建立多层次、多功能、立体化的生态体系，打造市区生态长廊和生态屏障。

3. 水系建设

通过河道贯通、疏拓功能不强的闸坝等工程措施，加强水系整体的连通性，包括河流、湖泊、水塘和湿地之间的连接，形成以黄河为主，枯河、汜水河、索须河、东风渠为辅，连接湖泊、水库、湿地的水流畅通的水系格局。通过修复治理河堤、河岸，沿岸进行生态进化、水质提升，打造沿河景观。

4. "智慧旅游"网络信息系统建设

充分发挥郑州作为国家级互联网骨干直联点城市、跨境贸易电子商务服务试点等优势，利用"互联网＋"理念和手段，依托大数据、云计算等技术，打造"智慧旅游""定制旅游"，健全包括可视化网络景区、网络导游解说系统、住宿餐饮网络预订、网上门票购买、网络支付、网络即时投诉解决、网络安全救助服务、旅游经营企业网络营销以及跨区域网络经营结算等在内的智能旅游网络信息系统，提升旅游管理、旅游服务和旅游营销信息化水平。

（六）做强产业，深化景城融合产城一体

1. 构建生态文化旅游全产业链

以文化为灵魂、旅游为主体、商贸为动力，充分发挥黄河历史文化体验、黄河生态农业发展、黄河风景名胜休闲、黄河生态旅游度假等功能，推进旅游与其他产业深度融合，加快发展与生态文化旅游产业关联度高的交通运输、住宿、餐饮等传统服务业。努力发展生态文化旅游特色的商贸会展、高端养老、文化创意、信息资讯等新型服务业，积极促进健康服务业、养老服务业、涉外服务业等业态发展，创新产品类型，提高产品附加值，扶持旅游商品专业市场和公共服务平台建设，引导本土旅游商品研发、生产、销售，提升生态文化旅游产品文化创意及附加值。

2. 推进生态文化旅游产业化与城镇化融合发展

以旅游促进城镇化发展，以城镇化优化旅游环境，以旅游为引擎推动城区文化产业、商务会展等现代服务业的发展，增强城市竞争力，助推郑州都市区和国际商都建设。引导中心城区通过旅游及其相关产业拓展发展空间，提升环境品质；协调城市边缘区通过旅游带动工业遗迹和废弃地再利用；引导远郊区旅游带动农旅结合型项目的发展；引导和规范旅游地产发展，由点到面带动周边土地增值。

3. 加强生态文化旅游村镇规划建设

对辖区内的村庄，通过规划调整，集中建设旅游小镇，将散居的村民统一搬迁到旅游小镇，引导农民从事旅游，并科学编制搬迁地的土地利用规划，明确可开发和经营用地，盘活土地资源，同时也为经营性项目的建设留足余地。

（七）打造品牌，突出黄河生态文化旅游特色

1. 强化生态文化旅游资源整合

结束汉霸二王城景区、黄河中下游分界点桃花峪景区、五龙峰景区、

西山遗址、枯河、黄河湿地等重要资源的相互竞争和多头管理的现状，从体制机制上推动这些具有一定影响力的重要资源进一步整合，以黄河文化为统领，打造统一的黄河文化品牌，编制包含全域范围的旅游宣传图册，介绍重点景区、旅游线路、旅游服务设施（酒店、特色餐饮、民俗户、旅行社、自驾车营地、游客集散中心、旅游咨询站等），并在每个景区设立郑州沿黄文化旅游生态产业带全域旅游导览图，形成更大的影响力和发展力。

2. 实施生态文化旅游品牌提升战略

强化黄河文化和绿色低碳宜居宜业两大特色，着力提升传统优势品牌，大力培育新兴业态产品品牌，鼓励引进生态文化旅游服务品牌，打造炎黄朝拜、黄河游憩、桃花感悟、古战体验、黄土游览、自然品鉴、故城回味等主题产品品牌，以及休闲度假、老龄养生、避暑养生、康体运动、乡村休闲等精品项目，不断扩大生态文化旅游品牌覆盖面。

（八）创新机制，探索一体化经营模式

1. 创新景区间协作机制

加强各景区之间的战略合作，加快资源开发整合，按照"科学规划，集群发展"的原则，通过主导区域旅游产品整合创新，统一打造"黄河生态文化旅游"的形象品牌，并依托联合促销，使各景点联片成串。加强与周边及省内著名景区的合作，联合开发品位高、互补性强的旅游产品。

2. 创新风景区管理机制

推进科学管理，严格程序，在继续坚持财务统一、门票管理、物资统管等规章制度基础上，进一步实现管理的规范化和制度化。推进成本管理，通过降低成本提高经济效益。推进依法行政，严格按照国家法律、法规、规章办事。

3. 创新一体化经营机制

实施统一发展决策、统一规划设计、统一资源配置、统一扶持政策、统一项目安排、统一对外宣传，加强引导和支持，推动各类旅游企业开展广泛经营合作，着力统一服务标准，实行年票制、一卡通和网络统一结算等一体化经营模式，开通各区市县或旅游景区间的旅游专线，提升旅游接待能力，形成郑州沿黄文化旅游生态产业带发展新格局。

4. 创新开放发展机制

重视协同招商，加快景区旅游项目建设，支持有实力的旅游开发商和经营商开展跨区域旅游景区、旅游产品及其他旅游设施的投资开发，支持其根据规划开展的对景区点、住宿、餐饮等旅游设施的开发、兼并与收购等投资活动，以及旅游演出、纪念品等旅游产品的开发。

（九）完善政策，优化发展环境

1. 加强政策配套

旅游、发改、国土、建设、交通、农业、文化、林业等部门要进一步完善支持郑州黄河生态文化旅游产业带发展的政策措施，加强协调配合，促进政策配套衔接。对涉及产业带发展的交通、旅游设施等项目，要加快审批并尽快开工建设；对符合国家产业政策的重点旅游项目，在新增用地计划指标安排上要给予倾斜。

2. 加大融资支持

继续加大财政对产业带发展的投入，全面落实国家支持旅游业发展的各项税收优惠政策，加强对旅游企业、旅游项目和旅游消费的信贷支持，帮助旅游企业通过发行债券、股权投资等方式开展融资，鼓励符合条件的旅游企业上市融资。

3. 优化发展环境

按照行政干预最少、发展环境最优、服务质量最好的目标，加快转变政府职能，进一步精简涉旅行政审批、核准事项，按政策减免旅游有关收费，简化服务流程，提高工作效率，降低旅游企业经营成本，积极营造宽松开放的投资环境。

4. 完善政策法规体系

建立健全促进生态文化旅游产业快速健康发展的政策法规和标准规范体系，加强市场监管、资源保护、从业规范等方面的制度建设。

区域"十三五"发展战略研究

河南"十三五"经济发展重大问题的
思索与前瞻

"十三五"是河南全面建成小康社会，基本形成现代化建设大格局的关键阶段，随着全球经济发展新变化和我国经济发展进入新常态，国际国内都处在转折变革、分化重组的过程中，由此河南发展的外部环境和条件也发生了深刻的变化，在新的历史起点上推动和谋划河南发展，需要认清形势，把握重点，正确处理经济社会发展中的各种关系，克难攻坚，乘势而上，确保如期全面建成小康社会。

一 清醒认识"十三五"时期河南面临的
环境与形势

"十三五"时期河南省经济社会发展仍处于重要战略机遇期，但是战略机遇期已经从以相对稳定型为主向更加复杂多变、更加依赖主动塑造的方向转变，我们必须准确把握，积极应对，全面形成经济社会发展新格局。

（一）国内外复杂的形势变化要求河南必须保持较高的经济增长速度

当前，河南省发展的外部环境和条件发生了深刻变化。一方面，世界经济仍在深度调整，全球经济和贸易增长乏力，不稳定不确定性增强；我国经济增速换挡、动力转换困难、结构调整阵痛等相互交织，经济下行压力加大，河南省经济社会发展面临的风险挑战明显增多。另一方面，世界经济一体化进程继续推进，全球生产要素流动性增强，国际产业转移仍将继续；国家实施"一带一路"倡议，区域发展空间加快拓展，中部地区被摆上更加重要的位置，外部条件的变化为河南省发展提供了重要契机。总体看，"十三五"时期河南省经济社会发展仍处于重要战略机遇期，但是战略机遇期已经从以相对稳定型为主向更加复杂多变、更加依赖主动塑造的方向转变。一是延续粗放发展模式的空间接近极限，改革、转型和调整成为世界潮流，倒逼机制全面形成，河南作为一个经济欠发达地区，转型发展的大势已经形成。二是依靠要素成本优势驱动的经济发展方式已经没有空间，河南以土地、劳动力等传统要素吸引外来资金或简单承接产业转移的日子过不下去了，必须通过创新解决深层次矛盾和问题，创新型增长已经走向前台。三是过去三十多年来的积累，为河南在未来一个时期的发展奠定了雄厚的物质基础，构筑了强有力的机制平台，河南有条件去塑造出更多拥有先发优势的引领型产业和领域。此外，河南省主要人均指标低于全国平均水平的状况没有改变，也有空间、有必要保持较高的增长速度。因此，要在提高发展平衡性、包容性、可持续性的基础上，主要经济指标年均增速高于全国平均水平，确保如期全面建成小康社会。

（二）全新发展理念的确立要求河南必须以现代化的思维对经济社会发展进行全面布局

随着全球性挑战增多，加强全球治理、推进全球治理体制变革已是大势所趋，弘扬共商共建共享的治理理念，继续丰富打造人类命运共同体的主张正在成为越来越多国家和地区的共识。我国在深刻分析全国内外形势的基础上，明确指出要牢固树立创新、协调、绿色、开放、共享的发展理念，并以这五大发展理念为主线对"十三五"国民经济社会发展进行谋篇布局。从河南省来看，全面建成小康社会存在着区域发展不平衡、统筹城乡发展任务重、社会事业发展滞后、贫困人口基数大、资源环境约束趋紧等短板和弱项。五大发展理念的确立，为"十三五"时期河南省经济社会的发展指明了方向和途径，有利于河南省在补齐短板、强化弱项中少走弯路、不走弯路。但是践行全新的发展理念，河南省也面临着新的困难和挑战。创新发展主要是解决发展动力问题，这意味着河南要在爬坡过坎、滚石上山的追赶过程中更换新动力，需要付出艰辛的努力。协调发展、绿色发展和共享发展需要河南把旧常态下外化的各种成本内化到发展成本中，这在现阶段 PPI 持续负增长，企业效益大幅下滑的情况下，艰难程度也是可想而知的。开放发展无法再沿袭出口、引资的老路，必须面对国际经济合作和竞争局面的深刻变化，应对外部经济风险和压力也是过去所不能比拟的。因此，必须牢固树立和贯彻落实创新、协调、绿色、开放、共享的发展理念，提高贯彻五大发展理念的能力和水平，以现代化的思维发展新经验、扩大新成果、应对新情况、解决新问题。

（三）新一轮科技革命带来的新机遇要求河南必须致力于抢占发展制高点

当今世界，信息技术、生物技术、新能源技术、新材料技术交叉融合，正在引发新一轮科技革命，智能装备、智能工厂等智能制造正在引领制造方式变革，围绕创新将孕育出超乎预想的新产品、新需求、新业态。特别是以互联网为代表的信息技术日新月异，不断催生智能制造、"互联网＋"、分享经济等新科技、新经济、新业态。我国大力实施网络强国战略、国家大数据战略、"互联网＋"行动计划，推动大众创业和万众创新，新领域新空间层出不穷。

在世界经济复苏乏力、我国经济下行压力不断加大的背景下，各国各地都在探索利用新一轮科技革命和产业变革带来的机遇，摆脱发展困境或超越发展瓶颈，在未来的发展中抢占先机。在这一过程中，对一个欠发达经济体来说，未来的命运只有两种，一是抓住新一轮科技革命带来的新机遇，抢占发展制高点，塑造出更多具有先发优势的引领型产业，实现弯道超车；一是与新技术革命、新产业革命擦身而过，从而被先发者甩得更远。创新发展不仅是国内外发展形势所迫，也是区域发展的兴衰所系。为此，要深入实施创新驱动发展战略，推动自主创新、开放创新双提升，建设网络经济大省，抢占制高点。

（四）国际国内经济秩序深度变革要求河南必须抓住用好转方式调结构的重要窗口期

国际金融危机后，国际经济秩序进入深度变革时期，发达国家加紧实施再工业化，发展中国家也在加速工业化。在发达国家先进技术和发展中国家低成本竞争的双重挤压下，我国结构性矛盾突出，部分行业产能过剩严重，必须加大供给侧结构性改革力度，推进过剩产能的出清和新兴产业的成长，进行产业结构的调整和比较优势的重塑。目前沿海地区转型发展已经取得明显成效，重庆、贵州等地转型升级步伐也在加速。河南省经济发展传统优势丧失而新的支撑力量还没有形成，加快产业转型升级迫在眉睫。

经济下行既是挑战，也是调结构转动力的重大机遇，不能再以任何名义浪费和丧失这个窗口期了。面对传统经济发展方式积累的矛盾和问题，如果一直迟疑和等待，等到经济恢复了，这个时间窗口就关闭了，不仅调整的机会浪费掉了，而且还会耗尽改革开放以来积累下来的宝贵资源，河南会为此在未来的增长中付出更大的代价。现在僵尸企业和过剩产能的退出还没有实质性进展，留给我们的时间不多。因此，必须以加快新旧产业转换为中心，加快建设先进制造业大省、高成长服务业大省、现代农业大省和网络经济大省，推进产业向中高端迈进。

（五）区域结构的深刻变动要求河南必须加快构筑支撑全国发展的新空间

当前，世界多极化、经济全球化深入发展，国际经济格局正在从一体化趋势转向碎片化趋势。我国在国际贸易、投资，包括国际金融领域采取一系列措施进行积极应对，如"一带一路"建设和互联互通、国际产能合作等，以更高层次的开放来不断增强参与全球治理和区域治理的能力。从国内看，"十三五"期间，国家着眼于开拓发展新空间，将以区域发展总体战略为基础，以"一带一路"建设、京津冀协同发展、长江经济带建设为引领，构建以沿海沿江沿线经济带为主的纵向横向经济轴带。在这一过程中河南面临着重大机遇。一是在拓展区域发展空间的新棋局中，国家把中原地区城市群发展放在了加快培育，继而引领中西部地区发展的重要位置。这是河南和中原地区的重大利好，也来之不易，必须抓住机遇，把这种潜在的优势坐实、放大，凸显和提升河南的区域地位。二是"一带一路"倡议的提出，改变了沿海开放战略下中原地区不靠海、不沿边的被动局面，将地处中原腹地的河南推到了新一轮开放发展的前沿，如何发挥这一优势，深度融入全球产业链、价值链和物流链，发展更高层次的开放经济，是"十三五"期间河南的一个重大机遇。但同时也必须看到，京津冀和长江经济带"一北一南"两大战略的提出,对居中的河南和中原地区会形成较大的压力;与国际市场的直接连通,也会把国际激烈的竞争和压力传导到区域经济发展中。因此,要加快中原城市群一体化发展,构筑"一极三圈八轴带"发展格局,使中原城市群成为与长江中游城市群南北呼应、共同支撑中部崛起的核心增长区域,打造内陆开放高地。

二 准确把握"十三五"河南攻坚克难的主要领域和重大问题

适应经济发展新常态带来的趋势性变化,立足发展目标和主要矛盾,"十三五"期间河南应紧紧抓住影响和带动全局发展的关键领域和重点环节,在放大载体效应、提升要素水平、优化空间布局、构建现代产业体系和加强生态环境建设五个方面创新突破、引领发展。

(一)放大平台效应,引领区域经济转型发展

发展平台是区域经济发展的战略支点、对外开放合作的重要接口、对内创新发展的先导力量,是后发地区集聚要素、整合资源、创新优势,加快经济崛起、实现赶超目标的主要途径。近年来,河南省着力构建了一大批科学发展平台,有国家战略层面的郑州航空港经济综合实验区、中原经济区和粮食生产核心区等战略类平台,有180个省级产业集聚、176个商务中心区和特色商业区等产业类平台,有7家国家级、14家省级高新区以及9家国家级、20家省级经济技术开发区等创新类平台,有郑州航空港实验区、中国(郑州)跨境电子商务综合试验区、综合保税区、出口加工区以及各类指定口岸等开放类平台,有中原城市群、城乡一体化示范区等区域性平台,有产权交易市场、郑东新区金融集聚核心区、粮食期货市场等市场类平台,以及电子商务等信息类平台,平台数量和种类在中部省份居于前列,成为推动河南省经济社会快速健康发展的重要支撑,为河南长远发展奠定了良好的基础。"十三五"期间,面对艰巨的转型发展任务,要继续把发展平台作为推动河南省开放创新转型发展的支柱和先导,顺应发展新常态新要求,扩展新功能,拓展新空间,引领全省经济转型升级、再创优势。一是完善平台体系。适应更大范围更深程度参与国际交流合作和引领

创新发展的要求，弥补短板，完善体系。申建中国（河南）自由贸易区、郑洛新国家自主创新示范区等国家战略平台，构建高层次发展平台和载体；丰富高新区以及科研服务平台，构建多层次、全覆盖的口岸体系；着眼发挥市场优化配置要素资源的作用，加快要素交易类平台建设；把握平台经济发展新机遇，大力发展平台类企业。二是提升平台功能。兼顾各类发展平台的集聚特性和系统生态特点，不断挖潜衍生平台服务功能，充分发挥原有功能，强化研发设计、信息服务、孵化培育、融资担保等现代服务功能，凸显集聚创新、大众创业、汇集总部、产城融合功能，促进发展平台由较为单一的产业集聚功能向复合服务功能转型升级。三是放大平台效应。坚持先行先试与复制推广相结合、自身提升与联动发展相结合，创新开放运作模式，促进发展平台协同联动，加强平台与区域经济耦合对接，形成以点带面、点面融合发展新格局。四是创新平台机制。以创新行政管理体制、探索市场化管理运营模式为重点，营造良好发展生态，激发平台主体发展活力，增强平台创新发展动力，切实成为河南省最具活力的经济发展高地。

（二）提升要素水平，培植市场竞争新优势

生产要素是指生产物品和劳务过程中所使用的物品和劳务，包括劳动力、土地、资本、技术、信息、组织、制度等。要素的层次水平决定着一个国家或地区在全球生产价值链中的地位和竞争优势。吸引争取高端要素，克服自身资源禀赋不足，培育比较新优势已成为发展新阶段地区竞争发展的新特点新趋势。河南省作为内陆发展中的人口大省，劳动力、自然资源等传统要素资源丰富，技术、管理以及资金等创新要素、高端要素不足。在经济增长动力由要素驱动转向创新驱动的新常态下，河南省传统比较优势正在弱化，在此基础上发展起来的传统支柱产业竞争力不断减弱甚至丧失。"十三五"时期必须更新要素结构，提升要素水平，再创竞争新优势。一是强化创新提升要素层次。创新是推动区域发展要素结构提升的根本力量。要依托区域经济发展平台和载体，集聚创新资源，推动科技创新，开发新资源，拓展新应用。推动商业模式创新，抓住电子商务这一关键环节，促进信息技术与资本要素融合对接，改造更新传统要素，转化提升要素结构。推动制度创新，充分发挥河南省国家级战略平台先行先试职

能，形成体制创新的先发优势。重视人力资源这一生产力中最活跃的要素，实施人才培育和技能提升工程，集聚科研、创意、教育、管理高端人才，提升劳动力技能素质，黏合创新产业和企业的优质要素，形成人力资本新优势。二是扩大开放完善要素结构。进一步强化河南省区位交通优势，发挥文化旅游、装备制造、农业、资源、市场等比较优势，促进河南省内需型经济与外向型经济对接融合。充分利用郑州航空港经济综合试验区这一开放高端平台，坚持引进来和走出去双向开放，大力引进短板高端要素，积极输出传统优势资源，最大限度地释放具有比较优势的发展能量。三是深化改革优化要素配置。推进农业转移人口市民化，加速新型城镇化进程，释放消费需求，放大市场潜在优势，挖潜农业复合发展优势等。深化投融资体制改革，放开社会资本投资基础设施、公共服务等领域的限制，促进社会资本与产业、实体经济融合。发展完善各类市场，深化市场配置要素改革，促进人才、资金、技术在区域、城乡、行业、部门间有序流动和合理配置，提高全要素生产率。四是有效集合创造叠加优势。充分发挥河南省综合资源优势，集合区位、资源、人力、技术、产业、市场、物流等已有优势，有效整合配置、合理开发利用。特别是针对河南省农副资源丰富、能源原材料工业比重大等现实省情，以打造"三个对接"产业链为重点，推动生物资源与终端消费品双向对接、矿产资源与终高端制成品双向对接、"城市矿山"与再生制品双向对接，将传统优势与高端要素结合，形成要素集合叠加优势，推动要素弱化优势向要素综合优势转化提升。

（三）优化空间布局，拓展区域发展新空间

空间布局是区域产业发展和城镇化的空间载体与配置形态。要顺应全国沿海沿江沿线经济带为主的纵向横向经济轴带战略布局，深刻认识全国区域发展大势，充分发挥河南的区位、产业、资源等优势，围绕国家战略找准发展定位，坚持核心带动、轴带发展、节点提升、对接周边，构筑"一极三圈八轴带"发展格局，在服务全国大局中加快自身发展。一要在全面融入国家"一带一路"建设中加强谋划。把积极参与"一带一路"建设与实施三大国家战略规划紧密结合起来，打造"一带一路"重要的综合交通枢纽和商贸物流中心、新亚欧大陆桥经济走廊互动合作的重要平台、内陆对外开放高地。以全球视野推进郑州国际商都建设，坚持建设大枢

纽、发展大物流、培育大产业、塑造大都市，推动"四港联动"，增强融入世界城市体系、服务中西部发展和辐射带动全省的能力。二要在深化产城互动中拓展空间。产业是发展的基础，城市是产业发展的依托。没有产业支撑，城市发展不起来；城市功能不完善，产业发展水平也上不去。要遵循城市和产业发展规律，坚持产城相辅、人城相融、城市规模与资源环境相适应，以产兴城、依产促城，最大限度地把人口向城市集中。强化产城互动、协调推进，抓紧解决人才、生产要素运作机制等一些突出问题，统筹空间、规模、产业三大结构，着力优化城市发展形态，推动中心城市组团式发展，构建城镇产业发展轴带。三要在促进区域城乡协调发展中深化协作。强化"一极"的集聚和辐射带动作用，强化"三圈"和"八轴带"间的互联互通互动，促进中原城市群各市城乡规划和功能对接，推动跨区域城市间产业分工、基础设施、生态保护、环境治理等协调联动，促进生产要素自由流动和优化配置。建立跨地区投资、地区生产总值、财税等利益分享机制，推动城镇间产业分工、产业整合、园区共建。

（四）构建现代产业体系，推进产业向中高端迈进

现代产业体系是相对于传统产业体系而言的优化升级版的产业构成，是先进制造业、现代服务业和现代化农业互相融合、协调发展的系统。构建河南现代产业体系，就是从河南产业演进的基本特征、经济社会发展的阶段性变化和宏观经济背景出发，顺应市场经济、产业结构转换、区域发展等内在规律，以加快新旧产业转换为中心任务，强化传统产业升级、新兴产业培育双轮驱动，加快建设先进制造业大省、高成长服务业大省、现代农业大省、网络经济大省，推进产业迈向中高端，打造面向未来的新的经济发展方式，全面提升区域经济的综合竞争力。一要打造产业集群。遵循分工协作规律，打造专业分工、协作配套、相互依托、相互支持的产业集群，培育形成一批具有核心竞争力的"百千万"亿级优势产业集群，不断降低综合成本。二要促进产业融合。遵循三次产业发展及结构演进规律，既强调发展第二产业，也强调发展第三产业，着力做优农业、做强工业、做大服务业、培育网络经济新业态，使一二三产业相互促进、共同发展。三要推动转型升级。从全省正处于工业化、城镇化中期阶段的实际出发，既要抓高新技术产业，也不能放弃劳动密集型产业，着力强化传统产

业升级、新兴产业培育双轮驱动。抢抓产业区域性调整转移的机遇,实现无中生有、倍数增长,加快工业化城镇化进程。积极推动生产性服务业向专业化和价值链高端延伸、生活性服务业向精细和高品质转变,推动制造业由生产型向生产服务型转变。四要强化创新驱动。抢抓新技术新业态新模式的机遇,推进新一代信息技术与经济社会各领域深度融合,争取在"互联网+"、新能源汽车等领域实现突破,以技术革命的突破推动经济结构优化、形成新的经济增长点,打造特色明显、优势突出的网络经济活跃区域。积极推进大众创业万众创新,打造众创、众包、众扶、众筹支撑平台,积极稳妥处置僵尸企业,不断释放发展潜力,增添发展动能。

(五) 加强生态环境建设,提升河南绿色发展水平

绿色发展是以环境资源为内在要素,以效率、和谐、持续为目标,实现经济社会发展"绿色化""生态化"的过程。绿色是永续发展的必要条件和人民对美好生活追求的重要体现,是全面建成小康社会的目标要求,也是新常态背景下经济增长的新引擎,区域发展形象的新坐标。河南作为资源型经济省份,建立在资源基础上的产业结构而衍生的环境问题形势严峻,已成为制约经济持续健康发展的短板。绿色低碳循环发展是当今时代科技革命和产业变革的方向,推进绿色发展,将促进河南省发展模式从低成本要素投入、高生态环境代价的粗放模式向创新发展和绿色发展双轮驱动模式转变,能源资源利用从低效率、高排放向高效、绿色、安全转型,是河南省经济转型和促进经济、社会、人口和资源环境可持续发展的重要动力。我们要强化绿色发展理念,坚持绿水青山就是金山银山,推动形成绿色生产方式和生活方式,建设天蓝、地绿、水净的美丽河南。一是要强化主体功能约束。以主体功能区规划为基础统筹各类空间性规划,推进"多规合一",发挥规划的引导和控制作用,科学定位生产空间、生活空间和生态空间,实行重点生态功能区产业准入负面清单,为生态环境保护和美化提供科学合理的空间格局保障。二是强化节能减排和资源循环高效利用。促进资源节约循环高效利用,加快资源利用方式转变,强化约束性指标管理,实行能源和水资源消耗、建设用地等总量和强度双控行动,构建覆盖全社会的资源循环利用体系。推进能源革命,坚持内节外引能源方针,建设清洁低碳、安全高效的现代能源体系。三是要强化环境治理和生

态建设。加大环境治理力度，实行最严格的环境保护制度，实施蓝天工程、碧水工程、乡村清洁工程，确保环境质量明显改善。加强生态环境建设，加快"四区三带"区域生态网络及黄河明清故道生态走廊等重大生态工程建设，实施林业生态省建设提升工程，加强生态水系建设，促进人与自然和谐共生。四是要强化生态文明制度体系。制定修订环境与资源保护地方性法规，设定并严守生态红线。建立健全用能权、用水权、排污权、碳排放权初始分配制度，创新有偿使用、预算管理、投融资机制，培育和发展交易市场。加大环境违法行为查处和惩罚力度。

三 正确处理好河南发展的若干重要关系

（一）处理好"快与好"的关系

"快与好"体现了质与量的关系，又好又快是科学发展观内在的必然要求。我们所要的好，一定要包含有快，只有包含着快的好才是真正的好；我们所要的快，一定要包含有好，只有包含着好的快才是真正的快。否则，离开好去追求快或离开快去追求好，都是片面的、背离客观规律的。当前我们要把加快发展作为最大的政治、最硬的道理、最紧迫的任务，坚持能快就不要慢，能先就不要后，能主动就不要被动。但同时，必须首先着眼于好，坚持好字当头，好中求快，快中求好，推动经济社会又好又快发展。改革开放以来特别是党的十八大以来，全省经济发展呈现出良好发展态势。当前，河南省经济发展与全国一样，已经进入了以增速换挡、结构优化、动力转换为主要特征的新常态，正处于爬坡过坎、攻坚克难的关键时期。到 2020 年，河南生产总值和城乡居民人均收入要比 2010 年翻一番以上，人均经济指标要赶上全国平均水平，就必须坚持发展是第一要务，就必须按照《中共河南省委关于制定国民经济与社会发展第十三个五年规划的建议》所提出的"经济保持较高速度增长"，主要经济指标年均增速高于全国平均水平，生产总值年均增速高于全国平均水平 1 个百分点以上。同时，河南为适应经济发展新常态，提升全省经济的总体实力和竞争力，就必须把提高经济发展质量和效益摆在中心位置，充分发挥优势，大力发展战略新兴产业，积极培育新的增长点，做到速度规模和质量效益相统一、总量增长和结构优化相协调，实现以比较充分就业、提高劳动生产率、投资回报率、资源配置效率为支撑的协调发展，不断推动经济发展方式从粗放型向集约型转变。

（二）处理好"近与远"的关系

"近与远"的关系是首尾相连的辩证统一关系，当前是长远的起点，长远是当前的继续，好的起点是实现长远发展的基础，好的长远谋划是搞好当前发展的依据。否则，只顾当前，忽视长远，即使换取当前表面的繁荣，也不会持续，而不顾当前，只重长远，发展就会停滞。因此，要正确处理好"近与远"的关系，必须坚持统筹兼顾，既立足当前，又着眼长远，从远处着眼、从近处着手，实现当前发展与长远利益的统一。从近期看，面对经济下行压力依然严峻的形势，河南省要主动适应经济发展新常态，坚定信心，坚持调中求进、改中激活、转中促好、变中取胜的总基调，继续把稳增长、保态势作为全局工作的突出任务，扩大增长点、转化拖累点、抓好关键点、稳控风险点、抢占制高点，确保全省经济平稳健康持续发展。从远期看，要夯实基础，坚持突出重点、弥补短板、强化弱项，为全面实现现代化奠定坚实基础。加快现代交通系统建设，打造多式联运、内捷外畅的大交通格局，为人流物流提供便利。加快构建复合型、多功能的现代水利网络体系，既保障农业生产、保障城市发展，又为生态环境改善提供支持。加快能源支撑系统建设，构建安全、清洁、高效、可持续的现代能源支撑系统。加强生态环境保护，实施重大生态修复和建设工程，构建多层次、网络化、功能复合的生态保护体系，为人们创造良好的生活条件和环境。加强人力资源强省建设，深入推进全民技能振兴工程和职教攻坚工程，全面提高劳动者技能素质，培养和引进各类人才，创造聚集人才的条件，造就以优秀创新创业人才为主体的高层次人才队伍。

（三）处理好"旧与新"的关系

"旧与新"的关系本质上是破与立的关系，就是破除旧思想、旧产业，树立新理念、发展新产业。破旧立新、新陈代谢是不以人的意志为转移的客观规律，破旧是立新的前提，立新是破旧的结果，只有大胆地破旧，才能更好地立新，才能使我们的思想和行动从传统的发展观念、发展方式、发展道路中解放出来，实现跨越发展。当前我国正在全面深化改革，经济发展进入新常态，"十三五"期间，我们要实现发展理念的转变、经济的转型、新旧动力的更替，必须处理好"旧与新"的关系。要牢固树立和贯彻落实创新、协调、绿色、开放、共享的发展新理念，进一步破除不合时宜的思维定式，根除以小农意识为代表的内陆意识和狭隘保守的思想观念，大力弘扬发展、改革、创新文化，培育有利于解放思想、改革开放的文化土壤，以现代化的思维、全球化的视野和更加积极的开放姿态推动发展。要把创新作为引领发展的第一动力，大力实施创新驱动发展战略，推进科技创新、制度创新、管理创新和文化创新。把协调作为持续健康发展的内在要求，将促进四化同步科学发展作为突出历史任务，统筹区域、城乡、物质文明和精神文明协调发展，不断增强经济社会发展的整体性、平衡性。要把绿色作为永续发展的必要条件，加快建设资源节约型、环境友好型社会，形成人与自然和谐发展的现代化建设新格局。要把开放作为繁荣发展的必由之路，大力实施开放带动主战略，全面融入"一带一路"建设，以扩大开放转换动力、促进创新、推动改革、加快发展。要把共享作为中国特色社会主义的本质要求，大力实施脱贫攻坚工程，加强社会事业、民生保障等领域的薄弱环节，使全省人民共建共享发展成果，尽快实现共同富裕。要加大供给侧结构性改革力度，重点是促进传统的产能过剩有效化解，促进产业优化重组，降低企业成本，发展战略性新兴产业和现代服务业，增加公共产品和服务供给，着力提高供给体系质量和效益，以扩大有效供给和品质提升满足新需求，推动消费和投资良性互动、产业升级和消费升级协同共进，为经济提质增效升级提供更持久、更强劲的动力。

（四）处理好"内与外"的关系

内源型经济是指主要依靠本省、本地的资源发展起来的经济；外源型经济是指主要依靠域外资源发展起来的经济。促进内外源型经济协调发展，是转变经济发展方式的重要内容，也是促进经济社会可持续发展的重要途径。处理好"内与外"的关系，就是按照科学发展观关于统筹国内发展和对外开放的要求，从实际出发，做大做强内源型经济，提高外源型经济水平，促进外源型经济内源化、内源型经济外源化，形成外源型经济和内源型经济相互促进、协调发展的新格局。河南作为一个内陆省份,在经济全球化的背景下,河南要实现跨越发展,利用好内外两种资源、两个市场,就必须抓住国家实施"一带一路"建设的新机遇,积极融入国家对外开放和区域发展战略,把三大战略规划实施与国家"一带一路"建设密切结合起来,东联西进、贯通全球、构建枢纽,打造内陆对外开放高地。推动有条件的企业走出去,参与海外能源资源开发,支持农业、装备制造、资源加工等领域优势企业开展国际产能合作,加强教育、科技、文化、旅游等领域合作,提升利用国际国内市场、资源的效率和效益,发展更高层次的开放型经济,以扩大开放转换动力、促进创新、推动改革、加快发展。

(五) 处理好"软与硬"的关系

经济发展的软环境与硬环境是一个国家或地区综合竞争力的重要体现,环境建设对区域经济发展有着巨大的牵动作用和重要的基础作用。硬环境是一种物质环境,软环境是一种精神环境,二者之间是相辅相成的有机统一体,只有坚持用"硬"措施打造软环境,用软环境提升"硬"实力,通过振动"软""硬"双翅,才能促进经济社会健康发展。"十三五"时期,河南省要注重发展硬环境,更要改善软环境。在硬环境建设方面,河南省在继续加快高铁网、航空网、公路网为重点的现代综合交通系统建设和水利、能源、生态环境等基础设施建设的同时,进一步加快信息技术设施建设,构建高速、移动、安全、泛在的新一代信息基础设施,更好地为"互联网+"、电子商务、大数据发展提供支持。在软环境建设方面,进一步转变政府职能,尽快建立政府权力清单、负面清单、责任清单制度,建设高效的法治型有限型政府。加强党风廉政建设,健全改进作风长效机制,营造风清气正的政治生态。加快文明河南建设,弘扬社会主义核心价值观,促进文化发展繁荣,提升文化软实力。全面推进依法治省,运用法治思维和法治方式深化改革、推动发展、化解矛盾、维护稳定,促进社会和谐。

(六) 处理好"加与减"的关系

河南省经济要行稳致远、提质增效,关键在于全面深化改革,特别是在当前中央提出加快推进供给侧结构性改革的大背景下,河南要善于做好

"加减法"运算这道"算术题",用"加法"补齐短板,用"减法"增强活力,以发展环境的优化和经济结构的升级托举全省经济社会发展跃上新台阶。做好"加法",就是通过补齐短板,扩大要素供给,发展新兴产业,提高经济增长质量与效益;培育经济增长新动力,拓展经济发展新空间,增加人口供给、提升全员素质、提升创新能力、增加公共产品供给、加强政策制度协调性,为经济增长提供支撑;以创新发展理念,挖掘经济发展新动力,开拓新空间,创造新产业,培育新的经济增长点。做好"减法",就是通过压缩落后产能,清理僵尸企业,盘活过剩产能沉淀的劳动力、资本、土地等生产要素,使国有资本活起来,在流动中优化配置,提升全要素生产率;通过简政放权、破除垄断、放松管制、减税负,降低企业运行成本和市场交易成本,焕发经济活力。

河南濮阳市"十三五"发展战略研究

"十三五"时期（2016~2020）是全面建成小康社会、实现我党确定的"两个一百年"奋斗目标的第一个百年目标的决胜阶段，是全面深化改革的攻坚时期，是全面贯彻落实《河南省全面建成小康社会加快现代化建设战略纲要》的重要时期，也是濮阳实现赶超发展、转型升级、三量提升的关键时期。根据党的十八届五中全会、河南省委九届十一次全会精神，结合濮阳未来发展态势，形成濮阳市"十三五"发展战略研究报告如下。

一　赶超发展，开启全面小康新征程

（一）站在发展新起点

"十二五"时期是濮阳市经济社会发展史上前所未有、极为复杂、极不寻常的五年。面对错综复杂的国内外形势，濮阳全市上下以科学发展观统揽经济社会发展全局，以深入开展"一创双优"活动为动力，围绕"4321"战略定位和"二三五"赶超目标，务实重干，克难攻坚，经济发展保持良好赶超态势，基本实现了"十二五"规划确定的预期目标和主要任务。

综合实力显著增强。2015年濮阳市实现生产总值1333.6亿元，年均增长11.3%，是"十一五"末的1.7倍；公共财政预算收入达到78.99亿元，是"十一五"末的2.6倍；全市粮食总产量达到271.8万吨，实现"十二连增"。全社会固定资产投资累计完成4705亿元，是"十一五"时期的2.7倍，晋豫鲁铁路、德商高速范县段、南林高速东延、濮东500千伏输变电工程、文96储气库、榆济输气管线等重大项目建成投用，台辉高速豫鲁界正范阳段、濮阳豫能2×60万千瓦机组、引黄入冀补淀等重大项目正在加快推进，干线公路全面升级改造，重大基础支撑能力显著增强。

转型升级亮点纷呈。濮阳市三次产业结构由13.8：66.5：19.7调整为12.1：56.8：31.1，资源型工业结构转型升级步伐加快，规模以上工业企业达到987家，比"十一五"末增加322家；高新技术产业占工业增加值的比重达到25%，科技进步对经济增长的贡献率达到50%；8个省定产业集聚区发展迅猛，累计完成投资2300亿元，完成工业增加值1019亿元；服务业年均增长9%，商务中心区、特色商业区成为服务业发展的重要支撑；新型城镇化加快推进，常住人口城镇化率达到40.5%，较2010年提高7.7个百分点，户籍人口城镇化率达到36.9%。先后被确定为国家资源型城市转型试点市、国家创建新能源示范城市、国家新型城镇化综合试点城市、国家生物基材料产业集群建设试点市、全国信用体系建设试点市和全国生态文明先行示范区建设试点。

对外开放深入推进。开放招商、承接产业转移成效显著，与中国石化集团、华润集团、汇源集团、河南能化等500强企业开展战略合作，天能集团、富士康、闻泰集团、森源重工、昊华骏化、中原天然气、中国电子商会等一大批龙头型、基地型企业落户濮阳，有力推动了产业结构优化升级和集聚效应形成；五年来签约亿元以上项目1080个，累计完成进出口额、利用境外资金、利用省外资金分别达到33.8亿美元、18.09亿美元、724亿元，年均增长6.5%、33.02%、22.8%。成功举办中国·濮阳精品杂技艺术节经贸活动、中国濮阳"二月二"龙文化节、中国杂技"金菊奖"第三届剧目奖颁奖暨经贸活动、中国石油石化技术装备大会暨首届中国（濮阳）石油装备展销会、中国羽绒行业标准修订大会及中国羽绒行业发展论坛等。

深化改革成效突出。政府机构和事业单位改革稳步推进，简政放权步伐加快，市级行政审批事项由原来的244项减少到115项，精简率达到52.87%。推广同级部门联审联批制度。积极稳妥推进党政机关公务用车制度改革，对取消的公务用车进行了全面封存和停驶。深化投融资体制改革，设立全省首只市级政府产业投资基金。深入推进医药卫生体制改革，成功申报城市公立医院第三批国家试点城市。资源性产品价格改革持续深化，竞争性领域和环节的商品、服务价格基本放开。农村综合改革成效显著，"两权"确权登记工作全省领先，市、县、乡都成立了农村产权交易服务中心。国企、财税、水利、教育、科技、文化等领域改革取得积极进展。

人民生活显著改善。城镇居民人均可支配收入达到 25668 元，农民人均纯收入达到 9148 元，年均分别实际增长 11.1% 和 12.5%；累计新增城镇就业 64 万人，累计完成农村劳动力转移就业 395.3 万人；基本实现辖区居民养老保险全覆盖；教育医疗基础设施建设不断加强，建设标准化中小学 870 所，改扩建乡（镇）卫生院 24 所，新建改建村卫生室 1109 所；濮上园、博物馆、纪念馆等公园场馆免费开放，水库如期蓄水、龙山跃然成形，示范区起步区基础设施逐渐完善，中心城区综合提升成效明显，城市品质进一步提高。

生态环境持续优化。启动生态市建设，强力实施"蓝天工程""碧水工程"，建成了金堤河湿地公园等一批生态环保基础设施和节能重点工程，节能降耗、主要污染物排放完成省定目标。开发区循环化改造成功创建为国家示范试点。完善市县两级污水、垃圾处理体系。2015 年，城市污水处理率达到 92.7%，城市垃圾无害化处理率达到 99%，林木覆盖率达到24.5%，建成区绿化覆盖率达到 38.9%，生态环境得到明显改善。

社会大局和谐稳定。全面推进民主法治、依法治市，促进社会公平正义，提升党员干部队伍素质，营造风清气正、干事创业的浓厚氛围。深入推进"平安濮阳"建设，构建立体治安防控体系，在全省率先实现市县乡村四级联网，人民群众安全感和满意度大幅提高，为濮阳市经济社会发展创造了良好社会环境。

总体来看，"十二五"时期是濮阳经济社会发展最快、质量最好的阶段，主要指标增速进入全省第一方阵，生产总值总量突破了千亿元大关，重大项目建设成效突出。办成了一批事关长远发展的大事要事，建立了一整套行之有效的推动经济和社会发展的机制和制度，为"十三五"时期濮阳发展积累了丰富经验，奠定了坚实基础。

（二）面临发展新环境

和平与发展仍然是时代主题，世界经济在深度调整中曲折复苏，但全球经济贸易增长乏力，不稳定不确定因素增多。我国经济发展进入新常态，发展方式正在加快转变，新的增长动力正在孕育形成，经济长期向好基本面没有改变，仍处于重要战略机遇期，但战略机遇期内涵发生深刻变化，诸多矛盾叠加、风险隐患增多，正处于转折变革、分化重组的非常期。当前全省经济发展既处于爬坡过坎、转型攻坚的主要关口，也处于蓄势崛起、跨越发展的关键时期。"十三五"期间，全球全国全省发展环境和条件的深刻变化，为濮阳市的经济社会发展提供了重要契机，也形成了倒逼压力。新一轮科技革命和产业变革蓄势待发，国家大力推动大众创业万众创新，有利于濮阳通过加速构建以信息化为引领的现代产业体系，培育壮大新产业新技术新业态新模式，集聚新优势新动力，实现后发赶超。改革与创新成为时代主题，国家推进全面深化改革，有利于濮阳通过改革创新，破解体制机制障碍，进一步推动资源型城市转型试点、国家新型城镇化试点、国家生态文明先行示范区等多种政策叠加效益显现，激发内生动力活力。经济全球化深入发展，我国大力推进"一带一路"建设，河南省加快发展郑州航空港经济综合实验区，有助于濮阳立足三省交会特殊区位，发展成为融合对接中原城市群、京津冀和环渤海三大经济圈的枢纽和前沿，汇集人流、物流、资金流，积极承接产业转移，发展更高层次的开放型经济。国家加大对扶贫开发、城乡一体化、生态建设的支持力度，有利于濮阳市补齐短板、强化弱项，全面协调发展，提升民生福祉，培育形成新的增长点。

与此同时，濮阳也面临加快结构调整与保持经济稳定增长、产业转型升级与创新动力不足、城镇化加速与公共服务均衡发展等诸多矛盾，传统产业扩量提质遭遇瓶颈、新旧增长动力转换艰难，城市竞争软实力不强、极化效应加剧区域竞争，民生保障和资源环境约束依然明显、各种风险矛盾逐步显露，能源、文化、生态等独特资源优势和改革开放潜能释放不够等突出问题亟须解决。

综合判断，"十三五"时期濮阳赶超发展大有可为，转型压力也前所未有。谋划濮阳市"十三五"时期的发展，必须准确把握经济发展新常态带来的趋势性变化，深刻认识濮阳市处于转型升级、赶超发展的关键时期，进一步增强忧患意识、树立家园意识，始终保持昂扬向上、奋发有为的精神状态，顺应趋势，抓住关键，以五大理念引领新阶段发展，在转方式、调结构、补短板、防风险等方面求新求变求突破，推动经济增长保持中高速、产业结构迈向中高端，努力开创"十三五"发展新局面。

（三）明确发展新要求

1. 指导思想

高举中国特色社会主义伟大旗帜，全面贯彻党的十八大和十八届三中、四中、五中全会精神，以马克思列宁主义、毛泽东思想、邓小平理论、"三个代表"重要思想、科学发展观为指导，深入贯彻习近平总书记系列重要讲话精神，以"四个全面"战略布局为总引领，以全面建成小康社会为总目标，以"坚持率先转型，实现三量齐升，进入全省省辖市第一方阵"为总要求，牢固树立创新、协调、绿色、开放、共享新理念，着力改革开放，着力创新引领，着力优化结构，着力改善民生，全面建设富裕文明和谐美丽新濮阳。

2. 基本原则

突出责任担当，坚持赶超发展。发展是解决一切问题的关键。濮阳是河南省脱贫攻坚的主战场，发展成效事关全省小康大局。"十三五"时期，濮阳必须站位全局、勇于担当，树立大局意识、责任意识，发挥优势、释放潜能、实施赶超，确保同步全面建成小康社会。

突出转型升级，坚持创新发展。创新是引领发展的第一动力。加快实现要素驱动向创新驱动转换，加大经济社会转型升级步伐。加快实施创新驱动战略，着力推进科技创新、产品创新、组织创新、管理创新及商业模式创新，增强创新对经济发展的支撑力和驱动力，抢占新一轮发展制高点。

突出统筹兼顾，坚持协调发展。协调是持续健康发展的内在要求。牢牢把握经济社会发展的总体布局，正确处理发展中的重大关系，重点促进城乡区域协调发展，经济社会协调发展，新型工业化、信息化、城镇化、农业现代化同步发展，政治、经济、社会、文化、生态全面协调，形成均衡协调发展新格局。

突出生态宜居，坚持绿色发展。绿色是永续发展的必要条件和人民群众的殷切期盼。坚持环境保护与经济发展同步，积极发展绿色经济、循环经济和低碳经济，加快形成节能环保的产业结构、增长方式、消费模式，努力创造清新优美、绿色低碳、和谐共生、生态宜居的新濮阳。

突出激发活力，坚持开放发展。开放是繁荣发展的必由之路。坚持内外需协调、进出口平衡、引进来和走进去并重、引资与引技引智并举，进一步提高对外开放水平，不断拓展新的开放领域和空间，全面加强区域合作，构筑开放型经济格局，增强加快濮阳发展的活力。

突出民生优先，坚持共享发展。共享是和谐发展的本质要求。坚持以人为本、民生优先，解决好就业、教育、住房、医疗、社会保障等关系人民群众切身利益的实际问题。坚持发展为了人民、发展依靠人民、发展成果由人民共享，使全体人民在共建共享发展中有更多获得感，朝着共同富裕方向稳步前进。

3. 战略定位

豫鲁冀三省交会区域中心城市。濮阳市是中原经济区、京津冀协同发展区及环渤海经济圈三大经济区衔接融合的枢纽与前沿。立足区位优势，加快构建便捷通畅、高效安全的立体式综合交通体系，加快建设城乡统筹、开放合作、组团发展、生态宜居的现代城镇体系，切实增强区域中心城市的综合承载能力和辐射带动作用，汇聚人流、物流与资金流，打造豫鲁冀三省交会集交通枢纽、物流节点、商贸中心、开放前沿于一体的区域中心城市。

全国重要的新型能源化工基地。依托中原油田、中原石化、丰利石化等龙头企业，建设千万吨石油化工炼化基地，推动石油、煤、盐、天然气等产业融合链接发展；积极引进战略合作伙伴，建设大型乙醇生产基地，抢占"第四桶油"先机；以创建全国第一批新能源示范城市为契机，加快开发地热能、生物质能、太阳能、风能等新能源，打造全国重要的新型能源化工基地。

全国重要的天然气输配中心。濮阳依托发达的天然气输送管网和便利的交通条件，利用文96天然气调峰储气库、文23战略储气库和中石化中原天然气公司资源调配平台等优势，加快建设新粤浙豫鲁支线、鄂安沧输气管道濮阳支线、濮范台输气管道等天然气干线管网，将濮阳打造成全国重要的天然气输配中心。

国家改革创新先行试验区。以资源型城市转型、国家新型城镇化、濮范台综合试验区、全国信用体系建设、国家生态文明先行、国家公立医院改革、农村金融等重大改革试点建设为载体，全面落实国家、省改革部署，着力在产业发展、城镇建设、扶贫开发、生态体系、医疗卫生、农业农村等领域先行先试，激发全社会创新创业活力，释放新需求，创造新供给，加快实现发展动力转换，努力把濮阳建成最具活力的改革创新先行区。

绿色低碳宜居宜业生态城市。坚持既要金山银山，又要绿山青水的理念，营造社会文明、生态秀美、生活便利、安全有序的工作生活环境，让群众生活更加舒适；营造政策优惠、服务优质、公平公正的创业环境，激发全社会创新创业创造活力，形成就业渠道广、创业机会多、产业发展旺的生动局面，形成健康的生活方式、文明的生产方式、绿色的消费方式，打造成"天更蓝、水更清、地更绿、空气更清新、人与自然更和谐"的生态城市。

4. 发展目标

"十三五"时期，濮阳市经济社会发展的总体目标是：到2020年，与全国、全省同步全面建成小康社会，基本建成创新开放、富裕文明、平安和谐、生态宜居的新濮阳。

具体说来，"十三五"期间濮阳市要实现以下目标。

综合经济实力显著增强。经济保持中高速增长，确保2020年濮阳全市生产总值和城乡居民人均收入在2010年的基础上均翻一番以上。生产总值年均增长8.5%，高于全省平均水平1个百分点，城乡居民收入增长与经济增长同步。转方式与调结构取得重大进展，科技进步对经济增长的贡献率达到60%，服务业占生产总值的比重达到35%以上，城镇化率达到56%。发展质量持续提升，财政一般公共预算收入年均增长9%。

人民生活水平不断提高。2019年，濮阳提前实现贫困人口全部脱贫和贫困县全部摘帽；2020年，巩固扶贫开发成果，确保稳定脱贫。以基本养老、基本医疗、失业保险和最低生活保障为重点的社会保障制度更加健全，实现全民覆盖，基本公共服务均等化总体实现，人民群众生活质量和幸福指数明显提升。到2020年，人口总数达到404万人，累计新增城镇就业20万人，城镇调查失业率控制在6.5%以内。

生态环境质量明显改善。濮阳建设资源节约型、环境友好型社会取得重大进展，节能降耗和主要污染物排放量完成省定目标；城市污水集中处理率达到95%以上，城市垃圾无害化处理率达到100%；林木覆盖率达到

28%以上，人均公园绿地面积进一步增加，城市空气质量优良天数每年保持在300天以上；生态市建设全面深入推进，人与自然和谐发展。

二　创新发展，培育富裕濮阳新优势

顺应区域发展竞争日趋激烈和发展动力转换的趋势，突出产业升级带动、科技创新驱动、人力资源支撑，加快动力结构转换，着力提高发展质量和效益。

（一）加快产业转型升级，构建现代产业体系

坚持传统产业升级和新兴产业培育"双轮驱动"，大力推进工业化与信息化、制造业与服务业、传统产业与新兴产业的深度融合，实现产业结构向中高端迈进，着力构建以先进制造业和高新技术产业为主体、战略性新兴产业为引领、现代服务业为支撑、传统优势产业为特色的现代产业发展新体系。

1. 再创工业发展新优势

坚持工业强市，实施"312"（3个千亿级产业基地、12个百亿级特色产业园）先进制造行动计划，突出集群化、智能化、绿色化、服务化发展导向，改造提升传统优势产业，培育壮大战略性新兴产业，加快工业转型升级步伐，构建竞争优势明显的制造业新体系。

（1）改造提升传统优势产业

发挥化工、装备制造、食品、现代家居、羽绒及服饰、电子电气六大特色传统产业优势，进一步延伸拓展产业链条，加大新技术、新工艺、新产品的开发与引进力度，实现产品升级换代和品牌提升，提高产业核心竞争力。

化工产业。按照"做大做强上游、做精做细下游"发展思路，借鉴新加坡化工陆岛模式，进一步延伸化工产业链条，大力发展中高端化学品，推进石油、煤、盐和天然气化工融合链接发展，打造国内一流的千亿级油煤盐气联合化工基地、全国绿色低碳生态化工示范基地、中部地区重要的高端化工产业承接基地。石油化工方面，依托中原油田石化总厂、丰利石化等龙头企业，扩大原油加工能力，提升炼油规模及技术水平，强力实施

炼化一体化战略，重点推进中原油田石化总厂1000万吨扩能、丰利石化60万吨丙烯等重大龙头项目，密切跟踪飞扬集团"三烯制三醇"技术，抢占"第4桶油"先机，营造石油化工产业新优势。围绕乙烯、丙烯产业链，大力发展环氧乙烷、环氧丙烷、丁辛醇、醋酸乙烯、丙烯腈等高附加值中间体，积极开发特种聚乙烯、特种聚丙烯、乙丙橡胶、超高分子量聚乙烯纤维、EVA树脂等高端产品；围绕碳四、碳五产业链，优先发展1，4－丁二醇、2－丙基庚醇等关键性中间产品，大力发展顺丁橡胶、稀土异戊橡胶、聚丁二酸丁二醇酯（PBS）等进口替代型的高附加值产品；围绕芳烃产业链，大力发展苯乙烯、己内酰胺、对二甲苯等市场需求大的中间产品，积极开发聚碳酸酯、芳纶、聚酯纤维等技术含量高的下游产品，加快实现石化产品结构调整和升级换代，打造全国重要的千万吨级石油化工基地。煤化工方面，濮阳要发挥晋豫鲁铁路"路煤"资源和省内甲醇产能规模的优势，发展壮大传统煤化工产业，加快推进现代煤化工产业链式发展，重点推进中原大化尿素装置原料路线改造（气化岛）、盛润集团180万吨甲醇制芳烃（MTA）、中原石化MTO扩建、昊华骏化100万吨醋酸制乙醇等大型项目，着力推动煤化工上下游一体化发展，提升产业综合竞争力。围绕煤制合成氨－精细化工产业链，推动发展环保脲醛树脂、水合肼、蜜胺树脂等精深加工产品；围绕甲醇制烯烃产业链，推进发展聚乙烯醇、碳酸二甲酯、聚氨酯、聚碳酸酯、MMA等中高端产品；围绕甲醇制甲醛产业链，扩大现有甲醛、多聚甲醛、甲缩醛等生产规模，加快发展聚甲醛、酚醛树脂等新材料产品，提高产品科技含量，打造中部地区重要的现代煤化工基地。盐化工方面，濮阳要立足丰富的卤水资源和盐化工产业基础，积极引进大型企业，推进盐矿开发和后续深加工产品生产，着力建设具有多种延伸产品的盐化工产业集群。围绕PVC及PVC深加工产业链，大力发展PVC型材、PVDC薄膜、新型制冷剂等市场需求大的氯碱深加工产品，积极开发氯化聚氯乙烯、氯化聚丙烯；围绕有机氯产品链，积极开发甲烷氯化物、环氧氯丙烷、环氧树脂等性能优异的新材料；围绕氯酸盐产品链，推进发展氯酸钠、次氯酸钠、氯酸钾等精细化工产品，促进石化、煤化、盐化深度融合发展，打造中原经济区最具竞争力的新兴盐化工基地。天然气化工方面，濮阳要发挥文96、文23国家战略储气库的资源优势，提高天然气在燃料、能源方面的利用率的同时，紧跟国内外最新技术，加快推动天然气化工产业发展，实现化工产业原料多元化。优先发展天然气制氢、天然气制二甲醚等项目，超前谋划天然气直接制乙烯等项目，推动油、煤、盐、气纵向链接、横向耦合发展，打造超千亿级能源动力基地。精细化工方面，依托蔚林化工、颖泰农化、惠成电子、迈奇化学、久盛助剂等企业，发挥基础化工原料优势，发展壮大传统精细化工产品规模，大力发展中高端精细化学品，做大做深精细化工产业集群。围绕酚醛树脂产品链，推动发展耐火材料、电子材料等领域应用的高性能酚醛树脂；围绕石油及橡塑助剂产品链，积极发展油田开采用破乳剂、高活性聚异丁烯等油品助剂，加快发展新型抗硫化还原剂、强力橡胶分散剂、环保型塑解剂等新型环保多功能橡塑助剂；围绕农药及医药中间体产品链，积极开发乙基氯化物、水相法毒死蜱等新型高效、安全、环境友好的农药专用中间体，加快发展新型广谱、价格低廉的医药中间体等精细化学品；围绕电子化学品产品链，推进发展 EVA 太阳能电池封装材料、超高纯电子级化学试剂等专用电子化学品；围绕新能源化学品产品链，大力发展锂离子电池及隔膜、硅油、硅树脂等新能源及硅化学品；围绕环保化学品产品链，大力发展水性环保涂料、紫外光固化低聚物涂料、环保型橡塑添加剂等环保型专用化学品，打造百亿级精细化工产业集群。

装备制造产业。发挥技术、资源等优势，依托中原总机、中原特车、信宇机械、中福机械、农发机械等骨干企业，重点发展能源装备和农机装备，打造国内外具有一定影响力的装备制造生产基地、检测基地和进出口贸易基地。能源装备方面，引导技术研发与产品制造向页岩气、煤层气等非常规油气领域拓展，提升油气装备集成化、自动化、智能化水平，发挥中原（濮阳）油气技术装备展览会平台优势，支持企业依托"一带一路"积极拓展国际市场，重点推进绿能高科 LMG 产业园、中福矿山机械、天然气装备产业基地、石油环保设备产业园等项目，培育形成一批具有自主知识产权、技术先进的油气装备制造企业。农机装备方面，大力发展先进农机装备，提升联合收割机、播种施肥机械、耕整地机械和畜牧水产品养殖机械等关键总成制造水平，重点发展成套作业机械，打造中部地区重要的农机装备生产基地。

食品产业。围绕消费需求变化，发挥本地农副产品资源优势，重点依托清丰、南乐等地食品产业基础，按照"做大粮食深加工、做强肉制品加工、做优果蔬品加工"发展思路，延伸产业链条，大力开发新型安全、方便、营养、健康食品，提升精深加工产品比重，打造知名品牌，提升产业层次和品牌知名度。粮食深加工方面，加快优质粮食、高效经济作物等原料基地建设，提高小麦、玉米等粮食深加工水平，依托金苑面业、伍钰泉面业等企业，大力发展强化粉、玉米蛋白粉等高附加值产品；依托金玉油脂、天行健生物等企业，加快发展花生油、玉米油、亚麻籽油等植物油产品；依托浦鑫食品、康健食品等企业，积极发展豆制品、薯制品等特色休闲食品；鼓励中小企业兼并整合，重点提高傅潭酒业、顿丘酒业等企业的品牌知名度。肉制品加工方面，建设现代化屠宰生产线，提高畜禽工业化屠宰水平，发展壮大福润肉业、禾丰食品、广源食品等企业，推进肉牛、生猪、肉鸡等产品规模化屠宰；引进双汇集团等大型企业，发展冷鲜肉和速冻肉制品；依托建省食品等企业，积极开发酱卤、腌腊、熏烤等肉制品深加工工艺，突出地方传统特色。果蔬及乳制品加工方面，依托七点半食品、浦鑫生物、汇源集团、雪牛乳业等企业，加快发展新型乳、果蔬、植物蛋白等功能饮料，做优果蔬饮料；支持菇业公社、龙丰实业等企业做大做强，丰富食用菌－食用菌罐头/酱/饮料产品链，积极开发速冻食用菌、食用菌保健品等新型菌类产品；发挥桃园建民耗辣椒、天口酱菜的区域品牌效应，积极发展辣椒红色素、辣椒碱等特色调味品。

现代家居产业。立足清丰县产业集聚区和范县浙豫木业产业园，围绕"林－浆－纸"和"林－板－家具"两大产业链，按照"打造中部家具制造基地、壮大板材加工规模、延展制浆造纸链条"发展思路，加大优势品牌企业的引进力度，引导企业开发电子化、智能化、个性化产品，打造三省交会区域性现代家居加工营销中心。家具制造方面，支持全友家私、双虎家居、好风景家居、南方家私等龙头企业扩大规模，推动板材、五金、包装、物流等环节集聚，鼓励企业推动产品个性化，顺应家居产品非标准化定制的趋势，积极推动家居体验馆向提供全方位、保姆式服务转变。板材加工方面，加快推进浙豫木业产业园板材综合加工项目建设，培育板材加工龙头企业，推进中、高密度板行业优化升级，重点发展中高档无醛胶合板、木塑阻燃复合板、实木厚芯复合板、防潮密度板等产品。制浆造纸方面，依托龙丰纸业、通宇纸业、民通华瑞纸业等龙头企业，推进林纸一体化产业发展，加快开发中、高端品质专用纸，积极向包装、印刷等延伸产业拓展，提高产品附加值。

羽绒及服饰产业。发挥长江以北最大羽绒集散地的综合优势，突出产业链条延伸和终端产品开发，坚持内贸与外贸并举，重点在羽绒服、羽绒被等羽绒制品和羽毛面具、羽毛饰品等领域开发新产品。引导雪鸟实业、鹏达羽绒、方欣制衣等龙头企业利用电子商务平台拓展市场，提高品牌知名度和影响力。发挥国家外贸转型升级专业型示范基地优势，积极引入知名羽绒制品品牌，提升本地羽绒深加工度，建成国内领先的羽绒产业基地。

电子电气产业。发挥濮阳县电子电器产业基础优势，积极承接产业转移，扩大现有企业规模，重点在电光源、家电、电气等领域取得成效。电光源产业方面，依托荣事达、清华同方等龙头企业，重点发展节能灯和LED光电产品，加强自主品牌培育，抢占消费市场，打造国家级电光源生产基地；家电产业方面，依托广东好太太、硕维电子等龙头企业，积极引进海尔、美的等整机及关键零配件制造企业，大力发展电视、数字化太阳能热水器等生活家电及厨卫家电，培育形成中部地区重要的家电产业园；电气制造方面，以家居电气、输配电设备、智能工业电器等领域为主攻方向，加快引进战略投资，重点推进德力西电气制造等项目，培育中部地区新兴的电气制造基地。

（2）培育壮大战略性新兴产业

着眼产业发展新趋势，挖掘新兴产业发展潜力，重点培育新能源、新材料、高端装备、新能源汽车、电子信息、生物医药、节能环保等七大战略性新兴产业，培育形成一批新的产业支撑。

新能源产业。围绕生物质能、新型动力电池、地热能等重点领域，大力促进新能源产业发展。生物质能方面，以现有糠醛产业为基础，支持宏业生化等企业强化产业链关键技术研发，重点发展燃料乙醇、生物质致密成型燃料和生物制氢等生物能源产业，加快构建"生化－乙醇－沼气－热电－有机复合肥"生物质能产业链。新型动力电池方面，发挥天能集团龙头带动作用，积极发展新型动力电池；依托迈奇化学、德力普电子和安时科技，大力发展高性能锂电池。其他新能源方面，创新合作模式，加快重点项目建设，大力推进地热能、太阳能、风能等新能源综合开发利用。

新材料产业。突出化工新材料、生物基新材料、耐火新材料等三大优势领域，打造河南重要的新材料产业基地。化工新材料方面，发挥油煤盐联合化工优势，以石化基新材料、氟硅材料、复合化工材料等三大领域为突破口，引导本地化工企业向化工新材料领域延伸，培育形成差别化、多样化、系列化化工新材料产品群。围绕绿色印刷，跟踪中科院化学所先进纳米绿色印刷技术，规划建设集绿色版基、绿色制版、绿色油墨一体的绿色印刷产业园，推动全国印刷产业向绿色化、功能化、立体化、器件化发展；围绕市场广阔的建筑涂料、汽车涂料，积极开发无溶剂型环氧树脂类涂料、水性聚氨酯类涂料、新型建筑氟硅漆等环境友好型涂料，规划建设涂料产业园；围绕先进结构材料，大力发展聚甲醛（POM）、聚碳酸酯（PC）、环氧树脂、乙丙橡胶、碳纤维等工程塑料及高性能纤维；围绕半导体紧需的高纯材料，加快发展电子封装溶剂、橡塑助剂等功能性材料；围绕高性能复合材料，重点发展树脂基高性能复合化工材料，做大石化基新材料。生物基新材料方面，依托永乐生物、龙都生物等龙头企业，加快突破或引进聚乳酸产业链核心技术，培育玉米淀粉 - L - 乳酸 - 液态聚乳酸 - 聚乳酸纤维 - 可降解薄膜/纺织服装完整产业链，打造国家级生物基材料产业集群。耐火新材料方面，依托濮耐集团，稳步发展高档耐火材料，大力发展节能环保型绿色耐材，积极开发有色、铸造、电力等行业适用的新型耐材。

高端装备产业。紧跟"中国制造2025"步伐，支持本地龙头企业与科研院所合作建立制造业创新中心（工业技术研究基地），提高自动化生产线的集成设计能力，重点在智能制造装备、特种车辆装备、海洋工程装备领域取得突破。智能制造装备方面，以高档数控机床为突破口，依托贝英数控等优势企业，紧跟机床工业高参数、大型化、个性化的发展趋势，重点发展柔性数控机床及关键零部件等产品，根据客户需求提供嵌入工业机器人的智能工厂综合解决方案。特种车辆装备方面，以专用车为主攻方向，坚持高端化、专业化和特色化的发展路线，支持中原特车与中船重工开展战略合作，大力发展洗井清蜡、钻井修机等特种车辆。海洋工程装备方面，以油气开采专用装备为突破口，发挥现有能源装备骨干企业技术优势，鼓励企业建立海洋工程装备检测中心，重点发展深海探测、海上作业保障装备、资源开发利用等海上专用设备。

新能源汽车产业。紧抓新能源汽车市场启动的机遇，依托龙迈集团、天能集团等龙头企业，加快扩大电动车生产规模，大力发展节能与新能源汽车产业,提高通用及关键零部件的配套能力,培育形成百亿级新能源汽车产业集群。新能源汽车方面,积极对接郑汴汽车产业城与环渤海经济带汽车产业,大力引进品牌整车企业,实现纯电动汽车、插电式混合动力汽车等新能源汽车整车生产。零部件方面,加快发展动力电池、电机系统、电控系统等关键零部件,提高零部件企业模块化供货能力,鼓励昌博路配件、众成华欣等企业做大做强,培育知名品牌,形成整车改装、零部件铸造、车桥、传动轴、车轮、轮毂、刹车毂等配套产业链。

电子信息产业。抓住当前电子信息制造业转移的机遇,发挥本地资源和市场优势,重点在集成电路、电子专用设备、电子基础材料、信息服务等方面取得突破,培育新兴的电子信息产业集群。集成电路方面,以代工制造为主,加大对深圳等沿海地区消费电子、新型显示及相关配套环节的引进力度,加快发展安全、通信、数字音视频等方面的集成电路制造;电子专用设备方面,积极承接电子专用设备、通信终端设备等制造企业,推动发展镀膜设备、光刻设备、彩色显像管生产设备、嵌塑件等新型电子专用设备,积极发展超长距超高速光传输设备、新一代数字存储设备等新型电子装备;电子基础材料方面,以光电子材料、电子封装材料等为重点,引导本地 OLED、树脂等生产企业向电子材料领域延伸拓展,提高关键装备及关键零部件的保障和支撑能力;信息服务方面,依托智慧园区,支持本地制造业企业向新兴信息服务及商业模式转型创新发展,培育形成"电子材料 - 集成电路 - 网络通信设备 - 信息服务外包"比较完整的电子信息产业链。

生物医药产业。整合全市医药企业资源,大力推进与国内外大型企业的战略合作,培育带动性强的骨干优势企业,重点在生物技术药物、现代中药、化学创新药、高端医疗设备等方面取得突破,打造主导产品鲜明的生物医药产业集群。生物技术药物方面,积极引进国内外知名企业设立生物医药研发及生产外包基地,重点围绕流感、乙肝、手足口病等新型疫苗及高附加值血液制品,快速形成产业规模。现代中药方面,大力推广中药材规范化种植,积极引进国内优势品牌,重点发展区域特色地道药材,积极开发膜分离、萃取、酶催化等新工艺,打造河南省重要的现代化中药材加工基地。化学创新药物方面,大力推动天健生物、汇元药业、泓天威药业、华中药业等骨干企业建设研发中心,积极寻求与国内外优势企业的合作，重点发展碳青霉烯类、缓控释制剂等创新产品，积极研发药物手性及结晶等化学药物合成新技术。高端医疗设备方面，依托康益医疗等现有骨干企业，大力引进国内外龙头型企业，重点发展医疗诊断、人工器官、可穿戴医疗器械等高端医疗设备，打造百亿级医疗器械产业集群。

节能环保产业。围绕本地产业的绿色化、低碳化需求，突出发展高效节能产业、先进环保产业和资源循环利用产业。高效节能产业方面，重点在油气节能装备、化工专用节能设备、新型绿色建筑材料等领域取得突破，鼓励巨峰能源等装备制造企业开发节能环保装备。先进环保产业方面，重点在油气环保设备、环境污染处理器材等领域取得突破，支持天地人环保等节能环保装备制造型企业向环境服务环节拓展，提高环保产业整体水平，形成"制造＋服务"的产业发展格局。资源循环利用方面，积极培育三废循环利用、农作物秸秆再利用等资源综合利用装备制造商，努力打造国际级节能环保产业基地。

（3）突出培育优势产业集群

结合产业发展基础，整合现有资源，优化产业空间布局，推动区域产业错位发展、差异化发展、互补协作发展。突出产业特色，濮阳经济技术产业集聚区重点发展化工新材料和电子信息产业，濮阳市产业集聚区（工业园区）重点发展新能源及装备制造和新材料产业，濮东产业集聚区重点发展能源装备制造和现代物流产业，濮阳县产业集聚区重点发展电子电气、医疗设备及医用新材料产业，清丰县产业集聚区重点发展家具制造和食品加工产业，南乐县产业集聚区重点发展食品加工和生物基材料产业，范县产业集聚区新区产业园重点发展资源循环利用产业，台前县产业集聚区重点发展羽绒及服饰加工和机动车配件产业。坚持集中集约、突出特色、重点突破，支持具有产业基础的重点镇规划布局建设专业园区，推动产业多样化发展，培育产业载体后续力量。强化产业集聚区基础设施和公共服务平台建设，推动产业集聚区提质转型创新发展，力争到2020年，全市9个产业集聚区规模以上工业主营业务收入超过6000亿元。

引导市城区化工企业退城入园，统筹新建化工项目集中布局，推动化工产业集群发展，加快打造超3000亿级濮阳市化工产业基地。做大做强能源装备和农机装备，提升集成化自动化智能化水平，实现装备制造产业突破发展，打造国内外具有一定影响力的超1000亿级装备制造产业基地。加强自主品牌培育，增创发展新优势，推动食品制造超 800 亿元并向 1000 亿级特色食品制造产业基地迈进。

顺应产业集群化发展趋势，按照成长性最好、竞争力最强、关联度最高的原则，实施"聚链、强链、延链、补链"工程，加快引进产业链关键环节，着力打造 12 个超百亿级特色产业集群，培育 3~5 个具有核心竞争优势的集群品牌。

2. 实现服务业发展新突破

坚持市场需求引领、重点领域带动、服务产业升级、服务能力提升原则，实施助推高成长服务业发展行动。引导生产性服务业向专业化和价值链高端延伸、生活性服务业向精细和高品质转变，在生产和生活环节注重新业态发展、新技术应用和新热点培育，加快三次产业的互动融合发展，促进服务业比重提高、结构优化、能力增强。

（1）做大做强生产性服务业

发挥区域比较优势，在生产性服务领域突出发展现代物流、金融、信息服务业等重点领域，引领和带动传统制造业的升级发展。

现代物流业。强化濮阳市作为中原城市群北出口、环渤海经济圈东大门的区位优势，加快综合交通体系建设，强化各种运输方式的衔接、配套和功能分工，构建快速便捷、货畅其流的集疏运支撑体系，同步发展生产物流和消费物流，全面提升濮阳物流业发展水平。结合产业集聚区建设发展，规划建设一批与主导产业相配套的物流服务"区中园"，增强园区仓储、配送、展示、交易、物流、金融等综合物流服务能力。充分发挥濮阳产业优势，建设一批具有濮阳特色和区域影响力的物流集群，重点打造国内重要的石化能源物流基地、中原经济区煤炭储配中心、三省交会区域最大的家具及羽绒物流中心。建立公共物流信息平台，促进物流信息资源共享和物流网络互通互联。重点围绕铁路、公路交通枢纽，规划建设和改造提升货运枢纽、服务型物流园区。加快引进和培育现代物流企业，大力发展第三方物流，扶持重点物流企业持续做大做强。充分发挥河南出入境检验检疫局濮阳办事处职能，为濮阳服务进出口企业提供快速通道。加快海关设施建设，"十三五"期间，打造集出口中转、采购、配送、转口贸易于一身的保税物流中心。构建与电子商务快速发展相适应的现代物流配送体系，规划建设豫北区域快递集散中心和网购物品分拨中心。

金融服务业。依托市商务中心区规划建设金融集聚核心区，吸引各类金融机构入驻，建立分层次金融服务体系，建成连接中原经济区和环渤海经济区的金融服务枢纽城市。支持有条件的民营资本进入金融服务领域，积极参与设立农村商业银行和小额贷款公司，设立担保公司、融资租赁、典当等金融中介服务机构，"十三五"期间实现村镇银行县区全覆盖。积极发展产业投资基金、创业投资基金和基金管理企业等股权投融资机构，拓宽中小企业的融资渠道。加快金融业技术进步，鼓励金融机构业务创新，积极利用互联网、物联网等新技术，完善金融服务体系，提高金融服务效率和水平，拓展金融服务的广度和深度。

信息服务业。发挥信息服务业对其他行业的引领和支撑作用，以"智慧濮阳"建设为契机，构建便捷高效的智能化城市应用和管理体系。引进知名互联网、物联网、云计算企业在濮阳市设立总部或区域基地，积极培育和扶持一批本地优秀信息服务企业做大做强。推动工业企业与软件提供商、信息服务提供商联合提升企业生产经营管理全过程的数字化水平。充分发挥国家电光源检测中心、省级家具质量检测中心、能源机械装备检测服务中心等检测平台作用，提升专业化服务水平；加快建设省级羽绒质检中心、石油钻采设施及装备质检中心项目，开展认证计量、技术培训、标准化等服务。积极推动产学研合作，建立支撑加快产业结构转型升级的研发设计服务体系。引导濮阳大中型企业创新经营模式，促进大宗原材料网上交易、工业产品网上订制、上下游关联企业业务协同发展；引导濮阳小微工业企业和传统商贸企业依托第三方电子商务服务平台开展业务。

服务外包。抢抓服务外包发展与转移新趋势，加快推进中国南乐服务外包新城项目建设，重点发展数据处理、呼叫中心、IT资讯、视频监测、供应链管理等领域，支持企业积极开拓日本、韩国市场，突破欧美市场，培育全国新兴的服务外包产业基地。坚持引资和引智相结合，争取更多服务外包接发包企业、领军人才落户濮阳。借力信息服务外包产业发展，推动濮阳产业结构调整，形成产业升级新支撑、服务业增长新亮点、现代服务业发展新引擎和扩大就业新渠道。

（2）拓展提升生活性服务业

以满足人民群众日益增长的生活性服务需要为主线，大力倡导崇尚绿色环保、讲求质量品质、注重文化内涵的生活消费理念，积极培育生活性服务业新业态新模式，全面提升生活性服务业质量和效益，为经济发展新常态下扩大消费需求、拉动经济增长、转变发展方式、促进社会和谐提供有力支撑和持续动力。

文化旅游业。强化"中华龙都""杂技之乡"文化品牌，打造辐射三省、对接环渤海的国际文化旅游名城。提升"中国杂技之乡"品牌知名度与影响力，支持濮阳国际杂技文化产业园、东北庄原生态杂技文化旅游园区、杂技艺术学校建设，提升《水秀》《白雪公主》等杂技精品剧，建成面向世界的杂技产业基地。加快建设中原经济区濮阳华夏历史文明传承创新区，重点打造西水坡历史文化景观、明清四街景区、历史遗址文化景区等三大景区。依托境内160公里蜿蜒黄河，打造黄河生态休闲旅游带；依托清丰单拐、台前将军渡、濮阳县八公桥、范县颜村铺等革命旧址修复建设，打造红色旅游基地，积极争取国家乡村旅游试点，大力发展乡村旅游。

健康养老服务业。抓住国家加快发展大健康产业的战略机遇，加快发展专业化、个性化健康养老服务，以创建全国养老服务业综合改革试点市为目标，将濮阳打造成为豫鲁冀三省交会区域性健康养老中心。规划濮阳国际医疗健康产业园等一批集医、养、康、护为一体的综合性高端健康养老项目。培育一批第三方专业体检中心、健康咨询服务中心和远程医疗中心，发挥中医药优势，培育一批中医药医疗保健机构、骨干企业和知名品牌。规划建设养老健康产业发展示范基地，推广"以居家为基础、社区为依托、机构为支撑、医养相结合"的健康养老服务模式，建立市县乡村四级养老服务网络，实现日间照料服务设施全覆盖。鼓励社会力量举办规模化连锁化的养老机构、个人举办家庭化小型化的养老机构，支持企业和机构运用互联网、物联网等技术手段创新养老服务模式。

商贸服务业。加强商贸中心、城市综合体、特色街区建设，提升各类专业市场，加快形成布局科学、集聚能力较强的商贸网络体系，建成对接京津冀、辐射冀豫鲁的重要商贸城市。依托商务中心区和特色商业区，积极培育商贸服务综合体，引入知名品牌整合提升传统商贸业态和服务水平。大力培育发展专业市场，建成一批家居建材、农副产品、汽车汽配、花卉、羽绒等专业市场。加快发展基于互联网的新兴商贸业，引导曹曹到、小嘿马等新兴业态发展壮大，对现有商业设施和邮政便民服务设施整合利用，在市城区范围内建设共同配送末端网点，推动社区商业电子商务发展，形成线上线下深度融合的现代商贸业发展格局。

房地产业。规范有序地发展房地产业，稳步发展商业地产，积极发展养老地产、教育地产、旅游地产等，加大保障性住房供给力度，引导社会资本参与保障性住房建设，积极培育发展二手房市场和住房租赁市场，构建多层次住房供应体系，引导住房合理消费。建立房地产企业信用体系，引导房地产估价、房地产经纪、土地评估和登记代理机构规模化、专业化发展，加强房地产中介行业自律管理。

（3）提升服务业发展载体

突出商务中心区生产性服务功能和特色商业区生活性服务功能，加快企业、项目和资源要素集聚，推动业态模式升级和招商建设、运营管理方式创新，大力发展总部经济和楼宇经济，加快现代专业市场建设和特色街区培育，吸引相关上下游企业和融资、咨询、物流、孵化等配套专业服务企业入驻，引导企业机构和重大项目有序集聚。提升区域综合服务功能和专业化服务水平，加快培育一批产业规模大、辐射范围广、服务功能强、业态模式新的服务业集聚区。

坚持集中集约、突出特色、重点突破，支持各县（区）合理规划布局专业园区，推动产业多样化发展和培育发展后续力量。围绕制造业产业定位和转型创新发展需求，建成一批研发设计、物流配送、检验检测、展示交易等生产性服务为重点的区中园，探索形成"一区多园"管理模式，推动生产性服务业和制造业联动发展。充分挖掘濮阳文化禀赋和生态资源，鼓励利用油田老旧厂房等资源，突出产业跨界融合，布局建设一批文化产业、旅游休闲、健康养老、创意设计等专业园区。依托交通枢纽、重要商品集散地、城市功能疏解区，布局建设一批综合物流、专业市场等园区。

3. 加快农业现代化进程

按照高产、优质、高效、生态、安全的要求，以提高粮食生产综合能力为基础，着重培育农业产业化集群，大力发展特色高效农业，加强都市生态农业发展，打造集生产、生活、生态、科研于一体的现代都市型农业发展平台，做好农业支撑体系和保护机制建设，带动农业增效、农民增收和农村发展。

（1）注重提高粮食产能

加快粮食生产核心区建设，进一步加大投入，全面建成 275 万亩高标准永久性粮田，确保到 2020 年全市主要粮食作物小麦、玉米、水稻的种植面积稳定在 550 万亩以上，年亩产 1000 公斤以上。深入推进高产创建，形成从种到收套餐式技术组合，加快推进全程机械化，带动大面积均衡增产，到 2020 年，主要粮食生产机械化水平保持 98% 以上。加强对高标准粮田区域内各类公共设施的维护和管理，开展耕地质量保护和提升行动，确保长久利用和发挥效益。

（2）着力培育农业产业化集群

深入实施现代农业产业化集群培育工程，以做强传统优势农业，发展特色高效农业为主攻方向，以培育壮大龙头企业为重点，依托产业集聚区、服务业"两区"建设，利用"互联网＋"等载体，促进一二三产业深度融合，全面打造畜牧、特色种植、花卉等具有一定规模、科技含量高、拉动能力强的农业产业化集群。

大力发展畜牧业产业集群。建设规模化、标准化、生态化畜禽养殖基地。依托濮阳优势区域，加强品种改良，推行先进技术，大力发展集约化生产，建设标准化规模养殖场。重点培育壮大产业集群龙头企业，创建名优品牌，抓好雨润生猪、福鑫牛肉、全力肉鸡、汇源羊肉等产业化集群试点，加大招商引资力度，引进一个年加工鲜牛奶 50 万吨的乳制品加工龙头企业，培育一批标准化示范典型，着力提高畜牧业组织化水平。鼓励畜牧龙头企业组建产业联盟，促进上下游紧密衔接、融合发展。引导养殖大户、畜牧经纪人等主体，牵头成立各类畜牧专业合作组织或养殖协会，力争实现畜牧专业合作组织全覆盖。到 2020 年，全市肉、蛋、奶产量分别达到 32.35 万吨、30.24 万吨、11.21 万吨，畜牧业产值占农业总产值的比重达到 46.3%。

积极推进特色种植业产业集群。依托濮阳县捷展、清丰县业丰、范县华昌、台前县亿农等企业，开展食用菌深加工。加快丝瓜、西红柿、豆角品种改良，提高种植效益。实施品牌战略，申报商标注册，创建无公害、绿色、有机产品。积极发展订单生产，加快蔬菜种植由优势产业转为强势产业。重点发展特色种植业标准化生产园区，新建、改扩建蔬菜标准化规模生产园区 19 个，积极打造现代特色农业"菜篮子"生产示范园区。

加快推进花卉林业产业集群。以世锦园、龙乡花卉、鲁河乡新村油牡丹种植园区为龙头，提升红掌、非洲菊等鲜切花档次，扩大油牡丹种植规模,大力发展现代特色花卉生产示范园区。在沿黄生态涵养区、黄河故道风沙治理区和一般平原生态区,分别规划生态涵养带、农田林网和高标准农田防护林体系。大力发展林下经济,积极推广以林禽、林菜、林药、林菌为主的林下种养模式,实施品牌带动战略,逐步形成一批具有濮阳特色的林下经济品牌产品和产业化集群。加强招商引资,依托清丰县加快推进全市林产加工业发展,培育壮大林浆纸和林板家具两大产业集群。

（3）积极发展都市生态农业

以濮阳国家农业科技园区为依托,以全市30多个设施农业园区为平台,突出发展果蔬、花卉等特色农业,积极推进现代农业示范园区和都市生态农业工程建设。按照"优化结构、提升档次、培育品牌、产业发展"的要求,大力推进集生产性、观赏性、娱乐性、生态性为一体的都市生态农业,重点培育"一圈、两带、两园"都市生态农业工程。

（4）加强现代农业支撑体系建设

创新土地流转和规模经营方式,加快培育新型农业经营主体,创新农业生产方式和经营组织模式,积极引导适度规模经营。提升农业科技支撑能力,推动新一代信息技术与农业生产全面融合,积极发展精准农业和农产品电商,完善工作机制和技术服务模式。提高农业公共服务水平,支持经营性组织参与农业生产性服务,建设重大病虫害预警与控制体系、农产品质量全程追溯体系,推进农业全程标准化生产,全面提升农产品质量安全水平。

（5）建立健全农业支持保护机制

完善农业投入保障机制。通过政府主导、财政协调、部门配合,创新涉农建设性资金拨付机制,加大涉农资金整合力度,将中央和省级财政安排的水利、千亿斤粮食、土地整理等涉农建设性资金进行有序有效整合,重点投向提升粮食生产能力的农业基础设施建设领域,充分发挥支农资金作用,夯实农业农村发展基础。

健全金融支农机制。加快创新农村金融产品和融资模式,着力破解农村贷款融资难的问题。建立政府担保基金,为各类经营主体提供贷款资金。扩大抵押担保范围。制定抵押登记的具体办法,建立健全农村资产流转处置机制,将农民的土地、林地承包经营权、农房、大型农机具、股权、订单、仓储等纳入抵（质）押担保范围。

创新农业风险防范机制。按照政府引导、政策支持、市场运作、农民自愿的原则，构建多元化的新型农业保险体系，增加农业保险费补贴的品种并扩大覆盖范围，提高农业生产抗风险能力。引导龙头企业资助农户参加农业保险。

深化农村土地制度改革。加快推进农村土地承包经营权确权登记颁证工作。加大推广土地托管模式，以"保粮、稳粮"为重点，依托供销、邮政储蓄等系统和各类农民专业合作社，开展土地托管，为农业生产的各个环节提供"菜单式""保姆式"的社会化服务。建立统一的农村产权交易平台，完善土地承包经营权、林权、建设用地使用权、集体建设用地指标、农村房屋租赁、农村集体经济股权转让等各项农村产权交易平台。

第四节 深入推进"互联网＋"产业行动计划

顺应"互联网＋"发展趋势，加速互联网与产业渗透融合，推动互联网由消费领域向生产领域拓展，加速提升产业发展水平，增强各行业创新能力，构筑经济社会发展新优势和新动能。

实施"互联网＋"智能制造行动计划。找准区域工业对接"中国制造2025"和"互联网＋"行动计划的切入点和突破点，大力实施"互联网＋"智能制造行动计划，推动移动互联网、云计算、物联网等与主导产业相结合，提高工业数字化网络化智能化水平。聚焦主导行业、重点企业、关键环节、特殊工位，加快推进智能制造试点，重点在化工、食品、装备、新材料、新能源等选择20家企业开展智能工厂试点，力争5家进入省级智能制造试点。在监测、搬运、焊接、物流配送等关键环节和特殊工位推广智能装备和工业机器人。深化互联网与工业的深度融合，鼓励产业链上中下游企业，构建基于互联网的产业链协同系统，积极引导大企业开展工业云及工业大数据创新应用试点，支持龙头企业运用互联网、物联网、云计算、大数据等技术，搭建1~2个网络化协同制造平台，培育5家左右服务型制造试点企业，开展在线监测、远程诊断、系统升级等增值服务，实现由产品提供商向综合服务商转型。

实施"互联网＋"现代服务业行动计划。充分发挥互联网的高效、便捷优势，提高资源利用效率，降低生产服务和服务消费成本。加快三省交会处区域性现代物流公共信息服务平台建设，提高物流供需信息对接和使用效率，鼓励大数据、云计算在物流企业中的应用，提升物流仓储的自动化、智能化水平和运转效率，降低物流成本。鼓励濮阳各金融机构利用云计算、移动互联网、大数据等技术手段，加快金融产品和服务创新，提供便利的金融服务，为实体经济发展提供有效支撑。依托现有互联网资源和社会力量，搭建健康养老信息服务网络平台，提供个性化健康管理服务和居家养老服务，鼓励健康养老服务机构应用基于移动互联网的便携式体检、紧急呼叫监控等设备，提高健康养老服务水平。依托濮阳市电子商务产业园等项目，大力发展农村电商、行业电商和跨境电商，不断深化电子商务与其他产业的融合，进一步扩大电子商务发展空间。支持濮阳市零售、餐饮、家政等传统服务领域利用网上商店、移动支付等新技术，打造体验式消费模式，培育线上线下结合的服务新模式。

实施"互联网+"现代农业行动计划。利用互联网提升农业生产、经营、管理和服务水平，重点培育3~5个网络化、智能化、精细化的现代生态农业试点，形成示范带动效应。加快完善新型农业生产经营体系，鼓励本地互联网企业建立农业服务平台，提高农业生产经营的科技化、组织化和精细化水平，推进农业生产流通销售方式变革和农业发展方式转变。探索可复制的农业物联网应用模式，率先在试点区域建立基于环境感知、实时监测、自动控制的网络化农业环境监测系统，实施智能精准化作业，并逐步推广至全市范围。培育多样化农业互联网管理服务模式，深入推进信息进村入户试点，鼓励通过移动互联网为农民提供政策、市场、科技、保险等生产生活信息服务。充分利用现有互联网资源，构建农副产品质量安全追溯公共服务平台，加快推动移动互联网、物联网、二维码、无线射频识别等信息技术在农业生产加工和流通销售各环节的推广应用，完善农副产品质量安全追溯体系。

（二）突出创新驱动发展，构建现代创新体系

突出把创新摆在区域发展全局的核心位置，实施创新驱动发展战略，围绕主导产业和优势领域，顺应大众创业万众创新的新形势，丰富扩大创新的内涵，突出体系、载体、专项、人才等关键环节，推进创新链与产业链对接，打造具有竞争力的创新型经济领军城市和科技创业家摇篮城市，推进创新创业型濮阳建设。力争到2020年，全社会研发投入占地区生产总值的比重达2%，高新技术产业增加值占工业增加值的比重达30%。

1. 强化企业自主创新主体地位

实施企业创新能力提升计划。强化企业在技术创新体系中的主体地位，重点培育一批科技型企业，支持骨干企业申请认定高新技术企业，创建国家、省创新型（试点）企业、工程技术研究中心、重点实验室、工业设计中心等。鼓励有条件的企业到域外、境外设立研发机构，提升企业整合利用国内外科技资源的能力。围绕化工、能源装备、新材料、新能源、电子电器、医疗仪器设备、食品、羽绒、家居等主导产业，吸引和鼓励国家级研发机构、国内外大型公司、高校科研院所来濮阳设立研发中心或分支机构。重点培育一批高新技术企业，大力发展科技型中小企业。

推进开放式创新。积极融入京津冀创新圈，发挥区位优势，支持企业加强与环渤海经济圈、长三角经济圈等创新资源密集区域的科技合作，创新产学研合作方式，引导本地企业加强与北京化工大学、中科院半导体研究所、武汉科技大学、上海化工研究院、河南科技学院等高校院所的科技交流及合作，鼓励企业和高校院所共建中试基地、重点实验室、院士工作站等。持续加强与科技部、省科技厅沟通合作，主动融入国家、省创新体系建设。

2. 发展壮大自主创新载体

丰富壮大自主创新载体，构建现代创新体系，推进创新创业型濮阳建设。

实施创新平台载体升级工程。支持企业研发中心改造升级，实现大中型企业市级工程技术研究中心、重点实验室等研发平台全覆盖。围绕关键核心技术的研发和系统集成，以工程技术研究中心、重点实验室、企业技术中心、工业设计中心及其他各类科技园区等为载体，加快建设电光源、生物基材料等国家级检测中心，申建低温设备、羽绒羽毛、绿色印刷、化工新材料等国家级检测中心和LED灯、石油钻采设备及装备、家具、食品、高低压电气、新能源汽车等省级检测中心，谋划建设省级石油化工质检中心，依托主导产业发展，加强产业技术研究院建设。

组建产业技术创新战略联盟。加强产业技术研究机构建设，探索完善政、产、学、研联动配合运行机制，选择关联度高、带动性强、发展前景好、具有比较优势的产业领域，组织相关企业和科研院所建立产业技术创新联盟，实现创新资源有效衔接。重点选择精细化工、天然气加工、农作物育种、新材料等领域建立产业技术创新联盟，引导龙头企业联合攻关，突破一批核心关键技术，提高创新资源配置效率。

建设创新型产业集聚区。围绕省定 9 个产业集聚区建设科技创新支撑平台和服务设施，重点培育 5 个市级以上创新型产业集聚区。加强河南濮阳国家农业科技园区后期建设工作，按照"优化、提升、创新、引领"的发展思路，引进并推广现代农业先进技术，争取建设成为河南先进、全国知名的农业科技园区。

3. 推进重点领域自主创新

推进以科技创新为核心的全面创新，提升重点领域创新能力，围绕工业、农业、民生等重点领域，突出需求牵引，重点突破一批制约本地经济社会转型发展的关键技术。

推进工业领域自主创新。围绕主导产业，组织实施一批重大科技专项，着力解决区域经济社会发展重点领域的关键共性技术，加快实现产业化。集中力量在高端装备、化学化工、新材料、新能源、生物医药、节能环保、气象防灾减灾、油气勘探开发等产业领域实现重点突破，积极开发高新技术及产品，形成新的产业增长点。支持本地企业和研发机构联合申报国家与省级重大科技专项，对成功结项并在本地应用的科技专项成果给予奖励。

推进农业领域科技创新。以农业科研、农技推广机构为骨干，充分发挥民营科技企业和农业产业化龙头企业的作用，推动农业科技创新。大力实施粮食核心区建设科技支撑工程，为国家粮食战略工程河南核心区建设和农产品平衡供给提供支撑。以粮食安全、畜禽安全为核心，以设施农业、循环农业、精准农业等为重点，大力推进生物技术、信息技术和装备技术等现代高新技术在农业生产中的应用，提高农产品质量、效益和竞争力，提升农业现代化水平。

推进民生领域科技创新。着力在人口健康、公共安全、城镇发展、生态建设、环境保护等主要领域，积极融合域外创新资源，促进本地民生领域科技创新取得重大突破，提高居民生活质量，争取创建国家可持续发展实验区。

4. 推进大众创业万众创新

多方培育创新创业主体，拓宽创新创业领域，强化财税、金融、创业投资等政策支持，推动科技人员、高校毕业生、农民工、退役军人、失业人员等主体创新创业，建立面向人人的公共服务和支撑体系，创建省级创业型试点城市。

培育新型创新创业载体。积极发展"众创空间"等新型创新创业载体，引导各类企业创建众创空间，利用科技园区和高校、科研院所的有利条件，加快构建开放式创业生态系统。鼓励大型互联网企业、行业领军企业搭建线上线下互动网络平台，向各类创业创新主体开放资源，构建一批低成本、便利化、全要素、开放式的"众创空间"。建立和完善研究实验基地及科学数据共享、科技成果转化、科技和人才信息服务网络、知识产权服务等公共服务平台，为中小企业的研发和创新提供服务。加强市、县（区）创业园区载体建设，打造一批创新创业示范区。

推进创业孵化基地转型升级。进一步提升国家级科技企业孵化器管理水平与创业孵化能力，以濮阳市科技企业孵化器为基础平台，规范整合各县（区）科技企业孵化器，引导各产业集聚区建设省级以上科技企业孵化器，形成"孵化器＋加速器＋产业基地"的创新创业平台，提高服务能力，为中小科技企业和个体创业者提供全方位服务。

推进企业内部众创。引导各类企业推行"企业平台化、员工创客化"的战略转型，通过内部资源的平台化和业务的组团化，推进企业内部员工创客化，积极培育内部创客文化，激发员工创新创造力。鼓励大中型企业积极探索内部孵化模式，尝试设立内部创投基金，支持员工开拓新的业务领域、开发创新产品，提升市场适应能力和创新能力。完善科技人员创业股权激励机制，支持企业科研人员内部创业。

健全鼓励创新创业的体制机制。支持以企业为主承担重大科技专项等创新项目，建立主要由市场决定技术创新项目和经费分配、成果评价和传导扩散的新机制。建立健全科技创新、创业激励机制，完善考核评价和利益导向机制。优化财政、金融等政策支持体系，统筹安排各类支持小微企业和创业创新的资金，落实扶持小微企业和科技型企业发展的各项税收优惠政策，强化普惠性支持创新政策和政府采购的作用，鼓励金融机构向科技型企业和创业企业提供结算、融资、理财、咨询等一站式系统化金融服务。建立创新创业辅导制度,为投资机构与创新创业者提供对接平台。推广中关村国家自主创新示范区有关试点政策,在科技成果处置权、收益权、股权激励等方面探索试验。加强知识产权运用和保护。

优化创新发展环境。完善科技服务体系,整合各类科技资源,建设面向科技型中小企业的科技服务平台,增强持续创新和行业服务能力。深化知识产权领域改革,加强知识产权保护。大力培育创新文化,为科技创新和创新人才成长创造良好的政策环境和社会环境。积极倡导创新价值观,形成尊重知识、尊重人才、鼓励创新、宽容失败的创新氛围。实施全民科学素质行动计划,加强科学技术普及,积极弘扬科学精神,传播科学思想,普及科学知识,倡导科学方法,不断提高公众的科学文化素质。

(三)强化高素质人力资源支撑

把提高人力资源质量作为加快动力转换的重要支撑,深入实施人才强市战略,推进人才发展体制改革和政策创新,打造人力资源强市。

1. 引进培育创新型科技人才

实施领军型创新创业团队引进培育计划,引进一批高层次创新人才、领军型高层次创业人才、具有国际水准的高级管理人才、技艺精湛的高技能人才。打造一批国际化人才工作站,引导各单位引外智、借外脑,开展技术创新、管理创新,形成高层次创新创业人才和团队的集聚效应。引导企业以兼职、咨询、讲学、科研和技术合作、技术(专利)入股、合作经营、利润分成、聘请顾问等灵活多样的柔性方式引进高端人才。实施创新型科技人才建设工程,依托各类创新平台,重点培育创新型科技领军人才、杰出人才和科技团队。

2. 培育壮大高素质企业家群体

培养具有战略眼光、开拓精神、创新能力和社会责任感的企业家队伍。一是实施企业家培训计划。通过借助清华、北大等高等院校师资力量开办企业高层 MBA 核心课程班、企业总裁研修班等形式,加强企业家和管理人员、技术人员培训,为企业发展提供人才保障。二是实施"走出去"战略。组织企业家到沿海发达地区考察学习,举办企业家论坛和专题研讨活动。三是提高企业家社会地位。每年评选出 20 位优秀企业家,授予

"濮阳市优秀企业家"荣誉称号。

　　3. 提升技能人才综合素质

　　创新人才培养模式，大力推进校企深度融合，积极探索引企入校、办校进厂、订单培养等多种校企合作形式，推进校企专业共建、课程共担、教材共编、师资共训、基地共享、人才共育。健全学生实习责任保险制度，完善职业院校技能竞赛制度，全面开展职业技能竞赛。完善农业科技人才激励机制和评价体系，加强农村实用科技人才培养，强化农民实用技术培训，做好农村发展带头人、农村技能服务型人才、农村生产经营型人才的培养与培训工作，提高农业技术推广人员科技服务能力和农民科技素质。

三　协调发展，描绘魅力濮阳新画卷

　　坚持突出重点、弥补短板、强化弱项、综合提升，统筹推进城乡、物质文明和精神文明协调发展，在协调发展中拓宽发展空间，在加强薄弱领域中增强发展后劲。

（一）推进新型城镇化，构建现代城乡体系

　　坚持以人的城镇化为核心，以构建现代城镇体系为重点，以促进农业转移人口市民化为抓手，以提升城镇综合承载能力为关键，推进城市和小城镇协同发展，加快推进城乡发展一体化。到 2020 年，全市城镇化水平达到 56% 以上，年均增长 3 个百分点。

　　1. 构建现代城镇体系

　　（1）优化城镇化布局

　　充分发挥中心城市核心带动、县城支点吸纳、小城镇轴带发展的作用，积极培育形成"一核三点三轴带"城镇发展新体系，打造形成主城组团辐射带动、县域中心城市前沿衔接、小城镇连接顺畅的城镇化发展新格局。

　　"一核"——主城组团。包括中心城区、濮阳县城组团、清丰县城组团和濮东工业区。实施中心城市带动战略，推进基础设施互联互通，加快

产业和人口集聚，促进中心城市组团式发展，构建功能更全、承载能力更强、辐射带动范围更广的区域性中心城市。

"三点"——南乐县、范县、台前县。充分发挥三大县域中心城市的支点吸纳作用，完善城市功能，强化产业支撑，提高要素集聚能力和辐射带动能力，加快推进县城新区和商务中心区建设，将三个县城打造成为带动农村经济发展的增长点和吸纳农业人口转移的主阵地。

"三轴带"——金堤河、黄河、三条濮清南干渠。实施重点镇建设示范工程，支持小城镇因地制宜发展特色产业，完善基础设施和公共服务配套，吸纳人口、增强就业。沿金堤河工业带发展一批经济重镇、产业大镇；沿黄河生态带发展一批旅游名镇、生态小镇；沿三条濮清南干渠农业带发展一批商贸重镇、食品小镇。

（2）打造区域性中心城市

以建设区域性中心城市为目标，综合提升中心城区，组团发展濮阳县城、清丰县城、濮东工业区，完善城市功能，提升城市品位，彰显城市魅力，提高城市的吸引力和辐射力。力争到 2020 年，中心城区集聚人口 95 万，面积达到 109 平方公里。

综合提升中心城区。大力实施建成区提质增效工程，加快推进建成区、商贸市场和传统商业中心街区改造，稳妥推进城中村、棚户区等的改造升级，切实加大城乡接合部综合治理力度，改善提升中心城区发展品位。加强中心城区基础设施和公共服务设施建设，完善提升城市功能，着力增强城市交通、商务、物流、金融等服务能力，提高综合承载能力。

培育发展三大功能组团。积极发展濮阳县城、清丰县城、濮东工业区等三大功能组团，逐步承担中心城区的城市功能，大力发展各具特色的主导产业。濮阳县城以实施工业强县、城建立县等为重点，以"三城联创"为契机，重点抓好功能完善、路网建设、水系建设、绿化提升等工作，加快推进商贸物流、商务服务、文化旅游等现代服务业发展，打造豫鲁冀三省交界地区商贸流通中心。清丰县城积极完善城市功能，持续推进生态建设，着力提升发展品位，积极打造中国中部家具之都、全国食品工业强县、环保装备产业基地。濮东工业区重点围绕井盐开发和综合利用，着力打造中国岩盐之都和中原化工城，积极发展特色装备制造业和农产品加工业。

（3）推进县城提质扩容

加快推进南乐县、范县、台前县三支点的发展，完善城市功能，提升城市品位，增强产业和人口集聚能力，壮大经济综合实力，培育形成彰显地域特点和文化特质的县域中心城市，打造成为吸纳农业人口转移的主阵地和带动农村经济发展的增长极。

着力提升南乐县影响力。以开展省级卫生城、文明城、园林城"三城联创"为重点，加快推进生态科技新城、商务中心区建设，持续推进老城区改造提升，着力推进生态县建设，不断完善城市功能，拉大城市框架，提高城市品位，提升综合竞争力；积极围绕食品产业、装备制造、生物基材料等主导产业，积极延伸产业链条，着力提升产业层次，培育形成产业集群，打造豫北知名白酒生产基地。力争到2020年，建成区面积突破18平方公里，聚集人口达到15万人以上。

积极提升范县综合实力。按照"拉大框架、完善功能、提升品位、搞活商贸、集聚人气"的思路，加大投入力度，持续实施城市综合提升工程，着力完善城市功能，积极强化县城引领和辐射作用，着力打造宜居宜业的现代化县域中心城市。积极强化产业战略支撑，做大做强化工产业，加快发展木材加工产业，大力发展现代物流、文化旅游等现代服务业，全力发展现代农业，不断提升产业影响力和竞争力。力争到2020年，建成区面积达到10平方公里，聚集人口15万人。

加快推进台前县发展。以做大做强县域中心城市为重点，拉大城市框架，拓展发展空间，完善基础设施和公共服务设施建设，加快生态县城建设，提升综合承载能力。加快推进产业发展，围绕工业发展"131"工程，做大做强羽绒加工、机动车配件、石油化工等优势产业，积极发展商贸物流、金融服务、电子商务等服务业，着力推进生态农业和特色高效农业，提升产业发展支撑力和区域影响力。力争到2020年，建成区面积达到13平方公里，聚集人口12万人。

（4）发展壮大小城镇

沿金堤河、黄河、三条濮清南干渠等"三轴带"，实施重点镇建设示范工程，建设打造15个特色小城镇。强化规划指导和政策资金倾斜，加快产业培育和人口集中，完善提升重点镇、中心镇承载功能。实施重点镇建设示范工程，作为新城功能的有效补充和城乡统筹的核心节点，强化与全市产业体系和产业布局相融合，因地制宜发展特色产业，按照适度超前原则完善基础设施和公共服务配套，增强居住功能，提升发展质量。支持具有特色资源、区位优势中心镇的建设，发展特色产业，强化基础设施和公共服务设施建设，改善人居环境，建设一批独具影响力、辐射力的文化名镇、旅游名镇、生态小镇、商贸大镇等专业特色镇。通过提升服务功能，推动远离中心城市的一般镇发展成为服务农村、带动周边的生产生活服务中心。

2. 推动新型城市建设

顺应现代城市发展新趋势，推动城市绿色发展，把生态文明理念全面融入新型城镇化进程，提高智能水平，增强历史文化魅力，全面提升城市内在品质。

（1）打造生态城市

以争创国家海绵城市试点为契机，按照"九河贯城、九湖映城、五泽（湿地）润城"的总体思路，以水生态文明为主线，以人水和谐为目标，结合引黄入冀补淀工程，重点打造城区段水系景观，通过河道开挖、清淤疏浚、截污治污、绿化等工程建设，形成河湖相连、城水相依、灵韵秀美的城市环境，实现城市水系"一城活水"的治理目标，全力叫响北方水城品牌。加快城市生态绿系建设，围绕实施中心城区和生态廊道绿化工程，建设生态林网，科学规划生态功能区，加快园林绿地、城市生态走廊、休闲健身广场建设，启动市中心城区东部卫生防护林带、西部生态绿化带、南部金堤河生态涵养带、北部龙山生态绿化带等生态绿化带建设，形成"四林润城"的生态布局，构建城市绿色生态空间。围绕实施"蓝天工程""碧水工程"，深入开展城市环境综合整治，加强城市大气污染综合治理，开展区域联防联控，提高城市空气优良天数。

（2）推进智慧城市

统筹推进信息化与新型城镇化融合发展，建设通信信息枢纽和互联网经济新空间。运用新一代互联网、云计算、物联网、地理空间信息等技术，构建"一库三体系六平台"城市综合管理系统，加强数字城市建设，整合城市管理资源，实现信息资源共享，促进城市管理水平和政府服务水平全面提升。实施"宽带濮阳"战略，加速推进4G建设，实现城乡全覆盖，建成无线宽带城市，热点地区实现无线宽带全覆盖；实施光网工程和宽带乡村工程，推进"三网融合"建设，实现中心城区无线网络全覆盖，完善县区和农村地区通信网络建设，构建城乡一体的宽带网络。加强网络安全保障、应急和管理能力建设，保障网络的稳定性和安全性。实施大数据战略，加强全市政务云平台和备份中心等公共支撑平台建设，推进全市信息资源整合和应用模式创新，建设大数据应用服务平台，着力打造区域互联网数据中心。大力发展互联网软件及技术服务、大数据处理等新产业，积极发展智能硬件、云制造、电子商务、移动支付平台等新业态。打造互联网创新集聚区，支持企业建设开放式网络创新平台，实现集中式、大规模的个性化产品定制。

（3）建设人文城市

发挥濮阳历史文化资源优势，提炼上古文化、春秋文化、龙文化、杂技文化等文化元素，把文化符号融入濮阳历史文化名城名镇名村保护与挖掘利用的全过程和各方面。注重旧城改造中历史文化遗迹和传统风貌保护及周边环境治理，推进历史文化街区建设，加强文化名镇、名村、传统村落保护。开展重点区域城市设计，规划建设一批文化主题鲜明、本土风情浓郁的城市公共文化休闲空间，塑造具有鲜明地域特色和时代气息的城镇风貌。传承华夏文明，弘扬现代文明，建设华夏历史文化长廊、文化主题公园等，形成凝聚力，扩大影响力，体现濮阳的人文境界，提升城市的内涵和品味，彰显城市的个性和魅力。

（4）提升城市规划建设管理水平

积极推进多规合一，建立统一衔接、功能互补、相互协调的城乡空间规划体系。加强规划实施和管理，提高规划的科学化法治化制度化水平，维护规划的严肃性、权威性和连续性。统筹成区提升和示范区建设，加大棚户区改造力度，有序推进城市立体开发，提升城市品质，促进建筑风格整体协调，彰显"北方水城"的园林城市风貌。强化文化传承与创新，在城市建设中融入传统文化元素，加强文化资源挖掘和文化生态的整体保护，留住城市的历史人文记忆。健全城市管理长效机制，提高城市管理科学化、规范化、精细化水平，建设美丽宜居城市。

3. 推进城乡协调发展

（1）有序推进农业转移人口市民化

最大限度吸引农村人口向城镇转移。全面实施居住证制度，坚持把市区和县城作为承接主体，最大限度地促进农村转移人口向城镇集中，优先解决常住人口市民化问题。积极承接产业转移，加快发展劳动密集型产业，大力发展服务业，有序推进就业、教育、医疗卫生、养老等基本公共服务均等化。鼓励各县（区）因地制宜制定农民进城落户的具体办法，实施产业培育、技术培训、自主创业等措施，改善金融服务。抓好市城乡一体化示范区、产业集聚区、商务中心区、特色商业区建设和黄河滩区移民搬迁，实现人口向县城、中心镇、小集镇、中心村转移。

拓宽住房保障渠道。深入推进保障性安居工程建设，努力解决城镇贫困家庭和农业转移人口居住问题，引导房地产业健康发展，增加中低价位、中小户型普通商品住房供给，加快构建以政府为主提供基本保障、以市场为主满足多层次需求的住房供应体系。严格落实各级政府住房责任，加大棚户区和城中村改造力度，鼓励货币化安置，解决存量商品房。实施财政补贴政策，降低购房成本，支持农民进城促进住房消费。

建立健全农业人口转移促进体制机制。建立健全由政府、企业、个人共同参与的农业转移人口市民化成本分担机制，制定农业转移人口市民化的具体方案和实施细则，承担相应的财政支出责任，确立分项支付模式，完善农业转移人口社会参与机制，推进农民工融入企业、子女融入学校、家庭融入社区、群体融入社会，建设包容性城市。完善农村配套改革，坚持以农民土地承包经营权、宅基地使用权和集体收益分配权改革为重点，建立健全农业人口转移促进机制，增强农民向城镇转移的动力，消除农民进城的后顾之忧，确保农业人口"转得出"。加快基本公共服务均等化，实现保障性住房、义务教育、基本医疗卫生、基本养老等基本公共服务常住人口全覆盖，确保农业转移人口"落得住"。创新公共服务供给模式，开展政府购买公共服务试点，推动供给主体多元化。

（2）加快城乡一体化示范区建设

突出产城融合。按照产城融合发展的理念，坚持以产兴城、以城促产，发挥城乡一体化示范区的载体功能，加快推进产业发展，积极承接产业转移，促进产业转型升级，打造形成河南先进装备制造业基地、冀鲁豫三省交界处重要的现代商贸流通中心、高端服务业集聚区，提高产业发展对示范区的战略支撑作用。促进工业集群发展，以濮东产业集聚区为载体，加快推动装备制造、特种车辆等产业发展，打造重要的能源装备制造基地，增强工业的战略支撑作用。大力发展现代服务业，加快推进金融中心建设，积极发展总部经济、信息服务、文化创意、健康服务、商贸物流等服务业，培育形成服务业集群。培育做优高效农业，以土地流转为抓手，大力发展生态绿色农业、观光休闲农业、出口创汇农业、高科技现代农业，重点培育形成"一纵一横"现代农业产业带。吸引人才、资金、技术等生产要素向一体化示范区聚集。完善示范区城市功能，促进产业集聚，增强对农村转移人口的吸纳能力，促进城乡统筹发展。统筹中心城区与城乡一体化示范区功能布局，推动中心城区基础设施向一体化示范区延伸，公共服务向一体化示范区覆盖，逐步实现一体化示范区与中心城区的交通一体、产业互补、产城互动、协调发展。

成为城乡一体化示范。加快土地流转，建立土地流转交易平台，引导农村土地承包经营权有序高效流转，力争到 2020 年，流转土地达到 20000亩。加快推进基础设施建设，积极做好路网建设、涵洞桥梁、地下管廊、水库岸线提升等基础设施项目建设。加快完善公共服务功能，推进教育、医疗卫生、文化体育等公共服务设施建设。加快信息基础设施建设，以建设智慧城区为突破口，实现无线高速网络的全覆盖。全面完成区域内的村庄搬迁和社区化改造，力争到 2020 年，一体化示范区农业人口全部转为城镇居民，率先实现城乡一体化。

（3）全面推进新农村建设

完善"五规"合一规划体系。科学编制实施新农村规划，适应农村人口转移和村庄变化新形势，遵循生产方式决定生活方式的规律，立足自然资源、环境条件和发展基础，以县（区）为单元，按照产业、新农村、土地、公共服务和生态规划"五规"合一的要求推进新农村发展规划编制，调整完善生态布局，配套建设基础设施和公共服务设施，形成"组保洁、村收集、乡转运、县处理"的农村生活垃圾处理新机制。全面完成农村河道整治，改善农村生产生活条件让农民共享改革发展成果。

分类推进新农村建设。坚持分类指导，按照发展中心村、保护特色村、治理空心村的要求，分类推进、科学引导农村住宅和居民点建设，全面完成城中村、城市规划区内的城郊村和产业集聚区内村庄城市化改造，积极推进黄河低滩区村庄迁建工作，有序推进自然条件恶劣的贫困村庄扶贫搬迁。按照成熟一个、规划一个、审定一个、实施一个的原则，以城郊村、产业集聚区和现代农业局园区周边村、特色经济强村为重点，有序推进新农村建设引导点建设。开展美丽乡村示范工程，按照以点为基、串点成线、连线成片的总体思路，有计划分批次启动美丽宜居乡村建设试点。有效控制缺乏产业支撑村庄的规模，以污水、垃圾处理设施建设为重点，加强人居环境综合整治，统筹教育、文化、医疗等服务设施和商业网点布局，改善基本生产生活条件。

完善农村发展的体制机制。加快完善农业投入保障机制，各级财政对农业投入增长幅度高于经常性收入增长幅度，重点支持农业土地开发和农村基础设施建设。依法维护农民土地承包经营权，赋予农民对承包土地占有、使用、收益、流转及承包经营权抵押、担保权能，允许农民以承包经营权入股发展农业产业化经营。发展壮大农村集体经济，保障农民集体经济组织成员权利，积极发展农民股份合作，赋予农民对集体资产股份占有、收益、有偿退出及抵押、担保、继承权。支持鼓励工商资本到农村发展适合企业化经营的现代种养业，向农业输入现代生产要素和经营模式。鼓励社会资本投向农村建设，允许企业和社会组织在农村兴办各类事业。用足用好中央政策性资金、地方财政配套资金和个人缴纳资金，建立健全农村养老保险、医疗保险、新农合、低保等社会保障体系。

（二）加强基础建设，培育发展新优势

满足濮阳经济社会发展的新要求，统筹解决交通、信息网络、能源等基础设施网络的瓶颈环节，夯实濮阳经济转型发展的基础支撑。重点推进城镇、交通、能源、信息、水利等基础设施网络建设及互联互通，推动局部优势向综合优势转变。

1. 加强城镇基础设施建设

加强地下"五网"建设。供水管网：2017年底完成中心城区供水管网建设和老旧供水管网改造，到2020年，实现中心城区建成区供水管网全覆盖，完成濮阳县城独立供水管网系统建设。污雨水管网：加快推进污水处理厂配套管网建设和雨污分流系统改造提升，同时结合城中村和建成区片区改造同步对背靠背小巷雨污合流管网进行改造，到2020年，彻底解决中心城区主次干道污雨水混排问题，完成第三污水处理厂配套管网、西部城区污水管网建设和各县城污雨水管网分流改造任务。中水管网：完成第一污水处理厂扩建工程中水回用管网工程建设，谋划实施第二污水处理厂中

水回用管网工程。各县区加快推进中水回用管网工程建设。燃气管网：推进燃气管网建设，充分利用榆济线，改建和新建天然气门站、输配气管网等供气设施，优化管网结构，推进中原天然气调度中心建设，提高燃气供应能力，到2020年，中心城区燃气普及率达到97%以上，县城燃气普及率达到90%以上。供热管网：2017年底完成豫能2×60万千瓦集中供热配套管网工程，确保与国电2×60万千瓦发电项目同步竣工投用。实施中心城区环状管网联通工程，加大县城供热网管建设力度。

推进"四厂"建设。自来水厂：充分用好南水北调水源，扩大供水面积，增强城市供水调节能力，支持有条件的乡镇建设小型水厂。污水处理厂：加快中心城市和县城污水处理厂新建、扩容，提升现有污水处理厂处理能力，完善污水收集网络，加快推进污泥处置设施建设。全面推进县级以上生活污水处理厂污泥处置与综合利用设施建设，县级以上生活污水处理厂污泥全部实现无害化处置。鼓励有条件的乡镇建设小型污水处理厂。加快中水回用工程建设，到2020年，中心城区污水处理率达到95%，县城污水处理率达到90%；中心城区中水回用率达到20%，县城中水回用率达到10%。热源厂：加快热电联产项目建设，积极探索地热等新能源项目建设，依托豫能中原大化等项目建设，增加全市供热覆盖区域。到2020年，中心城区集中供热普及率提高到70%，县城全部建设集中供暖工程。垃圾处理厂：推进垃圾焚烧发电、建筑垃圾资源化利用和各县生活垃圾处理厂渗滤液处理等项目建设，建立村收集、乡转运、县处理的县域垃圾收集处理和运行机制。到2020年，生活垃圾无害化处理率达95%，县城生活垃圾无害化处理率达94%。

强化城镇"两道"建设。城市道路：完善中心城区和示范区路网结构（完善市中心城区主次干道与支路等城市路网结构），优化城市交通布局，建设环城高速公路体系，完善"十八纵十四横"的中心城区方格网状骨架路网。加快县城和中心镇交通网络建设，打通丁字路和断头路，提高路网运行效率。加快城乡公共停车场建设。河道治理：重点推进城区段河道综合整治，改善生态环境。

强化城镇公共服务设施建设。完善城镇公共服务设施建设，科学规划教育、医疗、文化、体育等城镇公共服务设施布局，优先建设符合城镇规划布局的中小学校、幼儿园，改善公立医院医疗设施，发展社区卫生服务，切实解决居民就医和日常保健问题。加强对现有文体设施的整合与提升，推进文化馆、图书馆、档案馆、体育场馆等大型文化设施建设，在广场、社区等场所安装体育健身器材，组织开展丰富多彩的群众文体活动，满足广大市民日益增长的多元化精神文化需求。

2. 建设现代综合交通运输体系

持续推进通道与枢纽建设。统筹铁路、公路、通用航空建设，构建布局合理、便捷畅通、安全高效的交通运输网络。努力打造以铁路、高速公路、干线公路为主导，农村公路、通用机场等为辅助的"立体式"综合交通运输体系，使区位优势转变成为交通优势，将濮阳建设成为豫鲁冀三省交会处的交通枢纽城市。建成郑州经濮阳至济南的快速铁路，适时建设濮阳至信阳的潢川铁路，积极争取京九客运专线过境濮阳并开展前期工作，规划研究开封至濮阳城际铁路、邯郸经濮阳至菏泽铁路等项目。建成通车范辉高速豫鲁界至范县段，开工建设濮阳至商城高速濮阳段，规划研究濮阳至郑州高速公路等项目。打造布局合理、功能完善、覆盖广泛、安全可靠的"九横七纵"干线公路网络，积极推进国家、省干线公路升级改造和黄河桥建设。按照全省"乡村畅通工程"要求，完成路网规划中未完成的"差等路"及"断头路"的建设改造，促进优势互补、联动发展沿黄快速通道，加快推进濮范台扶贫开发综合试验区交通体系建设。加快综合客运枢纽汽车站、濮阳路港物流园区、豫北物流园等项目建设，依托铁路、公路交通枢纽及产业集聚区，规划建设和改造升级货运枢纽、服务型物流园区，规范提升物流市场服务水平。积极与安阳、鹤壁配合，加快推进豫东北机场建设，强化与新郑机场、豫东北机场合作力度，依托航空小镇建设异地航站楼，支持鼓励有条件的县区发展通用航空和通用航空产业。

全面提升交通运输效率。围绕主导产业和群众需求，引导营运车辆向标准化、专业化、清洁化方面发展，大力推行多式联运，提高运输的专业化、组织化、网络化水平，提高交通运输综合效率。推进公交体制改革，优化公交线网布局，提高利用城市公交出行率。推进城乡客运一体化，努力实现城乡相融、城农均等、城乡一体。加快现代物流业发展，培育甩挂龙头企业，发挥出租车驾驶员文明学校功能，擦亮濮阳出租车行业品牌。加快运输市场环境建设，完善市场准入退出和监管制度，加快运输企业质量信誉考核，努力形成统一开放、公平竞争、规范有序的运输市场。

大力发展绿色安全交通。坚持"安全第一、预防为主、综合治理"的方针，围绕重要时段、重点部位、重点车船的安全监管，加强"三品"查处力度，抓好行业稳定，完善各项应急预案。加大对危桥的巡查和监控力度，大力实施公路交通安全保障工程、危桥和渡口改造工程、干线公路灾害防治工程。积极推进运输车辆和客运车辆 GPS 信息联网联控。促进交通运输与生态环境协调发展，积极推进生态公路建设，推行适应节约土地要求的公路技术，优化路线方案，大力发展节能环保的运输装备，建立交通节能减排检测考核制度。

3. 建设现代能源保障体系

实施内节外引能源方针，加快推进电源、电网、能源、物流等一批重大项目建设，持续提高能源保障能力和保障水平。优化能源结构，突出绿色发展，不断扩大新能源利用规模，建设国家新能源示范城市。推动能源系统集成优化，提高能源利用效率，逐步形成"多能"并举、适度超前、布局合理、科学发展的现代能源保障体系。

巩固化石能源支撑。加强中原油田勘探开发力度，稳定中原油田油气产量。积极融入国家能源通道建设，加大外部资源引进力度，建成文 23 战略储气库、日照－濮阳－洛阳原油管道、新粤浙输气管道豫鲁支线、鄂安沧输气管道濮阳支干线、国家煤炭储配中心等重大项目，同步完善支线管网和储配设施，打造国家级综合能源保障基地和天然气输配中心。发展"油头化尾"原油深加工，强力推进中原油田石化总厂扩能改造、河南丰利石化 60 丙烯及联产芳烃项目建设，打造中原炼化基地。实施终端用能清洁替代，拓展民用、交通、工业等用气领域，有序推进 LNG 生产加工、调峰设施和加气网络建设。

夯实电力发展基础。充分利用晋豫鲁铁路"路煤"资源优势，加快支撑电源建设，建成濮阳豫能 2×60 万千瓦机组项目，争取实现台前 2×100 万千瓦机组项目开工建设，适时推进国电 2×35 万千瓦机组扩建项目。合理确定产业集聚区及城镇集中供热方式，以背压机组、燃气发电、生物质热电为主发展热电联产。建设智能、坚强电网体系，促进电网与电源以及各电压等级电网协调发展。完成 500 千伏仓颉变扩建，新增 500 千伏变电容量 1000 兆伏安；结合豫北特高压站建设，加强濮阳电网与外部 500 千伏线路联络。优化完善主干电网，加快城镇和农村配电网建设改造，支持适应可再生能源发电接入、消纳和储能设施建设。

大力发展新能源。结合本地新能源资源基础和发展条件，重点推进风能、太阳能、地热能、生物质能等新能源开发利用，构建集约高效的新能源综合利用体系。重点在金堤河沿岸和黄河故道区域建设风电场项目，实现风电装机规模达 80 万千瓦，打造平原地区风电基地。在条件适宜地区，加快太阳能集中发电项目建设，依托产业集聚区开展分布式光伏发电集中应用示范，积极引导家庭分布式光伏发电发展，实现光伏发电装机规模达 20 万千瓦。加强同中石化新星公司合作，推进中深层地热资源综合利用，实现全市地热供暖面积突破 800 万平方米，扩大地热在种植和养殖业中的利用，建成中原油田废弃井地热发电示范项目，开展中低温地热发电技术攻关，争取获得突破。推进生物质能梯级高效利用，围绕生物化工、生物质成型燃料、生物质燃油等方面建设先进生物质能示范工程。建成濮阳市城区垃圾热电项目，推进县域垃圾发电项目建设。"十三五"末力争实现新能源消费总量占全市能源消费总量 10% 以上。

推进能源系统集成优化。统筹电、气、热、冷等终端供能设施一体化规划建设，积极发展分布式能源，推进能源综合梯级利用。开展先进储能、智能微网等新技术应用试点，积极构建能源互联网和智慧能源系统。加快电动汽车充电基础设施建设。深化能源体制改革，推进电力供求双方直接交易和智能化调度。

4. 建设高效安全信息网络体系

强化信息基础网络支撑。建设宽带泛在、融合、安全的新一代信息化基础设施。落实"宽带濮阳"战略，大力发展宽带通信，逐步建成覆盖城乡、满足数据和多媒体通信需要的宽带接入网络，提供综合化、全方位的网络支撑服务。鼓励电信运营商部署无线网络接入点，打造"无线城市"，在公共场所向公众提供免费无线宽带基本接入服务。完善 4G 技术在城市管理、电子政务、电子商务等领域的应用，大力发展物联网，在重点领域逐步推广应用传感网，推进基础设施的信息化、智能化。

提升信息化服务水平。推进信息兴业，建设一批综合服务、检验检测、仓储物流等覆盖全流程的信息化服务平台，建成华北地区物联网职业能力考试测评中心和实训基地。以云计算、大数据、物联网等新一代信息技术为支撑，大力推进园区信息基础设施建设，加快构建产业集聚区管理服务公共云平台，力争建成两个以上智慧园区。推进信息惠民，打造功能完善、高效快捷的公共卫生信息网络体系，利用"一库三体系六平台"城市综合管理系统，实现"数据向上集中、服务向下延伸"和社会保障"一卡通"，推进国土、房管、交通、公安、人口计生、市政、园林、城管、环保、水利、地震、民政、档案等领域公共信息平台建设，完善社区管理与服务信息系统。促进信息惠农，推进信息下乡，深入推进"金农"工程和农村党员干部远程教育工程建设，构建农村公共信息服务体系，普及农村市场服务、科技服务、人力资源培训、农业减灾防灾预警、村务管理等信息系统，加强农村教育、医疗、卫生信息化建设，促进涉农信息资源整合与共享。

5. 建设和谐的水利支撑体系

推进水利基础设施建设。继续推进濮阳市引黄调蓄、引黄入冀补淀工程等大型水利基础设施建设。发展民生水利，搞好渠村、南小堤灌区两个大型灌区建设，继续开展中型灌区续建配套和节水改造，推进小型农田水利重点县项目和规模化节水灌溉增效示范项目，加快黄河滩区扶贫攻坚水利灌排工程建设的步伐，抓好城市生态水系建设，继续实施农田水利基本建设沟渠清淤工程，抓好中小河流综合治理和小型水利设施排查整修。

确保城乡供水安全。全面强化引黄调蓄工程水域的保护和综合治理，确保水库水质达标。加快引黄调蓄及生态水系工程建设，解决金堤北农业灌溉和城市生态用水问题。加强地下水资源勘查评价和动态检测，按照供排分流原则，科学规划区域河网供排水布局，实现供排水的协调统一、供水系统互通可控。提高农村地区生产生活用水保障水平，实施农村安全饮用水工程巩固提升，全面解决农村饮用水安全问题。

提升水资源可持续利用保障能力。建立健全"水务一体化"节水型社会管理体系，强化节水型社会各项制度建设。落实最严格的水资源管理制度，健全事权清晰、分工明确、运转协调的水资源管理体制，推进城乡涉水事务统一管理。建立水资源承载能力监测预警机制。健全河流规划约束机制，有序推进河流休养生息。

（三）加强文化强市建设，提升发展软实力

推动物质文明和精神文明协调发展。充分发挥文化引导社会、教育人民、推动发展的功能，建立健全覆盖城乡的公共文化服务体系，不断提升

文化产业的发展水平和整体竞争力，努力把濮阳建成传统历史文化与现代时尚文化和谐共存的历史文化名城。

1. 提高全社会文明程度

推进思想道德建设。围绕"四个全面"，以培育和践行社会主义核心价值观为根本，以文明河南建设为主线，进一步加强全民思想道德建设。深入推进文明城市、文明村镇、文明单位等群众性精神文明创建活动。组织好道德模范评选推荐学习宣传工作，扎实开展"我推荐、我评议身边好人"活动。深入推进志愿服务制度化和诚信建设制度化，向社会传导正确价值取向。加强未成年人思想道德建设，为未成年人健康成长创造良好社会文化环境。深化"我们的节日"主题活动，弘扬中华优秀传统文化，注重家庭、家风、家教，弘扬中华传统美德。加强文明网站建设，进一步发挥网上传播主流价值的新优势。促进公益广告进单位进社区、进学校、进农村，积极传播社会主义核心价值观。

弘扬濮阳人文精神。大力弘扬以爱国主义为核心的民族精神和以改革创新为核心的时代精神，弘扬兼容并蓄、刚柔相济、革故鼎新、生生不息的中原文化，弘扬愚公移山精神、焦裕禄精神、红旗渠精神，弘扬濮阳"老区精神"和"三李精神"，进一步提升濮阳人民精神风貌。持续开展"一创双优"教育活动，积极推进"阳光、真诚、简单、责任、激情"的干部文化建设，加快形成以"龙运文德、偕时同新"为主要内涵的濮阳精神，引导全市干部群众始终保持昂扬饱满的精神状态，为"十三五"赶超目标的实现提供强大的精神动力。

增强舆论引导能力。加强广播电视报纸杂志等传统新闻媒体建设，重视互联网、微博、微信等新兴媒体的运用和管理，主动倾听民声，积极引导舆情，提高文化传播能力。鼓励广大文艺工作者，从群众需要出发，继承和发扬中华文化优良传统，结合濮阳社会主义建设中涌现出的好人好事，创作深受群众喜爱、思想性艺术性观赏性相统一的精品力作。广大文化工作者和文化单位要自觉践行社会主义核心价值观，坚持社会主义先进文化前进方向，坚决抵制庸俗、低俗、媚俗之风。广泛组织各种形式的文艺观摩演出和街头、广场文艺活动，丰富群众文化生活。利用各种媒体开展文化产品评论活动，提高人民群众的欣赏品位和鉴赏能力。

2. 提升公共文化服务水平

完善公共文化服务体系。加快公共文化基础设施建设，推进一批标志性文化设施建设工程。完成市科技档案博物馆、市广播电视台演播厅、市非物质文化遗产展示馆等项目建设。加强县乡村（社区）公共文化设施建设，实施文化信息资源共享工程，形成层级完善的公共文化服务网络体系，不断推动公共文化服务均等化、标准化，提升公共文化服务效能。加大体育基础设施建设力度，加强对新建社区的体育公共设施规划建设，打造濮阳"乒乓城"。深入开展舞台艺术送农民和农村数字电影放映等文化惠民工程，组织各种群众性文化活动和各种赛事，提高活动层次和水平。开展"欢乐中原·文明濮阳"广场文化活动和节庆民俗活动，组织广大文艺工作者、机关干部、企事业单位职工、社会群体等参与公共文化活动。

努力创作文化艺术精品。树立精品意识，以精神文明建设"五个一"工程和国家舞台艺术精品工程为龙头，组织创作纪实文学《中国石油之父——孙健初》等作品，力争每年创作生产出一批在全省有广泛影响的精品力作。加大支持力度，继续保持戏剧、杂技等项目在全省全国的重要影响与地位，形成最具优势的艺术名品和优势项目。积极推动大平调、大弦戏、四平调等剧种的继承与创新，不断推出优秀剧目。积极组织参加国际间各类艺术比赛和文化交流，加强友好城市间的文化交流。积极引进国家、省内外和国外的高雅艺术、优秀文艺作品到濮阳市演出。努力培养和引进一批高层次的文化专业人才、管理人才和经营人才，造就一批具有一定知名度的文化名人和文化大师，形成文化人才梯队。加大杂技艺术学校与中国名校的联合办学力度，扩大招生规模，力争到 2020 年建成全国一流的杂技教育培训基地。

着力铸造城市文化品牌。坚持品牌培育和提升相结合，依托濮阳市独特的文化资源，打造具有国际影响力的文化品牌。把"上古文化"与主题城市建设有机融合，全方位融入文化元素，营造文化氛围，确立"华夏龙源圣地"和"上古文化"看濮阳的文化地位。进一步挖掘濮阳杂技文化资源，形成一批全国知名的杂技演出团体，打造杂技文化品牌。建设一批杂技项目和杂技学校，办好龙文化节和杂技艺术节两大节庆活动，不断扩大节会的影响力和辐射力，在全省乃至全国打响濮阳文化会展和节庆品牌。利用历史文化资源，打造特色文化品牌。濮阳县重点打造姓氏文化和历史文化；清丰县重点打造红色文化和孝道文化；南乐县重点打造仓颉文化；范县重点打造板桥文化；台前县重点打造红色文化。实施文化品牌培育和提升工程，设立文化品牌发展基金，支持和打造一批新的文化品牌。

保护传承历史文化遗产。大力推进濮阳与华夏文明探源工程，调查勘探濮阳史前遗址、整理出版调查勘探发掘资料。做好文化遗产的发掘、抢救和保护工作，加快推进"中华第一龙"（西水坡）遗址、卫国故城（高城）遗址和濮阳县历史文化街区的保护性开发。建设特色文化园区，开发建设龙文化主题公园、濮阳国际杂技文化产业园和春秋文化园；秉承忠孝传统文化美德，规划建设孝道文化园和忠孝博物馆；支持清丰单拐、濮阳县八公桥、范县颜村铺和台前县将军渡等革命旧址修复和建设；推进清丰县旧火车站保护与开发；提高濮阳市非物质文化遗产整体性保护水平，积极推动濮阳市非物质文化遗产展示馆建设，规划建设濮阳市（濮阳县、清丰县、南乐县）省级传统戏剧文化生态保护实验区。

3. 推动文化产业创新发展

加快重点文化产业发展。以演艺业、文化旅游业和文化产品设备制造业为龙头，积极发展影视动漫业、休闲娱乐业、艺术品及工艺美术业和会展业。加快推进杂技演艺产业转型升级，拉长产业链条，提升产业层次，将濮阳打造成杂技创作、演艺、科研、教育、旅游及杂技衍生品生产基地。依托西水坡遗址、唐兀公碑等文化资源，建设国家考古遗址公园、子路博物馆和龙凤古玩城，大力发展文化旅游业。积极扶持、推介通草浮雕、麦秆画、刀书画、黑陶、草编等特色民间工艺品，加快文化纪念产品开发。加大对《水秀》《清吏郑板桥》等重点文化产业项目的扶持力度，完善产业政策，实现跨越式发展。到"十三五"末，力争把演艺娱乐和文化旅游业打造为文化产业的重要增长点，文化产业从业人员达到30万人，文化产业总体实力达到全省领先水平，文化产业增加值达到100亿元左右。

推进文化产业园区建设。加快推进濮阳龙文化、字文化、孝道文化、杂技文化、红色文化资源开发，建设一批文化产业园区和集聚区。加大政策扶持，在基础设施建设、土地使用、税收政策等方面给予支持，推动具有濮阳地域特色的文化产业集群发展。"十三五"期间，打造以杂技产业为特色的文化产业集聚区；重点建设一批遗址博物馆或遗址公园，形成星罗棋布的文化博物馆群；积极引进战略合作伙伴，建设创意产业园。

4. 加强文化体制机制改革

坚持按照政企分开、政事分开的原则,进一步理顺党政部门与文化企事业单位的关系,完善文化管理体制。继续推进公益性文化事业单位内部改革和文艺院团内部机制改革,积极鼓励政府实施公共文化服务外包,创新公共文化服务运行机制。加快推进国有经营性文化单位转企改制,鼓励非公有制文化企业发展,支持各种形式小微文化企业发展,建立健全现代文化市场体系。鼓励文化企业跨地区、跨行业、跨所有制兼并重组,提高文化产业规模化、集约化、专业化水平。鼓励金融资本、社会资本和濮阳独特文化资源结合,支持符合条件的文化企业上市。加快推进文化市场综合执法改革,营造宽严有序的文化市场发展环境。加快完善版权法律政策体系,提高版权执法监管能力。完善文化产业扶持政策,建立文化产业发展专项资金,建立文化产业投融资平台,强化政府对文化产业发展的支持。关注群众潜在的文化消费需求,推出更多深受群众喜爱的精品力作。

四 绿色发展,建设美丽濮阳新家园

紧紧围绕生态文明建设,以争创全国生态文明先行示范区为重点,以切实改善环境质量为导向,以解决危害群众健康和影响可持续发展的突出环境问题为突破口,大力推进绿色发展、循环发展、低碳发展,着力建设"天更蓝、水更清、地更绿、空气更清新、人与自然更和谐"的美丽濮阳。

(一)强化主体功能定位

1. 推进形成区域主导功能

依据区域资源环境承载能力、现有开发强度和未来发展潜力,统筹考虑生态保护、经济布局和人口分布,将全市国土空间划分为重点开发区、限制开发区、禁止开发区三类功能区。

重点开发区。重点开发区域主要包括濮阳市建成区及各县建成区、产业集聚区及各类专业园区,是地区性中心城市发展区、经济和人口的重要集聚区、全市城镇体系的重要支撑点。要加快推进新型城镇化,统筹城乡协调发展,增强承接产业转移、参与分工协作、吸纳就业能力,加快产业和人口向城镇集聚。大力培育有一定基础优势的战略性新兴产业，做优做强传统优势产业。大力发展循环经济、绿色经济、低碳经济，促进人口、资源、环境与经济发展相协调。

限制开发区。主要包括县城、产业集聚区等城镇区以外的区域，是保障国家农产品供给安全的重要区域、统筹农业生产和乡村建设的重点区域、社会主义新农村建设的先行区域。要加快推进国土综合整治，控制国土开发强度；着力保护耕地，建设国家粮食生产核心区，增强农业综合生产能力；大力发展现代农业，因地制宜地发展特色产业，增加农民收入；合理布局，优化开发，推进集约集聚，提高农业生产规模化、集约化、标准化和产业化水平；促进工业反哺农业、城市带动农村，加快社会主义新农村建设，引导农村人口逐步有序转移。

禁止开发区。主要为自然文化资源保护区，包括自然保护区、森林公园、湿地公园及饮用水源地，是濮阳保护自然文化资源和重要生态系统的重要区域，块状、点状分布的重要生态功能区和珍贵动植物基因资源保护地。要严格控制人为因素对自然生态的干扰，严禁不符合主体功能定位的开发活动，引导人口逐步有序转移，实现污染物"零排放"，提高环境质量。

2. 完善主体功能区配套政策

根据主体功能区发展的要求，实行分类管理的区域政策，形成市场主体行为符合各区域主导功能定位的利益导向机制。完善转移支付制度，建立生态环境补偿机制。修订现行产业结构调整指导目录，进一步明确不同地区鼓励、限制和禁止的产业，对不同功能区的项目实行不同的土地占用、环境准入和生态保护等约束性标准。建立符合推进形成主体功能区要求的绩效评价体系。完善土地与人口政策，引导土地、人口与主体功能相适应。制定针对不同功能区的环境政策和应对气候变化的政策。

3. 推动县域空间规划改革创新

根据主体功能定位，积极引导各县区按照主体功能定位，进行产业布局、城镇化建设、生态环境建设、基础设施配置、社会事业发展，推动形成分工明确、联动效应明显的区县发展新格局。加强县域空间规划改革创新，围绕主体功能定位，积极编制县域主体功能区规划，积极调整国土规划、城镇发展规划、产业发展规划、基础设施规划等相关规划，积极开展"多规融合"试点，以科学规划引导科学发展。

（二）加快发展绿色经济

1. 大力发展循环经济

以创建国家级可持续发展实验区为契机，以产业园区为载体，围绕产业链条的延伸和完善，推进重点企业、重点行业和重点领域资源综合利用，提升循环经济发展水平。积极推进循环经济园区建设，以濮阳市经济开发区、南乐县产业集聚区循环化改造试点为重点，积极推进清丰县产业集聚区、濮阳市化工产业集聚区、濮阳市产业集聚区等循环园区建设，推动中原大化、龙丰纸业、宏业化工、恒力佳泰等循环试点企业建设，争创国家、省级循环经济试点园区和示范企业。探索建立石油化工、煤化工、盐化工"三化"融合发展的循环经济模式，积极构建石油化工、煤化工、农产品加工、林纸林板及家具四大循环经济产业链。加强资源综合利用和再生利用工程，重点推进工业固废资源利用、城市矿产综合利用开发、生活垃圾回收处理、农业废弃物资源化利用等循环经济建设工程。建设以城市社区分类回收点为基础、集散市场为枢纽、分类加工利用为目的的再生资源循环利用体系。完善循环经济法规和标准体系，健全循环经济财税、价格、投融资政策，创新循环经济发展模式。

2. 加快发展绿色低碳经济

以争创绿色低碳发展示范区为契机，探索建立绿色发展模式，加快构建科技含量高、资源消耗低、环境污染少的产业结构和生产方式，大力倡导节约资源、健康文明的生活模式和消费模式，推进城市绿色低碳化发展。大幅提高经济绿色化程度，加快发展绿色产业，积极发展绿色制造，大力实施清洁生产。加快推动资源利用方式根本转变，提高天然气使用比例，开发利用新能源和可再生能源，将能源结构向低碳方向发展。推广政府绿色采购，鼓励使用绿色、高效节能节水认证产品、环境标志产品和绿色、有机标志食品，减少过度包装和一次性用品使用，引导全社会低碳消费行为。开展绿色学校、绿色医院、绿色商场、绿色交通、绿色社区、绿色家庭等创建活动，强化自然、环保、节约的绿色消费观念，培养和树立绿色消费文化理念与绿色消费需求。引导公众优先采用公共交通、步行和骑自行车出行方式。

（三）加强生态建设和环境保护

1. 加强生态建设

以建设全国生态文明先行示范区和国家生态城市为重点，全面推进生态建设和重要生态功能区保护，构建形成多层次、网络化、功能符合的生态系统。

优化生态功能布局。加快推进平原土壤沙化控制农业生态区、濮范台洪水调蓄生态功能区建设，打造横跨东西的沿黄生态走廊、沿金堤河生态走廊，构筑"两区两带"生态安全格局。平原土壤沙化控制农业生态区重点加大治沙造林力度，强化沙区土地综合治理，发展节水灌溉，打造高标准基本农田。濮范台洪水调蓄生态功能区，重点加强生态环境保护，强化油田开采区环境治理，切实做好生态移民工作。沿黄河生态涵养带重点加强黄河湿地保护，全面推进实施沿黄滩地生态修复工程，增强水源涵养功能。沿金堤河生态防护带重点加强金堤河大堤和湿地资源保护，提升完善沿堤防护林带，完善生态屏障作用。

加快重大生态修复工程建设。实施沙化土地治理工程，重点对黄河两岸、黄河故道、黄泛区进行治理，宜林沙荒地全部营造防风固沙林，在沙化耕地上营造小网格农田林网和发展林粮间作，形成点、线、面结合的综合防护林体系，不断改善沙区生态环境。实施油区污染治理工程，重点抓好井场生态治理、油田工矿废弃地复垦与生态恢复等工作。实施黄河滩区生态修复工程，加强黄河沿岸的湿地保护和检测评估，积极推进沿黄滩地生态修复工程，构建沿堤防护林带，增强水源涵养功能。实施背河洼地生态治理工程，结合扶贫搬迁工程，重点做好盐碱化严重地段治理工程、引黄工程产生的淤积泥沙治理工程等。

加强湿地生态保护。依托黄河、金堤河、马颊河与调节水库等水资源优势，加快生态湿地保护区建设，增强生态涵养功能，提升生态环境质量。实施自然保护区湿地生态恢复工程，逐步改善湿地生态环境，有效保护和恢复湿地功能。加大宣传力度，提高公众保护湿地意识，使公众自觉参与湿地保护。

加快林业生态体系建设。按照"三带一圈"的林业生态空间布局，构建高效多能可持续的林业生态产业体系。着力推进黄河、金堤河、马颊河和引黄入冀工程"两横两纵"四大生态走廊建设，绿化带总宽度原则在100米以上，实现水网、路网、林网三网合一，使之成为生物多样性繁衍的载体、生物迁徙的通道和群众旅游观光休闲的生态景观走廊。持续推进廊道绿化、农田林网、郊野公园、现代林业园区和城乡人居环境绿化等重点生态工程建设，尽力扩大森林和湿地面积，确保到2020年，全市林木覆盖率达到28%，森林蓄积量达到400万立方米以上。

2. 加强环境保护

以群众最关心的突出环境问题为重点，以实施三大工程为抓手，统筹推进水污染、大气污染、土壤污染等污染综合治理，切实改善环境质量。

实施蓝天工程。重点做好火电、石油、化工、建材、煤化工等重点行业污染防控，深入推进电力机组脱硫脱硝、城市燃煤锅炉改造工程，全面加强对二氧化硫、氮氧化物、颗粒物、挥发性有机物、有毒有害物质排放的控制，有效削减大气污染排放总量。强力推进工业结构和能源结构调整，优化工业布局，依法淘汰落后产能，减少燃煤污染。积极抓好黄标车治理、建筑工地及道路交通扬尘治理、雾霾监测天气预报预警、秸秆焚烧整治等环保工程。

实施碧水工程。坚持流域统筹、水陆结合，推进水污染防治，改善水环境质量。推进"海绵城市"建设，重点实施城市河流清洁行动计划，优先保护饮用水水源地水质，加强地表水、地下水污染协同控制和系统管理。加强重点流域污染治理，重点做好海河流域、黄河流域等流域治理，重点实施金堤河、马颊河等综合治理工程，不断提高海河流域考核断面水质达标率。强化重点工业领域水污染防治，强化高耗水行业清洁生产和污染深度治理。加快推进污水处理设施建设，积极提升污水处理厂处理能力。

实施乡村清洁工程。以清洁家园、清洁水源、清洁田园为重点，深入实施乡村清洁工程，重点推进农村环境连片综合整治、畜禽养殖污染防治，逐步改善农村生态环境质量。

实施土壤污染治理工程。聚焦国家粮食核心区、蔬菜基地等建设，积极实施土壤污染综合治理示范工程，推进污染耕地和污染场地典型区域土壤污染综合治理，不断提升耕地质量。

实施固体废弃物污染防治工程。加强重点行业的产业结构优化升级，实施强制清洁生产审核，从源头削减危险废弃物产生量。稳妥推进危险废弃物集中处置设施建设，控制危险废弃物填埋量，确保新增危险废弃物基本达到无害化利用处置。推进废弃电器电子产品资源化回收利用，促进工业固废的合理处理处置，优先资源利用工业固废。强化生活垃圾处理设施运行管理和对渗滤液、沼气等排放的环境监管，加强县城以上垃圾处理场渗滤液处理设施建设。

（四）强化资源节约和管理

1. 大力推进节能降耗

坚持以强化节能减排约束性指标为导向，实行强度目标和总量目标"双控"责任制，不断提升节能降耗水平。加快淘汰落后产能步伐，推广先进节能技术和设备，实施节能减排重点工程，合理控制能源消耗总量和污染物排放增量。加快推进重点行业和领域节能减排，重点推进化工、电力、玻璃、造纸、食品加工等行业节能减排，积极推进交通、建筑、公共机构和消费等领域节能降耗，降低全社会能源消耗。严格落实绿色建筑标准，大力发展新型绿色建材。优化能源利用结构，推动分布式太阳能、地热能、风能、生物质能等多元化、规模化应用。

2. 集约节约土地资源

合理调整土地利用结构和布局，管住总量、严控增量、盘活存量，促进土地资源的集约利用和优化配置。严格执行土地利用总体规划和年度计划，严格用途管制，加强用地节地责任和考核，切实落实耕地和基本农田保护政策。提升土地利用效率，引导工业、人口、住宅集中发展，鼓励建设高层商住楼、多层生产厂房，支持开发地下空间，推进"城中村""空心村"和废弃闲置油、气井占地治理，挖掘用地潜力。积极盘活城镇闲置土地，合理开发利用各种荒地、坡地等后备资源，补充耕地、园地、林地和其他农业用地。

3. 合理调配和节约用水

优化水资源配置，实行用水总量控制和定额管理，推进水资源梯级利用和循环利用，建设节水型社会。加强水资源综合开发利用。以黄河水综合利用为重点，强化水源地保护开发利用，加强重大水利工程建设，完善供水管网体系建设，确保城乡生产生活用水需要。大力推广工业节水设备和工艺，加快火电、食品、化工等行业节水改造。积极发展节水型农业，推进大中型灌区节水改造和末级渠系节水改造，大力发展节水灌溉，推行地埋管道、喷灌、滴灌、渗灌等技术。推进城市节水工作，加大节水设备和器具的推广力度，加快供水管网改造，加强公共建筑、生活小区、居民住宅的节水和中水回用、雨水收集设施建设，推进城市污水循环利用。实施阶梯水价、超计划超定额加价制度，形成以经济手段为主的节水机制。积极发展水产业，因地制宜发展用水产业、旅游产业和调水产业。

4. 加强矿藏资源开发和管理

加强盐、煤炭等资源地质勘查，增强后备资源保障能力。继续做好油气资源的挖潜增效，积极开发盐、煤等资源。严格准入标准，规范资源开发秩序，打击非法开采、乱采滥挖行为。改善资源开采技术装备和管理，淘汰落后的开采方式，提高资源回采率。实行资源资产化管理，健全资源有偿使用制度和合理补偿机制。有序推进岩盐、煤炭等重要资源整合。

五　开放发展，催生活力濮阳新动力

积极抢抓国家"一带一路"倡议、全面深化改革等重大机遇，提升对外开放水平，积极深化改革，以开放促转型、促赶超、促跨越，以改革创红利、增动力、促发展，着力形成改革开放发展新格局，显著提高内陆开放水平。

（一）提升对外开放水平

抢抓"一带一路"倡议机遇，积极融入京津冀经济圈、山东半岛蓝色经济区。拓展对内对外开放的广度和深度，充分利用两个市场、两种资源，加快发展开放型经济，以全面扩大开放提升发展质量和水平，形成开放发展新格局。

1. 持续推进开放招商

创新招商方式。创新招商理念，推进政策招商向产业招商转变、单个项目招商为主体向以功能区块整体招商为主体转变。落实产业招商推进机制，主要领导带头外出招商，设立产业招商团，开展精准招商、以商招商、中介招商、专题招商、集群招商，努力引进一批大项目、好项目。围绕重点区域和世界、国内 500 强以及行业领军企业，积极进行产品对接和产业链衔接，着力引进一批优质项目，促进产业延伸配套、集群集聚发展。完善招商平台，积极参加国家、省招商活动，改造提升和培育一批全国行业性展会、区域性招商平台。围绕主导产业和重点发展方向，积极承接产业转移，大力引进战略投资者，建设基地型、龙头型重大项目，提高签约项目履约率和外资到位率。

突出招商重点。围绕主导产业和重点发展方向，制定产业图谱、策划特色集群项目、确定招商路线图，实施重点行业和关键领域招商，重点引进石油化工、装备制造、电子电器、家具、食品加工、羽绒及服饰加工等传统优势产业，新能源及新能源汽车、新材料、节能环保、生物医药等战略性新兴产业，现代物流、文化旅游、信息服务、金融服务等现代化服务业和现代农业领域的大项目、好项目，形成雁阵效应，打造产业航空母舰舰队。

聚焦重点区域和企业。紧紧抓住产业转移的黄金时期，紧盯长三角、珠三角、环渤海、京津冀等要素紧缺、项目承载力趋于饱和的区域，绘制产业集群转移图谱，探索产业"一条龙"引进。紧盯世界 500 强、国内 500 强、央企和行业龙头企业，深入研究大型企业战略投资方向，按照"三准三专"要求，选准专题项目、组建专门队伍、开展专项行动，争取重大项目在濮阳布局，带动产业链式发展。加强与中石化、中石油、中海油、省投资集团、河南能化等大企业的战略合作，认真研究其产业布局和投资方向，找准双方利益结合点，促其在濮阳扩大投资、布局项目。

2. 完善开放平台

加强口岸和平台建设。加强与日照港、天津港对接，谋划推进"无水港"建设，积极推进海关和检验检疫机构建设，建立濮阳口岸业务综合服务平台。构建与自由贸易区开放程度、功能设计、监管体系接轨的濮阳跨境贸易综合平台。发挥河南出入境检验检疫局濮阳办事处作用，依托国家、省出口基地优势，加强与郑州航空港经济综合实验区对接，促进区域经济联动发展。加强产业集聚区、城乡一体化示范区和服务业"两区"建设，提升承载能力和产业集聚发展能力，做大做强开放平台。

打造对外交流平台。积极组织参加国家、省相关经贸交流活动，重点办好中国·濮阳精品杂技艺术节经贸活动、濮阳"二月二"龙文化节、张氏恳亲会、中国（濮阳）石油装备展销会经贸活动等大型活动，打造对外交流平台，扩大国际影响。充分发掘民间力量，加强与国内外其他城市的民间交流往来，构建多层次沟通协商机制。

拓展开放通道。紧紧抓住"一带一路"建设机遇，积极发挥三省交会处区位优势，依托比邻中原经济区、京津冀经济圈、山东半岛蓝色经济区等战略通道优势，借助郑州航空港、"郑新欧"国际货运铁路班列、周边城市口岸等载体，积极拓展开放通道，向西打通至中亚地区的货运物流通道，向东加强与天津、青岛、日照等沿海港口群联系，畅通出海通道，实现东联西进、陆海相通。

拓宽开放领域。深化现代物流业、金融服务业等重点行业对外开放，促进服务业扩规模、上水平。深入推进交通等基础设施和城乡建设领域开放，引进战略投资者，综合运用股权投资、捆绑开发、债务重组等新的招商引资方式，筹集建设资金，确保交通等重大项目顺利实施。抓住濮范台综合试验区建设和黄河滩区扶贫开发重大机遇，吸引顺鑫农业等知名企业投资落地，加大农业领域开放力度。加快体制机制创新，引入市场机制，消除市场壁垒，加快教育、卫生、科技、文化等社会事业领域开放。

3. 努力扩大对外贸易和对外合作

提升开放型经济发展水平。推进传统出口产业改造升级，培育以技术、品牌、质量、服务为核心的出口竞争新优势，引进一批竞争优势大、带动能力强的出口基地龙头企业，打造具有濮阳特色的出口产业基地和品牌。优化出口产品结构，继续提升石油机械、特种车辆、化工、服装等出口优势，加大高新技术产品、农副产品的出口份额。鼓励企业进口急需的关键设备、先进技术、短缺资源等。规划建设进口肉类、水果、冰鲜水产品、药品等特种商品口岸，加强技术、产品和服务进口，满足生产生活需求。

打造国家化贸易环境。促进投资便利化，全面实行准入前国民待遇加负面清单管理制度。促进贸易便利化，健全服务贸易促进体系，全面实施单一窗口和通关一体化模式建设。促进监管便利化，对外商投资项目实行核准备案法制化、责任监管清单化管理，加强招商引资信息受理和处理服务平台建设，完善投资者权益保护机制。

加快"走出去"步伐。发挥中原油田、濮耐公司等骨干企业引领作用，大力开拓东盟、非洲、南美等新兴市场，通过工程承包带动设备制造出口，开展跨国经营，提升国际市场竞争力。支持外经企业不断扩大国外承包工程业务和境外投资规模，拉动外贸出口和外派劳务增长。

4. 加强区域合作

抢抓"一带一路"建设机遇，密切与丝绸之路经济带沿线节点城市和海上丝绸之路战略支点的联系，促进基础设施互联互通，深化能源资源、经贸产业和人文交流合作。发挥比邻区位优势，着力加强与京津冀经济圈、山东半岛蓝色经济区相关城市的战略合作，积极融入京津冀经济圈、山东半岛蓝色经济区。全面加强与中原经济区其他城市的战略联系，重点强化与郑州市的战略合作。着力加强与新乡、安阳、鹤壁、菏泽、邯郸等城市合作，积极推进与周边城市交通一体、产业链接、服务共享、生态共建，着力推进资本、人才、商品等要素自由流动和优化配置，打造区域发展共同体。强化与港澳台、国际友好城市交流合作，主动融入国际国内分工体系，提升产业层次，打造现代产业体系，提高对外开放水平。

5. 持续深化油地合作

全面加强与中原油田的油地合作，持续推进双方在共商发展规划、共谋产业发展、共建美好家园、共促基层发展、共议人才联用、共筑平安和谐等领域的战略合作，开创油地合作发展新格局。坚持城市共建，以宜居宜业城市为目标，携手搞好城市建设、重大基础设施建设和生态环境建设，合力推进资源型城市可持续发展，共建美好家园。坚持发展共谋。充分发挥各方优势，凝聚各方智慧和力量，加快推进转方式调结构和高效生态经济区建设步伐，共同推动区域经济持续快速健康发展。坚持和谐共促，整合区域社会资源，统筹解决区域民生问题，开展"四供一业"移交、黄河滩区扶贫等工作，共享改革发展和开发建设成果。统筹考虑油地居民的住房、最低生活保障、社会化服务等问题，建立统一的社会保障体系。建立协调机制。建立健全从市级、县区级、乡镇级与油田各级对应联系机制，充分发挥油地高层联席会议制度的作用，统筹推进油地战略合作，共谋发展大计。

（二）深化重点领域改革

以经济体制改革为重点，带动全面深化改革攻坚突破，从制约经济社会发展最突出的问题入手，努力在事关全面建成小康社会全局的重要领域和关键环节改革上取得突破。

1. 深化经济领域改革

健全要素市场体系。发挥市场配置资源的决定性作用，推进人才、土地、资本、技术等要素市场建设，推动要素自由流动和公平交换。统筹人力资源市场，维护劳动者平等就业权利，促进劳动力在地区、行业、企业之间自由流动。建设城乡统一的建设用地市场，进一步完善土地登记制度，积极发展城乡建设用地二级市场，按照中央、省安排部署适时推行农村土地征收、集体经营性建设用地入市和宅基地制度改革。优化商品市场布局和结构，大力发展消费品市场，完善生产资料批发市场综合服务功能。发展普惠金融，支持民间资本进入银行业，规范民间金融发展，引导企业通过股市和债市融资，健全多层次资本市场体系，加强金融监管，有效防范和化解金融风险。健全技术转移机制，提高技术研发成果市场转化效率。培育壮大新兴交易市场，积极发展产权、技术、环境、金融资产等创新型交易市场。

发展混合所有制经济。推动国有企业和集体、民营、外资企业相互投资参股，国有资本投资项目允许非国有资本参股。深化国有企业改革，加大国有企业改革重组力度，以资本为主加强国有资本监管，改革国有资本授权经营体制，探索组建国有资本运营公司和国有资本投资公司，完善国有资产管理体制。完善现代产权制度，依法保护各种所有制经济产权和合法权益，保证公开公平公正参与市场竞争。在交通、能源、水利、金融、市政设施、社会事业等领域筛选项目定期发布推介，吸引民间资本通过PPP方式投资基础设施和社会事业等项目。鼓励非公有制企业参与国有企业改革，鼓励发展非公有资本控股的混合所有制企业。

推进投融资体制改革。建立和完善财政投入体制机制。加快公用事业改革，推进实施公私合营（PPP）融资模式。整合运作国有资源、资本、资产、资金，做强做大市建设投资公司、市经济技术开发公司等市县政府融资平台。积极引进各类金融实体，规范发展融资租赁、融资性担保公司、典当行等非金融机构，大力发展互联网金融，探索企业股权众筹。鼓励民间资本依法发起设立金融租赁公司、村镇银行等金融机构。全面推进农村金融综合改革，加快农信社组建农商行步伐，3 年内实现县级联社变合作制为股份制、改农信社为农商行，全面提升农村金融供给能力和服务水平。探索中小企业私募债、公司债发行，推广资产证券化等融资模式，鼓励企业发行地下管廊、停车场、战略性新兴产业、养老产业四个专项债券。支持在重点领域发起设立创业投资基金和产业投资基金。推进企业上市融资，进一步完善企业上市激励机制。修订企业上市奖励办法，鼓励具备条件的中小企业到中小板、创业板、全国中小企业股份转让系统、中原股权交易中心等资本市场挂牌融资，力争在各类资本市场挂牌融资企业达到 30 家。

推动财税、价格体制改革。改进预算管理制度，逐步扩大预决算公开范围，细化公开内容。深化预算编制改革，完善全面规范、公开透明的预算制度。实行全口径预算管理，加强公共财政预算、政府性基金预算、国有资本经营预算和社会保障基金预算的衔接。研究编制市本级支出三年滚动规划，建立跨年度预算平衡机制。加大专项资金整合力度，探索建立竞争性分配机制。清理规范重点支出同财政收支增幅或生产总值挂钩事项，清理规范财税优惠政策。将所有预算单位的财政资金全部实行国库集中收付。健全政府非税收入管理制度，健全财政预算绩效管理制度，加强地方税收体系建设，培育地方主体税种。完善主要由市场决定价格的机制，全面放开竞争性领域商品和服务价格，深化资源性产品价格改革。统筹推进其他领域改革。

2. 切实转变政府职能

深化行政审批制度改革。进一步简政放权，国家、省明令取消的审批事项不折不扣地放给市场，上级下放的市级审批事项，由县（区）管理更方便有效的，一律下放。积极推广一门受理、联审联批、多证联办等审批服务模式，建立全流程公开审批机制。建立健全政府权责清单、行政审批事项清单、产业集聚区企业投资项目管理负面清单、行政事业性收费清单、政府性基金清单，建立完善全市统一的政务服务网，明确市场和社会主体活动的禁区。建立事前、事中、事后的政府监管制度，建立起违规用权的监督问责机制，着力完善全市统一的行政审批、公共资源交易、政府投资、电子监察等阳光运行机制，全方位打造"阳光、便民、公平、高效"的行政服务体系。完善社会信用体系，建立覆盖各类市场主体的失信惩戒机制，营造守法经营、诚信经营氛围。改进市场监管方式，维护市场正常秩序，提高政府效能，激发市场活力和社会创造力。

推进政府机构改革。严格控制机构编制和财政供养人员总量，严格按规定职数配备领导干部。制定机构编制控编减编办法，推进机构编制和人员动态调整。积极推行大部门制、大科室制。理顺城乡一体化示范区、产业集聚区管理体制。推广政府购买服务，创新公共服务提供模式。

加快事业单位分类改革。稳步推进承担行政职能事业单位改革，对从事生产经营活动的事业单位，推动转为企业或社会组织。对从事公益服务的事业单位，建立健全法人治理结构。推动公办事业单位与主管部门理顺关系和去行政化。

3. 健全城乡发展一体化体制机制

创新土地保障机制。实行最严格的耕地保护制度和节约集约用地制度，管住总量、控制增量、盘活存量、优化结构，深化土地管理创新，提高城镇建设用地效率，提高科学推进新型城镇化的土地保障能力。大力推进旧城区、城中村改造。加大城区内中小工业园区改造力度，鼓励中小企业向产业集聚区集中，实现产业集聚、存量土地再开发。改革国有建设用地有偿使用机制，改进经营性用地供应方式，提高土地资源配置效率和效益。建立城乡统一的建设用地市场，按照国家统一部署，在符合规划和用途管制前提下，允许农村集体经营性建设用地出让、租赁、入股，实行与国有土地同等入市、同权同价，保障农民土地增值收益。

创新资金多元筹措机制。积极争取国家和省资金支持濮阳城乡一体化建设，加大政府资金投入力度，实现基本公共服务支出持续稳定增长。支持县（区）政府加大对城镇基本公共服务的投入。整合运作国有资源、资本、资产、资金，做强做大市建设投资公司、市经济技术开发公司等市县政府融资平台。进一步深化政府融资平台与国家开发银行、河南省投资集团等机构的战略合作，创新融资工具，拓宽城乡建设融资渠道。积极争取发行市政债券，鼓励引导商业银行、保险公司等金融机构加强融资保障、增加贷款，有效支持城乡一体化建设。放开社会资本准入，鼓励社会资本通过特许经营权等方式参与城市基础设施投资和运营，探索公益性基础设施和商业开发相结合的长效机制，实现"公商协同、以商补公"。加强地方政府性债务管理，建立合理偿债机制。

4. 加快推进生态文明体制改革

坚持源头严控、过程严管、后果严惩的原则，积极创新生态环境保护体制机制，建立健全生态文明制度，用制度保护生态环境。建立健全自然资源资产产权制度和用途管制制度，对水流、森林、荒地、滩涂等自然生态空间进行统一确权登记，形成归属清晰、权责明确、监管有效的自然资源资产产权制度。完善自然资源管理和监管体制，探索编制自然资源资产负债表。完善生态补偿制度，推行节能量、碳排放权、水权交易制度，建立健全排污权交易体系。健全多元化生态环境保护投入机制，推行环境污染第三方治理。健全污染物排放环境保护管理制度，完善污染物排放许可制度。建立生态环境损害赔偿制度，开展环境污染责任保险试点。完善环境信息公开和举报制度，强化社会监督。

六　共享发展，谱写和谐濮阳新篇章

坚持民生优先，突出建机制、补短板、兜底线，着力构建均等化、广覆盖、可持续的公共服务新体系，推进基本公共服务均等化，加强社会管理能力建设，强化社会公共安全，推进社会主义民主法治建设，构建人民富裕、和谐文明的新濮阳。

(一) 实施脱贫攻坚工程

以濮范台扶贫开发综合试验区为载体，以黄河滩区集中连片特困地区为主战场，以改善民生为根本，以精准扶贫、精准脱贫为导向，以专项扶贫、行业扶贫、社会扶贫为支撑，加强基础设施建设，加大产业培育力度，加快劳动者素质提高，全面推进扶贫对象脱贫致富，打好农村脱贫攻坚战。2019 年，力争实现贫困人口全部脱贫和贫困县全部摘帽；2020 年，救助返贫特殊群体、巩固扶贫开发成果，确保实现与全国、全省同步建成小康社会的宏伟目标。

1. 转移脱贫

"六路并进"，加大培训力度。以提高贫困群众的自我发展能力为目的，强化技能培训，突出智力扶贫，充分发挥人社、教育、农业、民政、扶贫、残联等部门在培训方面的专长，六路并进，实现资源共享、优势互补、发挥合力，全面提升贫困人口的综合素质和就业、创业能力。力争"十三五"期间完成技能培训 10.11 万人，其中，贫困家庭新生劳动力接受中、高等职业教育 1.5 万人，贫困家庭青壮年劳动力参加短期技能培训 3.5 万人，培训贫困村产业发展所需实用技术人员 5 万人，培训基层组织负责人和致富带头人 1100 人。

搭建平台，推进转移就业。探索"政府＋企业＋农民工"模式，立足各县（区）产业集聚区和公共行政服务中心等载体，建设就业创业信息平台。建立健全对外劳务输出联动工作机制，规范对外劳务输出中介，鼓励贫困地区劳动力通过培训外出务工就业；建立贫困县、贫困村与发达地区企业长期合作关系，有计划有组织地实现贫困地区劳动力有序转移就业；鼓励本地企业大力吸纳本地劳动力就业，引导贫困地区劳动力向非农产业转移、向城镇转移、向市民转变，实现就业方式由劳动型向技能型转变。力争"十三五"期间实现 5 万贫困群众向非农产业转移就业。

2. 产业扶贫

加快构建产业扶贫体系。以增强贫困地区造血功能为目的，突出开发式扶贫，加大科技、资金、项目投入力度，培育发展特色产业，鼓励群众自主创业，力争"十三五"期间通过产业发展辐射带动 15 万贫困人口脱贫致富。重点支持产业化龙头企业发展壮大，带动贫困地区产业结构调整升级。积极培育贫困地区农村合作组织，提高贫困户在产业发展中的组织程度。探索建立企业与贫困农户的利益联结机制，完善"企业＋农民专业合作组织＋贫困户"发展模式，促使农业生产向组织化、规模化、现代化生产方式转变。坚持以村为基础，连片规划，循序渐进，构建"户有致富项目、村有特色产业、乡镇有主导产业、县有支柱产业"的发展格局，实现"一乡一业""一村一品"，逐步形成具有区域特色的产业扶贫体系。

创新增收到户机制。综合运用科技扶贫、小额贷款、互助资金、到户增收项目等专项扶贫政策，支持贫困地区和贫困户发展产业，拓宽增收途

径，实现脱贫致富。以黄河滩区为重点，加快土地流转，鼓励贫困地区因
地制宜，促进农民增收，重点扶持能够发挥当地资源优势、市场前景好、
适于贫困户发展的高效种植业、规模养殖业，引导传统规模种养向规模
化、生态化、品牌化的现代农业生产方式转变，带动贫困群众增加家庭经
营性收入。依托现有产业基础，以产业集聚区为载体，围绕"强龙头、扶
组织、带农户"的发展思路，重点发展能够吸纳大量人口就业、符合主导
产业发展方向的特色加工、生态旅游、商贸物流、来料加工等产业，带动
贫困群众增加工资性收入。加快农村产权制度改革，建立农村产权交易平
台，切实增加贫困群众的财产性收入。鼓励贫困地区利用废弃砖窑厂、倒
闭乡镇企业、荒地等，建立农民创业孵化园，为贫困群众创业提供场地支
持、技术指导、贷款担保、信息交流等服务。科学谋划扶贫项目，将扶贫
项目与主导产业发展、现代农业生产方式有机结合。健全完善周转式扶贫
长效机制，持续发挥扶贫资金效益，实现特色产业滚动发展。

3. 搬迁脱贫

科学规划扶贫搬迁。以保障黄河滩区群众生命财产安全、彻底改善生
存状态为目的，坚持产业为基、就业为本、生计为先，密切结合新农村建
设和城乡一体化布局，因地制宜稳步推进安置区建设、居民整体搬迁、旧
有村庄拆除复耕和农民转移进城等各项工作，力争"十三五"期间有序搬
迁安置黄河滩区 231 个村庄 5.4 万户 21.05 万人，确保搬迁群众"搬得出、
稳得住、能发展、可致富"，实现黄河滩区 7 万贫困群众通过搬迁脱贫。

健全完善滩区迁建后续政策。用好、用足中央、省关于黄河滩区居民
迁建的优惠政策，确保财政补贴资金切实补贴到迁建农户、各部门整合项
目资金切实用于基础设施和公共服务设施建设。结合实际，进一步健全完
善土地流转承包、国土管理、土地调整、户籍迁转、子女入学、看病就
医、工商执照、税费优惠、小额贷款、企业用工、劳务培训等方面的优惠
政策，为滩区迁建提供政策支持和相关服务，并在政策允许情况下减免搬
迁户的相关费用。

4. 社会保障兜底

完善低保制度。以保障困难群众最低生活标准为目的，把农村特困老
年人、失独老人、重度残疾、重大疾病患者等丧失劳动能力、无法通过产

业扶持和就业帮助实现脱贫的贫困人口,全部纳入低保保障范围,农村特困老年人享受特困供养保障。完善低保政策,探索实行扶贫线和低保线"两线合一"的办法和途径,根据脱贫标准提高低保对象的最低生活保障水平,确保"十三五"期间对符合条件的贫困群众实现应保尽保。

加强养老服务。在自愿入住的情况下,动员散居在农村的"五保"等特困供养对象全部入住敬老院,提高集中供养水平。对统计确认的符合参加养老保险条件的农村贫困人口,基本实现人人享有养老保险。

加强未成年人保护。大力发展儿童福利事业,健全针对未成年人的普惠性社会福利服务体系,完善相关政策,加强对孤儿、留守儿童的关心和保护。

加强残疾人救助。加快完善残疾人服务体系,支持建设濮范台三县康复和托养服务中心,积极探索开设残疾人专业服务供养机构,健全残疾人医疗、教育、就业等救助政策。

5. 救助突发贫困

规范救助制度。以帮扶救助因病、因学、因灾致贫人员为目的,对因突发性意外致贫返贫的群众,实施救助扶贫,进一步完善救助体系,确保到 2020 年实现全面脱贫。

强化医疗救助。农村低保对象和农村特困供养人员全部纳入医疗救助范围,在医疗保险、大病商业保险等报销或支付后,根据个人实际负担的合规医疗费用情况,实行分类救助帮扶。对特困供养人员住院治疗费用,按个人实际负担的医疗费用给予大力救助。

实施教育救助。加大农村贫困学生资助帮扶力度,对农村义务教育阶段贫困寄宿生,按标准发放生活补助;对贫困家庭大学生,实施生源地信用助学贷款帮扶救助,多渠道帮助其完成学业。

(二)全面发展社会事业

保障和改善民生是经济和社会发展的根本出发点和落脚点。在"十三五"时期全面建成小康社会,必须坚持民生优先,着力构建均等化、广覆盖、可持续的公共服务新体系,推进基本公共服务均等化,加强社会管理能力建设,强化社会公共安全,推进社会主义民主法治建设,构建人民富裕、和谐文明的新濮阳。

1. 千方百计促进就业

积极扩大就业。鼓励企事业单位扩大就业岗位，积极开发公益性就业岗位，积极发展吸纳就业能力强的服务业、劳动密集型产业和小微企业。加快推进大众创业工程，以开展创业型城市创建工作为着力点，实施税收优惠、创业担保贷款、财政贴息、资金补贴、场地安排等优惠政策支持各类群体创业，加强创业孵化园区建设，推广成熟创客模式，实现以创业带动就业。完善重点人群就业支持帮扶机制，促进以高校毕业生为重点的青年就业和农村转移劳动力、城镇困难人员、退役军人就业。建立健全公共投资带动就业增长的机制，充分发挥政府投资、重大项目建设和产业规划对就业的带动作用。力争到"十三五"末，实现城镇新增就业 5 年累计 20 万人以上；失业人员再就业 9 万人以上；就业困难人员实现就业 2.75 万人以上；城镇调查失业率控制在 6.5% 以内；新增农村劳动力转移就业 5 年累计 13 万人左右。

强化就业保障。完善扶持创业的优惠政策，健全城乡均等的公共就业创业服务体系，培育认定一批创业孵化示范基地。建立健全统筹城乡的就业援助制度、农村富余劳动力专业就业帮扶制度及职业培训制度，完善就业失业检测统计制度，建立应对突发事件就业失业应急机制。增强失业保险制度预防失业、促进就业功能，争取扩大失业金使用范围并建立长效机制。围绕濮阳化工基地、黄河滩区扶贫开发，实施全民技能振兴工程。加强智慧人社建设，全面提高就业保障信息化水平。切实保障劳动者基本权益，重点保障劳动者在劳动报酬、休息休假、安全卫生保护、享受社会保险和接受职业技能培训等方面的合法权益。健全劳动关系协调机制，全面实行劳动合同制度，健全协调劳动关系三方机制，健全劳动关系矛盾调处机制。

2. 优先发展现代教育

提高基础教育水平。深入推进义务教育均衡发展，健全招生入学制度，落实义务教育划片招生免试就近入学政策，逐步试行学区化办学，放宽城镇学校招生政策，进一步落实和完善进城务工人员随迁子女就学措施，基本完成全市薄弱学校改造任务。优化市城区学校布局和资源配置，对油田前线学校逐步实施撤并迁建。大力发展学前教育，建立政府主导、社会参与、公办民办并举的办园体制，全市基本普及学前三年教育。加快普及高中阶段教育，逐步分类率先从建档立卡家庭经济困难学生实施普通高中免除学杂费。鼓励和支持民办普通高中健康发展，加大市城区及各县（区）普通高中新建、改扩建力度，积极化解高中债务，实施薄弱高中改造工程，支持普通高中多样化发展。促进特殊教育稳步发展，加大对特殊教育的投入力度，加强特殊教育学校建设，实现每县有一所达到国家基本办学标准的特殊教育学校，确保适龄残疾儿童入学率达到95%以上。

大力发展职业教育。推动职业教育与产业布局相衔接，推动产教融合发展。改革单一的政府投资模式，改革职业院校管理体制机制，围绕濮阳市主导产业加强校企合作，探索职业院校民办公助、公办民助、股份制等多元化办学模式。改革职业教育专业课程，实施职业教育品牌示范专业和特色专业建设计划，重点申报建设一批省级品牌示范专业（群）和特色专业（群）。建设"双师型"教师队伍，完善职业院校编制管理和评聘制度。推进职业教育数字化、信息化进程，加快职业院校信息化基础设施建设和数字化专业课程体系建设。力争2020年，职业院校（含技工学校）调整到20所左右，建成3~5所品牌示范职业院校和5~7所特色职业院校。深化职业教育体制机制改革，探索建立从技能培训到中职高职、到应用本科、到专业硕士的培养通道，搭建职业教育人才成长"立交桥"。到2020年，形成适应发展需求、产教深度融合、中职高职衔接、职业教育与普通教育相互沟通，体现终身教育理念的现代职业教育体系。

优化发展高等教育。进一步改善濮阳职业技术学院办学条件，扩大办学规模，紧紧围绕濮阳支柱产业和战略性新兴产业设置专业，逐步完善办学功能，实施高职专本科院校"3+2"工程。提高河南大学濮阳工学院办学水平，逐步实现独立开办本科院校。加快教育园区建设进度，市卫生学校、市杂技艺术学校、市技工学校新校区完成建设任务，建成专科层次高等院校。提高市体育运动学校、市油田职业中专办学质量，支持其申报和建成专科层次高等院校，积极争取"985""211"等国内知名院校在濮阳设立分校。

促进民办教育发展。健全鼓励和引导社会力量兴办教育的制度，进一步落实加快民办学校建设和发展用地、税费等政策，保护民办学校合法权益，为民办教育发展营造宽松环境。经批准设立的民办学校，享有与公办学校同等法律地位。按照有关规定，民办学校教师和学生享有公办学校同等待遇。发挥财政资金的引导和杠杆作用，持续加大投入，支持民办教育发展。鼓励民办学校提升质量和办出特色，引导不同层次民办教育健康协调发展。

持续完善继续教育。健全成人职业教育和培训网络，突出创业培训和再就业培训。建立社区教育制度，发展多种类型的学习型组织，引导各级各类学校向社会开放学习资源。加强农村成人教育工作，继续发挥乡镇成人文化技术学校的作用，建立县、乡、村职业与成人教育网络。

深化教育教学改革。深化考试招生制度改革和教育教学改革，实行校长、教师轮岗交流制度。建立区域内教师编制动态管理机制，健全家庭经济困难学生资助体系。推进教育信息化，发展远程教育，扩大优质教育资源覆盖面。建立以提高质量为导向的学校工作考核评价机制，制定引领提升的教育质量评价标准，加强教学常规管理，促进教育科研和创新，强化校本研修，切实减轻学生课业负担，推动教育内涵发展。

3. 提高城乡居民收入

深入推进收入分配制度改革。坚持居民收入增长和经济增长同步、劳动报酬和劳动生产率提高同步，持续增加城乡居民收入。调整国民收入分配格局，规范初次分配，加大再分配调节力度。完善以税收、社会保障、转移支付为主要手段的再分配调节机制，创新慈善事业发展机制。以专项领域改革为中心，调整收入分配秩序，理顺收入分配关系。

完善工资收入分配制度。全面推进机关事业单位收入分配制度改革，优化机关事业单位工资结构，完善事业单位绩效工资制度。建立健全工资决定和正常增长机制，完善企业工资集体协商制度。加强最低工资规定、企业工资指导线等对低收入群体收入稳定增长的保障作用，形成反映生产要素市场供求关系和企业经济效益的工资决定机制和增长机制。

多渠道促进农民增收。积极推动农业适度规模经营，加快发展创意农业、休闲农业、乡村旅游，扩展农民农业生产收益渠道。立足新业态、新工种，大力发展劳务经济，提高农民工资性收入。完善最低工资制度和工资支付保障机制。保障农民工同工同酬。完善各项支农惠农政策，加大农民工返乡创业支持力度。探索农村土地承包经营权和宅基地使用权的财产化形式，增加农民土地流转收益。

不断提高城镇居民收入。完善和落实职工工资决定机制、增长机制和支付保障机制，逐步提高最低工资标准。多渠道增加居民财产性收入。构建多元化分配方式，建立完善技术、管理和专利等生产要素按贡献参与分配的机制。完善公务员工资制度，提高基层公务员工资待遇，深化事业单位收入分配制度改革，全面实行绩效工资。建立稳定的支持扶助机制，逐步提高最低生活保障和最低生活标准。

4. 完善社会保障体系

完善社会保障制度。完善养老保险制度，落实基础养老金全国统筹政策，健全多缴多得激励机制，推进城乡居民社会养老保险与城镇企业职工基本养老保险制度衔接，完善城镇职工基本养老保险个人账户制度及基本养老保险关系转移衔接办法。探索建立由城乡基本医保、职工医保、大病保险、医疗救助、慈善救助、商业保险构成的多层次医疗保障体系，逐步深化支付制度改革，整合城乡居民基本医疗保险制度。加快推进医疗保险市级统筹，建立风险调剂金制度，完善异地就医即时结算制度。健全重特大疾病保障机制，全面实施城镇居民大病保险，探索引入商业保险机构承办城乡居民大病保险。完善失业保险制度，加强扩面征缴，落实失业保险降低费率动态调整机制，健全失业保险金标准调整机制，全面落实失业保险市级统筹制度，积极推动实现失业保险基金省级统筹。完善城乡生育保险制度，提高妇女生育保险水平。完善工伤保险制度，建立较为完善的工伤预防、工伤补偿、工伤康复"三位一体"的制度体系，积极探索工伤保险省级统筹。

提升社会保障水平。扩大社保覆盖范围，实施社会保险全民参保登记计划，以养老保险、医疗保险为重点，加快实现法定人群全面覆盖。确立适度的筹资水平和保障水平，逐步提高各级财政对城乡居民养老和医疗保险补助标准，完善社会保障待遇水平与缴费挂钩的参保缴费激励约束机制。以"社会保障一卡通"为核心，推进社会保险信息化建设。推行参保登记类业务"一站式"服务，推行"网上社保"业务。加强社会保险业务档案规范化管理，推进经办机构实行"五险合一"机制。

构建新型社会救助体系。坚持托底线、救急难、可持续，与其他社会保障制度相衔接，社会救助水平与经济社会发展水平相适应，逐步提高最低生活标准和补助额度，将符合条件的城乡贫困家庭全部纳入最低生活保障；加强对特困人员、流浪人员和无监管人精神病患者的救助工作；提高灾害紧急救助能力和减灾灭灾综合协调能力。实现城乡最低生活保障、特困人员供养、受灾人员救助、临时求助等人员社会救助全覆盖。构建从生存型救助到发展型救助，医疗、教育、住房、就业等多元综合救助，各部门衔接协同发展的网状新型救助体系。

统筹发展社会福利事业。完善社会救助体系，健全社会福利制度，健全农村留守儿童、妇女、老年人关爱服务体系，健全残疾人权益保障、困境儿童分类保障制度。支持残疾人事业发展，切实保障残疾人权益，建设以市残疾人综合服务中心为龙头、县（区）综合服务设施为支撑的残疾人服务体系；保护妇女和未成年人合法权益，促进妇女儿童事业发展；健全双拥优抚安置体系；推动社会福利事业全面、协调、可持续发展，逐步建成以老年福利、儿童福利和残疾人福利为基本内容，以社区福利服务为依托，以公共福利机构为支撑，以慈善公益服务为补充，以文化、教育、卫生、体育等公共事业福利服务为内容，面向城乡全体居民，惠及外来务工人员的新型社会福利体系。

5. 不断提高全民健康水平

提高医疗卫生服务水平。以争创全国健康城市示范市为契机，加强医疗服务体系建设，推进医疗卫生机构多元化发展，加快儿童医院、老年病医院、妇产医院、肿瘤医院、心血管医院、高端医疗服务中心、健康体检中心等医疗机构建设。优化医疗机构区域布局，做优做强市级医疗机构，鼓励社会资本参与发展医疗卫生事业，采取引进社会资本的方式，建设区域性高端检验检测中心、影像诊断中心、药品信息化监管系统等。加快发展健康服务业，满足人民群众多层次、多样化的健康服务需求。规划建设高端医疗健康产业园，发展具有先进技术、优质服务、先进管理模式的高端医疗机构和特色专科医疗机构，建设高端妇儿医院、整形美容医院、康复护理、临终关怀、健康咨询、健身养生等项目。提升县域医疗服务能力，加强县级医院临床重点专科建设，加快县级中医院、县级妇幼保健院建设，推进乡村医疗机构和城市社区卫生服务中心标准化建设。推进开发区、城乡一体化示范区和工业园区公共卫生服务网络建设，完善疾病预防控制、妇幼卫生、精神卫生、卫生监督、院前急救、采供血等专业公共卫生服务体系。

统筹推进医药卫生体制改革。健全全民医保体系，建立统筹城乡的基本医保管理体制，完善医保关系转移接续和异地就医结算机制，改革医保支付方式，全面实施城乡居民大病保险、城乡医疗救助、疾病应急救助制度。深化公立医院综合改革，破除以药补医，理顺医疗服务价格，建立科学补偿机制，建立现代医院管理制度、符合医疗行业特点的人事薪酬制度和公立医院运行新机制。推进分级诊疗制度建设，完善服务网络、运行机制和激励机制，引导优质医疗资源下沉，建立社区医生和居民契约服务关系。巩固完善基本药物制度和基层医疗卫生机构运行新机制，统筹推进公共卫生服务均等化制度建设。规范药品流通秩序，理顺医药价格机制，有效防范和治理药价虚高问题。

继续加强改进人口与计划生育工作。促进人口均衡发展，确保全面两孩政策稳妥实施。强化计划生育基层基础，巩固并加强工作网络和队伍。深化计划生育服务管理改革，推进流动人口基本公共服务均等化，坚持和完善目标管理责任制，建立健全人口信息共享机制。提高出生人口素质，落实国家免费孕前优生健康检查政策，扎实开展避孕节育、优生优育、生殖保健优质服务。持续开展关爱女孩行动，综合治理出生人口性别比偏高问题。提高计划生育家庭发展能力，实施城乡统一的独生子女父母奖励扶助制度和特别扶助制度，做好计生特殊困难家庭的经济扶助、养老保障、医疗保障、社会关怀等工作。

积极发展体育事业。大力发展体育事业，提高全民健康素质。强化政府对全民健身事业的社会管理和公共服务职能，采取多种形式，向公众提供体育服务。加大体育基础设施建设力度，加快推进市运动综合馆、游泳馆前期工作，加强城乡基层社区体育健身设施建设，鼓励学校体育设施向社会开放，力争 2020 年形成市、区（县）、街道（乡镇）、社区（行政村）四级公共体育健身设施网络。打造濮阳"乒乓城"。大力实施全民健身计划，合理布局建设文化体育健身广场，建立和完善便民、利民的全民健身服务体系，推动群众体育活动普遍化、多样化。倡导全民健身的新理念，推进健康文明的生活方式。发展体育健身休闲产业，引导居民适度体育消费。

（三）切实加强社会治理

1. 切实维护公共安全

加强"平安濮阳"建设。加强基层综治基础设施、群防群治队伍和技防建设，加强反恐处突专业队伍建设。持续推进"满天星"技防工程建设，加快构建视频监控网、村居（社区）安全防控网、街面巡逻防控网、单位行业内部防控网、居民院落防控网等"五位一体"的立体化社会治安防控体系。持续完善社会治安形势"三色"预警通报制度，加强对公共复杂场所、交通要道和企业、学校及其周边地区的治安整治。加强和改进信访工作，建立健全科学的利益协调机制、诉求表达机制、矛盾排查化解机制和权益保障机制。全面加强食品药品安全保障体系建设，强化食品药品安全监管，落实生产经营者主体责任，完善检测、检验、检疫制度，健全信息披露制度和快速反应机制，强化质量追溯和责任追究制度。建立和完善自然灾害和公共危机监测、预警预报和信息服务系统，建立公共突发事件应急处置机制，完善各类社会公共安全突发事件应急预案。

提高企业安全生产水平。加强危险化学品、油气管线、特种设备等重点行业领域安全监管工作，谋划建立化工行业安全生产监控中心，针对全市高危化工产品生产企业，联网建设涵盖生产、装卸、仓储的信息化实时监测平台。进一步完善安全生产法规、监督管理机构、技术装备、宣传教育培训、应急救援、信息管理、资金投入、奖惩考核等八大支撑体系，落实安全生产责任制。探索建立安全生产激励约束机制、部门联合执法机制和企业安全诚信机制，实施安全生产区域综合防控。

2. 推进社会治理现代化

创新社会治理体制。以发展社会事业和解决民生问题为重点，优化公共资源配置，改进社会治理方式，建立健全"党委领导、政府主导、社会协同、公众参与、法治保障"的社会治理格局。全面推进网格化管理，协调联动，信息共享，动态管理，实现基层社会治理的精细化、现代化和高效能。健全基层民主科学决策机制、矛盾调解化解机制、基层便民服务机制、党风政风监督检查机制，推进基层治理法治化。加快实施政社分开，注重发挥政府管理职能，增强基层自治功能，引导社会资金流入公益性事业，降低社会管理成本。加快社会管理人才队伍建设，积极培育志愿者服务队伍。

加强社区治理现代化。深入开展社区创建，以"创建考核"为抓手积极推进社区治理创新，深入开展和谐社区示范单位创建活动。加快实现社区减负增能，大力压缩影响社区工作、增加社区负担的各种会议、台账、材料、报表，进一步规范面向社区的各类检查评比和创建达标活动，严格社区工作准入，大力提升社区服务管理效能。推行社区公共服务事项准入制度和社区志愿者注册登记制度，设立社区综治服务站，大力培育服务性、公益性、互助性社区社会组织。

3. 加强民主法治建设

推进民主建设。健全重大事项集体决策、专家咨询、公众参与和决策评估等制度，建立决策反馈纠偏机制和责任追究制度。扩大基层民主，完善村民自治、城市居民自治和企事业单位民主管理制度。充分发挥工会、共青团、妇联等人民团体的桥梁纽带作用。健全信访制度，加强信访联席会议制度建设。

推进法治建设。加快依法治市进程，坚决维护宪法法律权威，依法维护人民权益，提高民主化、法治化水平。审慎推进地方立法，推进科学立法、民主立法。建设法治政府，着力落实严格执法，依法全面履行政府职能，持续推进行政执法体制改革。加强制度建设、司法队伍以及行政执法队伍建设，积极稳妥推进司法体制改革。加大法治宣传教育力度，建设法治社会，树立法治信仰。加强基层法治机构建设，推进法治实施更加高效、法治监督更加严密、法治保障更加有力。

河南省商水县"十三五"发展战略研究

商水县地处河南省东南部，隶属周口市，全县辖9镇11乡、1个国有农场、3个街道办事处、1个产业集聚区管委会，共有572个行政村，17个居委会，总面积1270平方公里，耕地面积139万亩，总人口121.4万，其中农业人口112.7万人，非农业人口8.7万人，是一个典型的平原农业大县，是全国重要的粮、棉、油生产基地，是全国粮食先进县、全国科技先进县、全国生猪调出大县。根据党的十八届五中全会、河南省委九届十一次全会精神，结合商水实际，形成商水县"十三五"发展战略研究报告如下。

一 "十二五"时期发展回顾

"十二五"期间，商水县以"加快发展、统筹城乡"为主题，以周商一体化建设为载体，着力稳增长、调结构、促改革、惠民生，在复杂多变的宏观经济环境下保持了经济社会平稳较快发展，顺利完成了"十二五"规划确定的主要目标任务，为全面建成小康社会打下了坚实的基础。

（一）综合经济实力迈上新台阶

初步核算，2015年，商水县实现全县生产总值206.4亿元，5年新增103.2亿元，年均增长8.8%；公共财政预算收入6.4亿元，5年新增4.2亿元，年均增长23.3%；全社会固定资产投资163.9亿元，5年新增98.9亿元，年均增长20.3%；全社会消费品零售总额70.6亿元，5年新增35.2亿元，年均增长14.8%；全县金融机构各项存款余额191.7亿元，5年新增116.7亿元，年均增长20.7%；金融机构各项贷款余额46.5亿元，

5 年新增 17.6 亿元，年均增长 10.0%。

（二）经济结构调整取得新突破

产业结构调整取得历史性突破，三次产业结构由"十一五"末的 43.9∶29.0∶27.1 转变为 2015 年的 27.7∶43.8∶28.5。农业现代化进程不断加快。稳步推进粮食生产核心区建设，粮食生产稳中有升，2015 年粮食总产量达 21 亿斤。特色农业发展较快，初步形成"一村一品，几村一品"格局，美人指葡萄、花卉苗木、烟叶、棚菜等特色产业得到进一步发展。农业经营机制不断创新，农业产业化进程加快，全县市级以上农业产业化龙头企业发展到 18 家，农民专业合作社发展到 1087 家，家庭农场发展到 150 家，土地流转面积达到 46.6 万亩。新型工业化步伐加快。2015 年规模以上工业企业达到 159 家，规模以上工业增加值达 84.3 亿元。产业集聚区发展取得较大进展，初步形成纺织服装、板材家具、食品饲料三大主导产业。现代服务业发展迅速。特色商业区建设扎实推进，服务业发展载体进一步夯实。积极发展文化旅游业，打造"史记阳城·清秀潆川·休闲商水"旅游品牌。电子商务扎实开展，组织企业进行多种形式的电子商务培训。金融保险业健康发展，2015 年末金融机构各项存贷款余额分别达到 196.1 亿元、45.9 亿元。

（三）城乡面貌发生新变化

坚持抓建设、强管理，城乡面貌在统筹发展中不断改善。县城建设步伐加快，确立了"三区联动、北融北进"城市发展战略，高标准对接周口中心城区，周商一体化建设得到扎实推进。实施了道路拓宽、打通、延伸等工程，县城道路总长度累计达 60 公里，总面积近 70 万平方米。对城区破旧、老化供水管网进行了升级改造，综合治理城市"脏、乱、差"和"两违"现象，县城综合承载能力得到提升。"十二五"期间，县城新增绿地面积 10 万平方米，城市绿地率达到 25%，新增排水管道 14.2 公里，新建污水处理管网 1 万米，新建垃圾中转站 4 座，新建水厂 1 座，垃圾处理率达到 80% 以上，污水处理率达 80% 以上，供水普及率达 70%，燃气普及率达到 45%。小城镇建设扎实推进，乡镇交通、通信、供水、供电、垃圾处理等基础设施建设和医院、学校等公共设施建设进一步完善，固墙镇、谭庄镇列入全国重点镇，巴村镇荣获省级文明城镇称号。2015年全县城镇化率达到32.86%。积极开展美丽乡村建设，实施农村人居环境达标村和示范村创建活动，新建改建农村公路12.3公里，农村生产生活条件进一步改善。

（四）基础能力建设获得新成效

交通体系建设成效显著，完成S206、S219干线公路改造提升工程，推进沙河复航商水段项目建设，县乡干道、邮政快递、客运货运等服务能力继续提升。"十二五"期间，改建县乡道路163.134公里，通村公路284.27公里，危桥改造30座，总计1370延米。信息网络系统不断完善，大力推进"信息高速公路"建设，开通运行各类基站300多座，新架改迁光缆1200多公里，4G网络覆盖率明显提升，信息化基础支撑能力逐步提高。水利支持能力明显增强，全面完成农村饮水安全工作，农田水利重点项目进展顺利，南水北调征迁工作稳步推进。"十二五"期间，解决了16个乡镇276个行政村和29.3502万名农村在校师生的饮水安全问题，新建乡镇集中供水厂13座，新增灌溉面积28.5万亩，清淤沟渠3130公里，新建桥梁1888座。能源支撑能力稳步提升，对农村电网进行升级改造，网架结构、供电能力、供电可靠性等方面得到有效提升。启动天然气进乡镇工程，周口隆达2×66万千瓦燃煤发电项目稳步推进。生态环境建设持续加强，扎实推进林业生态县建设，获得"全国绿化模范县""河南省林业生态县"等10多项荣誉称号，"十二五"期间，共完成造林5.7398万亩，建设林业生态村360个，林木覆盖率28.7%。顺利实施"蓝天""碧水""乡村清洁"三大工程，资源集约节约和污染防治深入推进，环境质量总体状况明显改善。

（五）深化改革开放呈现新局面

积极推动重点领域改革。推进政府机构改革，取消、承接、转化行政审批52项。推进工商登记制度改革，"十二五"期间新增个体工商户3630户，新增私营企业419家，促进了市场主体提质增量。推进财税制度改革，政府收支全部纳入预算，"营改增"范围扩大。全面启动公立医院综合改革。稳妥推进农村土地承包经营权确权登记颁证试点、农村集体土地所有权确权登记发证工作。农电体制基本理顺，事业单位分类、交通运输、行政执法、水利、社会领域等改革取得阶段性成效。对外开放不断扩大，招商引资成效明显。"十二五"期间，累计引进规模以上企业 68 家，利用境外资金 13639 万美元，外贸进出口总额累计完成 12899 万美元。

（六）人民生活水平得到新提升

持续增加民生投入，人民生活水平和质量不断提高。财政民生支出持续增加，"十二五"期间，用于民生方面的支出达 110 亿元，占总支出的近 70%。2015 年城镇居民人均可支配收入达 20710 元，农民人均纯收入达 8063 元，"十二五"期间年均分别增长 11.2% 和 14.1%。就业形势稳定，创业支持力度加大。新增城镇就业 3.8 万人，新增农村劳动力转移就业 7.25 万人，城镇调查失业率基本保持在 3.9% 左右，年均扶持创业 600 人以上。多层次的社会保障体系基本建立，养老保险、医疗保险实现全覆盖，养老服务体系加快发展，住房保障体系不断完善。教育事业全面发展，"十二五"期间新建、改扩建校舍累计达 22.8 万平方米，消除危房校舍累计达 9.1 万平方米，改扩建 7 所乡镇寄宿制学校，连续多年被评为"周口市职业教育工作先进县"。城乡医疗卫生服务体系进一步完善，"十二五"末，全县共有公立医疗卫生机构 29 个，乡镇卫生院 21 个，民营医疗机构 14 个，村卫生室及个体诊所 1300 个，各级各类卫生技术人员 2378 人，医疗卫生机构床位数达 2860 张。贫困人口大幅减少，年均人口自然增长率控制在 5.12‰ 左右。积极发展文化和体育事业，实施农村数字电视工程建设，"十二五"期间新建综合文化站 16 个，新建农家书屋 558 个，开展戏剧下乡 1200 多场，大型反腐倡廉豫剧电影《天职》荣获全国戏剧文化奖和河南省"五个一工程"奖。社会治理体系不断完善，平安商水建设扎实推进，社会治安和安全生产形势持续稳定。此外，人民武装、审计、统计、气象、烟草、市志、人防、民族宗教、外事侨务、慈善、残疾人、妇女儿童等各方面工作都取得了新的成绩。

二 "十三五"时期发展环境

"十三五"期间，商水县既面临国家战略和省战略叠加等难得的历史机遇，也面临复杂多变的国内外宏观环境和激烈的区域竞争挑战，必须准确把握，更加奋发有为，开创各项工作新局面。

（一）"十三五"时期面临的机遇和有利条件

"十三五"时期，商水县面临的重要机遇和有利条件主要有以下几个方面。一是我国经济进入新常态的转型期，"四个全面"战略布局协调推进，行政审批、财税、金融、价格等重点领域和关键环节改革取得积极进展，有利于逐步消除制约商水经济社会发展的制度性障碍，营造大众创业万众创新的良好氛围，激发全社会的活力和创造力，增强经济发展的内生动力。二是随着"一带一路"建设的全面推进，中部地区将成为内陆对外开放的新高地，国内外产业持续向中部地区梯度转移，为商水发挥区位交通、资源环境等优势，高水平承接产业转移提供新机遇。三是国家和省市深入推进新型城镇化和城乡一体化，大力推动基础设施建设，有利于加快实施周商一体化战略，促进农业人口转移，缩小城乡差距，提高城镇化水平。四是全面建成小康社会进入决胜阶段，贫困人口脱贫、农村人居环境和教育、医疗等突出短板问题将得到国家和省市更大力度的扶持和解决，为商水贫困人口整体脱贫提供有力保障。五是经过近些年全县人民的努力，商水发展的产业基础更加坚固，基础支撑更加有力，经济实力更加雄厚，尤其是现代农业示范区、产业集聚区、特色商业区的快速建设为商水加快发展提供了重要的载体和平台。

（二）"十三五"时期面临的挑战和不利因素

"十三五"时期，商水县面临的挑战和不利因素主要有：一是经济结构还需要进一步调整，一产比重大，三产比重小，"二一三"的产业结构未能彻底扭转，服务业发展滞后，带动就业和税收贡献能力较弱；二是工业质量和效益不高，主导产业培育不充分，大项目、品牌项目和高成长性、战略性企业匮乏；三是城镇化水平偏低，城镇基础设施不够完善，城镇发展活力不足，城镇化对经济社会发展的带动作用不强，城市管理水平有待提高；四是民生任务繁重，公共服务水平偏低，财政收入总量小，公共财政预算收支矛盾突出，解决扶贫、教育、社会保障等民生问题压力较大；五是行政效能仍需提升，一些干部作风不实、效能不高等问题仍有不同程度存在。

总体来看，"十三五"时期，商水县仍处于大有可为的战略机遇期，既要紧紧抓住和用好战略机遇期，坚定信心、奋起直追，推动经济总量、发展质量再迈上一个大台阶，又要充分认识到在经济新常态时期转型发展遇到的困难、风险和挑战，着力在优化经济结构、增强发展动力、化解各种矛盾、补齐民生短板上取得突破性进展，努力开创商水发展新局面。

三 "十三五" 时期总体要求

（一）指导思想

"十三五"时期，商水县经济社会发展的指导思想是：高举中国特色社会主义伟大旗帜，全面贯彻落实党的十八大和十八届三中、四中、五中全会精神，以马克思列宁主义、毛泽东思想、邓小平理论、"三个代表"重要思想、科学发展观为指导，坚持"四个全面"战略布局，主动适应经济发展新常态，以推进商周一体化发展、打造周口市中心城区重要功能组团为总体定位，坚持发展为第一要务，坚持转型升级、提质增效为战略导向，坚持改革、开放、创新驱动发展，着力扩总量调结构，着力强载体优形态，着力打基础强支撑，着力惠民生增福祉，强力打造全市重要的电力生产和轻工制造基地、现代多式联运物流基地、绿色有机农产品供应和现代都市休闲体验农业基地。

（二）发展原则

民生为本。坚持把保障和改善民生贯穿于经济社会发展的始终，把发展的出发点和落脚点真正体现在富民、惠民、安民上，加快推进基本公共服务均等化，使发展成果惠及全体人民，不断提高人民生活水平、生活质量和幸福指数，实现经济发展与社会和谐的有机统一。

开放带动。坚持招商引资"一举求多效"，以承接产业转移为抓手，以集聚区为开放主平台，营造良好商务环境，积极鼓励和引导外来资本投向现代农业、电子信息、节能环保和新兴服务业，增强经济发展活力。

城镇引领。按照中心城区标准加快县城建设，按照新市镇标准加快建设中心镇，加快推动形成美丽乡村示范带，推进城乡基础设施一体化、公共服务均等化、社会管理社区化、城乡环境生态化，构建城乡一体化发展新格局。

创新驱动。把创新驱动作为推动转型升级的核心动力，深入实施创新驱动发展战略，以科学创新为核心，协调推进产品创新、商业模式创新、服务业态创新，激发全社会创新创业动力和活力。

绿色生态。坚持把建设生态文明与推进新型工业化、城镇化、农业现代化、信息化有机结合起来，构建绿色产业体系，培育绿色生活方式，打造绿色发展品牌，把生态文明建设融入经济、政治、文化和社会建设的各方面和全过程。

（三）战略定位

"十三五"时期，商水经济社会发展的战略定位是周口市中心城区重要功能组团。具体体现在以下几个方面。

电力生产和轻工制造基地。依托周口隆达 2×66 万千瓦燃煤发电项目，加快打造全市重要的电力能源基地。立足现有基础，着力培育壮大农副食品加工、纺织服装、玻璃建材，扩大招商引资，加快发展电力能源、生物医药产业，加快打造成为全市新型轻工制造基地。

现代多式联运智能物流基地。充分发挥紧邻周口市中心城区和拥有铁路、高速公路、航运的交通区位优势，全力打造智能物联港周口商水港区，积极谋划沙颍河商水临港产业园。加快发展电子商务、智能仓储、快递物流、生产加工、第三方服务外包等现代物流产业，推动商水成为全市现代化物流基地。

绿色有机农产品供应基地。充分发挥生态资源优势，加快发展壮大绿色农业，进一步丰富产品品种，提升品牌档次，加强宣传营销，打造一批具有较强市场竞争力的绿色农产品品牌和企业，使商水县成为全国知名的绿色有机农产品生产和销售基地。

现代都市休闲体验农业基地。大力开发农业生产、生活、生态等多种功能，推进河、湖、林、历史文化资源与农业的有机融合，加快形成多元化、多层次的都市现代农业产业链条，打造成为平原地区发展现代都市休闲体验农业的典范。

（四）发展目标

"十三五"时期，商水县经济社会发展的目标是到 2020 年实现全面建成小康社会，初步成为周口市中心城区重要功能组团。具体目标如下。

综合经济实力进一步提高。在优化结构、提高效益和降低能耗的基础上，地区生产总值年均增幅保持 8% 左右；全社会固定资产投资年均增长 15% 左右，地方公共财政预算收入年均增幅超过 12%，经济增长质量和效益明显提高。

产业结构层次进一步提高。三次产业结构从 2015 年的 27.7：43.8：28.5 调整为 2020 年的 22.9：47.0：30.1；二三次产业比重提高 4.8 个百分点。

改革开放进一步推进。经济体制、政治体制、文化体制、社会体制、生态文明体制和党的建设制度改革全面深化，确保到 2020 年在重要领域和关键环节取得决定性成果，形成系统完备、科学规范、运行有效的制度体系。对外开放领域进一步拓宽，开放水平显著提升，预计到 2020 年引进省外资金将突破 80 亿元。

基础支撑能力进一步提高。产业集聚区、特色商业区、农业产业化集群等科学发展载体优势彰显，县域"五网一系统"趋于完善。生态建设和环境保护成效显著，单位生产总值能耗、二氧化碳排放量、主要污染物排放量明显下降。

人民生活水平进一步提高。城乡居民收入增速高于地区生产总值增速，城乡居民收入差距逐步缩小到 2.48：1；社会事业全面发展，就医、就学、就业等基本公共服务均等化程度全面提高，城乡均衡的社会保障体系初步健全。

四 "十三五"时期重点任务

（一）培育壮大现代工业

顺应新一轮产业革命和产业转移的趋势，坚持扩大规模与提质增效并重，着力培育壮大农副食品加工、纺织服装两大传统主导产业，加快发展玻璃建材、电力能源、生物医药等新兴产业，促进产业链、价值链和创新链同步提升,加强工业发展载体建设,推进"互联网+"工业发展。"十三五"末,工业增加值达到142.4亿元。

1. 加快传统主导产业转型升级

食品加工产业集群。依托丰富的粮食和畜牧资源,积极扩大产业规模、拉升产业链条,加快新产品开发和知名品牌建设,培育一批竞争力强的龙头企业,培育壮大食品加工产业集群。

粮食深加工。依托小麦、玉米、大豆等农副产品资源优势,按照"优势杂粮-面粉-深加工产品"的产业链条,大力发展挂面、方便面、饼干、糕点等深加工食品,积极发展麦胚产品、小麦膳食纤维等高附加值产品和各类休闲食品,开发多种规格和口味的新产品,完善各档次产品结构,形成产品系列化,提高精深加工产品比重。提高面粉加工集约化水平,加快发展各种专用粉、强化粉、预配粉等,提高面粉加工附加值。

特色肉类加工。整合现有资源,打造"养殖-肉食品加工-副产品综合精深加工及配送"的全产业链,重点发展生鲜屠宰、冷却保鲜肉、熟食制品、速冻调理、方便肉食,积极开发新型高端肉制品。

绿色红薯粉条。依托化河、平店、胡吉等地红薯粉条加工优势,推进分散零星的红薯粉条加工模式向规模化、科学化种植加工经营方式转变,培育龙头企业,打造自主品牌,实施标准化管理,开发中高档产品,拉长产业链条。

饲料生产。依托农业和畜牧业资源优势,推进饲料生产企业通过联合、兼并、重组等方式进行跨界合作,加强技术研发,提高企业精准服务和产业链资源组织能力,推动饲料生产企业全产业链发展,培育市场核心竞争力。

实施"互联网+食品"产业计划。依托电商平台,推进"互联网+"在种养殖、加工、储运、销售等各个环节的应用,设计食品产业大数据平台,实现基础信息的紧密对接和资源共享。大力发展网店,叫响商水食品加工品牌。

纺织服装产业集群。坚持以自主创新和技术进步带动产业转型升级,按照品牌引进、高端带动的思路,积极承接产业转移,培育自主品牌,壮大纺织服装产业集群。

推进纺织制造高端化发展。鼓励佳利达纺织、湘湖纺织、景福织物等龙头企业加快产品和技术更新换代，支持应用高效新型纺纱制造设备及专用设备，提高产品档次，推进紧密纺纱线及面料的新型化、高档化，运用多种纤维的复合纺织、织造等新工艺，提高产品附加值，实现价值链低端向高端跃升。

推进服装加工品牌化发展。引进知名服装品牌，积极开发自主品牌，提高服装设计生产的信息化和智能装备水平，提高产业竞争力。创新服装产业发展模式，依托电子商务，加快发展"互联网 + 小快生产"新模式，打造服装产业柔性供应链。

2. 培育发展战略性新兴产业

电力能源。坚持超低排放和先进能效标准，加快推进隆达发电有限公司 2×66 万千瓦燃煤发电项目建设，加快上网线路工程建设，为新增电力提供送出通道保障。积极探索隆达发电有限公司与产业集聚区电力供求双方直接交易和智能化调度的机制模式，促进电力能源产业发展。

特种玻璃。以汽车特种玻璃为重点，积极推进玻璃产业规模化、集约化、专业化、高端化发展。推进技术装备升级，加强技术改造，提升装备水平和工艺水平，提高产品附加值。推进产品升级，提升研发设计能力，着力打造自主品牌，培育品牌优势，提升产品档次和产业形象，形成高、中、低档满足不同层次需求的产品体系。

家居建材。依托中原泛家居产业园，积极引进国内知名品牌企业，打造豫东地区知名的综合性现代家居建材中心。顺应家居建材行业智能化、个性化发展趋势，加强以创意设计为核心的产品工业设计，向消费者提供全屋定制产品销售与服务。顺应"互联网 +"发展大势，推动企业借助电商平台转型升级，实现传统店面体验、服务与现代电商平台融合发展。

光电信息。充分发挥电子信息产业在产业结构调整和经济转型中的促进作用，瞄准产业发展前沿和重点领域，按照无中生有、龙头带动、链式承接的思路，积极承接产业链式转移，培育壮大光电信息产业。以配套富士康等企业为切入点，加大手机等智能终端配套产业集群引进力度。积极引进光电子生产项目，积极发展等离子显示屏（PDP）及模组、液晶显示屏（LCD）模组封装、有机电激光显示器件（OLED）、DID 液晶拼接显示屏系统等平板显示产业，扩大产业规模，提高产业竞争力。

生物医药。规划建设生物医药产业园，积极引进高新科学技术，实施带动性强的重大项目,着力培育具有较高品牌度和较强竞争力的优势产品。加快发展现代中药产业,发挥中药材的资源优势,加强优良中药材品种选育和道地药材种植,引进先进制药工艺和设备,发展植物提取和原料药制取。顺应保健品消费从防病治病扩大到抗衰老、健身益智、美容健美等多种需求转变的趋势,以免疫调节、营养素补充剂、抗疲劳等保健品为重点,发展生物保健品,积极推动生物保健品与中医保健、其他保健服务的融合。

3. 扎实推进产业集聚区建设

按照集群、创新、智慧、绿色的发展思路,以提升产业集群竞争力为重点,优化功能规划布局,促进服务功能升级,加快体制机制创新,推动产业集聚区上规模、上水平、上层次,提高吸引力、竞争力、带动力。开展产业、土地、城市、生态环境、区域公共服务基础设施规划五规合一。统筹推进集聚区招商引资、产业提升和集群培育,完善提升基础设施和公共服务设施功能,完善产业配套体系,提供高质量的仓储、物流、金融等生产服务和餐饮住宿等生活服务,全面提高产业集聚区综合实力,形成产城融合互动发展。加快智慧园区建设,优化信息基础设施,开展专业化服务和精细化管理,推进产业智能化发展。坚持完善提升产业配套功能,重点推进技术创新、现代物流、人力资源和综合服务平台建设,高水平构建公共服务平台体系,形成产业集聚、开放招商新的吸引点和竞争力,为产业集聚区提质转型创新发展提供支撑。

4. 大力实施"巧媳妇"工程

"巧媳妇"工程是一项重要的民生工程、扶贫脱贫工程,是解决留守妇女就业的主要途径,解决留守儿童和空巢老人问题的有效方法。按照"协会搭桥、政府引导、企业领办、留守妇女参与、市场化运作"的模式,"十三五"末,全县"巧媳妇"工程示范企业发展到50个,加工点达到1000个,90%以上的村有"巧媳妇"工程项目,形成渔网编织、无纺布制品、服装服饰加工三大支柱产业,全县从业人员12万人,实现增收25亿元。

5. 推进"互联网+"行动计划

顺应互联网化发展潮流,加快开展"互联网+"行动,深化信息技术在研发设计、生产制造、营销管理、回收再利用等环节的应用，加大对互联网与工业融合创新的支持力度。打造贯穿各行业全产业链的新兴信息技术推广应用服务平台，实现设计研发与生产制造以及终端消费的紧密衔接。大力发展工业互联网，制定工业互联网整体网络架构方案，深化物联网应用。探索电商模式，鼓励绿色食品、纺织服装等领域企业依托电商平台开展业务，发展跨境业务，促进工业产品网上定制、上下游关联企业国内国外业务协同发展，实现市场新突破。

积极推进两化融合发展。坚持把推进工业化和信息化深度融合作为转型升级的重要支撑，推进信息技术在工业各领域的渗透和覆盖，推动产品智能化、研发数字化、生产自动化、管理信息化、营销网络化，提高工业经济增长的效益和质量。推进信息技术与工业产品的融合，发展嵌入式电子产品，提升工业装备和产品的数字化、智能化水平。加快信息技术在工业设计研发中的应用，推动产品设计研发网络化、协同化、虚拟化、个性化。加快信息技术在工业生产制造领域的应用，推动生产制造的敏捷化、柔性化、智能化。

（二）增量扩张现代服务业

突出新业态发展、新热点培育、新技术运用，优化组织形态，创新发展业态，推进融合发展，推动生产性服务业向专业化和价值链高端延伸、生活性服务业向精细和高品质转变，促进服务业比重提高、结构优化、竞争力增强，加快承担周口市区的商务服务和综合服务功能。力争到2020年，服务业增加值实现97亿元，占地区生产总值比重达30.1%。

1. 加快发展乡村旅游产业

依托商水生态环境和农业资源优势，进一步整合全县旅游资源，以精品旅游线路和知名景区建设为着力点，加快推进旅游业跨越式发展，构建城乡联动、多元发展、特色鲜明、功能完善的现代旅游业发展新格局。优化旅游业发展空间布局，积极推进叶氏庄园建筑群、沙河观光文化旅游带、汾河生态文化旅游带、魏集白鹭森林公园、寿圣寺、赵黄庄生态旅游度假村等项目建设，依托沙河复航工程、都市生态农业发展工程，打造沙河生态文化旅游带和休闲观光农业游览区。着力培育新型业态，鼓励开发生态旅游、休闲度假游、健身养生游等旅游产业和产品，积极推动旅游与医疗养生、娱乐、体育、农业等产业融合联动发展，打造一批以农家乐、农业观光、美食、养生、休闲为主体的旅游精品项目。加强旅游基础设施和公共服务体系建设，完善旅游通道建设，加快构建与周边主要景区高效对接的旅游交通网络，提升旅游通行、停车、住宿、餐饮、娱乐、购物等综合服务能力。推进智慧旅游建设，整合全县文化旅游资源，利用电视、报纸、网络等新闻媒体，依托微信、微博、微电影、APP 客户端等平台，加大宣传推广力度，不断提升商水旅游的影响力。

2. 提档升级物流业

依托紧邻周口市区的交通区位条件和发展空间优势，抢抓"郑合高铁""沙河复航"重大战略机遇，以物流园区和物流配送中心建设为重点，优化物流节点网络，加快发展现代物流业，着力打造豫东地区重要的现代物流业基地。重点抓好智能物联港、万果园物流中心、农机专业市场等项目建设，积极完善配套公共服务设施建设，逐步打造辐射周边的区域性商贸物流中心。发展壮大特色物流，加快发展冷链物流、快递物流等物流行业，全面提升物流业专业化、社会化和信息化水平；积极构建电子商务物流服务平台，建设区域性仓储配送基地，吸引制造商、电商、快递和零担物流公司、第三方服务公司入驻。

3. 改造提升生活性服务业

现代商贸。加快整合传统商贸业，积极培育新型业态，构建现代商品市场体系，优化城镇商业网点布局，建设一批辐射带动能力强的商贸中心和专业市场，打造线上线下深度融合的现代商贸业发展新格局。积极引进丹尼斯、万达等国内知名商贸企业，围绕提升业态、弥补消费缺口，稳步发展购物中心、大型综合超市、大型专营店、名品折扣店、连锁专卖店等现代商业业态，重点推进特色商业区聚集商业项目载体建设。支持提升刷卡消费率，推广电子商务、网上交易等现代交易方式。推动传统商贸企业逐步实现商务电子化。支持商贸企业与物流企业结成合作联盟，创立商贸物流名牌，提高商贸流通能力。

住宿餐饮。推进住宿餐饮资源整合，积极发展连锁经营，支持企业利用互联网创新营销模式，形成与旅游业相适应的住宿餐饮业发展格局。发掘培育特色餐饮品牌，推出一批市场认可度高的大众化餐饮企业，打造一批特色鲜明的餐饮名店。针对不同层次的消费需求，合理规划布局，改造提升一批特色风味的大众餐饮街区，规划建设一批多功能的商务旅游餐饮街区，积极引进一批国内外知名餐饮企业，适度开发一批高端餐饮业项目，不断优化行业结构，提高整体档次和水平。鼓励发展星级酒店、经济型连锁酒店、旅游饭店、农家宾馆，加快推进重大项目建设，不断提升商水接待服务水平。

房地产业。依托紧邻周口市中心城区的区位优势，加快住宅产业化进程。完善土地供应管理模式，加强住宅用地总量控制，优化调整产品结构，推进房地产业健康可持续发展。大力发展城市综合体、园区地产、养老地产等新兴业态，积极开发健康住宅、绿色环保住宅和节能省地型住宅。扩大规划设计、建筑节能、营销策划、评估代理、装修装潢、资产保值增值管理等服务业规模，发展壮大一批规模化、专业化的房地产中介服务机构和企业。加快培育房地产品牌企业，推动二手房市场发展，规范房屋租赁市场。

4. 加快发展新兴服务业

健康养老。抓住国家加快发展大健康产业的战略机遇，围绕满足居民多层次、多样化健康服务需求，积极发展养老和健康产业，规划建设一批区域性养老健康产业发展示范园区，打造健康养老、康复护理、保健养生基地；建立完善以居家为基础、以社区为依托、以机构为支撑、医养结合的养老服务体系，培育形成高端健康养老产业集群，建设周口市重要的健康养老服务基地。完善居家养老服务网络，鼓励社会力量兴办或运营老年人供养、社区照料、老年食堂、老年活动服务中心、居家养老服务中心（站）等为老服务项目。大力发展农村养老服务，支持行政村、较大自然村建设互助性养老服务设施。推动医养融合发展，鼓励医疗机构和养老机构加强合作，促进医疗卫生资源进入养老机构、社区和居民家庭，支持有条件的养老机构设置护理院和医疗机构。

电子信息。加快推进电子商务平台建设，重点推进县域运营服务中心、电子商务交易平台、物流仓储配送公共服务平台等建设，积极推进乡镇电商综合服务站、村级电商服务点建设。鼓励支持电商企业发展，支持电商创业园、网商孵化园、网络体验店、特色交易平台建设，鼓励打造电子商务重点示范企业。依托供销、邮政、农民合作社等网络体系，发挥乡镇商贸中心的销售、配送、金融、邮政等服务功能，建立健全农村电子商务发展支撑服务体系。依托特色农产品优势，搭建特色农产品电子商务平台，培育一批特色农产品品牌，推动农产品电子商务的发展。积极引进京东商城、阿里巴巴等国内知名电商在商水设立分支机构，搭建电商运营服务平台，带动电子商务的快速发展。鼓励市民和企业开办网店，支持全民网络创业，提高企业电子商务使用率。

金融保险。依托商务金融大厦建设金融集聚核心区，引导银行、证券、保险、投资基金等金融机构落户或开设分支机构，提高金融集聚服务水平。支持有条件的民营资本进入金融服务领域，积极参与设立村镇银行、农村商业银行和小额贷款公司。积极发展产业投资基金、创业投资基金和基金管理企业等股权投融资机构。鼓励支持金融机构针对玻璃建材、光电信息、临港工业发展、文化旅游、生态农业等产业发展推出全程金融服务方案，加大对实体经济和项目建设的支持力度。

5. 积极推进特色商业区建设

坚持把特色商务区作为商水服务业发展的新高地、招商引资的新平台、经济发展的新动力、产业转型升级的新引擎，强化商业集聚，加强配套建设，提升产业层次，打造集商贸、会展、中介、金融、商务、休闲、娱乐、餐饮、住宿等为一体的高品质商业集聚区，培育全县发展新的经济增长极。重点抓好新农贸市场、城市综合体、游乐园、美食城、食品城和信息化产业园等项目建设，积极培育发展泛家居、农副产品交易、新能源汽车交易、纺织品购销等专业市场。完善配套设施建设，加强交通、给排水、供热、信息网络等基础设施建设，提升特色商业区基础支撑能力。

6. 推进文化创意和设计服务与相关产业融合发展

围绕商水产业发展基础和特色文化资源，顺应文化创意和设计服务贯穿各行业呈现多向交互融合新态势，积极推动文化创意和设计服务产业发展，积极促进文化创意产业与相关产业融合发展，培育形成新的增长点。支持与其他产业融合发展，重点支持与食品加工、纺织服装、乡村旅游等产业对接融合，催生新技术、新工艺、新产品，满足新需求。积极引进创意设计企业和机构，大力发展食品加工设计、旅游产品设计、文化创意产品设计产业。支持引进广告营销、旅游推介公司，加强市场调研、营销策划、广告创意、媒介投放、效果评估、产品展示等各产业链环节的整合与协作，着力推进文化创意和设计服务产业化、专业化、集约化、品牌化发展，提升文化创意和设计服务产业的影响力。

（三）优化提升现代农业

按照特色、高效、绿色的要求，以稳步实施粮食生产核心区建设为基础，加快转变农业发展方式，重点发展现代农业产业化集群，建成一批特色优势农产品生产基地，培育一批龙头企业，争创一批农业品牌，建设一批现代都市农业示范区，积极推进四大平台建设，着力构建粮经饲统筹、农牧渔结合、种养加一体、一二三产业融合发展的现代农业产业体系，争创省级生态农牧示范区，推动商水由传统农业大县向新型农业强县迈进。

1. 提高粮食综合生产能力

以实施高产创建和区域化布局、规模化种植、标准化生产、产业化经营为重点，提高粮食综合生产能力。坚守耕地红线，实行严格的耕地保护制度，确保粮食安全和有效供给。"十三五"末，全县粮食播种面积稳定在230.5万亩左右，产量稳定在21亿斤左右。

实施高标准粮田"百千万"建设工程。围绕稳定粮食面积、保持粮食产量、提高粮农收益的思路，整合各类涉农资金项目，统一建设标准，建成一批百亩方、千亩方和万亩方，统筹推进土地整治、中低产田改造等项目建设。实施藏粮于地、藏粮于技战略。加强技术集成，加快推进全程机械化，推进农机农艺融合，推广绿色增产模式，带动大面积均衡增产。实施耕地质量保护和提升行动，加强公共设施的维护与管理，确保高标准良田持续长久利用和发挥效益。"十三五"末，全县建成高标准农田100万亩。

推进粮油产业化经营。以"确保粮食安全、农民增收、企业增效"为目标，以粮油产业化经营为突破口，打破粮食产业发展瓶颈。优化粮油生产配置，调整种植结构，以优质专用小麦为重点，大力发展订单粮油，通过示范带动，在全县建立优质、专用粮油产业带。

建设粮食储备体系。加快建设以粮食购销、仓储和物流配送为中心的储备体系，集中布局一批优良的仓储设施，重点新建一批现代化的粮食收购、储备仓容，扩大粮食仓容规模，提高科学储粮水平，将商水打造成为豫东较大的粮食储备基地。

2. 培育现代农业产业化集群

特色农业产业化集群。按照"全链条、全循环、高质量、高效益"的思路，结合商水农业基础和特色农产资源，建设提升一批蔬菜、果品、食用菌、烟叶、花卉苗木、油料作物等特色产业生产基地。大力培育新型农业化产业化经营主体和龙头企业，推动产品加工增值链、资源循环利用链、质量全程控制链有机融合。

蔬菜基地。以市场需求为导向，加快转变蔬菜产业发展方式，推进蔬菜规模化种植、标准化生产、商品化处理、品牌化销售、产业化经营，向"高端、高质、高效"蔬菜产业的转型升级。积极发展无公害绿色有机蔬菜，提高名特优稀品种比例，创建蔬菜品牌，提高蔬菜产业知名度和竞争力。

食用菌基地。积极实施食用菌产业结构调整，加快新品种引进、示范、推广力度，重点发展地栽袋料香菇、平菇等，"十三五"末打造豫东地区最大的食用菌生产集群。

烟叶基地。按照"原料供应基地化、烟叶品质特色化、生产方式标准化"的思路，优化烟叶种植结构，大力开发特色优质烟叶，提高烟叶品质，建设成为国家级烟叶标准化生产优秀示范区。

花卉苗木。积极发展花卉苗木产业，重点发展鲜切花盆栽植物、绿化苗木等高档观赏花卉苗木，大力发展药用、食用、工业用花卉，"十三五"末花卉苗木面积0.8万亩。

现代畜牧产业化集群。按照"集聚发展、集约经营、特色突出"的思路，积极引导发展标准化规模养殖场和养殖小区，积极完善服务体系，加快向优质、高效、生态、安全的现代畜牧业转变，实现畜牧业数量、质量和效益的同步增长，全面提升畜牧业规模化、标准化、产业化、生态化水平。"十三五"末，全县优质生猪、肉牛、家禽、肉羊出栏分别将达到120万头、13万头、1500万只、48万只，肉、蛋、奶产量分别达到12.5万吨、3.5万吨、0.5万吨以上，猪肉、牛肉、禽肉、羊肉占肉类总产量的比重分别为70.5%、9.3%、11.9%、4.71%，畜牧业总产值达到39亿元以上，占农业总产值的比重达到40%以上。

优化畜牧业布局。在巴村、黄寨、姚集、张明、张庄、谭庄等乡镇大力发展牛羊饲养，分别建立肉牛、肉羊节粮型畜牧业生产集聚区和养殖基地。在张明、郝岗、邓城、舒庄、汤庄、固墙、姚集、白寺等乡镇重点发展生猪养殖，建立生猪生产集聚区和生产基地。在固墙、练集、汤庄、张庄、白寺、黄寨等乡镇积极着力发展家禽养殖，建立蛋鸡存栏生产集聚区和生产基地。在位集和与周口市毗邻的汤庄、练集等乡镇发展奶牛，建立饲养场和加工场。

推进标准化养殖小区建设。"十三五"末，建成 3 个畜牧业集聚养殖区，新建各类规模化标准化养殖场（小区）30 个，新建生态养殖场 20 个，建成 5 个年产值 5000 万元的加工企业。

3. 加快发展生态循环农业

以资源高效利用和循环利用为核心，以先进技术和设施装备为手段，以环境影响评价为标准，加快构建产业布局生态优化、资源利用循环高效、生产清洁产品优质，环境质量持续改善的现代生态循环农业体系。统筹布局农业产业和沼气工程、沼液配送、有机肥加工、农业废弃物收集处理等配套服务设施。推进农业废弃物循环利用，大力推广喷滴灌、水肥一体化、雨水中水回用、自动喂水喂料、湿帘降温等节水节能设施和技术，有效降低资源消耗；循环利用农业废弃物，推进畜（禽）粪有机肥生产使用，农作物秸秆肥料化、能源化、基质化、饲料化利用。加大畜禽养殖环保治理力度，重点支持养殖场和养殖小区建设粪污无害化处理设施和沼气工程，"十三五"末，养殖污粪无害化处理率达到 90%，生态循环农业面积占全县耕地面积的 30%。

4. 培育新型农业经营主体

扶持发展农业产业化龙头企业。引导农业产业化龙头企业通过品牌嫁接、资本运作、产业延伸等方式进行联合重组。支持农业龙头企业开展技术改造，开发新技术、新产品、新工艺，拉长产业链条，发展农产品深加工和流通业。鼓励有条件的农业产业化龙头企业和农民专业合作社等发展成为河南省著名商标、中国名牌农产品等。"十三五"末，国家级龙头企业发展到 3 家、省级发展到 5 家，市级发展到 20 家，带动农户占全县农户总数的 70% 以上。

培壮扶强农业专业合作社和家庭农场。鼓励有一定规模的种养大户发展规模适度的家庭农场。引导农民专业合作社拓宽服务领域，促进规范发展，支持农民开展专业合作、股份合作等多种形式的经营合作。"十三五"末，农民专业合作社发展到 1500 家，家庭农场发展到 300 家，土地流转面积达到 70 万亩。

积极培育现代职业农民。着力培育一批骨干农民，推动农业经营主体职业化。支持有文化、懂技术、会经营的农村实用人才和农村青年致富带头人，通过流转土地等多种方式，扩大生产规模。支持外出务工农民、个体工商户、农村经纪人等返乡从事农业开发。

5. 推动农业与二三产业融合发展

着力发展都市生态农业。依托农业资源，大力发展观光、休闲、疗养、度假、农家乐、采摘游等综合性生态旅游，提升农业附加值。大力推进生态景观型、体验参与型、休闲观光型、特色精品型等多种类型都市生态农业园建设。

大力发展农产品精深加工。加强加工、储藏、保鲜设施建设和技术研发，提高农产品精深加工水平，延长农业产业链。大力发展以农产品加工物流为重点的现代物流业，重点建设集粮油仓储、加工、检验、电子信息和"四散化"为一体的粮食物流园区项目。

积极发展智慧农业。发展"互联网＋农业"，利用互联网提升农业生产、经营、管理和服务水平，培育一批网络化、智能化、精细化的现代"种养加"生态农业新模式。加快互联网农业服务平台建设，加强产销衔接，实现农业生产由生产导向向消费导向转变。加快发展农业电子商务，推进农业生产流通销售方式变革。积极探索推广成熟的农业物联网应用模式。

6. 持续夯实现代农业发展基础

推进农业基础设施建设。以全国河湖管护体制机制创新试点县建设为抓手，加快农田水利、节水灌溉、应急水源、南水北调配套等工程建设，重点推进以农田水利设施为基础的田间工程建设，完善灌溉体系，加快推进农田机井配套工程、现代农业园区机井（站）电灌配套工程建设，提高农业防灾能力。

提升农业科技支撑能力建设。建立健全农业科技创新、推广和信息服务体系，主动对接省农科院、河南农大、周口师院、市农科院等高等院校和农业科研单位，实施重大科技专项规划，加快科技成果转化。实施重大科技推广，发挥农村科普示范基地和农村专业技术协会的作用，搞好特色农业技术培训和推广。

健全农业社会化服务体系。加快完善覆盖农业生产各环节的良种繁育、动物防疫、农资供应、农机服务、气象测报、农业保险和灾害防御等社会化服务体系。完善农业信息服务体系建设，形成市、乡、村、户四级信息服务网络。加强农产品和食品质量安全检验检测体系建设，健全农产品质量安全追溯体系，全面提升农产品质量安全水平。创建全国农业综合标准化示范县，提升农产品知名度，增加农民收入，促进传统农业向现代农业的转型升级。

（四） 加快推进新型城镇化

坚持周商一体化发展导向，以体制机制创新为突破口，加快农业转移人口市民化步伐，把增强城市综合承载能力与提升以城促乡辐射带动功能结合起来，坚持走新型城镇化和美丽乡村"双轮"驱动发展道路，加快推进城乡一体和产城融合发展。到 2020 年，中心城区人口达到 20 万人，城镇化率达到 40% 以上。

1. 推进周商一体化

按照优势互补、互惠互利、主动融入、协同发展的思路，主动呼应周口、借力周口，充分利用周商空间上的整体性、文化上的同源性、资源上的互补性，以周商一体化引领城镇化总体布局，加快中心城区向北发展，努力实现与周口市中心城区的功能互补和产业对接。以东新区为桥头堡，以县城、产业集聚区和特色商业区为主平台，以五一路、八一路、东外环路等运输通道为支撑，强化与周口城市总体规划和各专项规划的衔接，进一步推进周商一体化向深层次发展。

2. 优化城镇空间布局

增强县城集聚辐射功能。坚持把县城作为周商一体对接发展的核心载体，充分发挥县城在县域城镇化推进中的龙头带动作用。坚持强化规划引导，促进县城发展提质；坚持完善公共设施，促进功能完善；坚持扩大就业容量，促进人口聚集；坚持加快城区绿化，促进生态改善，加快打造沿沙河经济带，推进产业聚集区、特色商业区同步发力，着力提高县城发展水平。

分类发展小城镇。重点发展县域副中心谭庄镇。积极推进产业结构优化升级，重点发展农副产品深加工、车辆配件、建材、化工和商贸物流产业；按照全县副中心的标准加强基础设施和公共服务设施，加快农村居民点用地的区域整合，推动镇区向西、向南发展，打造产业发达、生态优美、城乡协调的现代化综合性城镇。大力扶持发展黄寨镇、固墙镇、白寺镇三个重点镇。坚持"规划建镇、产业立镇、特色兴镇"的发展思路，加快推进小城镇人口集中、产业集聚、功能集成、要素集约，加快构筑上接县城、下联农村的综合服务平台，全面增强综合承载能力和集聚辐射能力。支持产业基础较好、人口规模较大的黄寨镇、固墙镇、白寺镇等作为重点镇，通过完善基础设施和公共服务设施，布局建设专业园区，因地制宜发展特色产业。加快一般乡镇发展步伐。支持具有特色资源、区位优势的邓城镇、郝岗乡、张明乡、张庄乡等乡镇，通过规划引导、市场运作，积极发展文化旅游、商贸物流、资源加工等特色产业，提升服务功能，发展成为面向周边农村的生产生活服务中心。

发挥美丽乡村试点示范带动作用。坚持产业、村庄、土地、公共服务和生态规划"五规合一"，结合产业特色、区位条件、人口流动意愿，科学确定村庄布局和规模，加大培育特色村。继续抓好美丽乡村试点建设和美丽乡村引导点建设，加快沙颍河观光带和汾河观光带建设，打造美丽乡村及乡村旅游示范带。加快完善美丽乡村的道路、供水、供气、公交、电力、通信、信息、排水与污水处理、垃圾收集与处理等基础设施建设和文化教育、医疗卫生等公共服务设施建设。加快推进农村住房改造建设、农村历史建筑保护等各项工作，加大村庄自然与文化资源保护，维护农村居住、生产、生态、文化等多种功能建设，促进农业、旅游业、文化产业融合发展。深入开展农村环境综合整治，全面实施乡村清洁工程。

3. 提高产城融合水平

以新产业、新业态为导向，坚持一二三产业融合和经济、生态、人居功能复合的理念，以产兴城，重点围绕县城和谭庄等重点镇，依托产业集聚区和特色商业区，按照生产空间集约高效、生活空间宜居适度、生态空间林密水清的原则，科学规划空间发展布局，统筹推进城乡基础设施建设和公共服务设施建设，促进产业发展、城镇建设和人口集聚相互促进、融合发展。坚持分散和集中相结合的居住用地布局策略，进一步完善基础设施及配套，促进城镇和产业集聚区、特色商业区内各类基础设施互联互通、共建共享，合理布局教育、医疗、文化、旅游、体育等公共服务设施，配套建设居住、商业、娱乐、休闲等设施，提升宜居宜业水平。

4. 增强城镇综合承载能力

加强县城规划和建设管理。围绕周商一体化的发展战略，积极完善城市总体规划和各专项规划。开展重点区域城市设计，规划建设一批主题鲜明、风情浓郁的公共文化休闲空间，规划建设一批高档商场、商务中心、星级酒店和高端休闲娱乐会所。建立健全城市基础设施和地下管线信息系统，实行信息化档案管理，提高科学管理能力。

加快城镇基础设施建设。统筹提升城镇供排水、供热、供气等公用设施档次，加快实施旧管网改造，突出抓好新管网建设，提高覆盖率、集中供应率和设施利用效益。完善供电网络，健全电量分配和供电预警保障机制，确保安全用电。新建一批生活污水和垃圾处理设施，加快升级改造和管网配套，提高处理率。加强地下供水供热供气管线、高压电线、通信电缆等各类管线的统一规划，推进地下公共管沟统一建设、统一管理、统一使用。

5. 提高城镇管理水平

加快推进农业转移人口市民化。按照"一基本两牵动三保障"的总体要求和快速推进"三个一批"的基本思路，加快推进符合条件的农业转移人口落户城镇。坚持产业为基、就业为本，扩大城镇产业规模，推动产业集聚发展，增强就业吸纳能力，鼓励有能力、有意愿的农民工及其家属进城落户，把目前已在城镇稳定就业的农业转移人口转为城镇居民。完全放开县城户籍，引导农村人口向中心城区和重点镇集聚。强化住房和教育牵动。把进城落户农民完全纳入城镇住房保障体系，符合条件的农业转移人口平等享受租赁补贴，将稳定就业的农民工纳入住房公积金制度覆盖范围，支持农民工家庭购买普通商品住房。落实就近入学原则，公办义务教育学校普遍向农业转移人口随迁子女开放，对未能在公办学校就学的，采取政府购买服务等方式，保障农民工随迁子女全部免费接受义务教育。完善随迁子女异地中高考制度和招生制度，实现随迁子女在流入地参加中考。完善社会保障、农民权益保障、基本公共服务保障。引导农业转移人口及早在城镇参保并连续参保，允许灵活就业农民工参加当地城镇居民养老保险、基本医疗保险。出台城乡居民基本养老保险与城镇职工基本养老保险之间的转移接续办法；整合城乡居民基本医疗保险制度，尽快实现农民、城镇居民、城镇职工基本医疗保险关系转移接续。将符合条件的农业转移人口纳入最低生活保障和医疗救助保障范围，参加失业保险、生育保险并平等享受待遇。逐步将农民工及随迁家属纳入城镇社会救助、医疗救助、养老服务范围。保留进城落户农民土地承包经营权、宅基地使用权、原有集体财产权益不变，积极探索农民相关权益的实现形式。建立健全由政府、企业、个人共同参与的农业转移人口市民化成本分担机制。

提升城市管理水平。坚持规划先行，逐步建立覆盖中心城区的控制性详细规划管理体系，加强中心城区重要节点、重要地段设计。根据城镇、产业集聚区、特色商业区布局和人口分布，统筹编制基础设施和公共服务设施专项规划，加快统筹优化城乡生产、居住、生态和基础设施的空间布局。推进实施绿色城镇建设行动计划，以净化、绿化、美化为目标导向，着力打造一批生态环境优美、人居条件良好、基础设施完备、管理机制健全的绿色城镇。全面推进城镇管理标准化建设，加强部门联动，提高城市水平，建立集社会管理、经济运行、文化生活、环境卫生、应急处置、治安防控于一体的现代城镇综合管理平台。积极推动"智慧生活"，构建覆盖城乡的便民服务智能化体系，促进医疗、教育、文化、社保、社区服务、食品安全等社会公共服务智能化。以打造宜业、宜居环境为目标，深入开展城镇环境综合整治活动。按照量化管理目标、细化管理标准、强化职责分工、加强协调配合的原则，完善城镇管理长效机制。

（五）强化基础支撑能力

立足当前，着眼长远，加强交通、信息、水利和能源等基础设施建设，打造适度超前、功能完善、配套协调、高效安全的基础设施体系，努力夯实基础强化支撑，大力培育竞争新优势。

1. 建设现代综合交通网络

完善路网结构。加快铁路、高速公路和普通路网建设与升级改造，进一步促进各种交通方式互联互通，构建以铁路、高速公路和国道省道等干线陆路交通为骨架、以城乡公路为基础、以水路运输为补充的畅通八方、便捷经济的公路、铁路、水运现代综合交通道路网络。加快大通道建设，加快推进周驻南高速公路商水段建设，积极完成沙河复航商水段工程建设，适时推进宁洛高速商水段改扩建工程，加强融入国家和省市骨干交通网络能力。加强交通主骨架建设，提升县域国省市道等级，加快道路对接，进一步完成县域和周口市中心城区主要干道断头路打通工程，完善县乡道路功能，努力实现新建县乡公路 136 公里，健全县域骨干网络交通，增强周商一体化道路支撑能力。强力推进交通惠民工程，努力实现新建通村公路929.255 公里，行政村升级道路 333.19 公里，打通城乡道路末梢。至 2020年，形成相邻乡镇通过三级公路相连，相邻行政村通过四级公路相连，自然村道油路达到 99% 以上。

构建综合交通运输体系。加强客货运输枢纽和站场设施建设，优化城乡客货运和公共交通网络，构建城乡一体、布局合理、安全快捷、绿色高效的现代立体交通体系。加快重点交通枢纽建设，重点推进火车运输物流枢纽及大型仓储基地建设、商水物流港区建设和商水汽车东站建设，增强交通运输支撑能力，满足居民交通出行服务需求。大力增强对外交通能力，增加至开封、许昌、漯河等中原经济区核心圈层城市长途客运班次，提升长途客运能力。高起点、标准化、规范化，大力发展公共交通事业，增加公交车辆 40 部，使平均万人拥有 5.5 标台，积极推进城市公交向乡镇延伸覆盖。进一步完善和优化农村客运线路，努力提高农村客运的通达率和覆盖率，"十三五"末，努力使乡镇和行政村客车通达率达 100%，基本实现农村客运网络化目标。加强水陆货物运输、物流配送能力建设，"十三五"末，实现道路货运量、货物周转量分别达 1236 万吨、62.4 万吨公里，货运站场建成率达 40%。

提高交通服务水平。广泛运用互联网、物联网等技术提升交通智能化、信息化水平，提高路网通行效率。加强道路运输监测和监控能力，优化主要干线、交通繁忙路口、停车场等地安装监测和传输设备布局，加强危险物资特种运输车辆和长途客运汽车 GPS 监控，完善道路电子眼监控，实时监控公路运行信息。强化道路交通安全监管，预防交通重特大事故发生。推进交通应急指挥系统和紧急救援系统建设，提高道路交通应急疏散处置能力。规范设置红绿灯、告示牌、警示牌等交通标识，提高社会安全文明交通意识。

2. 打造现代能源支撑系统

强化电力保障能力建设。强化电源与电网统筹规划，优化电网建设布局，大幅提升电网的负荷运载能力，保证电力供需平衡。积极发展智能电网，开展智能表电采系统更换，构建智能化电力运行监测、管理技术平台，科学安排调峰、调频、储能配套能力，实现电网系统运行管理的高效、安全和稳定。加强农村低压线路改造，进一步提高农村电网供电可靠性、安全性和稳定性。"十三五"期间，实现新建220千伏输变电工程1项、配出220千伏变送出工程1项，新建3座、扩建3座110千伏变电站，新建3座、增容扩建8座35千伏变压器，新建输电线路115公里，改造输电线路19公里。到2020年，110千伏变电量可达580兆伏安，容载比达到1.65；35千伏变电量达到259.2兆伏安，容载比达到1.52。

加强供气基础设施建设。按照"衔接周口市区、优化新城区、提升老城区、完善工业区"的思路，坚持"规划先行、多元投入，分步实施、重点推进，节能环保、持续发展"的指导方针，积极引入市场机制，加快完善城市供热供气基础设施及其配套设施项目，优化结构配置。开展"气化商水"建设，大力实施管道天然气"村村通"工程，建设天然气储气调峰站、天然气调度服务大楼，铺设中压燃气管道450千米，低压管道1000千米，中低压调压站4000座，实现气化人口70万人，气化户数15万户，满足城乡居民用气需求。到"十三五"末，实现全县天然气普及率达15%以上。

扩大洁净能源利用规模。积极在城镇社区和农村推广太阳能应用，在农村大力实施沼气工程，构建系统完善的"种养沼"生态农业产业链，大力普及太阳能和生物质能利用。

3. 提高信息化水平

提升网络基础设施能级。全面推进光纤到户，实现城市宽带网络优化提速，加快宽带网络向行政村、自然村延伸。加快无线宽带网络建设，大力推进第三代移动通信（3G）网络深度覆盖，加快第四代移动通信（4G）网络部署和规模化商用，加强城镇重要公共区域无线局域网（WLAN）热点覆盖，实现无线网络基本覆盖城乡，带宽和可靠性大幅提升。大力推进广播电视"户户通"工程，提升广播电视公共服务水平。全面推进三网融合，实现电信、广电业务的双向进入融合。到 2020 年，固定宽带家庭普及率达到 75%，城市家庭宽带接入能力基本达到 100Mbps（兆比特/秒），农村家庭宽带接入能力基本达到 12Mbps，3G/4G 用户普及率达到 90%，城镇有线电视网络覆盖率达到 100%，城乡 4G 网络全覆盖、城区无线局域网全覆盖。

建设智能化城乡公共服务平台。以智慧社区、平安城市、智慧交通、智能旅游、智慧医疗、智慧城管、智慧环境、智慧教育、建筑综合监管、数字文化、智慧产业等为重点，全面建设社会管理综合信息服务平台、医疗卫生信息平台、教育云综合应用平台、人力资源与社会保障和住房保障信息网络服务体系、民生信息服务体系、农业农村信息化服务体系、电子政务平台等，逐步使城乡公共信息化服务实现无缝连接、协同联动，深度融入政务服务、城乡管理、民生服务和经济社会发展中，拓展信息消费空间，促进城乡公共服务信息化、智能化。

增强网络与信息安全保障能力。建立信息安全支撑体系，落实信息安全等级保护、涉密信息系统分级保护等制度。普及安全智能终端、安全路由器和安全芯片等新型安全产品知识，推广数据资源开放标准规范，加强个人信息保护教育，规范县域服务商对个人信息收集、储存及使用。加强对信息服务、网络交易行为、产品及服务质量等的监管，查处侵犯知识产权、网络欺诈等违法犯罪行为。

4. 完善水利基础设施

加强水利工程体系建设。完善防汛抗旱体系，加快推进沙颍河、汾河、清水河及其支流治理和水闸除险加固、蓄滞洪区等工程建设，做好河道管理单位的岁修水毁、维修养护、应急度汛等项目，科学编制"十三五"抗旱规划。完善供水网络，依托南水北调中线工程和沙颍河、汾河等重要水系，合理开发利用地下水资源，完善县城规划区供水建设，实施农村饮水安全工程。完善灌排体系，继续争取把大路李灌区项目列入国家大型灌区，实施各类灌区续建配套节水改造项目，加强低洼易涝地区治理。

加强农田水利基本建设,继续实施面向农建和小型农田的水利项目建设,创新农田水利设施建设体制机制,解决好灌溉"最后一公里"的问题。

加强生态水系建设。以河湖管护体制机制创新试点县建设为依托,整体规划城乡河塘水系水景,推进包括县城在内的重点河段城镇水系生态修复和景观美化,建设一批融城镇景观和乡村风貌为一体的"水美城市"和"水美乡村"。

创新管理体制机制。落实最严格的水资源管理制度,做好水资源规划,完成水资源供给配置,加强水资源监测、控制、运行、调度系统和信息化管理,加大对非法采用地下水的打击力度,推进水生态文明建设、节水型社会建设。健全河湖管护制度、明确主体、落实责任、完善经费保障体制机制、深化监管改革创新、更新管护手段,大力实施河湖管护体制机制创新试点县建设。

(六) 提高绿色化发展水平

坚持节约优先、保护优先、自然恢复为主原则,着力改善生态环境,促进资源集约节约利用,构建健全绿色化发展体制机制,打造天蓝、地绿、水净的绿色发展空间。

1. 着力推进生态系统建设

推进生态廊道建设。以保障水质安全为核心,加强南水北调配套工程沿线生态综合防治和宽防护林带、高标准农田林网建设,建成集景观、经济、生态和社会效益于一体的保护林带。加强沙河、汾河、清水河、新枯河、黄碱沟、界沟河、青龙沟等自然水系及其分支沟渠沿线防护林带、湿地和自然保护区建设,打造集生态涵养、水资源利用、文化旅游于一体的复合功能带。以县域铁路、高速公路、国道、省市道路为骨干,以县乡通道、村村通和新修道路为重点,高起点规划、高标准绿化,做到绿化美化一步到位。对已绿化廊道,在巩固原有绿化的基础上调整树种结构,做到绿化、美化、亮化相结合,进一步提高绿化品位和档次。"十三五"期间新建廊道绿化 120 公里,折合绿化面积 0.63 万亩,全县廊道绿化率达到 98% 以上。

加快林业生态建设。实施高标准良田防护林网建设工程,把国家重点工程和区域绿化项目紧密结合、统筹推进,对 100 万亩高标准良田农田防护林网高规格规划实施。实施森林抚育和改造工程，加强对现有森林的经营，不断优化林分结构，促进林木生长，提高森林质量。实施城郊森林建设工程，西起汤庄乡境内护城河、南至县城南环路，新规划建设全长16公里、规模0.8万亩的城市森林，构筑县城西南环城生态防护林带；在县城东新区建设一座面积不低于1000亩的城市森林公园，更快更好地改善城市人居环境。"十三五"期间，计划完成中幼林抚育2.5万亩，改造低质低效林1.6万亩；到2020年，力争使林木覆盖率达到26%，城市人均绿地面积达到12平方米以上，城镇绿化覆盖率达40%以上。

加快实施生态县建设。全面启动生态县建设，计划全县80%以上乡镇创建成省级生态乡镇，完成170个以上市级生态村。着重农业生态环境改善，农用化肥施用强度达到280公斤/公顷，无公害农产品、绿色农产品、有机农产品比重达到40%，地表水环境质量改善，清水河、运粮河达到水功能区划要求，集中式饮用水源保护区、历史文化遗产保护区、旅游景区、森林公园等保护区比重达到13%以上，主要污染物COD排放强度降低到3.5以下。

加强村镇绿化美化。结合社会主义新农村建设，以实现"村镇周边森林化、村镇道路林荫化、居住庭院花果化"为总体目标，结合村庄实际与特点，以村中道路、庭院、村庄周围为重点，采取多树种相搭配的方式进行立体式绿化美化。"十三五"末，实现全县25个乡镇（场、办、集聚区）所在地行政村（居委会）全部达到高标准林业生态村。

2. 切实加强污染防治

实施蓝天工程。加强二氧化硫、氮氧化物、细微颗粒物、挥发性有机物等多种污染物协同控制，确保全县空气质量优良天数明显增加。突出抓好工业污染治理、锅炉拆改等工作，加快对机械制造等行业脱硫脱硝除尘达标治理，积极推进县城内燃煤锅炉实施超低排放改造或清洁能源替代，做好服装生产、板材加工、玩具制造等行业挥发性有机物污染防治。严控高污染燃料，城镇区域严格限制新建非集中供热等基础设施燃煤项目。加强机动车环保管理，加快老旧车辆淘汰工作，积极推广环保节能车辆，稳步推进油品升级。加强城市建设和道路扬尘管控，推进绿色施工，推动道路保洁实现扫、洗和收集一体化。控制餐饮油烟等低矮面源污染。建立秸秆综合利用与农机配套利用、农业直补政策挂钩机制，多途径加强秸秆资源化利用，堵疏结合促进秸秆禁烧。完善空气环境监测网络，健全大气污染联防联控机制，保障"十三五"期间二氧化硫排放量控制在省定范围内，全县空气质量明显好转，优良天数逐年增加，努力完成目标任务。

实施碧水工程。实行最严格的水资源保护制度，加强县城一水厂水源地和南水北调配套工程、沙河沿线以及各乡镇村场集中式水源地等饮用水水源地保护，着力构筑水源地周边生态保护屏障，优化水源地生态环境。强化污水管理，加强工业、城镇生活和农业等水污染源治理，加强饮用水源地周边排查，加强印染、农副产品加工等重点行业的清洁生产审核，推动重点污染源入园进区、搬迁治理和利用先进工艺清洁化改造。推进沙河、汾河等县域重点河流及其重点沟渠污染防治，确定重点控制区域，实施分类治理，确保责任断面和重要功能区不超标。积极推进地下水污染防治，健全地下水环境监管体系，开展重点区域修复试点。加强环保基础设施建设，提升现有污水处理厂处理能力，继续完善城镇雨污分流管网和污水管网。努力确保"十三五"期间削减化学需氧量在省定目标内、县城集中式饮用水水源水质达到或优于Ⅲ类。

实施乡村清洁工程。继续完善村镇规划，实施村庄绿化，推进农村环境连片综合治理。加快发展生态农业，深入推进规模化畜禽养殖场污染治理，着力减少畜禽水产养殖、农作物秸秆焚烧、化肥施用、农药和农膜使用造成的污染，积极防治土壤污染。明确责任主体，构建农村生态环境治理奖励机制，做好农村清洁、村容整饬和垃圾集中收集、转运与无害化处理。

环境风险防控工程。加强环境与健康风险评价，持续开展环境风险、气象和环境隐患排查整治，完善环境监测预警和环境监督执法机制，完善环境应急预案和减灾防灾体系。加强重金属、化学品、危险废物、持久性有机物、核与辐射等环境监管，完善全过程环境风险应急管理。

3. 全面促进资源节约集约利用

提高资源利用效率。强化能源和水资源消耗、建设用地等总量和强度双控，实施全民节能和重点领域节能减排降碳行动计划，提高节能、节水、节地、节材标准，促进生产、流通、消费过程的减量化、再利用、资源化。提高产业准入门槛，严格固定资产投资项目节能评估审查。加快低碳交通运输体系建设，大力推广新能源汽车等交通运输装备。实施绿色建筑行动，政府投资的公共建筑、保障性住房等新建项目全面执行绿色建筑标准，推广建筑产业化模式。加强用水总量管理，大力发展节水农业，加快高耗水企业节水技术改造，推广节水技术和高效节水产品，实施雨洪资源利用、再生水利用工程。严格土地用途管制，推广应用节地技术和模式，优化建设用地结构，加强南水北调中线配套工程沿线地区土地综合整治，加强空心村整治。

大力发展循环经济。围绕纺织服装、农副食品产品加工等主导产业，开展核心产品生态设计，推行绿色制造和清洁生产，构建涵盖全社会的资源循环利用体系，减少单位产出物质消耗。以产业集聚区为重点，努力发展若干循环企业，逐步构建起围绕若干核心产业的循环产业链条，加快产业集聚区和若干专业园区循环式改造。围绕农业种植养殖 - 深加工 - 废弃物资源化利用，加强秸秆综合利用，大力发展循环农业，积极建设若干农业废弃物绿色高效循环利用基地。加快垃圾分类回收设施建设，建立覆盖城乡的再生资源回收体系，积极推进城镇生活、餐厨、建筑等垃圾的集中化处置和资源化利用。

推进低碳发展。强化碳排放总量控制，有效控制温室气体排放，积极应对气候变化。强化碳汇能力建设，增强森林固碳，提升绿地、湿地等固碳水平，积极开发轻质材料、可再生能源以及林竹草秸等低碳固碳产品。加快城市碳排放综合管理平台建设，鼓励企业开展低碳体系、低碳产品认证试点，探索低碳城市建设，努力争取低碳社区和产业园区试点，积极参与和鼓励企业等市场主体积极参与节能量和碳排放交易试点。

4. 创新绿色发展体制机制

按照国家和省市部署，科学划定生态保护红线，建立健全生态文明考核评价体系，加强自然资源资产产权确权登记和用途管制，实行最严格的源头保护制度、损害赔偿制度、责任追究制度。加快落实自然资源及其产品价格改革精神，积极推行合同能源管理、环境污染第三方治理，探索和推广社会资本参与重点环境保护工程建设，鼓励企业积极参与排污权和水权等环境市场交易。落实中央和省市环保机构监测监察执法处置管理制度改革精神，全力支持实时在线环境监控系统建设，尽快理顺严格监管所有污染物排放的环境保护管理体制机制。完善环境信息发布制度，健全举报制度。加大政府投入，完善环境经济政策，积极发展绿色经济、循环经济，全面推进清洁生产，严格执行环保"三同时"制度，构建完善生态保护补偿机制。积极推进绿色村镇、绿色社区、绿色校园等生态创建，倡导合理消费，力戒奢侈浪费，提高全民生态文明意识，激发全社会参与生态文明建设的热情。

（七）深化改革创新开放发展

坚持把深化改革、推动创新、扩大开放作为加快转变经济发展方式的强大动力，加快完善各方面体制机制，破除一切不利于科学发展的体制机制障碍，不断推进理论、制度、科技、文化等各方面创新，不断拓展对外开放的广度和深度，提高开放型经济水平，进一步增强商水县经济社会发展活力和开放度。

1. 推动关键环节改革和政府职能转变

坚持市场化改革方向，努力在重要领域和关键环节取得突破性进展，加快推动政府职能转变，加快完善社会主义市场经济体制，建立有利于发展方式转变、促进"创新、协调、绿色、开放、共享"发展的体制机制。

深化经济体制改革。放宽市场准入，增强民间投资的动力和活力，鼓励民营企业依法进入更多领域，鼓励和引导民营企业依法进入基础产业、基础设施、市政公用事业、保障性住房、服务业和社会事业等领域。探索设立中小微企业发展扶持专项资金，切实开展降低实体经济企业成本行动计划，健全面向中小微企业的信用担保体系，在投资核准、融资服务、财税政策、土地使用、对外贸易和经济技术合作等方面，与其他所有制企业实行同等待遇。建设检验检测技术平台。按照提高现有能力水平、填平补齐、避免重复建设、实现资源共享的原则，整合现有检验检测机构，建成含有医药、食品、化工、纤维制品、环保、畜牧、建材等多个领域更高层次的检验检测技术平台，满足经济社会发展的需要。

深化财税体制改革。建立健全有利于转变经济发展方式、形成全国统一市场、促进社会公平正义的现代财政制度。进一步做好"营改增"试点工作，建立全面规范、公开透明预算制度，完善政府预算体系，实施跨年度预算平衡机制和中期财政规划管理。建立规范的地方政府举债融资体制，完善财政转移支付制度，增强基层政府基本公共服务提供能力。优化财政支出结构，健全优先使用创新产品、绿色产品的政府采购政策，不断提高改善民生、支持科技创新和节能减排的比重。

深化金融体制改革。完善地方金融服务体系，以提高金融服务实体经济效率为目标，健全商业性金融、开发性金融、政策性金融、合作性金融分工合理，相互补充的金融机构体系。积极引进股份制商业银行在商水县设立分支机构，支持国有银行在地方发展业务。深化农村金融改革，积极发展普惠金融，着力加强对中小微企业、"三农"的金融服务。推进农村信用社改制为农商行，鼓励小额贷款公司、农村资金互助组织等新型农村金融组织发展，加快村镇银行建设。抓住农业保险产品全面升级机遇，积极扩大农业保险覆盖面，发挥农业保险功能作用。积极探索并规范发展互联网金融，提高金融机构管理水平和服务质量，降低企业融资成本。继续实施银企对接和上市后备企业孵化工程，紧密依托中原股权交易中心、上海股权托管交易中心、上海百赢投资有限公司等，重点培育一批高成长性上市后备企业，加大政策扶持力度，加强上市全过程的辅导和服务。

深化行政管理体制改革。按照建立法治政府和服务型政府的要求，积极推动政府职能从研发管理向创新服务转变，持续推进简政放权、放管结合、优化服务，提高政府效能，激发市场活力和社会创造力。优化政府组织结构，积极推进行政审批制度改革，继续减少和取消审批事项，逐步推行权力清单、责任清单和网上并联审批等改革，完善科学决策机制，推行政务公开，建立更为完善科学的政府绩效评价体系。全面推进事业单位分类改革和公车改革，规范公益性事业单位行为，加快社会中介组织改革，消除中介机构行政化倾向，鼓励现有社会中介组织改造重组，优化结构布局。

2. 扩大开放释放发展活力

紧紧抓住全球经济调整和产业转移的契机，努力争取河南省"中原经济区、粮食生产核心区和郑州航空港经济综合实验区"三大国家战略释放的政策红利，积极融入"一带一路"倡议，坚持开放发展，充分利用两种资源、两个市场，加快形成全方位、多层次、宽领域的对外开放新格局，努力成为周商一体化的开放最前沿。

积极融入"一带一路"。以国家"一带一路"倡议为契机，进一步完善对外开放区域布局，不断加快基础设施、产业、经贸文化参与地区合作和竞争。加快基础设施融入，充分发挥市域内沙颍河、涡河、贾鲁河等内陆航运的区位优势，加快商水港区建设，不断完善交通链接和整合不同运输方式，构建水路、公路、航空高效衔接的多式联运体系，打造现代物流中心，成为东部产业转移、西部资源输出、南北经贸交流的中转枢纽港和物流集疏地。加快产业融入，以打造围绕纺织服装、农副食品加工两大百亿级产业集群为载体，积极发展外向型产业集群，花大力气提升传统产业、加快战略性新兴产业发展，延伸产业链条，构筑具有市场竞争力和影响力的主导优势产业链，努力把服务业做"大"、把工业做"强"、把农业做"优"。加快经贸文化融入，深化与郑州、洛阳等丝绸之路经济带沿线节点城市能源资源、经贸产业和人文交流合作，把商贸服务、教育文化、旅游合作、承接产业和农业合作等"混搭成套"，构建立体化的交流新格局。

加大招商引资力度。积极承接境内外产业转移，依托现代农业示范区、产业集聚区、特色商业区、隆达电厂产业园、商水港临港产业园五大平台，鼓励引进产业关联度高、辐射带动能力强的龙头项目，带动相关产业链式或集群式转移。创新招商方式，以产业集聚为目标，编制主导产业招商图谱和产业发展链条图谱，重点围绕纺织服装、农副食品加工两大主导产业，紧盯"国"字头、"央"字号和行业龙头，组建产业对接专业团队开展招商，促进主导产业向精细化、高端化发展。积极引进外向型项目，加大对现有出口企业的扶持力度，发掘培育具有市场竞争力的出口产品。"十三五"期间，力争引进3至5个50亿元以上项目，引进省外资金80亿元以上，外贸进出口总额1亿美元以上。

努力扩大对外贸易。转变外贸发展方式，优化进出口商品结构，实施科技兴贸战略计划，重点支持高新技术产品、高档服装、优质农产品出口，扩大劳动密集型产品、优势板材家居产品的出口。加快培育一批具有国际竞争力的龙头企业，加大财政投入力度，支持企业出口公共平台建设、自主创新和品牌建设等。加大企业走出去力度，发挥企业主体作用，创新对外投资合作方式，鼓励优势企业通过企业自建、园区合建等方式将一些成熟技术向有需求的国际市场转移，把国内技术、设备和产品带出去，化解产能过剩风险，腾出空间和资金发展新兴产业。扩大对外劳务合作，探索开拓新的劳务市场和领域，大力拓展高端劳务市场，提高劳务输出的附加值，形成多元化的国际劳务合作新格局。

形成对外开放新体制。完善法治化、国际化、便利化的营商环境，健全有利于合作共赢并同国际贸易投资规则相适应的体制机制。营造公平法制的营商环境，规范市场竞争行为，抑制垄断性行业的发展。严格落实《国务院关于清理规范税收等优惠政策》，加快政府职能转变，推进投资审批便利化，加强知识产权保护，积极探索实施负面清单管理模式。营造开放有序的市场环境，改革工商登记制度，在实行统一的市场准入制度基础上，推进工商注册制度便利化，加强市场监管执法，健全优胜劣汰市场化退出机制。营造公开透明的制度环境，加快市场开放的制度建设，加快金融体制改革，进一步规范和放宽对民间金融机构资质的审批，形成统一管理、竞争有序的金融体系，积极支持互联网金融的发展，充分发挥金融对企业技术创新、服务升级的支持作用。

3. 万众创新提升支撑能力

坚持创新发展，以大力推进大众创业万众创新为契机，深入实施人才强县战略，着力构建要素完备、配置高效、协调发展、充满活力的自主创新体系，加快形成促进创新的体制架构，塑造更多依靠创新驱动、更多发挥先发优势的引领型发展。"十三五"期间，全社会研究及开发投入占生产总值的比重争取达到 2.3%；科技进步贡献率达到 52%。

集聚创新资源。以开放式创新为引领，不断集聚创新资源，构建商水现代创新体系，推动商水创新能力整体跃升，努力实现由要素驱动为主向创新驱动为主转变。强化企业自主创新主体地位，实施企业创新能力培育工程，综合运用财税政策、产业政策等手段，鼓励企业加大研发投入，引导社会资源和创新要素向企业流动，培育一批拥有自主知识产权核心技术、具有持续创新能力的创新型企业。拓展创新合作的深度和广度，推动商水县企业与中国科学院、中国农业大学、中国农科院、河南服装协会、香港文汇报河南分社、河南农大、省农科院、市农科院、周口师范学院等国内外同行、知名院校深度合作，引进或共建创新平台，主动融入全球和国内创新网络。提升企业研发创新能力，支持企业建立工程技术研究中心、技术中心、工程实验室、科技创新孵化中试基地、博士后工作站、院士工作站等研发平台，鼓励和支持企业参与国家、省、市重点科技计划项目。强力推进质量强县工程。以政府质量奖、河南名牌工程为抓手，每年度推出各层次政府质量奖和名牌产品企业，充分发挥其示范标杆作用，整体提升全县企业质量管理水平和产品质量，增强企业竞争力。

创新科技引领。完善科技中介服务体系，重点发展研发设计、创新创业、科技金融和科技咨询等服务。积极探索设立科技金融专项资金和科技金融服务中心,加强与国内外一流企业及科研机构合作,组建科技金融专营机构,设立科技金融试点支行,为中小企业提供优质、高效的一站式融资服务。加快成果转化服务体系建设,完善"O2O"科技创新综合云服务平台,加大成果转化奖励力度,促进科技成果加速转移转化。着力提升知识产权保护能力,培养和引进高端知识产权中介服务机构,强化知识产权和专利运用。健全创新政策体系,完善创新评价制度,加强院县合作,建立以应用为导向的科研评价体系。

加大创新人才支持力度。大力实施创新人才支持计划,紧紧围绕商水县经济社会发展重大战略、纺织服装、农副食品加工等优势产业、重大科技创新工程及重点项目建设需要,重点引进领军型创新创业人才、高层次创新创业人才、紧缺型创新创业人才或团队,吸引更多高层次人才集聚商水创业创新。健全完善人才培养机制,坚持培养与引进并重,强化培养措施,突出业绩导向,依托现代农业示范区、产业集聚区、特色商业区等重要平台建设,开展各类人才培养项目,提升人才综合素质,将商水建成农业、商贸、信息技术产业的人才聚集高地。进一步完善引才留才优惠政策,提高引才聚才灵活性,建立健全资本、技术、管理等要素市场决定的报酬机制,完善技术、专利等知识产权入股制度和技术创新人才股权奖励制度。建立健全各类人才评价指标体系,推进人才选拔制度化、科学化,建立政府宏观调控、市场主体公平竞争、个人自主择业的人才流动机制,促进各类人才有序合理流动。

(八) 保障和改善民生

坚持共享发展,按照人人参与、人人尽力、人人享有的要求,坚守底线、突出重点、完善制度、引导预期,促进创业就业,提高教育现代化水平,健全社会保障体系,提高全民健康水平,打好扶贫攻坚战,注重机会公平,保障基本民生,实现全体人民共同迈入全面小康社会。

1. 促进就业创业

坚持就业优先战略,继续把扩大就业放在更加突出的位置,实施更加积极的就业政策,坚持劳动者自主创业、市场调节就业、政府促进就业的方针,创造更多就业岗位,着力解决结构性就业矛盾。完善创业扶持政策，鼓励以创业带就业，建立面向人人的创业服务平台。"十三五"期间，实现城镇新增就业人数 4 万，城镇登记失业率控制在 3% 以内。

实施更加积极的就业政策。把扩大就业作为经济社会发展的优先目标，努力实现经济增长与促进就业的良性互动。完善城乡均等的公共就业创业服务体系，促进就业结构优化和劳动关系和谐。建立健全公共服务、重大项目和产业规划促进就业的机制，持续扩大城镇就业规模。优化就业结构，提升就业能力质量，控制失业风险，提高人力资源保障水平。推进大众创新创业，优化中小企业创业兴业环境，加快发展众创空间等新型创业服务平台。

构建劳动者终身职业培训体系。继续实施"阳光工程"、扶贫培训"雨露计划"和"农村劳动力技能培训计划"，积极开展贫困家庭子女、未升学初高中毕业生、农民工、失业人员和转岗职工、退役军人免费接受职业培训行动，动态消除"零就业"家庭。"十三五"期间，实现累计完成各类职业技能培训 1 万人以上，新增农村劳动力转移就业 2.5 万人以上。

完善就业服务体系。建立健全就业服务体系，建立覆盖城乡、统一规范的人力资源市场。建立健全失业救助体系，落实失业保险稳岗补贴政策，扩大失业保险覆盖面，提高失业保险的统筹层次和待遇水平。建立健全劳动就业监测体系，完善就业登记和失业登记方式，加强失业动态监测和预警，建立就业与失业保险、城乡居民最低生活保障工作的联动机制。建立和谐劳动关系，加强劳动监察和劳动争议处理，依法维护职工和企业合法权益。

2. 优化教育资源配置

全面提高教育教学质量，推动义务教育均衡发展，促进教育公平。紧紧围绕"教育强县"战略目标，深化教育改革，合理配置教育资源，优化教育结构，统筹各级各类教育同步提升、协调发展，全力打造"影响全省"的区域教育特色。

重视学前教育。建立政府主导、社会参与、公办民办并举的办园体制，引导学前教育健康发展。鼓励优质公办幼儿园开办分园或合作办园，加快建设一批城市社区公办、民办公助幼儿园，加强城市住宅小区配套幼儿园建设，积极推动普惠性幼儿园发展。重点发展农村学前教育，扩大学前教育资源，在人口较为集中的行政村，统筹利用中小学富余校舍等资源,改建或新建一批村级幼儿园,积极倡导公办乡镇中心幼儿园在各行政村直接开办分园或教学点。支持城乡居民社区以多种形式开办学前教育机构。"十三五"期间,累计新建公办幼儿园 8 所,确保全县学前三年儿童受教育率 92% 以上,学前一年儿童受教育率 80% 以上。

提升基础教育。积极探索实施十二年义务教育制度,普及高中阶段教育,全面提高教育教学质量,促进教育公平。加快城乡义务教育公办学校标准化建设,建立健全义务教育均衡发展保障机制,均衡配置教师、教学设施资源,把增强学生社会责任感、创新精神、实践能力作为重点任务贯彻到国民教育全过程。适应新型城镇化发展需要,优化中小学资源配置,逐步解决城镇学校"大班额"、入学难的问题,保障进城务工人员子女与城市居民子女享受同等水平的义务教育。"十三五"期间,确保小学适龄儿童入学率达到 100%,小学生毕业率达到 100%,初中适龄少年入学率达到 100%,初中学生巩固率、毕业率达到 99% 以上。

做强职业教育。扩大职业教育规模,提高职业教育质量,支持职业教育向规模化、集团化、品牌化发展。支持和鼓励社会力量探索多种形式的办学体制,优化职业教育资源,加强职业院校校企合作,不断提升职业教育办学质量和培养高素质技能型人才能力。认真贯彻落实公办、民办同等待遇的各项政策,保障民办职业教育健康持续发展。"十三五"期间,新建职教中心 2 个,进一步提升职业教育办学质量和水平。

完善社区教育。加强社区教育的基础设施建设,大力发展现代远程教育,充分利用各级各类学校、文化馆、图书馆、博物馆等公共资源开展社区教育,广泛开展"学习型社区"创建步伐,构建学习型商水。

保障特殊教育。坚持政府主导、部门联动、社会支持的特殊教育工作模式,完善特殊教育体系,努力改善特殊教育学校办学条件,为残疾学生提供良好的学习环境。规范特殊教育学校管理,继续做好"三残"儿童少年和"孤独症"儿童少年随班就读工作。"十三五"时期,确保适龄残疾儿童少年入学率达到 90% 以上。

加强教师队伍建设。紧紧依托国培计划、省培计划、县培计划和社会培训机构等重要平台,设立教师培训专项经费,大力实施教师素质提升和梯级名师培养工程,着力打造一支学习型、研究型、专家型的高素质教师队伍。建立健全稳定的校长、教师交流制度,促进区域内教育资源均衡配置。

3. 健全社会保障体系

坚持"全覆盖、保基本、多层次、可持续"的方针，以增强公平性、适应流动性和保证可持续性为重点，建立覆盖城乡居民、更加公平更可持续的社会保障制度。"十三五"期间，力争实现全民参保，实现职工基础养老金全国统筹和城乡居民大病保险制度全覆盖。

完善养老保险体系。完善职工养老保险个人账户制度，健全多缴多得的激励机制。加快推动行政事业单位养老制度改革，实现企业与机关事业单位各项社会保险制度的有效衔接，职工基础养老金全国统筹，建立基本养老金合理调整机制。全面推行统一标准的城乡居民养老保险制度，逐步提高城乡最低生活保障标准。加快建设老年公寓、老年福利院等设施，积极探索以机构养老为基础、社区居家养老为依托、互动养老为延伸的"三位一体"养老服务模式。

完善社会救助体系。积极发展非政府公益性组织、慈善机构、志愿团体等参与社会救助服务。继续提高城乡低保、农村五保户供养和优抚对象待遇，不断完善以城乡低保、医疗救助为基础，以临时救助为补充，与保障房、教育、司法等专项救助制度衔接配套、覆盖城乡的社会救助体系，切实保障困难群体基本生活。

全面加强社会福利事业。积极拓展社会福利保障范围，加快推动社会福利由补缺型向适度普惠型转变。加强管理，发挥红十字会、福彩公益基金作用，推动公益慈善事业健康发展。切实加大投入，不断提高社会保障支出占财政支出的比重。采取多种方式充实社会保障基金，整合资源，全面实现"社会保障一卡通"，加快发展企业年金、职业年金、商业保险，构建多层次社会福利体系。加强社会保障公共服务能力建设，完善社会保障基础服务设施和服务网络。

积极推进保障性安居工程建设。加大保障性住房建设力度，增加中低收入居民和外来务工人员住房供给，逐步改善城镇居民基本居住条件。积极发挥市场机制作用，引导社会资金参与保障性住房建设营运。加强保障性住房管理，制定公平合理、公开透明的住房配租政策和程序，建立完善准入和退出机制。加快推进棚户区和城中村改造，切实改善居民居住条件。"十三五"时期，累计开工建设保障性住房1000套。

4. 提高全民健康水平

深化医药卫生体制改革，加快医疗卫生事业发展。完善人口发展战略，促进人口均衡发展。坚持计划生育基本国策，积极发展体育事业，提高人口素质，促进人口与资源、环境、经济和社会全面协调健康发展。

加快医疗卫生事业发展。按照保基本、强基层、建机制的要求，统筹推进医疗保障、医疗服务、公共卫生、药品供应、监管体制综合改革，实行医疗、医保、医药联动，建立覆盖城乡的基本医疗卫生制度和现代医院管理制度。完善公共卫生服务体系，建立健全以县人民医院、县中医院、县妇幼保健院、乡镇卫生院、社区卫生服务中心、标准化村卫生所和社区卫生服务站为基础的公共卫生服务体系，实现社区卫生服务中心全覆盖。加强基层医疗卫生机构标准化建设，重点实施乡村医生轮训和选送骨干医师培训工程，提高新农合、城镇居民医保财政补助标准，完善新农合大病保险，全面推进城镇居民大病保险。加强公共场所卫生监督，严格控制艾滋病、结核病、乙肝、甲型流感、手足口病等重大传染性疾病传播，做好慢性非传染性疾病、地方病、职业病的防治工作，高度重视精神卫生和妇幼保健工作。大力推进中医药事业发展，坚持中西医并重，倡导健康生活方式，加强心理健康服务。

促进人口均衡发展。完善人口发展战略，逐步推进城乡计划生育服务管理一体化，促进区域人口和计划生育工作协调、均衡发展。进一步加强流动人口"均等化"工作，健全服务管理新机制。落实计划生育优惠政策，推进免费孕前优生健康检查项目实现城乡全覆盖。全面落实"一对夫妇可生育两个孩子"政策，提倡优生优育，实施生殖健康促进计划和出生人口性别比综合治理工程，明显降低出生缺陷发生率。积极开展应对人口老龄化行动，弘扬敬老、养老、助老社会新风尚，积极推动医疗卫生和养老服务相结合，全面放开养老服务市场。切实维护妇女儿童和残疾人权益，妥善解决留守儿童、孤残流浪儿童救助等问题。健全残疾人社会保障和服务体系，倡导和鼓励社会各界关心、支持和参与残疾人事业，加强残疾人康复、教育、托养、就业工作。

积极发展体育事业。坚持普及与提高相结合，促进全民体育、竞技体育、体育产业快速协调发展。广泛开展各种全民健身活动，推动公共体育场地设施向社会开放。强化竞技体育优势项目，培养和输送一批高水平体育后备人才，力争在省运会、全运会和奥运会上取得佳绩。发展体育健身休闲产业，引导居民适度体育消费。

5. 打好扶贫攻坚战

坚持科学规划，实施精准扶贫、精准脱贫，扩大贫困地区基础设施覆盖面，提高贫困地区基础教育质量和医疗服务水平，推进贫困地区基本公共服务均等化，实行脱贫工作责任制，力争到 2018 年实现全部脱贫。

大力实施精准扶贫。以精准扶贫为方针做好贫困村、贫困户的整村推进规划。用好大别山片区扶贫开发的政策机遇，集中资源，科学规划，针对全县目前尚有的 22 个乡镇（街道办事处）108 个贫困村，坚持"宜农则农、宜牧则牧、宜商则商、宜游则游"的原则，科学定位产业发展，合力攻坚，力争每年脱贫村数达到 40 个左右。扩大贫困地区基础设施覆盖面，因地制宜解决通路、通水、通电、通网络等问题。针对全县 2.6 万贫困家庭，依托专项扶贫到户增收，扶贫互助金扩容工程以及村域产业发展带动优势，每年实现各类扶贫项目、扶贫资金带动受益农户不低于 1 万户。

大力实施开发式扶贫。以开发式扶贫为方向巩固贫困群众赖以增收的富民产业，坚持"一县一特、一村一品"的原则，集中力量培养一项富民产业。大力实施产业扶贫，依托合作社、龙头公司的示范带动作用和"雨露计划"技能培训，坚持"输血与造血"并重，通过向示范带动能力强的合作社、龙头公司注入项目发展类资金，向发展意识强的贫困家庭输入扶贫到户专项资金，构建"公司＋基地＋农户"的联动发展机制，带动全县贫困家庭依托产业发展稳定增收。

（九）推进平安法治建设

坚持全面从严治党，全面落实依法治国基本方略，坚持依法治国、依法执政、依法行政共同推进，坚持法治国家、法治政府、法治社会一体建设。强化社会治理创新，坚持用法治思维和法治方式推动发展、化解矛盾、维护稳定，全面推进科学立法、严格执法、公正司法、全民守法，全力打造平安法治商水。

1. 坚持全面从严治党

坚持全面从严治党，加强党的各级组织建设，强化基层党组织整体功能，发挥战斗堡垒作用和党员先锋模范作用，激励广大干部开拓进取、攻坚克难，更好带领群众全面建成小康社会。

加强和改善党的领导。坚持党总揽全局、协调各方，发挥各级党委领导核心作用，加强制度化建设，改进工作体制机制和方式方法，强化全委会决策和监督作用。提高决策科学化水平，完善党委研究经济社会发展战略、定期分析经济形势、研究重大方针政策的工作机制，健全决策咨询机制，进一步完善信息发布制度。

持续加强廉政建设。严格落实廉政建设责任制和主体责任，强化"一岗双责"，把廉洁从政贯彻到政府工作各个环节。持续巩固和深化党的群众路线教育实践活动成果，严防"四风"问题反弹。始终把人民群众放在心中最高位置，把为人民谋福祉作为最大责任、最高境界，多办顺民意、暖民心的实事、好事。认真落实中央八项规定精神，严格执行廉洁自律各项规定，切实履行党风廉政建设"一岗双责"。加快构建监察、司法、审计联动的行政权力监督机制，切实做到用制度管权管事管人。认真落实财政预算制度，完善公务消费和公务接待制度，积极推进公务用车改革，严格控制"三公"经费支出，厉行勤俭节约，反对铺张浪费，营造风清气正、积极向上的干事环境。

自觉接受各方监督。完善财政资金支出、工程项目招投标、土地出让等制度，切实扎牢制度笼子，强化权力运行制约监督，加强行政监察和审计监督，强化廉政教育，遵守廉政准则，保持清廉本色。严明政治纪律，严守政治规矩，依法接受人大及其常委会法律和工作监督，主动接受政协民主监督，严格执行人大及其常委会的决议决定，认真办理人大代表建议和政协提案，广泛听取民主党派、工商联、无党派人士、人民团体意见，接受社会监督和舆论监督。深化政务公开，回应社会关切，让人民更好地监督政府，让政府工作更好地体现人民意愿。

2. 建设平安法治商水

树立"大平安"理念，以人民群众满意为根本标准，以实现社会安全稳定、人民安居乐业为基本目标，运用法治思维和法治方式推动发展。深入推进"平安商水""法治商水"建设，大力弘扬社会主义法治精神，增强全社会尊法学法守法用法观念，在全社会形成良好法治氛围和法治习惯。

深入推进"平安商水"建设。全力维护公共安全，牢固树立安全发展观念，坚持人民利益至上，建立健全道路交通、建筑施工、危险化学品、特种设备和人员密集场所消防等安全生产长效机制，实施食品药品安全战略，形成严密高效、社会共治的食品药品安全治理体系。全力维护社会稳定，以和谐商水建设为依托，以基层社会管理服务模式为引领，不断推进"双安双治双基"，构建立体化社会治安防控体系，依法严密防范和惩治各类违法犯罪活动，持续提升城乡公共安全度，建设和谐社区，提高居民幸福感和满意度。全力保障和改善民生，优先保障民生支出，切实落实惠民政策，解决好就业、就学、就医、住房等人民群众基本生活问题，特别是兜住兜好困难群众的基本生活底线，让困难群众基本生活有保障，使改革发展成果更多更公平地惠及人民群众。

深入推进"法治商水"建设。以建设法治政府、法治社会和增强全社会法治意识为支撑，提升政府治理体系和治理能力现代化。加强法治政府建设，依法设定权力、行使权力、制约权力、监督权力，依法调控和治理经济，深化服务型行政执法，落实行政执法责任制，强化执法监督，促进严格规范公正文明执法。畅通行政复议渠道，依法化解行政争议。加强法治宣传教育和骨干队伍培训，严格依法行政考核，实现政府活动全面纳入法治轨道。加强法治社会建设，深入推进公正司法，加强司法规范化建设，严格落实司法责任制，完善司法为民长效机制，深入推进严格司法，积极推行司法活动信息化管理和监控，规范司法机关自由裁量权行使，完善人民陪审员制度。增强全社会法治意识，深入开展以法治精神为主要内容的法律教育和普法活动，推进法律进机关、社区、农村、学校、企业、单位和社会组织等场所，加强青少年法治意识宣传教育，把法治精神和法治信仰的培育融入学校教育的全过程、各环节。

3. 强化社会管理创新

加强和创新社会治理，坚持党委领导、政府主导、社会协同、公众参与、法治保障的社会治理体制，创新有效预防和化解社会矛盾体制，健全利益表达、利益协调、利益保护机制，引导群众依法行使权利、表达诉求、解决纠纷，深入推进社会治理精细化，构建全民共建共享的社会治理格局。

创新社会治理方式。加快社会治理体系和治理能力改革创新，大力整合乡镇站所资源，完善乡镇社会管理服务中心和村级社会管理服务站，充分发挥政府在社会治理中的主导作用，鼓励和支持社会各方参与，实现政府治理和社会自我调节、村民自治良性互动。大力发展各类社会组织，重点培育和优先发展行业协会商会、科技、公益慈善和城乡社区服务类社会组织，鼓励社会组织在社会治理、社会矛盾化解中发挥积极作用，着力形成信访联治、矛盾联调、治安联防、平安联创的社会治理新模式。

创新有效预防和化解社会矛盾体制。健全维护群众权益机制，建立畅通有序的诉求表达、心理干预、矛盾调处、权益保障机制，使群众问题能反映、矛盾能化解、权益有保障。建立县乡村三级矛盾纠纷调处化解体系，健全信访终结机制，抓好阳光信访、逐级走访、诉访分离、积案化解等工作。建立人民调解、行政调解、司法调解联动的"大调解"工作格局。构建"第三方"调解机制，成立专业性行业性调解组织，充分利用乡规民约，充分动员各种社会力量参与化解调处矛盾纠纷。全面推行重大决策社会稳定风险评估机制，推动社会矛盾调处由事后处置转向事前预防，最大限度地预防和化解社会矛盾。

五 "十三五"时期发展保障

（一）深入推进思想解放

按照"稳中求进、进中求快、快中求好"的要求，打破束缚跨越发展的思想观念和条条框框，紧密结合实际，加快发展速度，突破发展瓶颈，提高发展质量，以思想观念的更新引领经济社会的跨越发展。强化世界眼光，善于从经济全球化的走向和更宽阔的领域来谋划发展战略，以先进生产力的发展趋势和国际水平为参照系，寻找比较优势，确定发展重点，增强核心竞争力。积极推动企业家群体更新观念、开拓进取，打造企业家思想解放的中坚力量。进一步增强开放意识，以海纳百川的精神迎接外来投资者，把商水变成"投资生财的旺地，物流聚散的基地，人才归附的高地，百姓安居的福地"。

（二）强化项目支撑带动

实施项目带动战略，不断扩大投资总量，优化投资结构。全力抓好项目库建设，论证储备一批符合国家产业政策、近期能实施、长远有带动的大项目、好项目。做好争项争资工作。深入研究国家产业政策和投资导向，寻找政策实施与商水实际的结合点，超前谋划，主动衔接，积极争取基础设施、社会事业、改善民生等事关全局和长远发展的重大项目资金。全方位拓宽民间投融资渠道，鼓励和引导民间资本加快投向水利、交通、生态环保、健康养老等领域。切实落实项目责任，按照任务分工和属地责任，明确重大项目直接挂钩主管领导、责任单位和进度要求，集中力量保障重大项目依法依规推进。改进服务方式，推行一口受理、限时办理、规范办理、透明办理和网上办理。强化项目动态管理，大力推进项目库、商情客情库、政策法规库、土地储备和标准化厂房库、劳动用工及人力资源库建设。加强项目统筹协调和跟踪服务，健全监管联动机制，完善项目督查机制，加大考核评价、监督检查、激励约束力度。深化推进重大项目后评价工作。

（三）着力优化发展环境

切实增强环境是第一竞争力、核心竞争力的意识，把优化发展环境作为一项战略任务、系统工程，为商水经济社会发展提供良好的环境保障。积极推进政务服务规范化建设，规范优化行政审批和行政审批中介服务，构建适应经济发展新常态，营造阳光高效的政务环境。大力倡导诚信意识，以诚信为本，以信誉立市，切实搞好政府信用、企业信用和个人信用建设，形成健全和完善的社会信用体系，推动政府、企业和个人诚信守法，营造良好的信用环境。认真做好普法教育工作，加大法制宣传教育力度，增强广大人民群众的法律观念和法律素质，督促企业建立法律顾问制度，防止各种侵害企业合法权益行为的发生，营造公平公正的法制环境。充分发挥商水丰厚的历史文化资源优势，广泛利用新闻媒体、网络开展丰富多彩的公益性文化活动，增强居民的认同感、自豪感和归属感，营造积极进取的人文环境。

（四）增强要素保障能力

紧紧围绕商水经济社会发展的重点行业、重点技术领域，在加强人才培养的同时，加快引人才、引技术、引机构步伐。切实用活土地政策，在盘活土地资源上下功夫，科学合理安排用地指标，积极盘活存量土地，全面规范土地管理，不断强化经济社会发展和项目建设的土地保障。搞活财政资金，加大向民生领域和企业基本服务的投入，完善政府还贷周转金、小微企业信贷政府增信基金等支持实体经济融资政策措施。充分发挥直接融资的高效和低成本优势，用好资本市场融资功能；发挥间接融资的规模化和多样化优势，加强与银行等金融机构的沟通合作，争取信贷资金支持；创新招商引资方式和渠道，扩大外来投资规模；积极稳妥地加速完善和推广公共服务领域政府和社会资本合作（PPP）模式。以县公共资源交易中心为平台，建立和完善公共资源及要素保障的市场化体系。

郑州市二七区"十三五"发展战略研究

郑州市二七区，是河南省会郑州市的商贸中心城区，因纪念 1923 年 2 月 7 日京汉铁路大罢工而得名；辖区总面积 156.2 平方公里，其中城区面积 30 平方公里；总人口 61 万，其中城区人口 53.7 万；下辖 1 个乡、1 个镇、11 个街道办事处和 82 个社区、52 个行政村。辖区以二七广场为轴心，呈扇形向西南部延伸，陇海路、航海路、长江路、南三环、南水北调运河依次分布，京广、陇海铁路交汇于此，郑少高速、西南绕城高速穿境而过，全国著名的郑州火车站、河南省最大的汽车客运中心以及中原地区最大的邮政、电信枢纽均位于此，二七区具有良好的区位、交通、通信等优势。

"十三五"时期，是郑州市二七区率先全面建成小康社会、率先实现全域城镇化，加快现代化进程的关键时期，是深化改革开放、打造经济升级版的攻坚时期。现根据中央、河南省、郑州市关于"十三五"发展的指导思想、核心理念和主要任务，结合二七区发展实际，形成二七区"十三五"发展研究报告如下。

一 科学发展 开启"两个率先"新征程

"十二五"期间，二七区面对复杂多变的外部环境和经济下行压力加大的严峻形势，始终坚持以科学发展观统领经济社会发展全局，突出"三大主体"工作，牢固树立"品牌、品质、品位"理念，大力发展三大主导产业，不断加快"五大板块"建设，走出了一条富有二七特色的发展之路。"十三五"时期，将实现我们党确定的"两个一百年"奋斗目标的第一个百年奋斗目标，是全面建成小康社会的决胜期，也是高起点加速推进科学发展、高质量实现经济社会转型发展的关键期。必须准确把握新形势、新要求、新使命，全面贯彻党的十八大和十八届三中、四中、五中全会精神，深入落实省委省政府、市委市政府决策部署，奋力开创二七区经济社会发展新局面。

一 "十二五"发展成就

（一）综合实力显著增强

2015 年，全区预计实现地区生产总值 465 亿元，比上年增长 9%，是"十一五"末的 1.55 倍；五年来，经济保持平稳较快增长，年均增速达到 8%；人均地区生产总值达到 60906 元，是 2010 年的 1.36 倍。一般公共预算收入达到 30.68 亿元，年均增幅达到 14.54%。全社会固定资产投资累计完成 1464 亿元，是"十一五"时期的 3.5 倍，实现年均增长 22.6%。五年内完成社会消费品零售总额累计达到 1510 亿元，年均增速达到 14.1%。城镇居民人均可支配收入达到 30660 元，年均增长 11.1%；农民人均纯收入达到 19397 元，年均增长 13.1%。主要经济指标较好地完成"十二五"规划预定目标，全区综合实力全面提升，作为全省唯一城区跻身全国"双百强"行列，经济社会发展站在了新的战略起点上。

（二）经济结构不断优化

坚持扩大优质增量与调整优化存量并举，以高端商贸、现代食品制造、生态文化为主导的现代产业体系基本确立，全区三次产业结构由 2010 年的 0.3：24.3：75.4 调整为 2015 年的 0.1：19.2：80.7。商贸服务业换挡升级步伐加快，万博二期、二七万达、华润万象城、德化街地下人防工程等城市综合体投入运营，二七商圈周边中高端购物中心达到 20 多家，郑州 CSD、红星美凯龙等一批重大商贸项目加快建设，高端商贸商务要素集聚态势明显；楼宇经济加快发展，全区商务楼宇超过 50 幢，已投入使用 47 栋，可租存量总面积达到 111.5 万平方米，楼宇总部企业已达到 1500 家，纳税超 2000 万元的楼宇 13 栋，纳税超百万的楼宇企业 28 家，2015 年全区楼宇经济全口径税收达到 8.8 亿元，区级税收达到 3.6 亿元，均比

"十一五"末增长 5 倍；特色商业街发展有声有色，德化商业步行街完成改造提升，亚星茶文化街等 5 条街区达到建设标准。现代食品制造业提质增效，围绕食品及装备制造业产业链条，培育形成康师傅、天方、万家等销售收入亿元以上企业 36 家，建成国家、省、市三级企业研发中心 43 家，2015 年全区现代食品制造业产值达到 74 亿元，是"十一五"末的 1.9 倍。生态文化旅游业持续壮大，打造了生态游、采摘游、文化游等精品旅游路线 2 条，樱桃沟等景区知名度日益提高，超凡、金象等本土影视创作企业品牌影响力不断扩大；全区景区发展到 6 家（AAA 级景区 1 家、AA 级景区 1 家，备案景区 4 家），旅行社 28 家、旅行社分社 8 家、旅行社服务网点 56 家，乡村旅游经营单位发展到 120 多家。樱桃沟社区被国家旅游局授予"中国乡村旅游模范村"称号，一家人·怡园、御园、龙园水乡、毛家湾、稷水生态园被授予"中国乡村旅游金牌农家乐"称号。樱桃沟景区被国家旅游局授予"中国乡村旅游创客示范基地"称号，河南仅此一家。侯寨乡荣获"全省乡村旅游示范乡（镇）"称号，马寨镇娄河村荣获"全省乡村旅游示范村"称号。2015 年全区接待游客达到 600 万人次，实现旅游收入 1.9 亿元。电子商务产业蓬勃发展，成功引进河南网商园、中国中部电子商务港、苏宁易购（食品）电商园等项目，培育重点电商企业 36 家，成功申报省级电子商务示范基地 1 家，省级电子商务示范企业 1 家，省级优秀电子商务平台 1 个，市级电子商务人才培育基地 2 个，服装类"世贸商城"、建材类"百姓商城"、农副产品类"家庭农场"等电商平台，已成为全省乃至中部的知名品牌。

（三）城市功能日臻完善

强力实施大棚户区拆迁改造、城乡基础设施和配套设施建设、安置房建设、城市形象提升"四大工程"，不断加快马寨新镇区和现代田园城建设，全域城镇化进程全面提速。城市改造成果丰硕，五年来启动 19 个城中村、28 个旧城改造、18 个合村并城共 65 个棚户区改造项目，完成各类征收拆迁超 4000 万平方米，腾出建设用地 2.3 万亩。65 个棚改项目基本拆迁完毕，需建安置房 1598 万平方米，已开工安置房 1100 万平方米，实现回迁 450 万平方米，惠及 2.3 万户、7.5 万人，实现拆迁群众户均 2 套房，3 年以上的拆迁项目已基本回迁，各项指标均位居全市前列。在全市率先实现了四环内拆迁基本完成，围合区域拆迁大头落地。城乡基础设施不断完善，新建、改建市政道路 95 条、农村公路 22 条，已建成通车 79 条，总长度 176 公里。新建停车泊车位 5 万多个，新建、改造公厕 129 座、垃圾中转站 19 座。二七区市政道路机械化清扫率达到 80%，市政道路巡回保洁率达到 100%，垃圾转运率达到 100%。大力做好绿化工作，建成区绿地总面积 1315 万平方米，绿化覆盖面积 1521 万平方米，公共绿地面积 687 万平方米。建成区绿地率达到 39%，绿化覆盖率达到 45.3%，人均公共绿地 12.3 平方米。积极配合省市重大市政工程建设，圆满完成三环快速路、陇海路高架等拆迁任务，拆迁面积达 30 余万平方米。完成嵩山南路、郑少高速连接线、郑尧高速连接线等 7 条道路的生态廊道建设，累计拆除各类建筑物 450 万平方米、清运垃圾 534 万立方米、完成绿化 400 万平方米，完成投资 42.6 亿元。叠彩园、净秀园、天和园 3 个区级综合性公园 451.82 亩的建设完成并开放使用。完成了陇海铁路、陇海铁路与京广铁路交汇处、郑西高铁绿线范围内 272 万平方米绿化。"公交进港湾、行走在中间、辅道在两边、休闲在林间"的目标初步实现。已完成 15 家批发市场外迁，位居全市前列，连续两年被郑州市中心城区市场外迁领导小组评定为"先进单位"。稳步推进新农村建设，着力美化农村环境，侯寨乡入选农业部首批"美丽乡村"创建试点，农村人居环境持续改善。扎实推进精细化管理，大力开展"四城联创"工作，强化市容市貌、社区楼院整治，拆除违法建筑 200 多万平方米，城区形象焕然一新。2015 年，全区城镇化率达到 90%。

（四）开放创新不断深化

深入实施开放创新双驱动战略，把开放创新贯穿到全区经济社会发展各领域、全过程，持续构筑二七区科学发展新优势。开放带动成效显著，大力推进选商引资，五年来成功引进绿地、万达等"三力型"项目 17 个，引进域外境内资金 558.2 亿元。实际利用外资 9.9 亿美元，是"十一五"时期的 2.66 倍。2015 年外贸出口完成 1.5 亿美元，是 2011 年的 1.4 倍。区域创新能力明显提高，全区高新技术企业达到 15 家，市级创新型试点企业达到 25 家、技术交易机构 28 家。"双创"环境不断优化，出台了助推大众创业万众创新的扶持政策，启动了"U 创港"（黄河科技学院）创新创业综合体、"互联网＋"、马寨现代食品制造 3 个创新创业综合体建设项目。"U 创港"（黄河科技学院）创新创业综合体初具规模，已入驻各类企业 130 多家，"黄河众创空间"被科技部认定为河南省首批众创空间，纳入国家级科技企业孵化器的管理服务体系，创新创业氛围日渐浓厚。大力破解要素瓶颈，持续强化闲置建设用地清理整治，累计储备土地超过 2.3 万亩，完成土地供应超过 1 万亩，土地保障坚强有力；创新实施"政府主导、企业担保、项目融资"的融资模式，推广 PPP 模式，成功发行 9 亿元城投债，成为全国首家发行城投债主城区。

（五）社会事业全面进步

始终坚持把人的全面发展、社会的全面进步作为发展战略和发展实践的核心，以提高人民群众的生活水平和生活质量为根本出发点，不断推进各项社会事业发展迈上新台阶。教育优质特色高位均衡发展，新建、改建中小学 20 所，新增学位 2.3 万余个；持续深化"六名工程"建设，精铸"多彩教育"品牌，二七区成为全国首批、市区首家"国家义务教育发展基本均衡县（区）"。科技事业稳步发展，五年来，共实施科技项目 180 多项，累计投入科技经费近 3000 万元；大力开展科技型企业成长助推计划、科技创新服务能力提升工程、科普传播工程等，被评为"全国科技进步先进区"。积极实施文化惠民工程，大力开展"免费公益电影放映""二七区文化志愿者公益服务演出""二七区文化艺术公益大讲堂""送图书、送知识"等活动，不断满足市民精神文化需求。新建、改建综合文化站 5 个、社区文化活动中心 76 个、电子阅览室 66 个、农家书屋 12 个，全区三级公共文化设施网络实现全覆盖。公共卫生服务体系进一步健全，新建区域医疗联合体 2 家，社区卫生服务中心 14 家、标准化村卫生所 21 家，初步形成城区居民"15 分钟社区医疗服务圈"。扎实推进人口和计划生育工作，持续巩固"国优"成果。体育、慈善、妇女儿童等工作都取得了突出成绩。

（六）生态环境持续改善

强化"魅力二七、生态二七"发展理念，把资源节约、环境友好、生态宜居的核心理念贯穿到全区经济社会发展的各个环节，大力推进生态环境建设。强力开展蓝天行动，累计拆改燃煤锅炉 166 台 811 蒸吨；累计建设无燃煤区 32.83 平方公里，约占建城区面积的 93.8%。积极推进生态区建设，认真落实郑州市生态水系建设规划，扎实推进金水河、贾鲁河河源水土保持综合治理项目；马寨产业集聚区污水处理厂建成投用；成功创建生态村 16 个，其中生态示范村 3 个；建成省、市级绿色学校 10 所。全力推进节能减排工作，2015 年全区单位生产总值能耗比"十一五"末降低16%；城市污水处理率达到 95% 以上。不断强化环境监察力度，进一步建立健全环境污染突发事件应急体系，持续开展河流涉水污染源排查整治等20 多个专项行动，加大环境执法力度，在全区形成了环保高压态势。广泛开展环保宣传，通过举办环保宣教"四走进""世界环境日"系列宣传活动等，在全区倡导健康文明、低碳环保的生活方式和消费方式，不断提升居民生态文明观念。

（七）社会大局和谐稳定

以扩大公众参与、完善公共服务、保障社会公平为重点，着力解决影响社会和谐稳定的源头性、基础性、根本性问题，"和谐二七"建设呈现新气象。社会保障更加有力，五年来，新增城镇就业再就业超过 11 万人，完成农村劳动力转移就业 4500 多人；城市低保标准由每人每月 300 元调整为 470 元，全区累计保障低保对象 28.9 万人次，累计发放最低生活保障金和各类补贴 8471.7 万元；大病救助低保对象 1915 人，发放大病救助金563.2 万元；新农合参合率超过 99%；新建社区托老站（日间照料中心、银龄之家）14 个、农村养老服务中心 2 个，初步形成以机构养老为支撑、居家养老为基础、社区养老为依托的多层次养老服务体系；全区民生领域支出占一般公共预算支出的比例超过 70%。社会管理模式不断创新，建立了 17 个一级网格、160 个二级网格和 492 个三级网格，形成"坚持依靠群众推进工作落实"的长效机制，处理通过信息平台上报的各类问题 52 万件，处置率达 99.56%。严格落实安全生产责任制，不断强化对消防、煤矿、危化、建筑施工等重点行业领域的安全监管，坚决杜绝重特大安全生产事故的发生。持续健全群众信访工作"七大体系"和应急处置工作机制，上三级交办信访案件按期办结率达 100%。平安法治建设稳步推进，社会治安防控网络初步建成，人民群众的安全感和对社会治安的满意度不断提高。

总体上看，二七区"十二五"规划执行情况较好，各项目标基本实现。但是，受经济进入新常态等多种因素影响，一些深层次矛盾和问题愈加凸显：主导产业的能级和层次有待提升，新兴产业规模亟待做大，产业升级步伐仍需加快；城乡基础设施和公共服务设施建设滞后，城市综合承载能力有待提升，统筹城乡发展和环境治理任务依然艰巨；居民就业难、看病难、入学难、住房难问题依然存在；民生诉求日益多元化，社会治理能力亟须提升；政府自身建设还存在薄弱环节，服务发展和服务群众的能力、水平还有待提升等，这些都需要在"十三五"时期加以重视和认真解决。

二 "十三五"发展环境

（一）发展机遇

1. 全球新一轮科技革命和产业变革带来的机遇

当前，世界正处在信息技术深度应用与产业变革孕育兴起的阶段，一些重要科学问题和关键核心技术已经呈现革命性突破的先兆，物联网、大数据、云计算、3D打印等新一代信息技术广泛渗透和应用，先进制造、机器人、智慧城市、智能交通等蓬勃兴起，诸多领域的重大技术突破和大规模产业化即将产生，将会深刻改变现代经济生态系统。这为"十三五"时期二七区在更大范围、更高层次引进、集聚高端要素，深入实施开放创新双驱动战略，全面激发全区创新创业活力，进而运用新技术、发展新业态、探索新模式，壮大电子商务等新兴产业规模，提升主导产业结构层次，完善现代产业体系扩展了空间。

2. 国内全方位加快经济转型升级带来的机遇

在世界经济再平衡和产业格局再调整的背景下，全球供给结构和需求结构正在发生深刻变化，我国经济进入了转轨期和换挡期，"打造经济升级版，提高经济增长质量和效益"成为全国经济的核心，可以预测，"十三五"时期我国经济转型升级将呈现出工业由"中国制造"向"中国智造"转型、城镇化由规模城镇化向人口城镇化转型、消费结构由物质型消费向服务型消费转型的基本趋势。这为今后五年二七区全面提高高端商贸服务、现代食品制造、生态文化三大主导产业层级和比重，在全市率先实现城乡一体化、全域城镇化，全面建成小康社会，确立在中心城区的地位提供了坚强支撑。

3. 河南支持郑州航空港经济综合实验区建设带来的机遇

经济全球化和区域经济一体化是新时期世界经济发展的新特征，开放发展成为牵动经济发展全局、引发区域经济变革的重要力量。在此背景下，河南省委、省政府把加快航空港建设作为实现中原崛起河南振兴富民强省战略目标的重大"引擎"，作为积极融入"一带一路"发展倡议、融入全球价值链和全球市场的重要载体和平台，多措并举全力支持航空港经济综合实验区建设。二七区与航空港区毗邻，在"十三五"时期要主动接受航空港相关高端发展要素辐射带动，乘势扩大对外开放，形成全方位开放新格局，进而为深化体制机制创新、构筑区域竞争新优势、抢占未来竞争制高点创造有利条件。

4. 郑州加快国际商都规划建设带来的机遇

世界经济中心向以中国为主导的亚太地区转移势不可挡，加之信息技术的广泛应用，使得内陆城市具备了全方位从事全球贸易、国际产业合作的条件。为此，郑州市抢抓机遇，提出实施"建设国际商都"发展战略，明确了建成以国际物流中心为主导的世界工商业中心城市的奋斗目标。建设国际商都成为郑州市未来发展的行动纲领。二七区作为郑州市商贸中心，要牢牢抓住郑州建设国际商都的重大机遇，充分发挥商贸、区位、生态以及文化优势，在更大范围内吸引人流、物流、信息流、资金流等各类发展要素向二七区集聚，打造有优势、有特色、有核心竞争力的现代产业体系，进而实现经济社会各领域的全面跃升。

5. 二七区不断强化自身发展优势带来的机遇

近年来，二七区立足提升发展的"品牌、品质、品味"，以"三大主体"工作为统揽，坚持以新型城镇化为引领，强力攻坚加快"大拆迁"向"大建设"转变，发展空间更加广阔；依托"五大板块"，大力发展三大主导产业，产业体系不断优化；持续推进中心城区、城市新区、田园生态区"三区融合"发展，创新体制机制，要素保障能力进一步提升；积极开展生态区建设，大力实施"蓝天碧水"工程，人居环境全面改善；再加上其他城区无可比拟的区位优势、市场优势、要素成本优势，还拥有一支想正事、干正事、能干事、干成事的干部队伍，共同形成了助推二七区加快发展的综合竞争优势，为"十三五"时期应对复杂多变的外部环境、实现二七新跨越增添了不竭动力。

（二）面临挑战

1. 经济下行压力加大的挑战

"十三五"时期，支撑我国经济快速发展的技术条件将发生深刻变化，人口、土地、储蓄等红利将逐步消失或弱化，低成本优势削弱，传统产业竞争力下降。同时，"三驾马车"拉动作用将明显减弱，出口需求将持续低迷，消费需求难以保持快速增长，投资需求受产能过剩、房地产市场下行和清理地方融资平台的影响，增幅将大幅回落，而新的经济增长点尚不明确，经济增长动力与结构将发生实质性调整，并可能带来某些难以预料的挑战和风险，经济下行压力加大不可避免。这使二七区今后强化招商引资、承接产业转移、加大民生投入、加快全域城镇化进程面临更多困难。

2. 周边竞争态势趋紧的挑战

未来五年，郑州都市区以及国际商都建设将全面提速，各县（市）、区都在重新定位，力争在区域竞争中占据有利位置。金水区着力打造全省"首善之区"；中原区全力推进郑上新区建设；郑东新区以建设省级公共文化行政服务中心和先进制造业基地为目标；航空港区获得国家和省市大力支持，定位于国家航空物流中心和以航空经济为引领的现代产业基地；巩义、登封、新密、新郑四个外围组团在积极强化次区域服务中心功能等。各区域竞相发展形势逼人，对资源、资本、人才等生产要素的争夺日趋激烈，加之一些重大项目在周边县区陆续布点，二七区发展空间被不断压缩，"虹吸"效应和"挤出"效应将日益凸显。

3. 资源环境瓶颈约束的挑战

从党的十八大把生态文明纳入"五位一体"总体布局，再到提出"协同推进新型工业化、城镇化、信息化、农业现代化和绿色化"，保护生态环境、建设生态文明已经成为我国发展的基本遵循，发展低碳经济、绿色经济，促进节能减排成为今后"稳增长、调结构、促转型"的重要落脚点之一。作为中心城区，二七区部分行业对能源资源的依赖程度还较高，资源节约型生产和消费模式还未形成，特别是雾霾天气、水污染、土壤污染、农村环境污染问题依然存在，节能减排和改善生态环境的任务还很艰巨，这对"十三五"时期二七区坚守环境底线，实现经济社会又好又快发展提出了更高要求。

4. 社会转型风险增大的挑战

随着工业化、城镇化加速推进，我国社会结构、社会组织、社会利益格局发生了深刻变化，人们对公平、正义提出了更高的要求，相应的政治诉求也不断增加，过去长期存在但并不突出的收入差距问题、腐败问题、环境问题、食品安全问题等，都有可能成为引发社会动荡的诱因，内生性社会矛盾进入易发期。"十三五"时期是二七区在全市率先实现全域城镇化的攻坚阶段，城市建设重大工程动拆迁、劳资纠纷等问题引发的群体性矛盾将更加凸显，同时居民对就业、医疗、教育等社会事业和公共服务、社会治理能力也将提出更高要求，这对二七强化社会管理创新，加大民生改善力度提出了新的挑战。

三 "十三五"总体要求

（一）指导思想

高举中国特色社会主义伟大旗帜，全面贯彻党的十八大和十八届三中、四中全会精神，以马克思列宁主义、毛泽东思想、邓小平理论、"三个代表"重要思想、科学发展观为指导，以"四个全面"战略布局为统领，坚持创新、协调、绿色、开放、共享发展理念，主动适应经济发展新常态，全力推进新型城镇化、现代产业体系构建、社会治理长效机制建设三大主体工作，加快二七新区、马寨产业集聚区、二七特色商业区、高端医疗服务区、美丽乡村田园生态区五大板块建设，突出改革创新增活力、投资开放蓄后劲、结构优化再升级、惠民富民求实效，全面提升发展品牌、品质、品位，率先全面建成小康社会，率先实现全域城镇化，努力实现综合实力再晋位、城乡环境更优化、群众生活更美好，为郑州都市区和国际商都建设做出更大贡献。

（二） 基本原则

坚持创新发展。加快实施创新驱动战略，激发全社会创新创业活力，着力推进科技创新、产品创新、组织创新、管理创新及商业模式创新，推进经济社会转型升级，实现由主要依靠资源和投入为主向主要依靠创新驱动为主的动力转换，增强创新对经济发展的支撑力和驱动力。

坚持协调发展。牢牢把握"四个全面"的总体布局，正确处理发展中的重大关系，重点促进城乡区域协调发展，促进经济社会协调发展，促进新型工业化、信息化、城镇化、农业现代化同步发展，促进政治、经济、社会、文化、生态全面协调发展。

坚持绿色发展。坚持环境保护与经济发展同步，积极发展绿色经济、循环经济和低碳经济，加快形成节约能源资源和保护环境的产业结构、增长方式、消费模式，形成人与自然和谐发展的新格局，努力创造清新优美、绿色低碳、和谐共生、生态宜居的新二七。

坚持开放发展。紧紧把握"一带一路"建设的机遇，借势郑州国际商都和自贸区建设，实施积极主动的开放带动战略，以开放促改革、促转型、促发展。"十三五"期间，要以国际化的视野引资、引智，高标准谋划一批重大项目，谋划一批研发中心、结算中心，不断完善承载功能、服务功能，建设内陆开放高地，不断增强开放对经济发展的支撑力和驱动力。

坚持共享发展。坚持以人为本、民生优先，切实解决好就业、教育、住房、医疗、社会保障等关系人民群众切身利益的实际问题，让改革发展的成果更多、更公平地惠及全区人民，努力为全区经济社会发展营造和谐稳定的发展环境。

（三） 战略定位

河南省"产城融合、城乡一体"示范区。认真落实省委原书记郭庚茂调研指示精神，以复合型城市的理念，统筹推进城乡生产、服务和人居等功能配置，规划好产业配套、基础设施、社会保障等，加快推进道路、通信、路网、电网等基础设施和教育、医疗、文化等公共服务城乡全覆盖，真正实现就业方式、生活方式、居住方式、消费方式的一体化发展和深度融合，积极打造承接产业、人口转移、产城互动、融合发展的新型二七，努力打造全省"产城融合、城乡一体"示范区。

郑州国际商都建设核心区。紧紧抓住郑州国际商都建设的机遇，加快推进二七商圈等传统商圈转型升级，积极推进商业模式创新，着力发展楼宇经济、总部经济、电子商务、体验型商业等新兴业态，推动服务业融合发展，实现传统服务与新兴业态双轮驱动、生产性服务与生活性服务两翼齐飞。充分发挥毗邻郑州航空港的区位优势，积极承接郑州国际商都的高端商贸商务和都市型制造业，加快发展现代物流、科技创新、文化创意、研发设计、健康养老等新业态，吸引海内外人流、物流、资金流与信息流集聚，打造郑州国际商都建设核心区。

高品质现代服务业集聚区。以市场化、产业化、社会化为方向，加快发展都市服务业，促进产业融合发展，构建特色鲜明的现代服务业产业体系。加快发展生产性服务业，重点发展普惠金融、电子商务、商务服务、广告咨询、中介服务、人力资源、研发设计等产业，吸引市场要素集聚。大力发展生活性服务业，重点发展高端商贸、健康养生、养老服务、文化旅游、家庭服务、休闲体验等产业，构建特色明显的区域消费中心。全力推动服务业发展提速、比重提高、水平提升，加快二七区由服务业大区向服务业强区转变，建设高品质现代服务业集聚区。

大众创业万众创新引领带动区。积极营造鼓励和支持创新创业的社会氛围，不断推进理论创新、制度创新、科技创新、文化创新等各方面创新。充分发挥二七区科技、人才等创新资源优势，更加强调智慧引领作用，以科技经济深度融合为导向，健全创新创业载体，构建引领新兴产业发展方向的"众创空间"，积极推动大众创业万众创新，不断优化创新创业生态系统，努力激发和培育经济增长新动力，努力建设全市一流的大众创业万众创新引领带动区。

绿色低碳田园生态宜居区。坚持生态优先、绿色低碳的理念，积极实施重点生态建设工程。大力开展"三河"源头保护治理，不断修复金水河、贾鲁河、熊耳河源头湿地生态功能。加强尖岗水库周边环境治理，保障水源地生态系统良性循环。积极推进"碧水蓝天"工程，不断优化南水北调运河生态水系，加快二七新区生态水系建设。积极推进矿山地质环境恢复和综合治理，持续加强生态防护林、生态廊道建设。积极塑造现代田园城市风貌，构建人与自然和谐共生的社会形态，努力建设绿色低碳田园生态宜居新城区。

（四）发展目标

"十三五"时期二七区经济社会发展的总体目标是：到2020年，率先全面建成小康社会，率先实现全域城镇化，建成郑州国际商都的核心区，成为全市生态宜居的绿色城区。

具体说来，"十三五"期间要实现以下具体目标。

综合实力实现晋位升级。经济社会持续快速健康发展，综合经济实力显著增强，在全省城区中继续保持前列，在全国综合实力百强区中的位次显著提升。"十三五"期间全区生产总值年均增长的目标是8%，2020年全区生产总值达到680亿元，在全省城区中继续保持前列；累计完成全社会固定资产投资3100亿元，年均增长15%以上；一般公共预算收入达到43.03亿元，年均增长7%。经济结构转型升级取得重大进展，高端商贸、现代食品制造和生态文化三大主导产业比重不断提高，基本实现全域城镇化。

城区承载力明显增强。城区框架进一步拉大，基础设施不断完善，道路里程持续增加，路网结构明显优化；供排水、供热、供气、通信等管网不断完善；城乡居住环境明显改善，宜居水平明显提升。城市精细化管理深入推进，城区形象和品位有较大提升。

人民生活水平显著提高。居民收入水平显著提高，住房紧张状况得到明显改善，教育、医疗、文化、娱乐等公共服务水平明显提高，医疗、养老、失业等社会保障体系更加健全，居民的幸福指数和幸福感明显提升。到2020年，力争全区城镇居民人均可支配收入达到46745元，年均增长9%，农民人均纯收入达到29575元，年均增长9%；五年新增城镇就业11万人，城镇调查失业率控制在4%以内。

城区生态环境持续改善。城区环境污染和生态破坏得到有效控制，环境质量明显提高，公众的环保和生态意识明显增强，人与自然和谐发展得到明显改善。

（五）空间布局

1. 突出"轴带延伸"

"轴带延伸"即以中原路、陇海路及航海路为骨架的城市发展主轴线，沿嵩山路、京广路等形成的交通干道形成的次一级轴线、沿南四环形成的产业集聚带。

大学路、中原路及航海路沿线周边：依托二七商圈良好的发展基础，通过市场外迁和产业改造升级，提升传统商贸服务业，重点发展商务、金融、购物、休闲、娱乐、会展等高端服务业，提升产业集聚效应，打造"国家级商贸中心"；依托大学路航海路沿线周边的丹尼斯、升龙、康桥、万达广场等大型商业综合体，建设"二七商业副中心"，重点发展高端商贸、文化创意、休闲娱乐、服务外包等现代服务业，重点引进大型商业综合体、楼宇经济、智能型总部，使之成为引领郑州西南现代城区建设与发展的战略引擎。

嵩山路、京广路沿线周边：依托河医商圈发展基础，重点发展高端医疗、健康养老、康复保健、医疗器械、健康咨询等健康产业；加快西广场中央商务区建设，重点发展商务服务、现代金融、高端零售、餐饮娱乐等现代服务业。

南四环沿线周边：二七新区积极引进区域性总部和研发、营销等智能型总部，快速推进总部经济产业园、CSD 国际时尚商贸中心等项目，重点发展总部经济、商务办公、金融服务、期货交易、会展经济、休闲购物、高端批发等，打造二七南部现代服务业中心；依托樱桃沟景区、凤凰岛会议休闲中心以及尖岗水库和树木园周边良好的生态优势，发展会议休闲、高端论坛、旅游服务等，打造龙西湖商业休闲中心；依托马寨产业集聚区，大力发展批发零售、现代物流、文化旅游、养老养生、食品加工、装备制造、都市农业等，打造二七区"五化"协同发展产业带。

2. 协调发展三大区域

"三大区域"即高密度的中心城区、中密度的城市新区和低密度的现代田园生态区。按照产城融合、城乡一体复合城市的理念，努力实现中心城区、城市新区、现代田园生态区三区融合，强化空间布局、产业支撑、项目推动，提升中心城区、壮大城市新区、激活田园生态区，构建活力、时尚、文化、生态智慧城区。

高密度的中心城区：东至管城区界，西至嵩山路，南至南三环，北至金水区界，总面积约35平方公里，主要包括二七特色商业区、高端医疗服务区两个板块，要加快有机更新，以文化、时尚、商贸、电子商务、医疗服务等高端业态，实现存量提档升级、增量高位起步，激发主城区活力。

中密度的城市新区：北至南三环，西至南四环，南至绕城高速公路辅道，东至二七区行政边界，总面积约39平方公里，重点打造南部城市副中心，植入文化产业、时尚、娱乐、购物体验、互联网金融等都市型产业，强化基础设施支撑，成为郑州中心城区南部功能完善的复合功能区。

低密度的现代田园生态区：马寨新老镇区及二七区城市建设用地以外的西南农村区域，总面积约82.2平方公里，是郑州市近郊游首选地，打造都市慢生活休闲小镇，构建以乐居、乐活、筑游、生态为主的西南部生态绿谷，实现生态生产生活高度融合。

3. 重点发展"五大板块"

"五大板块"即二七新区、马寨产业集聚区、二七特色商业区、高端医疗服务区、现代田园生态城。

二七新区。即城市新区，是郑州都市区南向空间拓展重要的产业支撑点，以高端商贸及相关产业为主导的城市复合功能区。依托绿地滨湖国际城、河南网商园、CSD国际时尚商贸中心等，重点发展高端商贸、电子商务、总部经济、生态文化休闲等产业，打造国际商都区域总部基地、中部电子商务产业基地、郑州南部高端商贸商务中心。

马寨产业集聚区。主要涵盖马寨镇新老镇区，规划区建设用地面积16.2平方公里。按照"四集一转"要求，吸纳剩余劳动力和农民就业，承接中心城区人口疏散，使马寨产业集聚区发展成为产城融合的现代化新区。做大做强现代食品制造、装备制造等主导产业，同时发展电子商务、现代物流、创新创业综合体等，打造郑州市乃至全省知名的现代食品制造基地、高端装备制造业基地、科技创新基地。

二七特色商业区。北与金水区相邻，东与管城区接壤，南至陇海路，西至京广快速路，面积2.17平方公里。重点发展以电子商贸、商务展示、设计展示、购物体验、时尚娱乐为主的高端商贸业，打造中原历史文化传承区、郑州国际商都的重要增长极和现代化高品质服务业形象展示区。

高端医疗服务区。东起京广北路，西至嵩山路，南至陇海路，北至二环支路，面积约 7 平方公里。有效整合医疗综合资源，大胆尝试引进新的医疗服务业态，重点发展医疗商贸、健康服务和医疗教育产业，将该区打造成为功能完善、服务品位高端，兼具经济、社会、环境效益的高端医疗服务区和全省知名的生命健康服务中心。

现代田园生态城。主要涵盖二七区城市规划建设用地区及二七新区、马寨产业集聚区以外的西南农村区域，面积约 52.2 平方公里。按照"三轴一带"（生态田园轴、文化体验轴、绿色养生轴，生态休闲带）、"分区发展"（生态绿谷修养区、主题公园乐享区、山林田园游憩区、文创农家体验区）、"十园多点"（迎宾园、树木园、三养园、逸闲园、雅韵园、七彩园、樱花园、文溯园、地博园、樱桃园）的规划布局，重点发展生态旅游、休闲娱乐、健康养生、都市型生态农业等产业，促进产业与生态有机相生、蓝绿交织、和谐发展。打造郑州近郊游首选地、区域旅游集散中心、新型城镇化格局下的现代田园城。

二 创新发展 厚植财富二七新优势

坚持把创新发展摆在经济社会发展全局的核心位置，打造发展优势。以创新为动力，推动现代产业新体系建设；以新一代信息技术为支撑，促进"互联网＋"产业融合创新发展；以服务二七为出发点，推进创新型二七建设。

围绕国际商都和郑州都市区建设，做强做优高端商贸、生态文化、现代食品制造三大特色主导产业，加快发展电子商务等新兴产业，构筑二七产业集群发展新优势；全面推进二七新区、马寨产业集聚区、二七特色商业区、高端医疗服务区、田园生态区"五大板块"建设，打造二七产业优化升级主引擎；着力加快现代物流、健康产业、楼宇经济、总部经济、纺织服装等产业优化升级，提升二七产业综合实力和竞争力。以扩大优质增量与调整优化存量并举，加快构建带动能力强、辐射范围广的现代产业体系。

（一）突出发展特色，做强做优主导特色产业

1. 高端商贸业

加快推进市场升级。围绕将二七商圈打造成千亿级商圈的发展目标，

有序推进三环以内服装、鞋业、箱包等一般批发业态的外迁工作,中心城区重点发展信息服务、金融、高端商贸商务服务业、电子商务等高成长性市场,进一步提高土地单位产出。积极做好火车站周边小商品及服装批发市场、西建材、鞋城、中陆广场、万客来等大型传统批发市场外迁,同步推进城南商贸集聚区建设。

加快推进布局升级。加快推动商贸业布局由线状沿街布局向商圈、特色商业街区、大型综合体等集中集聚布局转型,以二七商圈、二七新区、地铁沿线为重点区域,围绕现有商业项目,积极谋划高端商贸业布局。以二七宾馆拆迁为契机,提升百年德化步行街百年老街品位,打造"一街一园一中心",形成区域环境优美、地上地下空间互通、交通便捷的现代国家级商贸中心。积极推进德化步行街以东地块、铭功路以西地块、河医周边地块以及孙八砦、兑周、王立砦等项目的包装推介,合理规划商业布局,充分利用城区改造建成的楼宇资源,针对高端商贸业广泛开展二次招商,着力发展高端商贸综合体、星级写字楼、星级酒店等业态,不断提升二七商圈核心竞争力。

加快推进业态升级。着力改造提升小商品市场、钱塘衣城等传统规模批发市场,外迁零散小型批发市场,加快发展郑州中央商务区、河医商圈、万达商业中心、升龙商业中心等新商圈,积极围绕华润万象城一期、德化新街、正弘凯宾城等已建成项目,着力引进先进业态和高端品牌,促进项目经营业态多样化、线上线下一体化、店铺商品品牌化。加快二七广场、火车站及郑大一附院等重点区域地下空间开发,积极发展地铁经济。积极培育壮大河南网商园等一批优质项目,加快特色街区培育、建设步伐;大力发展楼宇经济、总部经济,全力培育和打造税收"亿元楼"。

加快推进项目升级。强化项目带动作用,高标准、高起点运作一批项目,以项目投资促进结构调整、以项目投资促进产业升级、以项目投资促进转型发展。重点以华润万象城、华贸中心等国际一流品牌为龙头,加快郑州CSD等品牌项目推进速度,着力增加高端购物中心、城市综合体数量,引领商贸服务业结构层次和品质提升。

加快推进环境升级。优先建设配套基础设施和公益性服务设施,以二七商圈为重点,突出交通精细管理,加大缓堵保畅力度,营造优良消费环境,全面提升各商贸中心、商圈的品牌影响力和辐射带动力。

2. 生态文化产业

生态文化旅游业。立足二七区水、林、地貌、遗迹、文化等旅游资源特色，结合"美丽乡村"建设，精心打造生态文化游、休闲度假游、健康养生游、红色游、工业游等特色旅游线路，积极开发近郊度假、体验农庄、康体旅游、自驾车旅游、会展等休闲度假旅游高端产品，不断提升尖岗水库度假区、樱桃沟、蝴蝶谷等景区知名度和影响力，培育发展全域文化旅游产业。着力提升旅游服务设施配套水平，以樱桃沟景区为重点，加快推进土地整理、植被优化、基础设施和旅游环路建设，实现 AAA 景区向 AAAA 景区的转变。加强旅游基础设施和公共服务体系、安全与质量保障体系建设，培育引进国际知名酒店连锁管理集团、旅游代理商和旅游资讯集成商，打造郑州都市区生态文化旅游目的地。

田园生态产业。深入挖掘整合现有生态文化资源，谋划推进休闲、旅游、养老、健康等产业发展，着力运作和引进凤凰岛、野生动物园、田园综合体等一批生态文化项目，积极构建田园生态产业体系，努力实现生态效益与经济效益、社会效益的有机融合。

文化创意产业。以改革和创新为动力，发展设计创意、策划创意和休闲创意产业，重点培育影视制作、出版印刷、工艺美术、创意设计、文艺服务、信息服务等行业，培育和引进一批策划营销、管理服务人才，培育新型业态，促进与科技、旅游、商业等相关产业融合发展，推广本土文化品牌，培育骨干企业。切实做好文化艺术作品原创工作，充分挖掘二七特色题材，推出一批思想性、艺术性相统一的精品力作。

3. 现代食品制造业

不断壮大龙头企业。积极服务好现有龙头企业发展，促进康师傅、花花牛、华中食品、天方食品等龙头企业发展壮大，加快推进顶新扩大再投资、花花牛等重点项目建设。坚持"企业培植、项目建设、产业培育"相结合，围绕世界 500 强、国内 100 强和行业龙头，积极引进龙头型、高成长型食品制造企业，不断提升食品制造产业集群综合实力和竞争力。

打造食品制造全产业链集群。以制造业服务化、信息化等为导向，充分发挥河南食品行业协会资源信息优势，引进一批南方知名的原料供应、物流仓储、食品检验类企业，加快推进苏宁物流中心、苏宁网商园等重点项目建设，推动食品制造业由食品生产制造为主向新产品研发、行业物流、食品会展等不断发展壮大。

开放创新驱动升级。抓住河南打造内陆开放高地、加快推进郑州航空港国家战略、全面融入"一带一路"建设等重大机遇，着力开拓国际市场，以冷链食品、休闲食品、饮料制造等作为主导力量，积极发展与国际市场契合度高的产品。引导扶持企业提升自主创新能力和水平，加快推动创新公共服务平台建设，创新产学研合作和成果转化模式，不断强化食品制造业科技创新水平。

4. 电子商务

壮大电子商务产业集群。发挥重点项目以及龙头企业的引领带动作用，大力引进电子商务骨干企业、第三方交易平台，培育孵化配套产业，着力打造电子商务企业生态链，加快以电子商务为支撑的新产业、新业态发展。利用马寨产业集聚区出口贸易优势资源，积极探索建立跨境电商试点。推广河南吉芙特实业有限公司在上海股权托管交易中心挂牌上市的成功经验，扶持电商企业做大做强。

强化项目带动作用。以打造中原地区电商总部基地为目标，大力发展电子商务产业。着力推动中国·中部电子商务港总部基地、河南网商园、苏宁电商园、京莎·鞋业电商园、淘宝（郑州）女装馆等重点项目建设，积极引进敦煌网华中区总部等"三力型"项目落地。

探索以电子商务带动传统产业转型升级新模式。积极探索电子商务助推传统产业转型升级发展之路，以京莎·中国（中部）鞋业网商园为蓝本，探索传统批发市场转型升级新模式。鼓励、支持辖区实体企业加强信息技术运用，通过电子商务渠道扩大销售、扩大市场、提升竞争力，提升经济新常态下"互联网+"对传统行业的拉动作用。

（二）聚焦五大板块，推进产业升级载体建设

坚持高品位规划、高质量推进、高标准建设，持续强化提升二七新区、马寨产业集聚区、二七特色商业区、高端医疗服务区、现代田园生态城在结构调整、转型升级和现代产业体系建设中的载体平台作用和龙头示范效应，以板块联动促全域发展，着力将"五大板块"打造成为二七区经济发展的主战场和主引擎。

1. 二七新区

规划引领，精准招商。立足城市次中心功能定位及主导产业发展目标，以国际化、现代化视角统筹谋划。围绕二七新区发展规划，积极完成土地收储、报批、供应工作，全力拓展发展空间。做好选商引资工作，坚持"招大引强"精准招商理念，结合电子商务、商贸物流等产业发展，紧盯国内外知名企业开展定向招商、重点招商，积极引进金融保险、电子商务、总部经济、智能物流、管理咨询、文化创意、生态旅游休闲等项目，选择实力强、品位高、生态优、产出高的国内外名企名商入驻，构筑主导产业长足发展、配套产业合理布局、产业链逐渐完备的发展格局。到2020年，力争引进10亿元以上项目10～15个。

项目带动，高端发展。充分发挥重点项目带动作用，加快推进绿地双塔、电信枢纽大厦、凤凰岛等项目建设，确保绿地·滨湖国际城、红星美凯龙、郑州CSD国际时尚商贸中心等项目尽快出形象、见成效，依托高端商贸商务楼宇、大型城市综合体等项目，积极引进高端商贸、电子商务、总部经济，以及现代物流、五星级酒店等高端业态。抢抓网络经济和大众创业万众创新发展新机遇，加快推进河南网商园、电子商务产业示范区、生态文化创意产业园等项目建设发展，积极培育壮大以电子商务为引领的高端服务业，打造二七现代产业体系建设新增长点。

完善设施，优化环境。加快完善城市功能，加强基础设施、公共服务设施建设，提升城区承载能力。强力推动道路、水、电、气、暖、通信等设施建设，建设完善"六纵"（京广路、大学路、嵩山路、郑密路、尧山路、西四环）、"七横"（长江路、南三环、环翠路、丹水大道、南四环、浔江路、桂江路）的主干路网和密度合理的次干路网，加快医院、养老、公园、文化休闲活动场馆、社区便民服务机构和其他公益类设施建设，高起点、高规格创引国内外优质品牌名校，到2020年，建设完成3座自来水加压泵站、9座变电站、2座污水泵站以及5所中小学、1个医院，将二七新区建设成为宜居宜业新城区。

2. 马寨产业集聚区

以集聚区晋星升级为目标，以存量盘活优化与增量调整升级为重点，坚持产城融合、绿色转型，加快老镇区产业优化升级、新镇区配套产业培育引进，做强做优主导产业、发展壮大新产业新业态，不断增强集聚区承载力和竞争力。

延链强链，增强主导产业竞争力。以制造业与服务业融合发展为导向，积极推进现代食品制造产业链向服务链拓展延伸，积极开展产业链招商，以世界500强、国内行业100强企业为主，争取更多的主导产业项目落户，推动现代食品制造业不断发展壮大。围绕现代食品制造和高端装备业，继续扶持龙头企业做大做强，支持顶新国际集团、花花牛等食品企业集聚发展，推进新大方、花花牛等实力较强企业尽快上市，不断增强康师傅、新大方等领军企业市场影响力。着力强化产业集群核心竞争力，深入实施开放创新双驱动战略，以优化人才支撑主导产业发展，全面提升研发中心、重点实验室、孵化中心等载体功能，不断提高企业自主创新能力和核心竞争力。

优化结构，培育新业态新增长点。加大招商引资和重点项目建设力度，通过网络、招商会、洽谈会等多种渠道广泛接触，加强项目策划、包装和推介，瞄准苏宁易购电子商务平台等"三力型"项目，积极培育壮大电子商务产业集群。加快推动苏宁物流等项目建设，促进现代物流业迅速成长。把握新镇区建设发展关键时期，以生态规划为切入点，以自然生态景观为特色，以居住、生态文化、休闲娱乐、时尚商贸项目为重点，大力引进发展生态休闲、文化娱乐、旅游地产、高端商贸等高成长性服务业，培育集聚区优化升级新亮点。依托食品电商园，大力推进马寨创新创业综合体项目建设，引导扶持创客空间发展，积极融入"互联网＋"新业态新模式，培育新增长点。

产城融合，打造生态型产业新城。高标准抓好马寨老镇区合村并城与新镇区开发建设，合理配置用地指标和公共服务资源。着力推进标准化厂房建设，加快推进合村并城，全面推进湾刘村、娄河村、水磨村、王庄村、张河社区等拆迁工作，运用市场化手段全面启动区域内安置房建设，完成刘胡垌安置区、张寨安置区、程炉张河安置区建设并投入使用，妥善做好环境改善、产业发展、安置补偿、就业就学、群众生活等工作。努力实现基础设施和公共服务配套设施全覆盖，着力将马寨产业集聚区打造成为"以产兴城、以城促产、产城互动、融合发展"的郑州市西南生态型产业新城。

夯实基础,全面提升综合承载力。按照"强化基础、道路先行、优化环境、提升实力"的原则,加大基础配套建设力度,在注重框架性建设的同时,突出功能性建设,提高项目承载能力。不断完善马寨产业集聚区路网体系,续建公安西路、飞翔路、梦想路等8条道路,新建明晖南路路桥(安宁路-公安路)、椰风路等5条道路。优化污水、热力等各类管网结构,实现建成区内供水、供电、供气、通信全覆盖。加快工业项目用地开发和标准化厂房建设,按照"集聚、集群、集约、节约"的要求,继续加强与国内知名标准化厂房园区投资开发企业的沟通对接,把标准化厂房建成中小企业的孵化基地、外来投资的承接平台,建立集约用地的有效模式。

3. 二七特色商业区

打造高端商贸商务集聚核心区。全面推动内环区域城市有机更新。抓好亚细亚商场及周边区域、铭功路以西等地块的改造提升,加快金博大城扩建、时代广场、百年德化二期、钱塘路连片开发等重点商业项目建设,强力打造沿铭功路楼宇经济街区,着力提升百年德化商业文化内涵,全面增强二七广场影响力和辐射力,不断提升商业区品牌效应,努力打造郑州市商贸城龙头。全面推动业态更新提升。积极做好德化新街、正弘凯宾城等项目的二次招商工作,争取引进一批国际一线高端品牌,培育一批辐射能力强的大型商贸集团,促进经营业态多样化、线上线下一体化、店铺商品品牌化,提升二七商圈的档次品位。积极发展华润万象城、钱塘大厦等集大型百货商场、生鲜超市、电影院线、娱乐餐饮等为一体的大型商业综合体,不断优化提升商业业态。全面推动"腾笼换鸟",分类实现批发市场转型和外迁,引导世贸商城、万博商城等基础较好的批发市场实现由批发业态向展示、洽谈、电子商务等新业态转型;以大同路箱包城、敦睦路服装市场等基础设施老化、效益差、业态层次低的低端市场外迁为契机,积极发展新兴业态,努力打造千亿级商圈的核心区域和增长极。

重塑百年德化商业街。以"彰显中原历史文化、展示民国风情"为目标,重塑百年德化商业街形象,高标准谋划、推进钱塘路连片开发等项目建设,引导德化新街、德化无限城等项目高起点招商,着力提升商业街区业态品质、发展品位。以二七宾馆拆迁为契机,提升百年德化步行街百年老街品位，形成区域环境优美、地上地下空间互通、交通便捷的现代商贸中心。深入挖掘商业文化和人文积淀，强化历史文化品牌的保护、传承和发扬，加快引导老字号入驻，促进传统商业焕发新机。

优化现代化高品质商贸服务环境。全面开展二七广场、火车站周边区域综合整治，全力推进立体交通建设、基础设施升级完善等工作，推进地下空间开发，不断优化区域发展环境、打造功能完善、环境优美、业态高端的现代化高品质服务业形象展示区。

着力构筑立体交通体系，结合商圈地下空间、地铁和地面多种服务设施，打造安全、通畅、舒适、宜人的出行系统。重点推动二七广场周边立体交通建设，将地下商业项目、停车场、轨道站点、交通节点全方位互联互通，并与周边可开发的公共地下空间串联；恢复二七广场周边的二层空中廊桥、启用火车站东广场的过街天桥，实现各大商业综合体的空中互连。构建商业核心区地面步行体系，打造舒心、顺畅的消费环境。坚持市场化运作，在商圈内环以外区域建设立体停车场。加强户外广告治理拆除，着力发展以新媒体为媒介的现代化宣传方式，进一步优化区域环境，更好地展示二七特色商业区的服务业品牌形象，提升知名度、吸引力、影响力和美誉度。

4. 高端医疗服务区

依托郑大一附院、三附院、武警医院等省市优质医疗资源，抓住旧城和城中村改造机遇，加强规划引导，积极探索体制创新，在土地规划、市政配套、机构准入、人才引进、执业环境等方面给予政策扶持和倾斜，将健康服务业重大项目纳入重点招商活动计划和重点项目管理范围，加快商务楼宇建设，大力发展医疗商贸、健康服务和医疗教育为主的医疗服务综合体，大力培育产业融合互动、功能配套衔接、资源集约共享、服务链条完整的健康服务产业集群，形成吸引人才、聚集产业、服务群众的新增长极，打造综合功能完善、服务品位高端、集群优势凸显，兼具经济、社会、环境效益的高端医疗服务区。

5. 现代田园生态城

突出生态文化特色。以都市生态农业与生态文化产业融合互促，充分发挥生态农业绿、洁、净、美等特色，彰显都市农业在净化空气、涵养水源、调节气候、减轻城市热岛效应等方面的作用，依托优美宜人的生态景观、自然高效的农业景观，坚持大生态、低强度，运作和引进一批品牌生态文化项目，加快美丽乡村建设，保护生态资源、彰显文化特色，打造田园生态区特色生态文化品牌。

突出主导产业培育。以生态文化产业为特色主导，依托"五区"空间布局及发展定位，与旅游、养生、会展、金融、科技等高成长服务业联动融合发展。生态绿谷修养区以凤凰岛、树木园以及养心怡情园、养老产业园、养生休闲园为重点，积极发展高端商务服务、生态休闲度假、养生养老等产业。主题公园乐享区以风彩园、樱花园为重点，积极发展观光游览、风情体验以及特色文化休闲等产业。山林田园游憩区以丰富的生态资源为依托，打造山林田园与新兴产业结合的游憩区。文创农家体验区依托文物遗址、商瓷、温泉、美食、民俗、文化、休闲等产业，打造文化创意农家体验。结合"五区"发展，以突出的生态文化特色、丰富的生态、农业、旅游融合新业态，将美丽田园生态区打造成为郑州近郊生态文化养生休闲目的地。

突出重点项目带动。以项目为关键点和着力点，抓好重点项目建设，带动田园生态区全面发展。以凤凰岛建设为龙头，带动加快推进凤凰岛高端商务度假村等项目。以古村落、文化遗迹、特色建筑为提升主体，实现"文化遗产保护、新农村建设、农村文化建设、旅游发展"四轮齐驱。积极推进风情樱花生态旅游度假区、老家小镇等旅游综合体项目落地建设，稳步推进老奶奶庙旧石器遗址公园和陈家沟遗址公园建设。立足西南部各村落不同发展基础，以樱桃沟国际艺术村、樱花风情小镇等项目为重点，打造一村一景、一村一业，促进全域旅游产业发展。

突出设施体系先行。着力抓好基础设施和公共服务配套建设，配合做好自来水加压泵站、给排水、热力管网、变电站等配套项目建设工作。积极推进美丽乡村建设，确保在基础设施配套完善、农村环境整治、农业产业提升和农民素质提升等方面达到省人居环境示范村标准。

（三）加快转型升级，着力提升产业综合实力

健康产业。抓住国家大力发展大健康产业的重要机遇，依托郑大一附院、三附院、武警医院等丰富的医疗资源，强化创新驱动，推进产业集

聚，依托中原医疗器械产业园等重点项目，积极支持药品、医疗器械及其他健康相关产品研发应用。按照专业化、规范化、差异化的方向，引进和培育一批优势企业，大力发展健康咨询、心理辅导、体育健身、母婴照料、养生美容等健康服务，积极发展保健食品、保健用品等健康服务衍生产品，增强药品、医疗器械、保健用品、健康食品等产业竞争力。大力发展第三方服务，培育专业化第三方机构，支持社会资本投资发展第三方医疗服务评价、健康管理服务评价以及健康市场调查和咨询服务。

现代物流业。围绕国际商都建设，积极融入郑州航空港及国际物流枢纽建设，高标准谋划、培育商贸物流产业发展。重点招引平安"智慧商贸"物流园等龙头型物流企业落户，加快苏宁物流园等项目建设，积极引进国际性进出口贸易公司和大型物流公司、快递公司，努力建立一套与商贸服务业发展相适应的高效通畅、协调配套、绿色环保的现代商贸物流服务体系。以建立区域重要物流中心为目标，依托环城高速的四个出入口，谋划发展大型交通商贸综合体项目，加快在南部区域规划建设现代化物流仓储基地。大力发展第三方物流，支持商贸服务业与物流业对接，发展专业化、网络化、全流程的物流服务，促进供应链各环节有机结合。

楼宇经济。大力发展楼宇经济。依托正弘凯宾城、郑州 CSD、奥马投资大厦、华润万象城、百年德化二期等大型商业项目建设，着力完善设施保障、提升服务水平，推动重点楼宇功能完善和业态聚集，着力引进电商、文化创意、金融、总部经济等新业态，形成一批总部楼、主题楼、特色楼，构筑业态完备、融合互补的楼宇经济发展模式。

总部经济。大力发展总部经济，进一步加大对世界 500 强、行业 100 强企业的引进力度，加快引进专业性总部、职能性总部、区域性总部和民营经济总部，重点引进国际国内知名商贸集团、开发公司、采购中心、结算中心、营运中心，将二七区打造成高端商贸商务服务总部基地。

房地产业。积极发展城市综合体、商贸商务地产、园区地产、文化旅游地产等新兴业态，培育新的增长点。大力建设健康住宅、绿色环保住宅和节能型住宅，提高房地产业可持续发展水平。发展壮大一批规模化、专业化的房地产中介服务机构和企业，推动二手房市场发展，规范房屋租赁市场，促进房地产业健康有序发展。

二 打造"互联网+"产业融合创新示范基地

推进大数据、云计算、互联网等新一代信息技术与经济社会发展各领域深度融合创新，加强网络信息安全保障体系建设，推动传统产业模式变革和转型升级。

（一）"互联网+"高端商贸业

紧紧抓住互联网背景下新型业态发展和产业升级的有利契机，努力把握商贸业发展趋势，发挥二七区批零商贸产业、品牌、专业市场等线下资源优势，积极推动线上与线下结合，鼓励企业适应电子商务特点和新消费方式，利用互联网和信息技术，对产品设计、品牌推广、营销方式、渠道物流、支付结算、售后服务等环节进行革新，发挥实体店展示、体验功能，以新型业态促进线下生产与销售。加强与淘宝网、京东商城、苏宁等国内知名电子商务平台的合作，创新商业发展模式，探索"互联网+高端商贸业"发展路径。

（二）"互联网+"生态文化旅游业

结合生态文化旅游业多元化、特色化、品质化发展趋势，抢抓电子商务等新兴商业模式发展新机遇，以樱桃沟景区等为示范，打造集智慧服务、智慧营销、智慧管理等为一体的智慧旅游公共服务平台，推行全景旅游、手机导游等多类型应用，促进旅游服务网络化、个性化、便捷化，提升旅游业市场吸引力和竞争力，促进传统旅游业加快转型升级。

（三）"互联网+"普惠金融

有效整合辖区内信息业与金融业资源，大力引进培育互联网金融企业，积极发展第三方支付、网络借贷、股权众筹等新兴业态，加快传统金融机构核心业务互联网化，与互联网企业合作建设金融云服务平台，全面提升互联网金融服务能力和普惠水平。

（四）"互联网+"协同制造

深化互联网与制造业的融合，促进食品装备制造等制造业全产业链、全供应链信息交互和集成协作，加速制造业服务化转型，推动制造业提质增效。加快食品装备制造等传统制造业利用互联网、云计算、大数据等技术优化供应链管理，加快以个性化需求为导向的研发、制造和营销模式变革；在马寨产业集聚区范围内选择基础条件好、示范带动强的企业开展数字化车间和智能工厂试点，推动智能制造生产模式集成应用；鼓励新大方等制造企业运用物联网、云计算、大数据等技术，整合产品生命周期数据，为产品创新、生产组织提供决策支撑。

（五）"互联网＋"创业创新

充分运用互联网和开源技术，推动各类要素资源聚集、开放和共享。积极推进黄河科技学院"U创港"创新创业综合体、"互联网＋"创新创业综合体建设，支持谋划一批创业咖啡、大学生创业园、留学生创业园、高层次人才创新园等新型创新创业平台，不断拓展众创空间；支持线上与线下相结合的公共服务平台、专业技术支撑平台、人才培训服务体系、第三方专业化服务平台等建设，提升服务水平；加强创业创新公共服务资源开放共享，面向国内外引进一批高层次人才和优秀服务团队，积极推进开放式创新。

三　打造创新型城区

坚持创新引领，加快实施创新驱动发展战略，以创新求突破、促发展，不断完善体制机制，强化创新主体地位，推动开放创新，全面激发全社会创新活力，打造创新型二七。

（一）完善体制机制，激发创新活力

深化完善区域协同创新模式。加快推动产学研合作，瞄准国家科技创新的关键领域和核心环节，加强与高校、科研院所的区校（院）合作、校（院）企合作，提高承接科研院所、高校重大战略性项目的能力。支持以企业为主导组建产业技术研究院、协同创新平台、产业联盟等产业协同创新机构。以企业需求为导向，搭建技术交易与交流电子商务服务平台，做活线上技术交流与服务平台，做实线下资源整合和服务协调功能，推动科

技创新资源和市场需求直接对接。鼓励创新成果转化，打通转化关键环节，畅通科技成果转化渠道。

强化科技金融和财政资金引导支持。建立跨部门的财政资金综合投入机制，形成科技扶持资金的集中管理平台，设立符合企业类型和发展阶段的分类企业专业基金，加大对重大项目平台的集中投入，扩大科技型中小企业扶持覆盖面。加快建立创业投资引导基金和产业发展引导资金，引导社会资本支持创新，加大对初创期创新型企业的支持力度。创新金融支持科技发展的模式，探索建立风险投资、银行贷款、科技保险的联动机制，采取多元化科技投入机制，发展政府资金杠杆作用，带动社会资本投入科技研发，形成资本与产业的良性循环。

加快建设科技创新基础服务体系。立足二七科技创新需求，重点克服创新薄弱环节，加强服务配套与政策支持，培育和引进知识产权服务企业及品牌机构，加快形成覆盖科技创新全链条的科技服务体系。加强科技服务资源共享，鼓励和支持地处二七的国家、省、市重点实验室、工程技术中心、高校、院所等机构与社会共享研发设备与实验设施。

（二）强化主体地位，增强创新动力

增强科技企业自主创新能力。引导和支持创新要素向企业集聚，加快构建以企业为主体、市场为导向、政产学研结合的技术创新体系，使企业真正成为研究开发投入、技术创新活动、创新成果应用的主体。大力培育科技型企业，实施高新技术企业培育计划和创新型中小企业成长扶持计划，形成科技型企业、创新型企业、高新技术企业的塔形梯队发展结构。支持企业申报、承担和实施国家及省、市科技重大专项，力争在食品制造、装备制造等领域突破一批核心技术。引导企业建立各类研发中心，加大对新认定研发中心的支持力度，全区企业建立市级以上研发中心达到95%，不断增强企业创新实力。

加快高端创新人才引育。认真落实《二七区人民政府关于发展众创空间 推进大众创新创业的实施意见》《中共二七区委 二七区人民政府关于引进培育领军型创新创业人才（团队）的实施意见》，持续开展国内外专业人才和创新团队引入计划，力争引入一批国际级大师、科技领军人才、技术创新人才和高新技术人才，为打造创新型二七提供强大动力。

（三） 实施开放创新，营造创新氛围

大力实施开放创新。谋划引进一批世界知名的创新机构、科研院所来二七设立分支机构、成果转化中心等，将二七打造成为郑州市重要的对外创新窗口；鼓励辖区内优秀企业开展国际合作，通过重组、并购、参股等方式有效融入国际创新网络，不断提升二七开放创新水平。

树立崇尚创新、鼓励探索的价值导向。弘扬科学精神，培养青少年创新意识，营造鼓励创新，宽容失败的创新文化；树立崇尚创新的价值导向，大力培育创新精神和创新文化，激发全社会创新激情和活力；加强科普教育，提高公民素质，努力创建国家级"科普示范城区"。

三 协调发展谱写魅力二七新篇章

以打造品质城区、绿色城区、智慧城市、文明城区为目标，突出以人的城镇化为核心，大力推进全域城镇化，加快城乡一体化发展进程；建设完善基础设施体系和公共服务体系，全面提升城镇综合承载能力；积极推进大棚户区改造和城市有机更新，加速城市有机更新；突出城市硬环境与文化软环境协调发展，全面提升公共文化服务水平；推进城区精细化管理，全面提升建管水平；着力打造智慧城市，建设宜居宜业新二七。到 2020 年，初步建成为省级"产城融合、城乡一体"示范区、国家文明城区。

（一） 加快城乡一体化发展

加快农业转移人口市民化进程。按照"扩面、提质、惠民"要求，建立健全农业转移人口市民化的推进机制。积极探索建立合理的征地补偿和利益分享机制，保障农业转移人口的土地财产收益。积极探索并实施农村产权制度改革，不断扩大村集体经济，为加快城乡一体化发展奠定坚实基础。有序推进户籍管理制度改革，落实好附着在户籍上的教育、医疗、就业、社保等领域的配套改革办法。建立并完善社会保障制度体系，将被征迁农民纳入城镇居民社保体系内。建设完善文化教育设施，积极开展素质技能培训、市民大讲堂等形式多样的宣传、教育活动，促进从农民到市民的角色转换。

积极推进农民就近转移就业。充分发挥二七区商贸服务、文化旅游等产业集聚发展的就业促进作用,引导农村人口就近转移和就近就业。对进入周边服务业或特色园区就业的转移农民进行技能培训,不断提高其转移就业能力。积极推动农民就业创业,将其统一纳入城镇就业管理体系,建立农民创业支持体系,提供小额贷款、降低营业税额、低价提供场地等优惠政策,鼓励自主创业。

(二) 提升城镇综合承载力

强力推进基础设施和配套设施建设。坚持"基础设施先行"理念,统筹推进水电气暖、污水处理等基础设施建设,积极做好与市政基础设施的对接。重点抓好道路平整畅通、水电气暖管网改造、群众居住环境美化、环卫设施能力提升、停车泊位建设等"五大工程"建设,采取 PPP 模式,加快完善公共服务配套设施,不断完善提升城区功能和承载力。围绕安置房建设,完善重要基础设施和配套服务设施,改善相关城区基础设施薄弱局面。加快二七新区、文化旅游区、马寨新镇区基础设施建设步伐,加大路桥工程、自来水厂、热源厂、污水厂等基础设施建设力度。

优化路网体系建设。大力推进"畅通郑州"工程,完善提升"井字 + 环线"的路网体系建设,努力打造中心城区快速畅通、农村公路方便快捷的现代化、多层次、立体化的道路交通体系。积极发展城市轨道交通和快速公交系统,优化常规公共汽车线网布局,形成以城市轨道交通为骨干、快速公交为骨干补充、常规公交为主体,功能层次完善的城市公共交通系统,为市民提供快捷、方便、经济、安全的出行条件。

加强生态水系建设。深入实施"蓝天碧水"工程,按照市生态水系规划要求,配合做好郑州市环城生态水系循环工程,积极推进辖区金水河、贾鲁河源头治理及南水北调配套工程建设,确保按时完成水源开辟、污染治理、重点水域景观建设等任务。

强化能源体系建设。配合做好城市供水设施改造,建立合理高效的水资源配置和供水安全保障体系。优化调整电网结构,加快辖区变电站规划建设。积极发展清洁能源,加快实施城市气化工程,提高天然气、可再生能源使用比重。配合做好城市热源整体布局优化和管网建设,提高城市集中供热率。

完善地下管网建设。积极推进城市地下综合管廊建设。强化"海绵城市"理念，不断提升城市建管水平。积极引入市场资本，加强与专业运营公司合作，提升建管水平和安全，加强城市防灾体系建设。

（三）加快城区有机更新

全力推进大棚户区拆迁改造。统筹推进内环区域有机更新，加快推进中心城区旧城和城中村改造，稳步推进合村并城，完成湾刘村、娄河村、水磨村、王庄村、张河社区等合村并城项目拆迁工作，刘胡垌安置区、张寨安置区、程炉张河安置区等建成并投入使用。

全力推进安置房建设工程。把拆迁群众过渡和安置房建设作为工作的重中之重，围绕拆迁区域安置房全面开工、政府主导安置房全线启动的目标，实行安置房建设承诺制，确保动迁群众及时回迁安置。大力实施保障性安居工程，加大对公租房的建设、管理、配租、监察和服务力度。

全力提升城市改造升级质量。更加注重业态提升、安置房建设、群众就业和公共服务水平提升，完善文化设施、活动场所，市民学校等公共服务设施，不断改善群众生产生活环境。坚持拆迁比干净、建设比速度、绿化比效果、环境比优化，持续改善城乡面貌和管理水平，提升城市品位。通过政府引导、市场化运作，将村民富余安置房进行集中租赁、管理，进一步提高村民收入。

加强地下空间开发利用。坚持重点区域开发与地下空间开发相结合、项目建设与功能集合构建相结合，统筹整合地上、地下两类资源，科学规划地下步行、停车空间等交通系统，合理、有序地利用城市地下空间。发挥二七广场及其周边地下空间开发、净馨公园地下空间开发等项目先行先试作用，充分结合人防工程和公园、游园建设，积极探索体制创新、融资创新，高标准做好开发利用，推进重点区域地下空间开发，打造宜游宜购新环境。依托德化街地下人防工程，与二七广场地铁 1 号线和 3 号线、大同路地下人行通道互联互通，形成西至火车站，东到二七广场的地下交通新动脉，打造地下商业步行街；积极推进火车站地下空间开发，设置地下商业街区和停车场等，转移火车站的商业载体压力，提升火车站地区整体形象。

（四）全面提升公共文化服务水平

加强公共文化设施建设。加大对公共文化的投入，切实提高公共文化服务能力。重点推进文化馆、档案馆、群艺馆、青少年活动中心等文化设施建设，推进群团组织文化活动设施建设。加快区图书馆网络化、数字化建设，不断提升文化信息资源共享能力。加快推进社区（村）图书室、阅览室、文化广场、社区文化中心等基层文化设施建设，力争到"十三五"末，实现各社区（村）标准社区文化中心（文化大院）全覆盖的目标，让广大群众享受更高品位的文化生活。

推动公共文化事业发展。加强文化人才队伍建设，引进和培育一批专业文化人才。重视乡土文化能人、民间文化社团和文化志愿者队伍三种力量，调动基层群众参与文化建设的积极性。组织好"三下乡""四进社区""文化志愿服务"等系列公益活动，进一步丰富群众文化生活。加强文物保护利用，加强非物质文化遗产的保护工作。加强文艺创作，鼓励创作反映二七精神风貌、建设成就、历史变革和风土人情等方面的文艺作品。加强对档案的管理和开发利用，提高档案管理的数字化、网络化水平，实现档案信息资源共享。

打造二七公共文化品牌。加强德化街、二七路、淮河路等历史文化街建设，建设一批特色文化街。提升二七纪念塔、二七纪念堂、工人夜校遗址等的红色文化品牌，加强品牌文化阵地建设，培育一批文化网点。继续办好"郑州樱桃节""郑州葡萄文化节"等，培育更多的文化名节。加强企业文化、校园文化、社区文化、村落文化、广场文化、家庭文化建设，培育一批群众文化活动品牌。

切实加强思想道德建设。深入学习贯彻党的十八大、十八届三中、四中全会精神和习近平总书记系列重要讲话精神，以培育和践行社会主义核心价值观为主线，坚持围绕中心、服务大局，强化"品牌品质品位"理念，着力在理论武装上真学真用，着力在群众性精神文明创建活动上突出思想内涵，着力在制度化、法治化上深化拓展，着力在常态长效上下功夫，进一步提高全区人民的思想道德素质和社会文明程度。继续开展公民道德宣传日主题活动，进一步加强社会公德、职业道德、家庭美德、个人品德建设。扎实开展"我推荐、我评议身边好人"活动，力争使更多二七人入选"中国好人榜"。增设区级好人榜，在"二七播报"对先进事迹进行刊登报道，并结合"道德模范故事汇""道德讲堂"等交流活动，用身边事教育身边人，为道德模范评选活动打下坚实的群众基础，推动道德模范学习宣传常态化。在未成年人中深入开展"我的中国梦"、"践行文明行为规范，做文明小使者"、文化经典诵读主题实践教育活动。大力宣传推广《河南省未成年人文明行为规范》，创建一批示范学校，评选表彰一批美德少年。组织未成年人参与网上祭英烈、向国旗敬礼、学习雷锋和"童心向党"歌咏比赛、优秀童谣征集传唱等活动，积极参加学雷锋志愿服务活动，引导未成年人确立爱国、诚信、孝敬、勤俭等道德规范。

开展文明城区创建活动。以创建全国文明城市工作为契机，建立完善全国文明城市创建工作长效机制，不断深化文明城区创建工作。认真开展好文明单位、文明村镇、文明社区、文明家庭等群众性精神文明创建活动，加强动态管理，进一步完善创建细胞建设。以民风建设、环境整治为重点，进一步加强农村精神文明建设。以"美丽乡村·文明家园"建设为主题，广泛开展评选星级文明户和身边好人、创建文明村镇和文明集市"双评双创"活动。加强社会主义核心价值观宣传教育，综合运用报纸、网站、手机、LED屏、公益广告、宣传栏、黑板报等各种载体，全面叫响"24个字"，使核心价值观宣传实现城乡全覆盖。推动志愿服务常态化、长效化，健全完善志愿服务招募、登记、培训、管理、奖励和回馈机制。加强志愿服务队伍建设。深入开展创建"文明使者"志愿服务站活动。加强对志愿服务的宣传，评选推荐一批全区优秀志愿服务项目、优秀志愿服务社区、优秀志愿者、优秀志愿服务组织。切实加强校园文化、企业文化、广场文化、乡镇文化、社区文化和家庭文化建设。以文化娱乐市场和图书报刊市场整顿为重点，进一步扫除社会丑恶现象，巩固精神文明建设的成果。

（五）推进城区精细化管理

提升城区综合管理水平。深化城区网格化管理，推动城市管理中心下移。建立综合治理、网格管理、应急管理等数据采集、共享和应用的长效机制，完善城区综合管理服务联动机制。探索城区物联感知体系建设，加强对城区运行数据的采集分析，提升城区运行、灾害预警等领域的服务水平。鼓励全社会广泛参与，涉及市民切实利益的城市管理事项充分听取群众意见，引导社会组织参与城市管理，充分发挥居民自治作用，努力构建共管、共治、共享的城市管理新模式。

加强城区顽疾治理力度。坚持依法治理、疏堵结合、政府社会共同治理原则，加大对违法建筑治理力度，规范城区管理。做实两级住宅小区综合管理平台，加强违法建筑执法巡查、社会志愿者参与协查和快速查处制度建设。加大群租整治力度，积极推进租赁备案升级系统试点，建立租赁备案、居住证管理和门禁卡（一卡两证）联动的长效监管机制。深化联勤联动联合执法机制，完善及时发现和快速处置机制，形成条块联动、各司其职、各尽其责的管理合力，不断提升城区精细化管理水平。

强化城区安全运行。加大重大基础设施的运行维护和监管巡查，继续推进综合养护管理模式。结合区城市网格化管理平台，试点建设条块结合的安全生产信息化平台，强化安全生产监督管理。加强重点区域和复杂场所安全基础设施建设，重点增加对人员密集场所、地下空间的安全隐患排查整治和监管。加大食品药品安全监管力度，强化综合协调机制建设，完善食品安全追溯体系，提高食品安全风险监测覆盖率。健全突发公共事件和重大自然灾害事件应急体系，经常组织实战演习，增强突发事件应急处置能力。强化公共场所等人烟密集场所应急管理单元及应急避难场所建设，增强市民群众的安全防范意识和自救互救能力。

（六）建设智慧城区

树立"智慧城市"建设理念，推进城市智能化、精细化、常态化管理创新，不断完善城市功能、提高城市管理智能化水平。

建设完善信息基础设施。着力推进以泛在化、数字化、网络化、智能化为主要特征的信息基础设施建设，以"中原云"平台建设为契机，积极吸引国际国内知名云计算、大数据、移动互联网等互联网企业落户二七，积极推动城市光纤宽带网络改造，构建新一代宽带无线移动通信网，打造适应云计算、物联网等产业发展的基础设施环境。

积极推进城市公共服务智慧化。着力推进数字惠民、电子政务等，探索推进城市数字化信息管理平台、社会管理信息平台、区长热线"三网融合"，提升城市信息化服务水平和运行效率。加快实施智慧社保、智慧医疗、智慧教育、智慧民政、智慧社区、智慧乡村、智慧旅游、智慧一卡通工程，逐步推动居民日常生活各类手续办理乃至衣食住行等方面的革命性转变。强化网络空间综合治理，不断提高信息安全保障能力。

四　绿色发展描绘美丽二七新画卷

坚持绿色发展、低碳发展、可持续发展，持续加强生态建设，推进节能降耗减排，抓好环境综合治理，构筑生态绿化体系，全面改善人居环境，全力打造天蓝、地绿、水清、城美的亮丽新二七。

（一）加强生态环境综合治理

加强生态文明建设。进一步强化"生态立区"理念，以高度的文明自觉和生态自觉，把"生态环境优先"融入经济社会发展的各方面和全过程，开展环保宣教"四走进"（走进农村、走进社区、走进学校、走进企业）活动，倡导健康文明、低碳环保的生活方式和消费模式，不断提高公众的生态素养，努力建设生态宜居二七、生态文明二七。

打造美丽宜居二七。着力推进"蓝天碧水"工程，着力推进大气污染防治、扬尘治理、"水清河美"行动、"一河两岸"改造提升等重点工作，建设"城绿、天蓝、河清、水美"的生态宜居城区。进一步完善监管执法机制，不断优化"区、乡（镇）街道、社区（村）"三级生态监管网络。全力抓好扬尘污染整治工作，持续推进"蓝天行动"，大力开展大气环境监测治理行动，抓好建筑工地扬尘、渣土车抛撒等污染治理，加强燃煤锅炉拆除和餐饮业油烟治理工作，加强黄标车及老旧车淘汰工作，减少汽车尾气排放。进一步加大黄标车治理工作宣传力度，积极引导广大市民主动参与治理工作，建立科学的联动工作机制，从治标向治本转变。持续推进领导分包、督查评比、例会推进、投入保障、责任追究五大工作机制，加大环境执法力度，进一步改善空气质量。到2020年，城区空气质量明显改善。大力开展"水清河美"行动，积极推动河道污染治理和清淤疏通，加快推进金水河、贾鲁河源头治理及南水北调配套工程建设，开展好排污截污治理工作。实施水源地保护区周边企业专项整治，加强尖岗水库集中式饮用水源地、南水北调周边排查。

（二）促进绿色低碳发展

提高资源能源利用效率。健全国土空间开发、资源节约利用、生态环境保护体制机制，认真落实节能减排政策，强化节能减排目标责任考核和问责机制，提高项目准入门槛。积极推广使用新建材、新能源，鼓励、引导各类开发企业在项目建设的每个环节中都优先采用绿色建筑材料，鼓励在市政道路、居民小区建设中采用太阳能、风能等新能源，鼓励安装中水、雨水回收利用设施，推进绿色、循环、低碳发展。

积极推进低碳城区建设。积极开展低碳社区、低碳商业、低碳办公示范等各类低碳创建活动，将生态村以及绿色社区、绿色学校创建活动作为推进公众参与环境保护的有力措施，树立人与自然和谐相处、自觉保护环境、选择绿色生活方式的文明风尚。

（三）着力提升城区生态景观

持续推进生态绿化体系建设，着力构筑"一廊三楔多斑块"生态系统结构。全力推进生态廊道绿化建设，逐步完善沿河、沿路绿带建设。完善提升南水北调生态文化公园建设，持续做好铁路沿线、高速出入市口绿化工程及绕城高速公路两侧绿化提升建设任务。大力营造"环境保护人人有责、全民参与生态创建"的良好氛围，深入开展植树绿化活动。加强管养力度，保护造林绿化成果。

着力优化城乡生态环境。以生态景观升级改造、垃圾综合处理、污水处理、绿化美化等工作为重点，不断加大城乡环境卫生整治力度，进一步改善城乡面貌。以美丽乡村建设，西南 8 万亩水源涵养林管护，尖岗水库6000 亩水系为依托，大力发展生态农业，提升城区生态环境。实施"乡村清洁工程"，加强农村环境连片综合整治和违法用地、违法建设整治。完善城乡环卫清扫保洁制度，保持市容干净、整洁。

五　开放发展　催生实力二七新动力

围绕提升二七区国际化水平，坚持互利共赢，实施更加积极主动的开放战略，以开放促发展、促改革、促创新，加快区域交流与合作，积极承接国内外产业转移，不断拓展新的开放领域和空间，大力发展开放型经济。牢固树立改革思维，积极跟进省、市出台的改革事项，把握职责权限和实践条件，充分发挥市场在资源配置中的决定性作用，释放改革红利。

一 拓展开放型经济发展新空间

（一）打造区域开放新高地

坚持高起点规划、高质量建设、高水平管理，全力打造区域开放新高地。依托二七区现有商贸优势资源和发展优势，充分发挥商贸物流、金融服务、科技创新等重点功能承载区的辐射带动作用，重点发展国内国际商品交易流通（包含保税展示交易）、高水平城市配套和消费服务，推动河南自贸区二七板块建设，力争建成投资贸易便利、货币兑换自由、监管高效便捷、法制环境规范的自由贸易园区，打造河南自贸区郑州片区重要的商贸商务功能区块。借助郑州都市区建设，利用自身南向节点优势，积极融入国际物流中心建设，加快二七新区发展，将之打造成为郑州市重要的物流枢纽和对外开放平台。主动实施"龙头型企业引进、规模企业上市培养、成长型中小企业扶持、高耗低能企业外迁、企业家精英培育"五项计划，推动马寨产业集聚区晋星升级，打造二七区重要的对外开放平台和招商引资平台。

（二）积极承接产业转移

抓住沿海发达地区产业转移重要机遇，依托二七区区位优势、资源要素优势以及产业基础优势，努力将二七区打造成为承接沿海地区产业转移的重要基地。创新合作体制机制，用足用活相关优惠政策，优化发展环境，提升承接沿海地区产业转移和外来投资的能力。围绕二七区主导产业和优势产业，瞄准世界一流，深入开展产业链招商、集群式招商、二次招商，重点推进与长三角、珠三角、环渤海地区的合作交流，吸引世界500强、国内500强企业在二七区设立生产基地、研发中心和地区总部。

（三）大力实施"走出去"战略

坚持"引进来"与"走出去"相结合，引导各类企业开展跨国投资和国际化经营，不断拓展合作领域和层次，提高二七国际影响力。积极参与国际市场竞争。鼓励和支持二七区优势企业发展离岸业务，开拓市场，实现内外贸一体化发展；支持和引导企业充分利用境外科技和智力资源，参与国际新技术和新产品的研发；支持新大方等一批具有较强国际竞争力的企业发挥品牌、技术、资金等优势，不断拓展国外市场。加强国际经济技术合作交流。利用各类国际合作机制，鼓励企业、研究机构与国外企业、研究机构合作，支持企业管理人员、科技人员出国培训和参与国际经济技术交流；加强与国际友城的联系，大力推进文化、科技、经贸、教育等领域的国际合作交流。

（四）优化对外开放环境

坚持把优化扩大开放环境放在重要位置，大力营造竞争有序的市场环境、透明高效的政务环境、公平正义的法制环境和合作共赢的人文环境。创新服务方式，强调公平竞争。推行普遍备案、有限核准的外来资本管理制度，积极探索准入前平等待遇加负面清单管理模式，营造竞争有序的市场环境。健全服务机制，强调行政效能。按照"办事手续最少，办事效率最高、办事成本最低"的总体要求，对重大项目实行联审联批制，建立健全互动式、联动式、可交叉进行的行政审批模式，实行交叉办理、并联审批，加快项目审核、登记等工作，推动项目顺利实施。完善服务手段，强调执法监督。积极推进行政综合执法，严格执法程序，从严控制和进一步减少各类检查，严禁以检查为名，干扰企业正常生产经营；加强投诉受理中心建设，建立举报、投诉处理、督办、处理、反馈工作机制，营造公平正义的执法环境。

二 释放全面深化改革新红利

（一）深化重点领域关键环节改革

鼓励、支持、引导非公经济健康发展。坚持权利平等、机会均等、规则平等，营造非公经济参与市场公平竞争的政策环境，发挥非公经济在支撑增长、促进创新、扩大就业等方面的重要作用。鼓励引导民间资本进入教育、医疗、文化和养老服务等公共服务领域，参与市政公用事业和基础设施的投资、建设与运营。

深化财税体制改革。完善预算管理制度，通过扩大预决算公开范围，细化公开内容，构建预算公开问责机制，建立公开透明的预算制度。健全政府债务管理制度，积极合理利用政府性债务，明确政府举债融资权限和用途，建立以政府债券为主体的政府举债融资机制。健全财政监督机制，建立嵌入业务流程、覆盖所有政府性资金和财政运行全过程的财政监督机制。

加快金融改革创新。通过鼓励民间资本依法发起设立消费金融公司、金融租赁公司等金融机构，鼓励和规范发展融资租赁、融资性担保公司、典当行等准金融机构，鼓励发展互联网金融、金融电子商务、金融服务外包，发展壮大二七区金融机构。积极推行 PPP 等新模式，积极探索开展产业发展和基础设施基金业务。支持在重点领域发起设立创业投资基金和产业投资基金，鼓励具备条件的中小企业到全国中小企业股份转让系统挂牌融资，着力解决小微企业贷款难问题。

（二）加快完善现代市场体系

营造公平竞争市场环境。落实负面清单准入管理方式，明确企业禁止和限制进入的行业、领域、业务等领域，支持投资者依法平等进入清单之外领域，切实做到"法无禁止皆可为、法无授权不可为、法定责任必须为"。完善统一市场准入制度，实行统一的市场监管，严禁和惩处各类违法实行优惠政策行为，反对地方保护、垄断和不正当竞争，着力清理和废除妨碍统一市场和公平竞争的各种规定和做法。建立健全社会信用体系，建立多部门参与的失信惩戒、守信激励机制，培育履约守信的行为规范，提高全社会信用水平。充分发挥市场在优胜劣汰中的积极作用，不断健全优胜劣汰市场化退出机制。

建立完善要素市场。深入推进土地管理制度改革，完善建设用地交易制度，促进土地集约节约利用。加快推动全区信息市场、技术市场、人才市场建设，整顿和规范市场经济秩序，不断完善监管配套制度建设。完善主要由市场决定价格的机制，落实水、电、气等资源性产品价格改革。

（三）全面提升政府服务效能

加快政府职能转变。加快推进政企分开、政事分开，推进服务型、效能型政府建设。深化行政审批制度改革，进一步整合撤并行政审批职能，大力推进"两集中、两到位"，以职能调整归并、并联审批和网上审批为重点，完善行政审批服务体系运转机制。完善政府管理方式，改善经济调节机制，更多地运用经济手段、法律手段并辅之以必要的行政手段调节经济活动，促进经济又好又快发展。

推进政府机构改革。按照精简统一效能的原则和决策权、执行权、监督权既相互制约又相互协调的要求，紧紧围绕职能转变和理顺职责关系，进一步优化政府组织结构，规范机构设置，探索实行职能有机统一的大部门体制，完善行政运行机制。分类推进事业单位改革，完善公益事业单位法人治理结构，建立充满活力的发展和运行机制。

深化投资体制改革。完善政府退出机制，除关系国家安全和生态安全、涉及重大生产力布局、战略性资源开发和重大公共利益等项目外，一律由企业依法依规自主决策，政府不再审批。深入推进投资审批改革，进一步简化投资项目报建手续，压缩前置审批环节并公开审批时限。加快推动投融资公司改革，实现国有资源、资产、资本、资金效益最大化。积极引进股权融资、信托投资或民营资本参与市政建设。

六 共享发展 开创幸福二七新局面

以增强居民福祉为目标，筑牢织密民生保障底线，优化公共服务供给，加快社会治理创新，让二七区发展成果更广泛、更公平、更实在地惠及广大群众，使人民群众在共建共享发展中拥有更多的获得感和幸福感。

（一）建立更加公平更可持续的民生保障体系

1. 大力促进就业创业

实施就业优先战略。把就业纳入投资项目综合评价体系，优化公共就业服务机构的服务功能和网点布局，加快建设以公共就业服务机构为主体、基层劳动保障事务所为基础、营利性职业介绍机构为补充的人力资源市场。统筹做好应届毕业生、农村劳动力、就业困难群体的就业工作，大力推进社区岗位开发，探索更为积极的困难群体就业帮扶手段和模式。完善政府购买服务机制，大力培养、引进促进就业的社会和专业力量。

健全创业带动机制。完善政策扶持、服务导向、基地孵化等多层次、全方位的创业帮扶体系，营造更加宽松便利的创业创新环境。组织开展"大学生创业比赛""创业之星"等活动，重点鼓励和支持大学生、草根能人创新创业。

加强职业技能培训。着力培育面向全体劳动者的职业培训体系，实施农民工职业技能提升和失业人员转业转岗培训。加快培养区域导向性产业相关领域所需的高技能人才和专业人员，提升人力资源整体素质。鼓励立足岗位的创新创造，发挥技术领军人才"传帮带"作用，积极培养岗位能手。推进职业培训机构的管理和服务，规范办学，提高质量。

构建和谐劳动关系。加大劳动力市场的监管力度，运用信息化手段加强动态监测和政策跟踪。维护职工和企业的合法权益，推动带薪休假制度的实施。增强企业依法用工和职工依法维权意识，有效预防和化解劳动关系矛盾，建立规范有序、公正合理、互利共赢、和谐稳定的劳动关系。

2. 构建多层次的养老服务格局

不断健全养老服务体系。探索建立服务供给、需求评估、服务保障、政策支撑、行业监督"五位一体"的社会养老服务体系。到2020年，累计新增养老床位1000张，总计达到4000张。

完善养老服务保障机制。健全政府购买服务机制，鼓励社会力量建设养老服务设施，支持社会组织参与养老机构运营管理、承接养老服务项目。进一步规范养老服务行业标准，完善分类监管评估机制，建立信息披露制度。加强对养老服务队伍的培训和管理，建立相对合理的薪酬体系和动态调整机制，整体提升从业人员服务能力。

3. 加强住房保障体系建设

完善多层次住房保障体系。在加强房地产市场调控的同时，完善由廉租房、共有产权保障房、公共租赁房、征收安置房共同构成的多层次住房保障体系。

加强物业管理。完善物业管理体系，强化公房和售后房小区物业服务规范化管理，优化物业管理综合服务中心的运行机制。理顺物业服务收费价格机制，基本实现住宅小区物业服务收费市场化。优化物业分类管理，做好物业管理服务托底保障。推动实力强、有品牌的物业服务企业做大做强，提升物业行业整体服务质量。

4. 完善社会救助体系

坚持"托底线、救急难、可持续"，健全以最低生活保障、特困人员供养为基础，支出型贫困家庭生活救助、受灾人员救助和临时救助为补充，医疗、教育、住房、就业等专项救助相配套，社会力量充分参与的现代社会救助制度体系。创新社会救助机制和方法，引进社会力量参与社会救助，搭建社会救助信息工作平台，实现帮困主体、社会救助资源以及困难对象三方信息互通共享。在扶贫济困、为困难群众救急解难等领域广泛开展慈善帮扶，形成慈善事业与社会救助的有效衔接和功能互补。积极开展风险综合评估，健全社会综合防灾减灾体系建设。

（二）大力发展惠民便民的社会事业

1. 促进教育优质均衡发展

突出二七特色，打造"多彩教育"文化品牌。围绕二七教育"品质化、信息化、国际化"发展目标，突出二七教育特色，推动二七教育内涵式发展，构建富有二七特色的"多彩教育"文化品牌，全面提升二七教育的知名度和美誉度。

突出改革重点，建立健全教育优先发展保障机制。围绕新建城区学校的规划建设和老旧学校改扩建工作，完善以财政拨款为主、多渠道筹措教育经费的体制，健全和落实城市建设配套学校建设机制。认真贯彻落实《中长期教育改革和发展规划纲要（2010~2020）》，持续实施教育基础设施升级改造工程，加快推进"三通两平台"建设，力争实现教育信息化基础设施建设新突破、优质数字教育资源共建共享新突破、信息技术与教育教学深度融合新突破、教育信息化科学发展机制新突破。围绕打造教育强区目标，持续深化"名教师"培养工程，做好优秀教育人才引进工作，完善教师交流方案，加强高素质教师队伍建设。

突出全民、终身教育，构建现代化教育体系。深入推进基础教育均衡优质发展。加快推进学前教育，完善政府投入、社会参与、家庭合理分担的投入机制，推动幼儿园建设，扩大公办幼儿园建设规模，支持民办幼儿园提供普惠性服务，到2020年，力争实现学前教育全普及；深入实施义务教育均衡发展行动机制，努力实现义务教育发展水平整体提升和高位均衡；大力发展特殊教育，建设特殊教育资源中心，到2020年，力争全区的智残、肢残、盲聋哑等残疾儿童少年入学率达到95%以上；全面普及高中阶段教育，优化普通高中结构和布局，推动高中教育优质发展。加快建立终身教育体系。积极发展多种形式的成人教育、继续教育和社区教育，加快形成广覆盖、多形式、多层次、开放式的终身教育网络，建设全民学习、终身学习的学习型社会；积极创建省级社区教育示范区，重点建设标准化社区学校，建设社区教育专兼职队伍和志愿者队伍。

2. 提升区域居民健康水平

深化医药卫生体制改革。全面推进社区卫生服务综合改革，完善社区卫生机构实质，建立社区服务网络功能，提升社区卫生服务能力，提高居民健康水平；推进公立医院改革，启动医药分开重点改革，通过取消药品加成、调整医疗服务价格、建立政府补偿机制等手段，强化公立医院公益性。

增强公共卫生服务能力。加快公共卫生综合服务中心、郑州市精神病防治医院建设，建立健全疾病预防控制、健康教育、妇幼保健、精神卫生、应急救治、卫生监督和计划生育等专业公共卫生服务网络；逐步提高人均公共卫生经费标准，全面免费提供国家基本公共卫生服务项目，实施重大公共卫生专项；积极预防重大传染病、慢性病、职业病、地方病和精神疾病；普及健康教育，到 2020 年，城乡居民基本建立电子健康档案；注重发展中医药事业，力争 2020 年基本建立中医药健康服务体系。

健全医疗卫生服务体系。全面加强公共卫生服务体系，建设以三甲医院为核心、其他医院为依托、社区医院为基础的三级公共卫生服务网络，促进城乡居民逐步享有均等化的基本公共卫生服务。优化医疗卫生服务布局，形成基层医疗卫生机构和高等级医院功能区分合理、协作配合、互相转诊的服务体系。完善社区卫生服务体系，打造"15 分钟社区卫生服务圈"，逐步建立覆盖全区社区居民的"家庭医生制度"。

积极开展全民健身活动。加快二七区全民健身活动中心建设，不断推进社区体育"五个一"工程建设，促进基层体育工作的全面发展，为人民群众提供基本体育服务；围绕尖岗水库，整合周边资源，打造市民健身休闲场所；支持开展"全面健身，幸福中原"等主题活动，鼓励举办有特色的体育竞赛活动；支持发展体育产业，培育体育健身市场，扩大和引导消费，推动体育产业与旅游、文化等相关产业互动发展。

3. 协调发展其他各项社会事业

充分发挥工会、共青团、妇联、红十字会等人民团体和群众团体的枢纽作用，助推社会事业有序发展。支持残疾人事业发展，健全扶残助残服务体系。推进民族团结，加强对来二七区的少数民族人员的服务和管理，做好少数民族地区对口支援、协作和帮扶工作。切实做好宗教工作。加强国防教育，提高双拥优抚安置工作水平，不断推动军民融合深度发展。全面推进档案、地方志事业发展，做好外事、语言文字、史志年鉴等各项工作。

（三）构建居民共享共建的社会治理体系

1. 推进社区治理创新

探索社区新型管理体制。探索建立社会管理与物业管理相分离的社区服务管理新机制，不断提升社区管理水平。积极开展以社区党建、社区组织、社区服务、社区文化、社区卫生、社区治安为主要内容的社区建设。积极改善社区办公环境，加强社区综合用房建设和社区工作人员队伍建设，增强为民服务意识，推动社区管理服务工作走向正规化、制度化。

开展"示范社区"创建活动。以街道、社区为依托，以社区服务中心和各类服务设施为基础，完善社区综合服务体系，大力推进社区服务业健康快速发展。"十三五"期间，争取建立起覆盖全区的功能完备、运转高效的社区综合服务体系，构建起面向广大市民的公共服务平台、劳动保障工作平台、信息服务平台和便民服务平台。在就业服务、家政服务、养老托幼、扶残助残、购物餐饮、卫生保健等领域，培育一批网络化连锁经营的社区服务企业。到2020年末，全区社区办公面积全部达到500平方米以上，新建社区达到1000平方米以上，建成5个不少于5000平方米的社区服务中心。

2. 加强依法治区建设

全面推进依法治区。全面推进依法行政，严格依照法定权限和程序行使权力、履行职责。健全权责明确、行为规范、监督有效、保障有力的执法体制。加快公布"权责清单""负面清单"，厘清政府与市场、社会的职责法律边界，提升法治政府建设水平。规范行政处罚自由裁量权，落实重大行政处罚案件备案制度，加强人大法律监督。开展区委常委会议学法、区政府常务会议学法、"一把手"出庭应诉等工作，发挥领导干部示范带头作用。

深入开展"法治城区"创建活动。加快制定《二七区法治城区建设工作方案》，研究制定《二七区法治城区建设工作测评指标体系》，在全区推动"法治城区"创建活动。建立法治城区建设责任机制，完善奖惩机制，推动全区"法治城区"创建活动顺利开展，力争通过五年的实施，使全区依法治区工作再上新的台阶。

3. 切实保障公共安全

建立安全生产长效机制。坚持安全第一、预防为主、综合治理，以保障人民群众生命、财产安全为根本出发点，强化安全生产主体责任和责任追究，完善安全生产监管体系。建立完善安全生产综合监管与行业领域监管相结合的重大事故隐患排查治理机制，完善重大安全生产事故预警、预防控制体系和应急救援体系。

深入推进"平安二七"建设。加强信访工作，继续实行党政领导接访制度，试行律师参与疑难信访案件处理机制，加大信访积案化解力度，确保社会大局和谐稳定。建立重大工程项目建设和重大政策制定的社会稳定风险评估机制。加快建立联动巡防机制，加强视频监控平台等信息体系建设，不断提升社会治安综合治理能力。深入开展重点地区治安排查整治工作，严厉打击黑恶势力犯罪、严重暴力犯罪和"两抢一盗"等多发性犯罪活动。强化社区矫正和释解人员安置帮教工作，预防和减少重新违法犯罪。

完善突发事件应急机制。按照预防与应急并重、常态与非常态结合的原则，进一步完善和落实应急预案，加快城市重大危险源监控与应急救援体系建设，有效应对自然灾害、事故灾难、社会安全等突发公共事件，提高危机管理能力和抗风险能力。加强法规体系建设，健全防控网络。推进应急平台建设，实现应急资源优化配置，提高应急处置效率和水平。

4. 加强人口服务管理

完善人口登记与管理制度。改革户籍登记制度，建立城乡统一的户口登记和管理制度。推行居住证制度，建立健全以居住证为载体、与居住年限等条件相挂钩的基本公共服务提供机制。加强和完善流动人口管理，稳妥推进流动人口基本公共服务均等化。健全人口信息管理制度，建设完善覆盖全区人口、以公民身份号码为唯一标识、以人口基础信息为基准的人口信息管理系统，分类完善劳动就业、教育、收入、社保、房产、信用、计生、税务、民族、婚姻等人口信息，逐步实现跨部门、跨地区信息整合和共享。

深化人口和计划生育改革。坚持计划生育基本国策，统筹人口数量、素质、结构的长期均衡发展。深化人口和计划生育综合改革，构建人口与经济互动协调发展的机制，推进人口和计划生育工作转型提高。全面开展创建国家级人口优质服务先进区活动，提高出生人口素质，遏制出生人口性别比偏高趋势。强化基层基础工作，完善各级计划生育服务机构标准化和规范化建设，推进计划生育基本公共服务均等化。"十三五"期间，全区人口自然增长率控制在8‰以内。

七 齐心协力 实现"两个率先"新蓝图

国民经济和社会发展规划是政府履行宏观调控、经济调节和公共服务职责的重要依据，是规划期限内本级政府的行动纲领。为保证本规划得到有效实施，必须紧密结合新的时代背景和二七区发展的阶段要求，进一步建立健全科学有效的规划实施保障机制，提高规划的科学性、民主性，更好地发挥规划对二七区"十三五"期间改革与发展的总体指导作用。

（一）突出规划引领功能

1. 坚持规划先行

切实发挥"十三五"规划对未来五年二七区经济社会发展的引领和指导作用，将其作为政府履行经济调节、市场监管、社会管理和公共服务职责的重要依据。通过规划的战略指引，加强对市场、企业和社会公众的引导。根据国内外的发展形势和国家的宏观政策，及时修订和优化规划内容，保持规划的战略性、前瞻性和操作性。

2. 完善规划体系

要不断完善由总体规划、空间布局规划、专项规划、区域（片区）规划、部门行业规划组成的全区国民经济和社会发展规划体系，形成以"十三五"规划为统领，专项规划和区域规划等各类规划层次分明、功能清晰、统一衔接的规划体系。

3. 确保规划衔接

贯彻郑州市"十三五"时期的总体要求，切实做好规划纲要与各专项规划的衔接配合工作，加强与土地利用规划、城市总体规划等相关规划的衔接，确保在总体要求上指向一致，在空间配置上相互协调，在时序安排上科学有序。编制实施好专项规划，确保各项专题规划既能与本规划指向一致，又能明确各专项领域的发展方向、工作重点和政策措施安排。

（二）强化项目带动作用

1. 建立项目负面清单

按照"非禁止即可行"原则，根据国家、省、市产业政策，结合二七区转型发展要求，科学合理建立负面清单制度，进一步放宽项目投资准入，合理引导投资方向。清单以内的项目严格依法审批，清单以外的项目简化审批，划清政府与市场边界，进一步激发市场主体活力。负面清单依据《政府核准的投资项目目录》《产业结构调整指导目录》以及河南省、郑州市有关法律、法规和决定，结合二七区经济社会发展实际情况动态调整。

2. 健全项目跟踪机制

建立"十三五"重点项目协调服务小组，明确各项目责任单位和责任人，对落地项目实行全程跟踪服务，准确掌握项目推进情况，及时分析协调解决项目推进过程中出现的问题，确保规划能够通过项目实施得到有效落实。协调服务小组要对跟踪单位上报的反馈情况进行梳理、分类，建立项目进展情况、企业跟踪情况的月报制度，并将有关问题提交区相关会议讨论。

3. 加强项目绩效评价

建立项目绩效评价机制，对"十三五"重点项目完成情况及社会效益等进行综合评价，加强项目运作的科学性、有效性。科学确定项目绩效评价的指标体系，从项目功能绩效指标、财务效益绩效指标和社会效益绩效指标三个方面进行综合评价。评价结果要作为政府工作绩效评价的重要参考，要依法对外公开，接受社会监督。针对项目在绩效评价中发现的问题，要及时将整改并将整改进展情况报项目负责部门，切实提高项目实施水平和效益。

（三）完善要素支撑体系

1. 强化金融支撑

根据本规划纲要确定的重点任务和重大项目，整合政府投资资金，优化投资结构，改进投资方式，建立与规划任务相匹配的政府投资规模形成机制。紧抓郑州市国际商都建设的重大机遇，积极争取省和郑州市的资金支持。建立多元化的融资体系，鼓励民间资本通过合资、合作、独资等方式投资二七区基础设施、公共服务等领域。设立创业投资和产业投资引导基金，引导资金流入高端商贸、生态文化等重点产业领域。

2. 强化人才支撑

按照"产城融合、城乡一体"的战略谋划，培养和引进一大批适应产业转型、生态文化建设需求的人才群体，特别是高端商贸产业、旅游产业、现代农业等多个领域的领军人才和与之配套的"蓝领"技术工人，突破人力资本发展瓶颈。创新人才选拔、评价、考核和奖惩制度，提升人才的开发利用水平，探索建立与国际接轨的人才管理、人才创新创业机制。邀请专家型、学者型高端人才，组建博士团、顾问团，成为支撑二七区科学发展的决策智库。

3. 强化政策支撑

"十三五"时期，要在分析、梳理现行政策的基础上，着眼于发展的关键领域，制定出台一批重大的经济和社会发展政策，形成对发展的有力支撑。以郑州市国际商都建设为契机，积极争取市级政策和省级试点政策，创造政策势能，把握发展机遇。要强化政策统筹协调，注重政策目标与政策工具、短期政策与长期政策的衔接配合。

（四）加强动态考核评估

1. 加强考核考评

建立科学的规划考核指标体系，纠正单纯以经济增长速度评定政绩的偏向，加大科技创新、生态文化等指标的权重，更加重视结构优化、民生改善、环境保护。确定合理的考核办法和评估方式，加强对规划中关键目标、重点任务、重大项目、进展进度等的考核评价。考评结果作为各级各部门领导班子调整和领导干部选拔任用、奖励惩戒的重要依据。

2. 加强监测评估

建立规划实施基础信息数据库，确定全区经济社会发展、产业布局、城乡建设、土地利用和环境保护等的基线标准，明确各项监测指标，加强监测评估能力建设。在规划实施的中期阶段，由区政府组织开展全面评估，并将中期评估报告提交区人民代表大会常务委员会审议，根据中期评估情况以及国内外形势变化需要进行修订时，由区政府提出意见，报区人民代表大会常务委员会批准。

3. 加强社会监督

切实加强人大及其常委会、政协对规划实施的民主监督，着重强化司法监督、新闻舆论监督和社会监督，拓展政府与企业、居民的信息沟通渠道与反馈途径，对规划实施进行有效监督，鼓励公民为规划实施建言献策。团结和依靠广大干部群众，齐心协力，扎实苦干，为圆满完成规划所确定的各项任务目标努力奋斗。

新乡市平原城乡一体化示范区"十三五"发展战略研究

2010 年 2 月，经河南省政府批准，新乡平原新区正式成立。2013 年 12 月，河南省委、省政府将平原新区更名为新乡市平原城乡一体化示范区，简称平原示范区。辖区内含原武镇、祝楼乡、桥北乡、师寨镇、龙源办事处和农牧场，区域面积 295 平方公里，总人口 20 万人。平原示范区与郑州一河之隔，三桥相连，距郑州市区 20 公里，新乡市中心 35 公里，焦作市中心 45 公里，区位优势明显。根据中央、省、市关于制定国民经济和社会发展第十三个五年规划的建议，结合平原示范区发展实际，形成平原示范区"十三五"发展研究报告如下。

一　发展回顾

"十二五"时期，面对极为错综复杂的形势和艰巨繁重的任务，平原示范区紧紧围绕实现城乡一体发展和推进郑新融合发展两大任务，强力打造"农业硅谷、科技新城、产业基地、宜居水乡"四大目标，统筹抓好稳增长、促改革、调结构、惠民生、防风险等各项工作，经济社会保持了平稳较快的发展态势。

经济综合实力稳步提升。初步预计，2015 年地区生产总值达到 17.3 亿元，地方公共财政预算收入达到 6.54 亿元，五年累计完成全社会固定资产投资 314.59 亿元，全社会消费品零售总额达到 8.8 亿元。

现代产业体系初步构建。积极承接产业转移，累计签约亿元以上项目 61 个，总投资 850 亿元，其中生产企业和经营性建设项目 55 个，占企业和项目总数的 60%，初步形成了医疗健康、电子信息、印刷包装三大主导性产业集群。现代服务业发展不断提速，中部医药物流产业园、农商新天地等现代物流体系建设加快推进，商贸流通业稳步发展，已实现累计投资 17.7 亿元；房地产业发展层次和规模不断提升，先后吸引恒大、绿地、绿城、碧桂园等知名企业开发建设。科技创新能力不断提高，新增 2 个省级重大科技专项、1 个省级科技型企业孵化器和 2 个市级科技计划项目。

发展载体建设初见成效。产业集聚区累计实施各类重点项目 76 个，总投资 920 亿元，完成固定资产投资总额累计达到 248.41 亿元，规模以上工业企业达到 15 家。产业集聚区配套服务和集聚能力明显提升，华兰生物医药产业园中试基地、金龙集团锂电池隔膜材料、金水电缆集团环保型电缆生产基地等项目相继建成，并投入试运营。商务中心区建设全面展开，累计签约项目 14 个，总投资 360 亿元。恒大威尼斯商业中心、绿地商业步行街、奥特莱斯等城市综合体项目正在加快建设，总部经济集聚效应不断凸显，中原印刷科技产业园、河南瑞邦数码机电产业园、南大苏富特软件产业园、上海科技城等项目正在积极推进，已吸引 10 家企业总部陆续入驻。

城乡一体化格局基本形成。城镇综合承载力稳步提高，城乡一体发展稳步推进，2015 年城镇化率达到 30%。先后编制完成城乡各类规划 25 项，初步形成了规划面积 188 平方公里，核心区 50 平方公里的“一核心三片区”的城市发展格局。郑新融合发展的桥头堡作用进一步增强，基础设施互联互通、公共资源共建共享有序推动，中心城区的快速通达能力明显提升。城市水、电、路、气等基础设施和污水处理、垃圾处理等功能基本齐备。滨湖、龙源两个社区得到有效整合，具备良好的人口和产业入驻条件。桥北、师寨、祝楼等小城镇的功能日益完善，加快建设成为服务“三农”重要载体和面向周边农村的生产生活服务中心。

基础支撑能力明显增强。田园水乡建设成效显著，城乡景观生态水系进一步完善，兼具城市景观、引黄调蓄及农田排灌功能的 1840 亩凤湖生态公园和黄河北部万亩湿地、农科院内湖、五龙池等上下游河道 78 公里生态水系网络初步建成。绿化投资不断加大，“十二五”期间累计绿化城区面积 300 万平方米、绿化道路 68.8 公里。基础设施不断完善，城乡功能实现共建共享，“十二五”期间累计完成基础设施投资 75 亿元，建成城市道路 57 公里，铺设污雨水、电力、通信等地下管网 195 公里，新续建桥涵 16

座，完成新河道开挖 21 公里，建成 110 千伏输变电站 2 座。信息网络系统不断完善，4G 网络实现全覆盖。资源保障能力明显增强，日处理污水 2 万吨处理厂建成投用，日供水 15 万吨城市供水厂一期日供水 3 万吨工程正在加快建设。能源支撑能力稳步提升，累计铺设燃气长输管线 39 公里，建设日供气 2 万立方米天然气门站一座，铺设城区燃气管网 23.5 公里，实现建成区天然气供应全覆盖。

改革开放不断推进。行政管理机制改革稳步推进，管理方式不断创新，实行领导主副协同、区乡整体联动的工作管理机制。服务方式不断完善，简政放权步伐加快，实施"并联审批 + 首席服务官 + 现场办公 + 综合督查 + 优化环境"的五位一体服务机制，行政审批时限由平均 200 多天压缩到了 34 天。城乡一体化综合改革先行先试，在全省率先开展新型农民技能培训、被征地农民养老保险、农村集体产权制度改革和人地挂钩等政策试点。投融资制度改革取得显著成效，获选全省唯一与农发行首批开展融资合作试点示范区，平原投资集团通过整合各类资源形成集"投资、建设、经营"等多元化经营模式的新乡市第二大平台发展公司，银行授信额度累计达到 69.8 亿元，成功进入全省首批 6 个 PPP 项目融资合作试点。

社会事业逐步发展。扩大就业和稳定就业并重的发展战略扎实推进，就业形势保持基本稳定，"十二五"期间，全区城镇登记失业率始终控制在 4.5% 以内。"技能振兴计划"有序实施，职业技能培训力度进一步加大，累计开展职业技能培训 3508 人次，培养高技能人才 70 人。覆盖城乡的社会保障体系初步建立，全区城乡居民社会养老保险参保人数为 49288 人，其中 60 岁以下 29944 人，累计征收养老保险费 1157 万元，60 岁以上 19344 人，累计发放养老金 4239.77 万元。社会保障体系逐步健全，新型农村、城镇居民、被征地农民社会养老保险合并实施，提前实现了城乡居民养老保险制度全覆盖。

在充分肯定取得成绩的同时，也应清醒地看到，在经济新常态下，受国家政策约束、市场需求减弱等多重因素影响，投资增速趋缓，拉动经济增长贡献率降低；主导产业不突出，产业集群项目还未形成生产能力；现有企业规模小、附加值低，创新能力不足；战略新兴产业、现代服务业比重偏低；中心城区功能有待提升，城乡一体和共享发展程度有待提高。

二　发展环境

"十三五"期间，国际国内环境将继续发生深刻变化，平原示范区发展面临许多新变化新情况新问题，机遇与挑战交织并存。准确把握当前平原示范区发展所处的历史方位，认识新常态、把握大势，适应新常态、顺势而为，引领新常态、主动作为，以现代化的思维和方式谋划推动全面建成小康社会，加快推进现代化建设。

（一）面临的机遇和有利条件

一是全球新一轮科技和产业革命带来新机遇。科技革命和产业变革方兴未艾，新一代以信息技术、智能制造、3D 打印为代表的新技术不断涌现，电子商务、大数据、云计算等新产业新业态迅猛增长，"互联网＋"日益深入产业、基础设施和公共服务等领域，正在形成新的生产方式、产业形态、商业模式和经济增长点，有利于平原示范区做旺现代服务业、提升现代工业、做强现代农业，培育发展新经济、新业态、新模式，拓展发展新空间，抢占发展制高点。二是积极推进供给侧结构性改革带来新机遇。原来需求侧投资、消费、出口"三驾马车"增长乏力，制度变革、结构优化、要素升级等"三大发动机"正在成为经济增长的新动力，为平原示范区降低企业成本、补齐发展短板、实施创新驱动坚定了信心，带来了机遇。三是国家和省、市重大发展战略带来的新机遇。国家重点实施"一带一路"建设，统筹推进四大板块协调发展，发布实施"中国制造 2025"和"互联网＋"行动计划，深入推进新型城镇化建设；河南省三大国家战略规划深入实施，新乡成功纳入河南自贸区、郑洛新国家自主创新示范区和产业集聚集群创新发展综合改革试点，有利于平原示范区发挥先行先试优势，积极承接产业转移、扩大对外开放，实现与丝绸之路经济带沿线各城市和中原城市群其他城市的联动发展、融合发展、共赢发展。四是郑新融合发展带来的新机遇。郑州都市区战略逐步上升到全省层面，郑新融合步伐加快，有利于平原示范区进一步明确功能定位，在郑新交通、生态、产业等对接中获得先发优势。五是平原示范区不断强化自身综合优势带来新机遇。经过多年的发展和积累，示范区经济综合实力日益增强，后发优势和综合竞争优势日益彰显;全区上下思想统一、精神振奋,加快发展、赶超发展的意愿更加强烈,干事创业的氛围较为浓厚,为实现跨越发展奠定了坚实的思想基础。

(二) 面临的矛盾和不利因素

一是主导产业优势尚未形成,集聚集群度不高、关联性不强的局面急需改变。虽然在发展过程中明确了医疗健康、电子信息、印刷包装三大主导产业,但是印刷包装产业园尚在建设阶段,电子信息产业和大健康产业园刚刚起步规划,没有达到一定的发展规模,没有形成新的经济增长点,经济平稳运行的基础还不牢固,下行压力相对较大。二是城市功能有待进一步完善。城市供热、垃圾处理、综合性医院、大型购物商场、文化休闲娱乐等基础设施和公共服务设施尚不具备,社会保障相对滞后。三是财政收入结构不合理,房地产占比大、工业等其他领域占比小的局面急需改变。四是要素供给和环境承载力的瓶颈制约日益凸显,节能减排压力不断加大,土地指标约束日益趋紧,生态文明建设任务艰巨。五是体制机制不完善,遗留问题多、工作推进难的局面急需改变。

总体看,"十三五"时期平原示范区发展面临许多新变化、新情况、新问题,机遇与挑战交织并存,现代化建设外部环境总体向好、机遇大于挑战。必须增强忧患意识、紧迫意识、责任意识,抢抓机遇,应对挑战,着力解决发展中的突出问题,切实把经济增长的动力转换到科技引领、创新驱动的发展轨道,把社会建设的方向转换到完善公共服务、保障社会公平的发展轨道,努力开创经济社会发展的良好局面。

三 总体要求

(一) 指导思想

"十三五"时期,平原示范区经济社会发展的指导思想是:高举中国特色社会主义伟大旗帜,全面贯彻党的十八大和十八届三中、四中、五中全会精神,以马克思列宁主义、毛泽东思想、邓小平理论、"三个代表"重要思想、科学发展观为指导,深入贯彻习近平总书记系列重要讲话精神，按照"五位一体"总体布局和"四个全面"战略布局，坚持发展是第一要务，牢固树立和贯彻落实创新、协调、绿色、开放、共享的发展理念，以建设"融入重大战略的新高地、郑新融合的桥头堡、沿黄经济带的中心城、改革开放的排头兵、新乡经济的增长极"为战略定位，坚持实施"生态立区、产业兴区、创新活区、富民强区"四大战略，着力推动产业集聚发展，着力推动城镇引领发展，着力提高基础支撑能力，着力改善生态环境质量，着力创新体制机制，着力融入大郑州都市区，努力推动综合实力晋位升级，全力打造工业、服务业和都市高效农业协调发展的复合型经济发展区，努力建设经济、民居、生态功能兼具的现代化综合发展实验区和科学发展样板区。

贯彻上述指导思想，必须遵循"54321"的战略导向。

明确"五大定位"：融入重大战略的新高地、郑新融合的桥头堡、沿黄经济带的中心城、改革开放的排头兵、新乡经济的增长极。紧盯"一带一路"倡议、内陆型自贸区等，着力建成融入国家和省重大战略的新高地；紧抓建设大郑州组合型城市的趋势，对接郑州、连接新乡，着力建成郑新融合的桥头堡；努力站在开放的前沿，坚持以开放促改革，积极融入郑州航空港综合实验区，探索内引外联的体制机制，着力建设改革开放的排头兵；着力走在区域发展前列，率先崛起，联动左右，着力打造全市沿黄经济带的中心城；主动担当、迅速做强、跨越崛起，着力建成新乡经济的增长极。

实施"四大战略"：生态立区、产业兴区、创新活区、富民强区。实施生态立区战略，把生态文明建设作为示范区的生命线，坚持绿色发展，低碳、环保、生态相结合，宜居、宜游、宜业为一体，加快建设田园水乡，提升生态涵养功能，走出一条区域生态文明发展的路子，积极推动示范区绿色崛起、绿色跨越。实施产业兴区战略，以产为基、复合发展，做大工业、做强农业、做旺服务业。实施创新活区战略，以智慧城市建设为主线，紧紧抓住郑洛新国家自主创新示范区建设机遇，完善创新政策体系，推动大众创业万众创新，着力引人才、引技术、引品牌，在生物医药、电子信息、印刷包装、检验检测等领域打造一批具有区域影响力的科技创新中心，着力打造创新型示范区。实施富民强区战略，聚焦小康社会短板领域，秉持共享发展理念，全面保障和改善民生，努力提高城乡居民收入和社会保障水平，着力实现公共服务均等化，让更多的发展成果由群众共享，全面迈入小康社会新生活。

坚持"三大提升"：引资项目质量提升、专业园区发展层次提升、城市建设功能提升。坚持引资项目质量提升，积极开展招商引资和招才引智"双招"工程，制定出台招商引资优惠政策，加快建链、补链、延链、强链步伐，招大引强、招新选高、招链聚群，着力建设高品质、高品位示范区。坚持专业园区发展层次提升，以大健康产业园、电子信息产业园、印刷科技产业园、商务中心区为平台，高起点培育发展战略新兴产业，加快发展新业态新模式，增强专业园区核心竞争力。坚持城市建设功能提升，以人的城镇化为核心，以提高质量为关键，提升城市综合承载能力，补齐医疗、文化、商业、供暖等城市功能短板，做旺人气，为经济持续健康发展提供持久强劲动力。

促进"两个复合"：一二三产业复合发展；经济、生态、民居功能复合发展。聚焦区域特色资源，大力发展特色型工业，突出发展现代服务业，做大做强特色高效农业，积极构建多元共生、一二三产业融合发展的特色产业发展新体系。坚持适用、经济、绿色、美观方针，提升规划水平，增强城市规划的科学性和权威性，促进"多规合一"，全面开展城市设计，全面推进海绵城市建设，积极构建经济、民居、生态功能兼具的综合性科学发展实验区。

探索"一条道路"：城乡一体化发展新路。准确把握示范区综合性载体和复合型发展的内涵定位，以产业集聚、功能集合、服务集优、人口集中、土地集约为核心，以率先全面建成小康社会、率先实现现代化、率先健全城乡发展一体化体制机制为目标，持续探索、先行先试，着力在构建现代城乡体系、构建现代产业体系、公共服务均等化、生态文明建设、体制机制创新等方面明显突破，走出一条符合科学发展要求的城乡一体化新路。

（二）基本原则

坚持以人为本，增进活力。以实现人的全面发展为目标，坚持以人民为中心的发展思想，把增进人民福祉、促进人的全面发展作为发展的出发点和落脚点，发展人民民主，维护社会公平正义，保障人民平等参与、平等发展权利，充分调动人民积极性、主动性、创造性。

坚持生态优先，绿色发展。把生态文明理念融入平原示范区建设全过程和各领域，大力推进绿色发展、循环发展、低碳发展，形成节约资源和保护环境的空间格局、产业结构、生产生活方式，推动人与自然和谐共生，努力建设天蓝地绿水清的美好家园。

坚持产业为基，就业为本。把产业作为城乡一体化发展的基点，科学合理确定产业发展方向和重点，加快推进产业发展载体建设，加快推动产业集群集聚发展，着力构建现代产业体系，有序推进劳动力转移就业，以增强就业吸纳能力和基本公共服务承载能力提高城乡一体化发展的质量。

坚持创新驱动，转型升级。充分发挥市场配置资源的决定性作用，以建设科技新城为目标，抓住主体、平台、载体、机制、专项、人才等关键环节，大力推进大众创业万众创新，以科技创新为核心，协同推进产品创新、商业模式创新、服务业态创新，努力实现由要素驱动为主向创新驱动为主转变。

坚持开放带动，深度融合。围绕建设对外开放示范区为目标，积极主动融入国家"一带一路"建设，积极融入郑新一体化发展大局，拓宽开放领域，强化项目带动，以开放促改革、促转型、促发展、促创新，形成全面开放合作新格局。

（三）发展目标

综合考虑未来发展趋势和发展基础条件，充分体现全面建成小康社会的目标要求，结合"十三五"期间平原示范区经济社会发展面临的形势，今后五年经济社会发展的总体目标是全面建成小康社会，在此基础上力争打造"一个亮点"、实现"六大突破"。打造"一个亮点"，即坚持生态优先，绿色发展成为平原示范区亮丽名片。实现"六大突破"，即综合实力实现新突破、产业升级实现新突破、新型城镇化实现新突破、生态文明建设实现新突破、改革创新实现新突破、人民生活实现新突破。

综合实力实现新突破。在提高发展平衡性、包容性、可持续性的基础上，主要经济指标年均增速高于全市平均水平，地区生产总值年均增长9.5%以上，全社会固定资产投资年均增长16%以上，公共财政预算收入年均增长10%以上，社会消费品零售总额年均增长14%以上，成为新乡发展重要增长极。

产业升级实现新突破。三化协调、四化同步发展实现新突破，经济结构更加优化，城乡结构、需求结构、要素投入结构调整取得重大进展，服务业增加值比重占生产总值的比重达到30%以上；医疗健康、电子信息、印刷包装等主导产业不断壮大，初步形成百亿级产业集群，自主创新能力明显增强，都市休闲农业发展布局不断优化。

新型城镇化实现新突破。城镇化质量和水平明显提升，全区人口达到30万，常住人口城镇化率达到60%以上；中心城区建成区面积达到30平方公里以上，初步建成沿黄经济带的中心城市；城乡基础设施和公共服务设施实现互联互通、共建共享；平原示范区至郑州公交线路开通运营，郑济高铁平原示范区站建成投用，内捷外畅的现代化综合交通网络初步建成。

生态文明建设实现新突破。资源节约型、环境友好型社会建设取得重大进展，生产方式和生活方式绿色、低碳水平上升；人均公共绿地面积达到15平方米；重点领域和行业能源资源开发利用效率大幅提高，单位生产总值能耗、二氧化碳排放量、主要污染物排放量控制在下达的指标范围内，生态系统步入良性循环，成为名副其实的田园水乡。

改革创新实现新突破。各方面制度更加成熟更加定型，治理体系和治理能力现代化取得重大进展，重要领域和关键环节改革取得决定性成果。郑新融合发展的桥头堡作用不断凸显，全方位对外开放的格局基本形成，政府职能转变、体制机制创新迈出重大步伐，现代市场体系、现代城乡体系和现代创新体系基本完善。

人民生活实现新突破。大众创业万众创新活力竞相迸发，就业渠道更加畅通、就业岗位更加丰富、就业服务更加健全，高技能人才占技能劳动者比重达到30%，调查失业率控制在4%以内。覆盖城乡居民的社会保障体系进一步完善，基本公共服务均等化程度提高。居民人均可支配收入增速达到9.5%以上，医疗卫生服务能力大幅提高，教育现代化取得重要进展，社会更加安全稳定和谐。

四 着力构建现代产业体系

抢抓"中国制造2025"、河南省先进制造业大省建设行动计划等重大战略机遇，坚定不移走产业集群发展之路，按照竞争力最强、成长性最好、关联度最高的原则，发展壮大医疗健康、电子信息和印刷包装三大主导产业，培育形成产业链条健全、专业协作机制完善的百亿级产业集群。力争到 2020 年，全区规模以上工业完成增加值 15 亿元，占全区生产总值的比重达到 60% 左右。

（一）打造三大百亿级产业集群

聚集优势产业领域，坚持集群化发展战略，积极承接专业化、产业链、集群式转移，推动同类产品同类企业集中布局，上下游产业链和关联企业协同发展，重点培育打造大健康、电子信息和印刷包装三大产业集群，力争到 2020 年，实现三大产业集群销售收入超过 100 亿元。

按照"树立大健康理念、进行大健康教育、创新大健康技术、发展大健康产业、完善大健康服务"的发展理念，转变传统医疗产业发展模式，即从单一救治模式转向"防-治-养"一体化防治模式，围绕"康、乐、美、寿"等业态体系，以华兰生物为龙头，以中原经济区生物医药产业园、中原国际健康城为载体，以大健康产业促进一二三产业复合发展。加强与西部控股集团、国药集团、中美集团的战略合作，重点引进健康技术研发、健康设备制造、健康医药和食品生产等健康制造业，发展以生物药品、医疗器械为主，以保健食品、药妆、功能性日用品等为辅的医疗医药加工业，和以个性化健康检测评估、疾病诊治、咨询服务、疾病康复、休闲疗养为特色的健康管理服务产业，构建覆盖全生命周期、内涵丰富、结构合理的大健康服务业体系。

（二）培育发展高成长性服务业

现代物流。充分发挥平原示范区的区位优势，以郑州航空港经济综合实验区、河南自贸区为服务对象，大力发展航空物流，规划建设平原示范区现代物流园区，打造商贸物流集散基地。依托铁路、公路等现代综合交通枢纽网络，进一步完善设施、提升功能，以农商新天地、中部医药物流产业园为载体，打造农副产品现货交易、医药配送等现代物流中心。积极引进优势物流企业，培育大型物流企业集团。鼓励工商企业物流业务外包，推动物流业与制造业联动发展，物流产业向价值链高端延伸。实施电子商务物流工程，建设区域性仓储配送基地，吸引制造商、电商、快递和零担物流公司、第三方服务公司入驻，构建电子商务物流服务平台。实施物流信息平台工程，加快物流中心、物流网点、物流仓库和物流信息公共平台建设，合理进行物流分工，实现区域间的优势互补、物流信息资源的联通共享、郑新两地物流无缝对接。

科技研发。以企业为主体，以研发中心和孵化器为载体，以重大科技专项、重大产业创新发展工程为抓手，积极建设教育科研、检验检测等科技研发基地，构建产业创新联盟，加大研发投入，全面提升自主创新能力和水平。建设教育及科研基地。以河南省科研生产基地、上海科技城为载体，以新乡医学院三全学院和已入驻科研生产基地的河南省多家研究院所为依托，进一步引进高等院校、科研院所，打造教育及科研基地。建设检验检测基地。以河南省计量院、建科院、特检院、锅检院、农副产品检验检测中心等单位为依托，引进更多的检验检测机构入驻，努力发展壮大检验检测基地。

房地产业。以恒大、绿地、碧桂园等房地产商引进为契机，促进房地产区域连片开发，提升房地产业整体层次。加大重大项目建设力度，积极推进恒大金碧天下二期、恒大御景湾、碧桂园凤凰城、绿地泰晤士新城等重大项目建设。规范和鼓励发展住房装修、物业管理、房产中介等配套服务，扶持、培育一批社会化、专业化和面向市场的物业管理企业，提高物业管理企业整体素质和物业管理水平。完善房地产开发行业管理法规体系，加大对房地产市场的调控和引导力度，鼓励群众自住性购房，抑制投机性炒房，综合运用规划、土地、信贷等手段，抑制房价非正常性上涨，促进商品房市场平稳健康发展。

文化创意。依托科技创新促进文化产业发展繁荣，整合品牌，创造名牌，延伸产业链，扩大影响力。按照"发挥优势、打造品牌、重点扶持、集聚发展"的要求，重点培育武林风文化创意产业园、西部控股医疗创博园等一批文化产业基地、产业集群和专业市场，打造文化创意中心。积极推动文化与科技融合，发展数字出版、数字传输、3D电影等新兴文化业态。营造宽松的市场环境，引导扶持文化企业扩大经营规模、延长产业链条，向专、特、精、新方向发展。

商务服务业。坚持政府引导与市场化推进相结合，适应社会化分工和产业发展的需要,加快推进商务服务业发展,支持发展各类专业化服务机构,不断提升商务服务业发展水平,着力打造高端商贸服务中心和高端商务服务中心。加强生产生活服务功能配套,大力发展与高端商业、城市综合体等配套产业,重点推进奥体中心、恒大集团威尼斯商业中心、绿地集团滨水商业街、平原示范区奥特莱斯商业综合体,打造高端商贸服务中心。

(三) 优化发展都市休闲农业

按照"服务城市、农游合一、管理领先"的要求,强化基础、立足产业、依托科技、提升质量,加快转变农业发展方式,大力发展生态景观型、体验参与型、高科技设施型、休闲观光型、特色精品型等都市生态农业,着力打造"平台园区化、经营集约化、产业特色化、生产科技化、产品品牌化、形态休闲化"的农业硅谷。

加强农业基础设施建设。坚持以强化基础支撑能力建设为重点,加快推进农业基础设施建设,积极提升农业现代装备水平,着力提高现代农业发展的基础支撑保障作用。加强高标准农田建设。突出抓好师寨镇"万亩示范方"提升工程建设,稳定粮食种植面积,推进先进耕作技术,提高单位面积产量,建立稳定增长长效机制,强化政策措施支持,提高粮食生产的规模化、集约化、产业化、标准化水平,实现内涵式增长。加快农业园区建设。依托农科院建立农业科研园区、依托万亩桃园建立采摘度假园区、依托万亩良田建立优质高效农业园区、依托水稻种植建立大米产业园区。积极推进国家级农业科技园区的创建工作,加快完善农业园区的基础设施和生产设施,依托台湾蝴蝶兰繁育基地、盐店庄万亩桃园繁育基地,尽快建成一批设施完善、装备精良、生产高效的现代农业示范基地。

延伸农业功能和产业链。强化体验活动创意、农事景观设计、乡土文化开发,大力拓展农业的生态美化、旅游休闲、文化传承、健康养老、科普教育等多种功能,提高农业综合效益。大力发展休闲农业,依托美丽田园、农业示范基地,实施农村精品旅游线路和休闲观光农业品牌培育计划,重点建设师寨镇、原武镇、桥北乡等特色旅游村镇,为城乡居民提供高品质休闲旅游体验活动。促进一二三产业融合发展,鼓励发展高档花卉种植、优质林果、优质稻米深加工等规模种植业、农产品加工业和农村服务业,推进生产、加工、物流、营销等一体化发展,做深农业产业链、延伸农产品价值链。

完善农业科技创新体系。鼓励农业科技创新，以农业科技为支撑、以产业需求为导向，依托河南省现代农业科研示范基地，加强与工程技术研究中心、重点实验室等合作，共建都市农业科技创新中心，推动高素质人才和重大科研项目向平原示范区聚集、重大科研成果在平原示范区孵化应用，加快推进前沿技术研究，在农业生物技术、精准农业技术等方面取得一批自主创新成果，抢占现代农业科技制高点。加快农业科技推广应用。不断完善农业科技推广体系，加强基层农技推广机构条件建设和队伍建设，探索建立农业科技成果转化应用新机制，促进农业技术集成化、劳动过程机械化、生产经营信息化，在生物育种、新型栽培、疫病防控、质量安全、灾害监测预警等方面取得突破。

壮大农业产业主体。把培育壮大农业龙头企业作为推进农业产业化的关键举措，实施农业大企业培育计划，加大农业招商引资，围绕农商新天地·中部农产品交易中心、河南农业科研生产实验示范基地、河南沃森公司现代农业研究成果展示交易中心项目、河南美景农业科技公司生态观光园项目、大唐生物科技蝴蝶兰繁育展销基地等重点项目扶持发展中小企业，引导农业产业化龙头企业加快结构调整、技术进步和体制创新，加快农产品加工业发展。积极引进国内外有竞争优势和带动能力的大型农产品加工企业，改造、提升和培育一批起点高、规模大、带动力强、成长性好、关联度广的农业产业化龙头企业。强化对重点龙头企业的支持，建立部门联系重点企业、重点项目制度，实行定点服务联动，从财政、土地、项目、税收、金融等方面给予支持，及时帮助企业解决发展中面临的问题，推进规模企业的发展。

提升农产品质量和食品安全水平。依托河南省农副产品质量检测中心，加强全区农产品质量和食品安全监管能力建设，构建农产品质量和食品安全保障体系。严格农业投入品管理，大力推进农业标准化生产，健全农产品质量安全检验检测体系和产品可追溯制度，建立全程可追溯、互联共享的农产品质量和食品安全信息平台，确保食品质量安全。开展农产品质量安全和食品安全创建活动，健全食品安全监管综合协调制度，强化地方政府法定职责。落实生产经营者主体责任，严惩各类食品安全违法犯罪行为，提高群众安全感和满意度。

五　推进城乡一体发展

发挥新型城镇化"牵一发动全身"的综合带动作用，优化城镇化形态，推进城乡融合，促进产业集聚、人口集中、土地集约，不断完善城市功能，建设新型城区，全面提升城市管理水平，实现以城带乡、城乡一体的发展格局。

（一）推进城乡融合发展

坚持产业为基、就业为本，积极探索、先行先试，以城带乡、城乡一体，构建城乡融合发展新格局。

推进中心城区建设。坚持以产兴城、以城带产、科学规划、合理布局的原则，高标准规划、高水平设计、高质量建设，打造特色鲜明、充满活力的现代化产业集聚区。站位省会城市核心功能区，提升中心城市服务功能，突出行政服务、商务服务、公共服务功能。加快城市综合体连片开发和新型社区建设，打造宜居中心城区。到"十三五"末，建成现代化的区域性经济文化中心。

加快重点乡镇建设。根据区位特点、资源禀赋、发展基础和环境容量，按照城市建设标准，合理布局，适度发展，分类打造现代特色乡镇，走"一镇一品"的差异化、生态化发展模式，发挥乡镇连接城乡的关键节点作用。加快合村并镇步伐，鼓励农民向重点镇、建制镇集中，形成以重点乡镇为支点的经济增长不断加速，产城融合不断推进，城乡协调不断发展的格局。

加大美丽乡村建设。坚持规划引领，分类施治，突出特色，以民为本，以乡（镇）政府所在地村庄、交通干线沿线村庄和移民村为重点，启动美丽乡村创建活动。围绕硬化、绿化、亮化和美化的四化指标，实施示范区主要出入口综合整治、乡村清洁、功能提升和宜居示范四大工程，统筹推进城区与农村路网衔接，加快水、电、气等向农村延伸。开展农村清洁环境综合整治，推行农村垃圾集中收集处理、污水分散式处理，推进中心村厨房、厕所改造，提高农村卫生厕所普及率。支持农村发展清洁能源。到"十三五"末，建成一批各具特色的美丽乡村，实现全区90%以上的行政村达到省级农村人居环境标准，45%以上的自然村达到省级农村人居环境标准。

（二）完善中心城区功能

按照适度超前的原则，推进城市建设向功能建设和建管并重转变，建成体系完善、安全高效的城市功能网络，全面提升城市的综合承载能力。

加强城市交通建设。大力落实公交优先发展战略，积极发展快速公交，提高公交线网密度，优化常规公交线网布局，加快交通换乘枢纽建设，逐步构建以公共交通为主体，换乘高效的城市综合公共交通体系。优化城市静态交通系统，加强静态交通系统与公共交通的有机衔接。完善自行车行车道和行人步行网络，基本建成中心城区无障碍交通设施网络。统筹建设与商业中心、停车场、车站等公共设施紧密结合的零换乘交通配套系统。加强分布式能源和电动汽车充电设施建设，进一步加强新能源公交车辆推广应用与运营管理，有效提升城市智能交通管理和服务水平。完善城市交通信息采集和发布机制，建立路网信息管理服务系统，及时发布路况、停车等动态交通信息，引导社会车辆交通出行。

加强城市地下综合管廊建设。按照以人为本、综合利用、适度超前的原则，统筹城市立体空间资源，科学有序开发利用地下空间，建设城市地下综合管廊。组织编制地下综合管廊建设规划，统筹协调供水、热力、电力、通信、广播电视、燃气、排水等管线集中铺设，配套建设消防、供电、照明、通风、给排水、视频、标识、安全与报警、智能管理等附属设施，确保各类管线独立运行与安全管理，确保管线安全水平和防灾抗灾能力明显提升，城市地面景观明显好转。

加快海绵城市建设。坚持"节水优先、空间均衡、系统治理、两手发力"的治水思路，以及海绵城市渗、滞、蓄、净、用、排的功能要求，积极推进海绵型水系、海绵型绿地、海绵型道路和海绵型小区等四大城市系统建设，统筹发挥自然生态功能和人工干预功能，有效控制雨水径流，实现自然积存、自然渗透、自然净化的城市发展方式。到"十三五"末，城区年径流系数控制在0.7以下。

（三）加强中心城区风貌管控

坚持"绿色、人文、智慧、集约"的发展导向，根据中心城区和特色城镇总体功能定位，优化重点区域城市设计，加强整体风貌和空间形态控制，构建以中心城区为核心、以线性交通走廊为发展轴、绿色开敞空间为绿楔、多层次分中心组团式的发展体系。中心城区注重在现代化城市形象中融入传统文化元素，加强绿地滨水特色商业街、恒大酒吧街等城市空间和建筑外部空间设计，加快形成层次丰富、疏密有致、高低错落的空间形态。

科学确定城市景观轴线、景观节点、视线廊道和天际轮廓线，构建景观风貌结构。加强对凤湖、凤栖湖、凤尾湖两岸建筑形式、高度、体量的控制和引导，保护好水体，突出中心城区自然景观风貌和特色，规划建设一批主题鲜明、本土风情浓郁的城市公共文化休闲空间。建立城市设计与城市规划挂钩的管理体制和工作机制，将城市设计成果纳入相关控制性详细规划，并在建设项目规划许可中予以落实。

（四）提高城镇管理水平

按照"建管并举，重在管理"的思路，完善中心城区和镇区管理体制，创新治理方式，提升管理标准化、信息化、精细化水平，推进城镇管理向服务群众生活转变。推进智慧城市建设，推动云计算、物联网、大数据等新一代信息技术在城市建设与管理中应用，推进城镇建筑物档案数字化、地下管网普查和数据建库，发展智慧水务、智慧管网，构建统一的公共基础数据库，建立城市网格化管理平台、公共信息服务平台。基于城市公共信息平台，整合相关公共设施信息和公共基础服务信息，拓展数字化城市管理平台功能。加快数字化城市管理向智慧化升级，实现感知、分析、服务、指挥、监察"五位一体"。建立市容市貌管理长效机制。规范临街牌匾，集中整治户外广告、非法张贴、占道经营、住宅小区内的公共存车棚、临时棚厦。强化施工管理，减少外力破坏管线。

六 强化基础设施支撑能力

坚持突出重点、弥补短板、强化弱项、综合提升，把打造综合交通枢纽优势放在突出位置，完善综合交通运输体系，推进智能电网建设，扶持太阳能、风能等新能源开发，加大燃气基础设施建设，提高能源保障能力，加强信息基础设施建设，推进智慧城市建设，提升信息化水平，加强水利基础设施建设，着力建设枢纽型、功能性、网络化的现代基础设施体系，构筑区域发展新优势。

（一）完善交通运输体系

加强交通基础设施与郑州对接、与新乡互联，着力打造郑新快捷交通运输体系，进一步凸显平原城乡一体化示范区在郑新融合发展中的桥头堡作用。按照南北畅通、东西贯穿、立体交错、升级提速的总体思路和枢纽型功能性、网络化要求，加快构建高速公路、高速铁路、快速通道、轨道交通等多种运输方式连接东西、贯穿南北高效衔接的立体式现代交通体系。开通平原示范区至郑州公交线路，建成郑济高铁平原示范区站点，规划建设新晋高速南延工程、郑－新－南城际轻轨、平原示范区－新乡快速客运通道等重大交通设施。完善示范区骨干道路系统，加快贯通城区南北主干网，形成"十纵十横两环"的高效、顺畅的城区道路网络体系。推动城乡道路建设，进一步完善区到乡、乡到村的路网，实现所有重点镇、重点功能区域与公路互联互通。加快推进乡村公路改造提升，全面提升乡村公路通行能力。完善枢纽场站体系。建成高效便捷的交通运输网络，率先实现交通现代化。

（二）提高能源保障能力

实施"内节外引"能源战略，优化能源结构，突出节能优先、绿色发展、安全可靠，完善保障网络，加强系统集成，推动能源生产和绿色消费。扩大清洁能源利用规模。坚持增加供应与提高能效相结合，节能优先，扩大引入和加快发展清洁能源并重，推动能源生产和消费革命。大力扶持新型能源的开发，积极推进分布式能源进产业园区，鼓励在屋顶等可利用区域推广应用太阳能等可再生能源利用技术，建设分布式能源设施，使适宜的新入园企业或新建建筑应用率达到100%。加大燃气基础设施建设，加快推进中心城区热源建设，优化布局热力管网，力争到"十三五"末中心城区实现供热网管全覆盖。继续推进中心城区燃气输配管网工程建设，确保入户燃气设施运行安全可靠。重点推进天然气"镇镇通"工程等项目建设，合理布局、有序发展加气站。到"十三五"末，力争中心城区燃气普及率达到100%。

（三） 提升信息化发展水平

抓住信息（IT）时代正在走向数据（DT）时代的历史性机遇，大力发展基于大数据、云计算、物联网等新一代信息技术的网络经济新形态，推动与经济社会发展深度融合，丰富信息服务，促进信息资源开放共享，保障信息安全，拓展网络经济空间。实施农村电商覆盖工程和电子商务物流配送工程，基本形成覆盖城乡的快递服务网络。实施电子商务集聚发展工程，力争建设 1~2 个电子商务示范基地。发展壮大电子商务主体，完善电子商务服务生态链。开展促进大数据发展行动，推动数据共享开放和开发应用，积极申报建设大数据综合实验区。推进互联网深度广泛应用，加强重点领域行业云服务平台建设，鼓励行业信息系统向云平台迁移，支持物联网感知设施统一规划布局。加快多领域互联网融合发展，支持大型互联网企业向小微企业和创业团队开放创新资源，大力发展体验经济、社区经济、分享经济，推动互联网金融、互联网医疗、互联网教育、线上线下结合（O2O）等新兴业态快速发展。完善新一代高速光纤网络，大幅度提高城乡家庭用户宽带接入能力。深入普及高速无线宽带，实现第四代通信网络（4G）行政村全面深度覆盖，争取第五代通信网络（5G）建设试点。完善网络安全保障体系，强化重要信息系统和数据资源保护，提高网络治理和信息安全保障水平。

（四） 加强水利基础设施建设

统筹推进重大水利工程和民生水利工程建设，实施最严格的水资源管理制度，着力增强水资源承载和保障能力，构建复合型、多功能的现代化水利基础设施支撑体系。完善防洪体系，协调各片控规纵向规划，提高设计标准，统筹地上地下基础设施规划。以凤湖、凤栖湖、凤尾湖等区域为重点，加强排水设施建设，提高调蓄能力；开展文岩渠、天然渠等重要河流治理及河道清淤疏浚；采用先进排水系统和透水地面，着重加强小区积水治理。合理布置楼宇、道路、窨井、排涝站、雨水泵站、雨水污水管道等，完善地上地下防洪排涝减灾系统，提升整体防洪排涝能力。加强防洪排涝信息监测预报预警，合理控制排水调度，提高管理效能。实施引水补源工程和农田灌溉机井升级改造工程，不断健全和完善农田灌溉系统。大力发展节水灌溉工程，积极推广先进灌溉技术，加快灌区续建配套与节水改造项目建设。保护好农村饮用水水源地，实施农村饮水提质增效工程，确保农村饮水安全。

七 加强绿色生态示范区建设

坚持绿色发展、绿色惠民，加强生态建设，促进资源节约集约利用，推动形成绿色发展方式和生活方式，努力打造田园水乡，为人民提供更多优质生态产品，率先形成人与自然和谐发展的生态文明新格局。

（一）加强生态建设和城区绿化

坚持节约优先、保护优先、自然恢复为主的基本方针，着力改善生态环境，着力推动城区绿化，努力建设天蓝、地绿、水净的美丽新区。

打造全域生态体系。以"水域通畅、水清宜人、水景辉映、水美城乡"为目标，结合区域内生态资源和空间分布，整体规划城市水系水景，加快构建"一心一屏两圈三轴多廊道"的全域生态体系。积极推动城市水系和生态绿化联动发展，以凤湖景观公园、沿 G107 复线、原焦高速、G107、S311、城际轻轨预留等重要交通生态廊道和生态水系为骨干，加快五大生态景观湖和五湖相连的水系建设，努力构建清水长流、人水和谐的城市生态水网，全力打造名副其实的田园水乡。

加强生态建设。以凤湖、凤栖湖、凤尾湖等区域建设为重点，强力推进黄河滩区、黄河故道等重点生态功能区生态环境建设，切实加强现有和规划河道、道路两侧及农田防护林和水源涵养林建设，全力实施村庄绿化和积极推广庭院绿化，努力构建绿色生态体系，展现城乡绿色风貌特色。以黄河滩区、黄河大堤等重要生态功能区和村镇为重点，综合推进森林公园、休闲绿地、社区公园绿地和干线公路、主要道路、铁路、河流两侧绿化建设，构建城乡绿地绿廊系统。

提升城区绿化水平。全力构建中心城区水系和道路生态骨干网络，积极规划建设和保护凤湖等城区湿地，努力扩建公园绿地，大力推进产业集聚区周边生态防护隔离带建设，切实加强公共空间的立体绿化，推动行政机关、事业单位、大型商业机构和社区等开展绿化美化环境行动。加快建设一批有特色的生态建设精品工程，营造处处皆绿、人人可享的绿色生态生活空间。

（二）强化污染预防和环境保护

以提高环境质量为核心，实行最严格的环境保护制度，深入实施蓝天、碧水、乡村清洁工程和大气、水、土壤污染防治行动计划，形成政府、企业、公众共治的环境治理体系。

积极实施"蓝天工程"。积极调整优化产业结构，加强印刷包装、物流运输、生物医药等产业行业中污染项目准入限制，优化城区交通网络，强化餐饮油烟治理，加快推进工业污染源、汽车尾气、油烟类污染治理。尽快实现集中供热全覆盖，严格限制新建非集中供热等基础设施燃煤项目。规范农业生产废弃物和秸秆回收利用，加强农作物秸秆资源化、能源化综合利用。加强建筑行业和道路交通扬尘改造，强化扬尘污染治理。完善空气环境监测网络，健全大气污染防控机制，力争将二氧化硫、氮氧化物、细颗粒物和挥发性有机物排放量控制在下达目标范围。

加快实施"碧水工程"。优化水资源配置，实行最严格的水资源保护制度。加强饮用水源地周边排查，全面加强饮用水源地保护。严格按照生态水系规划，加快凤湖、凤栖湖、凤尾湖及其连通河道等城市水系及景观建设，积极开展滨湖滨河人工湿地建设，构建和完善城乡水系生态网络。推进河流清洁行动计划实施，全力实施重点河道综合整治，大力开展生态清洁型小流域建设，整乡整村推进农村河道综合治理，修复水塘、沟渠等乡村设施。加强地表水、地下水污染协同控制和系统管理，加快污水处理设施扩容改造，持续完善污水管网布局扩大收水范围，提高城镇工业和生活污水处理率；推进污水管网向农村地区延伸，推进规模化畜禽养殖，做好畜禽粪污综合治理与利用，强化农业面源污染治理。

大力开展"乡村清洁工程"。完善村庄规划，实施村庄绿化，开展农村环境连片综合整治、土壤污染防治、畜禽养殖污染防治，提高农村生活污水、生活垃圾、人畜粪便等的安全处置程度，逐步改善农村环境。推行农村垃圾治理的统一规划、统一建设、统一管理。普遍推行垃圾就地分类减量和资源化回收利用，生活垃圾按照户分类、村收集、乡（镇）转运、示范区集中处理的方式进行无害化处理。加强农村家庭宅院、村庄公共空间整治，清理乱堆乱放，拆除私搭乱建，全面完成无害化卫生厕所改造任务。

（三）促进资源节约集约利用

严格建设项目及产业准入门槛，加强对用地开发强度、土地投资强度等用地指标的整体控制，重点探索应用节地新技术、新模式，建设多层标准化厂房。全面推广水资源梯级利用和循环利用，加大工业节水力度，发展节水农业，积极创建节水型城市。大力发展循环经济，优化配置各类资源，构建循环经济产业链，最大限度地提高资源循环利用率和废弃物综合利用水平，进一步提升产业生态竞争力。加快推动生活方式绿色化，实现生活方式和消费模式向勤俭节约、绿色低碳、文明健康的方向转变。

（四）创新生态文明建设机制

深化生态文明体制改革，强化城乡环境综合整治和定量考核，加大环境执法力度，建立健全资金筹措机制、建设管理机制和环保责任追究制度，率先形成城乡一体的环境管理体系。以创建卫生城市、园林城市、生态城市为标准，推动示范区城乡人居环境和发展环境整体提升。加强农村人居环境综合整治，建立农村环境常态化、专业化、社会化管理机制。加大对水、大气、土壤的环境治理和环保执法力度，逐步形成政府监督、企业自律、公众参与的环保监督机制。健全区域生态环境保护责任追究制度，建立完善生态补偿机制。

八 推进创新开放发展

坚持创新发展，坚持对外开放，最大限度激发创新活力、开放动力和改革红利，力争将平原示范区打造成为改革开放的排头兵、功能卓越的开放创意新城。

（一）构建现代创新体系

以开放式创新为引领，以智慧城市建设为平台，集聚创新资源，构建平原示范区现代创新体系，推动示范区创新能力整体跃升，努力实现由要素驱动为主向创新驱动为主转变。

强化企业创新主体。以应用为导向，推进创新链和产业链深度融合，加大统筹利用创新资源力度，提升原始创新、集成创新和引进消化吸收再创新能力。支持企业建立工程技术研究中心、技术中心、工程实验室、科技创新孵化中试基地、博士后工作站、院士工作站等研发平台，鼓励和支持企业参与国家、省、市重点科技计划项目。鼓励现有工程中心、重点实验室、大型仪器设备等科技资源，通过市场化手段，促进科技资源开放、共享，推进创新示范应用，帮助企业特别是中小企业开发新产品，优化产品结构，提高市场竞争力。

打造区域核心创新载体。汇聚各类创新载体，依托郑洛新国家自主创新示范区和科技开放共享资源，推动产业创新中心建设。选择产业特色突出、技术创新能力较强的企业或产业集聚区，大力实施技术创新攻坚计划，在生物医药、电子信息、检验检测等重点领域打造一批具有区域影响力的科技创新中心，推动战略性新产品、新技术、新工艺的开发与应用。着力把华兰生物医药产业园、瑞邦数码机电产业园打造成中原地区生物医药服务研发平台及中原地区科技型企业孵化器。重点培育河南省计量院、省建科院、省特检院、省锅检院检测检验研究中心等项目，加速集聚一批优势产业研发中心，努力打造科技创新城。

推进大众创业万众创新。积极培育创业创新群体，推动有梦想、有意愿、有能力的科技人员、高校毕业生、农民工等各类市场创业主体，不断开办新企业、开发新产品、开拓新市场。大力实施创新人才支持计划，紧紧围绕平原示范区经济社会发展重大战略、主导产业、重大科技创新工程及重点项目建设需要，吸引更多高层次人才集聚新区创业创新。健全完善人才培养机制，坚持培养与引进并重，强化培养措施，突出业绩导向，依托河南省科研生产基地、河南省现代农业试验示范基地、检验检测基地、上海科技城、软件产业园等培养基地建设，开展各类人才培养项目。积极发展众创众包众扶众筹，加强与郑州、新乡在服务外包领域的合作，推动技术、开发、营销、融资等资源共享。

推动开放式创新。积极融入全球和国内创新网络，改进合作方式、提高合作层次，增强利用省内外创新资源能力，拓展创新合作的深度和广度。积极推动示范区内企业与美国 GE、德国赛多利斯、国药集团、河南省农科院、建科院、锅检院等国内外同行、知名院校深度合作，引进或共建创新平台，主动融入全球和国内创新网络。

加强创新科技服务能力建设。完善科技中介服务体系，培育一批基于互联网的新型孵化平台。积极探索设立科技金融专项资金和科技金融服务中心，加强国内外一流企业和科研机构合作，组建科技金融专营机构，设立科技金融试点支行，为中小企业提供优质、高效的一站式融资服务。加快成果转化服务体系建设，完善O2O科技创新综合云服务平台，加大成果转化奖励力度，促进科技成果加速转移转化。着力提升知识产权保护能力建设，培养和引进高端知识产权中介服务机构，强化知识产权运用。健全创新政策体系，完善创新评价制度，加强院地合作，建立以应用为导向的科研评价体系。

（二）拓展开放发展空间

坚持开放发展，抓住国家实施"一带一路"建设和三大国家战略的重大机遇，努力形成新一轮开放优势，全面提升在国内外产业链、价值链、物流链中的地位，构建开放型经济新体制。

积极融入"一带一路"建设。率先构建全方位、多层次、宽领域、高水平的开放型经济新格局。加快基础设施融入，充分发挥区位优势，不断完善交通链接和整合不同运输方式，构建铁路、公路、航空高效衔接的多式联运体系，实现建设大交通、发展大物流、形成大产业、促进大发展，打造现代综合交通枢纽，形成现代物流中心，成为东部产业转移、西部资源输出、南北经贸交流的中转枢纽港和物流集疏地。加快产业融入，以打造四大百亿级产业集群为载体，花大力气提升传统产业、加快战略性新兴产业发展，延伸产业链条，构筑具有市场竞争力和影响力的主导优势产业链，努力把服务业做"大"、把工业做"强"、把农业做"优"。加快经贸文化融入，深化与郑州、洛阳等丝绸之路经济带沿线节点城市能源资源、经贸产业和人文交流合作，把商贸服务、教育文化、旅游合作、承接产业和农业合作等"混搭成套"，构建立体化的交流格局。

积极推进与郑州航空港经济综合实验区的对接发展。按照"借势航空港，共建大都市，承担大功能，形成大合力"的总体思路，抓住积极申建河南自贸区郑州片区的战略机遇，加快推进信息传输、电子商务、大数据等交流融合系统建设，积极推动河南自贸区平原城乡一体化示范区片区申建。加大产业对接力度，深入研究航空港重大项目、专业港区及产业集群招商情况，围绕电子信息、航空航材、生物医药、印刷包装、科技孵化、现代服务业等加强与郑州航空港对接，引进实施相关配套项目。推进物流通道、物流基地及物联网建设，在示范区规划建设为临空经济服务的物流园区或专属流通集散区，作为郑州航空港物流产业在豫北发展及辐射晋、冀、鲁的桥头堡。深入分析航空港干线末端及周边若干区域产业发展情况、主要消费产品来源情况，以及返程飞机货运产品类别情况，围绕相对集中的出口区域和进口产品有针对性地谋划实施一批项目，推进示范区外向型经济发展。积极探索校企合作、订单培训、联合办学等模式，建立两地人力资源方面交流合作新机制。

继续坚持引资项目带动。深入推进招商引智年活动，面向世界 500 强、国内 500 强、行业龙头企业、上市公司、大专院校和科研院所全面出击，推动实施"1261"工程，招大引强、招才引智。坚持产业集群招商，积极承接郑州、新乡及国内外产业转移，围绕医疗健康、电子信息、印刷包装三大主导产业，高起点谋划推进一批科技含量高、投资规模大、发展前景好的重大产业集群项目，加快主导产业集群集聚步伐。突出招商重点，围绕主导产业和引进"三力型"项目为核心，继续面向长三角、珠三角、环渤海、京津冀地区，有针对性地开展小分队走访、驻地接洽、高层互动、专题推介、集中签约等多种形式的专业化招商活动。提升招商实效，积极筹办生物医药发展国际合作高峰论坛和"一带一路"生物医药产业专题推介会、深圳电子信息产业专题招商说明会，完善招商工作推进机制，调动全员招商积极性。

（三）持续深化改革

坚持市场化改革方向，努力在重要领域和关键环节取得新突破，加快完善社会主义市场经济体制，实现各方面制度更加成熟更加定型，最大限度地激发市场和社会活力，使改革的新红利转化为发展的新动力。

加快建设服务型政府。建设透明高效政务环境，深入推进简政放权，衔接落实好中央、省、市取消和下放的审批事项。推动政府职能转变，提升政务窗口服务效率，全面实现联审联批制度，推广一门受理、联审联批、多证联办等审批服务模式。提高行政权力运行透明度，逐步建立起决策科学、行为规范、程序严密、运行公开、结果公正、监督有力的行政权力运行透明机制。

完善现代市场体系。放宽市场准入，增强民间投资的动力和活力，鼓励和引导恒大、绿地、葛洲坝集团和中建七局等社会资本以独资、合资、合作或 BT、BOT、PPP 等模式参与新型城镇化和城乡一体化试点建设，全面开放基础设施投资建设和运营市场。促进企业投资便利化，按照"事项最少、流程最优、效率最高"要求，全面梳理改革优化新区投资项目审批制度流程，建立指导、服务、监管"三位一体"的新型企业投融资管理服务体制。营造竞争有序市场环境，建立负面清单管理模式，激发市场主体活力，推动生产要素高效公平配置，加强市场服务和监管。

深化财税体制改革。建立健全有利于转变经济发展方式、形成全国统一市场、促进社会公平正义的现代财政制度。进一步做好"营改增"试点工作，建立全面规范、公开透明的预算制度，完善政府预算体系，实施跨年度预算平衡机制和中期财政规划管理。建立规范的地方政府举债融资体制，完善财政转移支付制度，增强基层政府基本公共服务提供能力。优化财政支出结构，健全优先使用创新产品、绿色产品的政府采购政策，不断提高改善民生、支持科技创新和节能减排的比重。

强化金融支撑能力。完善地方金融服务体系，以提高金融服务实体经济效率为目标，健全商业性金融、开发性金融、政策性金融、合作性金融分工合理、相互补充的金融机构体系。积极引进股份制商业银行在平原城乡一体化示范区设立分支机构，支持国有银行在地方发展业务，积极发展普惠金融，着力加强对中小微企业、"三农"的金融服务。继续实施银企对接和上市后备企业孵化工程，紧紧依托中原股权交易中心、上海股权托管交易中心、上海百赢投资有限公司等重点培育一批高成长性上市后备企业，加大政策扶持力度，加强上市全过程的辅导和服务。

九　构建和谐共享社会

坚持共享发展，按照人人参与、人人尽力、人人享有的要求，坚守底线、突出重点、完善制度、引导预期，实施脱贫攻坚工程，促进就业创业，提高教育现代化水平，健全社会保障体系，提高全民健康水平，强化社会管理创新，加快平安法治建设，注重机会公平，保障基本民生，实现全体人民共同迈入全面小康社会。

（一）实施脱贫攻坚工程

以实现现行标准下农村贫困人口全部脱贫为目标，坚持"转、扶、搬、保、救"五措并举，大力推进精准扶贫、精准脱贫，力争到2020年贫困人口实现全面脱贫。

全力打赢脱贫攻坚战。制定实施"转移就业一批、扶持生产发展一批、扶贫搬迁安置一批、低保政策兜底一批、应急扶贫救助一批""五个一批"扶贫攻坚行动计划，坚持"输血"与"造血"并重，强力推进交通运输体系、水资源保障体系、农村供电设施及服务体系和农村信息网络体系"四网"体系为重点的基础设施建设。加强贫困人口就业培训，大力开展"雨露计划""阳光工程"等劳动力转移培训项目，加大贫困劳动力免费培训力度，积极引导贫困地区劳动力向产业集聚区、城镇转移就业，促进贫困群众稳步增收。加大金融支持力度，对贫困户发展种、养、加等项目贷款，加大财政贴息力度，实行全额贴息。

推动实施产业脱贫。按照"因地制宜、科学规划、分类指导、因势利导"的思路，以改善农村生产生活条件、强化产业支撑、增强自我发展能力为核心，有效增加公共产品和公共服务，全力兜住民生底线，培育特色优势产业。调整种植结构，发展特色高效农业，重点扶持以优质小麦、优质花生为主的特色高效种植业及配套加工产业，以此带动台湾蝴蝶兰繁育、万亩桃园采摘等其他行业发展，以行业发展带动脱贫增收。鼓励企业参与扶贫项目建设，引导企业与贫困村建立来料生产、来样定做、来件装配的"公司＋基地＋农户"生产模式，实现贫困富余劳力就近就地就业。积极开展特色旅游扶贫，围绕美丽乡村建设，带动附近贫困地区发展乡村休闲旅游，促进农户脱贫致富。

健全精准扶贫机制。以乡村为单位完善贫困村脱贫规划，精准核定贫困人口数量，摸清贫困户的基本情况，对识别的贫困户建档立卡、登记造册，确保扶贫信息真实可靠。落实扶贫分包责任制，对每一个贫困村、贫困户要明确帮扶单位和责任人，落实帮扶措施，不脱贫、不脱钩。逐年加大财政专项扶贫资金的投入力度，整合各类扶贫资源，开辟扶贫开发新的资金渠道。广泛动员和凝聚社会力量参与扶贫，形成政府、市场、社会互为支撑，专业扶贫、行业扶贫、社会扶贫"三位一体"的大扶贫格局。认真落实扶贫考核制度，实行扶贫开发专项目标管理，制定考核和问责办法，健全激励约束机制。

（二）优化教育资源配置

全面提高教育教学质量，推动义务教育均衡发展，促进教育公平。紧紧围绕"教育强区"战略目标，深化教育改革，合理配置教育资源，优化教育结构，统筹各级各类教育同步提升、协调发展，全力打造具有影响力的区域教育特色。

增强教育发展活力。完善示范区城乡规划体系，依托城区建设和新农村建设，科学规划和合理布局各类教育资源。继续实施学前教育行动计划，提供"广覆盖、保基本"的学前教育公共服务。以义务教育均衡发展为目标，新建、改建一批中小学，强化教育牵动，推进中小学在城区、乡镇和新型农村社区布局调整，缩小城乡义务教育质量差距，改善城区居民子女教育入学难问题。继续推动普通高中优质特色发展，完成郑州外国语学校和龙源小学建设任务。积极引导社会力量兴办教育。积极鼓励行业、企业等社会力量参与办学，继续探索与知名学校联合办学、委托管理等集团化办学模式，增强公办学校办学活力，提高办学水平和效益。

大力发展高等教育和职业教育。加快大学园区建设，推进新乡医学院三全学院三期、河南机电高等专科学校、河南财经学校等高校（项目）建设。扩大职业教育规模，提高职业教育质量，支持职业教育向规模化、集团化、品牌化发展。依托区内高等教育和企业技术优势，加强校企合作，加强与新乡市和郑州市高等教育和科研机构对接合作，加快优化整合职业教育资源，加快特色专业建设。

（三）健全社会保障体系

坚持"全覆盖、保基本、多层次、可持续"的方针，以增强公平性、适应流动性和保证可持续性为重点，建立覆盖城乡居民、更加公平更可持续的社会保障制度。"十三五"期间，力争实现全民参保，实现职工基础养老金全国统筹和城乡居民大病保险制度全覆盖。

推进保障性住房建设。持续实施保障性安居工程，重点发展公共租赁住房。创新保障性住房建设模式，鼓励、引导企业和社会资本参与公共租赁住房建设，合理确定住房保障范围、保障方式、租金标准和补贴标准，加强保障性住房分配入住和后期管理，完善保障性住房的准入和退出机制，逐步形成可持续的保障性安居工程投资、建设、运营和管理机制，实现保障性住房分配率达到80%以上。

完善社会保障体系。贯彻落实《社会保险法》，按照"广覆盖、保基本、多层次、可持续"方针，完善城乡统筹的社会保障体系，全面建成覆盖城乡居民的社会保障体系。加快推进养老、医疗、工商、生育、失业"五险合一"进程，继续扩大社会保障覆盖范围，适度提高社会保障待遇水平，完善被征地人员养老保障制度，完善社会保险关系转移接续政策。以城乡居民医疗保险整合为重点，科学合理整合各类医保制度，全面实施城镇居民大病保险。

提升社会保障服务水平。理顺体制机制，积极加强对接，努力争取各类社会保险等经办权限，加快成立相关经办机构，更好地为示范区企业和居民提供就近便利服务。加快职能整合，建立健全街镇劳动就业社会保障服务平台服务职能，充分发挥其在社区事务受理中心中的主体窗口作用。加强队伍建设，合理配置社保协管员，落实经费保障，加强岗位培训，努力实现工作人员一岗多责、一专多能。深入推进社会保险业务经办规范化、信息化、标准化建设，做好一卡通发放工作，提升信息化水平，实现社会保险统一经办、一站式办公、一条龙服务，提升社会保障经办服务水平。

完善社会救助体系。继续扩大低保覆盖面，健全低保标准动态调整机制，实现应保尽保。合理提高低保标准和补助水平，切实保障低保边缘群体的基本生活，积极提高民生保障水平。健全农村留守儿童、妇女、老年人关爱服务体系，健全困境儿童分类保障制度，大力提高救助救济水平。积极发展残疾人事业，依法维护残疾人合法权益，健全残疾人权益分类保障制度，倡导形成理解、尊重、关心、帮助残疾人的良好社会风尚。

全面加强社会福利事业。加强优抚安置工作，全面实施临时救助制度。统筹发展城乡老龄事业，积极应对人口老龄化，全面建成以居家为基础、社区为依托、机构为支撑的，功能完善、规模适度、覆盖城乡的养老服务体系，保障老年人权益，重视和支持老年人参与经济社会发展。加快社会福利中心建设，大力发展社会福利和慈善事业，规范慈善组织管理，提高慈善公信力。

（四）提高全民健康水平

全面做好人口工作，完善人口发展战略，促进人口均衡发展。深化医药卫生体制改革，加快医疗卫生事业发展。坚持计划生育基本国策，积极发展体育事业，提高人口素质，促进人口与资源、环境、经济和社会全面协调健康发展。

全面做好人口工作。坚持计划生育的基本国策，加强计划生育服务和管理，逐步调整完善生育政策，以稳定低生育水平为首要任务，统筹解决人口素质、结构、分布等问题，促进人口长期均衡发展。加大出生缺陷预防干预力度，做好优生优育服务工作，不断提高出生人口素质。加强人口管理信息化建设，建立人口数据库，通过部门信息共享平台，进一步提高新婚、生育、节育、死亡等基本信息采集的及时性、准确性，提高人口信息数字化管理水平。保障妇女儿童合法权益，保障妇女平等享有公共卫生服务、教育、就业、社会保障等权利，对儿童进行优先保护，保障未成年人的合法权益不受侵犯。

深化医药卫生体制改革。坚持预防为主、以农村为重点，建设公共卫生、医疗服务、医疗保障和药品供应保障"四位一体"的基本医疗卫生体系。推进公立医院改革发展，坚持政府主导，强化公立医院的公益属性，以满足群众健康需求为核心，以结构调整带动服务升级，加快平原医院项目建设，加快建立规模适度、布局合理、功能完善、运行良好、监管有力的公立医院服务体系。进一步推进基本医疗保障制度建设，优化惠及城乡居民的基本医疗保障体系，切实减轻群众个人支付的医药费用负担。全面实施国家基本药物制度，加快建立以国家基本药物制度为基础的药品供应保障体系，保障人民群众安全用药。

提升医疗卫生服务水平。完善经费投入机制，转变卫生管理方式，落实重大公共卫生服务项目，提高卫生行政管理效率，促进卫生事业持续发展。依托示范区大健康产业发展，在确保基本医疗公平普惠的同时，鼓励社会资本进入医疗卫生领域，更好地满足群众多样化的医疗服务需求。提升医疗卫生信息化水平，建设医疗卫生信息平台，建立远程医疗业务服务技术体系，扩展应用并探索创新远程医疗服务模式。促进基本公共卫生服务逐步均等化，建立起以平原医院、新乡学院三全学院附属医院为龙头、乡镇卫生院为枢纽、村（农村社区）卫生室和社区卫生站为网底的城乡医疗卫生服务网络。

大力发展体育事业。加快竞技体育设施建设，加大群众性体育设施、公共体育场馆建设力度，加强各类体育人才的培养，做好现有公共体育基础设施管理与使用工作，构建和完善体育项目投融资和运营管理体制机制，努力构建全民健身公共服务体系。以省奥林匹克中心项目建设为带动，切实加强示范区举办高水平赛事能力建设，提升示范区高层次公共体育服务供给能力，推动体育事业跨越式发展。以河南科诚运动社区项目建设为示范，积极创建各类群众性体育项目，大力开展全民健身运动。

（五）强化社会管理创新

加强和创新社会治理，坚持党委领导、政府主导、社会协同、公众参与、法治保障的社会治理体制，创新有效预防和化解社会矛盾体制，健全利益表达、利益协调、利益保护机制，引导群众依法行使权利、表达诉求、解决纠纷，深入推进社会治理精细化，构建全民共建共享的社会治理格局。

创新社会治理方式。坚持系统治理、依法治理、综合治理和源头治理，加强党委领导，发挥政府在社会治理中的主导作用，鼓励和支持社会各方面参与，实现政府治理和社会自我调节、居民自治良性互动。强化政府社会管理和公共服务职能，加强基层服务型党组织建设和基层群众性自治组织建设，建立健全基层民主科学决策、矛盾调解化解、便民服务和党风政风监督检查四项基础制度。发挥基层群众性自治组织、各类社会组织和企事业单位的协同作用，实现政府治理和社会自我调节、居民自治良性互动。

建立健全现代社会组织体制。按照政社分开、管办分离的原则，推进社会组织与主管机关脱钩，完善社会组织法人治理结构，强化监督管理，推进社会组织明确权责、依法自治、反映诉求、发挥作用。放开服务类社会组织准入，加快社会组织培育，重点培育和优先发展行业协会商会类、科技类、公益慈善类、城乡社区服务类社会组织，鼓励和支持各类社会组织依法自主参与社会管理。发挥好工会、共青团、妇联等组织在参与社会治理和维护社会稳定中的领航作用。

创新有效预防和化解社会矛盾体制。以健全信访三级终结等制度为重点，规范信访业务办理程序，完善社会矛盾联调联处化解机制，建立畅通有序的诉求表达、心理干预、矛盾调处、权益保障机制。加强基层综治维稳中心建设，构建"第三方"调解机制，健全人民调解、行政调解、司法调解联动的"大调解"工作格局，使群众问题能反映、矛盾能化解、权益有保障。改革信访工作制度，完善信访领导公开接访制度，落实信访工作领导包案制度，实施网上受理信访制度，加强信访队伍建设，把涉法涉诉信访纳入法治轨道解决。加强土地征用、房屋拆迁、城乡规划、环境污染等高发性矛盾纠纷行政风险监控，从源头上预防和处理社会矛盾。

健全公共安全体系。深化安全生产管理体制改革，严格落实安全生产责任制，扎实推进企业风险预控管理，建立隐患排查治理体系和安全预防控制体系，坚决遏制重特大安全事故。抓好食品药品安全监管，建立覆盖全过程的监管制度，确保人民群众"舌尖上的安全"。建立健全社会应急管理机制，健全防灾减灾救灾体制，提高危机管理和抗风险能力。

十　保障措施

将解放思想作为改革发展的总开关，切实强化支撑、健全保障，着力优化环境、完善机制，以凝聚全区力量、充分发挥自身优势，圆满完成规划确定的各项发展目标。

（一）进一步解放思想

将解放思想作为改革创新、开放发展的总开关，坚持正确方向，树立正确导向，积极转变观念意识，加快创新发展。卡准定位、立意高远，坚决摒弃故步自封的保守传统思想、克服小遇即安的小农意识，按照"融入战略的新高地、郑新融城的桥头堡、沿黄经济的中心城、改革开放的排头兵、新乡发展的增长极"的发展要求，站位全市发展大格局，认真把握发展大势，充分认识发展优势，明确正确的发展方向。积极主动、抢占机遇，努力克服"梯度转移"的线性思维和依赖省市支持的计划思维，坚决与"等靠要"产业和项目转移的消极思想做斗争，切实强化竞争意识，瞄准世界500强和国内500强、全省和行业百强，积极谋划、主动出击、抢占机遇。狠练本领、真抓实干，认真把握形势，自觉遵循规律，加强学习、认真调研、深入思考、超前谋划、扎实推进，立足实际大胆创新，积极适应新常态引领新常态，积极破解体制机制障碍，切实提高科学决策、推动落实、驾驭复杂局面的能力。开放发展、合作共赢、立足比较优势、树立合作意识，加快与郑州市区和新乡市区建立功能定位对接和设施服务共享机制，主动与获嘉、原阳等周边城市建立产业和项目协同发展机制，切实共享发展机遇、避免恶性竞争，提升区域一体化发展水平。

（二）强化项目支撑带动

根据"十三五"战略目标和主要任务，以项目为总抓手，坚持规划引领，依托比较优势，围绕产业培育，着眼民生发展和企业服务需求，树立大项目大发展的理念，优先谋划实施一批事关发展全局、技术含量高、经济效益好、带动能力强的重大项目。认真履行政府责任，积极发挥政策引导作用，紧紧抓住中原经济区规划、"一带一路"建设加快实施等历史机遇，按照转型升级、体质增效的发展要求，适应新技术、新产业、新模式、新业态发展趋势，努力实施一批促当前、利长远，有市场、有长期回报的好项目、大项目和关系国计民生、结构调整及增添后劲的重点项目。加强政府主体责任，充分发挥市场作用，积极探索政府和社会资本合作（PPP）模式，紧紧围绕改善民生、加强生态环保、强化基础设施等，加快规划和实施一批重大民生工程和基础工程。建立健全重点项目运行管理、联审联批运行、工作督查和责任追究制度等项目推进机制和督查问责制度，加快基础及配套设施建设，加强平台要素保障，完善项目考核评价制度，加强项目建设管理，强化部门协调配合，集中力量保障重大项目依法依规推进。强化项目动态管理，加强统筹协调和跟踪服务，健全监管联动机制，加大监督检查力度，加强考核结果应用，深化推进重大项目后评价工作。

（三）着力优化发展环境

坚持把优化发展环境作为一项战略任务、系统工程，为产城融合示范区建设提供良好的发展环境。加快推进服务型综合执法，积极推进政务服务规范化建设，规范优化行政审批和行政审批中介服务，构建适应经济发展新常态，营造阳光高效的政务环境。严格落实中央八项规定和省市相关禁令，切实巩固党的群众路线教育实践活动成果，持续反对和纠正"四风"，深入践行"三严三实"，构建作风建设长效机制，以党风带政风促民风，营造良好的发展氛围。用足用好国家和省、市关于鼓励投资、促进发展的各项政策措施，严厉打击非法集资、非法建设等违法行为，最大限度地发挥政策驱动效应，防范各类经济和社会风险，构建宽严相济的政策环境。大力倡导诚信意识，以诚信为本，以信誉立区，切实搞好政府信用、企业信用和个人信用建设，形成健全和完善的社会信用体系，推动政府、企业和个人诚信守法，为示范区发展营造良好的信用环境。持续开展重点项目企业周边环境整治，严厉打击各种社会违法行为，严厉查处工作人员各种违规违纪行为，净化企业发展和项目建设的周边环境。在全社会倡树社会主义核心价值观，大力弘扬社会正能量，积极营造积极有为、奋发向上的健康氛围，优化社会环境。

（四）增强要素保障能力

加强要素管理，努力增强要素供给，全面深化要素市场领域改革，切实强化要素保障能力。加强规划管理，强化政策引导，严格落实耕地保护制度，着力推进集约节约利用，严格按程序依法合理征迁，积极妥善处理人地挂钩遗留问题，加快城乡一体化土地市场探索，积极申报年度计划，科学预留发展空间，通过盘活存量、土地复垦、向上争取等措施保障科学发展用地需求。积极推动企业本地注册，加快培育地方主体税种，加大上级资金争取力度；加快涉企资金基金化改革，切实增强财政资金政策引导和激励作用；规范政府性债务发展，壮大平原发展公司、凤湖投资公司两大融资平台，积极探索地方债发行，深入探索公共领域政府和社会资本合作机制；充分激活市场活力，推行"负面清单"制度，大力发展股权融资和债券融资，深化银企服务，积极参与省市各类发展基金。坚持项目与人才一起引，招商引资与招才引智一起抓，制定并落实人才政策，加快发展人力资源市场，努力构建以企业为主体的人才发展保障体系，积极用信息化手段改造提升人才服务，加强劳动者权益保护。严格项目环境准入评价、推进节能减排促进绿色发展、循环发展、低碳发展，深入开展排污权有偿使用和交易，增强资源环境支撑能力。

图书在版编目（CIP）数据

创新引领区域发展：河南区域创新的实践与探索 /
喻新安，杨保成主编. -- 北京：社会科学文献出版社，
2018.6

ISBN 978 - 7 - 5201 - 2620 - 5

Ⅰ.①创… Ⅱ.①喻… ②杨… Ⅲ.①区域经济发展
- 研究 - 河南 Ⅳ.①F127.61

中国版本图书馆 CIP 数据核字（2018）第 084918 号

创新引领区域发展

——河南区域创新的实践与探索

主　　编／喻新安　杨保成
副 主 编／王建国　完世伟　陈明星　赵西三

出 版 人／谢寿光
项目统筹／任文武
责任编辑／杜文婕

出　　版／社会科学文献出版社·区域发展出版中心（010）59367143
　　　　　　地址：北京市北三环中路甲 29 号院华龙大厦　邮编：100029
　　　　　　网址：www. ssap. com. cn
发　　行／市场营销中心（010）59367081　59367018
印　　装／三河市东方印刷有限公司

规　　格／开本：787mm × 1092mm　1/16
　　　　　　印 张：38.5　字 数：625 千字
版　　次／2018 年 6 月第 1 版　2018 年 6 月第 1 次印刷
书　　号／ISBN 978 - 7 - 5201 - 2620 - 5
定　　价／128.00 元